秦朝統一六國時期疆域圖

(秦始皇二十六年,西元前221年)

秦始皇傳

張分田 著

導讀　永遠的秦始皇

游逸飛

近年臺灣的歷史學界吹起一波通俗史學的風潮，「故事」、「臺灣吧」、「歷史學柑仔店」等歷史學者或研究生經營的網站相繼成立。雖然古代中國的主題在其中並不多見，但古代中國的名人「秦始皇」卻在出版界找到舞臺。李開元、呂世浩等歷史學者自二〇一〇年以來，各自撰寫了以秦始皇為主要線索的「三部曲」，頗受歷史學界與社會大眾矚目。今年臺灣商務印書館再版張分田先生的《秦始皇傳》，無疑再次為大家討論秦始皇，提供了重要文本，值得推介。

《秦始皇傳》雖僅一冊，但洋洋灑灑近七百多頁，內容不可謂不全。作者以「家世」、「孺子」、「親政」、「統一」、「稱帝」、「驕奢」、「結局」諸章描繪了秦始皇的一生。《秦始皇傳》第一章從秦始皇的家世寫起，概述秦國興起的歷史，說明秦始皇所作所為的歷史背景，與呂世浩先寫《秦始皇》、再寫《帝國崛起》的順序雖然相反，但問題意識如出一轍。而第四章「統一」篇敘述秦始皇橫掃六合時，更概述了東方六國各自的歷史背景。故《秦始皇傳》並非僅是一本個人傳記，更像是一本以秦人為主角的春秋史、戰國史與秦史，讀此書不應、不能也不會只看到秦始皇。

《秦始皇傳》的視野確實不侷限於秦始皇個人，作者力圖探討法家思想、官僚制與法律、等級社會、田制賦稅等重要的秦代歷史背景與秦始皇的關係，闢有「思想」、「制度」、「社會」、「經濟」、「法制」、「工程」、「生活」諸章，將秦始皇的所作所為放在當時的歷史情境與結構下討論，下文僅舉兩例以說明：

暴虐無道是一般人對秦始皇的第一印象，作者並不反對，但作者將秦始皇的暴虐無道，析分為社會性暴虐、時代性暴虐、制度性暴虐與個體性暴虐，指出當時的政治制度為君主制度，社會結構是貴族社會，人與人之間的關係與今日民主制度、庶民社會有著巨大差異，對秦始皇暴虐無道的批評，若罔顧當時的政治制度與社會結構，則未免流於表面。主觀的道德評價與客觀的歷史分析在此被融為一爐，大大深化了我們對秦始皇暴虐無道的認識，也讓我們瞭解臧否人物時是否具有歷史縱深，其結論將有多麼大的不同。

秦法嚴酷同樣是一般人的慣常印象，但在秦代法律出土前，此印象其實奠基於漢人對秦代的歷史記憶與書寫，並非根據第一手的史料，不能準確說明秦人與法律的關係。作者根據湖北雲夢睡虎地秦墓出土的法律竹簡，指出秦法具有區別故意或過失犯罪、自首從寬、誣告者反坐、未成年人不負刑事責任等與現代立法精神一致的規定，而許多現代人看來嚴苛殘酷的罪刑懲罰，其實漢魏晉唐法律裡也都存在，不宜獨責秦法。秦人與法律的關係的真正特色是以吏為師、以刑為本。皇帝頒布的詔令法律是人民生活的指導原則，官吏則是具體的指導者。在法家構建的藍圖中，過去依循禮節與風俗而運作的社會生活，現在遵循秦法而運作，社會秩序以政府法令為依歸。隨著焚書坑儒等事件的推波助瀾，秦法對天下人民的影響勢必既深且廣。

上述二例皆反映作者對秦代政治的看法不同流俗。事實上作者精研傳統中國政治思想，《秦始皇傳》全書尚有不少篇幅辨析「天命」、「皇帝」等傳統中國政治思想的重要概念，頗有助於讀者瞭解劃平周代萬國、戰國七雄的秦始皇，自詡功蓋三皇、德過五帝，故自創「皇帝」的稱謂以彰顯自已無與倫比的功德。皇帝這一今人耳熟能詳的概念，在秦朝當時極其新穎特別。秦始皇創制以面對變局，各種前無古人的所作所為，其制作心態從此得而瞭解，其行事的功過得失更值得後人借鑑。秦始皇是永遠的話題，二十一世紀依然如此。

《秦始皇傳》是二十世紀歷史學的結晶，歷史學必須憑證據說話，作者不僅細緻解析《史記·秦始皇本紀》等傳世文獻的內容，還充分運用了睡虎地秦簡、商鞅方升、陽陵虎符、阿房宮考古遺址等二十世紀出土文物，《秦始皇傳》是二十一世紀初讀者瞭解秦始皇的絕佳臺階。

二十一世紀末的《秦始皇傳》又會是什麼面貌呢？本人無法預知未來八十餘年的中國大陸考古發現，但可指出西元二〇〇二年湖南龍山里耶古城的發掘，必將在未來的《秦始皇傳》裡占有份量。憑什麼？憑里耶古城裡發現的三萬六千枚秦簡。

二〇一二年十一月一日，我從湖南省會長沙出發，一路換了四五趟車、於風景清麗的山路上顛簸了十二小時，才抵達今日的湖南省湘西土家族苗族自治州龍山縣里耶鎮、昔日的秦朝洞庭郡遷陵縣城所在地。每日離開里耶鎮的公車只有兩班，若搭乘下午的公車，當天便無法離開湘西山地，須在吉首市或鳳凰古城住宿一宵。從交通的角度來說，里耶無疑屬於世外桃源，或者化外之地。這就是里耶古城——秦帝國的邊陲一角。因此三萬六千枚秦簡並非首都咸陽府庫裡收藏的絕密檔案，並未記載北京大學藏漢簡《趙正書》裡頭關於秦始皇逝世的另一個版本。但也正因里耶古城只是面積約四萬平方公尺、比臺北市立建國高級中學還小的一個縣城，遷陵縣只是偌大秦帝國的一個不起眼的小角落，里耶秦簡才是秦始皇各道詔令、秦帝國各項制度最佳的檢驗試紙。

在里耶八－四六一號「秦更名方」裡，我們看到〈秦始皇本紀〉輕飄飄的「書同文」三字，化為具體執行的政策時是多麼具有分量。過去我們只知道異形的六國文字是秦始皇統一文字的目標，現在我們瞭解異體字、方言乃至不一致的名號稱謂，都是秦始皇統一的目標。有誰想得到秦始皇連皇帝的「皇」字上半部是「白」還是「自」都要管?又有誰想得到秦始皇竟然不准楚人繼續把家裡廁圈養的牲畜喊作「豬」,從此以後必須改喊秦人慣用的「彘」?秦始皇想要統一的不只文字,還有語言。三萬六千枚里耶秦簡確實反映了高度一致的官方文書語言、反映秦始皇書同文、語同言的政策確實在廣闊的中國大地上推動,甚至曾在南荒深山小縣遷陵裡確切執行。

根據岳麓書院藏秦代法律的記載,秦始皇在三十六郡的屬縣普立泰上皇廟,此似為漢代郡國廟的前身,反映劉邦在首都長安以外之處普立宗廟,其來有自,並非異想天開。而里耶秦簡記載了遷陵縣吏經常負責泰上皇廟的祭祀活動,則證實秦代法律確非虛設,就連南荒深山小縣遷陵亦須建立一座泰上皇廟定期祭祀。里耶「秦更名方」還記載了皇帝祭祀承襲了天帝祭祀的儀式,意味皇帝等於天帝,秦始皇帝被充分神格化,泰上皇亦然。岳麓秦簡與里耶秦簡兩相參證,可推測遷陵縣的泰上皇廟使用的祭祀儀式是原先天帝祠廟所使用的祭祀儀式。我們甚至可進而推測秦始皇在遷陵縣立的不只是太上皇廟,可能還有自己的始皇帝廟。秦始皇在活著的時候就在郡縣廣立始皇帝廟,讓地方官吏以天帝的祭祀儀式祭祀始皇帝他自己。原因無他——秦始皇帝是神,秦帝國是一個神權統治的國家。皇帝的神權無遠弗屆,直至天邊,這似乎就是秦代普立郡縣宗廟的真諦。上述根據最新材料提出的最新見解若得以成立,我們便可循此角度重新理解秦始皇創造「皇帝」名號的心態與目的,二十一世紀末的秦始皇傳也就成為一部凡人成神之傳。

如果秦始皇的宗教理念如此極端、自信心如此膨脹,那麼他對凡間強勢到近乎暴虐的控制,也就不難理解。上文再三強調里耶古城交通極為不便,遷陵只是個位於楚國舊地的南荒深山小縣,但就在這樣一個鳥不生蛋的蠻荒山地,秦始皇卻寧願派遣大量的外地戍卒去駐守、大量的外地官吏去統治、大量的外地百姓移民入居,把當地土著全部趕出遷陵縣城之外,藉以保證統治的穩定，也不願意採取成本低廉卻富有實效的羈縻政策。若是對照湘西山地於東漢以後被武陵蠻盤據，宋元明清都是當地土司固守的地盤，二十世紀以前的中央王朝幾未有效統治過湘西山地，秦朝洞庭郡遷陵縣在湘西山地的強勢統治便益發令人驚異。南荒深山既已如此，秦朝對東方六國的遼闊平原又怎能不嚴加控管？秦始皇對廣土眾民的控制與壓抑，可能超乎過去學者的想像。

里耶古城雖小，卻帶給我們見微知著的可能性。比《秦始皇傳》本書更好的秦始皇傳記，必當充分參考里耶秦簡的研究成果。秦始皇是永遠的話題，讓身處二十一世紀的我們翹首以待。

導讀者簡介

游逸飛，中央研究院歷史語言研究所博士後研究。電郵：d98123002@ntu.edu.tw

序言

秦始皇帝名嬴政，嬴姓秦氏，又名趙政，有人稱之為「呂政」。西元前二六〇年生於趙國都城邯鄲（今河北邯鄲），西元前二一〇年卒於沙丘平台（今河北廣宗大平台）。嬴政十二歲繼承秦國王位，二十一歲親政。他橫掃六合，統一天下，自命為秦朝「始皇帝」，俗稱「秦始皇」。

秦始皇享年僅五十歲，實際執政不到三十年，卻上承千年，下啟千年。具有這樣歷史地位的人物在古今中外都是十分罕見的。

作為秦王的嬴政是春秋戰國時期的最後一位君主。他吞滅六國，締造秦朝，結束了數百年來「天下共主」名存實亡的政治局面。這個事件一直被視為春秋戰國時期結束的歷史性標誌。在這個意義上，秦王嬴政是一個歷史過程的終結者。

作為秦始皇的嬴政是中國歷史上第一位皇帝。他最先在全中國範圍內推行專制主義中央集權政治制度。這就使秦始皇成為又一個歷史篇章開端的標誌性人物。許多史學家把秦始皇建立帝制作為一個新的歷史階段的起點。

春秋戰國是一個英雄時代。歷史的大變革、政治的大動蕩、社會的大調整、思想的大裂變，相繼推出一批又一批具有英雄氣質的傑出人才，可謂豪傑輩出，群星燦爛。他們叱吒風雲，有的是政治英雄，有的是思想英雄，有的是軍事英雄。秦始皇是一位擁有優秀軍政素質和博大政治功業的君主。從秦王到秦始皇，嬴政充分利用歷史進程所提供的機遇和條件，以能動性的進取精神和典範化的政治行為，幾乎無可挑剔地完成了歷史所賦予他的任務。他是這個時代的最後一位梟雄。

秦朝制度的歷史影響極其深遠。在人們閱讀有關文獻和研究成果的時候，經常可以看到「漢承秦制」的說法。不僅如此，「秦制」的基本原理和基本框架一直貫通了此後兩千餘年的政治制度。秦始皇確立皇帝制度這件事，可謂「定一制而傳千古」。

秦始皇身上包納著如此之多的社會歷史內容。在世界史上，他把現存第一套真正的國家與法的理論全面變成現實，是歐亞大陸完成帝國化過程的典型代表人物之一。在中國古代文明史上，他是春秋戰國社會歷史變遷的完成者。在中國政治史上，他完成了一次非同尋常的改朝換代。在中國政治制度史上，他第一個建立了名副其實的「大一統」，是中華帝制的創造者。在中國思想史上，他集先秦帝王觀念之大成，首創「皇帝」尊號。在中國法制史上，他是首屈一指的「法治」皇帝。在中國文化史上，他實行書同文、車同軌、度同制、行同倫，促成中華文化共同體的基本形成。在中國工程史上，他的名字與被譽為世界奇蹟的萬里長城和秦陵兵馬俑緊密聯繫在一起，……在人類文明發展史上，具有類似影響的歷史人物屈指可數，而在中國古代史上則堪稱獨一無二。

他是一個政治英雄，又是一個專制暴君。秦始皇集英雄與暴君於一身，這並不奇怪。在那個時代，只有梟雄能夠成為政治英雄，梟雄而為帝制之君主其政治必有專橫暴虐之處。秦始皇統治時期有六大弊政，即無節制地擴建宮室、超標準地修築陵墓、長時間頻繁巡狩、迫不及待地封禪泰山、興師動眾地尋仙求藥、大規模地焚燒《詩》、《書》以及「坑術士」而株連無辜。與歷代帝王比較，秦始皇的功業無人匹敵，秦始皇的弊政也相當嚴重。他集中體現了中華帝制的優長與弊端，甚至成為這種制度的文化符號。因此，有人譽之為「千古一帝」，有人斥之為「獨夫民賊」。直到今天，關於秦始皇一生的是非、善惡、功過，依然聚訟紛紜，莫衷一是。

秦始皇是以「暴」聞名於世的。自古以來，許多政論、史評偏愛用「暴虐」二字一口將秦始皇罵倒，然而著名史學家司馬遷早就看到：「秦取天下多暴，然世異變，成功大。」如何評價秦始皇的「暴」是解讀「秦始皇現象」的重要課題。對於「暴」必須做具體分析，否則很難客觀公正地評價一段歷史和一個歷史人物。如果忽略了由西周王制到秦朝帝制的社會變遷，在若干重要指標方面相對弱化了社會性暴虐這個基本事實，如果不將社會性暴虐、時代性暴虐、制度性暴虐和個體性暴虐有所區別，就很難正確認識秦始皇這個極其複雜的歷史人物。籠統地抨擊秦皇、秦制的「暴」，反而不利於全面地認識中華帝制及其相關的一系列歷史現象，也不利於深刻地批判專制主義政治。

自雲夢秦簡等比較可靠的歷史材料發現以來，學術界對秦朝歷史有了更清晰、更準確的認識，對於秦始皇也有了更深入的研究。這些材料和研究推翻了一些加在秦皇、秦制頭上的誣罔。本傳的目的就是充分利用秦史研究的新進展，以比較通俗的行文方式，為讀者提供一個新的關於「秦始皇現象」的學術性詮釋版本。

目次

第四章　統一篇：橫掃六合的天下共主

第五章　稱帝篇：集先秦各種君權觀念之大成的始皇帝

第一章　家世篇：聲名顯赫的霸王之胄

秦始皇出生於秦國王公世家，他的祖先是一批彪炳史冊的先公先王。換句話說，秦始皇是聲名顯赫的霸王之胄。

任何一部歷史人物傳記總要首先講一講傳主的家世，或略或詳，有時甚至幾近俗套。然而要為秦始皇作傳，其家世是必須要講的。之所以如此，除了那些普遍適用的體例和依據外，是因為如果不把秦始皇的所作所為放到更長時段的歷史過程中去考察，就很難全面、準確地解讀這個歷史人物及相關的各種歷史現象。要研究秦始皇，就必須詳細地考察他的家世。

秦始皇不是「從布衣而為天子者」，而是「從千乘而得天下者」。作為一位最高統治者，其政治生涯的起點和政治功業的根基都有賴於特定的家世。更何況秦始皇的出生與一場政治交易有直接的關係。如果沒有特定的家世，且不說他能否成為君主，就連嬴政這個特定的自然人能否誕生於人世間都很難說。

秦始皇的家世還有很特殊的歷史意義。這或許緣於歷史的偶然。然而歷史的巧合導致一種十分有趣的現象：秦國的發跡史恰好與一場王朝更替史相始終。嬴秦家族的興起與西周王權的衰落息息相關。秦國立國於西周東周之際，又是「春秋五霸」之一，繼而成為變法運動的佼佼者，然後成為幾大「戰國」中的首強，最終一統天下。這個家族先後封大夫，列諸侯，為霸主，作王者，稱帝號，依次循著權力的台階，拾級而上，最終奪取了「天下共主」的地位。在曠日持久的兼國併土、稱霸圖王的歷史過程中，秦國是笑到最後者。秦始皇不僅以如椽大筆為這段歷史紀年畫上了句號，又為新的歷史篇章寫下了至關重要的第一筆。秦始皇的家世記述著一部王朝更替史。他又是這次非同尋常的王朝更替的最終完成者。不了解嬴秦家族披荊斬棘、奮發崛起的政治發跡史，就很難理解秦始皇所依恃的思想、制度及其個性與功業。

在中國古代史上，秦朝的建立又是一個極其重要的標誌性歷史事件。春秋戰國時期的歷史丕變，不僅僅是一次王朝的更替，更是一次社會形態的重大演變。儘管人們對這場社會大變局的性質和主要內容做出了不同的解釋和描述，但有一點是公認的：在這場歷史大變局中產生了新的政治制度，在經濟、社會、政治、文化的互動過程中，社會生活的各個層面都發生了重大變化。商周的社會政治形態與秦漢的社會政治形態有明顯的差異，這是顯而易見的。由於歷史的偶然，嬴秦家族立家立國、稱王稱霸、變法改制的歷史恰好與這場歷史大變局相呼應、相始終。在一定意義上，一部秦國史就是一部春秋戰國史，一部濃縮了的中國帝制發生史。秦始皇是一番滄桑巨變所造就的千千萬萬政治英雄中的一個。他是西周王制衰亡史的終結者和皇帝制度的創立者。這就意味著秦始皇是一個時代、一種制度的代表人物。這就不能不把這個時代種種有關的重大事變都歸納到他身上，從中深入考察時代對他的意識、行為的影響和他的意識、行為對時代的影響。這就必須把秦始皇放到一個廣闊的歷史時空中去考察、去研究。

本書不僅要為秦始皇這個歷史人物立傳，還要深入研究「秦始皇現象」。秦始皇不僅代表著春秋戰國這個時代，代表著秦漢帝制，而且代表著整個中國古代社會。從世界史的角度看，秦始皇甚至可以看作歐亞大陸帝制時代的著名代表人物之一。這就不能不把秦始皇放到一個更長遠、更廣闊的歷史時空中去考察。秦始皇的家世實際上就是一部中國帝制發生史的縮影。

前賢早就提示我們：在為一個歷史人物立傳的時候，「凡真能創造歷史的人，就要仔細研究他，替他作很詳盡的傳。而且不但留心他的大事，即小事亦當注意。大事看環境，社會，風俗，時代；小事看性格，家世，地方，嗜好，平常的言語行動，乃至小端末節，概不放鬆。最要緊的是看歷史人物為什麼有那種力量。」[1]就本傳傳主而言，秦始皇的家世既是大事，又是小事。秦始皇的傳記必須從他的家世寫起，而且必須要詳詳細細地講解一番。這是由秦國及秦始皇的歷史地位所決定的。

筆者認為，如果編寫一部故事選擇、情節設置和闡釋模式都是由秦人做主角的「春秋戰國史」的話，或許比《春秋》、《史記》更能充分展現這段歷史的風貌，更能準確地把握這段歷史的脈搏。如果把春秋戰國史簡化為秦國史，可能會略去許多發生在其他國度的膾炙人口的故事，卻無損於這段歷史的本質以及大綱、要目和基本過程。如果把秦國史，特別是秦國政治史的脈絡和枝葉再簡化一點的話，那就是秦始皇的家世。正是這部嬴秦先人的政治發跡史為秦始皇提供了極其豐厚的政治遺產。

嬴秦得姓與秦嬴立國

嬴秦族群的發祥史源遠流長。在尊奉黃帝為人文始祖的龐大的華夏族群中，夏族與夏文化、商族與商文化、周族與周文化、秦族與秦文化相繼成為華夏主導族群和優勢文化，而秦族出自嬴姓族群，嬴秦先民與嬴秦文化始終與歷代華夏主導族群和優勢文化有著密切的關係。

秦，嬴姓，秦氏。對於嬴姓秦氏的起源和世系很早就有眾多的傳說。在《史記》中，對春秋戰國時期主要國家先人事蹟的記載，惟有秦國的年代最久遠、世系最完整、事蹟最豐富、內容最詳細。這或許與本書傳主秦始皇曾經下令焚燒各國史書而秦國史書保存完整有直接關係。

嬴秦早期歷史頗有幾分傳奇色彩。據說，嬴秦族屬的先祖曾經先後為虞舜、夏禹、商湯、周穆等先王效力，建立卓越功勛，因而世世代代都有光大家族的英雄。這個族群勤耕善牧、能征慣戰、堅忍不拔、敢為人先。他們也曾遭遇重大挫折，還曾被迫長途遠徙。然而每一次挫折、衰微之後，都會有英雄人物再次湧現出來。他們憑著自己的才幹，重新崛起，並為整個家族帶來富貴榮華。追流溯源，秦始皇的宏大功業就是在繼承先公、先王的政治遺產的基礎上建立的。秦始皇是一批「政治英雄」的傳人。

一、華夏傳人，玄鳥圖騰

嬴秦族屬是嬴姓族群中的一支，而嬴姓族群自認是黃帝的後裔。黃帝是中華民族的人文始祖。據說，黃帝擊敗炎帝，擒殺蚩尤，混一華夏，威服四方，尊為天子。黃帝正妃嫘祖生二子，其一曰玄囂，其二曰昌意。昌意之子號高陽氏。黃帝死後，高陽立，是為帝顓頊。顓頊是黃帝之孫，他是傳說中的五帝之一。嬴姓族群聲稱他們的始祖母是「顓頊之苗裔」[2]。一九八六年，在陝西鳳翔縣秦公一號大墓出土的編磬銘文有「高陽有靈，四方以鼐」。秦國國君顯然奉高陽氏為祖先。這就是說，嬴姓秦氏自認是顓頊之後，其母系血統屬於黃帝一脈。

嬴秦族屬究竟是否為黃帝、顓頊之後還有待於研究。但是有一點是可以確定的：這個族群很早就在文化上歸屬於華夏族群，他們的歷代先人與華夏各族群有著密切的通婚關係。從現存文獻和考古史料看，堯舜夏商以來，華夏族群初步形成，並成為中原地區的優勢族群。這個族群文明發展程度明顯高於其他族群，且長期占據「天下共主」的地位。西周、春秋、戰國時期，這個優勢族群的文化繼續向四方傳播，中原諸族逐步混一，到秦漢正式形成了漢族。嬴秦是華夏源頭民族之一。依據其母系血統和文化認同，西周以來的嬴秦族屬不僅的確是華夏族類、炎黃子孫，還在中華文化共同體和漢族的形成與發展過程中扮演過極其重要的角色。這一點是無可置疑的。

與世界上所有的民族一樣，嬴姓族群也有一個英雄始祖的神奇傳說。據說，顓頊有一位女性後人名叫女修。「女修織，玄鳥隕卵，女修吞之，生子大業。」[3]玄鳥就是燕子。燕子上體藍黑，前胸黑褐相間，主色是黑色，而黑色為玄，所以古人稱之為玄鳥。女修吞下了飛燕遺落的鳥蛋而生育了兒子。她是嬴姓族群的始祖母。其子大業則是嬴姓族群的男性祖先。大業娶炎黃子孫少典氏的女子女華為妻，生子大費。大費是以嬴為姓的第一人。嬴姓的祖先來自一個以玄鳥為圖騰的族類。

關於女修吞玄鳥卵而生子的具體歷史內容，研究者普遍將它與「民知母不知父」的歷史時代相聯繫，斷言當時處於母系氏族社會時期。有的學者則認為這反映著古代婚姻習俗。這些見解可備一說。

筆者認為，女修吞玄鳥卵而生子的傳說是玄鳥圖騰與「聖人無父」觀念相結合的產物，其社會功能是神化祖先、維繫族群、張揚個性。關於本族始祖「感生」的傳說是一種世界性的歷史現象，在中國也很普遍。據說，華胥履大人跡而生伏犧，附寶感雷電巨星而生黃帝，安登感神童而生神農，女樞感瑤光之星而生顓頊，慶都感赤龍而生堯，簡狄吞玄鳥卵而生契，姜嫄履大人跡而生稷。女修吞玄鳥卵而生大業，屬於同一類始祖感生說。這些始祖感生說中的一部分可能與圖騰崇拜有關，有的又未必與圖騰崇拜有直接關係。戰國秦漢以來，最為流行的感生之異是把聖人、帝王說成龍種。漢代人大多相信大聖人孔子和漢高祖劉邦也是感生的。據《史記》、《漢書》記載，劉媼與蛟龍配合而生下劉邦。這類故事堂堂正正地記錄在《史記》、《漢書》中，顯然是劉邦及其親屬編造的。如果不是自我宣揚，誰又能知道皇帝的母親劉媼與蛟龍有過一段風流韻事呢？《漢書》這部漢家自己編纂的官方正史又怎敢說堂堂的開國皇帝是龍的私生子呢？這種現象只能用當時的社會普遍意識解釋，即當時的社會大眾普遍相信聖賢王者皆有感生之異。正是基於這樣的社會普遍意識，《公羊傳》的作者認為「聖人皆無父，感天而生」。許慎也認為：「古之神聖，母感天而生子，故曰天子。」[4]漢唐著名經學家鄭玄、孔穎達為了調和「聖人皆無父」和「聖人皆有父」之爭，提出聖人「有父得感生」的解釋[5]。凡為聖賢者必有感生之異。言外之意即無感生之異者非聖賢。這種觀念的普遍存在是各種感生傳說產生與流傳的社會心理基礎。被神靈感應而生子者只能是女性。因此感生說大多很難與母系氏族時代直接聯繫在一起，充其量是保留了那個時代的某些信息，如圖騰崇拜及生活方式的某些特點。

在華夏先民中，還有一些圖騰崇拜和始祖感生傳說與嬴姓相似的族群。據說，商朝王族始祖母簡狄吞玄鳥墮卵而生契。契是商族男性祖先。這就是《詩經．商頌．玄鳥》所說的：「天命玄鳥，降而生商。」玄鳥遺卵，簡狄吞之而生商之始祖，女修吞之而生秦之始祖。兩個傳說何其相似！據說，當時的東方有一個「為鳥師而鳥名」[6]的龐大族群，如鳳鳥氏、玄鳥氏、青鳥氏等。嬴秦族群的主體或核心最初很可能來自共同以鳥類為圖騰的東夷集團，甚至與崇拜玄鳥飛燕的殷商先人同出一脈。

傳說和《史記》常常把嬴秦祖先的信仰、事業乃至體貌同鳥獸緊密聯繫在一起。據說，他們以玄鳥飛燕為圖騰，以調馴鳥獸得姓氏，以駕馭車馬得封爵，甚至其中的一些重要成員被說成「鳥身人言」或「口及手足似鳥」。扁鵲，秦之名醫，他也以鳥命名。據目擊者聲稱：「秦王為人，蜂準，長目，摯鳥膺。」[7]由此可見，在人們描述秦始皇形象的時候，也把他與鳥聯繫在一起。

嬴秦先祖又是偏愛皂色墨彩的族類，他們的圖騰崇拜、旌旗飄帶、授命之符都與黑色有不解之緣，諸如女修吞下玄鳥之卵、大費擎起皂色旌旗、秦德公獲得黑龍祥瑞之類。秦始皇也由於相信自己應了水德之運而崇尚黑色，奉之為秦朝政治模式的文化符號。秦始皇與群臣皆衣黑色朝服，秦朝民眾皆稱「黔首」，這正應了「玄鳥」之色。讀史至此，令人不禁聯想到唐宋傳奇《王謝傳》中的「烏衣國」。據說那是一個燕子的王國，其「王衣皂袍，烏冠」，宮殿之上「器皿陳設俱黑」，民間美女則「俊目狹腰」、「體輕欲飛」。秦始皇正是「玄鳥」的子孫。

二、柏翳佐舜，得姓為嬴

大約在堯舜時期，女修的孫子大費因為輔佐大禹治水而建立功勛，由此而獲得嬴姓。嬴姓子孫相當繁盛，分布於中國各地，許多分支成為高官顯貴，以封地為氏族名號。其中的一支後來以秦為氏。嬴秦祖先獲得嬴姓是他們與華夏各族有文化共性的重要標誌。

堯舜之世，洪水為患，鯀、禹父子先後受命治理洪水。大費曾輔佐大禹治水平土。帝舜獎賞功勛，賜予大費「皂斿」，並「妻之姚姓之玉女」。帝舜，姚姓。姚姓是黃帝後裔，華夏大族。帝舜選本族美女許配大費，以聯姻方式進一步密切了君臣關係。「皂斿」是一種黑色的旌旗飄帶。大費「佐舜調馴鳥獸，鳥獸多馴服，是為柏翳。舜賜姓嬴氏」[8]。

許多學者認為，柏翳（伯翳、大費）就是伯益（益、柏益、后益）。「柏翳」與「伯益」字音相近。

據《史記・五帝本紀》記載，「柏翳」與「伯益」都是舜的臣屬，都有協助禹平治水土的事蹟，職責都是調馴鳥獸。很多古代文獻也以伯益為秦人之祖。關於「柏翳」與「伯益」的傳說如此相近，他們是一個人的可能性極大。

如果柏翳就是伯益，那麼嬴姓始祖曾經有過一次「王天下」的機遇。據《史記・夏本紀》記載，禹亦為顓頊之孫。伯益為舜主畜，佐禹治水，在改進農耕、發展畜牧方面卓有貢獻。因此禹「任之政」，並在臨終時，「以天下授益。」可是最高權位被禹之子啟占據，益的子孫只得做了夏朝的臣屬。

大費（柏翳）子孫皆為嬴姓後人。「大費生子二人：一曰大廉，實鳥俗氏。二曰若木，實費氏。其玄孫曰費昌，子孫或在中國，或在夷狄。」嬴姓的後人在各地繁衍、遷徙，其中有許多分支先後成為諸侯、貴族。這些嬴姓之國同出一祖，其封地多在東方。諸侯、貴族通常以封邑為姓氏。嬴姓子孫由於分封於不同的封邑而獲得不同的姓氏。因此，「秦之先為嬴姓。其後分封，以國為姓，有徐氏、郯氏、莒氏、終黎氏、運奄氏、菟裘氏、將梁氏、黃氏、江氏、修魚氏、白冥氏、蜚廉氏、秦氏。」[9]其中嬴秦族屬是大廉（鳥俗氏）的後人，後來的秦國王族和趙國王族都來自嬴姓的這個分支。

三、費昌佐殷，子孫封侯

嬴姓子孫是一個善於駕馭車馬的族群。他們承繼祖業，擅長調馴鳥獸，其後人多以養馬善御而立功於當時、名著於史冊。在商朝，就有一批嬴氏傳人憑著祖傳的技能而建功立業。

第一位是夏商之際的費昌。大費的子孫分為兩大支，一曰鳥俗氏，是大廉的後裔；二曰費氏，是若木的後裔。夏商之際，費氏的傳人費昌「去夏歸商，為湯御，以敗桀於鳴條」。由於在建立商朝的戰爭中功績卓著，費昌及其後人躋身權貴之列。有的史家認為，殷紂王時的權臣費仲，即費昌之後。

還有兩位是商王太戊時的孟戲、中衍。他們都是大廉玄孫，屬於鳥俗氏這一支。商王太戊命孟戲、中衍為自己駕車，並與之締結婚姻。「自太戊以下，中衍之後，遂世有功，以佐殷國，故嬴姓多顯，遂為諸侯。其玄孫曰中潏，在西戎，保西垂。」[10]中衍與商族聯姻，後裔世代有功，遂位居諸侯。其玄孫中潏為商朝守衛西部邊陲。嬴秦就出自這一支。

嬴氏子孫以善於調教馬匹而聞名於世。先秦史上一批善於養馬、相馬、御馬的名人皆與嬴姓有關。虞舜時的柏翳、商湯時的費昌、商王太戊時的孟戲和中衍、周穆王時的造父、周孝王時的非子（秦嬴）以及秦之伯樂、趙之王良等都湧現於這個族群。其中秦穆公的臣子孫陽伯樂和趙簡子的家臣郵無恤（一作郵無正，字子良，又稱王良）都是聞名於世的相馬專家、善御高手。在中國傳統文化中，「伯樂」、「王良」都成為善於相馬、駕車的代稱。歷史還一再證明：這個族類的子孫不僅善於駕馭馬匹，而且善於駕馭政治。後來秦始皇得以執鞭扑而御天下，顯然得益於這個傳統優勢。秦始皇是一批「善御者」的子孫。

四、蜚廉事紂，被迫西遷

商周之際，圍繞「天下共主」的名分和權威，分別以商、周為首領的各個部族之間展開了激烈的戰爭。周武王與商紂王決戰牧野。紂王兵敗自焚。西周王朝建立不久，武王逝世，周公攝政稱王。管叔、蔡叔對此表示不滿，與紂王的兒子武庚聯手發動叛亂。周公率兵東征，苦戰三年，終於征服了東方。經過武王克商、周公東征，殷商徐偃王的勢力被鎮壓下去。失敗者有的被指令遷徙，有的則四處逃亡。在廣闊的中國大地上，出現了民族關係的重新組合。

中潏有子名蜚廉（飛廉），蜚廉有子名惡來。「惡來有力，蜚廉善走，父子俱以才力事殷紂。」[11]周武王伐紂，惡來被殺。對於蜚廉生死，《孟子》與《史記》有不同的說法。據說，「及紂之身，天下又大亂。周公相武王，誅紂伐奄，三年討其君，驅飛廉於海隅而戮之，滅國者五十，驅虎豹犀象而遠之。」[12]蜚廉是嬴秦族屬的男性直系祖先。在殷周之際的政治鬥爭中，蜚廉站在商朝一邊。他可能被殺戮，也可能沒有被殺戮，而其部族被迫遷徙當屬事實。大約在此時，嬴秦族屬的祖先來到西北黃土高原汧隴之間。他們臣屬於西周王朝，並與當地的戎羌等族雜居在一起。

五、造父善馭，封之趙城

作為商朝的臣屬和東夷集團的成員，嬴秦族屬的祖先在商周之際的政治變局中屬於失敗的一方，因而蒙受了挫折，被迫遠離故土。然而他們又一次靠著祖傳的技藝和自身的才幹重新崛起，並為後來建立強大的秦國和趙國奠定了基礎。

在周穆王時期，嬴氏族群中又出了一位養馬善御的傳人，他的名字叫造父。造父是蜚廉另一個兒子季勝的後裔。他再一次憑藉養馬善御而光宗耀祖、揚名後世。造父善於駕馭戰車，他調教出驊騮等八匹駿馬，獻給穆王。穆王令造父為其駕車，「西巡狩，見西王母，樂之忘歸。」這時，淮水流域的徐偃王趁機率領一批諸侯反周。穆王聞訊，立即回歸。造父為天子駕車，「長驅歸周，一日千里以救亂。」平定叛亂之後，穆王獎賞功勞，以趙城為造父采邑。「造父族由此為趙氏。」13

造父是趙國王族的始祖。他的名字還被後世用為善御者的代稱。晉文公的重要輔臣趙衰是造父的直系後代，而趙衰的後人趙盾、趙簡子（趙鞅）、趙襄子（無恤）等都是晉國名臣。趙盾在晉靈公時曾身居正卿之位，獨攬朝政，開晉國卿大夫專政的先河。趙簡子、趙襄子都是參與晉國「六卿專政」的異姓卿大夫之一，他們出則為將，入則為卿。趙襄子又是「三家分晉」的主角之一。戰國七雄之一的趙國就是由趙氏傳人建立的。

嬴秦族屬最初依附於趙氏，以趙為姓。蜚廉還有一個兒子名叫惡來革。惡來革早逝，其子名叫女防。他是秦人的直系祖先。這一支嬴姓族人「以造父之寵，皆蒙趙城，姓趙氏」14。因此，秦、趙共祖，同出於嬴姓的蜚廉一支，又同因「造父之寵」而獲趙姓。秦始皇出生時，一度以趙為姓，可能與此有關。

六、非子息馬，厥號秦嬴

秦嬴是嬴秦姓氏和國家的開山祖。他出自女防這一支。女防生旁皋，旁皋生太幾，太幾生大駱，大駱生非子。非子就是秦嬴。他也靠著養馬善御發達起來。

「非子居犬丘」，他在當地以善於畜牧、調教馬匹而聞名。犬丘位於今甘肅東南與陝西西南交界之處。犬丘人把非子推薦給周孝王，「孝王召使主馬於汧渭之間。」汧水與渭水匯合之處在今陝西寶雞一帶。非子主持當地馬政後，馬群繁殖很快。周孝王賞識他的才能，獎賞他的功勞，想讓他做父親大駱的繼承人。這個想法被大駱的岳父申侯勸阻。於是周孝王一方面仍以申侯之女的親生兒子為大駱的繼承人，一方面讓非子接續嬴姓的煙火，並把地處「汧渭之會」的秦作為非子的采邑。他宣布：「昔伯翳為舜主畜，畜多息，故有土，賜姓嬴。今其後世亦為朕息馬，朕其分土為附庸。」[15]從此嬴秦族屬成為周朝的附庸。

非子的食邑是秦，又身為欽定的嬴氏繼承人，所以「號曰秦嬴」。嬴姓秦氏一族由此而形成。「汧渭之會」是嬴秦族屬政治上的發祥地。由於秦嬴的采邑在秦，所以這一支嬴姓後裔被稱為「秦人」、「秦族」，其首領稱為「秦某」，如秦嬴、秦侯、秦仲。秦嬴以嬴姓繼承人的資格立於世，所以文獻中常常仍以秦國王室為嬴姓，如周豐王妻繆嬴、晉襄公夫人穆嬴等。

這個時期，嬴秦族屬一方面作為周朝的附庸，與戎征戰不已，另一方面又與戎有通婚關係。

七、西垂大夫，名揚西戎

到秦嬴的玄孫秦仲時，秦的政治地位進一步提升。周厲王暴虐無道，西戎反叛王室，滅犬丘大駱之族。周宣王即位，「乃以秦仲為大夫」，命其鎮守邊疆，討伐西戎。秦仲為大夫標誌著他正式成為「有國有家者」，即有名有實的君主。

秦仲受命於周，勵精圖治，據說「禮樂射御，西垂有聲」。他率領族眾與西戎先後廝殺二十餘年，戰死疆場。秦仲「有子五人，其長者曰莊公。周宣王乃召莊公昆弟五人，與兵七千人，使伐西戎，破之」。於是周宣王將大駱犬丘之地賜予秦莊公，任命其為西垂大夫。秦莊公父子繼續與西戎征戰。莊公死後，襄公代立。秦襄公將妹妹繆嬴嫁給周豐王為妻，進一步強化了與周王室的關係。秦也成為保障西周西方安全的重要屏障。

《秦鍾銘》云：「丕顯朕皇祖受天命，奄有下國，十有二公。」秦建國於何時？誰是「受天命」的秦國首公？歷代史家有不同看法。《史記·十二諸侯年表》以秦仲為始。《秦本紀》則稱「襄公於是始國」。以秦嬴為附庸、秦仲任大夫、襄公列諸侯作為秦國的起點都有一定道理。筆者認為，「秦」之稱始於秦嬴得秦邑，就實際政治內容而言，這是「秦國」的起點。

從實際政治關係看，附庸通常接受大國統治，而自身又是具有一定獨立性的政治實體。附庸有政權、有城邑、有領地、有族眾、有臣民，其內部的政治關係和政權機構實際上也構成一個五臟俱全的「國家」。在秦嬴時期，西周王朝已經把他的領地視為附庸，並賜予相應的名分、權力。後來秦文公進兵至汧渭之會時，也曾說：「昔周邑我先秦嬴於此，後卒獲為諸侯。」[16]可見秦國王室也把秦嬴得封邑視為重要的歷史界標。

從秦嬴成為周朝的附庸，到秦仲任大夫，再到秦襄公封侯，可以算作秦國的初創階段。自從秦嬴得到秦邑，秦有了公認的名分，有了封賜的地盤，有了法定的權力。後來在這個基礎上，最終建立了以「秦」為稱的公國、王國、帝國。

八、關於嬴秦文明發展程度的估計

學術界關於嬴秦早期歷史的研究集中在其族源問題。學者們根據各自對歷史文獻的考據和解讀，提出了不同的見解，大體可以分為西來說和東來說兩大類。有些學者認為秦人來自西方，其先人活動地域遠在隴西，屬於戎族的一支。這種意見以王國維、蒙文通為代表。翦伯贊、周谷城、岑仲勉等亦主此說。許多學者認為秦人來自東方，是殷商之後或東夷部落中的一支。這種意見以衛聚賢、徐旭生、黃文弼為代表。郭沫若、范文瀾、顧頡剛、馬非百、王玉哲等亦主此說。近年來，秦人東來說獲得大多數學者的贊同。林劍鳴利用文獻及考古資料，從圖騰崇拜、經濟生產的共性的角度，辨析秦人與殷人同源，秦人起源於山東東海之濱[17]。有些學者則認為上述二說可能各說對了一半，嬴秦來自東夷而同化於西戎[18]。這實際上可以歸屬於東來說。

筆者認為，討論秦的歷史必須注意秦族（嬴姓秦氏）、秦人（秦國人）、秦文化等幾個概念的關聯與區別。嬴姓秦氏是一個辨析父系血緣關係的範疇。秦人（秦國人）是一個主要用來區分地域人群關係的範疇，有時又可以特指嬴姓秦氏。秦文化是一個區別生活方式的範疇。它們又都是歷史範疇，在不同的歷史時期有不同的歷史內容。以「秦人」為例，西周時期的「秦人」、春秋時期的「秦人」和秦孝公以後的「秦人」，無論血統、文化及文明發展程度都顯然有所不同。將這三個歷史範疇不加辨析地混淆在一起來研究「秦族」、「秦人」、「秦文化」的淵源和屬性是很困難的。

由於現存歷史材料的缺乏，要準確地認定「子孫或在中國，或在夷狄」的嬴姓族群在西周以前的種族淵源、血統世系和文化傳承都是極其困難的。它對於解讀「秦始皇現象」也無足輕重。這裡重點討論一下秦嬴立國前後這個族群的文明發展程度問題。

一個幾成定論的流行說法是秦立國之前處於原始社會[19]。這個估計很可能是錯誤的。

筆者認為，嬴秦先民很早就與夏商周同屬於華夏文化體系，至遲自西周以來就步入文明時代。

首先，依據「戎」、「夷」等字眼斷定文明發展程度是極不可靠的。許多學者依據嬴秦發祥於西戎之地（無論最初來自東方的「夷」，還是西方的「戎」），又善於飼養馬匹，就斷定其當時過著游牧漁獵生活，處於原始社會階段。這個論斷是很值得推敲的。「戎」是一個種族概念，而不是一個文化概念，更不是一個文明發展程度概念。傳說時期的華夏先民多來自於「戎」、「狄」、「蠻」、「夷」。夏朝出自「西戎」，商朝出自「東夷」，而周朝又來自「西戎」。他們都是華夏主流文化在不同時期的直接傳承者和主要創造者。實際上華夏族群就是當時生活於黃河中下游地區的戎、狄、蠻、夷融合而成的。他們共同創造了華夏農耕文明，從而成為這個地區的優勢群體，並不斷將自己的生活方式向四方傳播。此後戎、狄、蠻、夷不斷遷入華夏內地，他們生活於宜農之地，毗鄰著農耕族群，勢必逐漸接受發展程度較高的華夏農耕文明。一旦認同這種生活方式，也就融入華夏族群。長期生活在同一地區的「華夏」與「夷狄」的基本生活方式和文明發展程度應當是大體相同或接近的，其差別主要在於某些具體的制度、禮儀、風俗、習慣有所不同。早在春秋時期，孔子就通過觀察華與夷互相轉化現象，提出了主要依據文化認同來區分華與夷的「華夷之辨」。這個認識是很有道理的。嬴秦在血緣上自命為華夏人文始祖黃帝的後裔，在政治上長期歸屬於華夏主導族群（唐堯、虞舜及夏、商、西周），在文化的基本層面深受當時華夏主流文化的影響，抑或就是華夏主流文化的創造者之一。所以無論文化認同還是實際生活方式，他們都屬於華夏族群，其文明發展程度並不像想像的那麼低。從文獻記載看，嬴秦先人自堯舜以來一直與華夏中央王權有非常密切的政治關係和婚姻關係。這種關係持續千餘年之後，嬴秦先人怎麼可能仍然處於原始社會？

其次，至遲到西周，嬴秦先民已基本上是一個農耕民族。考古工作者在甘肅天水一帶嬴秦發祥地發現了西周時期的秦文化遺址。考古發掘表明：當時的嬴秦先民的生活方式與游牧民族有明顯的差異。他們過著定居的生活，農作物是其重要的食物來源。他們使用的陶器器形與周人相類似，而葬俗有地域性的特點20。這個事實至少說明其生活方式基本上屬於農耕文明模式。這種生活方式可能是嬴秦固有的，也可能來自周文化的影響。

再次，嬴秦終西周一代，一直臣服於周朝。他們很早就是周朝的臣屬，其政治文化、禮樂制度理應深受周文化的影響。立國之後，嬴秦實行君位父子相承制度，還有維護嫡長子繼承權的跡象，這符合西周制度。秦仲「禮樂射御，西垂有聲」，其統治模式、禮樂制度大體屬於西周類型。大體可以斷定：「秦」之文化至遲自其國家發軔之時起，就屬於華夏農耕文明範疇。在政治制度、禮樂制度方面也與西周有相似性。「秦族」文化是華夏文化一個有自身特點的地域文化。如果說西周時期其文明發展程度與周族有什麼差別的話，這種差別更像是由於富裕程度有所不同而造成的，類似於內地與邊鄙、都城與鄉邑之間的差別。

嬴姓秦氏後來是秦國的主體族群，至少在文化上他們是「秦人」的主體和核心。春秋以來的秦國人由當地各族群融合而成，而其主流文化屬於華夏文化範疇。到戰國時期，隨著社會政治形態的重大變革，秦文化的某些基本方面發生了部分質變，從此成為華夏文化圈中最能代表當時社會發展趨勢的文明程度相對較高的區域文化。

無論上述認識是否正確，有一點是可以確認的：秦始皇是一位地地道道的華夏君王。秦始皇統一中國後，一方面採取一系列措施強化政治、經濟、文化的統一，另一方面基本上關閉了周邊民族進入中國腹地的大門。他的政治作為促進了中華文化共同體的發展。「秦文化」繼「炎黃文化」、「夏文化」、「商文化」、「周文化」之後成為華夏的主導文化。如果不是由於他和秦二世的一系列政治失誤而導致秦朝速亡的話，後來的「漢族」、「漢人」很可能被稱為「秦族」、「秦人」。在這個意義上，秦族、秦人和秦文化的發展史在華夏文化發展史和漢族形成史上有著相當重要的地位。秦始皇在中華民族史和文化史上有過重大的歷史性貢獻。

襄公勤王與秦國躋身諸侯之列

周朝的衰落為嬴秦的崛起提供了歷史機遇。由於歷史的巧合，嬴秦的初創恰恰與西周的衰亡同時發生。嬴秦立家於西周王道衰微之時，又正式立國於周平王之際。西周滅亡，襄公封侯，這兩個重要的歷史事件拉開了「周秦之變」的序幕。中國歷史上一次最為漫長且非同尋常的改朝換代過程從此起步。

一、西周滅亡，平王東遷

西周王權的衰落經歷了一個相當長的過程。到宣王末年和幽王之時，戎人大量侵入關中，威脅國都；西北地區乾旱嚴重，又曾發生地震，導致洛、涇、渭三川一度乾涸和岐山崩塌等自然災害；國民以《我行其野》和《十月之交》、《雨無正》等詩歌譏刺宣王、幽王的政治行為；周太史伯陽父還根據天災、人事及陰陽五行學說斷言西周將亡。正是由於這樣的動亂，秦仲及其子孫才得以憑藉為王室抵禦西戎而晉升大夫，封疆拓土，創立了秦國最初的基業。

周幽王荒淫無道，寵幸王妃褒姒，重用奸佞虢石父，還多次烽火戲諸侯。他違背立嫡立長的宗祧繼承法則，廢黜申后及太子宜臼，終於釀成大禍。西元前七七一年，申侯聯合繒國、犬戎、西夷共同起兵。幽王以烽火報警，而各地救兵不至。犬戎攻克鎬京，斬殺幽王，滅亡西周。經過諸侯之間的一番政治較量，廢太子宜臼即位，是為周平王。西元前七七〇年，周王室被迫遷都雒邑（今河南洛陽），史稱東周。

周平王將都城東遷雒邑，標誌著王室衰微。周王室喪失大片領土，所能直接支配的土地和臣民的數量只相當於較大的諸侯。周王室在領地內依然繼續搞分封，其土地進一步被諸侯封邑蠶食、分化，以致王室困守一隅之地，方圓百餘里，還不如一個普通的諸侯國。天子的權威從此一落千丈。與此相應，出現了權力不斷下移的局面。史稱「諸侯恣行，政由強國」[21]。中國進入了一個政治大動蕩的時期。

最先出現的大變化是諸侯的實力壓倒了天子。起先是個別諸侯公然違抗王命，繼而是「政由方伯」。一批「在成周微甚」的諸侯逐漸強大起來，齊、晉、楚、秦相繼稱霸，他們「興師不請天子，然挾王室之義，以討伐為會盟主」[22]。此後更有甚者，有些諸侯竟然開始覬覦王權。楚莊王在滅了陸渾之戎之後，飲馬黃河，路經雒邑，竟然詢問王者九鼎的大小輕重。

接下來各個諸侯國內部的政治局面也先後發生重大變化。卿大夫專政成為各國廣泛存在的政治現象，史稱「陪臣執政，大夫世祿，六卿擅晉權，征伐會盟，威重於諸侯」[23]。三家分晉，田陳代齊，都是這種政治局面的產物。當時還發生了比「陪臣執國命」更甚的政治權力下移現象。許多卿大夫的家臣居然篡奪「主君」的權力或違抗「主君」的命令。

到戰國時期，諸侯紛紛稱王。西元前三六七年，由於多年來不斷被大國蠶食，已經變得非常弱小的周王室又一分為二，形成「東周」、「西周」兩個小國。最後竟滅於秦國之手。

這種政治大變局為各個諸侯國的崛起提供了機遇。秦國恰恰借助這個機遇得以立國，進而稱霸，最終實現了「王天下」。從西周衰變為東周，再到秦朝建立，經過漫長的歷史過程才完成了一次非同尋常的王朝更替。

二、攻戎救周，始命列國

在中國古代史上，周平王東遷及秦襄公封侯是重大的標誌性歷史事件。歷史學家們都把這個事件作為劃分歷史階段的界標。巧合的是：這正是周王朝行將覆滅的端倪和秦王朝逐步興起的開始。一個泱泱大國漸漸褪去往日的華彩，一個蕞爾小國卻一步一步成長壯大。

在兩周之際的政治變局中，秦襄公應對合理，獲得重大的政治利益。幽王舉烽火征兵之時，起兵勤王的諸侯寥寥無幾，而秦襄公率兵救周，捍衛王室，「戰甚力，有功。」在擁立太子宜臼之後，秦襄公又親自率兵護送周平王東遷。為了獎賞功勛，「平王封襄公為諸侯，賜之岐以西之地。」他宣布：「戎無道，侵奪我岐、豐之地，秦能攻逐戎，即有其地。」[24]嬴秦得到封爵賜土，從此躋身諸侯之列，正式建立國家。

襄公封侯是嬴秦在政治上的一次重大收穫。這一點集中體現在以下幾個方面。

其一，獲得重要的政治名分資源。

在中國古代社會，「名分」是非常重要的政治資源。在周禮通行的時代，「名」與「器」的作用尤為突出。嬴秦獲得諸侯稱號本身就是莫大的實惠。它使嬴秦得到了一系列政治特權，主要有四：一是秦國成為公認的相對獨立的國家實體，擁有了獨立統治自己封國、臣民的各種名義上的和實際上的權力。這標誌著嬴秦國家地位的確立。二是秦國列為諸侯，也就獲得以諸侯名分與各諸侯國交往的資格和權利。「與諸侯通使聘享之禮」[25]標誌著嬴秦政治地位的大幅度提升。三是秦國成為華夏王權在西部地區的合法代表。秦襄公封侯伊始立即行使剛剛獲得的各種特權，其中一個重要舉動是「祠上帝西畤」[26]。司馬遷在《史記》中多次記述這個史實，他把這件事看成是「世益衰，禮樂廢，諸侯恣行」27的具體表現。在司馬遷看來，秦襄公「作西時用事上帝」，染指「天子祭天地」的特權，違背周禮，其「僭端見矣」28。儘管司馬遷的議論有誇大其詞之嫌，「始列諸侯」的秦襄公未必敢於公然違背周家王綱禮制，但是這件事充分反映了嬴秦政治地位和政治心態的顯著變化，它表明嬴秦開始把自己視為西方地域的主宰者。四是自詡受命於天，受封於王。當時人們普遍認為天子登基和諸侯立國都是「受命於天」。在《左傳》中就記述著一些有關的思想。封侯建國使人們承認嬴秦享有天命、獲得王命，這就意味著承認了秦國存在的合法性。嬴秦自己也以獲得天命、王命而自居。秦《盄和鍾》銘文說：「秦公曰：『丕顯朕皇祖，受命於天，奄有下國。』」秦景公大墓出土的石磬銘文有「高陽有靈」、「天子郾喜」等文字。天命與王命在當時是極其重要的政治資源，有時甚至可以勝過千軍萬馬。

其二，獲得一方土地的經營權。

乍然看來，周平王封秦襄公為諸侯，並賜以岐西之地，只不過是一次尋常的封賞，且頗有一點送空人情的味道。這一方土地名義上是周王的領土，實際上已經落入戎人之手。周平王深知都城東遷以後，羸弱的王室對這片領土鞭長莫及，所以封賜之時聲明：我把那片領地的經營權交給你了，你若能把入侵者趕走，它就歸屬於你。這種封賞口惠而實未至，只給了一個名分。可是尋根溯源，後來秦人取代周人而「王天下」恰恰得益於這次封賞。它使嬴秦不僅獲得據有岐西的合法性，而且獲得在更大範圍內討伐西戎，攻占其土地的合理性。在春秋時期，秦國是最先打著「尊王攘夷」的旗號不斷擴張勢力範圍的國家，也是從夷狄手中奪取領地最多的國家。在當時，土地與臣民是立國之本，是一個政治實體最重要的政治資源。這次封賞的重大政治意義之一就是秦國獲得了「王業之基」。

其三，繼承華夏先民及西周王朝遺留的各種政治、經濟、文化遺產。後來的歷史進程表明，這份政治、經濟、文化遺產的獲得，對秦國的社會發展具有重大而又深遠的影響。

正是由於獲得了上述政治、經濟、文化資源，秦國才得以在春秋戰國時期的政治軍事角逐中長期擔任主要角色。春秋戰國時期可以分為三個大的階段：第一個階段是春秋初期的局部兼併戰爭階段；第二個階段是春秋中後期至戰國前期的大國爭霸階段；第三個階段是戰國後期的統一戰爭階段。在至關重要的第一階段，秦國打著天子封賜、「尊王攘夷」的旗號大肆兼併關中土地，成為西方大國，為躋身春秋五霸、戰國七雄奠定了雄厚的物質基礎。秦襄公封侯立國的歷史意義就在於此。

三、奪取岐西，向東發展

取得諸侯地位之後，秦國的先公先王不再靠為君王御車使馬、鎮守邊陲去贏得寵幸，而是開始運用御國使人之術、開疆拓土之戰，經營自己的邦家國度。他們打著周天子的旗號東征西討，不斷擴大勢力範圍。到秦穆公時，秦國已躋身強國之列。

立國之初，秦國東越隴阪，沿渭水向下游拓展疆土，迅速向東發展。第一步，首先奪取周王封賜的岐西之地。西元前七六六年，秦襄公「伐戎而至岐」，邁開了東征的步伐。西元前七六三年秦文公完全占領岐山一帶，「遂收周餘民有之，地至岐，岐以東獻之周。」擊退戎人，占據岐西，收編周民，使秦國在關中西部站穩了腳跟。第二步進一步向岐東發展。文公之後秦國勢力繼續向東擴張。西元前七一四年，秦憲公（寧公）徙居平陽。轉年，秦軍「與亳戰，亳王奔戎，遂滅蕩社」。第三步，向河西發展。西元前六九七年，秦武公即位伊始，揮兵東進，「伐彭戲氏，至於華山下。」

西元前六八七年，秦「初縣杜、鄭。滅小虢」，在一批被攻滅的諸侯國設置縣。同時秦國的勢力也開始向西北發展。西元前六八八年，秦軍「伐邽、冀戎，初縣之」。經過襄公、文公、憲公、武公四世八十年的苦心經營，秦國先後掃蕩了關中一帶的豐、亳、彭戲氏三戎，滅亡了關中地區的一些諸侯國，控制了關內周地的大部分地區，把秦國的勢力發展到華山一帶。秦在新的占領區實行由國君直接任命官吏管理的縣制。一種新的國家體制萌芽。春秋時期，實行郡縣之制，以秦、晉、楚為最早。戰國時期的強國多在這個地區絕非偶然。第四步，與晉交兵，飲馬黃河。秦宣公以來，秦國繼續東進，開始與晉國發生正面衝突，並打過一些勝仗。到秦穆公時，秦國的勢力範圍擴展到黃河一帶。

秦國的政治中心遷徙史就是一部政治勢力範圍擴張史的生動寫照。嬴秦先祖最初活動在今甘肅天水一帶。在建立國家之後，歷代秦君多次遷徙政治中心。從秦襄公封侯，至秦孝公定都咸陽以前，秦國政治中心共向東遷徙六次。第一次，西元前七七六年，秦襄公從西垂故地居「汧」，歷時十四年。第二次，西元前七六二年，秦文公遷都於秦嬴故地「汧渭之會」（今陝西眉縣西北的渭河之北），歷時四十八年。第三次，西元前七一四年，秦憲公遷都於岐山西南的平陽（今陝西眉縣、寶雞之交），歷時三十七年。第四次，西元前六七七年，秦德公卜居雍城（今陝西鳳翔境內），定都於此，歷時二百九十四年。雍地處要衝，是控制關中地區通向河西走廊交通的樞紐，也是由關中穿越秦嶺前往巴蜀的孔道的咽喉。這一帶開發較早，經濟發達，又是以關中為中心的華夏文化與巴蜀文化、狄羌文化交流的重鎮。越過黃河，向東發展；越過隴西，向西戎發展；越過秦嶺，向巴蜀方向發展，這是秦國的既定國策。因此，秦國國君選擇了便於向四方發展的交通樞紐雍作為政治中心。自秦德公定都於此，到秦朝覆滅，秦王室的宗廟一直設在這裡。秦國遷都他方後，凡有重大事情都要到雍城告知祖廟。雍還始終是一方的重要經濟都會。考古工作者已在此地發現秦雍城及宮殿、宗廟、王陵遺址。第五次，秦靈公（西元前四二四～西元前四一五年在位）「居涇陽」。涇陽在今陝西涇陽境內。這是否算是一次遷都，學者們有爭論。秦靈公一度坐鎮於此，以利於向東發展，至少是將其作為臨時性政治中心，其政治行為類似於遷都。第六次，西元前三八三年，秦獻公「城櫟陽」（今陝西臨潼境內）。櫟陽是渭河北岸交通大道上一個商業繁榮的城市。渭河南北兩岸各有一條東西交通大道。秦晉毗鄰，當時往來交通以北路為便。櫟陽的位置也更接近河西地區。秦獻公遷都於此，正是為了與魏國爭奪河西地區。秦國建都於此，歷時三十三年。

春秋以來秦國政治中心遷徙的軌跡有一個鮮明的特點：沿著渭河從上游至中游，再從中游向下游，持續向東推進。它清晰地展示著嬴秦在立國之後不斷擴張的歷史過程。這也表明，秦國歷次遷都既是征戰勝利的結果，又著眼於下一步的勢力擴張。立國之初，秦襄公立即向東遷都，由西犬丘到汧，使都城儘可能接近東征的前沿。此後每一次遷都，都有類似的用意。到戰國初期，在涇陽僅做短暫停留，又大步東遷於「北卻戎翟，東通三晉」[29]的櫟陽，把都城擺在東進伐魏的前線。這種積極進取的意向和態勢十分明顯。秦孝公時期，秦國遷都咸陽，政治中心稍稍西移。這是出於各種條件的綜合考慮，並不意味著向東發展既定國策的終結。

四、帝王之基，得天獨厚

周平王捨棄的這一方領地，並非尋常之地。它是周人的發祥地，又是西周的王畿。經過戰亂，宗周宏偉壯麗的都城變為丘墟，化為農田。望著「彼黍離離，彼稷之苗」，令人遙想當年，不禁愴然淚下。

秦襄公有幸獲得這一方土地的部分經營權。他的子孫逐步奪取了整個關中地區。這塊地盤是唐宋以前公認的最為得天獨厚的「帝王之基」。歷代政論家對秦地的地理形勝多有讚譽之詞。考察秦始皇繼承先公先王的政治遺產，必須講一講這一方土地的地理形勝和人文優勢[30]。

「秦中自古帝王州。」周、秦、漢、唐的興起都是首先據有關中，站穩腳跟，然後殺向中原，進而統一全國。歷史上西周、秦、西漢、新、東漢（獻帝）、西晉（愍帝）、前趙、前秦、後秦、西魏、北周、隋、唐（前期）、大齊、大順等，都曾把政治中心設在關中。關中成為文物薈萃的千年帝都所在。

人們很早就發現並思考這樣一個現象：從華夏西部興起的政治勢力，常常雖微必大，雖弱必強。司馬遷的解釋是：「或曰『東方物所始生，西方物之成孰』。夫作事者必於東南，收功實者常於西北。故禹興於西羌，湯起於亳，周之王也以豐鎬伐殷，秦之帝用雍州興，漢之興自蜀漢。」[31]有人甚至把據天下之上游則必制天下之命視為規律，所謂：「天下之勢，自西而東，自北而南，建瓴之喻，據古如茲。」[32]在歷史文獻中，這類說法很常見。

在當時的歷史條件下，這裡的山川形勢之險固、經濟資源之豐富和人文條件之優越都有助於秦國興邦建國，造就霸業。

其一，關中沃野千里，資源豐富。秦國的核心地區位於渭河流域，渭河中下游又稱為「關中平原」。這塊土地後來被稱為「八百里秦川」。當時的關中平原一帶氣候溫暖、雨量充沛、樹茂草豐。渭河及其眾多的支流貫穿其中，川流密布，有舟楫、灌溉、漁獵之利。遠古時期，渭水等河流經常氾濫，給大地覆蓋了豐厚的土壤和腐植質，大地被眾多的河流切割，形成原、隰相間地形。黃土地帶，土質疏鬆，易於耕作。《禹貢》分中國為「九州」，關中地區屬於「雍州」，稱「厥土惟黃壤，厥田惟上上」。雍即「壅」，有壅阻堆積、淤塞不通之意。「九州」之中，雍州土地最宜農耕，是中國農業發展最早、物產最豐富的地區之一，故古代文獻多有「天府」、「陸海」、「膏腴」之譽。

其二，關中為四塞之地，形勢險阻，固若金湯。關中平原是一個盆地，東臨滔滔黃河，四面有高山峻嶺環峙。西南是峰巒疊嶂的秦嶺山脈，北面有九嵕山、岐山等構成的北山山系，東面有險峻的崤山，西面是高大的隴山。大河、群山形成天然屏障，可謂「被山帶河」、「金城千里」、「四塞以為固」。後來秦國又修築一批險要關隘，其中東方的函谷關在軍事上尤為重要。函谷關一帶山高而路險。關城附近有一條處在山石夾縫中的狹長谷道，「路在谷中，深陷如函，故以為名」[33]。這條路「車不容方軌，馬不得並騎」，有人形容用「一丸泥」即可「東封函谷關」[34]。戰國時期，秦國進可攻，退可守，而六國之兵打到函谷關下便一籌莫展。

其三，關中地區經濟發達，人文薈萃，長期保持較高的文明發展程度。關中地區是華夏文明的發祥地之一。古帝伏羲、黃帝的陵墓都在這個地區。長期以來，四方民族匯聚於此，文化的交流和血緣的交融推動了社會的發展，成為華夏農耕文明最發達的地區。周人就是在這一方沃土上創造輝煌的。西周時期，豐鎬及其周邊地區是全國的政治、經濟、文化中心。秦國興起於宗周廢墟之上，其稟承西周的因素，反而較關東為多。成為關中地區的主宰者之後，當地華夏先民及西周王朝遺留的各種經濟、文化資源為秦國所繼承。這是嬴秦通過封侯立國所得到的最豐厚的社會政治資源。它使秦國獲得長期的發展優勢。秦穆公的霸業、秦孝公的王業、秦始皇的帝業都有賴於此。

實際上上述三個條件只是為帝王之業提供了重要的基礎性條件，能不能確實占有它、支配它，能不能把優勢發展為勝勢，能不能最終奪取勝利，主要靠人的因素。優越的客觀條件並不意味著必然成就帝業。首先，在廣袤的中華大地，可以作為帝業之基的地區並非侷限於西方一隅。且不說興起於東夷、立國於東方的殷商曾經長期居於「天下共主」的地位，「晉阻三河，齊負東海，楚介江淮，秦因雍州之固，四海迭興，更為霸主」35，晉、齊、楚、秦都有進而統一天下的可能性。後來晉國三分，楚國轉衰，齊國偏安，都是由於國內政治出了大問題。嬴秦滅三晉，破強楚，併田齊，最終成就帝業主要得益於人謀。其次，成就帝業是一系列政治、經濟、社會、文化、軍事因素共同作用的結果，據有自然環境優越的地區並不一定必然統一天下。占據關中地區的王朝許多也沒有進而實現天下一統。如前趙、前秦、後秦、西魏、北周等。再次，春秋初期有條件占據關中地區的諸侯國並非嬴秦一家。嬴秦之所以獲得先機，得益於歷代先公的勵精圖治，積極進取。整個關中地區都是嬴秦靠著政治、軍事謀略一塊一塊攻占的。第四，山河險固、資源豐富也不能挽救周、秦的覆滅。險要的函谷關使「合縱」諸侯的正規軍屯兵堅城，止步不前，卻被秦末起兵不久的農民軍輕易攻克，長驅直入。秦朝的成功得益於軍政方略的正確，秦朝的覆滅獲咎於統治方略的失策。正所謂「天時不如地利，地利不如人和」。沒有嬴秦歷代先公先王的勵精圖治，縱有天府陸海、雄關險阻也是枉然。秦穆公的霸業、秦孝公的王業、秦始皇的帝業都是正確的政治謀略的產物。

客觀公正地說，「八百里秦川」之所以長期成為「帝業之基」，優良的自然地理條件固然十分重要，而人的因素更為重要。沒有華夏先民、周秦兩代的苦心經營，特別是嬴秦數百年間具有創造性的政治、經濟、社會、文化建設，就不會有這片秦漢隋唐時期的首善之區、王業之本。在一定意義上可以說，漢唐的基業主要是由秦穆公、秦孝公和秦始皇奠定的。

秦穆公始霸與秦國大國地位的確立

秦國地位和實力的大幅度提升是在春秋中期，其起點是秦穆公的稱霸和秦國大國地位的確立。秦穆公是春秋五霸之一。他任賢使能，爭霸中原，東服強晉，飲馬黃河，又揮師西向，開拓疆土，稱霸戎狄，建立了赫赫武功。秦國的疆域在東、西兩個方向上都有較大擴張，已經基本據有關中。這就不僅為霸王之業奠定了堅實的基礎，而且使秦國成為少數幾個有可能統一中國的國家之一。

一、「尊王攘夷」與諸侯爭霸

在秦穆公統治時期，政治局面已經從春秋初期的局部兼併戰爭階段發展到大國爭霸戰爭階段。爭霸戰爭大多打著「尊王攘夷」的旗號，其主要目標是奪取諸侯盟主的地位，即實際上的「天下共主」地位。爭霸戰爭是局部兼併戰爭的必然結果。通過局部兼併戰爭形成的大國，無論維護既得的區域性霸權，還是進一步謀求號令其他國家的地位，都必須與其他大國發生利害衝突，因而兵戎相見，這就必然導致爭霸戰爭頻繁爆發。於是五霸迭興，征戰不已。兼併眾多的領土才能成為霸主，成為霸主又可以兼併更多的土地。爭霸戰爭與區域性局部統一互為因果。爭霸戰爭是更大規模的兼併戰爭，它實質上是統一戰爭的預演階段。

周室失其鹿，群雄競逐之。從理論上講，四方諸侯都有可能成為繼周而興的天下共主。可是限於當時的歷史條件，主要是擁有「天子」名分的周王室還有較大的影響力，而足以取代天子地位與名分的政治勢力尚未形成，所以各國間的政治較量主要以謀求霸權的形式出現。

爭霸戰爭的序幕是由齊桓公拉開的。歷來有春秋「五霸」之說，即齊桓公、宋襄公、晉文公、秦穆公、楚莊王。宋襄公並沒有實際上取得霸主地位，秦穆公也不曾做會盟諸侯的盟主，而吳王夫差、越王勾踐都曾會盟諸侯並享有盟主名分，均有資格列為霸主之列。實際上的霸主遠不止於此。晉、楚兩國自城濮之戰以後，分別作為一批諸侯國集團的盟主而獨霸一方，彼此間長期圍繞霸主地位而征戰不已，互有勝負、消長。有關的兩國君主都可以視為霸主。

著名霸主中的齊桓公、秦穆公、晉文公是同一時代的人，他們先後登台亮相，相繼成為霸主。齊桓公在管仲輔佐下，「九合諸侯，一匡天下」，成為春秋五霸之首。這時秦穆公已經在位。齊桓公逝世不久，長期流亡國外的晉文公在秦穆公的支持下，取得了晉國的政權。西元前六三二年，晉文公在城濮之戰擊敗強楚，與天子及諸侯會盟於踐土，遂成中原霸主。此後，秦、楚也相繼稱霸。

在當時，曾經占據或企圖占據霸主地位的諸侯很多，參與爭霸戰爭的諸侯更多，而能夠在爭霸的舞台上長期唱主角的只有齊、楚、晉、秦四國。這四個國家都在局部兼併戰爭中取得先機。據說，在春秋初期大肆兼併的基礎上，齊桓公「併國三十五」[36]，晉獻公「併國十七，服國三十八」[37]，秦穆公「併國十二，開地千里」。楚國的兼併規模更大一些，僅楚莊王就「併國二十六，開地三千里」[38]。它們都靠著不斷兼併周邊的國家而迅速崛起，成為疆域廣闊、威震一方的大國。由於只有這四國得天時、地利、人和，具有長期角逐霸權的實力，故史稱「齊、晉、秦、楚其在成周微甚，封或百里或五十里。晉阻三河，齊負東海，楚介江淮，秦因雍州之固，四海迭興，更為霸主，文武所褒大封，皆威而服焉」[39]。齊、楚、秦、晉分別雄踞於華夏大地東、南、西、北四個方向，形成四個大的政治勢力範圍。實際上戰國時期的政治角逐、軍事廝殺也主要是在它們之間展開，只是晉國一分為三而已。由此可見，未來統一中國的政治力量在爭霸戰爭中已經形成。

齊、晉、楚、秦之所以如此強盛，得益於政治有所革新。齊國為羌族姜姓，周初封國，居泰山、渤海之間，享有征伐一方的特權。自太公望立國伊始，齊國就有因俗而治、任用賢能的政治傳統。這與同處齊魯大地而崇尚親親、尊尊的姬姓魯國有明顯的不同。這種求實的精神有利於突破傳統，與時俱進，所以齊國的實力迅速擴充，成長為地區大國。齊桓公即位後，設立「嘖室之議」，納諫諍，任賢能。他以管仲為相，改革社會結構，調整經濟關係。管仲「作內政而寓軍令」[40]，令士農工商分別居住，鄉里組織與軍事組織合一，又實行「案田而稅」[41]，形成「相地而衰徵，則民不移」[42]的穩定局面。這些改革措施收到富國強兵之效，不僅使齊桓公成為春秋首霸，而且進一步確立了齊國東方大國的地位。許多史家把管仲視為法家的先驅。晉國姬姓，始祖唐叔虞是武王之子，初封僅地方百里，領有諸夏與戎翟相雜的河東之地。晉武公、獻公剪除公族，任用賢臣，伐滅諸夏，攻掠戎狄，晉國成為當時最強大的國家之一。晉文公即位前，晉國已有「作爰（轅）田」、「作州兵」[43]等重要改革。晉文公「舉善援能」、「賦職任功」，提拔大批外姓能臣，實行「輕關易道，通商寬農，懋穡勸分，省用足財」[44]等政策，終成霸業，確立了晉國中原北部大國的地位。三晉是法家學說的發祥地，法家諸子大多是三晉人，這很能體現當地政治文化的某些特點。楚國立國於商周之際，這個被視為蠻族小邦的國家通過吞併江漢地區的諸姬小國、苗越蠻夷而成為地區大國。楚國政治有別於諸夏，是郡縣制最早萌芽的地區之一，也是最早稱王的諸侯國之一。楚國的君權相對集中，經濟資源豐富，文化兼有華夏、蠻苗之長，擁有一定的後發優勢。齊桓公「攘夷」的主要對象就是日益強盛的楚國。楚國與齊、晉長期爭霸，歷久而不衰。楚莊王任用出身微賤的孫叔敖為相，抑制貴族，整飭內政，興修水利，發展生產，使國勢日強。於是他率軍北上，飲馬黃河，問鼎輕重，覬覦中原王權。西元前五九七年，楚莊王擊敗晉軍，終成霸業，也確立了楚國南方大國的地位。在這四國之中，秦國的資歷最淺。齊、晉、楚都是在西周初期獲得天子冊封的，秦襄公封侯之時，它們都已進入大國行列。自秦襄公以來，秦國君主大多有強烈的進取精神，多有革新政治的舉措。後起的秦國經過百餘年的苦心經營，從一個微不足道的小國，發展為雄踞一方的大國，這實屬不易。秦穆公兩次參與平定周王室之亂，兩次置立晉君，東與強晉相匹敵，西占戎狄國與民，無愧為一代霸主。秦穆公的霸業奠定了秦國西方大國的地位。

二、秦穆公任賢，百里奚致霸

秦穆公，名任好。秦成公之弟。繼承君位後，他修建霸城宮，改滋水為霸水（灞水），以「以章霸功」[45]，急切謀求稱霸中原之心，由此可見一斑。

正如齊桓公有管仲、鮑叔，晉文公有狐偃、趙衰一樣，秦穆公身邊有百里奚、蹇叔。百里奚、蹇叔深謀遠慮、識見非常，堪稱王霸之佐，其智略謀斷不在管仲、狐偃之下。百里奚、蹇叔之外，還有邳豹、公孫支、由余等，他們都不是秦國人，卻都獲得秦穆公的信任，授予國政，委以重任。百里奚、蹇叔盡心竭力，多謀善斷，先後協助穆公制定並執行和晉與制晉、和戎與制戎的方略和政策。

秦穆公志向遠大，敢於任用來自其他國家的王霸之佐，勇於公開檢討自己的政治失誤，善於及時調整政治方略，這是他成就霸業的主要原因。齊景公曾經問孔子曰：「昔秦穆公國小處闢，其霸何也？」孔子的看法是：「秦，國雖小，其志大。處雖闢，行中正。身舉五羖，爵之大夫，起釁紲之中，與語三日，授之以政。以此取之，雖王可也，其霸小矣。」46秦國立國較晚，又很早出現郡縣制度萌芽，所以受西周宗法政治的影響最小，因而有不拘出身重用賢才的政治傳統。秦穆公得以獨霸西戎，秦孝公得以富國強兵，秦始皇得以統一天下，都與繼承這個傳統有直接關係。

三、東服強晉，飲馬黃河

秦穆公在位前期，正值晉獻公執掌晉國政權。當時晉國強盛，先後滅亡耿、霍、魏、虢、虞等一批國家。其中虢據崤函，虞扼茅津，正當秦國東出之要道。為了達到擴充實力、稱霸中原的目的，秦穆公施展軍事、外交手段，以和晉為主的方式與強晉周旋。主要體現在秦晉聯姻、兩立晉君、輸粟於晉、聯合抗楚等幾件大事。

西元前六五九年，秦穆公即位伊始，立即親自率兵東進，攻擊茅津之戎，取得勝利，將秦國的勢力範圍推進到黃河一帶。四年後，秦晉聯姻，秦穆公迎娶晉獻公的女兒為夫人。轉年，他就親自出征，與晉軍戰於河曲。西元前六五一年，晉獻公死，晉國內亂。公子夷吾為人猜忌多疑，屬於平庸之輩。他以「割晉之河西八城與秦」為條件，請求秦國協助奪取君位。秦穆公決定立庸君而弱晉，得城池而強秦。於是令百里奚率兵護送夷吾回國。夷吾（晉惠公）即位之後，立即背約。秦穆公基於對形勢的判斷，沒有興兵討伐。西元前六四七年，秦穆公採納百里奚的意見，應晉國的請求輸粟於晉，救濟災荒，「以船漕車轉，自雍相望至絳。」不久，秦國遇災，請粟於晉。晉惠公不僅不賣給秦國糧食，反而趁機興兵攻秦。秦穆公親自率軍迎擊，與晉惠公會戰於韓原，史稱「韓原之戰」。這一戰秦軍大獲全勝，晉惠公被俘。晉惠公被迫「獻其河西地，使太子子圉為質於秦。秦妻子圉以宗女」47。秦穆公在河西設置政權機構，秦國東方國境首次到達黃河岸邊。

晉惠公死，此前逃回晉國的子圉立為君，是為晉懷公。為了控制晉國，秦穆公「乃迎晉公子重耳於楚，而妻以故子圉妻」，並派兵護送他回國。重耳奪取君位，是為晉文公。晉文公深謀遠慮，很快成就霸業。秦穆公見晉國日益強大，採取聯晉方針，在外交上追隨晉國。他協助晉國平定周王室的內亂，又與晉國聯手抗禦楚國勢力。所謂「秦晉之好」，實屬利害之交。

四、遠途襲鄭，兵敗殽山

西元前六二八年，晉文公死。轉年，秦穆公決定派兵偷襲鄭國。秦穆公為東出中原爭霸的野心所驅使，不顧百里奚、蹇叔等人的苦苦勸告，冒險派百里溪之子孟明視、蹇叔之子西乞術和白乙丙三將率軍偷越晉國，遠途奔襲。秦軍行軍途中路遇鄭國販牛商人弦高。弦高假冒鄭國使者，獻牛勞軍。秦國三將軍據此判定鄭國已經發現秦軍來襲，早有防備，恐怕攻之不克，圍之不繼，於是放棄原定計劃。他們撤軍回國，順手滅掉滑（在今河南偃師境內）。

秦軍趁晉文公尚未下葬之際，途經晉國遠途奔襲，又攻破晉之邊邑滑。晉襄公聞之，勃然大怒，決定聯合姜戎，在殽山北麓險要地段設伏，襲擊秦軍。秦軍出兵之時，百里奚、蹇叔就告誡自己的兒子謹防在殽山險要地段遭到晉軍截擊。可是孟明視等驕橫輕敵，竟然對晉軍的動向毫無察覺，更沒有採取防範伏擊的措施。秦軍行至峽谷隘路間，突遭伏兵，倉促應戰，兵車又無法列陣、回旋，被一舉殲滅，孟明視等三將被俘。經晉文公夫人苦苦哀求，晉襄公才放歸三將。

孟明視、西乞術和白乙丙三將歸秦。秦穆公「素服郊迎」，他不僅沒有懲處三將，還歸咎於己，「復三人官秩如故，愈益厚之」，並要求三將「悉心雪恥」，不得懈怠。

西元前六二四年，秦穆公派孟明視等人率兵伐晉。他們「渡河焚船，大敗晉人，取王官及鄗」。

「晉人皆城守不敢出」。於是秦穆公自茅津渡河，埋藏暴露於當年戰場山野的秦軍屍體，「為發喪，哭之三日。」[48]他再次向全軍檢討當年不用百里奚、蹇叔之謀而導致全軍覆沒的過錯。秦穆公勇於罪己責躬，發誓汲取教訓，秦軍上下為之感動。《尚書・秦誓》是記載此事的重要文獻。

五、改變方略，西霸戎夷

殽山之戰對秦國政治、軍事、外交方略有重大影響。秦國雖說把晉人逐出河西，但多次出兵函谷，圖霸中原，都沒有成功。主要原因在於晉國強大，堪稱勁敵。秦晉長期征戰，秦的勢力始終不能在河東立足。鑑於強晉阻扼於東方，秦國改變外交方針，開始奉行聯合楚國等制約晉國的策略，後世的遠交近攻謀略初露端倪。這個外交方針堅持了一百餘年，秦與楚結成比較穩定的政治、軍事、外交聯盟，有力地遏制了晉國向西發展的鋒芒，減輕了晉國對秦國的壓力。更重要的是，秦穆公決心改變秦國的戰略發展方向，把擴張的戰略重點由東方轉向西北。

作為老對手，西戎與秦國之間有戰有和，時而兵戎相見，時而交際往來。戎王聽說秦穆公精明幹練，頗有作為，於是派使臣到秦國探聽虛實。這位使臣名叫由余。由余的祖先是晉人，他能操中原語言與華夏諸國交流。秦穆公為了誇耀富強，震懾西戎，向由余展示了秦國的宮廷建築、禮樂制度、庫府積聚。由余參觀之後，不以為然。他說：「使鬼為之，則勞神矣。使人為之，亦苦民矣。」秦穆公聞之很詫異，問曰：「中國以詩書禮樂法度為政，然尚時亂，今戎夷無此，何以為治，不亦難乎？」由余大笑，他認為以詩書禮樂法度治國正是導致華夏諸國社會動亂的根本原因。由余講的一番道理與後來道家的說法很相似：禮樂法度仁義是暴政的根源，它只會造成君臣離心，勞民傷財，以致「上下交爭怨而相篡弒」。而戎夷則不然。他們不搞那些森嚴的貴賤等級、繁瑣的禮樂制度、嚴苛的法度刑律，因此民風純樸，上下同心，「一國之政猶一身之治，不知所以治，此真聖人之治也。」[49]

「鄰國有聖人，敵國之憂也。」秦穆公發現由余正是這種賢能之臣，便與內史廖商討對策。內史廖提出了兩個相關的對策：其一，西戎地處偏遠，沒有欣賞過中國的樂舞。秦國可以選送一批能歌善舞的美女，贈送給戎王，使之沉溺於聲色之中，而怠於政事。其二，將由余滯留在秦國，並採取各種方式離間戎王與由余的君臣關係，使戎王不信任由余。秦穆公採納了內史廖的建議。戎王果然中計，由余只得逃離西戎而降秦。

西元前六二三年，秦穆公採納由余的謀略，利用西方諸戎各自為政，互不統領，派遣大軍討伐，各個擊破。秦國相繼攻占大片領土，關中地區諸戎或併入秦國版圖，或臣服於秦國，史稱「益國十二，開地千里，遂霸西戎」。秦穆公開拓疆土，廣地益國，把秦國的領土西展至陝甘邊境，北拓至陝西北部，又東滅梁、芮，打通進出東方的通道，進而虎視中原。

秦國獨霸西戎以後，秦國又把注意力瞄準了東方。秦康公傾全力進攻晉國。他一敗晉軍於令狐，再敗晉軍於武城，三敗晉軍於羈馬，四敗晉軍於河曲。此後，秦國與晉國之間互有攻守、勝負。到戰國初年韓、趙、魏三家分晉，東方大國對秦國的威脅和阻隔一度有所緩解。於是秦國利用這個時機，征服山西全境的諸戎，進而征服甘肅東北及漢中一帶的諸戎。到秦孝公以後，秦國開始頻繁地侵凌中原各國。

六、春秋以來秦國文明程度的發展

嬴秦國家發祥於中國西部，興起於諸戎之間。秦國的國土和臣民主要奪取於關中諸戎之手。這就決定了秦國國民大多與戎狄有文化的或血緣的淵源關係。秦國本非周族姬姓，歷來也受到東方諸侯的歧視。文獻中多有稱秦國為「秦戎」、視秦人為「戎夷」的記載，這就很容易使人產生這樣一個印象：這是一個野蠻、暴虐的「虎狼之國」。秦統一天下猶如後來的蠻族入侵。其實不然。如果把近年來眾多的考古發現與文獻記載相互印證，就不難看出，早在嬴秦立國之初，其生活方式和文化類型就屬於華夏一系。秦國占據西周故地以後，其生活方式的基本層面繼承了西周文化傳統。至遲到春秋戰國之際，秦國的社會發展水平已經不低於東方各國。秦文化始終是華夏文化共同體中頗有地方特點的區域文化之一。某些文化優勢是促成秦國迅猛發展的重要原因之一。秦統一六國是一個文明發展程度較高的國家戰勝了一批發展進程相對遲滯的國家。

在物質文化方面，秦國基本繼承了西周的農耕技術和手工業技術。關中自古就是中國農業最先進的地區。西周以農耕起家，以農業立國，進一步發展了這個地區的農業技術優勢。秦國占領周人故地，收編西周餘民，也就繼承了這筆重要的文化遺產。考古資料表明，秦地是中國最早製造並使用鐵器的地區之一。鳳翔秦公一號大墓就出土了鐵鏟等工具。休耕輪作制度的推行、牛耕技術的採用和青銅、鐵製農具的使用，使秦國在農業技術方面達到當時的先進水平。秦國有能力輸送大批餘糧救濟晉國災荒，其農業經濟的發展程度由此可見一斑。春秋時期，秦國青銅器的工藝、造型、紋飾和銘文行文風格都具有西周晚期遺風，且大多製造精良，鑄造工藝水平相當高。後來新流行的蟠螭紋等也大體與中原同步。這表明秦國在技術層面的發展程度上至少與東方各國持平。秦都雍城規模巨大，氣勢恢宏，城中宮殿建築壯麗宏偉，庫府輜重如山。由余見之驚嘆其勞民傷財。從都城和宮廷建築及在這裡發掘出土的大型青銅構件、各種青銅工具和鐵工具以及各種建築材料看，當時秦國的生產力發展水平和物質文明發展程度絕不會低於東方諸國。

在精神文明層面，秦文化也有基本接受周文化的傾向。秦國基本採用西周政治模式。秦穆公自詡以「詩書禮樂法度為政」便是明證。還有許多事實可以證明這一點。諸如接受西周的上帝觀念和天命觀念。秦襄公以下都以嬴秦封侯是「受命於天」自居並基本仿照周禮祭祀上帝。作為其建國合法性依據的「上帝」、「天」，只能是當時周王朝範圍內公認的上帝。秦國朝廷的各項禮儀制度基本符合周禮。自秦襄公以來，秦國與諸侯通使聘享之禮。這類交往只能遵照周王朝的禮制。西元前六一五年，秦康公派遣西乞術出使魯國。西乞術言詞彬彬有禮，應對合乎禮儀。魯臣襄仲感慨地說：「不有君子，豈能國乎？國無陋矣。」[50]魯國是最講究周禮的，襄仲的這個評價應是判定秦國貴族禮儀文化修養的可靠依據。從鳳翔秦都雍城宮廷建築遺址的發掘情況看，秦朝宗廟、宮殿建築的布局、結構基本沿襲周制而略有改變。秦公陵墓的形制、葬儀和王公貴族的棺槨等制度也大體沿襲殷周之禮。考古發掘證明：春秋時期秦國的宗廟制度和祭祀用牲基本符合周禮而略有差異。秦國沿用了西周文字。秦公鍾、秦公鎛、秦公簋和秦公一號大墓石磬的銘文文字字體和文法結構，與西周晚期銅器銘文的篆文基本相同。石鼓文的字體則屬於籀文。秦國的文學、藝術也深受周文化影響。秦公的鍾、鎛、石磬等樂器表明秦國接受了西周雅樂。這與秦穆公贈送戎王「中國之樂」的記載可以相互印證。從《詩經．秦風》保存的詩歌及秦公石磬銘文的文詞看，秦國文學的發展水平也達到相當高的程度。

上述事實表明，在春秋時期，秦國比較全面地繼承了正統的華夏文化，其上層社會幾乎全盤接受了宗周的詩書禮樂。秦國的主流文化在經濟上屬於發達的華夏農耕文明，在政治上基本接受西周政治制度，在文化上使用華夏文字，在禮儀上基本採用周禮，其經濟生活方式、政治模式和文字都屬於華夏類型。這是為春秋時期秦文化定性並判定其發展程度的最主要的依據。

大國爭霸是政治、軍事、外交的全面較量，而綜合國力是長期參與爭霸戰爭的資本。自秦穆公以來，秦國的大國地位獲得廣泛承認。宋國發起「弭兵之會」，首先徵得晉、楚、齊、秦四大強國的贊同。晉國政大臣趙孟也認為：「晉、楚、齊、秦，匹也。」[51]四大強國之所以長期處於勢均力敵狀態，靠的是其雄厚的綜合國力。綜合國力的基礎是經濟實力，經濟實力的基礎是各種社會的、技術的、文化的優勢。這時的秦國顯然已經不能再用「僻遠」、「弱小」、「落後」、「野蠻」等字眼來形容。與同樣興起於僻遠蠻荒之地的楚國一樣，這時的秦國的主流文化是華夏文化的一個主要的分支。晉、齊、楚、秦之間的文化差異主要是地域性的。

當然秦文化又有自己的特點。例如，喪葬大多採用豎穴土壙形制和頭向朝西、蜷曲特甚的屈身葬。這種葬儀保留著地域性的文化傳統。又如，秦國墓葬盛行使用人殉、人牲，且數量比中原各國要多。至於許多淺層次文化現象中的地方特點，諸如建築材料、美術作品、習俗風尚等，更是不勝枚舉。這些層面的文化現象都在一定程度上反映著秦文化的特點和發展程度。但是它們都不能作為判定文化性質和文明程度的主要依據。

在政治文化方面，秦國的發展程度略高於東方各國。主要表現為宗法制度對政治的影響相對弱化。商鞅變法之前，秦國的宗廟制度、君位繼承制度、等級制度、禮儀制度、世卿世祿制度和井田制等，大體與當時各國類似，基本屬於有所變化的西周模式。但是，秦國立國之時，西周家國一體政治模式已經開始崩潰，宗親分封制和井田制已經動搖。當秦國地位有所提高、國土逐步擴大，有條件大規模分封宗室時，行將取而代之的郡縣制又萌生於世。商鞅變法的主要內容就是進一步消除西周政治模式的影響。因此，秦國基本上沒有經歷過典型的西周政治模式階段，也沒有形成強大的由公室封君和其他封君構成的貴族勢力，更沒有任用宗室王族執掌國政的政治傳統。

在當時，這是一個重大的政治進展，由此而形成一系列社會、政治、經濟、文化優勢。

西周政治模式的顯著特點是全面宗法化，即將宗法原則貫徹到社會政治生活各個領域、各個層次。而春秋戰國社會歷史演變的大趨勢就是相對縮小宗法制度對政治制度、經濟制度的影響範圍，相對弱化宗法觀念對實際政治過程的影響。因此，春秋以來的西周文化已經淪落為文明發展程度相對落後的文化。秦國的君權較強，封君較少，倫理化政治不發達，這個特點主要是時代造成的。秦國社會政治發展的程度相對超前，其宗法制度和宗法觀念有重大調整，注入了時代的特點。與其說秦文化有與生俱來的中央集權傾向，不如說是時代性的社會政治演變為秦文化注入了新的特質。新的政治特質決定了新的文化特質。這種新的文化特質在其他國家也已逐步形成、發展，只是由於習慣勢力更強大，不如具有後發優勢的秦國那麼鮮明、那麼徹底而已。由於秦國沒有形成典型的宗法政治模式，秦地的傳統勢力又相對薄弱，新的制度反而成長更快。新的制度恰恰要在許多方面突破舊的東西，它對社會結構的改造也會導致宗法道德的調整。這正是社會文明程度發展的產物和具體表現。

秦孝公變法與秦國躍居「戰國」首強

「商鞅相孝公，為秦開帝業。」[52]秦國之興，源遠流長，而秦國之強，自孝公始。秦孝公信用商鞅，厲行變法，以法治、耕戰富國強兵，使秦國很快躍居戰國首強。後世政論家、史學家普遍認為，商鞅變法為秦國奠定了帝業的基礎。秦始皇的帝業之基開創於此，秦始皇的政治模式肇始於此，全面認識「秦始皇現象」必須分析商鞅變法。

戰國號稱「大爭之世」。當此之世，「天下爭於戰國」[53]，一批政治、經濟、軍事力量強大的「戰國」稱雄一方。它們「廢文任武，厚養死士，綴甲厲兵，效勝於戰場」[54]。國家（或國家集團）與國家（或國家集團）之間的戰爭連年不斷，戰爭規模也日益擴大，故史稱「戰國時期」。「今取古之為萬國者，分以為戰國七。」[55]參加「大爭」的「戰國」主要是號稱戰國七雄的韓、魏、趙、楚、燕、齊、秦。

「大爭」的主要手段是戰爭，戰爭是國家之間實力與謀略的較量。戰爭必然是血腥的，所謂「爭地以戰，殺人盈野；爭城以戰，殺人盈城」[56]。人們為了適應戰爭的需要，政治、經濟、文化、外交必然有所調整，有所變革，有所創新。圍繞是否應當變革，各國內部又展開激烈的爭奪政治主導權的鬥爭。每一次變法，都會推出一個雄心勃勃的強國。大國之間的此興彼衰，又加劇了戰爭的烈度。國家之間的戰爭與國家內部的政爭交織在一起。一部戰國史就是「爭」與「變」的歷史。它一再證明：哪個國家主張變革的政治家在政治鬥爭中占了上風，哪個國家勇於革新政治，哪個國家的政治、經濟改革更全面、更系統、更徹底，哪個國家就會在戰爭中取得優勢。

在戰國時期，各國都有變法活動。魏文侯任用李悝變法、韓昭侯任用申不害變法、齊威王任用鄒忌變法、楚悼王任用吳起變法、秦孝公任用商鞅變法、趙武靈王推行「胡服騎射」等，都是當時著名的變法活動。各國變法的基本內容、取向和目標也大致相同。改革的措施一經推出，一個國家立即就會出現新氣象。這種歷史現象展示著古今之變的大趨勢。在各國的政治革新中，秦孝公、商鞅主持的變法最全面、最系統、最徹底。秦國能夠在「大爭之世」笑到最後，正是得益於此。

一、勵精圖治，下令求賢

秦國的社會政治改革起步於秦獻公時期。秦厲公以來，秦國內部圍繞君位繼承等問題爭鬥不已。因此，史稱「秦以往者數易君，君臣乖亂，故晉復強，奪秦河西地」57。秦獻公即位以後，出台部分改革措施，整飭國內政治，如重新編制戶籍、倡導工商業、廢止人殉制度等。他築城櫟陽，把政治中心進一步東移。西元前三六四年，秦與晉戰於石門，斬首六萬。西元前三六二年，秦與魏晉戰於少梁，虜其將公孫痤（又作公叔痤）。秦國重現霸王之相。

西元前三六一年，秦孝公即位，時年二十一歲。當時的政治情勢是：「孝西元年，河山以東強國六，與齊威、楚宣、魏惠、燕悼、韓哀、趙成侯並。淮泗之間小國十餘。楚、魏與秦接界。魏築長城，自鄭濱洛以北，有上郡。楚自漢中，南有巴、黔中。周室微，諸侯力政，爭相併。秦僻在雍州，不與中國諸侯之會盟，夷翟遇之。」58這表明，七國爭雄的局面業已形成。這時的楚國憑藉傳統優勢地位和首屈一指的疆域依然相當強大，而魏國自李悝變法以後躍居戰國首強，積極向四方擴張，構成對秦國的主要威脅。秦國南有楚國，東有魏國，又受到中原各國的輕視，在中國競爭中處於不利地位。

秦孝公繼承獻公遺業，下令求賢，曰：「昔我繆公自岐雍之間，修德行武，東平晉亂，以河為界，西霸戎翟，廣地千里，天子致伯，諸侯畢賀，為後世開業，甚光美。會往者厲、躁、簡公、出子之不寧，國家內憂，未遑外事，三晉攻奪我先君河西地，諸侯卑秦，醜莫大焉。獻公即位，鎮撫邊境，徙治櫟陽，且欲東伐，復繆公之故地，修繆公之政令。寡人思念先君之意，常痛於心。賓客群臣有能出奇計強秦者，吾且尊官，與之分土。」59

衛鞅（商鞅）聞知秦孝公下令求賢，立即西行入秦。經秦孝公寵臣景監介紹，求見孝公，並獲得賞識。此一番君臣際遇成就了春秋戰國史上一次重大的制度創新，奠定了秦國政治的規模和取向。

二、任用商鞅，實行變法

商鞅（約西元前三九〇年～西元前三三八年），姓公孫，名鞅，又名衛鞅。秦孝公封衛鞅於商於，故號商君，稱商鞅。商鞅出身於衛國王族，「少好刑名之學」，曾做魏相公叔痤的家臣，「年雖少，有奇才。」[60]公叔痤臨終前推薦商鞅繼任魏相，魏惠王不以為然，把一位曠世奇才推給了秦國。商鞅深得孔子足食足兵之道和法家耕戰之術的真諦，並將其逐一落實於政治實踐。從現存文獻看，商鞅是世界上第一個提出系統的國家與法制理論的思想家。他既是理論家，又是實踐家。他把法家政治思想發展成為相當成熟的理論體系，並以輔佐秦孝公變法而名著史冊。在先秦諸子中，商鞅對當時社會歷史進程的影響最大。他是戰國時期最有成就的思想家、政治家之一。

經秦孝公寵臣景監引薦，商鞅三見孝公。第一次，他大講「帝道」，「語事良久」而秦孝公昏昏欲睡，根本沒有聽進去。第二次，他論說「王道」，秦孝公不以為然。第三次，他詳細地講解「霸道」，秦孝公「不自知膝之前於席」。秦孝公對商鞅謀劃的「強國之術」極口稱讚。兩人又多次深談，「語數日不厭。」[61]這裡應當指出的是：《商君書》是以「王道」概括法治、耕戰思想的。

商鞅得到秦孝公信任，準備「易禮」、「變法」。他認為「治世不一道，便國不法古」[62]，主張「當時而立法，因事而制禮」[63]。這必然引起爭議。針對一批權貴反對變法，主張「法古無過，循禮無邪」，商鞅指出：歷史事實表明「三代不同禮而王，五伯不同法而霸」。「湯武不循古而王，夏殷不易禮而亡」[64]，這個經驗教訓也值得汲取。商鞅把「變法」的手段和目的概括為「治」、「富」、「強」、「王」。「治」的主旨是以法治國；「富」的主旨是以農耕富國；「強」的主旨是以戰強國；「王」，即「王天下」。「治」、「富」、「強」相互促進，而以法治國是實現三者的關鍵。治國以法制與法治為先，所以要變法。秦孝公同意商鞅的意見，決心變法圖強。

商鞅從變革制度與法律入手，積極推行新政。他先後兩度變法。西元前三五六年，秦孝公任命商鞅為左庶長，「卒定變法之令。」第一批變法措施主要是頒布法律，推行法治，獎勵耕戰，富國強兵。新法頒行三年，初見成效，得到秦國民眾認可。商鞅也因功升任大良造。西元前三五〇年，商鞅推出第二次變法措施。這次變法著重制度建設，如普遍推行縣制，廢除井田制，改革賦稅制度，統一度量衡，革除舊風俗等，涉及到政治、經濟、文化等各個方面。商鞅全面總結春秋以來各類改革的經驗，做了綜合性的創新。他廢井田，獎耕織，賞軍功，罰私鬥，改賦稅，擴軍備，專鹽鐵，充國庫，這些措施很快收到成效。

「法令更則利害易。」[65]改革是各種社會政治關係、利益關係和社會觀念的大調整，它必然觸犯上層社會一些人的利益，也會遭到習慣勢力的抵制。據說當時「秦民之國都言初令之不便者以千數」。許多宗室貴族、世襲大臣公然抗拒新法。商鞅毫不動搖，不惜以鐵血手段殘酷鎮壓各類非議、反對和違犯法令的人。在秦孝公的支持下，新法得以貫徹，「秦人皆趨令。」[66]由於新法有利於國家的統一、穩定和強盛，有利於廣大中下層民眾社會地位的相對提高和經濟利益的相對增益，在經歷了一個從「百姓苦之」到「百姓便之」[67]實踐過程之後，新法獲得多數臣民的擁護。

商鞅變法的成效首先見諸內政，「行之十年，秦民大說，道不拾遺，山無盜賊，家給人足。

民勇於公戰，怯於私鬥，鄉邑大治。」[68]內政修則國富，國家富則兵強，兵士強則戰勝。秦國在對外戰爭中，特別是對強敵魏國的戰爭也取得一系列勝利。秦國迅速崛起，成為「兵革強大，諸侯畏懼」[69]的強國。

秦孝公勇於改革，使得秦國的綜合國力大幅度提高。東方各國對迅速崛起於西部的強秦不得不敬之畏之。有三個事件集中反映了秦國在列強中地位的變化。一是西元前三四四年，秦派公子少官率師參加逢澤之會，其外交地位有顯著變化。二是西元前三四二年，「秦人富強」，令各國刮目相看，於是「天子致胙於孝公，諸侯畢賀」，承認秦國的霸主地位。三是西元前三四〇年秦孝公以商鞅為將進攻魏國。商鞅設計俘虜魏軍主將公子卬，打敗魏軍。「魏惠王兵數破於齊秦，國內空，日以削」，「割河西之地獻於秦以和」[70]。對秦國威脅最大的魏國從首強的地位上跌落下來，秦、魏兩國攻守之勢發生逆轉。

三、依法治國，中央集權

經過兩次變法，秦國的政治制度和相應的政治理念發生重大變化，政治結構、社會結構、經濟結構和文化結構得到全面的調整，中央集權政治體制正式形成。主要體現在以下幾個方面。

其一，以強化中央集權為核心，全面革新統治體系。

秦國在西元前三五六年推出有利於徹底廢除世卿世祿制度的改革措施的基礎上，於西元前三五〇年普遍推行縣制，建立相應的官僚制度。「集小鄉邑聚為縣，置令、丞，凡三十一縣。」[71]縣令是一縣之長，縣丞掌管民政。縣之下設有鄉、邑。居民實行「五家為保，十保相連」的什伍編戶制度。這樣做的目的是把地方的各項重要權力集中於朝廷。地方實行統一的制度，「百縣之治一形」[72]，官吏就不敢隨意變更制度，弄虛作假。這項改革標誌著秦國中央集權體制的確立。中央集權是新的統治體系的核心制度。圍繞中央集權，形成了一整套相互匹配的制度。

其二，以發展經濟為主要目的，革新土地制度、賦役制度，改造社會經濟關係。

西元前三五六年，秦國頒布一系列鼓勵墾荒、獎勵耕織的法令，扶植小農經濟。經過一個時期的演變之後，一家一戶的小農經濟成為秦國主要的經濟形式，而這種經濟形式及相應的家庭模式，又是專制主義中央集權政治制度最優的經濟基礎和社會基礎。

西元前三五〇年，秦國「為田開阡陌封疆，而賦稅平」[73]。雖依然實行「畝百給一夫」的制度，卻把一百步為一畝改為二百四十步為一畝，從而擴大了每個農民的受田面積。兩年後，改革賦役制度，實行按戶按人口徵收軍賦。這就以國家法令形式，廢除井田制，實行授田制，並由國家直接徵收賦稅。從《商君書・墾令》記載看，商鞅還推行了一系列經濟方面的改革措施，如改革農業稅徵收辦法，在一定程度上減輕民眾的農業租稅負擔；實行普遍徵集徭役原則，提高貴族減免徭役的條件，依據戶口徵集商人出徭役；重農抑商禁止農民經商，加徵商品稅，提高酒肉等商品的稅率；禁止官吏追求「博聞、辯惠、遊居之事」，以免影響農民從事耕織的積極性。他還強化吏治，使「官無邪人」或「邪官不及為私利於民」，嚴防官吏非法侵犯民眾利益。雲夢秦簡提供的材料表明，這些政策原則的確曾在秦國推行。

這個改革的本意是通過重農而富國。從歷史進程的角度看，它具有革新社會經濟關係的意義。土地占有、使用乃至所有關係的變動必然推動社會生產關係的調整和生產力的發展。學者們對春秋戰國時期社會變革的性質有不同看法，有人認為是奴隸制向封建制的轉變；有人認為是封建生產關係自身的階段性演變；有人認為是奴隸生產關係自身的階段性演變；有人則試圖用其他概念進行分析。但是與西周相比較，戰國時期占主導地位的經濟關係中的人身支配性、依附性有所弱化是無可爭議的事實。這是文明程度提高的重要標誌之一。經濟關係的調整和一家一戶小農經濟的發展，不僅相對改善了平民百姓的社會地位，調動了廣大農業勞動者的生產積極性，增加了國家稅收，而且為君主制度下的中央集權體制提供了最優的經濟基礎。中國古代王權得以不斷強化、中國古代文明得以登峰造極，都有賴於一種世界古代史上最有活力的農業經濟模式的建立。

其三，以廢除世卿世祿制度、獎勵耕戰為主要目的，通過「易禮」、「變法」，建立新的政治等級制度及相關的禮儀制度。

為獎勵軍功，禁止私鬥，秦國頒布主要依據軍功實行賞賜爵位的制度。據說，「商君為法於秦，戰斬一首賜爵一級，欲為官者五十石。」[74]實際上可以稱之為「功勛爵制度」。新的等級制度與舊的等級制度一樣，都以區別尊卑貴賤，確定爵秩等級，維護君臣上下的隸屬關係為基本宗旨。然而兩種等級制度又有明顯的區別，其中最重要的區別有兩個：一是對各個政治等級的名目及其特權有所調整、改動，實行二十等（或十八等）爵制。二是確定政治等級的標準不同。新的等級制度以功勛作為確定等級的標準。爵位及相應官職的提升與功勛相稱，而各種政治的、經濟的、法律的、社會的特權又與爵位相稱。新法明確規定：不論出身，一律依據功勛受爵。貧賤者有功勛，可以受爵位、任官吏，而宗室若無軍功，不得享有宗室的特權，也沒有爵秩，即「宗室非有軍功論，不得為屬籍」。每一級爵位都有相應的法定特權和禮儀規範，「各以差次名田宅，臣妾衣服以家次。」如果有僭逾等者，將受到法律的懲處。這就使「有功者顯榮，無功者雖富無所芬華」[75]。

這項改革的目的旨在實現「利出一孔」[76]，即用各種政治手段使臣民只有一條可靠的獲得爵秩俸祿、富貴榮華的利途，這就是為國家和君主建立功勛，而建立功勛的主要手段是「耕戰」。它不僅調動了廣大臣民參戰的積極性，使秦國軍隊很快成長為「虎狼之師」，而且使賢者在位，能者出頭，導致世卿世祿制度的瓦解和官僚制度的發展。這項改革從等級制度的角度為新的統治體系提供了一項重要制度的保證。新的等級制度具有相當程度的流動性，有利於擴大統治基礎。

新的政治等級制度最重要的歷史意義在於它造就了一個新的動力階層。功勛爵制度的推行，勢必不斷衍生出集官僚、有爵位者和有地產者於一身的新社會角色，而他們的子女又會分化出各種類型的地產擁有者。這就在君主、貴族、高級官吏、大地產主和大工商業者等社會上層階層之下形成了一個以中下級官吏、中下級有爵位者、中小有地產者以及中小工商業者等社會階層為主體的中間階層。這些新興階層的人數眾多並不斷擴大。春秋戰國的歷史證明，這些階層在當時最具有活力，是推動當時文明程度發展的動力階層。它們是改造舊的政治關係和經濟關係的產物，又勢必成為發展新的政治關係和經濟關係的主力軍。這些社會階層的成員是新制度的受益者，又是新制度的擁護者。隨著這個中間階層不斷擴大，並在社會結構中逐步占據主導地位，中央集權政體也逐步擴大了可以依賴的社會基礎。

其四，為適應和維護新的政治、經濟制度，以強制手段改革家庭制度。

商鞅變法以強制手段廢除大家庭制度，將一夫一妻的核心家庭規定為合法的家庭形式和賦役單位。法律明確規定：男子成年必須另立門戶，「民有二男以上不分異者，倍其賦。」[77]

這項改革的本意是為了增加戶數，發展生產，增收賦稅。以一夫一妻為單位的農戶也的確便於開墾荒地，發展生產，增加租賦。「秦人家富子壯則出分，家貧子壯則出贅。」[78]從歷史進程的角度看，這項措施具有改革家庭制度的意義。它推動了一家一戶小農經濟模式的發展。核心家庭作用的增強是文明程度提高的重要標誌之一。

其五，為了強化國家的統一，以國家法令的形式統一度量衡。商鞅改革的重要措施之一是統一度量衡，即「平斗桶權衡丈尺」[79]。西元前三四四年頒布的「商鞅方升」（現藏上海博物館）就是這次改革的實物證據。這項改革對統一賦稅制度，加強財政管理，推行俸祿制度，促進商業流通，都有一定的作用。它也是國家權力的象徵，有利於強化國家的統一。

其六，統一思想，改造民俗，試圖憑藉政權的力量造就適應新的統治模式的文化體系。據說，商鞅為了強化國家法令的權威，維護改革成果，曾賞罰兌現，令行禁止，禁絕遊說，打擊不利於新法推行的習慣勢力。他還革除一些落後的風俗習慣，如以法律的形式「令民父子兄弟同室內息者為禁」[80]，嚴禁父子兄弟同室居住。新的觀念和習俗的形成，有利於破除習慣勢力，維護新的統治體系。

其七，健全法制，厲行法治，建立規範化的政治操作體系。建立規範化的政治操作體系，特別是將各項改革措施制度化、法制化，這是商鞅變法的顯著特徵。商鞅入秦時攜帶著一部魏相李悝制定的《法經》。它是中國古代第一部與中央集權政體相匹配的比較系統的法典。商鞅改法為律，很可能還結合秦國的情況有所修改。後來秦朝、漢朝的法典就是在商鞅制定的法典的基礎上逐步擴大補充而成的。除法典外，秦國還有政令等法律形式。商鞅變法的主要內容都寫入法典、政令，並以法律的形式貫徹實行。例如，與什伍編戶制度相配合，有關於連坐和「告奸」的法令，還規定：如果戶籍登記有隱匿、不實者，鄉官和同伍都要負刑事責任；為了鼓勵耕戰，在法律上規定了一系列獎懲措施，或「驅以賞」，或「劫以刑」[81]；

為了維護國家頒布的度量衡標準，法律還規定「步過六尺者有罰」[82]；與新的土地制度相關，法律規定嚴禁侵犯他人的土地權益；為改變落後風俗，以嚴刑禁止棄灰於道、父子兄弟同居等。主張以法為治、「以刑去刑」[83]的商鞅在法制建設方面著力甚大。儘管主張重罰主義的商鞅所制定的法律有輕罪重罰的弊端，而在當時的歷史條件下還是取得了明顯的成效。據說「法大用，秦人治」[84]，「道不拾遺，民不妄取，兵革大強。」[85]商鞅變法也因此獲得戰國時期的許多政論家的讚譽。

其八，遷都咸陽。

為了推行新政，擺脫舊俗，爭奪中原，秦孝公遷都咸陽。商鞅仿效中原國都規模，規劃城建，修築宮殿，並在宮廷門外設立冀闕，用以懸示教令。

商鞅最講究「作一」，即統一制度、統一法令、統一思想、統一利途等等。他重視規範化、制度化、法律化的政治手段，認為所謂「王道」，一言以蔽之，「身作一而已矣。」[86]君「作一」則民「自治」。民眾皆自覺依法辦事，政治就達到最高境界：「有道之國，治不聽君，民不從官。」[87]在當時，重視制度、依靠法律、規範操作的統治形式令人耳目一新，它比商周統治模式要有效得多。

從商鞅變法的內容看，在秦孝公時期，與「帝業」相關的「帝制」已經初具規模。秦國向戰國首強地位躍進和秦始皇的統一大業有賴於這種「帝制」，而由秦始皇所確立的皇帝制度與其先人初創的制度屬於同一統治模式，二者具有高度的近似性。

易「禮」變「法」主要是變革政治「禮法」，包括政治制度與方略。與戰國時期各國的變法相比較，商鞅變法具有全面性、系統性、徹底性，它將春秋戰國以來各國陸續實行的許多具有革新意義的做法和政策系統化、制度化、法制化。主要體現在以下幾點：首先，改革不是局部的、某一方面的調整，也沒有侷限在政治、軍事層面，而是涉及到政治、經濟、軍事、法律、道德、文化等各個方面。特別是從變革經濟基礎、等級制度和文化習俗入手，為新的政治體制提供了堅實的社會基礎，從而使整個社會政治生活發生了全方位的變革。其次，各項改革措施有很強的相關性，圍繞建立中央集權、實現富國強兵這個核心目標，形成一系列配套的制度、方略、政策。再次，各項重要的改革措施基本上制度化，甚至法制化。以獎勵耕戰為例，有關的改革措施沒有僅僅停留在政策層面，而是從法律制度、官僚制度、等級制度、土地制度、家族制度等各個方面提供規範和保證。第四，主要改革措施有意無意之中推動了一個以各級官吏、有爵位者和有地產者為主體的動力階層的不斷壯大。在新舊社會結構更替過程中，動力階層的產生與轉化是決定性因素。這個動力階層的發展有利於中央集權政體的確立。它是新制度重要的社會基礎。

正是由於商鞅變法具有上述特點，所以各項改革措施具有高度的穩定性。通過改革各種基本制度，使整個社會結構以及政治關係、經濟關係、等級關係、家庭關係等重要的社會關係都發生了深刻的變化，這是確保改革無法逆轉的根本原因；各項改革措施及其巨大的成效促使統治集團的政治理念、治國方略和大眾的政治心態、社會習俗都發生重大變化，新的政治理念、法律觀念和社會道德獲得社會各階層的普遍認同，甚至形成新的時尚風俗，這是使得改革很難逆轉的文化因素；重大改革措施都高度制度化、法律化，也很難由於人事變動而導致「人存政存，人亡政亡」；規範化的政治操作體系的可行性和有效性也使後來者對它十分青睞。事實勝於雄辯，改革的巨大成效也向人們證明以商鞅為代表的法家學派的政治主張具有進取性、實效性。任何面對現實的政治家都不會將這種有效的治術棄置不顧而另起爐灶。

秦孝公和商鞅變法為秦國留下了一筆重要的政治遺產。它不僅確立了秦國的首強地位，而且為秦國的「王業」、「帝業」奠定了堅實的基礎。各項變法措施得到全面貫徹和落實之後，秦國的文明程度大大提高，各項基本指標都超過了東方各國。至遲自秦孝公以後，秦國在文明發展程度上已經躍居首位。

從稱「王」到稱「帝」

西元前三三八年，秦孝公逝世，秦惠文君即位。不久新君及其寵臣為了報私怨、爭權力，將商鞅殘酷地處死。商鞅車裂身死，滅族無姓，然而「秦法未敗」88。從此秦國從稱「王」到稱「帝」，邁開了統一天下的步伐。

一、秦惠文君稱「王」

秦惠文王（秦惠文君）嬴駟是秦國第一位稱王的國君。他是秦國第二代「法治」君主。秦惠文王雖殺害了商鞅，卻又繼承了商鞅的事業，致力於法治和耕戰。這在「人存政存，人亡政亡」的時代實屬難能可貴。他的舉措對秦國法制的完善和法治傳統的形成具有決定性的作用。

秦惠文王確定以「連橫」破「合縱」的外交方略，不斷蠶食三晉，侵掠強楚，屢屢得手，還多次擊敗各國聯軍。在秦惠文王時期，秦國國勢的重大進展集中體現在滅巴蜀、取漢中，大幅度擴張了地盤。西元前三一六年，秦惠文王採納司馬錯的謀略，利用巴、蜀相攻，出兵伐蜀，滅之，繼而又滅巴國，設置巴郡。西元前三一二年，秦軍在丹陽之戰大破楚軍，虜其將屈匄，斬首八萬，又攻楚國的漢中，取地六百里，設置漢中郡。從此秦國占據關中、巴蜀兩個「天府之國」，控制黃河、長江中上游地區，不僅更加富強，而且取得戰略優勢。

這個時期最重要的政治現象是各國紛紛稱王，掀起了稱「王」運動。楚國早在春秋時期已經自稱為王。魏惠王是戰國時期第一個正式稱王的諸侯國君。西元前三四四年，魏國主盟「逢澤（今河南開封附近）之會」89。魏惠王自恃強大，率先稱王，他「乘夏車，稱夏王」90，宮室、衣服、儀仗等皆用天子之制。齊國的崛起動搖了魏國的首強地位。西元前三三四年，魏惠王與齊威王會盟徐州（今山東滕縣東南），相互承認為「王」。西元前三二五年，日益強盛的秦國繼魏、齊之後稱王，韓、鄭也相繼稱王。西元前三二三年，魏、韓、趙、燕、中山五國合縱攻秦，相互承認為「王」。後來衛、宋等國也稱王。在商周，「王」是最高統治者的稱謂。稱「王」運動標誌著各國已經不再尊重周天子的「天下共主」地位。它們從形式到內容都變成名副其實的獨立國家。從此時開始，各國之間的戰爭實質上已經屬於統一戰爭的範疇。

繼稱「王」運動而興的是稱「帝」運動。各國紛紛稱王，「王」的價值也就不那麼尊貴了，於是各大強國開始謀求「帝」號。早在秦惠文王時期就開始有人力勸秦國稱帝於天下。據說，蘇秦最初試圖連橫，到秦國遊說秦王。他對秦惠文王說：「大王之國，西有巴、蜀、漢中之利，北有胡貉、代馬之用，南有巫山、黔中之限，東有殽、函之固。田肥美，民殷富，戰車萬乘，奮擊百萬，沃野千里，蓄積饒多，地勢形便，此所謂天府，天下之雄國也。以大王之賢，士民之眾，車騎之用，兵法之教，可以併諸侯，吞天下，稱帝而治。願大王少留意，臣請奏其效。」秦王曰：「寡人聞之：毛羽不豐滿者，不可以高飛；文章不成者，不可以誅罰；道德不厚者，不可以使民；

政教不順者，不可以煩大臣。今先生儼然不遠千里而庭教之，願以異日。」蘇秦費盡口舌，「說秦王書十上，而說不行。」[91] 秦惠文王清醒地認識到秦國的實力還沒有達到足以獨自抗衡六國的地步，如果貿然稱帝，就像雛鳥羽毛未豐而欲高飛，法令尚不完備而動刑罰一樣，是不會達到預期的目的。但是，秦惠文王與他的先輩及子孫一樣，始終把建立帝業作為秦國的戰略目標，並通過切實的步驟，一步一步向這個目標邁進。

西元前三一〇年，秦武王嬴蕩即位。他進一步完善官僚制度，初置丞相，以樗里子、甘茂為左右丞相。秦武王雄心勃勃，圖謀「車通三川，以窺周室」，打通秦國到周室的通道。於是秦武王派甘茂等人進攻韓國，並於西元前三〇七年攻克宜陽，斬首六萬。秦軍又渡河，攻占武遂，築城設防。秦國的勢力深入中原，並在周王室面前耀武揚威。秦武王派樗里子帶車百乘覲見周天子，周天子只能曲意逢迎。就在這一年，迷戀象徵最高權力的周鼎的秦武王因舉鼎受傷而早逝。武王無子，他的異母弟嬴稷（一名則）繼承王位。他就是大名鼎鼎的秦昭襄王。

二、秦昭襄王稱「帝」

秦昭襄王是秦始皇的曾祖父。他在位長達五十六年之久。秦昭襄王使秦國的首強地位進一步鞏固。他一度稱「帝」，並滅亡西周，把周天子納為自己的臣屬。秦始皇就出生在曾祖父在位期間。

秦昭襄王是一位自覺堅持法治的君王。他任用的輔政大臣有范睢（張祿）、蔡澤等。他們都是商鞅學派的後學。在這些大臣的輔佐下，秦昭襄王先後解決諸公子叛亂和魏冉專政等內政問題，進一步強化了中央集權。

在秦昭襄王時期，著名大儒荀子到過秦國。他曾與秦相應侯范睢談論對秦國的觀感。依據儒家價值觀，荀子批評秦國「無儒」，認為這是最大的短處。然而他又承認秦國政治有其優長。他說：「其固塞險，形勢便，山林川谷美，天材之利多，是形勝也。入境，觀其風俗，其百姓樸，其聲樂不流污，其服不挑，甚畏有司而順，古之民也。及都邑官府，其百吏肅然，莫不恭儉敦敬，忠信而不楛（楛，濫惡），古之吏也。入其國，觀其士大夫，出於其門，入於公門，出於公門，歸於其家，無有私事也。不比周，不朋黨，倜然莫不明通而公也，古之士大夫也。觀其朝廷，其閒聽決百事不留，恬然如無治者，古之朝也。」在荀子看來，秦國政治「佚而治，約而詳，不煩而功」，基本符合「治之至」的標準，「故四世有勝，非幸也，數也。」92這番話出自非議以法為本的名儒之口，足以證明當時秦國的政治制度和行政效率明顯優於關東各國。秦孝公、秦惠文王、秦武王、秦昭襄王「四世有勝」並非倖幸。秦國的強盛根源於一種更有效的政治制度。

秦昭襄王稱「帝」是一件標誌性的歷史事件。不斷攻取楚、魏、韓土地而耀武中原的秦昭襄王不滿足於「王」的稱號，欲為自己加上「帝」號。為了弱化各國的抵制，他拉攏齊湣王共同稱帝。西元前二八八年，秦昭襄王自稱「西帝」，並派使節尊齊湣王為「東帝」。誰知齊國另有所圖。為了邀買人心，防止秦國獨尊，齊湣王竟背叛盟約，與諸侯會盟，出兵逼迫秦國取消帝號。秦昭襄王被迫去帝號。儘管由於尚未取得壓倒優勢，秦國的帝業尚需時日，但是它標誌著秦國已經正式邁開了謀求統一天下的步伐。

西元前二八五年，秦將蒙武伐齊，奪取九城。隨後秦國又積極組織燕、秦、韓、魏、趙五國聯軍攻齊。燕國上將軍樂毅幾乎將齊國滅亡。齊國從此一蹶不振。西元前二七二年，秦國徹底滅亡義渠國，設置隴西郡、北地郡和上郡，解除了西北邊患，鞏固了後方和側翼。從此秦國得以專注於東方。此後，是否應當「帝秦」成為各國外交活動的一個重要話題。「魯仲連義不帝秦」的故事就是在這個背景下產生的。

三、從秦國滅周到秦始皇「皇帝」

自秦昭襄王統治時期以來，「遠交近攻」的軍事、外交戰略逐步明確。秦軍頻頻出師東征，蠶食鄰國，消滅敵軍，削弱對手。西元前二九八年，秦軍出武關擊楚，斬首五萬，奪取十六城。西元前二九三年，在伊闕之戰，秦將白起大敗韓、魏聯軍，斬首二十四萬，攻取韓國大片領土。西元前二八〇年，秦將白起攻趙，斬首兩萬，取光狼城。西元前二七九年，在鄢之戰中，秦將白起引水灌城，淹死楚國軍民數十萬，隨後攻占楚國國都郢（今湖北江陵西北），在此設置南郡。兩年後秦國又奪取巫郡及江南地，在江南地設置黔中郡。西元前二七五年，秦相穰侯攻魏，斬首四萬，魏獻三縣請和。轉年，秦軍攻取魏國的卷、蔡陽、長社，斬首四萬。西元前二七三年，在華陽之戰中，秦將白起戰勝趙、魏聯軍，斬首十五萬，又乘勝追擊，沉趙軍二萬餘人於河中，並攻取大片土地。西元前二六四年，秦將白起攻韓，斬首五萬，拔九城。西元前二六〇年，秦軍攻取上黨，隨後與趙軍戰於長平，秦將白起先後擊斃、坑殺趙國主力軍四十五萬人。僅這幾次大戰，秦國就消滅韓、魏、趙、楚軍隊一、二百萬人。此外，中等規模的征戰連年不斷，小戰更是不計其數，秦國勝多負少，也消滅了相當數量的敵軍。每一次軍事勝利都伴隨著攻城掠地、設郡置縣。這就嚴重削弱了相鄰四國的實力，使這四國先後喪失了獨力抗衡秦國的能力。

秦趙邯鄲之戰，秦國被魏、楚、趙聯軍擊敗，三晉收復部分失地。但是，秦軍稍事休整之後，又採取了進攻的態勢，不斷攻城掠地。西元前二五六年，秦軍攻韓，斬首四萬，奪取數城；繼而攻趙，斬首九萬，奪取二十餘縣，諸侯大震。西周君與諸侯合縱，率天下銳師攻秦。秦昭襄王大怒，決意滅周。秦軍兵臨城下，周赧王被迫入秦，「頓首受罪，盡獻其邑三十六，口三萬。」不久周赧王卒。秦滅西周，「取九鼎寶器。」[93]西元前二五四年，韓桓惠王朝秦，魏亦委國命於秦。

秦國滅西周，取九鼎，被古代史家視為重大標誌性歷史事件。它象徵著周王朝壽終正寢。從此，「周天子」不復存在，在名分上天下已無共主。司馬光著《資治通鑑》，從西元前二五五年開始以秦王年號繫年，以「秦紀」編年。胡三省對此的解釋是：「西周既亡，天下莫適為主。《通鑑》以秦卒併天下，故以昭襄王繫年。」[94]在今天看來，這件事可以視為周秦之際一次不同尋常的改朝換代的基本完成。

到秦孝文王、秦莊襄王時期，秦國不斷出兵東征，連連擊敗韓、趙、魏軍，又奪取鄰國大片土地，還滅亡了小國東周。上述事件應當算作統一戰爭的前奏。

在統一戰爭的前奏階段，秦國戰略重點是蠶食相鄰各國，擊敗主要對手，其戰略意圖有三：一是瓦解合縱攻秦，避免孤立無援；二是南取巴蜀，北滅義渠，繼而蠶食鄰國領土，擴大勢力範圍，取得戰略優勢；三是削弱楚國、齊國、魏國、趙國，剪除強勁對手，鞏固首強地位。這就決定了具體的戰事有攻有守，有勝有負，國土也有得有失，但是總體上秦軍攻多守少，勝多負少，而國土則大幅度擴張。經過數十年征戰，這個戰略意圖基本實現。三晉已經勢如累卵，危在旦夕，而楚、齊則處於戰略守勢。不僅各國都喪失了單獨與秦國對抗的能力，就連各國聯軍合縱攻秦的勢頭也一波不如一波。由秦國完成統一大業已是大勢所趨。

在當時的歷史條件下，與六國相比，秦國擁有更有效率的政治制度、更合理的社會結構、更雄厚的經濟實力、更具進取性的文化體系、更強大的軍事力量、更廣大的國土和更有利的戰略態勢，只要秦國國內政局基本穩定，軍事與外交不犯重大錯誤，局勢很難逆轉。

本傳的傳主秦始皇就是在這個歷史背景下登上歷史舞台的。他繼承了先公先王留下的豐厚政治遺產，堅定地執行了父祖的政治遺囑，出色地完成了統一大業。有跡象表明，秦朝建立以前，秦王可能已經自稱「天子」。荊軻刺秦時就曾當面稱嬴政為「天子」[95]。成就帝業的秦始皇仍不滿足，又創造了更為顯赫的「皇帝」尊稱。

周秦之變：一次非同尋常的王朝更替

從秦襄公封侯、秦穆公稱霸，到秦惠文君稱王、秦昭襄王稱帝，再到秦始皇統一天下，成為大秦帝國皇帝，秦國歷代君主歷經數百年而完成了中國古代史上一次非同尋常的王朝更替。史稱「周秦之變」。在中國古代社會，王朝更替是常見的政治現象。然而惟有周秦之變的形式、內容、動因、性質、意義非同一般。

一、周秦之變的特點

與歷次王朝更替相比較，周秦之變有明顯的不同。

其一，王朝更迭的形式不同。

商朝代替夏朝、周朝代替商朝的政權更替屬於同一模式，即「天下共主」的一個屬國逐步崛起，基本上以一戰定乾坤的方式奪取「天下共主」的地位，同時把原來的宗主國降為臣服於自己的屬國。

秦漢以後的王朝更替大體有三種模式：第一種模式以秦漢之際、兩漢之際、隋唐之際的中央政權更迭最為典型，其特點是：舊的王朝被大規模的民眾起義衝垮，在群雄逐鹿中，打拚出一個新的王朝。第二種模式以晉朝代替曹魏、隋朝代替北周、北宋代替後周為代表，其特點是：以權臣發動政變的方式完成最高權力的更迭。第三種模式以元朝代替宋朝、清朝代替明朝為代表，其特點是：由一個新興於邊疆地區的少數民族王朝以武力征服的形式消滅中原的漢族王朝。

周秦之際的王朝更替與上述各種模式都有很大區別。其基本特徵是：原來的「天下共主」逐漸衰落，以致徒有虛名，而這個宗主國的名分又長期保留，人們有時為了某種政治需要還要借用它；由於舊的政治模式、政治機制及相關的政治觀念、政治規範還在一定程度上發揮著作用，在相當長的時期內，出現了以霸主替代「天下共主」的作用的政治局面；在政治演進的過程中，原先在「天下共主」有效支配下的相對獨立的政治實體逐漸變成獨立的國家，進而形成群雄逐鹿的局面；為了應對複雜的政治局面，各國內部的政治模式及相應的政治觀念發生了重大的變化，這種變化又是通過一系列主動的變法活動實現的；這一系列政治變化有深刻的社會動因，政治的改革又反過來推動整個社會全方位的變革；最終由一個社會變革和政治改革最徹底的國家取得了「天下共主」的地位，而這時的「天下共主」在權力結構中的地位已非舊日的「天下共主」可比。

其二，王朝更替所需要的時間有明顯的差別。

無論夏商周的更替，還是秦漢以後的歷次政權更替，都不需要太多的時間，以致史家常常以「其興也勃焉」、「其亡也忽焉」以及「頃刻之間灰飛煙滅」、「旬月之間便成帝業」之類的詞語來形容這類歷史事件。

周秦之間的更替則頗費時日，耗去了春秋戰國這五百多年的光景。換句話說，它整整經歷了一個歷史階段。

其三，政治意義和歷史意義有質的區別。王朝更替是中國古代社會一種重要的政治調節機制。它通過王權再造來更新政治，整個社會的面貌也會或多或少發生變化。著名的「文景之治」、「光武之治」、「貞觀之治」、「康乾之治」等，都是這種政治調整的產物。

周秦之變同樣具有調整政治的意義，然而這一次的王權再造卻不是尋常的修修補補，而是一次大規模的改造，最終由「王制」之中衍生出「帝制」。

二、周秦之變與歐亞大陸的帝國化時代

西周與秦朝的政治制度在若干基本原則上是相同的：一是君權至上，最高權力不可分割；二是「家天下」，最高權位世襲。但是，周秦之變伴隨著一系列的制度創新，因而國家基本結構、選官制度、政治等級關係以及土地占有關係、勞動關係和文化觀念都發生顯著變化。舊的社會秩序解構了，舊的政治隸屬改變了，舊的經濟關係更動了。與帝制相適應，整個社會體系發生了全方位的變革。

從世界史的視野審視，春秋戰國秦漢時期恰好處在歐亞大陸的帝國化時代。在這個時期，歐亞大陸幾個文化高度發達的核心區域的政治體制不約而同地向帝制發展。

世界古代史上的帝制有四種形成途徑和發展模式。

1. 由早期王政直接演變成專制王權，繼而形成大帝國。一般過程是：從小國寡民的早期王政，逐步形成地域比較廣大的以諸多邦國共主形式存在的最高王權；隨著王權專制權力結

構逐步改革，向政治統一的國家和中央集權的帝制發展。兩河流域、印度、中國等具有文化原生性的文明古國都循著這條途徑建立了大帝國。這條途徑可能最具有常規性，是一條古代國家政治制度演變的正途。

2. 國家產生之時，受先進文化的影響，跳過早期王政階段，直接建立實行君主專制制度的帝國。世界各地眾多的後發性帝國，如匈奴帝國、蒙古帝國都是走的這條路。

3. 早期王政，經由貴族共和制，最終建立實行君主專制制度的大帝國。古羅馬帝國的形成過程最為典型，它經歷了早期王政、共和制階段，經具有專制王權性質的元首制過渡，最終走向帝制。

4. 早期王政經由民主政體，向君主專制制度演變，最終產生帝制。古希臘最為典型。這個地區的早期王政分化出分別以雅典模式、斯巴達模式和馬其頓模式為代表的民主政體、貴族政體或君主政體的城邦。三種途徑最終歸一於馬其頓模式，然後由專制王權向帝制發展。

大致在西元紀年前後，中國、印度、中歐等幾個文化高度發達的核心區域，政治組織相繼擺脫了早期文明在相對落後條件下形成的王制、共和制或民主制，形成幅員遼闊的、權力比較集中的大帝國。到西元一世紀，漢帝國、貴霜帝國、安息帝國、羅馬帝國從東向西一字排開，連成橫貫歐亞大陸的文明地帶。在這四大帝國之中，中華帝制的政治組織最為強大。

就政治形式而言，周秦之變是從相對落後的王制到中央集權的帝制之變，而政治形式的變化推動了一系列政治、經濟、社會、文化變革。圍繞政治制度轉型，整個社會政治體系的各個層面都發生了相應的調整。

三、周秦之變的主要歷史動因

推動這個歷史變革的根本原因是生產力的飛躍發展。沒有生產力的發展，就不可能發生這次非同尋常的周秦之變。大多數歷史學家，儘管其歷史觀有很大差異，卻共推鐵器作為當時歐亞大陸生產力飛躍發展的標誌物。他們發現鐵器與帝國息息相關。準確地說，鐵器只是一種標誌物。有了與鐵器相關的一系列技術進步，人類社會的政治組織也就開始了向帝國化演變的進程。

許多中外著名歷史學家都認為以鐵器為代表的技術進步，是這個時期文明發展的主要歷史動因。由此而帶來經濟、社會、政治、思想一系列深刻的變化。以馬克思主義經典作家為代表的歷史唯物主義者對此做了深刻的理論闡述。許多持其他歷史觀的史學家也做出了類似的判斷。他們看到了以鐵器為代表的技術進步的革命性作用。例如，美國史學家斯塔夫里阿諾斯認為，鐵器出現以後，其實用範圍有一個逐漸擴展的過程。「當鋤、斧、犁等農具同武器一樣，也能用鐵來製造時，立即產生了深遠的經濟、社會和政治影響。」主要影響有：鐵製工具促進了農業疆域的擴展，而農業疆域的擴展使文明核心區的範圍相應擴大；農業生產力的急劇增長可以提供足夠的剩餘糧食來發展經濟和建立國家；農業、製造業、商業相互促進，並使經濟專業化隨著效率和生產率的提高而全面深化；隨著經濟的發展，舊的部落社會和軍事貴族的地位被改變；「由經濟發展所促成的政治上的統一同樣是一種破壞性的力量。無論在義大利、印度，還是中國，部落酋長、部落議事會和民眾大會都正在由王國、繼而由帝國所取代」；政治上中央集權制的建立又反過來促進了經濟的發展；所有這些發展引起社會關係、政治組織、生活方式和謀生之道等方面的深刻變化，而對這個變化的思考又形成了各個文明獨特的哲學觀念。這是這個時期「普遍性影響的根源」96。對於冶鐵技術的發明在春秋戰國時期歷史大變革中的作用，中國史學家有精到的考證、細緻的描述和完整的論證。雖然中國鐵器的產生及其普及的年代稍遲於西方，而易於耕作的黃土地及相對發達的農耕技術足以彌補其不足。秦始皇陵的考古發掘也以大量實證史料形象地展現了秦代生產力的發展水平，特別是冶金製造和機械加工技術所達到的空前高度97。在中國，鐵製（簡字亦作「制」）工具產生於春秋，到戰國秦漢逐步普及。中國帝國化過程的開始與最終完成恰恰和鐵器的出現與大體普及相呼應。在這方面，中國古典文明發展進程的基本特徵與歐亞大陸古典文明的共性相符合。

鐵鑄造了犁，也鍛造了劍，它為耕與戰提供了利器。耕，創造了財富；戰，必然血腥。歐亞大陸這個時期的大帝國都帶有「鐵」的色彩：以鐵血的手段構建帝國，以鐵血的手段拓展疆土，以鐵血的手段維繫王權。在腥風血雨中，這些大帝國開闢了人類文明史的新篇章，也不可避免地鑄就了歷史性的暴虐。

四、周秦之變對秦始皇歷史地位的界定

秦國是中國大地最早生產和使用鐵製工具的地區之一。在各大「戰國」之中，秦國有一支最早開始以鋼製兵器逐步取代青銅兵器的軍隊。秦國又是最早形成較完備的帝國統治模式的國家。大秦帝國竟然還崇拜鐵色。這既是歷史的巧合，又內蘊著歷史的必然。

這是一個創建帝國的時代。秦始皇則是當時歐亞大陸屈指可數的親手締造大帝國的著名帝王之一。乍然看來是一個個「政治—軍事英雄」按照自己的意志建立了一個個強大的帝國。這些英雄人物的功業如此顯赫，如此昭然，其歷史作用毋庸置疑，不可抹煞。而究其根源，與其說是這

些英雄人物締造了大帝國，不如說是社會生產力的飛躍發展帶來的一系列深刻的社會變革締造了大帝國。這些英雄是歷史使命的負載者。他們在大體相似的歷史條件下，完成了大體相似的歷史任務。這個歷史任務在人類文明史上具有如此重要的劃時代的意義，因此這些英雄們的功與過、是與非、善與惡是與大帝國的功與過、是與非、善與惡密切相關的。

註釋

1 梁啟超：《中國歷史研究法》，東方出版社一九九六年版，第一八四頁。
2 《史記》卷五〈秦本紀〉。
3 《史記》卷五〈秦本紀〉。
4 許慎：《說文解字》「姓」字條。
5 以上參見《毛詩正義．大雅．生民》孔穎達疏。
6 《左傳．昭公十七年》。
7 《史記》卷六〈秦始皇本紀〉。
8 《史記》卷五〈秦本紀〉。
9 《史記》卷五〈秦本紀〉。
10 《史記》卷五〈秦本紀〉。
11 《史記》卷五〈秦本紀〉。
12 《孟子．滕文公下》。
13 參見《史記》卷四三〈趙世家〉，卷五〈秦本紀〉。
14 《史記》卷五〈秦本紀〉。
15 《史記》卷五〈秦本紀〉。
16 《史記》卷五〈秦本紀〉。
17 參見林劍鳴：《秦史稿》第二章秦人早期歷史探索，上海人民出版社一九八一年版。
18 參見白壽彝總主編：《中國通史》第三卷，上海人民出版社一九九五年版，第一〇四五—一〇四六頁。
19 一批著名史學家皆持這種說法。近年出版的林劍鳴的《秦史稿》（上海人民出版社一九八一年版），王雲度、張文立主編的《秦帝國史》（陝西人民教育出版社一九九二年版）和白壽彝主編的《中國通史》（上海人民出版社一九九五年版）等依然持此說。

20 參見趙化成：〈尋找秦文化淵源的線索〉，《文博》一九八七年第一期。

21 《史記》卷一二一〈儒林列傳〉。

22 《史記》卷一四〈十二諸侯年表〉。

23 《史記》卷一五〈六國年表〉。

24 《史記》卷五〈秦本紀〉。

25 《史記》卷五〈秦本紀〉。

26 《史記》卷五〈秦本紀〉。

27 《史記》卷二八〈封禪書〉。

28 《史記》卷一五〈六國年表〉。

29 《史記》卷一二九〈貨殖列傳〉。

30 本書有關秦國地理形勝的內容主要參考了顧炎武：《歷代宅京記》（又名《歷代帝王宅京記》），中華書局一九八四年版；王學理：《秦都咸陽》，陝西人民出版社一九八五年版；武伯綸：《西安歷史述略（增訂本）》，陝西人民出版社一九七九年版；徐衛民：《秦都城研究》，陝西人民教育出版社二〇〇〇年版等。

31 《史記》卷一五〈六國年表〉。

32 顧炎武：《歷代宅京記》徐元文序，中華書局一九八四年版，第三頁。

33 李吉甫：《元和郡縣圖志》卷六。

34 《後漢書》卷一三〈隗囂列傳〉。

35 《史記》卷一四〈十二諸侯年表〉。

36 《荀子．仲尼》。

37 《韓非子．難二》。

38 《韓非子．有度》。

39 《史記》卷一四〈十二諸侯年表〉。

40 《管子．小匡》。

41 《管子．大匡》。

42 《國語．齊語》。

43 《左傳．僖公十五年》。

44 《國語．晉語四》。

45 《漢書》卷二八〈地理志〉，顏師古注。

46 《史記》卷四七〈孔子世家〉。

47 《史記》卷五〈秦本紀〉。

48 《史記》卷五〈秦本紀〉。

49 《史記》卷五〈秦本紀〉。

50《左傳・文公十二年》。
51《左傳・襄公二十七年》。
52《論衡・書解》。
53《史記》卷三〇〈平準書〉。
54《戰國策・秦策一》。
55《戰國策・趙策三》。
56《孟子・離婁上》。
57《史記》卷五〈秦本紀〉。
58《史記》卷五〈秦本紀〉。
59《史記》卷五〈秦本紀〉。
60《史記》卷六八〈商君列傳〉。
61《史記》卷六八〈商君列傳〉。
62《史記》卷六八〈商君列傳〉。
63《商君書・更法》。
64《史記》卷六八〈商君列傳〉。
65《韓非子・解老》。
66《史記》卷六八〈商君列傳〉。
67《史記》卷五〈秦本紀〉。
68《史記》卷六八〈商君列傳〉。
69《戰國策・秦策一》。
70《史記》卷六八〈商君列傳〉。
71《史記》卷六八〈商君列傳〉，〈秦本紀〉記為「四十一縣」。
72《商君書・墾令》。
73《史記》卷六八〈商君列傳〉。
74《史記》卷五〈秦本紀〉，《集解》引《漢書》。
75《史記》卷六八〈商君列傳〉。
76《商君書・弱民》。
77《史記》卷六八〈商君列傳〉。
78《漢書》卷四八〈賈誼傳〉。
79《史記》卷六八〈商君列傳〉。
80《史記》卷六八〈商君列傳〉。
81《商君書・慎法》。
82《史記》卷六八〈商君列傳〉，《集解》引《新序》。
83《商君書・畫策》。
84《史記》卷五〈秦本紀〉。
85《戰國策・秦策一》。
86《商君書・農戰》。
87《商君書・說民》。
88《韓非子・定法》。
89關於此事的時間、主盟者、參加國記載不一。此從楊寬：《戰國史》，上海人民出版社一九八〇年第二版，第三一八頁。

90《戰國策·秦策四》。

91《戰國策·秦策一》。

92《荀子·強國》。

93《史記》卷四〈周本紀〉。

94《資治通鑑》卷六，秦紀一，昭襄王五十二年。

95《史記》卷六八〈刺客列傳〉。

96參見〔美〕L·S·斯塔夫里阿諾斯：《全球通史——一五〇〇年以前的世界》第七章，「最初的歐亞文化高度發達的核心區」，中譯本，吳象嬰、梁赤民譯，上海社會科學出版社一九八八年。

97本書涉及秦始皇陵考古發掘研究成果的描述內容，主要參考了秦始皇兵馬俑博物館編輯的《秦俑學研究》（陝西人民教育出版社一九九六年版）以及《秦陵秦俑研究動態》、《秦文化論叢》的各期、各輯。

第二章　孺子篇：承繼宗祧的少年君王

秦始皇的名字叫「政」。巧合的是他的一生果然與政治有不解之緣。論家世，他出身於王公世家，是君王的後裔。論出生，他是一場政治交易的產兒。論遭遇，在孩提時代，他因為政治原因而伴隨父母顛沛流離，飽嚐寄人籬下之苦。論前程，他得益於一位政治投資家的努力而成為王位繼承人。論地位，幼沖之年他就成為承繼宗祧的少年君王。親政後，他及時剪除了一批強勁的政治對手，從此實實在在地掌握著最高權力。論事業，他做出了一番轟轟烈烈的政治大業，其事蹟堪稱前無古人、後無來者。論影響，他所建立的政治制度的基本框架和核心理念生存了二千餘年，後世對秦皇、秦制、秦政的議論也經久不息。本章先介紹秦始皇的孺子時代。

秦始皇出生於其曾祖父秦昭襄王在位期間。這時的秦國已經正式邁開從稱「王」到稱「帝」的步伐。換句話說，秦始皇生於秦國即將成就帝業的時期。欲圖稱帝，就要發動戰爭，出兵征服其他國家；欲圖稱帝，就會招致戰爭，引來他國的討伐。在秦始皇出生之際，「戰國」之間的戰爭已經發展到空前慘烈的程度，殺人盈城、殺人盈野的戰役一個接著一個。戰爭是實力和謀略的較量，不僅需要「伐戰」，而且需要「伐交」。各國君主為了稱霸稱王稱帝，為了保國保家保位，紛紛在縱橫捭闔的合縱連橫中，施展政治謀略，較量外交智慧。秦始皇生於一個開誠相見的交際、出奇制勝的謀略、爾虞我詐的權術和不可告人的交易交織在一起的時代。秦始皇的出生與一系列戰爭、外交、謀略和交易活動有著直接的關係。沒有一系列特定的戰爭和外交，沒有一個個特定的謀略和交易，世界上根本不可能有嬴政這個獨特的個體問世，也就更不可能有一位傲視群雄的秦始皇名著於史冊。換句話說，秦始皇的父母之所以能夠結合與其曾祖父的戰爭與外交活動，與其父輩的謀略與交易活動，都有直接的關係。缺少其中的任何一個環節，都不會有秦始皇這個人誕生於世間。

歷史的魅力就在於它常常因為偶然事件而發生戲劇化的變化，而秦始皇的出生和登基恰恰是一系列偶然事件綜合作用的結果。

做政治人質的王孫異人與以投資牟利的商人呂不韋

秦始皇的出生充滿了傳奇色彩。他有兩位「父」。一個是他必須稱之為「父親」的異人（子楚、秦莊襄王），一個是他曾稱之為「仲父」的呂不韋。仲，即伯仲之「仲」，訓為「中」。「仲父」，即次父，意為第二位父親或地位僅次於父親的父輩。沒有這兩個人的政治交易和親密私交，就不會有嬴政這個個體，也不會有後來的秦始皇。

由於歷史記載的相互矛盾，對於究竟誰是秦始皇生物學上的父親，歷來有不同說法。司馬遷的《史記》明確指認秦始皇是呂不韋的私生子，可是他的記述也有自相矛盾之處。秦始皇的生父問題迄今還是一個歷史之謎。僅僅利用現存文獻材料將永遠無法揭破這個謎。但是，現代科學技術的發展為解開這個謎提供了可能性：如果在發掘秦莊襄王陵和秦始皇陵的時候能夠發現二人的屍骨、毛髮，便可以利用現代遺傳學技術做出親子鑑定。屆時將真相大白，因此本傳不擬太多地涉及這個話題。

誰是秦始皇的生父，對研究秦始皇的政治行為，評價其成敗得失、功過善惡並不重要，而異人、呂不韋兩人的交情卻造就了四個先後染指秦國最高權力的重要歷史人物，即秦莊襄王子楚、秦相國呂不韋、秦國太后趙姬、秦王嬴政（秦始皇）。他們都是本章的主角。

一、羈旅邯鄲的質子異人

秦始皇生於異國他鄉，他的父親異人（後改名子楚）當時羈旅邯鄲，身分是秦國派到趙國的「質子」。異人可能是接替父親安國君而到趙國為質子的。西元前二六五年，安國君被立為太子，並回到秦國，於是秦國令他的兒子異人到邯鄲頂替他。

質子古即有之。古代邦交、盟約多以雙方互換質子或單方派遣質子的方式作保證。「質」，即抵押，「質子」即以子孫、親屬做「人質」。春秋戰國時期，各國之間的和與戰變化多端，各國多互派質子。有時締約國會要求特定的人物為質。以太子為質子的情況亦非罕見，如戰國後期的秦悼太子質於魏、楚太子完質於秦和燕太子丹質於秦等。在當時，做質子又是公子王孫對宗國的政治義務和為國家立功的主要手段。自商鞅變法以來，秦國就有宗室無功則無爵的制度。公子王孫要獲得爵位就必須立功，因此秦始皇的曾祖父、祖父、父親都有做質子的經歷。質子客居他國，其境遇取決於盟約的履行狀況和其在本國的地位。他們都是公子王孫，通常會受到所在國家一定的禮遇。但是，他們的行動受到所在國的嚴密監視，命運「託於不可知之國」。一旦本國違約，就有可能被處死而「身為糞土」[1]。

異人在趙國的境遇很不妙。首先，秦趙兩國當時激戰猶酣。西元前二六〇年，趙國在長平之戰敗北，秦將白起坑殺趙國降卒四十萬人。不久，秦軍又進攻趙國首都邯鄲，趙國軍民戮力同心，頑強抵抗，挫敗秦軍。在這種形勢下，「趙不甚禮子楚。」其次，異人在國內的地位屬於「諸庶孽孫」，即姬妾所生子孫。異人有二十幾個兄弟。他不是嫡子，親生母親夏姬又失寵，所以地位低下。趙國不加禮遇，本國又不予重視，所以異人「車乘進用不饒，居處困，不得意」[2]。羈旅邯鄲的異人可以說是個「落難王孫」。

二、善於牟利的商賈呂不韋

秦始皇的另一位父親是呂不韋。呂不韋本是一位善於經營的商人。他把商業經營的智慧用於政治投資，不僅使自己成為一代名相，還成就了一位君王，輔佐了一位皇帝，編輯了一部名著，從而青史留名。

呂不韋，陽翟（今河南禹縣）人（一說濮陽人）。他是一位成功的商人，「往來販賤賣貴，家累千金。」一個偶然的機會使他與異人邂逅。呂不韋同情異人的處境，彼此有了密切的交往。經過相互了解之後，呂不韋得出這樣的判斷：「此奇貨可居。」[3]呂不韋以商人的眼光審視異人，發現了一樁可以發大財的交易。他把異人比作財貨，把從政比作交易，打算做一次政治投機買賣。他決定棄商從政，把金錢投在異人身上。

惟利是圖是商人的本性，呂不韋為何肯在一個落難王孫的身上下本錢？呂不韋與父親之間一番精彩的對話，道出了其中的奧妙。據說，呂不韋的父親起初極力反對這樁交易，呂不韋便算了一筆經濟帳。他問其父：「曰：『耕田之利幾倍？』曰：『十倍。』『珠玉之贏幾倍？』曰：『百倍。』『立主定國之贏幾倍？』曰：『無數。』曰：『今力田疾作，不得暖衣餘食。今建國立君，澤可遺後世，願往事之。』」4

歷史事實一再證明，呂不韋不僅是一個善於經營的商人，還是一位精明幹練的政治家。他很有政治頭腦，非尋常商賈可比。投資總是要冒風險的，因此投資前必須做充分的可行性研究，還需要一定的膽識和心胸。呂不韋擅長謀略，精於計算，他的決定是有根據的。首先，太子安國君是秦國王儲。「安國君有所甚愛姬，立以為正夫人，號曰華陽夫人。」5依照宗祧繼承法則，華陽夫人的兒子是嫡子，擁有公認的優先繼承權，而這位夫人偏偏無子。安國君其他的兒子都有可能成為繼承人，異人名列其中。儘管當時安國君更看好另一個兒子，但畢竟尚未最終確定。一旦異人被立為安國君的繼承人，他就是未來的秦王。能將落難王孫推上王位，其回報何止一本萬利。其次，即使謀立異人失敗，也可以交結一位秦國貴族。這就為將來在秦國的發展創造了有利條件，很可能從中獲利，不至於蝕本。可是這樁交易畢竟存在血本無歸的風險，可以稱之為政治投機。再次，當時的政治制度已經為處於社會中下層的百姓們敞開了仕途的大門，他們有更多的渠道和機會躋身權貴行列。這一點是至關重要的。無論如何，呂不韋決心一搏。後來他登上「一人之下，萬人之上」的相國之位，取得了破天荒的巨大成功。

縱觀古今中外的歷史，有呂不韋之心的商人大有人在。工商業者憑藉財富而取得政治權力是社會變遷的產物。在前資本主義時代，政治地位、政治權力往往直接決定經濟利益的分配，金錢也早就與政治聯姻。但是，以財富換取貴族地位則是社會發展到一定程度的產物。在進入資本主義時代以後，金錢對政治權力的影響日益強化。工商業者把金錢用於政治投資，以直接取得政治地位或間接影響政治權力的方式換取巨大的政治利益、經濟利益，這種現象可謂司空見慣。因此，如果對呂不韋的行為單純做道德分析，不利於深刻認識這類社會歷史現象。

在中國古代，呂不韋現象可謂前有古人、後有來者。見於歷史記載的獲得權貴地位的工商業者也不只呂不韋一人。呂不韋是工商業者憑藉財富獲取權貴地位的先驅者之一，也是其中最成功的一位。他們的成功從一個角度反映著社會的重大變遷：當時已經形成了包括工商業者在內的若干動力階層，它們推動了社會結構一定程度的開放和社會階層之間結構性的垂直流動。呂不韋現象既是社會變遷的結果，又是社會變遷的指示器。沒有重大的社會變遷，呂不韋是很難位居宰相的。

三、圍繞儲君嫡嗣地位展開的政治交易與政治謀略

秦始皇的兩位父親一拍即合，做成了一筆徹底改變他們個人及其妻子兒女命運的政治交易。這筆交易還在很大程度上影響了中國歷史的具體進程。

胸有成竹的呂不韋專程去拜訪異人，並建議兩人共謀富貴，張大彼此的門第。異人甚解其意，遂與呂不韋密謀深語。呂不韋認為，秦昭襄王年事已高，不久於人世，而安國君為太子，即將登上王位。安國君寵幸華陽夫人，「能立適（嫡）嗣者獨華陽夫人耳。」在二十餘個兄弟中，異人既無長幼序位優勢，又不受父親青睞，且長年身處異國，一旦安國君立為秦王，他無法與國內的長子及諸子爭奪太子之位。異人同意呂不韋的分析，並請教對策。呂不韋表示：「不韋雖貧，請以千金為子西遊，事安國君及華陽夫人，立子為適嗣。」異人當即叩頭拜謝，他向呂不韋承諾：「必如君策，請得分秦國與君共之。」6

交易達成，呂不韋立即安排有關的各種運作。他向異人奉獻了五百金，供他孝敬親長、結交賓客使用。用今天的話說，就是以重金包裝異人，使之廣交社會賢達，獲得良好的聲譽。呂不韋又用五百金購買各種奇物玩好，親自出馬到秦國為異人遊說。他先後求見華陽夫人的姊姊和弟弟

陽泉君等，設法為異人尋找晉身之階。呂不韋的禮品和遊說打動了華陽夫人的親屬，也就打通了面見華陽夫人的途徑。

呂不韋晉見華陽夫人，並獻上遠道帶來的珍貴禮品。在華陽夫人面前，他極力讚揚異人的賢德和智慧。他告訴華陽夫人：異人不僅結交諸侯賓客遍天下，而且日夜思念父親安國君和嫡母華陽夫人，常常表示要「以夫人為天」。華陽夫人聞之大喜。

在博得華陽夫人及其親屬的信賴之後，呂不韋開始通過姊妹、兄弟關係間接地遊說華陽夫人。其說詞的要點是：「以色事人者，色衰而愛弛」，這個道理人所共知。華陽夫人現今憑藉青春美色獲得安國君寵幸，親屬們也都因此居於高官尊位。陽泉君等人不僅權勢炙手可熱，而且駿馬盈外廄，美女充後庭。可是一旦華陽夫人色衰愛弛或者安國君死去，華陽夫人及其親屬們就可能面臨危機。安國君年事已高。他辭世而去，必定由他的某個兒子繼承王位。如果新的秦王早就對華陽夫人及其親屬心懷不滿，他們很可能面臨殺身滅族之禍。目前最佳的對策是：華陽夫人趁著正在受寵，在諸子中挑選合適人選，並向安國君推薦，將其立為嫡嗣。這位嗣子必然感恩戴德。這樣一來，安國君在世之時，華陽夫人尊貴無比；安國君百年之後，所立嗣子為王，華陽夫人一家也不會失勢。「此所謂一言而萬世之利也。」在諸子中，異人是最合適的人選。他不僅賢達智慧，孝敬華陽夫人，並在各國享有盛譽，而且自知很難獲得嫡嗣的地位。他的母親不受寵幸，主動依附於華陽夫人。華陽夫人選擇異人做嫡子，就會使夫人無子而有子，異人無國而有國。如果華陽夫人得到父子兩代秦王的庇護，她一生都能在秦國受到尊敬。此事必須當機立斷，否則「色衰愛弛後，雖欲開一語，尚可得乎？」[7]

呂不韋的分析和獻策頗有道理，它打動了華陽夫人的親屬們，又通過他們說服了華陽夫人。

華陽夫人利用合適的時機，向安國君委婉地提出選立嫡嗣的問題，並主張選擇在趙國做質子的異人。她含顰帶淚，懇請安國君：「妾幸得充後宮，不幸無子，願得子楚立以為適嗣，以託妾身。」8

安國君同意這個安排。按照當時指定繼承人的制度或慣例，安國君和華陽夫人刻玉符為信物，正式立約，確定了異人的嫡嗣地位。華陽夫人是楚國人，她認異人為嗣子，並將他的名字改為「子楚」。

秦國王儲嫡嗣地位的確定使子楚的身價倍增。安國君及夫人送給子楚很多財物，又任命呂不韋為他的師傅，子楚在各國的名望進一步提高。

四、趙姬再嫁與趙政出世

秦始皇的母親是趙姬。趙姬是豪族之女，趙國邯鄲人，姿容絕美而又能歌善舞。她本是呂不韋的妻妾，後來成為子楚的夫人。

趙姬與子楚的姻緣又是呂不韋特殊的經營牟利之術的產物。為了進一步密切與子楚的關係，甚至使自己的子孫登上王位，呂不韋在為子楚安排婚配方面動了一番腦筋。他特意物色了一位傾國傾城、多才多藝的女子，並尋找機會奉獻給子楚為妻妾。據說，呂不韋把年輕貌美的趙姬娶進家門，使她懷上身孕。一次，他在家中宴請子楚，酒酣耳熱之際，招來寵妾獻舞伴酒。子楚愛慕趙姬的絕代美色和動人舞姿，他當即向呂不韋舉杯祝酒，請求娶趙姬為妻，呂不韋聞之大怒。可是他念及「業已破家為子楚，欲以釣奇，乃遂獻其姬」9。趙姬嫁給子楚十二個月之後生下一個兒子，取名「政」，他就是秦始皇，子楚遂立趙姬為夫人。

秦始皇是子楚的嫡長子。他生於邯鄲，出生時間是秦昭襄王四十八年正月（大約在西元前二六〇年十月至十二月之間。許多史書記為西元前二五九年）[10]。可能由於他生於正月，且秦與趙同祖，嬴秦先人曾經姓趙，而子楚、趙姬夫婦當時又生活於趙國，所以「名為政，姓趙氏」[11]。趙政是嬴政的曾用名。

子楚娶趙姬究竟是奪人之美，還是中了計謀？趙姬轉嫁子楚時究竟是懷有身孕，還是沒有身孕？依照血統，「趙政」究竟是「嬴政」，還是「呂政」？這些問題已經很難依據現存文獻準確考證。筆者更傾向這樣的看法：秦始皇與呂不韋不是血親。無論事實真相如何，都不會對研究「秦始皇現象」有太大的影響。

榮任王儲與初登君位

秦始皇從一出生就注定是一位王者。他的曾祖父是在位的秦王，他的祖父是王儲，他的父親是王儲的嫡嗣，而他是父親的嫡長子。按照王位繼承制度，只要不發生各種意外情況，秦國的王位遲早要由他來承襲。但是孩提時代的秦始皇歷經了危難，殺身之禍差一點降臨在他的頭上。他和他的父母都大難不死，逢凶化吉。或許這就是古人所謂的「王者不死」。

一、子楚回國與趙政歸秦

秦始皇出生前，秦趙之間就大戰不已，他的父母一直身處險惡之地。秦始皇出生時，秦趙長平之戰剛剛結束不久。這場惡戰歷時三年，以趙國慘敗告終。趙軍主將趙括被擊斃。趙國先後損失四十五萬生力軍，被迫割地求和。兩國雖訂立和約，而趙國上下對秦國的仇恨卻無法消解。秦始皇一家的處境可想而知。不久，秦趙兩國戰事再起。趙國拒不履行割讓六城的和約，還聯齊抗秦。秦國遂連年派重兵進攻趙國。西元前二六〇年，秦軍以王陵為將攻打趙都邯鄲，遭遇頑強抗擊，損兵折將。秦軍改以鄭安平為將繼續進攻趙國，結果被圍兵敗，鄭安平及所部二萬餘人降趙。西元前二五八年，秦昭襄王派王齕統帥大軍圍攻邯鄲，趙國形勢危急，生死存亡未卜。趙王一方面派平原君率毛遂等人奔赴楚國乞求援兵，一方面打算殺掉秦國質子子楚。秦始皇一家面臨滅頂之災。

子楚與呂不韋早有防備，所以及時得到了有關情報。他們首先設法遊說趙國的當權者，告誡他們嚴懲子楚於事無補，與其扣留或誅殺子楚，不如將他放回秦國，令其有機會登上王位，而感念趙國。見遊說無效，子楚與呂不韋立即決定出逃。此時邯鄲城戒備森嚴，對子楚等人的看管也更加嚴密。呂不韋用六百金賄賂看守子楚的官吏和守城的戍衛，他們才得以逃離邯鄲。子楚與呂不韋拋妻別子，奔向秦軍營壘，然後輾轉歸國。趙國得知子楚出逃，又欲加害趙姬母子。趙姬是豪家之女，其母家是「庶民之富者」，有能力庇護趙姬母子。秦始皇和母親藏匿在外祖父家，躲過了這場劫難。這時的秦始皇年僅二、三歲。

子楚回歸秦國，徹底結束了羈旅邯鄲的生涯。到達咸陽後，他立即去向父親安國君和嫡母華陽夫人請安。華陽夫人是楚國人。為了博得嫡母的歡心，呂不韋建議子楚身著楚國服飾晉見。這一招果然奏效。華陽夫人見狀大喜，從中也體察到子楚的智慧謀略，堅定了以子楚為嗣子的信心。子楚面見父親的時候，又建議派遣使節聯絡、安撫當年在趙國交結的豪傑、名士。安國君對子楚的謀略頗為賞識。據說安國君還令術士為諸子相面，而子楚的命相最為尊貴。從此以後，子楚的王儲嫡嗣地位牢固而不可動搖了[12]。

西元前二五一年秋，在位五十六年的秦昭襄王駕崩，太子安國君繼承王位，是為秦孝文王。秦孝文王冊封華陽夫人為王后，立子楚為太子。趙國聞訊，派遣使節、車馬將趙姬母子護送回國。秦始皇隨同母親回到祖國。這時他已經八歲有餘。

在孩提時代，秦始皇的生活複雜、多變。從現存記載看，他有比較優裕的生活，因為他的父親得到呂不韋和華陽夫人的慷慨資助，外祖父家又是當地的豪族，所以一家人想必衣食無憂。他有比較高的社會地位，因為他的父親有王孫的地位，有富裕的親戚朋友，有廣泛的社會交遊，在他的玩伴中還有同在趙國做質子的燕太子丹等人。他的境遇又有相當嚴峻的一面，因為他的一家受到趙國的嚴密監視，又被趙國許多民眾敵視，還有一些仇敵、惡鄰。他還經歷過驚濤駭浪，險些命喪於襁褓之中。這個經歷肯定對秦始皇的性格有一定的影響。

有些秦始皇的傳記文章斷言：幼年的嬴政由於飽受欺凌、屈辱、驚懼、仇視，可能情感的源泉已然枯竭，變成冷血動物。這種推斷是極不可靠的。同樣的境遇對不同的人的性格和心態會產生不同的影響，其反差有時可能形同天壤之別。何況當時的嬴政年紀幼小，他對各種風險和欺凌的記憶和感受遠不如成年人那麼刻骨銘心。

二、幼沖之年的秦國王儲

秦始皇的祖父秦孝文王很快便撒手人寰。西元前二五〇年，秦孝文王除喪，於十月己亥正式即位，在位僅三天便卒於辛丑日。他的嫡嗣子楚繼承王位，是為秦莊襄王。秦莊襄王尊嫡母華陽夫人為華陽太后，尊生母夏姬為夏太后，冊封夫人趙姬為王后，立嫡長子嬴政為太子。幼沖之年的秦始皇成為秦國的王儲。

關於秦始皇青少年時代接受教育的情況，史無明文。有些學者認為，嬴政幼年羈旅邯鄲，十二歲即位後又受制於呂不韋，所以從未接受系統的教育。這種看法是值得商榷的。

筆者推斷：至遲自嬴政歸國以來，他的父親就開始按照未來王者的要求，安排嬴政的教育問題。根據《戰國策・秦策五》記載，當年子楚回國伊始，父親安國君就命他讀書。子楚自稱「少捐棄在外，嘗無師傅所教學，不習於誦」，對此父子二人深以為憾。子楚不會再讓自己的繼承人有此缺憾。更何況為王儲選任師傅並使之接受系統的教育是一種源遠流長的政治制度。

大量歷史材料表明，自商周以來，國家就有系統教育、訓練儲君和其他貴族子弟的制度和措施。在正常情況下王儲必須接受最高等級的教育。太子、儲君是最高權力的繼承人，關係到家國興亡、政治興衰，所以特設師傅之官，以盡教導、輔弼之責。「太子師、保二傅，殷、周已有。逮乎列國、秦亦有之。」[13]秦國理當有相應的教育王子的制度。秦國貫徹這種制度的措施是有史可考的。例如，安國君任命呂不韋做嫡嗣子楚的師傅。秦始皇安排精通法律的趙高擔任公子胡亥（秦二世）的教師，趙高曾「教胡亥書及獄律令法事」[14]。照常理推斷，嬴政的父親子楚先是積極謀取儲君之位，後來又執掌王權三四年，他不會不重視長子嬴政的教育問題。一度身為先王師傅和秦始皇的「仲父」的呂不韋也不可能不對嬴政有所教育和影響。從後來秦始皇的許多言行來看，這個人有很高的軍政、文化素質，否則他很難做到勇於決斷大事，善於運用權術，組織大規模的統一戰爭，而指揮若定，鮮有失誤。他曾閱讀《韓非子》並讚譽之，又勤於政務，每日批閱大量公文。光憑政治閱歷，沒有很好的智能、必要的知識這也是無法做到的。秦國素以法制為重，秦始皇從政事蹟又以擅長法治最為著名。他必定接受過這方面的良好訓練。大量的歷史記載表明，戰國秦漢時期尚武之風盛行，官僚從政大多文武不分，士人多是「好讀書，學擊劍」，秦國更是有尚武的傳統和習俗。東漢著名歷史學家班固曾說：「秦漢以來，山東出相，山西出將。」他在列舉了一大批秦漢時期出身於關西的名將以後，又分析了其成因：「山西天水、隴西、安定、北地處勢迫近羌胡，民俗修習戰備，高上勇力鞍馬騎射。故〈秦詩〉曰：『王于興師，修我甲兵，與子偕行。』其風聲氣俗自古而然，今之歌謠慷慨，風流猶存耳。」[15]可以有把握地推斷：作為秦國儲君、君主的嬴政博覽群書，具備文武之才，他肯定接受過系統的文化教育和軍政訓練，而這種教育的起點至遲應從秦始皇歸秦開始。

三、十二歲登臨王位

從嬴政歸秦，到他登上王位，大約有五年的光景。在這五年中秦國的實力進一步增長。秦始皇的祖父孝文王和父親莊襄王都是有為之君。秦孝文王掌握王權的時間極其短暫，卻頗有作為。他「赦罪人，修先王功臣，褒厚親戚，弛苑囿」，實施了一系列有利於政治穩定的德政。秦莊襄王繼承先王遺志，即位君始，他就「大赦罪人，修先王功臣，施德厚骨肉而布惠於民」[16]，政績可嘉。

秦莊襄王獎賞定國立君之功，「以呂不韋為丞相，封為文信侯，食河南洛陽十萬戶。」[17]他兌現了與呂不韋共享富貴的承諾，對呂不韋不僅封侯拜相，而且信任有加。君臣二人共謀秦國大業，在穩定了內部政局後，加緊了對外擴張的步伐。西元前二四九年，東周君與諸侯合謀伐秦，秦莊襄王派相國呂不韋率軍滅亡東周，將其領土納入秦國版圖。他又派蒙驁攻韓，奪取成皋、滎陽等地，與西周、東周故土合置三川郡，使秦國國界東至大梁。西元前二四八年，蒙驁攻趙，定太原。轉年，蒙驁攻克魏國的高都、汲，又攻取趙國的榆次、新城、狼孟等，取三十七城。同年，秦將王齕攻克上黨，不久又攻克晉陽。「當是之時，秦地已併巴、蜀、漢中，越宛有郢，置南郡矣。北收上郡以東，有河東、太原、上黨郡。東至滎陽，滅二周，置三川郡。」[18]

秦軍的節節勝利，震動了東方各國。燕、趙、韓、楚、魏決定合縱攻秦。西元前二四七年，魏王以信陵君為上將軍，令他率五國之兵擊秦。秦軍失利，蒙驁敗退，聯軍追至函谷關下。五月丙午日，秦莊襄王卒，他臨死託孤於呂不韋等將相。太子嬴政繼承王位，是為秦始皇帝，年僅十三歲（實足年齡為十二歲多）。

秦始皇能夠登上王位是一系列「天意」（偶然因素）和「人事」（人為因素）共同作用的結果。秦始皇是秦昭襄王的曾孫、秦孝文王的孫子、秦莊襄王的嫡子。如果沒有純粹偶然的自然因素和具有主觀能動性的人為因素共同作用於人世間，秦昭襄王、秦孝文王、秦莊襄王和秦始皇都不能登上王位。

秦昭襄王嬴稷不是嫡長子，王位本屬於他的異母兄秦武王。西元前三〇七年，年輕氣盛的秦武王因與大力士孟說比賽舉鼎，受傷絕脈而死。武王無子，宗室爭位。當時在燕國當質子的嬴稷，外有趙、燕兩國聲援，內有母后之弟魏冉扶助，遂奪得王位。「天意」與「人事」造就了大名鼎鼎的秦昭襄王。秦孝文王嬴柱也不是嫡長子。他能登上王位緣於父親的長壽和兄長的短命。西元前二六七年，在魏國做質子的秦悼太子死。二年後，安國君嬴柱被父王立為太子。安國君又等了十六年才登上王位。幸而父王比他早死了一年，否則安國君也無緣王位。秦孝文王正式在位僅三天便離開人世。他的繼承人子楚又不是嫡長子。子楚能登上王位得益於嫡母無子和呂不韋的襄助。前者是「天意」，後者是「人事」。如果沒有「天意」，呂不韋縱使富可敵國、謀略無雙，也很難把他推上王位。可是如果沒有「人事」，沒有呂不韋這個特定的歷史人物的一番政治運作，「異人」就不會變成「子楚」，進而成為「秦莊襄王」。如果他不能登上王位，他的嫡長子嬴政也就不可能成為「千古一帝」了。

母后專權、仲父輔政與嫪毐亂政

早在西周，父死子繼、立嫡立長的君位繼承制度已經確立。依據宗祧繼承法則，無嫡子則立庶子，無庶子則選立宗室。但是破壞制度、違反慣例的現象司空見慣，各國實際上實行的是君主指定繼承人制度。此處還有非正常的爭奪。自秦嬴以來，秦國的君位（含附庸封君之位）繼承基本遵循周制，所以作為嫡長子的嬴政擁有繼承王位的優先權。從現存文獻看，秦莊襄王從來沒有懷疑嬴政的血統有問題，這個孩子又聰明過人，所以他也不會指定他人繼承王位。父死子繼制度常常將幼沖之年甚至尚在襁褓之中的兒童推上王位。在孺子君王成年之前，王權只能託付於母后及輔政大臣。戰國後期的趙太后執政和秦太后趙姬專權都屬於典型事例。

一、太后趙姬代行王權與大臣輔政

在秦始皇繼承王位初期，秦國的最高權力掌握在母后及輔政大臣手中。當時秦王嬴政年僅十二歲。依照制度，在舉行成人禮之前，他不得親政，而由他的母親趙姬以太后和監護人的身分代行王權。在秦始皇親政前，趙姬是秦國法定的最高統治者。從文獻記載看，當時調動軍隊的文件不僅要蓋上秦王之璽，還要加蓋太后之璽，而調兵權在正常情況下專屬於君主。年幼的嬴政尚無完全的行為能力，許多政務雖以嬴政自身的行為出現，卻顯然是經過太后啟示甚至指令的，屬於補助行為能力。秦國封太后幸臣嫪毐為長信侯就是趙姬代替秦王嬴政做出決定的。趙姬擁有對國事的最終決斷權，其他人均無最終決定權。

秦始皇尚屬少年，必然委政於大臣。他尊「仲父」呂不韋為相國，以蒙驁、王齕、麃公等為將軍。當時李斯已經擔任舍人。這些輔政大臣都是能臣，堪稱王霸之佐。他們憑藉秦國的政治制度和個人的忠誠、才智，把國家治理得井井有條，因此在秦始皇親政之前，秦國的國力繼續增強。

母后代行王權、大臣代理政務儘管屬於君主制度權力結構的非常狀態，但是它並不必然導致政治腐敗和政治危機。只要太后嚴謹、大臣盡心，照樣可以把國家治理好。母后的監護權因夫死子幼而發生，也必將隨著子壯而消滅，屆時權力結構就可以恢復常態。母與子的親密關係通常也有利於最高權力的平穩過渡和交接。

但是在恢復常態之前，王權只能處於某種變異狀態，而王權的變態是引發各種政治危機的重要誘因之一。代行王權的母后和代理政務的大臣的任何政治失誤，都有可能招致嚴重的政治後果，甚至引發動亂。趙姬個人的私欲就差一點斷送秦國和秦始皇的大好前程。

二、染指最高權力的「仲父」兼「相邦」

呂不韋的特殊地位使他大權在握，並實際上分享秦國的最高權力。呂不韋的權力有三個來源：一是制度化的權力，即相權。他是秦國的相邦（相國），作為百官之長，他的權勢位極人臣，堪稱「一人之下，萬人之上」。二是特殊的授權。呂不韋是秦莊襄王的師傅，又有定國立君之功，君臣之間親密的私交使呂不韋得以成為托孤大臣，被秦始皇尊為「仲父」。他還是文信侯，擁有門客三千、家僮萬人，食河南洛陽十萬戶，很可能還包括藍田十二縣。這就大大強化了呂不韋的權力地位。三是竊取的權力。他是趙姬的前夫和情人。秦莊襄王死後，他們重敘舊情，史稱「秦王年少，太后時時竊私通呂不韋」[19]。這種男女之間特殊的親密關係，使呂不韋可以通過影響代行王權的趙姬而操縱最高權力。當這三種權力疊加在一起的時候，呂不韋在秦國權力結構中的地位就非同尋常了。他實際上執掌著秦國大政。

從實際政績看，呂不韋無愧為一代名相。在秦始皇親政前，他主要做了四件大事：

其一，繼續開疆拓土。呂不韋貫徹蠶食三晉的既定戰略方針，並不斷取得進展。從秦始皇元年（西元前二四六年）至秦始皇九年（西元前二三八年），秦軍在蒙驁等人統帥下，連續攻擊韓、趙、魏，攻城掠地，先後奪取魏國的數十座城池、韓國的十餘座城池和趙國的數座城池，還將衛國變為秦國的附庸。秦始皇五年（西元前二四二年），蒙驁攻占魏國的酸棗等二三十座城池，在此設置東郡，使秦國的國土與齊國接壤。這就將東方六國大致分割為南北兩部分，阻礙了各國之間的相互聯繫。秦始皇九年，秦軍以楊端和為統帥伐魏，又攻占一批城池，進逼魏都大梁。這些軍事勝利為秦國的統一大業做了重要的戰略準備。

其二，廣泛招攬人才。大國之間的競爭實質是人才的競爭。戰國後期，各國統治者都把爭人才視為爭天下的重要措施，紛紛致力於招攬人才。史稱：「當是時，魏有信陵君，楚有春申君，趙有平原君，齊有孟嘗君，皆下士喜賓客以相傾。呂不韋以秦之強，羞不如，亦招致士，厚遇之，至食客三千人。」[20]呂不韋的這個措施為秦國聚集了大批人才。

其三，加強基礎建設。在呂不韋的主持下，秦國興修了鄭國渠等水利工程，促進農業的發展，增強了秦國的經濟實力。

其四，重視文化建設。「是時諸侯多辯士，如荀卿之徒，著書布天下。呂不韋乃使其客人人著所聞，集論以為八覽、六論、十二紀，二十餘萬言。以為備天地萬物古今之事，號曰《呂氏春秋》。」為了標榜這部著作的權威性，呂不韋將它公布在咸陽市門，「懸千金其上，延諸侯遊士賓客有能增損一字者予千金。」[21]

編輯《呂氏春秋》是呂不韋對秦國思想文化建設的一大貢獻。這部書在中國思想史上也具有特殊的意義。在政治、經濟、思想、文化逐步走向統一的歷史大背景下，《呂氏春秋》是由統治者推出的第一個完整的統一思想的方案。

《呂氏春秋》又名《呂覽》，它是中國第一部有主編、有宗旨、有計劃、集體編寫的政治論著。這部書綜合諸子，採精錄異，自成一家。呂不韋認為「一則治，異則亂；一則安，異則危」，他推崇王者執一以一眾、聖人「能齊萬不同」[22]的政治模式，主張建立中央集權，實現國家統一。為了實現政治的、思想的一統，呂不韋集智能之士，編撰《呂覽》。這部書不囿於一家一派之成見，不加軒輊地評說諸子。它按照王者之治的客觀需要，集各家之長，棄諸子之弊，整合出一套體系化的統治思想。呂不韋還採用行政手段，公開標榜此書的綜合性和權威性。《呂氏春秋》可以說是統治者主動選擇統一思想方案並用行政手段加以推廣的第一次嘗試。

《呂氏春秋》帝王論的綜合性集中體現為治道的綜合性。該書的霸王之道、君主規範集先秦各種政治思潮、各種學術流派之大成，對德、仁、義、禮、樂、法、勢、術、忠、孝、愛、利、無為、正名、定分等先秦諸子共有或獨有的政治範疇廣採博收，錄其精華，棄其偏弊，並依據無為為本、德化為主、法術為輔的原則融為一體。由於很難將其歸屬於某一學派，所以後人大多視之為「雜家」。

以自然為本，以無為為宗，將自然無為而無不為之「道」（又稱作「太一」）作為帝王之學的哲學基礎。在這一點上，《呂氏春秋》頗似道家。但是，它又摒棄老莊獨任清虛，去禮法、薄仁義之弊，主張綜合運用各種政治手段，積極求治。

以孝悌為「三皇五帝之本務」[23]，倡導「仁乎其類」[24]，大講以德為本的禮樂教化、區別貴賤的正名定分和贏得民心的王道仁政。在這一點上，《呂氏春秋》頗似儒家。但是，它又摒棄儒家的繁文縟禮、迂腐之論，兼論王霸，重視耕戰、法制，比儒家更富於求實精神。

以權勢論君臣，認為「王者，勢也」[25]，大講君主無為之術，主張依法行事，循名責實，通權達變，善用權術，對人類政治史持進化論的觀點。在這一點上，《呂氏春秋》頗似法家。但是，它摒棄法家專任刑法，輕罪重罰的偏弊，主張以無為、德治為主，比法家代表人物更富於政治理性。

治道與規範是合為一體的。治道的綜合性必然導致規範的系統性。《呂氏春秋》有八覽、六論、十二紀，總計一百六十餘篇論文。每一篇文章重點討論一種治道，同時提出相應的君主規範。每一重要論點皆以歷史上聖王霸主的經驗或亡國之君的教訓為鑑戒，提出應與不應的行為準則。先秦諸子論及的重要政治規範，為君之道，該書應有盡有，無愧為「備天地萬物古今之事」。

治道與規範的綜合性又決定了論證方法的綜合性。以君主起源說為例：該書集天命論、五行論、道德論、聖人論、歷史進化論之大成，為君主制度起源及其合理性提供了多方面的論據。它還明確提出為謀求公眾利益而立君說，豐富了這一論證體系。為了論證君主制度的合理性及為君之道、治國之道，《呂氏春秋》集先秦諸子之大成，把公天下論、民本論、天譴論、諫議論、法制論、改革論等政治調節理論發展到新的高度，為專制主義中央集權政體提供了更加富於理性的政治理論基礎。

《呂氏春秋》代表著這樣一種文化政策和綜合方式：在有利於君主政治的前提下，既不企圖取消或貶低任何一種有影響的學術流派，又不尊奉一家一派，而是力圖度越諸子，融通百家，包納一切有用的思路、方略和法術。《呂氏春秋》以變法與法制為核心，將法家的法治與耕戰、儒家的禮治與仁政、道家的無為而治與權術、墨家的義治與節儉以及陰陽家的時政、名家的正名等，治於一爐，形成相當完備的適應「大一統」需要的政治理論體系。這種文化政策和思維方式對於調整、完善和豐富秦國的統治思想和社會文化有著積極的意義。

在文化發展的長河中，新思想、新論點的產生是必然的；不同觀點、不同學說的融會綜合也是必然的。綜合，既是繼承，又是創造。綜合方式的差異又會產生新的分化與爭論。由於呂不韋在政治上的失勢，《呂氏春秋》沒有被奉為正宗而加以膜拜，而其雜家品格卻為後人所繼承。在《呂氏春秋》之後，以各種綜合方式著成的大作相繼問世，開始了新一輪角逐統治思想寶座的競爭。

與名噪一時的戰國四公子相比，商人出身的呂不韋的智略和功業顯然略勝一籌。但是呂不韋也有重大政治失誤，即有意無意之中把嫪毐引入秦國的中樞權力結構之中。這個失誤為他招致了殺身之禍，也使秦國的前途一度蒙上陰影。

三、嫪毐亂政：「與嫪氏乎？與呂氏乎？」

嫪毐原是呂不韋的舍人。經呂不韋推薦，嫪毐得到太后的寵幸，並染指最高權力。這不僅使秦國的中樞權力結構更加變態，引發不正常的權力之爭，而且為最高權力的平穩過渡和順利交接設置了更多的障礙。一時之間，秦國同時有四個人有條件直接操縱最高權力，即法定的最高統治者太后趙姬、名分上的最高統治者秦王嬴政及實際分享最高權力的相邦呂不韋和獲得太后寵幸的封君嫪毒。秦國的內亂由此而起。

呂不韋推薦嫪毒實屬出於無奈。當時「始皇帝益壯，太后淫不止」26。呂不韋擔心兩人的姦情敗露而災禍降臨，於是想出了一個金蟬脫殼之計。他尋覓到一個生殖器壯大的人作為門客，這就是嫪毒。在與眾人歌舞行樂的時候，呂不韋故意讓嫪毒當眾用生殖器轉動以桐木製成的小車輪，目的是借助眾人之口四處播揚，令太后知曉此事。這個誘餌果然有效。太后聞之，迫切希望得到這個人以滿足淫欲。呂不韋當即答應進獻嫪毒，並令人誣告嫪毒觸犯了應受宮刑的罪名。他私人向太后建議：公開判處嫪毒宮刑而不實際用刑，這樣就可以以宦者的身分讓他到宮中服務。於是太后暗地裡重賞主持刑罰的官吏，指使他們對外聲稱閹割了嫪毒，僅將他的鬍鬚眉毛拔光，使之得以冒稱閹人，入宮做宦者，專門侍奉太后。趙姬與嫪毒私通，對他寵幸有加，並懷上了身孕。她擔心與嫪毒淫亂宮闈的事情東窗事發，假稱經占卜，須遷居外地，躲避時令之災，於是從咸陽搬到秦國故都雍居住。嫪毒經常隨從在趙姬身邊，據說他們先後生了兩個私生子。

太后趙姬自恃位極權重、夫喪子幼，盡情享樂，縱欲無度。春秋戰國時期，后妃淫亂宮闈的事情比較常見。秦國的太后縱慾私通也不無先例。例如，秦昭襄王之母宣太后與義渠王長期通姦，生有二子，「詐而殺義渠戎王於甘泉。」27儘管當時的風俗對男女私情比較寬容，而「母儀天下」的太后毫無節制地縱情聲色，也有損於秦國國家及其統治者的形象。如果趙姬把男寵私藏宮中僅僅是為了滿足個人的情慾，有一些風流韻事，還不足以影響秦國的政治穩定。她沒有就此止步，不僅對嫪毒「賞賜甚厚」，還讓他參與軍國大政，甚至「事皆決於嫪毒」28。這種行為必將破壞秦國中樞權力結構的穩定。

趙姬利用手中的權力，封嫪毒為長信侯，先後賞賜山陽地、河西太原郡等大片封地，使之擁有家僮數千人。趙姬又授予嫪毒各種特權。「宮室車馬衣服苑囿馳獵」等本是王室的特權，趙姬卻聽憑嫪毒恣意享受。更有甚者，嫪毒依恃太后的寵幸，專擅權力，出現了「事無小大皆決於毒」29的局面。這種事態近似於宦官專政。

實際上，這種事態比宦官專政更加凶險。據說趙姬與嫪毒有一個秘密約定：一旦嬴政不幸而亡，就擁立兩人的私生子為秦王。也許正是出於這個政治動機，趙姬才極力扶植嫪毒，使之擁有崇高的地位和巨大的權力，以便應對各種意外之事可能導致的政治危機。太后趙姬的這種安排未必針對自己的親生兒子嬴政，她很可能意在防止因嬴政突然死亡而危及自己的既得利益。而這種安排肯定會大大增加嬴政的風險，因為嫪毒可以利用各種條件為自己或自己的親生兒子謀取最高權力。實際上他也只有這一條生存之路。後來發生的事實證明，嫪毒確實已經在謀劃如何除掉秦始皇。

在這種情況下，秦國的核心權力結構更加不穩定。在朝臣中形成了分別以呂不韋和嫪毒為首的兩股政治勢力。嫪毒權力地位的急劇上升，招致了大批的投靠者。一批高官顯爵的文官武將聚集在嫪毒周圍。此外還有數以千計的謀求官爵者投到嫪毒門下，史稱「諸客求宦為嫪毒舍人千餘人」。這股政治勢力已呈現出逐步壓倒呂不韋集團的跡象。

正當呂不韋部屬秦軍連續猛攻魏國，魏國「亡地數百里，亡城數十，而國患不解」之際，有人向魏王獻上一策：設法討好嫪毒，協助他壓倒呂不韋，這樣既可以解除危難，又可以發洩仇怨。他的主要依據是：秦國兩大政治勢力之間的爭鬥難解難分，以致大小官吏和乞求官職的人不知究竟傾向或投靠哪一方更有利，他們都猶豫不決地說：「與嫪氏乎？與呂氏乎？」這種狀況遍及「門閭之下，廊廟之上」。所以當今之計，魏王應明確地站在嫪毒一方，「割地以賂秦，以為嫪毒功；

卑體以尊秦，以因嫪毐。王以國贊嫪毐，以嫪毐勝矣。」魏國贊助了嫪毐，也就博得了秦國太后的歡心，結交了天下最有權勢的人。這樣一來，「天下孰不棄呂氏而從嫪氏？天下必捨呂氏而從嫪氏，則王之怨報矣。」[30]由此可見，嫪毐集團與呂不韋集團之間的較量已經公開化，對此各國謀士洞若觀火，並積極設法加以利用。

「與嫪氏乎？與呂氏乎？」秦國廣大臣民面對當權者的爭鬥而不知何去何從。他們的猶豫不決本身就潛藏著政治危機，這為秦國的政治增加了許多變數，令人難以捉摸。各種記載表明，隨著年齡的增大，秦始皇已經開始過問或參與處理國家大事。他即將舉行成年禮，並獨攬王權。這個因素只能增加秦國政局的不確定性，加劇國內的政治動蕩。

「今御驪馬者，使四人人操一策，則不可以出於門閭者，不一也。」[31]秦國的政治形勢恰好符合這個比喻：太后趙姬、相邦呂不韋、幸臣嫪毐和秦王嬴政「人操一策」，共同驅使著秦國這駕馬車。四股力量幾近分庭抗禮，又彼此形成錯綜複雜的關係。在這種情況下，太后趙姬左右為難，其餘三股勢力都與她有著千絲萬縷的關係；幸臣嫪毐已是騎虎難下，他必須選擇時機，以求一逞；相邦呂不韋的處境最為難堪，他是推出嫪毐的禍首，又必須推倒嫪毐，無論嫪毐生死安危，他都無法徹底解除憂患；秦王嬴政也有為難之處，解決嫪毐問題必定牽連母后與仲父。在當時的歷史條件下，解決這種政治困境的惟一方式是重新恢復最高權力一而不二，而最順理成章的、政治震動也最小的是由秦王實現「一之」。秦國的最高權力能否順利交接？秦國不正常的核心權力結構能否恢復正常？秦國的政治內亂能否平息？這在很大程度上取決於秦始皇的政治才能。

秦國是幸運的。在嫪毐的勢力還沒有成長到無法遏制的程度時，一個政治上的曠世奇才已經有資格合法地掌握秦國的最高權力。秦始皇沒有動用太大的氣力、沒有花費太多的時間就解決了一系列最棘手的政治難題。秦國這駕馬車的馭手再次簡化為一人。

註釋

1《戰國策・秦策五》。
2《史記》卷八五〈呂不韋列傳〉。
3《史記》卷八五〈呂不韋列傳〉。
4《戰國策・秦策五》。
5《史記》卷八五〈呂不韋列傳〉。
6《史記》卷八五〈呂不韋列傳〉。
7 參見《戰國策・秦策五》、《史記》卷八五〈呂不韋列傳〉。
8《史記》卷八五〈呂不韋列傳〉。
9《史記》卷八五〈呂不韋列傳〉。
10 參見馬非百：《秦始皇傳》，江蘇古籍出版社一九八五年版，第一二頁。
11《史記》卷六〈秦始皇本紀〉。
12 參見《戰國策・秦策五》。
13 杜佑：《通典》卷三〇〈職官一二・太子六傳〉。
14《史記》卷六〈秦始皇本紀〉。
15《漢書》卷六九〈趙充國辛慶忌傳・贊〉。
16《史記》卷五〈秦本紀〉。
17《史記》卷八五〈呂不韋列傳〉。
18《史記》卷六〈秦始皇本紀〉。
19《史記》卷八五〈呂不韋列傳〉。
20《史記》卷八五〈呂不韋列傳〉。
21《史記》卷八五〈呂不韋列傳〉。
22《呂氏春秋・審分覽・不二》。
23《呂氏春秋・孝行覽・孝行》。
24《呂氏春秋・開春論・愛類》。
25《呂氏春秋・審分覽・慎勢》。
26《史記》卷八五〈呂不韋列傳〉。
27《史記》卷一一〇〈匈奴列傳〉。
28《史記》卷八五〈呂不韋列傳〉。

29《史記》卷六〈秦始皇本紀〉。

30《戰國策・魏策四》。

31《呂氏春秋・審分覽・執一》。

第三章　親政篇：圖謀帝業的大國霸主

秦始皇親政始於他二十二歲（實足年齡約二十一歲）那年。秦始皇九年（西元前二三八年）四月，「己酉，王冠，帶劍。」[1]秦始皇依制到宗廟所在的舊都雍行加冠禮，完成成年儀式，正式主持國政。

古代男子成年要舉行「冠禮」，即成年禮。對於舉行冠禮的年齡，古代文獻說法不一。《禮記．曲禮》：「男子二十冠。」《荀子．大略》：「天子諸侯子十九而冠，冠而聽治，其教至也。」為什麼嬴政二十二歲舉行成年禮？學術界有不同看法。一些學者持秦國異制說。秦王舉行冠禮，見於《史記》記載的有三次：其一，「惠文王三年，王冠」；其二，「昭襄王三年，王冠」；其三，「始皇九年，王冠」。徐復補訂《秦會要》轉引《史記索隱》：「惠文王、昭襄王均十九而立，立三年而冠，是三王之冠，均在二十二也。」這種說法與《禮記》、《荀子》所說不合。徐復的解釋是秦國「異制」。這種可能性不能排除。一些學者持身高說。他們認為，秦國依據身高判定成年與否，秦國三王都是因身高達到六尺五寸的成人標準而舉行冠禮的。「秦始皇幼年多病，年齡二十二歲，身高才達到六尺五寸，才舉行冠禮。」[2]這種觀點可備一說。雲夢秦簡確有依據身高判定刑事或民事責任能力的規定。然而秦始皇是王子，他的父母及朝廷可以準確地知道其出生年月，似不必借助身高計算其年齡。還有一些學者推測：由於某種政治原因，秦始皇的成年禮被有意地推遲了。

平定內亂、剪除權臣

秦始皇親政前後，秦國的政局風雲變幻，人禍天災接連降臨。秦始皇八年（西元前二三九年），王弟長安君成蟜為將軍，統帥秦軍進攻趙國。他竟然在屯留（今山西屯留南）率軍叛變。這次反叛行動被鎮壓。成蟜自殺。秦國將他的軍吏一律斬首，叛卒戰死者一律戮屍，並「遷其民於臨洮」。這次叛亂的具體原因已無法確知，它當與秦國內部的政治鬥爭有關。

就在這一年，還發生了一件震動朝野的災異：「河魚大上。」[3]當時天降暴雨，河水氾濫成災，黃河之魚成群結隊西入渭水，多被沖上平地。秦國之民紛紛輕車重馬，趕往河旁食魚。據說這屬於「豕蟲之孽」，是上天警示人間的災異。按照古人的觀念，「魚陰類，民之象，逆流而上者，民將不從君令為逆行也。」[4]河魚大上意味著陰類太盛，小人猖獗，人間的君臣關係不正常。在當時的歷史條件下，出現災異會影響君臣上下、朝野內外的政治心理，甚至引發或加劇政治動蕩。這件災異被史官鄭重地記錄下來，可見它的影響。

「時隔不久，彗星見，或竟天。」[5]在古人心目中，這也是不吉之兆。它屬於「君臣失政，濁亂三光」之象。彗星一現，或臣弒其君，必有滅國，或兵禍將起，國家易政，或掃除凶穢，除舊布新[6]。這件災異也被史官鄭重地記錄下來。

儘管出現災異與發生叛亂純屬巧合，而秦國的君臣關係的確醞釀著深刻的危機。隨著秦始皇舉行成年禮並親政的佳期日益臨近，圍繞最高權力而展開的政治鬥爭正在從暗鬥轉向明爭。一場你死我活的廝殺已經無法避免。秦國內部的政治局勢可謂「山雨欲來風滿樓」。

一、平定嫪毐之亂

自夏商西周以來，中國古代君主制度的權力結構一直以「一」或「獨」為基本特徵，即國家由一人獨占，最高權力由一人獨掌，掌握最高權力的人實行獨尊、獨斷。其他權力層次也大體如此。權力結構是政治制度內部一種實際上而不是形式上的權力分配狀況。它是社會結構的最上層，是社會結構得以維繫、運行和發展的關鍵。君主政治的權力法則注定最高權力者必須唱獨角戲，這就像「一山不容二虎，一架不容二雄」。在君主制度下和宗法社會中，「天無二日，土無二王，家無二主，尊無二上。」最高權力或實際掌握最高權力的人一旦「二」而不「一」，「分」而不「獨」，便會使整個權力結構發生動蕩。因此，每當最高權力交接之際，朝廷的政治局勢都會相當微妙，甚至極其凶險。原因很簡單：最高權力實際掌握者的變更，往往伴隨著一個或幾個既得利益集團整體的垮台。這些既得利益集團或者是前任最高權力者的親信，或者是某個曾經染指或爭奪最高權力者的僕從。除了新的最高權力者及其親信以外，一切曾經染指最高權力的人或試圖謀取最高權力的人，都很難自保或很難妥善安置。即使與新君是父子、兄弟關係也大體如此。他們的親信也會受到不同程度的牽連。無論為了富貴，還是為了生存，個體與個體、群體與群體之間都會彼此較量、爭鬥。參加較量的人又都有權有勢，掌握著重要的政治資源，由此而引發的爭鬥的結局通常是你死我活。失敗者幾乎注定要身敗名裂，甚至覆宗滅族。

秦始皇親政是一次特殊的最高權力交接。按照秦國制度，一旦秦始皇行冠禮，佩寶劍，完成成年儀式，他就可以名正言順地全部收回由母親和「仲父」所代管的最高權力。太后、嫪毐和呂不韋都要退出最高權力層次，交出他們曾以不同名分、不同形式實際掌握或分享的那一部分最高權力。

秦始皇必須收回最高權力。於公，這是制度的規定，也有利於秦國的政治穩定；於私，這是全身自保的關鍵，可以防止篡權弒君乃至宗國覆滅。就主觀而言，他要親掌大權就必須如此；就客觀而言，權力法則迫使他不能不如此。一般說來，主動權在秦始皇手中。他是名正言順的最高權力者，一道詔旨便可以獲得大多數臣民的擁戴或服從。他是一位君主，有權區別不同情況，做出適當的安置，以重組權力結構，捋順權力關係。他又是一個強者，對於權力的交接他早就成竹在胸，並在心腹大臣的協助下預先安排了各種應對措施。對於可能出現的變亂，他採取了後發制人的方略。秦始皇很可能打算按部就班地解決權力分配的調整問題，清除各種政治隱患。這樣做更平穩一些，對他也最有利。

「樹欲靜而風不止」。至少有一個人及其僕從對秦始皇親政感到恐懼，這就是嫪毐集團。在三個與最高權力交接有直接利害關係的人中，太后是秦始皇的生母，呂不韋是秦國的宰相。他們一度代理王權合情合理合法，甚至可以算作功勞，也存在著與秦始皇妥善處理彼此關係的可能性。從現存歷史材料看，太后對兒子親政的具體心態已不得而知。由於涉及到嫪毐及兩個私生子的安危，她的心情應當是比較複雜的。依據歷史經驗和常理判斷，呂不韋的心態肯定是相當微妙的，他的眾多門客中也很可能有人提出採取非常措施的建議。但是，這裡不想毫無根據地對太后和呂不韋的心態做出臆測。無論太后和呂不韋的心態如何，嫪毐肯定是惶恐不安的。與太后私通而生子，淫亂宮闈，這是死罪；充秦王「假父」，屬大不敬，這也是死罪；專擅權力，敗壞朝綱，這還是死罪。他圖謀讓自己的兒子取代秦始皇的地位，這更是十惡不赦之罪。在此之前，已經有人揭發嫪毐的罪行，秦始皇經查證確認屬實，隱忍而未發。嫪毐也了解到這個情況。秦始皇親政以後第一個要剪除誅滅的就是他嫪毐。嫪毐及其同黨對此不會不心知肚明。他們擔心大禍臨頭，開始商討對策。

嫪毐及其同伙既感到恐懼，又有些興奮。在中國古代，應對最高權力交接過程中的各種事態，既是挑戰，又是機遇。嫪毐並非毫無機會。他手中也有幾張頗有分量的牌。一是有太后的寵幸。據說嫪毐曾與太后約定：如果秦始皇死去，將立兩人的私生子為繼承人。在嫪毐謀反過程中，太后是否願意並提供了具體幫助，這不得而知，而在叛亂中嫪毐的確使用了太后的名義，曾盜用王璽及太后璽調動軍隊。二是得到部分朝廷重臣的支持。嫪毐同黨中至少有衛尉竭、內史肆等二十餘位高官。衛尉、內史都是要害部門、關鍵職務。衛尉位居列卿，統轄宮廷衛士，負責宮門守衛。內史為京畿地方最高行政長官。有這些人做黨羽，嫪毐在很大程度上將王宮和首都地區掌握在自己手中。三是領有大片封地和大批門客。嫪毐有舍人千餘人、家僮數千人，這是一筆相當可觀的政治資源。四是獲得部分戎狄首領的外援。當時嫪毐的勢力之大，由此可見一斑。

嫪毐及其黨羽必須冒險一拚，也有資本拚死一搏。俗話說「勝者王侯，敗者寇」。他們成則一步登天，敗則人頭落地，貧賤富貴、生死榮辱在此一舉。於是嫪毐及其同伴決定擇機起事，以求一逞。他們選擇了秦始皇離開咸陽到雍城舉行冠禮的時機。

秦始皇九年（西元前二三八年）四月，秦始皇抵達雍，住宿於蘄年宮。嫪毐趁機發動叛亂。他矯用秦王璽及太后璽，徵調「縣卒及衛卒、官騎、戎翟君公、舍人，將欲攻蘄年宮」。秦始皇得知消息，下令相國昌平君、昌文君徵調軍隊鎮壓叛亂，許多宦官也參與了軍事行動。兩軍交鋒，反叛之眾一觸即潰，嫪毐兵敗逃亡。秦始皇向全國下令：「有生得毒，賜錢百萬。殺之，五十萬。」[7]嫪毐及其同伙很快便全部落網。嫪毐被車裂處死，夷三族。他的黨羽衛尉竭、內史肆、佐弋竭、中大夫令齊等二十人皆梟首。嫪毐的舍人，罪重者刑戮，罪過較輕者判處鬼薪之刑，為宗廟砍柴三年。因受到牽連而被剝奪爵位、抄沒家產、流放蜀地者達四千餘家。

平定嫪毐之亂顯示了秦始皇處理非常事變、應對政治危機的才能。他處變不驚，指揮若定，後發制人，一舉破敵，割掉了秦國政治中的一個毒瘤。

二、罷黜呂不韋

嫪毐集團被清除以後，秦始皇又開始著手處理呂不韋。這也是勢在必行之事。首先，查處嫪毐之事必定牽連呂不韋。嫪毐獲得太后寵幸，得力於呂不韋的舉薦。此前有人揭發「嫪毐實非宦者，常與太后私亂，生子二人，皆匿之」。於是秦始皇下令調查，「具得情實，事連相國呂不韋。」[8]秦始皇要處罰他，於法有據，並非師出無名。其次，呂不韋先後輔佐兩位君王，身居相國之位並實際掌握或分享最高權力十餘年，在國內外享有很高的聲譽。他招羅人才，廣納門客，舉薦賢能，又領有十萬戶封邑、三千門客和數量龐大的家奴。這就形成一股以他為首的盤根錯節的強大政治勢力。秦始皇親政後必然要調整他與呂不韋的權力關係，觸動呂不韋及其黨羽的既得利益。這種調整難免會引起摩擦甚至激化矛盾。再次，呂不韋與秦始皇的政見存在一定的差異。由於兩人的政治關係和實際權力地位都比較特殊，隱蔽的或公開的政見之爭可能由來已久。當二人的實際權力地位發生重大調整之際，即使是正常的政見之爭，也會引發矛盾乃至衝突。無論秦始皇是「極權之主」還是「開明之君」，他與呂不韋之間的利害之爭、權力之爭都是不可避免的。更何況秦始皇深知君主必須獨制的政治法則，自己又是剛烈嚴酷之人！當時解決這類爭端的辦法實際上也只有一個途徑：或秦始皇，或呂不韋，其中一人實質性地退出權力結構的最高層次。

平定嫪毐之亂之後，秦始皇想要同時除掉呂不韋。但是顧及呂不韋輔佐其父秦莊襄王功勛卓著，為呂不韋說情的賓客辯士又為數眾多，秦始皇不忍法辦他。秦始皇十年（西元前二三七年）十月，秦始皇以呂不韋與嫪毐之亂有牽連的罪名，免去其相國之職，讓他回河南的封地居住。

在呂不韋回到河南封地的一年多時間內，各國諸侯頻繁地派遣賓客和使者問候呂不韋，往來的車隊「相望於道」。秦始皇擔心呂不韋內外勾結，發動變亂，於是下令將呂不韋遷往蜀地，割斷其與各國、封地和故吏、賓客的聯繫。他親自給呂不韋寫了一封書信，文曰：「君何功於秦？秦封君河南，食十萬戶。君何親於秦？號稱仲父。其與家屬徙處蜀。」[9]呂不韋感到秦始皇的態度更加嚴厲，擔心遭到誅殺族滅，於是飲鴆而死。這件事發生在秦始皇十二年（西元前二三五年）。

呂不韋死後，其賓客數千人共同將他竊葬於洛陽北芒山。按照當時通行的政治道德，這些賓客與呂不韋有「君臣之義」，他們理當哭臨主君或故主。但是這種大規模的會葬行動不無政治示威之嫌。秦始皇聞之，下令處罰呂不韋的門客故吏，徹底打散這股勢力。呂不韋的舍人，凡是臨哭會葬者，三晉之人一律驅逐出境；秦人祿至六百石以上者，剝奪其爵位，並遷徙於房陵。祿五百石以下沒有臨哭者，也一律遷徙，不剝奪爵位。秦始皇還向全國宣布：「自今以來，操國事不道如嫪毐、不韋者籍其門，視此。」[10]

嫪毐、呂不韋兩大權勢集團都被乾淨俐落地剪除之後，秦始皇可以完全按照自己的意願決斷軍國大政了。為了穩定政局，安撫人心，秦始皇在這年秋天准許被流放到蜀地的嫪毐舍人回歸故里。這個措施涉及到數千家、幾萬人的切身利益，在當時也可算不小的恩典。從這個舉動看，秦始皇還是很有政治頭腦的。他所要打擊的是嫪毐、呂不韋及其死黨。一旦主要的政治威脅解除，他就及時赦免了那些被捲進政治鬥爭漩渦的人。

秦始皇親理政務後，僅用兩年時間，就先後解決了嫪毐、呂不韋兩大異己政治勢力，使母后、嫪毐、呂不韋先後退出中樞權力結構，從而把國家大權牢牢掌握在自己手中。秦國的權力結構更加穩定，國家權力更加集中統一，這為吞併六國打下了堅實的政治基礎。

關於秦始皇除掉呂不韋、擱置《呂氏春秋》的原因，許多學者強調二人之間的政治理念之爭。其主要依據是商鞅、韓非等人的思想與《呂氏春秋》有所不同。這是有一定道理的。但是，他們誇大了差異和爭執。例如，許多學者特別強調一點：《呂氏春秋》主張「天下，天下之天下」，主張實行選賢與能的「禪讓」制度，這是掏秦始皇心裡的事。其實不然。從秦始皇統治思想的基本構成與框架看，《呂氏春秋》的基本政見他都贊同，其中包括「公天下」。

秦始皇的「公天下」觀念至少有兩個來源。一個來源是《商君書》等法家著作。從現存文獻看，在理論上最先提出「尚公」說、「貴公」論的是法家，最先打出「公天下」旗幟的也是法家。在《慎子》、《商君書》中對此有明確無誤的表述。另一個來源是有關三皇五帝以天下為公的傳說和社會大眾相關的政治觀念。「天下為公，選賢與能」之說是中國古代社會的公論，也是中國古代帝王觀念的主要組成部分。實際上《呂氏春秋》及先秦諸子也應是一個重要的思想來源。秦始皇肯定瀏覽過這些書。

《說苑．至公》有一個記述。如果這個記述基本屬實，它也是秦始皇承認「公天下」的重要證據。據說，鮑白令之與秦始皇有過一次爭論。統一天下後，自以為「功蓋五帝」的秦始皇曾召集群臣商議，他問道：「古者五帝禪賢，三王世繼，孰是？將為之。」鮑白令之對曰：「天下官則讓賢是也，天下家則世繼是也。故五帝以天下為官，三王以天下為家。」秦始皇帝仰天而嘆曰：

「吾德出自五帝，吾將官天下，誰可使代我後者？」令之對曰：「陛下行桀紂之道，欲為五帝之禪，非陛下所能行也。」秦始皇大怒，厲聲呵道：「令之前，若何以言我行桀紂之道也。趣說之，不解則死。」令之歷數秦始皇建宮室、修陵墓等「殫天下，竭民力，偏駁自私」的行為，指出：「陛下所謂自營僅存之主也。何暇比德五帝，欲官天下哉？」鮑白令之引用公理，依據事實，犯顏直諫，秦始皇無以應對，「面有慚色。」[11]秦始皇的許多做法有可能受到「公天下」觀念的影響，如堅決實行對子弟不分封、無功不賜爵的制度。他遲遲沒有確定皇位繼承人是否與此有關，不得而知。

許多學者把「公天下」視為中國古代的民主主義思想。可是他們低估了中國專制主義思想體系的容量和精緻程度，更忽略了一個重大的事實：中國的帝王及歷代統治思想代言人大多承認「公天下」論。自先秦以來，「天下，天下之天下」不斷被帝王將相、百官諫臣引用。就筆者所見，隋煬帝、唐太宗、宋太祖、清雍正帝、清乾隆帝等著名皇帝都曾特意宣揚過這類思想。秦始皇想必亦不例外。他們都利用公認的「公天下」觀念標榜自己的功德，證明其占據最高權位的合法性。其中宋太祖在即位詔書中直接引用「天下為公，選賢與能」的思想，以此證明陳橋兵變、黃袍加身的合理性。「天下為公，一人有慶。」[12]這種思想對「私天下」有強烈的批判色彩，又不具有否定「家天下」的意義。顯而易見，「公天下」是秦漢以來統治思想的重要組成部分。因此，秦始皇與呂不韋不會在這個問題上有太大的分歧，更不會因此而引發政治鬥爭。

佐成帝業的霸王之士

古人云：「廊廟之才，蓋非一木之枝也；粹白之裘，蓋非一狐之皮也；治亂安危、存亡榮辱之施，非一人之力也。」[13]自古以來，成就帝業者，必有霸王之佐；輔成霸業者，必有王佐之才。對於爭人才與爭天下、馭群臣與馭天下的內在關係及君臣佐輔的重要性，人們早就有深刻的體察、精闢的概括和形象的比喻。人們把賢能之臣比作元首的股肱、渡人的舟楫、大廈的棟梁、猛獸的爪牙、鴻鵠的羽翮等等。人們還把君臣際遇比作「雲從龍，風從虎」，而騰龍失去了雲霧便跌落塵埃，巨鯨離開了溟渤則無法遨遊。於是許多帝王力圖通過招徠一批王霸之士而成就帝業；許多王霸之士也力圖通過成就一位帝王而成就自己。

與歷代開國君主一樣，秦始皇身邊也有一批軍政素質極高的王霸之佐和善戰之將。這是一個規模不小的群體。他們之中既有運籌帷幄的將相、精通謀略的策士，又有直言敢諫的諍臣、勇冠三軍的戰士、能言善辯的說客。沒有這些人的輔佐，秦始皇是無法成就帝業的。在介紹這些王霸之佐的時候，不得不讓本傳傳主秦始皇暫且退居配角的地位。然而這些智謀之士與秦始皇的互動過程，又使人清晰地看到這位帝王的梟雄品格和政治才幹。善於駕馭能臣是秦始皇的一大特點。

一、李斯與《諫逐客書》

在秦始皇眾多的輔臣中，李斯可謂首屈一指。這是一位頗有才幹的政治家，堪稱王霸之佐。李斯與秦始皇君臣際遇，實際上處於第一助手地位近三十年。他協助秦始皇，經略天下，總理萬機，對秦朝的建立做出了重大貢獻。見於歷史記載的秦始皇的宰相（相國、丞相、御史大夫）有呂不韋、昌平君、隗林、王綰、李斯、馮劫（御史大夫）、馮去疾等，其中李斯對秦始皇的貢獻最大。在歷代宰相中，李斯的才幹、謀略與功業也罕有匹敵。如果不是晚節不保，他也許會得到眾口一詞的極高歷史評價。

李斯（？～西元前二〇八年）字通古，楚國上蔡（今河南省上蔡縣西南）人，出身「閭巷之黔首」，「年少時，為郡小吏。」他憑著個人的才幹，一步步循著仕途的台階，直至位居丞相，遂成為中國古代帝國史上第一位著名的「布衣卿相」。

李斯素有大志。據說，在擔任鄉間小吏的時候，他目睹廁中群鼠偷食污穢的食物，經常遇到人來狗撵而倉皇逃竄，又觀倉中之鼠，「食積粟，居大廡之下，不見人犬之憂。」他感慨萬千，喟然嘆曰：「人之賢不肖譬如鼠矣，在所自處耳！」李斯決心仿效倉中之鼠，擇地而處，追求功名利祿。他立志學「帝王之術」，為王霸之佐，做富貴之人。在當時，平民百姓躋身王侯將相的仕途已然開闢，所以有「青雲之志」的青年人很多。只要翻一翻蘇秦、陳勝、項羽、劉邦、韓信等一大批英雄人物的傳記，便一目了然。在中國古代社會，這應當是很正常的現象。

李斯有很高的學術素養。他深知成就大事業，必須拜名師，於是不遠千里到齊國投於一代名儒荀子的門下為徒。荀子之學，宗本孔子，融合儒法，兼綜百家。他將先秦禮治、法治、無為而治三大思潮的精華融於一爐，提出了比較全面、比較實用的政治思想體系。當時荀子的弟子們都認為老師的道德、學識、才智「宜為帝王」[14]。李斯慕名而來，「乃從荀卿學帝王之術。」荀子培養了中國歷史上兩位著名的王霸之士，一個是以著書立說見長的韓非，一個是以操作政治見長的李斯。由此可見，荀子的學識、政見確實非當時的群儒所能匹敵。韓非、李斯被後世列為法家。其實這種學派分類方法是值得推敲的。先秦本無「法家」學派，更無「法家」師徒傳承的故事。

韓非、李斯只是比老師更加鄙棄「俗儒」，更加面對現實政治，而進一步發揮了老師的帝王之術而已。李斯能夠成為帝王之佐，得益於名師的教誨。

李斯又是一個善於審時度勢的智謀之士。學業有成之後，李斯面臨著重大政治抉擇：到哪個國家圖謀政治發展最有利？他認為當此列國爭雄之時，正是遊說者可以立功成名之際。在深入分析了各國形勢及其君主的素質之後，李斯得出的判斷是：「楚王不足事，而六國皆弱，無可為建功者」，「今秦王欲吞天下，稱帝而治，此布衣馳騖之時而遊說者之秋也。」於是他辭別老師，西向入秦。事實證明李斯的這個決定是正確的。

大約在西元前二四七年，李斯來到秦國，恰逢秦莊襄王壽終正寢，秦始皇剛剛即位。當時相國文信侯呂不韋主政。李斯投在呂不韋門下，擔任舍人。呂不韋門客以千百計，而李斯一經展露才華，立即脫穎而出。經呂不韋舉薦，李斯被任命為郎官，進入宮廷。他借機與年輕的秦王縱論天下大事，分析政治格局，提出一套翦滅諸侯、併吞六國、創建帝業的謀略。秦始皇聞之大喜，晉升李斯為長史。李斯從此得以參議軍國大政。按照李斯的謀劃，秦國綜合運用軍事、外交、間諜等手段對付諸侯，收買其權臣，刺殺其名士，離間其君臣，一旦時機成熟便大軍壓境。由於出謀劃策有功，秦始皇拜李斯為客卿。

有一篇名叫〈諫逐客書〉的政論文章，使李斯青史留名。這篇諫議奏章，議論縱橫，文情並茂，洋洋灑灑，理據具足，不僅體現了李斯的識見與雄辯，也展示了他的博學與文采。

事情的起因是這樣的。大約在秦始皇即位之初，韓國派遣間諜鄭國到秦國遊說。鄭國是一位著名的水工，他建議秦國興修水利，於涇水、北洛水之間開鑿一條三百餘里灌渠。其目的是消耗秦國人力、物力，使之無暇東顧。秦始皇親政伊始，平定嫪毒之亂，罷免呂不韋，又發覺鄭國的間諜身分及其圖謀。嫪毐、呂不韋、鄭國都是客籍臣工。事發之後，朝野大譁，一批秦國宗室大臣向秦始皇進言，曰：「諸侯人來事秦者，大抵為其主遊間於秦耳，請一切逐客。」秦始皇以為然，遂下了一道逐客令，搜索並驅逐所有來自異國的客卿、臣工、名士。李斯亦在其中，他被迫出走，在途中上書秦始皇諫止此事。這件事發生在秦始皇十年（西元前二三七年）。

李斯的〈諫逐客書〉曰：

臣聞吏議逐客，竊以為過矣。昔繆公求士，西取由余於戎，東得百里奚於宛，迎蹇叔於宋，來丕豹、公孫支於晉。此五子者，不產於秦，而繆公用之，併國二十，遂霸西戎。孝公用商鞅之法，移風易俗，民以殷盛，國以富強，百姓樂用，諸侯親服，獲楚、魏之師，舉地千里，至今治強。惠王用張儀之計，拔三川之地，西併巴、蜀，北收上郡，南取漢中，包九夷，制鄢、郢，東據成皋之險，割膏腴之壤，遂散六國之從，使之西面事秦，功施到今。昭王得范雎，廢穰侯，逐華陽，強公室，杜私門，蠶食諸侯，使秦成帝業。此四君者，皆以客之功。由此觀之，客何負於秦哉！向使四君卻客而不內，疏士而不用，是使國無富利之實而秦無強大之名也。

今陛下致昆山之玉，有隨、和之寶，垂明月之珠，服太阿之劍，乘纖離之馬，建翠鳳之旗，樹靈鼉之鼓。此數寶者，秦不生一焉，而陛下說之，何也？必秦國之所生然後可，則是夜光之壁不飾朝廷，犀象之器不為玩好，鄭、衛之女不充後宮，而駿良駃騠不實外廄，江南金錫不為用，西蜀丹青不為采。所以飾後宮，充下陳，娛心意，說耳目者，必出於秦然後可，則是宛珠之簪，傅璣之珥，阿縞之衣，錦繡之飾，不進於前，而隨俗雅化，佳冶窈窕，趙女不立於側也。夫擊甕叩罐，彈箏搏髀，而歌呼嗚嗚快耳者，真秦之聲也。《鄭》、《衛》、《桑間》、《昭》、《虞》、《武》、《象》者，異國之樂也。今棄擊甕叩罐而就《鄭》《衛》，退彈箏而取《昭》《虞》，若是者何也？快意當前，適觀而已矣。今取人則不然。不問可否，不論曲直，非秦者去，為客者逐。然則是所重者在乎色樂珠玉，而所輕者在乎人民也。此非所以跨海內制諸侯之術也。

臣聞地廣者粟多，國大者人眾，兵強則士勇。是以太山不讓土壤，故能成其大。河海不擇細流，故能就其深。王者不卻眾庶，故能明其德。是以地無四方，民無異國，四時充美，鬼神降福，此五帝、三王之所以無敵也。今乃棄黔首以資敵國，卻賓客以業諸侯，使天下之士退而不敢西向，裹足不入秦，此所謂「藉寇兵而齎盜糧」者也。

夫物不產於秦，可寶者多。士不產於秦，而願忠者眾。今逐客以資敵國，損民以益讎，內自虛而外樹怨於諸侯，求國無危，不可得也。

李斯首先列舉秦國歷史上秦穆公、孝公、惠文王、昭王等先公先王，大膽舉用百里奚、蹇叔、丕豹、公孫支、由余、張儀、司馬錯、甘茂、范雎等一批著名的出身異國的卿相而建立豐功偉業的事實；繼而羅列一批「楚才秦用」之類的現象；然後引據山不厭高、水不厭深的哲理，講了一番「地廣者粟多，國大者人眾，兵強則士勇」的道理；最後得出「物不產於秦，可寶者多。士不產於秦，而願忠者眾」的結論。他批評秦始皇不分青紅皂白地驅趕一切外來的臣民是愚蠢的行為，這會導致內失民心而弱秦，外資敵國而結怨，嚴重危及國家安全。

秦始皇閱罷這篇諫章，幡然醒悟，立即廢止逐客之令。他命人追回已經踏上東歸之路的李斯，讓他官復原職，「卒用其計謀。」後來李斯官至廷尉，並實際主持政務。秦的統一，李斯居功至偉。他為秦始皇建立的殊勛可以與歷代開國元勛相媲美。

秦朝建立後，李斯先後任廷尉、御史大夫、丞相，封侯拜相，位極人臣。秦始皇對這位功臣恩崇有加。李斯乃言「諸男皆尚秦公主，女悉嫁秦諸公子」。有一次，他的長子三川守李由回咸陽休假，「李斯置酒於家，百官長皆前為壽，門廷車騎以千數。」李斯喟然而嘆曰：「嗟乎。吾聞之荀卿曰『物禁大盛』。夫斯乃上蔡布衣，閭巷之黔首，上不知其駑下，遂擢至此。當今人臣之位無居臣上者，可謂富貴極矣。物極則衰，吾未知所稅駕也！」

李斯為人名利之心過重，權勢之欲太強。同窗好友韓非之死、「焚書坑儒」事端之起、沙丘之變得以成功，都與李斯有關。秦朝的速亡，李斯有無法解脫的重大責任。如果不是李斯貪戀權位、富貴，促成沙丘之變，並為秦二世的暴政推波助瀾，秦朝的歷史很可能會改寫，他本人也不會招致殺身滅族之禍，而有「上蔡黃犬」之嘆。李斯的人生之旅功過並著，榮辱交織，毀譽參半。但是在秦始皇之世，他無愧為竭盡才智的佐輔能臣。後來他的死也與試圖諫止秦二世的驕奢淫逸有關。自古就有人稱李斯屬於「極忠而被五刑死」。這種評價值得推敲、商榷。不過這個人還是頗有令人稱道之處的。正如司馬遷所說：如果沒有上述人生敗筆，「斯之功且與周、召列矣。」[15]

二、尉繚與《尉繚子》

輔佐秦始皇的第二位著名王霸之士是一位傑出的思想家、軍事家，他的名字叫繚。其姓氏失傳，由於他曾擔任秦國的國尉，故稱「尉繚」。秦始皇完成統一大業過程中的重要軍事行政事務很可能主要仰仗尉繚。

尉繚，生卒年不詳，魏國大梁人，本也是一介布衣。秦始皇十年（西元前二三七年），尉繚入秦。他與秦始皇論天下形勢，力主趁東方諸國衰弱之際，不失時機地完成統一大業，避免重蹈吳王夫差、晉國智伯、齊湣王沒有乘勝徹底消滅敵國而反被對手滅亡的覆轍。他建議秦始皇不惜重金，收買六國權臣，破壞諸侯合縱，打亂各國的戰略部署，以增強秦國軍事行動的效果。秦始皇採納了他的謀略。

秦始皇深知尉繚精通兵法，多權謀奇計，有王佐之才，所以欲深結其心。他對尉繚不僅言聽計從，而且屈尊相待。史稱秦始皇「見尉繚亢禮，衣服食飲與繚同」。尉繚才智過人，有敏銳的洞察力，他對這位年輕君王的政治人格有深刻的解析，看出他是一位梟雄。他說：「秦王為人，蜂準，長目，摯鳥膺，豺聲，少恩而虎狼心，居約易出人下，得志亦輕食人。我布衣，然見我常身自下我。誠使秦王得志於天下，天下皆為虜矣。不可與久遊。」[16]深謀遠慮的尉繚為了避免未來的禍患，沒有貪圖權勢、富貴，而是決定悄悄離開秦國。秦始皇發覺後極力阻止，並任命尉繚為國尉。這個職務相當漢朝的太尉、大將軍，負責管理全國軍事行政事務。

《史記》關於尉繚事蹟的記載相當簡略，也沒有提到他在統一戰爭中的具體活動，只說秦始皇「卒用其計策」。尉繚任國尉，主軍事，秦始皇又採納了他的謀劃、方略，秦軍對六國作戰所使用的戰略和策略，也與尉繚的軍事思想十分吻合。他的學識、謀略和戰功可以與孫武、孫臏、吳起等相媲美。僅此就足以證明他在秦始皇統一大業中的地位和作用。從尉繚的軍事理論和政治主張中也可以間接地了解秦始皇的政治思想和治國治軍方略。

尉繚的作用非同一般，他對戰爭與政治、戰爭與經濟的關係以及戰爭的指導原則、戰略戰術原則有深刻的理解。他還善於制定軍法條例，統籌組織軍事活動，屬於「運籌於帷幄之中，決勝於千里之外」的軍政人才。這個判斷是有充分的依據的：尉繚為後世留下了一部軍事思想史上的著名典籍——《尉繚子》。

《尉繚子》今存二十四篇。關於《尉繚子》的作者，歷來有兩種看法：一種認為他就是秦始皇時期的尉繚，另一種認為他是魏惠王（梁惠王）時期的尉繚。關於《尉繚子》是否有兩個版本，是否分別屬於「雜家」、「兵家」等，也很難詳考。一九七二年四月，在山東臨沂銀雀山漢墓出土的竹簡中，發現了《尉繚子》的殘篇，其內容大體與今本相符。一些學者認為與《漢書．藝文志》分別著錄於「兵形勢家」和「雜家」類的《尉繚子》是同一本書，今本《尉繚子》就是秦國國尉尉繚的作品[17]。這種看法是很有道理的。

同當時許多論及政治思想的著作一樣，《尉繚子》具有「雜家」的特點，而「法家」的色彩更濃厚一些。其中的許多思想見於《商君書》、《荀子》、《呂氏春秋》等。這主要是一部論兵的書。《漢書．藝文志》將其列為兵權謀家、兵形勢家、兵陰陽家、兵技巧家等四個先秦兵家學派中的兵形勢家。以《尉繚子》為代表的「兵形勢家」重點為研究軍事行動的運動性、變化性、靈活性，主張兵無定勢，根據具體軍事態勢，採取靈活機動的戰略戰術。

尉繚提出一批重要的軍事思想。他認為「兵勝於朝廷」，政治上的成功是取得軍事勝利的根本條件。因此，欲戰先安內，必須從改革、整頓國內政治入手，健全政治制度，制定正確的政策和策略，通過舉賢用能，富國惠民，來調整君臣、君民關係，使國家安定富強，令民心歸順君王。這樣才有可能「戰勝於外」、「威制天下」[18]。如果國家制度有弊病，也會「雖戰勝而國弱」[19]。他認為統兵必須「明制度於前，重威刑於後」[20]，治理軍隊必須先建立各項制度，使軍容整齊，號令一致，紀律嚴明，然後「明賞於前，決罰於後」，以嚴刑重賞保證軍令的貫徹。賞罰必須嚴明，「殺一人而三軍震者殺之，賞一人而萬人喜者賞之。」「殺之貴大，賞之貴小」，應當誅殺的，即使是勛貴，「必殺之」，這就叫「刑上究」；應當獎賞的，即使是馬童，也賞之，這就叫「賞下流」。在他看來，「夫能刑上究，賞下流，此將之武也。」[21]他主張指揮戰爭必須「先料敵而後動」[22]，全面了解敵情，分析敵我態勢，「見勝則興，見不勝則止」，要打有把握之仗，並根據具體情況，決定是先發制人，還是後發制人。他認為「國以專勝」、「力分者弱」[23]，必須集中兵力，強化攻擊力。他認為必須「挾義而戰」，對內要富國富民，嚴明法紀制度，注重禮義教化；在戰爭過程中，要「不攻無過之城，不殺無罪之人」，要實行正確的占領政策，使當地民眾安居樂業，最理想的是以威服天下，「兵不雪刃而天下親。」[24]尉繚主張「王者伐暴亂，本仁義」[25]。「凡挾義而戰，貴從我起」，不能放棄軍事手段，要敢於發動正義之戰。「伐國必因其變」[26]，要利用敵國內部君主無道、國勢貧弱、上下離心的時機，興兵討伐。

尉繚無愧為王霸之士，他的政治、軍事、外交謀略符合當時的實際情況，有利於從內政、外交、軍事等各方面全面規劃、部署並組織統一戰爭。他是輔佐秦始皇成就帝業的主要功臣之一。

三、茅焦強諫，「抗枉令直」

茅焦，生卒年不詳，齊國人。他是秦始皇統治時期最著名的一位「亢直之士」、敢諫之臣。一則君臣之間納諫、進諫的政治佳話使茅焦青史留名。

秦始皇平定嫪毐之亂，將母后遷往雍居住。茅焦勸諫秦始皇說：「秦方以天下為事，而大王有遷母太后之名，恐諸侯聞之，由此倍秦也。」秦始皇接受他的勸諫，「乃迎太后於雍而入咸陽，復居甘泉宮。」27

《說苑．正諫》對這件事有繪聲繪色的詳細描述。秦始皇車裂嫪毒，撲殺兩弟，並把母親遷出咸陽，將她囚禁於雍。許多臣工認為這種處置方式既有悖孝道，又有損秦國形象。一批臣工先後進諫，秦始皇大怒。他下令說：「敢以太后事諫者，戮而殺之。」諫臣前仆後繼，被處死者達二十七人之多。齊客茅焦不顧秦始皇的警告，執意進諫。他批評秦始皇說：「陛下車裂假父，有嫉妒之心。囊撲兩弟，有不慈之名。遷母萯陽宮，有不孝之行。從蒺藜於諫士，有桀紂之治。今天下聞之，盡瓦解無向秦者。臣竊恐秦亡，為陛下危之。」秦始皇醒悟，於是糾正錯誤，並「立焦為仲父，爵之為上卿」。太后趙姬大喜，設宴席招待茅焦。席上，她讚揚說：「抗枉令直，使敗更成，安秦之社稷，使妾母子復得相會者，盡茅君之力也。」

四、頓弱論秦國連橫的外交謀略

頓弱，生卒年和籍貫不詳。他也是一位茅焦式的諫臣，而與秦始皇議論的話題，則著重於外交方略。頓弱富於謀略，長於論辯，有縱橫家的風采。他還頗有笑傲王侯的名士風度。秦始皇仰慕頓弱之名，很想見見他。可是頓弱提出了一個苛刻的先決條件，聲稱：「臣之義不參拜，王能使臣無拜，即可矣。不，即不見也。」嬴政許之。

頓弱見到秦始皇開口便問：「天下有其實而無其名者，有無其實而有其名者，有無其名又無其實者，王知之乎？」秦始皇答曰：「弗知。」於是頓弱指出：商人有積粟之實而無耕作之名，屬於「有其實而無其名者」；農夫有耕作之名而無積粟之實，屬於「無其實而有其名者」；而當今秦王「已立為萬乘，無孝之名；以千里養，無孝之實」，可見「無其名又無其實者，王乃是也」。

秦始皇勃然大怒。頓弱毫不畏懼，坦然表示：秦始皇不能威服六國，卻濫施淫威於自己的親生母親，這是不可取的。

秦始皇對兼併東方六國的話題更感興趣，他急切地詢問秦國兼併各國的方略。頓弱獻策道：「韓，天下之咽喉；魏，天下之胸腹。王資臣萬金而遊，聽之韓、魏，入其社稷之臣於秦，即韓、魏從，韓、魏從，而天下可圖也。」秦始皇擔心這樣做會靡費錢財而徒勞無功。頓弱做了這樣的解釋：天下正處在多事之秋，各國頻繁地以合縱連橫的手段互相較量，「橫（連橫）成，則秦帝；從（合縱）成，則楚王。」如果秦國成就帝業，那麼天下一切財富皆歸秦所有，而如果其他國家稱雄，那麼秦國即使擁有萬金，也無法據為己有。因此，這筆外交開支還是很有必要的。

秦始皇認為頓弱的說法很有道理，他劃撥萬金之資，令頓弱用以遊說六國權臣，破壞各國部署，離間其君臣關係。頓弱「東遊韓、魏，入其將相，北遊於燕、趙，而殺李牧」。秦國之所以使「齊王入朝，四國必從」[28]，得益於秦始皇採納了頓弱的謀略。

五、姚賈獻破壞各國合縱之策

姚賈，生卒年不詳，魏國人，出身微賤，其父是看管城門的監門卒。姚賈曾在大梁為盜賊，後至趙國遊說，謀求功名，不為所用，被逐出境。他來到秦國，博得秦始皇的賞識，被委以外交重任。姚賈提出的謀略與李斯、尉繚、頓弱等人大體相似，可謂英雄所見略同。

有一次，趙、楚等四國合謀組織聯軍攻秦。秦始皇召集群臣賓客數十人商討對策。姚賈提出具體對策，並表示：「賈願出使四國，必絕其謀而安其兵。」秦始皇「乃資車百乘，金千斤，衣以其衣冠，舞以其劍」。姚賈辭行出使，通過收買各國權臣，離間四國關係等手段，「絕其謀，止其兵，與之為交，以報秦。」秦始皇大悅，拜姚賈為上卿，封千戶。

韓非聞知此事，不以為然。他認為，姚賈出身「世監門子」，是「梁之大盜、趙之逐臣」，重用這樣的人，不利於激勵群臣。為了破壞姚賈的謀略，而達到弱秦的目的，韓非向秦始皇進言，指責姚賈耗費三年時光，濫用國家財物珍寶，圖謀個人私利，而「四國之交未必合也」。這種行為純屬「以王之權，國之寶，外自交於諸侯」。

秦始皇立即召見姚賈，責問他：「吾聞子以寡人之財交於諸侯，有諸？」姚賈指出，自己確實使用國家資財結交諸侯，這並不意味著圖謀私利，不忠於秦國。如果不結好諸侯，就無法達到預期的外交目的。如果不忠於秦國，四國之王也不會聽從自己的遊說。姚賈奉勸秦始皇不要聽信讒言，貶斥忠臣。他進一步指出，用人不必求全責備，不必苛求出身和名望。周文王的姜太公、齊桓公的管仲、秦穆公的百里奚、晉文公的臼犯在個人經歷上都有不光彩的地方，「此四士者，皆有詬醜，大誹天下，明主用之，知其可與立功。」因此，明主用人的基本原則是「不取其污，不聽其非，察其為己用。故可以存社稷者，雖有外誹者不聽，雖有高世之名而無咫尺之功者不賞」[29]。秦始皇認為姚賈的說法頗有道理，於是仍然委以出使各國的重任。

六、韓非與《韓非子》

韓非是中國古代最著名的思想家之一。學術界普遍把他視為先秦法家之集大成者。他不是秦始皇的股肱之臣，甚至不能算是秦始皇的臣工。韓非入秦的本心旨在削弱秦國，保全韓國。但是他為秦始皇奉獻了一部著作，又提供了一條謀略。這部著作為秦始皇統治臣民提供了系統的政治方略和手段；這條謀略又使秦始皇確定了正確的統一戰爭戰略安排。從韓非的政治思想體系中，可以大體探求秦始皇的治術和秦朝統治思想的基本特點。因此，韓非對秦始皇的貢獻不在李斯、尉繚之下。在一定意義上，這位精通「南面君天下之術」的大學者也可以算作秦始皇的王霸之佐。

韓非（西元前二八〇年－西元前二三三年），韓國人。他是韓國王室宗親，身為「韓之諸公子」。韓非與李斯屬同門弟子。他「為人口吃，不能道說，而善著書」，其識見與文采令同學李斯自嘆不如。韓非博學多才，他師從大儒荀子，熟讀儒家經典，又認真研讀過《老子》、《商君書》、《申子》等，史稱「喜刑名法術之學，而其歸本於黃老」。因此他的學術素養深受先秦道、法、儒三大學派的影響。

在人生之旅上，韓非與李斯這對同門弟子的政治抉擇大相逕庭，而結局也迥然不同。李斯擇主而仕，果斷地放棄了昏聵的楚王，離開祖國，投奔蒸蒸日上的強秦。韓非則不然，他懷戀宗國，情繫韓王，身歸於日漸衰落的祖國。李斯際遇雄才大略的秦始皇，大展其才，創立功勛，猶如群星附麗蒼穹，而韓非則遭遇昏庸無能的韓王安，結果報效無門，鬱鬱而不得志。

韓非目睹韓國逐漸削弱，「數以書諫韓王，韓王不能用。」他認為韓國衰弱的根源在於政治上的一系列失誤，主要是「不務修明其法制」，不能「富國強兵而以求人任賢」。韓王「寬則寵名譽之人，急則用介冑之士」，所用之人大多是徒有虛名的俗儒、遊士和奸邪諂諛之臣。這樣一來，不僅輔臣庸庸碌碌，「所用非所養」，而且民眾也多有禍亂之人，乃至「儒者用文亂法，而俠者以武犯禁」。韓非深感儒術足以誤國，禮治不能強兵，於是考察歷史的經驗教訓，探究政治的利害得失，「故作〈孤憤〉、〈五蠹〉、〈內外儲〉、〈說林〉、〈說難〉十餘萬言。」韓非的著作編為《韓非子》。

韓非思想敏銳、識見深刻、文詞雄辯，所述世風切中時弊，所言治術切實可行，所論哲理切中肯綮，因此受到世人的關注而廣為傳抄。有人將這本書帶到秦國。秦始皇閱讀了韓非之書，對〈孤憤〉、〈五蠹〉等篇章的主張頗為讚賞。他欽佩作者的才智，讚嘆道：「嗟乎，寡人得見此人與之遊，死不恨矣！」李斯告訴秦始皇：「此韓非之所著書也。」秦始皇立即下令進攻韓國。韓王連忙與韓非商議對策，並派遣他出使秦國。

韓非一見秦始皇就對秦國的政治提出了批評。他直言不諱地指出：秦國之所以國勢強盛而未能一舉成就霸王之名，是由於大臣的謀略不當，對策有誤。韓非對李斯、姚賈提出的先滅韓國的戰略不以為然，主張秦國首先應削弱乃至滅亡趙國。他指出：這樣做在政治上、外交上和軍事上對秦國更有利。強悍的趙國一旦被解決，統一天下猶如水到渠成。秦始皇「悅之，未信用」。

李斯、姚賈等人十分嫉恨韓非，一來韓非提出的統一戰爭戰略方針與他們的主張針鋒相對；二來韓非鄙棄姚賈，認為他不足與論社稷之計；三來如果韓非受到秦始皇重用也會危及他們的政治地位。於是李斯、姚賈等人千方百計地詆毀韓非，必欲置之死地而後快。他們對秦始皇說：「韓非，韓之諸公子也。今王欲併諸侯，非終為韓不為秦，此人之情也。今王不用，久留而歸之，此自遺患也，不如以過法誅之。」[30]嬴政信以為然，將韓非投入監獄。李斯派人送毒藥給韓非，讓他自殺。韓非想面見秦王，表白心跡，卻無法辦到。當秦始皇感到後悔，急忙令人赦免韓非時，他已經死去了。韓王聞訊，只得請求臣服於秦國。

從秦國統一戰爭的戰略部署和過程看，秦始皇採納了韓非的一些意見，而韓非對秦國政治的最大貢獻是《韓非子》這本書。

《韓非子》是中國古代最重要的政治教科書之一。這本書以法家為旗幟，集先秦諸子之大成。它獲得秦始皇的激賞，對秦朝統治思想有深刻影響。後來，公開張揚法家旗幟的人寥若晨星，而讀它、評它，從中汲取政治智慧的政治家、思想家卻不勝枚舉。《韓非子》的「霸王之道」，不僅是古代帝王論一個重要版本，而且是秦漢以來帝王觀念的重要構成之一。

韓非的學術思想有兩個明顯的特點：一是從現實出發，尋求切實可行的富強與統一之路；二是理論素養很高，對諸子有深入研究，尤為精通法、道、儒的學說。前者決定他必然以法家為宗本，後者使他得以博採眾長，創立嚴整的理論體系。《韓非子》歷來被視為法家學說的代表作。其實它也是綜合諸子百家思想而成的。

韓非鼓吹中央集權、君主獨斷、法為政本，可謂旗幟鮮明。他集先秦法家重法、重勢、重術三派之大成，並克服其偏弊。他肯定「法者，王之本」31，又認為法、勢、術「皆帝王之具」。他分別發展了法、勢、術的理論，又使之互相補充，從而使法家學說在理論上登峰造極。這是《韓非子》綜合性的主要表現。

改造《老子》的道論，為法治論提供堅實的理論基礎，是《韓非子》綜合性的又一具體表現。〈解老〉、〈喻老〉是現存最早系統闡釋《老子》的文獻。韓非依據法家思維方式重新解釋「道」、「德」範疇，摒棄道家道論中的玄虛、神祕成分。他還最先提出道與理這一對範疇，觸及到一般法則與特殊法則的關係問題。韓非從不玄談哲理，而是將道論與政論緊密結合。在〈揚權〉中，他以道的惟一性論證中央集權體制，以道與物的差異論證君的主宰地位。在〈解老〉中，他把道作為政治之本。在〈飾邪〉中，他提出「以道為常，以法為本」，即道是法的依據，法是道的體現。他以〈主道〉、〈守道〉命篇，提出系統的治術，又以〈大體〉命篇，主張帝王「以道為舍」、「因道全法」，因而積大利，立大功，「名成於前，德垂於後。」這樣，道成為以法、勢、術為核心的一系列治術和規範的根據和總稱。道是帝王必須遵循的根本大法。

把忠、孝、仁、義、禮列為重要政治範疇，是《韓非子》綜合性的又一重要表現。韓非對儒家鼓吹倫理政治極為反感，斥之為謬論，視之為蠹蟲。但他比早期法家更重視倫理在政治中的作用。他以〈忠孝〉命篇，批評孔子不識忠孝真諦，並張揚法家的忠孝、仁義、德政觀，把禮治、教化視為法治的輔助手段。「三綱」範疇最早的表述形式之一，見於《韓非子·忠孝》。這是韓非對政治倫理學的一大奉獻，也表明他沒有把申、商的理論進一步極端化。

《韓非子》帝王論和帝王術的綜合性是顯而易見的。以君主起源說為例：韓非綜合了歷史進化說、為止爭而立君說、天立君說、為貫徹道義立君說、聖人立君說等，論證得頗為嚴整。關於為君的條件，韓非也條分縷析，講得相當系統，如有土地和子民者王、國家富強者王、戰勝者王、有權勢名位者王、名副其實者王、治強者王、明法者王、獨斷者王、任王霸之佐者王、審時度勢者王、有自知之明者王、得天時人心者王。在韓非看來，體道是為君必備的條件。否則「天子失道，諸侯伐之」；「諸侯失道，大夫伐之。」[32]體道、守道是帝王最基本的規範。

《韓非子》雖是一家之言，卻又在很大程度上影響著秦朝的統治思想。秦始皇的激賞，表明他贊成韓非的許多政見。韓非的帝王論在法家體系所能包容的限度內，吸收了各種實用政術及其哲理性依據，所講道理質樸實在，既沒有高深莫測的玄談，又沒有誇大其詞的文飾。優點卻又化為缺點。統治思想需要華美的包裝、神聖的光彩和動人的許諾。韓非一語中的，將君臣之間的利害關係講得太真實，從不諱言各種強制手段和權術，又沒能糾正法家重罰主義的偏弊。這或許是他的思想後來只能以曲折的形式納入統治思想的主要原因。

實際上，秦朝的統治思想雖以法家學說為基調，卻比《韓非子》的內容豐富得多，幾乎包羅法、儒、道、墨、陰陽、名等諸子百家之說。可是，秦朝的命運注定了法家的命運。一個盛極一時的大帝國頃刻之間便灰飛煙滅了。人們幾乎眾口一詞地歸罪於法家的政治學說。無論人們的評說是否允當，有一點是無可挽回的：法家失去了角逐統治思想寶座的資格。

其實像李斯、尉繚、茅焦、頓弱、姚賈、韓非一樣的王霸之士、敢諫之臣在秦國為數眾多。秦始皇身邊的佐輔大臣大多有犯顏直諫的事蹟。朝臣廷爭、言官強諫、說客直言、遊士善辯等政治現象與君主專制政治的朝議制度、言路言官之設、獻言遊說的仕途以及為臣之道有直接的因果關係，所以臣工進諫君主，甚至不懼觸犯「逆鱗」的現象司空見慣。兼聽博納、集思廣益又是當時公認的為君之道，所以君主納諫也是常見的現象。與歷代有所作為的君王一樣，秦始皇既有重賞諫臣、從諫如流的行為，也有誅殺諫臣、一意孤行的行為。從現存史料看，秦始皇通常不誅殺諫臣，「以太后事諫」是惟一的特例。在秦朝建立之前，尉繚有惡意攻擊之嫌，他沒有殺；茅焦言詞激烈，他沒有殺；頓弱傲然直言，他沒有殺；中期駁倒君王，他也沒有殺[33]。秦朝建立後，淳于越當眾攻擊秦始皇不法古制、必將速亡，他也未動聲色。像許多有為之君一樣，秦始皇多有從諫如流、重賞諫臣的舉動。像唐太宗多次想殺死諫臣魏徵而隱忍未發一樣，秦始皇也常常勃然大怒，欲殺諫臣，又或被人勸止，或自我隱忍。不如此，他是不能取得政治上、軍事上的巨大成功的。由此可見，素有「暴虐」之名的秦始皇還是很不簡單的。古代名君多有類似的政治人格和政治行為。對於這一類政治現象，不能簡單地下評語，而應深入地分析。在評說他們的時候，似應採用統一的尺度而「一視同仁」。

漢朝劉向在《戰國策．序》中說：「始皇因四塞之固，據崤函之阻，跨隴蜀之饒，聽眾人之策，乘六世之餘烈，以蠶食六國，兼諸侯並有天下。」其中「聽眾人之策」是具有決定意義的主觀因素。策者，謀也。善策佳謀必出自能臣之心，逆耳之言必出自志士之口，而採之、納之，決策而行之，必有待於雄才大略的王者。秦始皇重視廣泛招徠人才，基本上做到了用人不拘一格，任賢不別親疏，納言不計言詞。這是他取得成功的主要原因。

運籌帷幄、勇冠三軍的善戰之將

自古關中、隴西出名將。秦國的霸業、王業、帝業都是靠戰士們一刀一槍地搏殺出來的。戰國末期，七大「戰國」之間大規模的惡戰接連不斷。國力強弱主要通過刀尖來體現，政治目標主要通過廝殺來達到，帝王之業主要通過戰爭來成就。戰而勝者王天下。沒有一批運籌帷幄之能臣統帥虎狼之師，訓練精銳之卒，沒有一批驍勇善戰之將披堅執銳，衝鋒陷陣，秦國就不能使國勢越戰越強，地盤越戰越大，臣民越聚越多，敵國越打越少。

秦始皇身邊不僅有一批深謀遠慮的策士，還有一批勇冠三軍的戰將。見於歷史記載並戰功卓著者就有蒙驁、王齕、麃公、桓齮、尉繚、王翦、楊端和、羌瘣、辛勝、李信、王賁、蒙恬等。其中王氏父子王翦、王賁和蒙氏祖孫蒙驁、蒙恬最為著名。史稱：「秦始皇二十六年，盡併天下，王氏、蒙氏功為多，名施於後世。」[34]這裡主要介紹與秦始皇關係最密切且列於歷代名將之譜的王翦、蒙恬。從秦始皇與王翦、蒙恬的互動中，也可以體察他的御下之才、用人之術。

一、王翦、王賁父子兩世名將

王翦，生卒年不詳，秦國頻陽東鄉人。他年輕時就喜好武器格鬥之術、排兵布陣之法，投於秦始皇帳下為將。秦始皇滅趙、掃燕、亡楚、平越的關鍵戰役都是由王翦指揮的，最終滅亡魏、代、燕、齊則由其子王賁率軍完成。王翦、王賁父子兩世名將為秦的統一戰爭立下首功。王翦的孫子王离也是秦朝名將之一，他曾作為蒙恬的副將鎮守邊關。

王翦為秦國宿將，建立「夷六國」的殊勛，「始皇師之。」有一則故事最能體現秦始皇與王翦君臣之間的關係。

秦始皇滅三晉，逐燕王，而數破楚軍。輕敵之心也由此而生。在商討滅楚之策時，李信認為動用二十萬兵力足矣，而王翦則力主傾秦軍主力，以六十萬大軍滅亡楚國。秦始皇認為王翦年老膽怯，而李信年少壯勇，於是命李信及蒙恬統帥二十萬軍隊伐楚。王翦見自己的方略不被採納，便托病辭職，回故鄉頻陽養老。

李信及蒙恬初戰告捷，破兵斬將，攻城掠地。可是楚軍趁李信輕敵不備，率軍轉移之際，尾追跟進，連續攻擊三日三夜，大破李信軍。楚軍攻破兩座營壘，殺死秦軍七個都尉。秦軍落荒而逃，楚軍趁勢進擊。

秦始皇聞之大怒。軍情緊急，他親自趕往頻陽，當面向王翦致歉，曰：「寡人以不用將軍計，李信果辱秦軍。」他懇請王翦抱病出征，率領秦軍抵禦乘勝西進的楚軍。王翦托詞老邁昏聵，病體疲憊，一再推辭，請求更擇賢將。秦始皇再次表示歉意，不准王翦推辭。王翦當即提出任職的條件：「大王必不得已用臣，非六十萬人不可。」秦始皇表示一切聽從王翦的謀劃，並親手將上將之印交給王翦。於是王翦統帥六十萬大軍出征，始皇親自送至灞上。臨行之際，王翦請求賞賜大量條件優越的田宅園池。秦始皇說：「將軍行矣，何憂貧乎？」王翦說：「為大王將，有功終不得封侯，故及大王之向臣，臣亦及時以請園池為子孫業耳。」始皇大笑。據說秦始皇不僅師事王翦，而且與王氏聯姻，將華陽公主下嫁王家。王翦在征途中，先後派遣五批使者返回國都，請求秦始皇落實所賞賜的肥美土地。對王翦的這個舉動，左右之人百思不得其解。有人問王翦：「將軍之乞貸，亦已甚矣。」王翦解釋是：這樣做的本意不在於乞求財產。秦王為人粗暴、多疑，對於權臣、重將從不放心，「今空秦國甲士而專委於我，我不多請田宅為子孫業以自堅，顧令秦王坐而疑我邪？」[35]

王翦不負重託，很快大破楚軍，殺其將軍項燕。僅用一年多的時間，就俘虜楚王負芻，徹底滅亡楚國，並順勢南征百越之君。隨後他的兒子王賁與李信一起率軍徹底滅亡燕、齊。

秦始皇對手握大權的親信和統領重兵的戰將保持警惕，王翦以懇請賞賜田宅方式表示忠貞不貳，打消秦始皇的疑忌。這件事歷來被作為秦始皇本性專橫多疑，其君臣之間互用權術的典型事例。其實這種現象在中國古代很常見，它是特定的權力關係法則所注定的，與個人性格的關係不大。唐太宗與李勣君臣之間互用權術的故事比這更嚴重。秦始皇勇於向臣下承認決策失誤，以拜將、重賞、聯姻、師事等方式與重要輔臣結為腹心，敢於比較放手地讓出征的將領便宜從事，這是許多君主做不到的。王氏一家三代（王翦、王賁、王离）先後效忠秦始皇數十年，君王對他們恩寵有加，歷久不衰。如果秦始皇的性格構成中只有「粗暴」二字，對群臣也只知「猜忌」二字，甚至兔死狗烹、鳥盡弓藏，他是很難做到這種程度的。

二、蒙驁、蒙武、蒙恬、蒙毅祖孫三代忠臣

可以與王氏相媲美的是蒙氏。蒙氏也是三代為將，功勛卓著，始終忠於秦始皇，且恩寵不衰，歷經數十年之久。

蒙恬（？－西元前二一〇年），秦始皇的主要輔臣之一。他的祖父蒙驁，本是齊國人，秦昭襄王時期從齊國來到秦國，因功獲爵，官至上卿，想必本也是出身微賤之人。秦莊襄王、秦始皇時期，蒙驁為秦將，先後率軍伐韓、攻趙、擊魏，攻取敵國數十座城池。三川郡、東郡的設置都與他的戰功有關。蒙驁死於秦始皇七年（西元前二四〇年）。蒙恬的父親蒙武也是一員勇冠三軍的戰將。秦始皇二十三年（西元前二二四年），王翦任上將軍，統帥六十萬大軍攻楚。蒙武時任裨將軍，參與指揮並實施破楚軍、誅項燕之戰，功勛卓著。楚王也是被他的部屬俘獲的。蒙恬及其弟蒙毅都是秦始皇的重要輔臣，因而獲得特殊的恩寵。

年輕時，蒙恬曾學習法律，做過負責審理獄訟、掌管法律文書的官。秦始皇二十六年（西元前二二一年），蒙恬憑藉父祖的功勛，成為秦將。他參與攻齊之役，大破之，被秦始皇任命為內史。統一天下以後，秦始皇令蒙恬統帥三十萬眾，經略北部邊疆。他逐戎狄，收河南，築長城，威震匈奴。後又受命輔佐公子扶蘇鎮守邊疆。

在秦朝，蒙恬、蒙毅兄弟靠著才幹、功勛和忠誠博得秦始皇的器重和信任，史稱「始皇甚尊寵蒙氏，信任賢之。而親近蒙毅，位至上卿，出則參乘，入則御前。（蒙）恬任外事而（蒙）毅常為內謀，名為忠信，故雖諸將相莫敢與之爭焉」。

秦二世篡奪皇位，賜公子扶蘇、蒙恬死。不久他得知扶蘇已死，便欲赦免蒙恬。趙高擔心蒙恬獲得重用，千方百計詆毀蒙氏兄弟，必欲置之死地而後快。秦二世聽信讒言，下令處死蒙毅。蒙恬吞藥自殺。當秦二世派遣使者，以不忠之罪賜死蒙恬時，蒙恬表白說：「自吾先人，及至子孫，積功信於秦三世矣。今臣將兵三十餘萬，身雖囚繫，其勢足以倍畔，然自知必死而守義者，不敢辱先人之教，以不忘先主也。」36

蒙氏家族，三代為將，忠心耿耿。蒙恬、蒙毅兄弟文武兼備，盡心所事，沒有貳心。他們手握軍政大權，卻甘願蒙受冤屈而不忍謀反。這種政治行為固然與他們恪守忠君之道有關，而感念秦始皇的知遇之恩也是重要的因素。

「君臣一體，自古所難。」李斯、尉繚、王翦父子、蒙恬兄弟等都是秦始皇最重要的輔臣，又都屬於曠世奇才，而秦始皇與他們都結成了比較牢固、比較緊密的君臣關係，共同構成相當穩定的統治集團的核心。如果是一人一事，或許會有偶然性，而秦始皇與他的眾多輔臣大體都能如此，這就不能用偶然因素來解釋了。這些現象證明：秦始皇的御下之才，非同一般。自古皆知：必有非常之人，方能用非常之才。秦始皇恩威兼施，賞罰並用，駕馭英豪，廣納賢才，其成就令許多有為之君也難以望其項背。對此不給予充分的關注和公允的評估，就無法恰當地解讀「秦始皇現象」，更無法準確地解釋中國古代史上一段重要的歷史過程。

秦始皇統治時期的君臣關係

李白詩曰：「明斷自天啟，大略駕群才。」自漢唐以來，許多有識之士看到了秦始皇身邊積聚著一批能臣武將，充分肯定他善於駕馭英才。許多現代學者對此也有學術論證。然而秦始皇僅僅靠幾員幹將就能成就博大功業嗎？這個問題值得深思。

筆者在讀史時常常思考這樣一個問題：與歷代王朝相比較，在秦始皇統治時期，君臣關係的實際狀況究竟屬於哪一類？無論現存文獻的記載，還是古今學者的評述，都容易給人們留下這樣一個極其深刻的印象：秦始皇是一個剛烈暴戾的君王，他專橫跋扈，頤指氣使，猜忌群臣，甚至心理變態。在駕馭臣民方面，秦始皇一味依恃強權，嚴刑酷罰，玩弄權術，致使君臣關係始終處於一種極不正常的狀況之下。秦的吏治更是一塌糊塗，毫無可取之處。如果確實如此，就會發生這樣一個很難給予圓滿解釋的問題：靠著如此惡劣的君臣關係，秦始皇能夠不僅維持其政權數十年，而且使王朝的規模不斷擴大，朝廷的政治狀況基本穩定，還成就了一系列的顯赫功業嗎？「治國之君，非一人之力也。」[37]如果秦始皇在選賢任能、駕馭豪傑方面沒有令人稱道之處，這個人何以能成為政治英雄並成就如此宏偉的帝業？

古人云：「非成業難，得賢難。非得賢難，用之難。非用之難，任之難。」得賢、用賢、任賢是成就帝業的主要條件。因此，君臣關係狀況是評價一個帝王的素質、才幹和功業的重要指標。歷史事實表明，自秦始皇切實掌握國家政權以後，在相當長的一段時間內，君臣關係和吏治的狀況比較正常，有一段時間甚至可能屬於相當好的一類。秦始皇很善於招徠、籠絡和使用王霸之士。他在駕馭群臣方面的成功，主要依賴一套行之有效的制度。對於這套制度，將在「制度篇」詳細介紹。同時，秦始皇也很重視駕馭群臣的技巧，這主要體現在他與重要輔臣的君臣互動方面。如果客觀地加以分析、比較的話，就不難發現：在處理與重要輔臣之間關係的技巧、能力和胸襟方面，與漢高祖、漢光武帝、蜀漢劉備、唐太宗等歷代名君相比，秦始皇毫不遜色，甚至不乏過人之處。

首先，比較皇帝身邊重要文武輔臣的質量、數量和功業。在質量上，秦始皇的輔臣班底不比任何一位帝王的輔臣班底遜色。就學識、謀略和駕馭全局的能力而言，秦始皇的李斯、尉繚足以與漢高祖的蕭何、張良和唐太宗的房玄齡、杜如晦相媲美。就軍事謀略、作戰指揮能力和實際戰功而言，秦始皇的王翦、蒙恬等諸將不次於漢高祖的韓信和唐太宗的李靖、李勣。在數量上，秦始皇身邊也曾賢能滿朝，諫臣盈庭，良將如雲。秦始皇的一批能臣武將堪與漢光武帝的「雲台二十八將」相匹敵。秦始皇的功業是在一大批足智多謀的霸王之士、能征善戰的驍勇之將的共同輔佐下而成就的。這些人是秦朝政權體系的中堅和骨幹。其中許多人出身卑微，本是「閭巷之黔首」、「一介之布衣」。沒有這些人的才幹和效命，秦始皇將一事無成。如果僅僅依靠專橫霸道和陰謀權術，而沒有合理的人事制度、恰當的施政方略和一定的人格魅力，秦始皇能夠把這些人長期聚集在自己的身邊，且使佐輔竭智、策士多謀、戰將驍勇、百吏勤政嗎？秦始皇的職官隊伍的整體素質也比較高。秦朝的行政效率和實際政績本身就是明證。國內外一些學者對秦朝的行政效率做出很高的評價[38]。秦始皇時期的吏治也比較清明。如果僅僅依靠獨斷專行，嚴刑酷罰，玩弄權術，秦始皇能夠造就這樣一個龐大的軍政素質相當高的職官群體，並使整個官僚機構長期正常運轉嗎？

其次，比較皇帝與重要輔臣關係的親密程度。親密程度是考察信任程度的重要參考性依據。秦始皇通過信任、禮待、賜爵、重賞、聯姻、執弟子禮等手段，與李斯、王翦、蒙恬等一批重要輔臣結成相當親密的君臣關係。在歷代雄才大略的皇帝中，秦始皇與其主要輔臣的關係最為親密。秦始皇的主要輔臣李斯出身低微，是一位「布衣卿相」。自從君臣際遇，秦始皇對他一直信任有加，言聽計從。早在就任丞相之前，李斯就長期處於秦始皇的首席助手地位。在秦始皇生前，李斯也可謂盡心所事，鞠躬盡瘁，卓有貢獻。《史記》所記載的絕大多數軍政要務及一批重大制度修訂和工程建設，他「皆有力焉」。君臣二人又彼此結為多重親家。李斯「諸男皆尚秦公主，女悉嫁秦諸公子」[39]。這種親密關係維持了近三十年，直至秦始皇生命歷程結束，沒有發生重大曲折和變故。蜀漢劉備與諸葛亮的君臣際遇也不過如此。漢高祖對待蕭何、唐太宗對待房玄齡則遜色得多，他們都曾出於猜忌而嚴重處罰並無罪錯的主要輔臣。專制政治的權力法則注定秦始皇對李斯也有猜忌、監視和控馭。其實劉備對諸葛亮又何嘗不是如此。就連善待功臣的漢光武帝也不敢輕易把大權託付於人。如果不是李斯的政治品質欠佳，晚節不保，這場君臣際遇堪稱首屈一指，甚至可謂千古絕唱。這種現象不是單用李斯善於阿諛奉承所能解釋的。能夠使才智超人而心術不正的李斯盡心竭智數十年，且功勛卓著，足以見秦始皇知人善任、駕馭能臣的能力非同尋常。秦始皇不是一個任人擺布、容易欺瞞的君王。如果他的政治智慧和胸襟氣量沒有過人之處，能夠出現這種罕見的政治現象嗎？

再次，比較皇帝與輔臣群體關係的穩定程度。從現存史料看，被秦始皇罷黜並屬於非正常死亡的相國有兩位，即呂不韋和昌平君。呂不韋是特殊政治鬥爭的犧牲品。昌平君被罷黜的原因不詳。他後來因被項燕立為楚王，反秦戰敗而死（雲夢秦簡《大事記》記為昌文君）。他們兩人即使生活在其他朝代也不會有好下場。除此之外，秦始皇與其他位列三公九卿將軍的重要輔臣之間基本上沒有發生重大政治衝突。這個判斷只要瀏覽一下《史記．秦始皇本紀》所一再列舉的封君、丞相、御史大夫及九卿、將軍等高官的名單，便可大體推定。秦始皇與李斯、王翦、蒙恬等人的君臣關係相當牢固，構成一個長期共事、相對穩定的權力核心。「焚書坑儒」之前，朝廷內部的政治狀況也大體平穩。在歷代王朝中，秦朝權力核心層的穩定性是最高的。只要看一看漢武帝如何走馬燈似的更換丞相，如何誅殺了一批宰輔公卿，就不難明白秦始皇確有勝人一籌之處。在皇帝與重要輔臣群體關係的穩定性方面，大概只有漢光武帝等少數帝王的統治時期可以與秦始皇統治時期相媲美。如果僅僅依靠玩弄陰謀權術，秦始皇能夠長期保持這樣的政治局面嗎？

第四，比較皇帝處置功臣的方式方法。善待還是剪除功臣宿將，這是判定君主的氣度、才智、自信心和君臣關係狀況的重要指標。自古以來，功高蓋主者不賞，「威震主者不畜。」[40]這是專制政治的權力法則所導致的重要政治現象。開國君臣大多可以同甘苦，而不能共富貴。天下已定便黜罰乃至屠殺功臣，這更是中國古代司空見慣的政治現象，即所謂「狡兔死，良狗烹。高鳥盡，良弓藏。敵國破，謀臣亡」。隋文帝大肆剪除功臣，據說「其草創元勛及有功諸將，誅夷罪退，罕有存者」[41]。漢高祖誅滅韓信等一批王侯宿將、明太祖幾乎將功臣屠滅殆盡也都是典型事例。唐太宗也有因猜忌而罷黜、誅殺功臣宿將的行為。在妥善處置功臣方面，漢光武帝歷來受到讚揚。他的做法是讓大多數功臣脫離政務，遠離權力，把他們養起來，使之既可以養尊處優，又可以避免獲罪受罰。宋太祖杯酒釋兵權與此異曲同工。從現存歷史記載看，秦始皇沒有剪除功臣宿將，也沒有讓他們賦閒。如果沒有一定的胸襟、氣魄和自信，他能夠做到這種程度嗎？

上述所列現象，特別是秦始皇善待功臣宿將這個事實，前人沒有予以充分注意。絕大多數評論者專注於秦朝君臣關係的負面，而很少作比較客觀、比較全面的分析。這不利於恰當地評價一個歷史人物，更不利於全面地評估一個朝代的政治得失。用簡單化的方式批判暴君暴政，反而不利於深刻地分析和認識造成這種暴虐的歷史性根源。

列舉上述正面的事實絕不意味著忽略負面的事實。可以這樣說，古代君臣關係中的各種負面現象，在秦始皇統治時期幾乎應有盡有，有的還極其嚴重。前人對此多有論及，可謂廣泛搜羅，無一遺漏。關鍵是應當如何恰當地予以評估。

許多研究者列舉《史記》記載的某些現象，批評秦始皇玩弄權術、猜忌群臣、誅殺諫士、獨斷乾綱。例如，秦始皇對尉繚等人的屈尊禮遇；對率軍征楚的王翦的籠絡和疑忌；對丞相李斯隨從車騎太眾的不滿，以及監視朝臣、獨斷專行等等。其實瀏覽一下《二十五史》，看一看歷代開國君主的本紀、實錄，就不難發現：好用權術，猜忌大臣，獨斷乾綱，這是皇帝們的通病。有的甚至可以說是在當時的政治環境下很平常的政治行為。以屈尊結交豪傑，以聯姻籠絡輔臣，以禮遇招徠人才，以爵祿鼓舞士氣，以各種方式監控、牽制大權在握或重兵在手的將相，這都是公認的為君之道，也都包含著權術的成分。與許多「明君聖主」相比，秦始皇的行為並沒有什麼太獨特的地方。秦始皇賞賜王翦與漢高祖封賞韓信、秦始皇屈尊於尉繚與劉備枉駕於孔明、秦始皇和李斯聯姻與唐太宗和房玄齡結親等，其動機與性質大體相同。秦始皇、王翦君臣互用權謀也與唐太宗、李勣君臣彼此動用權術並無太大差別。因此，這類行為應視為古代社會君臣關係的正常狀態。

秦始皇在處理君臣關係方面有一個重大缺陷，即御下極嚴，治吏太甚，他對官吏的管理，極其嚴格，過於苛刻，乃至殘酷。治吏嚴格有利於提高行政效率，懲處貪官墨吏，這有其合理性，並值得肯定。而秦始皇的法太嚴、律過苛、罰極重，官吏動輒獲罪，大批被流放邊疆，這是不利於政治穩定的。

與所有的有為之君一樣，秦始皇在處理君臣關係方面也有一個明顯的變化曲線，即功成之後不如創業之時，晚年之後不如青壯之時。秦始皇統治後期，驕者之心日盛。據說他「意得欲從」，獨攬權力，「博士雖七十人，特備員弗用。丞相諸大臣皆受成事，倚辨於上。上樂以刑殺為威，天下畏罪持祿，莫敢盡忠。上不聞過而日驕，下懾伏謾欺以取容。」[42]這雖是攻擊、謾罵之詞，難免有誇大其詞之嫌，卻與事實相去不遠。其他開國君主也有類似的變化，就連唐太宗也大體如此。他們只有程度輕重之別而已。秦始皇屬於向負面轉化的程度比較嚴重的一類。「焚書坑儒」更是秦始皇處理君臣關係的最大敗筆。這時秦朝的君臣關係已經很不正常。

註釋

1《史記》卷六〈秦始皇本紀〉。
2 栗勁：《秦律通論》，山東人民出版社一九八五年版，第一六一頁。
3《史記》卷六〈秦始皇本紀〉。
4《漢書》卷二七〈五行志中之下〉。
5《史記》卷六〈秦始皇本紀〉。
6 參見《開元占經》卷八七〈彗星占上〉。
7《史記》卷六〈秦始皇本紀〉。
8《史記》卷八五〈呂不韋列傳〉。
9《史記》卷八五〈呂不韋列傳〉。
10《史記》卷六〈秦始皇本紀〉。
11《說苑・至公》。
12《貞觀政要・刑法》。
13《慎子・知忠》。
14《荀子・堯問》。
15 以上引文凡未注明出處者皆見《史記》卷八七〈李斯列傳〉。
16《史記》卷六〈秦始皇本紀〉。
17 參見何法周：〈《尉繚子》初探〉，《文物》一九七七年第二期；林劍鳴：《秦史稿》，上海人民出版社一九八一年版，第三三三頁；林劍鳴：〈《尉繚子》與秦始皇陵兵馬俑的研究〉，《秦陵秦俑研究動態》一九九三年第二期。
18《尉繚子・兵談》。
19《尉繚子・制談》。
20《尉繚子・重刑令》。
21《尉繚子・武議》。
22《尉繚子・戰威》。
23《尉繚子・攻權》。
24《尉繚子・武議》。
25《尉繚子・兵令上》。
26《尉繚子・兵教下》。
27《史記》卷六〈秦始皇本紀〉。
28 以上引文均見《戰國策・秦策四》。
29 以上引文均見《戰國策・秦策五》。
30 以上引文均見《史記》卷六三〈老子韓非列傳〉。
31《韓非子・心度》。
32《韓非子・難四》。

33 事見《戰國策．秦策五》「秦王與中期爭論」條。

34 《史記》卷七三〈白起王翦列傳〉。

35 以上引文均見《史記》卷七三〈白起王翦列傳〉。

36 以上引文均見《史記》卷八八〈蒙恬列傳〉。

37 《愼子．知忠》。

38 參見黃留珠：〈秦俑、秦俑學和秦之管理〉，《文博》一九九〇年第五期；〔英〕崔瑞德、魯惟一編撰的《劍橋中國秦漢史》第一章的〈勝利的原因〉一節，中譯本，楊品泉等譯，中國社會科學出版社一九九二年版。

39 《史記》卷八七〈李斯列傳〉。

40 《漢書》卷六八〈霍光金日磾傳〉。

41 《隋書》卷二〈高祖本紀下〉。

42 《史記》卷六〈秦始皇本紀〉。

第四章　統一篇：橫掃六合的天下共主

「秦王掃六合，虎視何雄哉！」作為一位政治英雄，秦始皇最重要的歷史成就是完成了統一中國的大業。秦始皇挾祖宗之餘威，恃霸王之優勢，憑才幹之高強，持續不斷地攻擊各國。秦軍輕卒銳兵，所向披靡，威震中原，滅亡六國猶如摧枯拉朽。韓王安、趙王遷、魏王假、楚王負芻、燕王喜、齊王建相繼成為階下囚。六國的權貴豪強也被一網打盡，成了大秦帝國的臣民。彈指之間，天下大定。中原一統之後，秦始皇又分派軍隊，南征百越，北伐匈奴，西服川黔，東降遼東，締造了中國歷史上空前統一的大帝國。這個豐功偉業使秦始皇可以與中國古代史上任何一位開國君主相媲美。

中國古代的史學家、政論家們在論及這段歷史的時候，往往使用這樣的描述：「及至秦王，續六世之餘烈，振長策而御宇內，吞二周而亡諸侯，履至尊而制六合，執棰拊以鞭笞天下，威振四海。南取百越之地，以為桂林、象郡，百越之君俛首繫頸，委命下吏。乃使蒙恬北築長城而守藩籬，卻匈奴七百餘里，胡人不敢南下而牧馬，士不敢彎弓而報怨。」[1]秦始皇無愧為一代梟雄。

筆者認為，統一戰爭正式開始的標誌是秦始皇十七年（西元前二三〇年）秦滅韓。如果把統一戰爭比作一台大戲的話，那麼這台大戲在正式演出以前，還應當有前奏、有序幕，正戲結束後還有落幕、謝幕。統一戰爭的前奏早在秦昭襄王、秦孝文王、秦莊襄王時期就已經吹響，而且頗為雄壯。秦始皇即位後，這場大戲的序曲輕輕奏響，幕布徐徐拉開。緊接著便是展示一幕又一幕攻城掠地的破陣圖，敲響一段又一段節奏鏗鏘的得勝鼓。吞併六國後，秦始皇並沒有立即收兵，而是揮師南下，征服百越，隨後又派兵北上，驅逐匈奴。這也應當算作統一戰爭的重要組成部分。

秦始皇統一天下的政治、軍事、外交謀略

秦始皇親政之前，主持秦國大政的相國呂不韋從政治、經濟、軍事、外交、文化等各方面積極為統一天下做準備。從《史記》、《戰國策》的記載看，隨著秦始皇年齡的增長，他可能已經開始參與有關政務。秦始皇六年（西元前二四一年），東方各國勉強拼湊的最後一次合縱攻秦被粉碎。以楚國為「縱長」的楚、趙、魏、韓、衛五國聯軍各自潰散。從此，「合縱」徹底瓦解。當時就有人斷定：「當如今日山東之國弊而不振，三晉割地以求安，二周折節而入秦，燕、齊、宋、楚已屈服矣。以此觀之，不出二十年，天下盡為秦乎！」[2]這表明，統一戰爭的前奏已經吹響。

秦始皇親政之初，魏、韓、楚、齊、趙先後走向衰弱，六國皆弱而秦獨強的戰略態勢呈現幾乎不可逆轉之勢。只要秦國的政治、軍事、外交方略不出現重大的失誤，只要各國得不到休養生息、重振旗鼓的機會，只要六國不能結成同心協力的抗秦聯盟，就必然一一敗在秦國手下。戰國七雄的兼併戰爭進入尾聲。

秦始皇立志吞併六國，一統天下。無論削弱強趙、併吞戰國，還是南取百越、北卻匈奴，秦始皇始終是最高決策者。經過八年的戰略準備之後，他正式發動了統一戰爭。從秦始皇十七年（西元前二三〇年）攻滅韓國，到秦始皇二十六年（西元前二二一年）不戰而下齊，他僅用了十年之功便

先後吞滅東方各國，繼而又用數年時間開疆拓圖，完成了統一大業。這場統一戰爭的規模之大、時間之長、對手之強勁、影響之深遠，都是前無古人的。通觀整個戰爭過程，秦國的戰略方針正確，政治、軍事、外交謀略相當出色，戰爭進展順暢、有序，基本上沒有重大失誤，更沒有給對手們留下任何喘息的機會。這一點充分展示了秦始皇的政治才幹和軍事謀略。一些學者認為秦始皇是中國古代「一位傑出的軍事戰略家」[3]。這是符合歷史事實的。

一、秦始皇統一天下的戰略決心

優勢並不等於勝勢，勝勢並不等於勝利。在人類歷史上，國家與國家之間或軍隊與軍隊之間以少勝多、以弱勝強、反敗為勝、化弱為強的事例不勝枚舉。在一定條件下，眾多弱國完全有可能共同戰勝霸權。殷商亡於以周人為首的「八百諸侯」，智伯亡於趙、魏、韓三家，都是先例。有時一個相對的弱者可以戰勝一個相對的強者。夫差亡於勾踐以及後世的官渡之戰、赤壁之戰、淝水之戰等，都是弱者一戰而扭轉整個政治局勢的範例。

秦始皇親政之時，他的確手握勝算。然而他的對手皆非等閒之輩。秦國一招不慎就可能全盤皆輸。要獲得最後成功，他還必須充分運用智慧和資源，把勝勢變成勝利。秦始皇的軍事謀略和決策能力集中體現在他準確地把握了戰略目標轉移的時機，正確地決定了統一天下的戰略方針。戰略目標的選擇和戰略方針的確定關係到戰爭全局。準確地選擇、適時地轉移戰略目標需要有戰略頭腦，需要從全局的高度深刻了解政治、軍事、外交態勢。秦始皇集思廣益、多謀善斷，沒有出現任何戰略性的判斷失誤，無愧為運籌於帷幄之中、決勝於千里之外的最高軍事統帥。

秦始皇親政之時，何時發動統一戰爭，如何籌劃統一戰爭的戰略，怎樣安排統一戰爭的步驟等問題，已經提上議事日程。他與他的主要謀臣對當時的戰略態勢有清醒的認識，決心不失時機地完成統一大業。

李斯認為：「昔者秦穆公之霸，終不東併六國者，何也？諸侯尚眾，周德未衰，故五伯迭興，更尊周室。」當時還不具備實現天下一統的條件。「自秦孝公以來，周室卑微，諸侯相兼，關東為六國，秦之乘勝役諸侯，蓋六世矣。今諸侯服秦，譬若郡縣。」在這種形勢下，秦國欲吞併天下，猶如炊婦掃除灶台上的各種雜物，輕而易舉。憑藉秦國的強盛，各國的衰弱，「足以滅諸侯，成帝業，為天下一統，此萬世之一時也。」機不可失，時不再來。秦國不立即發動統一戰爭，滅亡各國，一旦「諸侯復強，相聚約從（縱），雖有黃帝之賢，不能併也」[4]。

尉繚的判斷與李斯相合，他對秦始皇說：「以秦之強，諸侯譬如郡縣之君，臣但恐諸侯合從（縱），翕而出不意，此乃智伯、夫差、湣王之所以亡也。」[5]尉繚列舉了一系列歷史教訓，如吳王夫差沒有在戰勝對手之時當即滅亡越國，結果越王勾踐臥薪嘗膽，積蓄力量，反過手來滅亡了吳國；晉國的智伯沒有果斷地鏟除比自己弱小的趙、魏、韓，反被三家聯手攻滅；齊宣王沒有趁攻占燕國之時吞併它，齊湣王沒有藉燕國臣服之機滅亡它，反被燕昭王招賢納士，合縱攻齊，報仇雪恨，致使齊國幾乎亡國等。他也力主趁敵弱我強之機，毫不猶豫地立即攻滅各國，防止各國結成聯盟，出其不意地發動反擊，致使秦國功敗垂成。

當時許多政治家都有同樣的戰略分析。韓非曾經向秦始皇獻計獻策，他認為秦國此前已喪失過乘勝滅亡楚國、魏國、趙國的時機，使這些國家得以「收亡國，聚散民，立社稷主，置宗廟令」，重整旗鼓，與秦國為敵。這是戰略性的失策。他說：「今秦地折長補短，方數千里，名師數十百萬。秦之號令賞罰，地形利害，天下莫若也。以此與天下，天下不足兼而有也。」在這種形勢下，秦國如果不圖謀霸業，一旦失手，遺禍無窮。當年齊國強盛，「南破荊，東破宋，西服秦，北破燕，中使韓魏，土地廣而兵強，戰克攻取，詔令天下」，可惜沒有及時成就霸業，敗於弱小的燕國，「一戰不克而無齊。」由此可見，斬草必須除根，「無與禍鄰，禍乃不存。」6這個教訓必須記取。

對於這個戰略性的估計，秦國君臣達成共識。他們決定立即組織一系列不間斷的戰爭行動，徹底消滅對手。

歷代開國君主大多是傑出的軍事戰略家，而秦始皇確有略勝一籌之處。秦始皇面對的敵手是一批經營了幾百年的國家，它們的政治、軍事、外交組織能力理應高於王朝覆滅後應運而起的逐鹿群雄。比較歷代統一戰爭的規模、烈度就不難發現，秦代統一的難度更大一些。然而從文獻記載看，秦始皇出色地計劃、組織了這場戰爭，沒有犯任何戰略性、方針性的錯誤，也幾乎沒有犯戰役性的錯誤（只在對楚戰爭中犯過一次輕敵的錯誤），這是劉邦、劉秀、李淵、朱元璋等人有所不及的。

秦始皇還是卓越的戰爭組織者。他在李斯、尉繚、王翦等人的輔助下，對吞併六國的戰爭進行了周密的謀劃和部署。他們制定的統一天下的政治、軍事、外交謀略也頗有可圈可點之處。

二、時不我待，當機立斷，連續作戰，不使喘息

在經過七、八年的戰略準備之後，秦始皇正式啟動統一戰爭。他與謀臣武將們對當時的戰略態勢有準確的估計和高度的共識，因而上下齊心，決策果斷，執行堅決。對李斯、尉繚、王翦等人的謀劃，秦始皇擇善而從，指令他們按照既定的戰略部署，有步驟地組織實施。從整個戰爭過程看，秦始皇及其輔臣對既定戰略決策毫不動搖，指揮果斷，行動堅決。他們調兵遣將如緊鑼密

鼓，行兵布陣如雷霆萬鈞，沒有下一招緩棋。秦始皇命令秦軍連年征戰，馬不停蹄，速戰速決，不僅攻其人，奪其地，而且虜其王，滅其國。秦軍發動的大規模攻勢一個接著一個：秦始皇十七年（西元前二三〇年）發兵滅韓，轉年就揮師攻趙；秦始皇十九年（西元前二二八年）攻克趙國邯鄲，轉年就進軍燕國；秦始皇二十一年（西元前二二六年）殲滅燕軍主力，轉年就攻楚，然後以得勝之師回兵滅魏；秦始皇二十三年（西元前二二四年）發兵六十萬與楚決戰，轉年就滅亡楚國；秦始皇二十五年（西元前二二二年）平定江南之後，立即發兵北上，掃除燕、趙殘餘；秦始皇二十六年（西元前二二一年）覆燕滅趙之師南下，齊國不戰而降。秦軍將領不辱使命，堅定地貫徹了「宜將剩勇追窮寇」的精神，橫掃千軍如捲席，沒有給對手留下任何喘息的機會。

三、致力連橫，破壞合縱，遠交近攻，孤立對手

在外交上，秦始皇君臣繼續貫徹行之有效的遠交近攻、破縱連橫策略，即運用外交手段破壞各國之間的邦交，穩定秦國與遠方大國的關係，首先孤立打擊臨近秦國的強敵，然後由近及遠，各個擊破。合縱與連橫是戰國七雄相互較量的重要外交手段。所謂「合縱」，即「合眾弱以攻一強」；「連橫」，即「事一強而攻眾弱」[7]。在大國爭霸中，一縱一橫，其聲勢足以威震一時。隨著秦國首強地位的確立，合縱逐漸成為各國共同對付秦國的主要辦法，所謂「六國為一，並力西鄉而攻秦，秦必破矣」[8]。因此，秦國必然致力連橫，破壞合縱。合縱的最大弱點在於各國之間有利益矛盾，難於齊心，易於分化。正如張儀所說：親兄弟尚有錢財之爭，何況幾個強大的國家！秦國抓住這個弱點，以連橫破合縱，或利誘，或威脅，屢屢得手。

秦始皇親政以後，在李斯、尉繚等人輔佐下，以各種手段破壞東方各國的合縱。他們充分利

用齊國目光短淺，意在苟安，重點拉攏齊國，使之無心合縱，保持中立，終於造成「秦日夜攻三晉、燕、楚，五國各自救於秦」[9]的局面。成功的外交策略使秦國常常可以各個擊破對手。

四、收買內奸，巧施反間，敗壞政治，弱化敵手

秦始皇十分重視瓦解敵國君臣團結、敗壞敵人內部政治、破壞對手軍事謀略的工作。他不僅精心謀劃，大膽決策，而且派有專人，予以重金，不惜代價。在這方面他也做得相當成功。

李斯、尉繚、姚賈等謀士主張，不僅要強化軍事打擊，注重外交分化，而且要善於從敵國內部分化、瓦解對手。韓非也提出過類似的建議。尉繚獻策說：「願大王毋愛財物，賂其豪臣，以亂其謀，不過亡三十萬金，則諸侯可盡。」[10]秦始皇從其計。他指派姚賈、頓弱等人專門負責這方面的工作。他們攜帶重金財寶，賄賂諸侯，收買大臣，聯絡奸細，鏟除對手。具體手段主要有：用離間之計破壞敵國的君臣關係，使其賢能之士得不到信任和重用；用重金收買其權臣、名士，使之或者主觀上願意為秦國的利益服務，或者讒言害賢，敗壞政治，在客觀上有利於秦國謀略的實現；用非常手段剪除敵國的忠臣義士，必要時不惜派人謀殺行刺等。史稱秦始皇「陰遣謀士齎持金玉以遊說諸侯。諸侯名士可下以財者，厚遺結之。不肯者，利劍刺之。離其君臣之計，秦王乃使其良將隨其後」[11]。

這個謀略在統一六國戰爭中發揮了重要的作用。例如，王翦強攻邯鄲不下，秦國改用反間計，促使趙國錯殺良將李牧。秦國以重金收買齊相后勝，使齊國不戰而降。

五、改善內政，順從民心，調整政策，安撫降地

歷來有「七分政治，三分軍事」的說法。統一戰爭的勝利之本是成功的政治制度和政治方略。李斯曾告誡秦始皇切忌奉行「所輕者在乎人民」的政策。他指出：「太山不讓土壤，故能成其大。河海不擇細流，故能就其深。王者不卻眾庶，故能明其德。」因此，君王要有「地無四方，民無異國」的胸襟，不要做「損民以益讎」的蠢事[12]。尉繚也認為戰爭勝利的關鍵是內政修明，主張對占領地實行安撫政策。秦始皇在李斯、茅焦等人輔佐下，改善國內政治，以緩和君臣、君民矛盾，調整占領政策，以瓦解敵國的士氣，安撫征服的地方。

在內政方面，秦始皇貫徹既定的各項法制及功勛爵制度，做到令行禁止，賞罰分明，又禮待李斯、尉繚、王翦等重臣大將，不惜高官厚祿，田宅園池，從而使謀臣竭智，將士歸心，三軍效命。他採納李斯的建議而廢止逐客令，聽從茅焦的諍諫而善待太后，又減輕對嫪毒、呂不韋僕從的處罰，令一些流放者回歸。這就在一定程度上緩和了統治集團內部的矛盾，改善了政治形象。他重視各種利國利民的基礎建設，興修水利，發展生產，以富國強兵，安定民生。從現存文獻看，在統一戰爭期間，秦國內部的君臣、君民關係基本正常。除樊於期叛逃事件外，沒有重大的內爭、民亂。內政修則國家強，這是對外戰爭取得勝利的根本保證。

秦始皇大力宣揚秦國發動戰爭的正義性和意義。他大造輿論，譴責諸侯或「倍盟」、或「畔約」、或「昏亂」、或「欲為亂」，聲稱自己是「興義兵，誅殘賊」，戰爭目的在於「興兵誅暴亂」，「庶幾息兵革」，結束「天下共苦戰鬥不休」[13]的混亂局面。在當時的歷史條件下，這些宣傳措施有利於鼓舞士氣，爭取民心，贏得同情。

秦始皇的占領政策也發生了一些變化。秦國以斬殺人首計算戰功，一場大戰動輒斬首數萬、數十萬。這種野蠻處置俘虜的政策，常常波及平民百姓，導致敵國軍民同心，頑強抗秦。啟動統一戰爭以後，有關秦軍斬首的記載減少，而遷徙六國貴族、豪民的記載增多。當時一批著名工商業主就是遷虜身分。這表明秦始皇的占領政策有所調整，開始減少屠殺，實行遷虜政策。這種占領政策有利於瓦解敵軍士氣，減輕抵抗力度，安撫當地百姓。

六、中央突破，由近及遠，靈活機動，逐個擊破

在軍事上，秦始皇既善於準確地選擇戰略主攻方向，恰當地確定戰略步驟，又善於根據具體情勢，採取靈活機動的作戰方針。秦國的軍事戰略既有連續性，又有所變化，在不同的階段選擇不同的戰略重點和主攻方向。秦國的統治集團還善於根據不同的政治、軍事態勢採取靈活的對策。

史學界通常將東方六國滅亡的次序排定為韓、趙、魏、楚、燕、齊。其實還可以有另外一種排列方法：若以國家徹底滅亡論，其次序應為韓、魏、楚、燕、趙、齊。後一個序列更接近秦始皇君臣當初的謀劃，即先中間突破亡韓滅魏，攔腰斬斷南北的聯繫，然後南滅強楚，北掃燕、趙，最後收拾齊國。

在秦始皇正式發動統一戰爭之前，秦軍連續大舉攻三晉，通過攻占韓、魏城池，將國土與齊國接壤，完成了中央突破，分割南北，切斷山東六國合縱之脊的戰略任務。接著又通過對趙國發動持續不斷的進攻，大大消耗、削弱了趙國的實力，完成了破趙的戰略目標。這些戰略目標的實現標誌著統一戰爭戰略準備的完成。在統一戰爭的第一階段，秦軍的主要戰略目的是滅亡韓、魏。韓、魏地處中原，臨近秦國，國勢很弱，秦國的收官之戰自然還要由近及遠，從吞併韓、魏入手。

統一戰爭的第二階段，秦軍以中原為腹地，展開兩翼進攻，征服楚國，平定南方；攻滅燕、趙，掃平北方。統一戰爭的第三階段，秦軍大兵壓境，不戰而收服齊國。至此，東方各國全部被征服。在統一戰爭的第四個階段，秦軍馬不停蹄，集中數十萬兵力，分數路南進，平定百越。大體完成這個任務後，又揮師北上，將匈奴驅逐出河套地區。

秦始皇曾得意地宣稱：「異日韓王納地效璽，請為藩臣，已而倍約，與趙、魏合從畔秦，故興兵誅之，虜其王。寡人以為善，庶幾息兵革。趙王使其相李牧來約盟，故歸其質子。已而倍盟，反我太原，故興兵誅之，得其王。趙公子嘉乃自立為代王，故舉兵擊滅之。魏王始約服入秦，已而與韓、趙謀襲秦，秦兵吏誅，遂破之。荊王獻青陽以西，已而畔約，擊我南郡，故發兵誅，得其王，遂定其荊地。燕王昏亂，其太子丹乃陰令荊軻為賊，兵吏誅，滅其國。齊王用后勝計，絕秦使，欲為亂，兵吏誅，虜其王，平齊地。寡人以眇眇之身，興兵誅暴亂，賴宗廟之靈，六王咸伏其辜，天下大定。」[14]統一天下以後，秦始皇常常以功德齊三皇、蓋五帝、超三代自詡。就實現華夏國家空前統一而言，他的說法並非無根之談、虛誇之言。

東方六國都是經營了數百年的強國，除韓、燕一直較弱外，其他國家都曾先後居於霸主、首強的地位。當初齊、楚、秦、魏、趙等皆有統一天下的可能性。可是群雄逐鹿，而鹿擒於秦皇之手，原因何在？各國變法活動的實際效果、大國之間的謀略較量與六國覆滅的歷史過程可以回答這個問題。

滅韓

韓國是第一個被秦始皇吞滅的東方大國。它也是一個積貧積弱的國家終於被強鄰吞噬的典型。

韓國是三晉之一。韓、趙、魏出自晉國三卿，立國於晉國故地，故稱三晉。晉國長期躋身於綜合國力最強的國家之列，政治上也多有革新。韓、趙、魏三家分晉之後，繼承了晉國的政治遺產，政治革新的力度較大，所以在政治上、軍事上處於優勢地位。三晉立國之初，各自勵精圖治，積極向外擴張，又常常結為聯盟，共同對付周邊國家。一時間三晉國勢強盛，兵連天下。

三晉又是法家學說的發祥地。著名法家思想家李悝、吳起、申不害、商鞅、韓非都是三晉之人。戰國時期的變法運動首先在這個地區蓬勃興起。魏文侯、趙烈侯、韓昭侯先後實行變法。在政治改革方面先行一步是三晉強盛一時的主要原因。

秦國向東方擴張，三晉首當其衝。自商鞅變法以來，秦國長期奉行遠交近攻、蠶食三晉的政策，逐步攻占三晉大片領土。戰國中後期，三晉與秦國之間的戰爭，負多勝少。領土的喪失，軍力的消耗，使三晉國力不斷削弱，先後喪失了與秦國抗衡的能力。當秦國統一天下的時機成熟以後，首先滅亡的也是三晉之國。在三晉中，韓國的國勢最弱，地理位置最不利，所以成為最先被秦國滅亡的大國。

一、韓國的興與衰

「韓之先與周同姓，姓姬氏」，後以封地為姓。韓康子「與趙襄子、魏桓子共敗智伯，分其地，地益大，大於諸侯」。西元前四〇三年，韓景侯與趙、魏「俱得列為諸侯」[15]。

西元前三六二年，韓昭侯即位，他任用申不害為相，實行改革。韓昭侯的改革與齊威王的改革、秦孝公的改革大體是同時進行的。

申不害（？－西元前三三七年），鄭國人。他和當時許多有為的政治家一樣，主張君主集權，實行法治，是法家重「術」一派的代表人物。申不害的改革取得顯著成效，史稱「內修政教，外應諸侯，十五年。終申子之身，國治兵強，無侵韓者」16。但是，申不害的改革與同時代的商鞅變法相比，在制度創新和法制建設方面稍遜一籌。申不害更重視政治技巧，主要是駕馭臣民、督責百官的權術，在制度、法律建設上著力不夠。在這一點上，他與重「法」的商鞅有明顯的差距。因此，改革的成果難以長期存留。況且過分玩弄陰謀權術未必是可靠的強國之道，君臣之間爾虞我詐往往會釀成政治腐敗。

在戰國七雄中，韓國的疆域最小，政治改革成效較差，又處於各個強國之間，所以從來不曾強大到足以獨自抗衡其他大國的地步。隨著大國之間兼併戰爭的激化，韓國不斷受到周邊國家侵擾、蠶食而國力日削。韓國正處在秦國向東發展的要津。出於對秦國的畏懼和防範，韓國多次參加合縱攻秦，卻收效甚微。西元前二五四年，韓桓惠王朝秦，稱臣納貢。秦始皇即位以來韓國已經勢如累卵。

二、韓人鄭國間秦與秦始皇修成鄭國渠

為了令秦國無暇東顧，使韓國得以待變圖存，避免亡國之禍，韓國君臣想出了一個「疲秦之計」。韓王派遣間諜鄭國來到秦國。鄭國是一位著名的水工，他經過實地考察，建議開鑿引涇灌渠，以解除關中地區經常發生的旱災。這個建議具有合理性、可行性，屬於重大基礎性建設，所

以被採納。工程進行過程中，鄭國的身分和使命被發覺。秦始皇聞之大怒，欲殺鄭國。鄭國坦然相告：「始臣為間，然渠成亦秦之利也。」秦始皇以為然，令他完成此渠，並命名曰「鄭國渠」。鄭國渠首起池陽瓠口（今陝西涇陽縣境內），由西向東，橫跨渭北高原，連接涇水、北洛水，綿延三百餘里，可灌溉關中東部澤鹵之地四百餘萬畝土地。鄭國渠水含有大量泥沙，不僅可以用來抗旱，而且有改造鹽鹼地之效，它使得「關中為沃野，無凶年」。這一帶的畝產量大幅度增加，據說「收皆畝一鍾」（折合一百多公斤）。於是「秦以富強，卒並諸侯」[17]。

韓國的這個謀略是否取得了成效很值得懷疑。秦國的確在一段時間內沒有吞滅韓國。在這個意義上，韓國的謀略有一定的成效，它延緩了韓國滅亡的時間。可是這個謀略對秦國有益而無損。而興建鄭國渠的期間，秦國吞滅韓國的時機還不夠成熟，而鄭國渠的建成卻使秦國更加強盛，進一步增強了戰略優勢。鄭國渠修成了，韓國也就臨近大限了。正所謂「為韓延數歲之命，而為秦建萬世之功」[18]。

戰國末年，秦國相繼興建了先秦最著名的兩個大型水利灌溉工程，即秦昭襄王時期蜀守李冰修建的都江堰和秦始皇時期的鄭國渠。它們使成都平原和關中平原這兩個「天府」、「陸海」變成沃野千里，極大地提高了秦國的農業生產能力。當時各國的戰略家們都把農業技術先進和水利設施優越視為秦國的重大戰略優勢。在秦趙長平之戰前，趙豹奉勸趙王不要招惹秦國而自取其禍，他認為趙國不能勝秦國，其依據之一是「秦以牛田，水通糧，其死士皆列之於上地，令嚴政行，不可與戰」[19]。經濟發達、制度合理、政令嚴謹、將士效命的強秦是不可戰勝的。秦國以牛耕種地，灌渠澆地，生產技術先進，經濟實力雄厚，又利用河道運送軍糧，後勤保障有力。這是決定戰爭勝負的重要因素之一。

三、韓非使秦與秦始皇的戰略決策

秦始皇親政以來，韓國的境況更加不妙。韓王聽說秦國重臣李斯等人極力主張首先滅韓，因而惶惶不可終日。他趕緊招來不受重用的韓非，請教挽救危亡的方略。韓非奉命出使秦國，勸說秦始皇先將矛頭對準趙國。韓非的一番說詞被秦始皇採納，又為韓國爭取到了數年的壽命。

決心發動統一戰爭之後，秦國內部在總體戰略安排和第一個主要攻擊目標的選擇上有不同意見，有種針鋒相對的主張擺在秦始皇面前。

第一種意見主張首先集中兵力吞併韓國。這種主張是李斯提出的，並得到許多朝臣的贊成。李斯鑑於韓國處於秦國東進的首衝地位，又弱小而不堪一擊，提出「先取韓以恐他國」[20]的戰略步驟。其戰略考慮是：韓國的國土地處秦國腹地附近，嚴重牽制秦軍行動，形同人有腹心之病。如果不先滅韓以解決後顧之憂，而專注於齊、趙，則這塊腹心之病隨時可能發作。滅韓也符合先弱後強、由近及遠的戰略。這個意見顯然具有合理性。

第二種意見主張首先擊潰或滅亡趙國。這種主張以韓非的看法為代表，在秦國內部肯定也有不少贊同者。韓非曾有一個精闢的分析。他認為，韓國向秦國稱臣納貢三十餘年，經常出兵協助秦國攻擊各國，其政治地位「與郡縣無異」，而秦趙兩國積怨甚深。趙國聯絡諸侯，秣馬厲兵，與秦抗衡，這是秦國之大患。現在秦國重臣主張先滅韓國，「釋趙之患，而攘內臣之韓」，這是非常不明智的。韓國雖小，卻眾志成城，未必可以一戰而克。如果攻滅韓國之舉導致諸侯震驚，韓國叛秦，趙魏出兵，強化了各國合縱，這是「趙之福而秦之禍也」[21]。秦國「成霸主之名」的方略應當是：首先把進攻的矛頭對準趙國，並以各種手段破壞六國合縱，以迫使楚、魏向秦國稱臣，齊、燕與秦國交好。趙國衰敗，韓國必亡。待敗趙、亡韓之後，再逐個擊滅各國，即「趙舉則韓亡，韓亡則荊（楚）、魏不能獨立，荊、魏不能獨立則是一舉而壞韓、蠹魏、拔荊，東以弱齊、燕」。這就叫「一舉而三晉亡，從（縱）者敗」22。韓非的這個分析更加周到，比李斯的主張略勝一籌。

作為出謀劃策者，李斯與韓非的政治立場和心態有明顯的不同。李斯是秦始皇的親信、秦國的大臣，他盡心竭智地為秦國謀取霸業，而韓非則不然。韓非出謀劃策的目的是「存韓」、「弱秦」。韓國是韓非的宗國。他受韓王委派，特意到秦國進行遊說，以求存續宗國。為了達到目的，他必須提出一套主張，講出一番道理，使秦始皇樂於採納。韓非有特定的政治目的，又是具有敏銳政治觀察力的思想家，儘管他的建議可能有延緩自己的祖國滅亡時限的意圖，卻綜合考慮了政治、軍事、外交等因素，不失為正確的戰略分析。李斯堅持自己的主張，揭露韓非所獻方略是「詐謀」，意在「鈞利於秦」。但是，精明的秦始皇經過仔細斟酌，基本採納了以韓非為代表的第二種意見。其戰略意圖是：先從北翼重點打擊趙國，徹底壓倒趙國，使之自顧不暇，無力援助韓、魏，以便於秦國啟動逐一擊滅六國的戰爭行動。

秦始皇親政後的最初幾年，秦國的戰略重點是全面完成發動統一戰爭的戰略準備。這個時期，秦軍的戰略目的可以概括為「破趙」二字，重點打擊對象是趙、魏、韓。自秦始皇十一年（西元前二三六年）起，秦軍連續大舉攻趙，雖遇到趙國名將李牧的有效抵抗，卻大大消耗、削弱了趙國的實力。待趙軍喪失了牽制秦軍、屏蔽關東、救援韓魏的能力後，秦軍立即轉移戰略目標，發動掃滅六國的戰爭。

事實證明，秦始皇的戰略決策是正確的。六國猶如一條龍蛇，趙國猶如其首。戰國後期幾次合縱攻秦，趙國都是主要發動者、參與者。秦始皇六年（西元前二四一年），趙、楚、魏、燕連兵攻秦，就是以趙國為首組織起來的。其餘歷次合縱攻秦，趙國也都是骨幹力量。削弱趙國使之無首，結好齊、楚則斷其身腰，秦國就可以一段一段分食龍蛇，鯨吞宇內。秦始皇動用數十萬之眾，選派得力戰將，兩度親臨戰場，用了七八年的時間，終於完成了這個戰略任務。弱趙之後，秦始皇不失時機地轉移戰略目標。趙國一經削弱，韓國舉手就擒。趙國一旦滅亡，諸侯土崩瓦解。戰爭的結局正如韓非所料。

四、韓王請臣與秦王滅韓

韓非的獻策延長了韓國的壽命，也注定了韓國的徹底覆滅。韓非死後，韓王派使節納地效璽於秦，請為秦臣。在秦始皇為正式啟動統一戰爭作最後的戰略準備的期間，韓國又維持了一段稱臣於秦又獨立為王的時日，實際上是苟延殘喘。

自秦始皇十六年（西元前二三一年）開始，秦始皇將戰爭目標鎖定於滅韓。這一年的九月，秦軍大兵壓境，韓國為了延續一線生機，被迫剜肉醫瘡，再次割地求和，獻出了南陽全境。占領南陽後，秦始皇沒有給韓國留下喘息的機會，轉年就命令內史騰滅亡韓國。這時的韓國已經弱不禁風。韓軍一戰而潰，韓王安被俘。秦始皇把新占領的韓地置為潁川郡。韓國徹底滅亡。事在秦始皇十七年（西元前二三〇年）。

滅趙

趙國是三晉之一。若以秦始皇十九年（西元前二二八年）王翦攻克邯鄲並俘虜趙王遷計算，趙國是秦始皇吞滅的第一個大國。實際上趙國徹底滅亡是在秦始皇二十五年（西元前二二二年）。以此計算，趙國亡國稍晚於楚國、燕國，略早於齊國。

在秦始皇所滅各國中，趙國最為頑強。戰國後期，秦、趙分居首強、次強之位，趙國成為秦國實現帝業的攔路虎，秦國也成為趙國的眼中釘。兩國之間接連發生惡戰，傷亡動輒十數萬乃至數十萬。在統一戰爭中，趙國的情況比較特殊，它始終扮演著重要的角色。摧垮了趙國，打天下的任務也就完成了一半。自秦始皇即位以來，趙國就是秦國的主要攻擊對象，其殘餘勢力一直支撐到最後。經過一二十年的殘酷較量，秦始皇才拿下趙國。他也是在基本打垮趙國之後才正式發動統一戰爭的。趙國徹底滅亡不久，天下就歸於一統。

一、趙國的興與衰

「趙氏之先，與秦共祖。」他們都出自殷周之際的蜚廉一支，皆曾因造父受封於趙城，而姓趙。造父就是趙國王室的直系祖先。後來秦國王室的直系祖先非子號為「秦嬴」，成為嬴姓的法定繼承人。從此秦、趙各自發展，先後建立國家。

與秦國一樣，趙國也是靠著祖傳的養馬善技功能而起家。造父的後裔奄父（公仲）、趙夙先後為周宣王、晉獻公駕馭戰車，立下戰功。趙夙封為大夫，其後裔趙衰、趙盾、趙鞅（趙簡子）、無恤（趙襄子）等都是晉國名臣。趙襄子又是「三家分晉」的主角之一。

趙國是一個新興的國家。早在成為諸侯以前就在內部實行過一系列的改革，因此而爭得民心，不斷發展。趙烈侯支持相國公仲連進行政治變革，一方面大講「王道」、「仁義」，一方面實行「法治」。

趙武靈王的改革使趙國國力迅速增強。趙國處於「四戰之地」，經常受到周邊強國及匈奴、林胡、樓煩、東胡的侵凌。趙武靈王為了富國強兵，決心實行變革。他「胡服騎射以教百姓」[23]，仿照北方游牧民族的服飾、裝備，建立強大的騎兵，使之成為軍隊新的主力兵種。騎兵能離能合，易散易聚，靈活機動，適於長途奔襲等運動性很強的野戰。這項改革在中國軍事上有重大的意義。戰國後期，惟有趙國能夠在軍事上與秦國長期抗衡，這得益於趙武靈王的改革。

趙惠文王即位以後，任用藺相如、廉頗、趙奢、樂毅等，內安百姓，外拒強秦，不斷攻占齊國、魏國的土地。從此，趙國也就成為秦國的主要對手。但是一系列大戰的失利致使趙國衰亡。

二、秦、趙火拚與統一戰爭戰略準備的完成

戰國後期，秦國與趙國是主要對手。兩家本是同根生，卻相煎甚急，惡戰不斷。在秦始皇即位以前，秦、趙之間的大戰主要有閼與之戰、長平之戰、邯鄲之戰等。其中長平之戰是一個重要的轉折點。趙王急於戰勝秦軍，又中了秦國的離間之計，不顧藺相如等人的勸諫，執意啟用只會「紙上談兵」的趙括為將，結果慘敗於長平，被迫割地求和。趙國共損失生力軍四十五萬人。儘管數年後在魏、楚聯軍協助下，趙國贏得邯鄲之戰，並乘勝進擊，迫使秦國放棄此前侵占的魏地河東、趙地太原和韓地上黨，使秦軍東進勢頭受挫。然而趙國已經走向衰落，再也沒有一個大國可以與秦國抗衡。

三、趙國合縱攻秦

在秦始皇正式發動統一戰爭之前，秦國有一個長期的戰略準備階段。自秦昭襄王時期以來，戰略主攻方向就是三晉，主要戰爭對手就是趙國。趙國的頑強抗擊遲滯了秦軍的前進步伐。閼與之戰，秦軍遭受嚴重挫折。長平之戰秦軍也傷亡過半。邯鄲之戰，秦軍又損失慘重。趙國還積極組織或參與歷次合縱攻秦行動。秦莊襄王於西元前二四九年滅亡建都於鞏的小國東周。又於西元前二四七年趁魏、趙與燕大戰之際，攻奪魏、趙大片土地。然而由於引發魏信陵君率五國聯軍救趙，合縱攻秦，秦軍敗退。

秦軍必須首先切斷各國之間的有效聯繫，才能從容地啟動統一戰爭。秦始皇元年（西元前二四六年），秦軍重新發動攻勢，全部攻占韓國的上黨郡，又平定趙國的晉陽，再次設置太原郡。轉年，「麃公將卒攻卷，斬首三萬。」秦始皇三年（西元前二四四年），秦將蒙驁攻取韓國十三城。轉年，攻克暘、有詭。秦始皇五年（西元前二四二年），秦軍兵分兩路攻擊魏國，「定酸棗（今河南延津西南）、燕（今河南延津東北）、虛（今河南延津東）、長平（今河南延津長垣西北）、雍丘（今河南杞縣）、山陽城（今河南焦作東南），皆拔之，取二十城。初置東郡。」24秦國通過攻奪魏、韓的城池，不斷向中原發展。自設立東郡並進一步擴大戰果之後，秦國國土向東大大延伸，已與齊國接壤。這就截斷了「山東從（縱）親之腰」，基本上將六國分割於南北，並對韓、魏形成三面包圍之勢。

秦軍的這些戰果震動了各國。在趙國將領龐煖的組織下，韓、魏、趙、衛、楚五國發動了戰國時期最後一次合縱攻秦。秦始皇六年（西元前二四一年），秦軍擊退五國聯軍，又攻取魏國的朝歌（今河南淇縣）及其附庸衛國。從此以後，被分割於南北的六國再也沒有組織聯合軍事行動。這個階段戰略目標的基本實現，為統一戰爭的啟動創造了條件。

四、秦以救燕為名攻趙

長平之戰以後，趙、燕相爭，戰事不斷。秦始皇十一年（西元前二三六年），燕、趙之間再次發生戰爭。趙國以龐煖為將，率軍攻燕，初戰告捷，攻城掠地。秦始皇決定趁趙國內部空虛之際，以救燕為名，分兵兩路大舉攻趙。許多史學家將這視為秦始皇發動統一戰爭的標誌。筆者認為這一戰尚屬於統一戰爭的戰略準備階段。

秦將王翦、桓齮、楊端和不負使命，先後攻破趙國九座城池，盡取漳河流域之地。秦軍繼續發動攻擊。秦始皇十三年（西元前二三四年），秦將桓齮進攻平陽、武遂，擊殺趙將扈輒，斬首十萬。趙國以李牧為大將軍反擊秦軍，戰而勝之，桓齮落荒而逃。秦始皇十五年（西元前二三二年），秦軍又分兩路攻趙。李牧再次擊敗秦軍。但是，趙軍的損失也極其慘重。趙國領土僅剩下邯鄲及其附近一些地區。至此，「破趙」的戰略任務完成。轉年，秦始皇發動了滅韓之戰，統一戰爭正式啟動。

五、秦始皇的離間君臣之計與趙國連失良將

表面上看，趙國亡於軍事失利，而導致軍事失利的重要原因在於趙王無能、權臣腐敗、眾將不和。秦始皇的反間計也起了推波助瀾的作用。趙國多良將，而他們的才智都沒有得到充分的發揮，廉頗、李牧等人或出亡，或被殺。趙國自毀長城，豈能不亡！

廉頗，中國古代名將之一。趙國沒有充分信任廉頗是導致戰爭失利、國勢衰落的重要原因。廉頗曾率趙軍多次擊敗齊、魏、韓等，「有攻城野戰之大功」，而官居上卿。秦趙長平之戰，趙孝成王判斷失誤。他不採廉頗之謀，結果全軍覆沒。西元前二五一年，趙國以廉頗為將，大破來犯的燕軍，迫使燕國割五城請和。廉頗被封為信平君，並代行相國職權。趙悼襄王立，任命樂乘取代廉頗。「廉頗怒，攻樂乘，樂乘走。」廉頗遂投奔魏國。秦始皇十二年（西元前二三五年），趙王遷即位，朝政操縱在寵臣郭開的手中。趙國屢敗於秦兵，趙王想重新啟用廉頗。他派使者探視廉頗，看其尚可用否。「廉頗為之一飯斗米，肉十斤，被甲上馬，以示尚可用。」郭開與廉頗有仇，他賄賂使者，令其貶損廉頗。使者還報趙王曰：「廉將軍雖老，尚善飯，然與臣坐，頃之三遺矢（一作「屎」）矣。」[25]趙王以為廉頗老邁無用，沒有重新啟用他。廉頗客死他鄉，而趙國失一良將。

李牧，戰國名將之一。趙王聽信郭開的讒言，錯殺李牧，加速了趙國的滅亡。李牧久經沙場，足智多謀，功勛卓著。他統帥十五萬大軍防禦匈奴，設計誘敵深入。史稱「李牧多為奇陳，張左右翼擊之，大破殺匈奴十餘萬騎。滅襜襤，破東胡，降林胡，單于奔走。其後十餘歲，匈奴不敢近趙邊城」[26]。廉頗離趙以後，李牧成為趙國的主要戰將，因抵禦秦軍屢立戰功而封為武安君。

秦始皇十七年（西元前二三〇年），趙國大旱，遍地饑饉，人心浮動，謠言四起，民謠曰：「趙為號，秦為笑。以為不信，視地之生毛。」[27]秦始皇抓住戰機，在滅韓後立即組織大規模軍事行動，集中精銳部隊興兵伐趙。他令王翦率領上黨秦軍直下井陘，楊端和率領河內秦軍圍攻邯鄲城，並令羌瘣率兵助戰。趙王派李牧、司馬尚統帥趙軍抵禦秦軍。名將王翦與李牧對陣疆場，真可謂「棋逢對手，將遇良才」。兩軍對壘，相持不下，達一年之久。

此時，秦始皇再次動用反間之計。他派人以重金賄賂趙王寵臣郭開，令其離間趙國君臣。郭開接受賄賂，向趙王誣告李牧、司馬尚作戰不力，圖謀叛變降秦。趙王聽信讒言，派遣趙蔥及齊將顏聚取代李牧。李牧認為這兩個人不是王翦等秦將的對手，便違抗王命，拒絕交出軍權。趙王竟派人秘密逮捕李牧，處以死刑。司馬尚也被免職。愚蠢的趙王自己除掉了干城之將，也就替秦滅趙掃清了道路。

六、趙國的滅亡

君主昏聵，權臣當道，致使李牧冤死。趙國良將盡喪，軍心渙散。王翦等人趁機進兵，猛烈攻擊，破趙軍，殺趙蔥，攻克邯鄲，隨後虜趙王遷及其將顏聚。趙國基本滅亡。此時距李牧之死僅相隔數月。趙公子嘉逃亡代郡，自立為代王，為趙國宗室延一線之脈。數年後，秦軍滅代。至此趙國徹底滅亡。

秦始皇十九年（西元前二二八年）十月，秦始皇來到剛剛攻克的邯鄲城。他故地重遊，以征服者的姿態檢閱奏響得勝鼓的秦軍，並接受降臣的跪拜。他還下令將曾經與母家有仇怨者，一律坑殺。

滅魏

魏國是第二個被秦始皇徹底滅亡的大國。魏國是三晉之一。戰國初期，魏國國勢強盛，一度居於首強的地位。但是由於內政、外交、軍事的失策，很快便一蹶而不振。臨近滅亡前的魏國與韓國相類似。

一、魏國的興與衰

魏國的祖先畢公高，與周同姓，周初封於畢。晉獻公時期，畢萬因戰功晉升為大夫，封邑在魏。畢萬後裔魏桓子參與三家分晉而立國。

西元前四四五年，魏文侯即位。他勵精圖治，率先變法。在他當政的五十年間，先後任用李悝、翟璜、吳起、樂羊、西門豹、卜子夏、田子方、段干木等一批政治家、軍事家。魏武侯、魏惠王進一步實行了一些改革措施。

魏相李悝主持的變法是戰國時期第一次大規模的政治改革。這些改革的主要內容是：在政治上，實行「食有勞而祿有功」[28]的制度。這就必然衝破了舊的世卿世祿制度。這時的魏國在中央設置可以任免的相、將，在郡、縣設置可以任免的守、令，還制定了系統的法典《法經》。在經濟上，採取「盡地力」、「善平糴」[29]的政策，即興修水利，開發川澤，鼓勵開荒，並以平糴法調節糧價。這些措施促進了農業生產的發展。在軍事上，建立名為「武卒」的常備軍。據說選拔「武卒」的標準是：身穿全副鎧甲，肩負十二石的弓和五十支箭，手持長矛，頭戴盔，腰繫劍，攜三天食糧，日行百里（約合今二十五公里）。選中者獎給田宅，免除全家徭役[30]。這就增強了軍隊的戰鬥力。這個變法活動通過一系列制度創新，從政治上、軍事上、經濟上全面確立了魏國的強國地位。魏文侯嚴明法制，推行憲令，「有功者必賞，有罪者必誅，強匡天下，威行四鄰。」[31]魏國迅速發展成為七雄中的首強。

魏文侯、魏武侯時期，借助強大的實力和三晉聯盟的協作，魏國四面出擊。先奪取秦國的河西地區，滅亡中山國。然後又組織三晉聯軍攻破齊國長城，並屢次打敗楚軍。西元前三九一年，魏國占據大梁等地，並繼續向黃河以南發展。魏惠王時期，魏軍又先後對韓、趙用兵，攻占大片土地。經過幾十年的經營，魏國領土迅速擴大，控制著大片具有戰略意義的土地。西元前三四四年，魏國發起並主持了「逢澤（今河南開封附近）之會」。在這次盟會上魏國稱王。

然而「逢澤之會」在魏國發展史上是一個轉折點。它既是魏國霸權的高潮，又是魏國衰落的起點。

首先，魏國的政治改革不徹底，有反覆，這是魏國在愈演愈烈的大國競爭中衰落的主要原因。魏文侯、魏武侯尊卜子夏、田子方、段干木為「師」、為「友」。他們都是孔子高足子夏的弟子，以宣揚「仁義」、「王道」為己任。這表明，魏國政治仍深受舊的政治傳統影響。魏惠王沒有接受公孫痤的推薦而任用商鞅為魏相，與一位曠世奇才失之交臂，也是重大失策。

其次，三晉聯盟並不穩固，三晉之間由一致對外，到彼此爭鬥、廝殺，這是導致魏國衰落的重要原因。魏國的強盛必然引起韓、趙的疑忌。西元前三七〇年，魏武侯逝世，諸公子爭奪君位。韓、趙趁機攻魏，魏國幾乎滅亡。魏惠王即位後，魏與韓、趙連年征戰，雖勝多負少，還攻城掠地，而憂患亦由此而生。

再次，魏國處於「四戰之地」，號稱天下中樞，可以四面出擊，也必然四面受敵。一旦周邊強敵崛起，魏國首當其衝。齊威王革新政治，國勢復興，與魏爭霸中原。秦孝公也開始任用商鞅變法，並揮師東進。齊、秦相繼強盛，抑制了魏國的發展勢頭。

魏國的衰落還與統治集團在軍事、政治、外交方面舉措失當有直接的關係。魏惠王及其主要輔臣龐涓等人自恃強大，窮兵黷武，四面樹敵，使魏國陷於孤立。魏惠王缺乏戰略頭腦，多次受挫，卻不能汲取教訓。這是導致魏國在爭霸戰爭中失利的主觀因素。在著名的齊、魏桂陵之戰和馬陵之戰中，魏軍均告失利。西元前三四一年，齊威王以田忌、田嬰為將，以孫臏為軍師，出兵攻魏救韓。齊軍直逼魏國都城大梁。魏惠王命令魏軍主力回兵，以太子申為上將軍，以龐涓為軍師，率兵十萬應擊齊軍。齊軍主將田忌採納軍師孫臏的建議，以「增兵減灶」的方法迷惑魏軍，誘敵深入。龐涓果然中計，以輕兵銳卒，兼程追擊，結果在馬陵陷入齊軍埋伏。龐涓兵敗自殺。齊軍乘勝進擊，俘獲魏軍主將太子申，先後殲滅魏國主力軍十餘萬人。魏國被迫向齊國做出讓步，同意分享中原霸權，互尊對方為王。這標誌著魏國首強地位的徹底喪失。

隨著東齊、西秦的崛起，魏國再也沒有重振雄風。魏國在齊、秦兩強的夾擊下，屢遭慘敗，還不斷招致楚、趙等國征伐。逐漸強盛的秦國不斷攻擊魏國，魏國處於被日益蠶食的境地。秦國相繼占有了河西、上郡及河東、河南部分土地，黃河天險完全被秦國控制。到秦昭襄王時期，魏國向秦國稱臣。

二、從秦攻魏拔衛到魏國獻地請降

得人才者得天下，失人才者失天下。魏國之敗首先應歸咎於內政不修，其中人才的流失最為嚴重。秦孝公的首輔商鞅、秦昭襄王的丞相范雎都是由於不得志於魏國，而流亡到秦國。秦始皇時期的尉繚也是魏國人。就連王室宗親信陵君無忌也無法為宗國大展其才。能臣良弼不得其用，有的反而成為敵國的將相公卿，不敗待何？

信陵君無忌，是魏安釐王異母弟，著名的戰國四公子之一。他禮賢下士，廣攬人才，「士以此方數十里爭往歸之，致食客三千人。」」他編有《魏公子兵法》，通曉兵法，頗富韜略，並多次率各國聯軍與秦軍對壘，戰而勝之，威震天下。據說「當是時，諸侯以公子賢，多客，不敢加兵謀魏十餘年」。可是「魏王畏公子之賢能，不敢任公子以國政」，迫使信陵君長期流亡在外。

秦始皇的反間計也起了重要的作用。信陵君一度重新統帥魏軍。為了除掉這個敵國的干城之將，秦始皇令人攜帶金萬斤赴魏，收買信陵君的仇家。他們詆毀信陵君，對魏王說：「公子亡在外十年矣，今為魏將，諸侯將皆屬，諸侯徒聞魏公子，不聞魏王。公子亦欲因此時定南面而王，諸侯畏公子之威，方欲共立之。」」秦國還故意多次派遣使者，無中生有地祝賀無忌立為魏王。魏王心中生疑，剝奪了信陵君的軍權。從此信陵君「乃謝病不朝，與賓客為長夜飲，飲醇酒，多近婦女。日夜為樂飲者四歲，竟病酒而卒」32。

秦始皇四年（西元前二四三年），信陵君、魏安釐王先後死去。轉年，秦軍兵分兩路攻擊魏國，取二十城。轉年，秦軍擊退五國聯軍，又攻取魏國的朝歌（今河南淇縣）及其附庸衛國。從此秦國與齊國接壤，對韓、魏形成三面包圍之勢。此後秦軍繼續蠶食魏國。秦始皇九年（西元前二三八年），秦始皇令秦將楊端和伐魏，攻占一批城池，進逼魏都大梁。

秦始皇二十二年（西元前二二五年），秦將王賁擊楚，楚兵敗。王賁率得勝之師回兵擊魏。秦軍掘開黃河大堤，引水灌魏都大梁。歷時三月，城牆崩塌，魏王假被迫投降。秦始皇「遂滅魏以為郡縣」33。

滅楚

楚國是秦始皇徹底吞滅的第三個大國。滅亡韓、魏之後，秦始皇立即集中兵力解決地處南方的楚國。楚國在劫難逃。楚國之亡類似於趙國，它幾經惡戰終於不敵一個更強大的對手。

一、楚國的興與衰

楚，羋姓。據說，「楚之先祖出自帝顓頊高陽。」楚國的先人鬻熊曾經為周文王立下功勛，因此周成王冊封他的後人為諸侯。西周時期，楚君熊渠施政有方，興兵伐滅數國。他自稱：「我蠻夷也，不與中國之號謚。」[34]於是封自己的三個兒子為王。春秋以來，楚國迅速發展，長期稱雄一方，並與齊、晉爭霸。楚國立國於「蠻荒」之地，憑藉不斷征戰而生存，民風忠君、尚武，王權也比較強大。荊楚地區物產豐富，地廣人眾，文化兼具中原華夏文化和當地各民族文化之長，具有明顯的後發優勢。這一點楚與秦有相似之處。但是由於楚國立國比較早，受舊的政治模式的影響比較深，因此後發優勢稍遜於秦國。

楚國也有變法活動。西元前三九〇年左右，吳起由魏入楚，受到楚悼王的器重。一年後，他擔任楚國令尹，主持變法。吳起認為，楚國之所以「貧國弱兵」，是因為「大臣太重，封君太眾」，他們「上逼主而下虐民」[35]。他「明法審令」，裁減無能之臣，革除封君的一些特權，整頓楚國的政治風氣，以強化君主集權。他擴充甲兵，率兵出擊，「於是南平百越。北併陳蔡，卻三晉。西伐秦。諸侯患楚之強。」[36]楚悼王去世，吳起也被反對變法的貴戚大臣聯手攻殺。吳起死後，許多變法措施沒有堅持下去。

楚國最早稱王，一直是最有可能統一中國的諸侯國之一。在春秋戰國之際，楚國堪稱首強。西元前三〇七年，楚國吞滅疆域僅次於它的越國，奪取吳越之地，實力得到進一步的擴張。當時各大國的疆域以楚國為最大。楚國占有中國南部、東部、中部的廣袤地區，人文薈萃，物產豐富，兵精糧足，國勢強盛。雖然魏、齊、秦、趙的興盛使楚國的優勢地位相對弱化，而在縱橫捭闔的大國較量中，仍有「橫成則秦帝，縱成則楚王」[37]的說法。

但是，總的說來，楚國與魏、齊、秦、趙等國相比較，新制度的發展舉步維艱。楚國本是最早出現郡縣制的國家之一。但是，吳起變法的時間較短，又曇花一現，變法的廣度和力度也明顯遜色於李悝變法、商鞅變法。因此，楚國的軍政大權始終掌握在昭、景、屈三大貴戚手中，體制比較落後，治術比較陳舊，政治比較腐敗。《呂氏春秋・察今》以刻舟求劍比喻不能適時變法的愚蠢，認為「荊（楚）國之為政，有似於此」。楚國政治的特點，由此可見一斑。著名思想家韓非認為：「楚不用吳起而削亂，秦行商君而富強。」[38]從當時大國實力對比的變化曲線看，政治、經濟改革的深度、廣度是決定興衰強弱的主要因素。楚秦實力的此消彼長就是很有說服力的證據。

在戰國七雄競爭的關鍵階段，楚國出了一位昏庸的君主，這就是楚懷王。他在政治、軍事、外交上的一再失誤，導致楚國在大國競爭中徹底失去了固有的優勢地位。

先說「伐交」失策。齊、楚是東方兩個最強的國家。齊、楚一度聯手抑制秦國，取得成效。西元前三一三年，秦國派張儀遊說楚懷王。張儀以奉獻商於之地六百里為誘餌，勸說楚懷王與齊國斷交。楚懷王缺乏戰略眼光，又貪圖小利，竟與齊國斷交。張儀改口說當初僅許以自己的六里封邑獻給楚國。楚懷王大怒，又與秦國斷交，派屈匄率兵攻秦。楚國「西起秦患，東絕齊交」，同時與齊、秦兩個大國交惡，在「伐交」鬥爭中大大失策。

再說「伐兵」失利。楚懷王「以怒興師」，犯了兵家大忌。西元前三一二年，楚軍與秦軍交戰於丹陽（今河南丹水北），楚軍敗績。秦軍俘獲楚軍主將屈匄及其副將，斬首八萬，占地六百里。楚國的漢中郡（今陝西東南漢水流域和湖北西北）從此納入秦國的版圖。楚懷王惱羞成怒，不講謀略，不計後果，竟調動全國軍隊與秦國戰於藍田（今湖北鍾祥西北）。結果楚軍再次一敗塗地，被嚴重削弱。

最後說政治腐敗。「伐謀」、「伐交」、「伐兵」的失利與政治腐敗息息相關。比較陳舊、落後的貴族政治模式本身就是政爭和腐敗之源。楚懷王身邊也有能臣。屈原（屈平）就是最著名的一個。楚懷王一度信任屈原，任命他為左徒，令其參議軍國大事。可是楚懷王聽信寵姬鄭袖、權臣靳尚、上官大夫等人的讒言，改變了對屈原的態度。西元前二九九年，秦王以結盟為誘餌，誆騙楚懷王到武關赴會。屈原曾勸阻他。楚懷王聽信子蘭之言，貿然赴會，被秦軍劫持，客死於秦國。史稱：「懷王以不知忠臣之分，故內惑於鄭袖，外欺於張儀，疏屈平而信上官大夫、令尹子蘭。兵挫地削，亡其六郡，身客死於秦，為天下笑。此不知人之禍也。」39

楚懷王以後，楚國政治沒有太大起色，而秦國在秦昭襄王統治下更加強盛。秦楚之間的歷次戰爭，秦軍勝多負少。西元前二八〇年，秦軍「伐楚，楚軍敗，割上庸、漢北地予秦」40。西元前二七九年，秦將白起拔楚西陵。西元前二七八年，白起攻克楚國首都郢（今湖北江陵西北），焚毀楚國先王墓夷陵。楚襄王被迫遷都於陳（今河南淮陽）。西元前二七七年，秦軍又占領楚國的巫郡、黔中郡。後來楚軍雖收復部分失地，但是疆域大大縮小，國勢今非昔比。

二、李園之亂

春申君專政時期，楚國一度復強。春申君名黃歇，是著名的戰國四公子之一，因輔佐楚考烈王有功，獲得封號，就任楚相。秦趙邯鄲之戰，他率軍救趙，與信陵君等聯手擊敗秦軍，追至函谷關。數年後，他又北伐滅魯。

李園政變斷送了春申君性命，也破壞了楚國國力恢復的勢頭。李園是春申君的舍人。他貪圖富貴，將妹妹進獻給春申君。待妹妹懷有身孕後，李園慫恿春申君將這位美女獻給楚王。春申君欣然採納。「楚王召入幸之，遂生子男，立為太子。」李園之妹成為王后，他也獲得楚王的寵幸。李園擔心春申君洩漏天機，「陰養死士，欲殺春申君以滅口。」有人勸春申君應有所防範，他卻不以為然，結果「當斷不斷，反受其亂」41。秦始皇九年（西元前二三八年），楚考烈王卒。李園設伏於王宮的棘門之內，將春申君刺殺。太子即位，是為楚幽王。

此後，楚國內部政局不穩，又遭到魏、秦聯軍攻擊。秦始皇十九年（西元前二二八年），楚幽王卒，同母弟猶代立。楚哀王即位僅二月餘，庶兄負芻襲殺哀王而自立為王。

三、啟用王翦，滅楚平越

秦始皇滅韓、魏，破燕、代，屢敗楚軍。滅楚的時機日漸成熟。秦始皇二十一年（西元前二二六年），秦將王賁擊楚，取十餘城。秦始皇決計趁勢滅楚。

在商討滅楚之策時，王翦與李信對敵我雙方軍事實力的估計不同。王翦認為非傾秦軍主力不可，而李信認為僅用二十萬兵力足以滅楚。李信年少壯勇，驍勇善戰，曾經以數千兵馬，破燕軍，俘獲燕太子丹，深得秦始皇賞識。他說：「王將軍老矣，何怯也。李將軍果勢壯勇，其言是也。」[42]於是採納了李信的方案。王翦回歸故里頻陽。

李信與蒙恬統帥秦軍伐楚，初戰告捷。李信攻克平輿（今河南平輿西忠），蒙恬攻克寢（今河南沈丘東南），大破楚軍。李信又攻破鄢、郢，於是引兵而西，與蒙恬軍會師城父（今安徽亳州市東南）。李信輕率冒進，長驅千里。楚軍趁機尾追跟進，連續攻擊三日三夜，大破李信軍。楚軍攻破兩座營壘，殺死秦軍七個都尉，秦軍落荒而逃。秦始皇聞訊立即趕赴頻陽，向王翦承認自己判斷失誤。他親手授予王翦上將軍將印，又以下嫁華陽公主、賞賜大量田宅為手段，深結其心。

王翦取代李信，掛帥出征，率秦軍主力六十萬人擊楚。秦、楚兩國主力會戰中原。王翦堅壁固守，養精蓄銳，疲憊敵軍。王翦趁楚軍移師東去之際，率精銳追擊，殺其將軍項燕。秦軍乘勝攻城掠地，虜楚王負芻。接著秦軍挺進江南，攻占附庸於楚國的越國，越君降秦。僅用一年多的時間，王翦便徹底滅亡楚國。

滅燕

燕國是秦始皇徹底吞滅的第四個大國。它是一個大且弱的國家幾乎一戰而亡的典型。

西周初年，封召公於北燕，他的子孫逐步征服這一地區。燕國成為姬姓的「文武所褒大封」之一。春秋戰國時期，燕國先是位列十二諸侯，後又躋身七大戰國，也曾強盛一時。

一、燕國的興與衰

燕國的始祖是召公奭。周成王時期，召公與周公共同輔佐幼主。召公之政甚得民心。他死後，民眾作〈甘棠〉之詩來懷念他。燕國立國達八九百年之久，在姬姓諸國中最後滅亡。

西周、春秋時期燕國國勢較弱，在史書中沒有留下引人注目的事蹟。戰國以來，燕國逐漸強盛。但是仍比諸雄要弱一些。燕國的社會改革晚於各國。燕國最值得誇耀的功業莫過於燕昭王變法圖強，幾乎將齊國滅掉。

約在西元前三一五年，燕王噲效仿古代的禪讓制度，將王位轉讓給子之，引起政治動蕩。齊宣王採納孟子的意見，舉兵伐燕，很快攻破燕都。燕王噲身死，子之被殺，燕國幾乎滅亡。

燕昭王即位後，發憤圖強，誓雪先王之恥。他師事郭隗，築黃金台，求購千里馬骨，「卑身厚幣以招賢者。」於是「樂毅自魏往，鄒衍自齊往，劇辛自趙往，士爭趨燕」[43]。西元前二八四年，燕國參與五國攻齊。燕昭王以樂毅為將，命其直接進攻齊都臨淄。半年之間，樂毅連下七十餘城，幾乎滅亡齊國。

戰國中後期，燕國染指中原，多次參與合縱攻秦，與齊、趙也互有征伐。其中燕國與趙國之間戰事頻繁，雖負多勝少，卻加速了趙國的衰落。「唇亡齒寒」，失去了趙國的屏蔽，燕國也就直接暴露在秦軍的兵鋒面前。

二、秦國藉趙攻燕與救燕攻趙

鷸蚌相爭，漁翁得利。秦國擊破趙、燕，得益於二雄相爭。燕趙兩強為鄰，勢必互有爭奪，戰事頻繁。秦國利用兩國相爭，坐收漁夫之利，最終一舉而兼得鷸蚌，一戰而並擒雙雄。

燕趙第一次惡戰發生在西元前二五一年。秦趙長平之戰、邯鄲之戰，趙國損失慘重。燕王喜目光短淺，欲趁機攻趙，首開兵釁。他不聽昌國君樂間的勸阻，出動六十萬大軍，兵分兩路伐趙。趙國派廉頗率軍八萬對抗，將兩路燕軍擊潰，追擊五百里。廉頗包圍燕都，迫使燕國割地請和。

在秦始皇統治時期，燕趙之間戰事不斷，秦國相機介入其中。秦始皇四年（西元前二四三年），趙王派李牧攻燕，占領武遂、方城。轉年，燕王派劇辛率軍擊趙，趙王令龐煖率軍禦敵。劇辛、龐煖本是故交，他們各為其主，相互廝殺。龐煖消滅燕軍二萬，殺劇辛。秦始皇十一年（西元前二三六年），趙將龐煖再次攻燕，奪取狸、陽城。秦始皇遂以救燕為名，派王翦、桓齮、楊端和擊趙，連克九座城池。秦趙兩國的對決進入尾聲，燕國也就岌岌可危了。

三、太子丹自秦亡歸與荊軻刺秦

秦趙大戰猶酣之際，在秦國做質子的燕國太子丹亡歸故國。為了挽救燕國的危亡，他親自導演了膾炙人口的歷史故事——「荊軻刺秦」。

太子丹本是秦始皇孩提時代的摯友。當初太子丹在趙國做質子，與嬴政是幼年伙伴。可是，嬴政立為秦王，太子丹質於秦，而嬴政待之甚薄，不加禮遇。太子丹備遭凌辱，怒火中燒。

秦始皇十五年（西元前二三二年），太子丹尋機潛逃回國。他清醒地看到燕與秦勢不兩立，秦國「非盡天下之地，臣海內之王者，其意不厭」。他急於弱秦復仇，於是與太傅鞠武商議對策。鞠武勸他靜觀待變，不要因急於復仇而招惹強秦。

過了一段時間，秦將樊於期獲罪，逃亡至燕，投在太子丹門下。鞠武認為，強秦積怨於燕，已足以令燕國心寒膽顫，太子丹潛逃更加深了怨恨，如果再收留秦國叛將，勢必激怒秦王。這就像將肉塊投放於餓虎必經之路一樣，勢必招致吞噬。他主張儘快將樊於期遣送出境，聯合三晉、齊、楚和匈奴共同對付秦國。太子丹認為這個方略很難收到成效，所以積極籌劃刺殺秦王。荊軻因此而名著史冊。

荊軻，衛國人，燕人稱之為荊卿。他「好讀書擊劍」，有謀略、有膽識，「其所遊諸侯，盡與其賢豪長者相結。」他是一位慷慨悲歌之士。荊軻嗜酒，每日與兩位至交好友高漸離及狗屠飲於燕市。酒酣耳熱之時，高漸離擊筑，荊軻和而歌，歡歌悲泣，旁若無人。燕國處士田光知其非尋常之人而善待之。

秦始皇滅韓攻趙，燕國情勢緊迫，太子丹向田光請教對策，田光把荊軻推薦給他。太子丹懇請荊軻擔當刺秦重任。他認為：「今秦已虜韓王，盡納其地。又舉兵南伐楚，北臨趙。王翦將數十萬之眾距漳、鄴，而李信出太原、雲中。趙不能支秦，必入臣，入臣則禍至燕。」燕國弱小，不是秦國的對手，而諸侯畏懼強秦，不敢聯手抗秦。因此，最佳的方略是派遣勇士出使秦國，設法脅迫秦王全部歸還侵占各國的領土。如若無法實現，不妨刺殺秦王。這樣一來，「彼秦大將擅兵於外而內有亂，則君臣相疑，以其間諸侯得合從，其破秦必矣。」荊軻略表推辭，見太子丹頓首固請，便慨然允諾。於是太子丹尊荊軻為上卿，優禮備至，提供最好的住房、食品和奇珍異物，「車騎美女恣荊軻所欲，以順適其意。」

秦始皇十九年（西元前二二八年），王翦破趙，虜趙王，進兵至燕國南界，尋機渡過易水伐燕。燕國上下震動。太子丹敦促荊軻儘快赴秦。荊軻請求兩樣東西，一是燕地督亢的地圖，二是樊於期的首級。他認為，秦始皇急於奪取燕國領土，又以「金千斤，邑萬家」懸賞緝捕樊於期，獻上這兩樣禮物，可以獲得秦王的信任。太子丹當即答應提供地圖，而樊於期的人頭則不忍於心。荊軻親自面見樊於期。樊於期報仇心切，當即自刎而死。

太子丹又為荊軻提供了四個條件：一是趙國工匠徐夫人鍛造的匕首。這種匕首價值百金，鋒利無比，又以毒藥淬之，可以見血封喉。匕首藏於地圖之中，以便攜入秦宮。二是燕國勇士秦舞陽。他「年十三，殺人，人不敢忤視」。太子丹令秦舞陽為荊軻副手。三是敢死之士二十餘人。眾勇士也隨從入秦。四是價值千金的財物，供荊軻打通關節使用。

荊軻還約一位朋友同行，由於路途遙遠，尚未趕到。太子丹急不可待，懷疑荊軻有改悔之意。荊軻怒，立即出發。太子及其親信賓客都身穿白色衣冠送行。在易水岸邊，眾人敬酒壯行，「高漸離擊筑，荊軻和而歌，為變徵之聲，士皆垂淚涕泣。又前而歌曰：『風蕭蕭兮易水寒，壯士一去兮不復還！』復為羽聲慷慨，士皆瞋目，髮盡上指冠。於是荊軻就車而去，終已不顧。」

荊軻至秦，通過秦王寵臣中庶子蒙嘉向秦王進言：燕國「願舉國為內臣，比諸侯之列，給貢職如郡縣」，還送來樊於期的人頭。秦始皇聞之大喜，於是決定身著朝服，設九賓之禮，在咸陽宮接見燕國使者。

荊軻等人奉命晉見。荊軻捧著樊於期頭匣，秦舞陽捧著地圖匣，順次入殿。走到王位的台階下，秦舞陽被威嚴的朝儀所震懾，臉上色變，身體顫抖，群臣產生懷疑。荊軻回顧舞陽，微微一笑，走上前去向秦王謝罪，請求寬恕這個沒有見過大世面而有失禮節的蠻夷之人。嬴政不加怪罪，下令獻上地圖。荊軻從容展開地圖，「圖窮而匕首見。」他左手抓住秦王衣袖，右手持匕首猛刺。「未至身，秦王驚，自引而起，袖絕。拔劍，劍長，操其室。時惶急，劍堅，故不可立拔。荊軻逐秦王，秦王環柱而走。群臣皆愕，卒起不意，盡失其度。」根據秦法：「群臣侍殿上者不得持尺寸之兵。諸郎中執兵皆陳殿下，非有詔召不得上。」事發於不測，而群臣手無寸鐵，只能「以手共搏之」。侍醫夏無且情急之中，提起藥囊擊打荊軻。嬴政驚慌失措，不知所為。經左右提醒，他把劍匣推到身後斜抽出劍，「以擊荊軻，斷其左股。」荊軻身受重傷，毫不畏懼，奮力將匕首擲向秦王，擊中桐柱。嬴政連砍荊軻八劍。荊軻自知刺秦失敗，他倚柱而笑，叉開腿坐著，大罵秦王，說：「事所以不成者，以欲生劫之，必得約契以報太子也。」這時左右侍衛一擁而上，殺死荊軻。嬴政驚魂方定，「不怡者良久。」

太子丹設謀刺殺秦王，實數下策。這也是無可奈何之舉。從當時的形勢看，無論荊軻刺秦是否成功，都很難挽救燕國覆滅的命運。荊軻刺秦這件事本身沒有什麼值得稱道之處，而荊軻的為人還是令人欽敬的。「自古燕趙多慷慨悲歌之士。」荊軻文韜武略皆佳，俠義膽識具備，可惜不得其用，只能以刺客聞名於世。慷慨悲壯的事蹟，既令人讚嘆不已，又令人悲之慨之。無論如何，荊軻也算是一位英豪。正如太史公司馬遷所說：「此其義或成或不成，然其立意較然，不欺其志，名垂後世，豈妄也哉！」[44]

四、燕、代合兵抗秦與秦軍掃燕滅代

荊軻刺秦不成，加速了燕國的滅亡。秦始皇大怒，下令增兵伐燕。燕、代也合兵抗秦。兩國之兵難以抵禦強大的攻勢，被王翦、辛勝、李信等秦將打得落花流水，四散奔逃。秦軍破燕、代於易水之西，乘勝進逼燕都薊城（今北京城西南）。

秦始皇二十一年（西元前二二六年）十月，薊城失陷，燕王喜與太子丹退守遼東。李信率數千精銳追擊，再破燕軍。燕王喜被迫採納代王趙嘉之策，主動將太子丹的首級獻給秦國，以求寬恕。

燕王斬太子丹以獻秦只能收一時之效。秦始皇二十五年（西元前二二二年），秦始皇先後在南北發動大規模軍事行動。他派王賁為將，統帥重兵，揮師北進，先攻遼東，俘燕王喜，然後回兵攻代，虜代王嘉。秦先後吞併韓、趙、魏、楚、燕五國。為了隆重慶祝，這年五月秦始皇下令「天下大酺」[45]，恩准天下臣民飲酒歡樂，舉行大型慶祝活動。五國皆亡於秦始皇之手，剩下的只有偏安一隅的齊國了。

滅齊

齊國是最後一個被秦始皇吞滅的大國。在戰國七雄中，齊國的強國地位確立最早，維持時間最久。自西周建立以來，齊國就一直是一個舉足輕重的大國。齊國地處古稱「海岱之區」的齊魯文化區域，文明程度比較高，政治改革也起步較早，經濟、文化都比較發達。在春秋時期，齊桓公是第一位名副其實的霸主。在戰國時期，齊國的綜合實力也屬一流，戰國中期，一度出現「秦與齊爭長」[46]的局面，兩國還曾相約稱帝。可是這樣一個大國竟然不戰而亡。

一、齊國的興與衰

齊國本是姜尚（呂尚、太公望、姜子牙）的封地，國君為姜姓，戰國初期被田氏取而代之。春秋時期，齊國是首霸之國。齊桓公革新政治，首創霸業，「九合諸侯，一匡天下。」齊桓公在位期間，還發生了一件關乎齊國命運的事情。陳厲公死後，國內出現君位之爭。他的兒子陳完因逃避內亂而來到齊國。齊桓公任命陳完為工正，並改稱田氏。數代之後，田氏發展成為大族。田乞、田常（田成子）父子利用齊國內亂，先後殺死齊君荼、齊悼公。田氏占奪了君位，卻保留了「齊」的國號。史家稱此後的齊國為「田齊」。西元前三八六年，田和在位期間，周王確認了田齊的諸侯地位。許多史家把這件事作為判分春秋時期與戰國時期的標誌性歷史事件。

在齊威王、齊宣王時期，齊國曾盛極一時。齊威王勵精圖治，以鄒忌為相、田忌為將，又任用著名兵法家孫臏為軍師。他革新政治，任賢納諫，果斷地清理官場積弊，使齊國的政治面貌一新。齊國起兵西擊趙、衛，迫使趙國歸還侵占的國土和長城。田忌、孫臏又先後以「圍魏救趙」、「增兵減灶」之計，在桂陵之戰、馬陵之戰中大破魏國軍隊。齊宣王大開稷下講學之風，任命一批思想家為上大夫。西元前三一四年，齊宣王趁燕國內亂，迅速攻占燕國都城，殺燕王噲和燕相子之。西元前三〇一年，齊國聯合魏國、韓國進攻楚國，大破楚軍於垂沙（今河南唐河西南）。西元前二九八年，齊、魏、韓三國合縱攻秦，與秦軍相持三年，終於攻破函谷關，迫使秦國歸還部分此前占據的魏國、韓國土地。齊國接連壓服魏、燕、楚、秦。當此之時，齊國威震諸侯。西元前二八八年，秦昭襄王自稱「西帝」，尊齊湣王為「東帝」。不久齊國違背盟約，迫使秦國取消帝號。這表明了當時齊國是與秦國東西對峙的兩大強國。

然而齊國也正是從此走向衰落。禍殃起因於齊湣王滅宋。西元前二八六年，齊湣王與魏、楚「滅宋而三分其地」[47]。他還圖謀進而南侵楚國淮北地，西侵三晉，脅迫鄒國、魯國稱臣，進而吞併周王室。結果招致秦、趙、韓、魏、燕五國聯合攻齊。燕昭王欲報當年齊國伐燕之仇，積極參與組織合縱。他任命樂毅為上將軍，率兵伐齊。齊國一敗塗地。齊湣王逃奔到莒，不久被殺死。幸而田單堅守即墨（今山東平度境內），利用燕軍中途換將，連施妙計，以火牛陣攻殺燕將騎劫，乘勝追擊。各地齊人紛紛起兵，很快收復失地。

經歷一場浩劫的田齊雖得以光復，卻從此一蹶不振。齊國的衰落，為秦國擊破三晉，席捲天下，提供了便利。

二、君王后事秦與后勝誤國

齊湣王被殺，莒人共立其子法章，是為齊襄王。齊襄王的王后是君王后，生子建。五年後，田單攻破燕軍，齊襄王重歸臨淄。西元前二六五年，襄王卒，子建立，國事決於君王后。

君王后奉行事秦政策。秦趙會戰長平之時，趙國請求齊國接濟糧草。謀臣周子力主救趙，他認為：「唇亡則齒寒。今日亡趙，明日患及齊楚。」君王后不聽。史稱：「君王后賢，事秦謹，與諸侯信，齊亦東邊海上，秦日夜攻三晉、燕、楚，五國各自救於秦，以故王建立四十餘年不受兵。」[48]

齊國的外交政策受秦國外交活動的影響很大。秦始皇用兵六國之時，擔心齊、趙聯合，特地派荊蘇等人出使齊國，以計謀斷絕齊趙之交。君王后死，后勝為齊相。秦國間諜以重金賄賂后勝，唆使他派遣眾多賓客出使秦國。秦國又以重金收買這些齊國使者，使他們為秦國效力。這些使者紛紛勸說齊王奉行與秦親善的政策。齊國長期奉行「朝秦」政策，「不修攻戰之備，不助五國攻秦，秦以故得滅五國。」

齊國不僅不援助遭受秦軍攻擊的其他五國，而且自身也不做抵抗秦國入侵的準備。秦始皇二十六年（西元前二二一年），齊國成為秦國最後一個對手，齊王建與其相后勝這才開始倉促備戰，「發兵守其西界，不通秦。」[49]可是當亡國之禍降臨的時刻，原本強大到足以稱帝的齊國卻只能束手被擒，不僅毫無反擊之力，就連抵禦、反擊的意志也喪失殆盡。

亡齊是秦始皇的既定之策，與齊親善是表面現象。據說王翦滅燕之時，秦始皇曾與眾將商議：「齊、楚何先？」李信曰：「楚地廣，齊地狹，楚人勇，齊人怯，請先從事於易。」[50]李信的見解僅從軍事角度著眼，而從齊國的實際狀況看，先滅楚國更有利。秦始皇二十六年，秦將王賁率破楚掃燕滅代的得勝之師兵臨齊境。齊國在劫難逃。

三、齊國不戰而降

戰乎？降乎？齊國內部有兩種意見。即墨大夫、雍門司馬是主戰派的代表。即墨大夫認為齊國有戰勝秦國的可能性，他指出：「齊地方數千里，帶甲數百萬。夫三晉大夫皆不便秦，而在阿、鄄之間者百數，王收而與之百萬之眾，使收三晉之故地，即臨晉之關可以入矣。鄢、郢大夫不欲為秦，而在王城南下者百數，王收而與之百萬之師，使收楚故地，即武關可以入矣。如此，則齊威可立，秦國可亡。夫舍南面之稱制，乃西面而事秦，為大王不取也。」[51]當時齊國實力尚存，軍隊完好無損。各國貴族多逃亡齊國，尋機報亡國之恨，這也是一支可借用的力量。如果齊國君臣一心，借助各國人才，組織全國軍民，尚足以一戰。五國剛剛覆滅不久，各地還有圖謀叛秦活動，一旦齊軍挫敗秦軍，也存在著扭轉局勢的可能性。但是，齊王建和后勝一心事秦、降秦。齊國準備不足，軍民也得不到有效的組織，以致「秦兵卒入臨淄，民莫敢格者」[52]。這樣的國家不亡待何？

秦始皇恩威兼施，一方面大兵壓境，一方面誘齊降秦。秦使陳馳勸說齊王建降秦稱臣，答應以五百里之地作為他的封邑。「齊王不聽即墨大夫，而聽陳馳，遂入秦。」[53]可是秦國把他安置在邊遠的共邑，將他活活餓死在當地荒僻的松柏之間。齊人聞之，歌之曰：「松耶柏耶？住建共者客耶？」齊王建任用奸佞，苟且偷安，終於招致殺身亡國之禍。從此，「天下壹並於秦，秦王政立號為皇帝。」54

開拓疆土、鞏固邊防

兼併六國之後，秦始皇並沒有刀兵入庫，馬放南山，而是進一步開疆拓土，鞏固邊防。他西撫諸夷，東占遼東，南平百越，北卻匈奴，為中華帝國統一的多民族國家的疆域奠定了最初的規模。相關的軍事行動也屬於統一戰爭範疇。

一、南平「百越」

「百越」又稱「百粵」，得名於南方諸越，是對名稱各異的越人的總稱、泛指。他們有與中原地區不同的文化特徵和標誌，其中斷髮文身、鑄銅為鼓等是最顯著的特徵。「百越」的分布區域很廣，許多部族的流動性也很強，其活動範圍波及江淮以南的廣大地區。對於「百越」的族屬、分布、各支的分類等，學術界的看法有很大分歧。

百越很早就與中原有密切交往、聯繫。據說早在五帝三王時期，這一帶就臣服於中原王權。嶺南各族曾向商王、周王進貢珠璣、玳瑁、象齒、文犀、翡翠等地方特產55。《詩經．大雅．江漢》稱周宣王「於疆於理，至於南海」。春秋時期，楚國的疆域大部取自諸越之地。在今浙江一帶的于越曾建立越國。越王勾踐是春秋霸主之一。西元前三〇六年，楚國攻滅越國，部分越人南遷，擴散到今福建、台灣、海南島、越南等地。南方廣大地區成為楚國的勢力範圍。

秦始皇二十五年（西元前二二二年），秦滅楚後，趁勢進兵，「因南征百越之君」[56]，統一江淮地區，拉開了南平百越的序幕。

秦朝建立不久，秦始皇集結五十萬大軍，分路向「百越」地區大舉進攻。秦軍很快占領東越（又稱東甌、甌越，活動範圍在今浙江南部的甌江流域，大致以溫州一帶為中心）、閩越（活動範圍在今福建省境內，以福州為中心）。這一路秦軍順勢南下。與此同時，另一路秦軍也從湖南向嶺南地區的南越發動進攻，很快攻克番禺（在今廣州附近）。這兩路秦軍進而對西甌（活動範圍在今廣西一帶）、雒越（活動範圍在今越南北部地區）形成夾擊、包圍之勢。

隨著戰線向南方縱深迅速推進，戰事越來越激烈，秦軍的進展遇到極大的阻滯。嶺南地區丘陵遍布，山川縱橫，交通不便，既便於越人與秦軍周旋，也使秦軍運輸給養供應困難重重。越人剽悍善鬥。他們頑強抵抗，英勇善戰，充分利用地形地利和善於跋山涉水的優勢，躲進深山老林，與秦軍周旋。秦軍「深入越地，越人遁逃。曠日持久，糧食乏絕，越人擊之，秦兵大敗」[57]。秦軍一度甚至進退維谷，「三年不解甲弛弩。」[58]

為了解決秦軍的給養供應問題，秦始皇派監御史祿負責組織人力修築運河，「鑿渠運糧」，並派遣一批戰將率領「樓船之士南攻百越」[59]。最後終於全部占領「百越」之地，使秦朝的南部版圖到達今越南境內的「北向戶」。

秦始皇採取一系列措施鞏固對嶺南地區的統治。其主要措施可以概括為：置郡、駐軍、移民、設關、築路。秦始皇在這一地區設立南海郡（在今廣東境內，郡治在番禺）、桂林郡（在今廣西境內，郡治在桂平西南）、象郡（包括今廣西南部、廣東西南部，南達越南中部）等三郡，建立郡、縣等地方政權組織，把這個地區置於中央政府的直接控制之下。秦始皇令任囂、趙佗等統重兵戍守嶺南。與此同時，他先後徵發內地數十萬人口，遷徙嶺南各地，與當地越人雜處，墾荒戍邊。秦朝政府在攻取的地方修築了許多城池、關隘。如嚴關（在今廣西境內）、梅關（號稱「嶺南第一關」，在今大庾嶺上）等。其中建立在連江上的橫浦關（在今廣東英德境內）、陽山關（在今廣東陽山境內）、湟溪關（在今廣東陽山茂溪口），地勢險要，名曰「三關」60。為了打通南嶺山脈的阻隔，便於物資流通、人員往來和軍隊調動，加強對這個地區的控制，秦始皇還命人在這個地區整修、拓寬道路，還興建了一批「新道」。

二、設官治理「西南夷」

在西南方面，即今四川、雲南、貴州一帶，除「百越」以外，還生活著幾十個少數民族。當時的中原人通稱之為「西南夷」。考古發現證實，「西南夷」自古就與中原各部族有密切聯繫。殷周以降，「西南夷」與中原王權的聯繫更加緊密。殷周之際，這個地區的一些部族曾參與推翻殷商王朝的活動，並獲得西周王朝的封賞。戰國時期，楚威王派將軍莊蹻率兵「略巴、黔中以西」，兵至滇池一帶，「肥饒數千里，以兵威定屬楚。」由於「秦擊奪楚巴、黔中郡，道塞不通」，莊蹻「以其眾王滇，變服，從其俗，以長之」61。

在秦始皇統一中國以前，「西南夷」的一部分已經納入秦國的版圖。西元前三一六年（秦惠文王九年），先後滅亡蜀國、巴國，在這裡設置郡縣，並將統治勢力逐步擴張到今雲南、貴州的部分地區。秦國最初對巴蜀地區採取羈縻政策，在設置巴郡，徵收賦稅的同時，改封蜀王子弟為「侯」，改封巴的統治者為「君長」，「蠻夷君長，世尚秦女」62，並派遣蜀相代表中央政府治理巴蜀。

秦始皇進一步加強對「西南夷」的統治。他在這一帶建立政權，設官置吏，修築道路。據《華陽國志．蜀志》記載，秦國蜀守李冰曾以火燒山崖的方法在僰道（今四川境內）修鑿通道。秦始皇又命常頞在此基礎上修建道路。這條道路比中原的馳道窄得多，故名「五尺道」。這條道路溝通了四川、雲南的交通，有利於加強各地的經濟、文化交流，也便於中央政府強化對邊疆的控制。史稱「常頞略通五尺道，諸此國頗置吏焉」63。另據《漢書．司馬相如傳下》記載，司馬相如曾對漢武帝說：「邛、筰、冄、駹者近蜀，道亦易通，秦時嘗通為郡縣矣，至漢興而罷。」由此可見，秦朝曾在這一帶設置郡縣，任命官吏，將其納入全國統一的行政系統。

三、經營北部邊疆

就在大秦帝國崛起的同時，另一個帝國也正在中國大地上崛起，這就是匈奴帝國。匈奴族是中國北方的一支游牧民族。在歐亞大陸古代諸游牧民族中，匈奴族最強悍。匈奴帝國首先崛起於北部中國，長期雄踞北方，其活動範圍廣大，在世界古代史上扮演過重要角色。

關於匈奴族的起源與族屬問題，中外學者眾說紛紜。一般說來，夏商以來，進出「中國」的「狄」、「戎」大多與匈奴有關。長期以來，以匈奴為主的戎狄「侵暴中國」64，他們與中原王室和北方各諸侯國有戰有和，互通婚姻、貿易。其中一些部族先後進入中國，融入華夏族群。

戰國時期，中原各國的總體態勢是領土不斷向北發展。趙、秦、燕都曾攻占匈奴及其他少數民族之地。秦國不斷蠶食其地。秦昭襄王時，宣太后以與義渠王長期通姦的方式，「詐而殺義渠戎王於甘泉，遂起兵伐殘義渠。於是秦有隴西、北地、上郡，築長城以拒胡。」趙武靈王胡服騎射，

「北破林胡、樓煩。築長城，自代並陰山下，至高闕為塞。而置雲中、雁門、代郡。」其後燕將秦開襲擊東胡，迫使「東胡卻千餘里。燕亦築長城，自造陽至襄平。置上谷、漁陽、右北平、遼西、遼東郡以拒胡」[65]。中原與匈奴的相互對抗愈演愈烈。

秦王朝建立前後，匈奴首領為頭曼單于。頭曼單于號令各部，一個軍政合一、游牧騎射的匈奴帝國已具雛形。在帝國崛起的過程中，匈奴不斷向四方擴張，並趁中原各國戰事方酣，無暇外顧，攻占河套地區，控制著南至河套，北至貝加爾湖的廣大地區。匈奴騎兵剽悍驍勇，來去飄忽，經常侵擾內地，掠奪人口、財物，對中原各國構成重大威脅。與所有剛剛興起的游牧帝國一樣，匈奴的侵擾具有明顯的野蠻性、破壞性，動輒屠戮民眾，視生命為草芥。秦始皇統一中原後，強盛的匈奴構成秦朝來自外部的最大威脅。

秦始皇滅亡六國之後，解除北方威脅，防範匈奴侵擾，成為秦朝邊防的首要任務。秦始皇三十二年（西元前二一五年），秦始皇巡視北部邊疆。分析政治軍事態勢之後，他決定對匈奴用兵，「乃使將軍蒙恬發兵三十萬人北擊胡，略取河南地。」[66]蒙恬不負重託，很快奪回被匈奴占領的河套地區。第二年，秦軍越過黃河，迫使匈奴放棄頭曼城，向北退卻三百多公里。

據說秦始皇之所以用兵匈奴，是由於燕人盧生所獻「圖書」中有一條「亡秦者胡也」[67]的讖語。這條讖語預言滅亡秦朝的將是「胡」。秦始皇為了避免亡於「胡」，所以不惜大動干戈。實際上即使沒有這條讖語，秦始皇也照樣會動用大軍進攻匈奴。匈奴是秦朝的心腹之患，並非癬疥之疾。與正在崛起的匈奴帝國較量，關係到大秦帝國的安危存亡。此時南平百越的任務基本完成，解決北方匈奴問題的時機逐步成熟。秦始皇及其謀臣不至於愚蠢到單憑一條讖語而發動如此規模的戰爭的地步。且不說當時是否有這條讖語，學者還有不同看法，退一步講，即使當時確有盧生獻讖之事，其作用充其量只是進一步促使秦始皇下定戰爭決心而已。

李斯曾經反對北伐匈奴。他的基本論點是：匈奴游牧而居，「遷徙鳥舉，難得而制」，而北方不生五穀，「得其地不足以為利」；秦軍「輕兵深入，糧食必絕」，而轉運糧草輜重，則勞民傷財。為此而興兵動眾，「靡獘中國，快心匈奴，非長策也。」[68]李斯的基本論點見於歷代君臣諫議。他道出了困擾歷代王朝的一個難題：如何對付北方游牧民族的侵擾？驅逐他們，難免興師動眾，勞民傷財；不驅逐他們，則勢必不斷遭受侵擾，甚至被滅亡。只要讀一讀唐太宗的〈金鏡〉一文，便可知中華帝國的皇帝在這個問題上的兩難抉擇。其實這也是歐亞古代農耕文明所共同面對的困境。在戰國時期，匈奴就對秦、趙、燕構成重大威脅。在秦漢魏晉時期，匈奴帝國與中原王朝長期並存。匈奴始終是中原王朝最大的威脅，對付、化解匈奴的威脅也成為中原王朝最重要的政治課題之一。關於中原王朝與匈奴之間戰爭、「和親」的記載不絕於史冊。明乎此，就不難理解秦始皇為什麼要花費那麼大的氣力去對付匈奴。

關於秦始皇動用的兵力，《史記》有三十萬和十萬兩種記載。〈秦始皇本紀〉和〈蒙恬列傳〉均稱達三十萬之眾。實際情況可能是秦朝防禦匈奴的總兵力約三十萬人，而蒙恬第一仗收復「河南地」所用兵力則為十萬人。漢代文獻還有四十萬、五十萬的說法。這種說法可能有所誇大。戰國時期，趙國的李牧曾率十五萬軍隊攻擊匈奴。當時趙國、秦國、燕國三國平時防禦匈奴的軍隊人數估計也相當可觀。秦朝北境為秦、趙、燕北境之總和，因此必須動用三十萬之眾才能抵禦匈奴侵擾。這與匈奴所擁有的軍事力量大體相當。

秦始皇經營這個地區的方略與其他邊疆地區相似。一是設郡縣，二是駐重兵，三是修道路，四是築城池，五是置移民。秦朝在河套以北、陰山一帶地區重新設置九原郡，並派遣蒙恬率數十萬大軍屯駐北部邊疆。秦朝「築四十四縣城臨河，徙適戍以充之。而通直道，自九原至雲陽，因邊山險塹溪谷可繕者治之，起臨洮至遼東萬餘里」69。秦始皇三十六年（西元前二一一年）遷內地三萬戶，屯墾北河（今內蒙古伊金霍洛旗以北）、榆中（今陝西榆林）。蒙恬又沿北部邊疆，借助地勢，修築長城。長城的軍事作用至關重要，它消耗了民力，也節約了民力。如果沒有長城的屏蔽、阻隔，秦朝是無法僅憑三十萬軍隊來防範人數大體相當且機動性極強的匈奴騎兵的。當時蒙恬威震匈奴，終秦始皇之世，邊境沒有大的戰事。

當此之時，秦朝的版圖空前廣大，其疆域「地東至海暨朝鮮，西至臨洮、羌中，南至北向戶，北據河為塞，並陰山至遼東」70。領土幅員遼闊是秦朝完成帝國化過程的重要物質標誌之一。

秦始皇南平百越、北禦匈奴是功還是過？這個問題歷來有爭議。自古至今，許多人抨擊秦始皇窮兵黷武，甚至把南平百越、北禦匈奴說成是秦朝的亡國之因。這種說法缺乏分析。掃滅六國、南平百越、北禦匈奴相互銜接，都是統一戰爭的重要組成部分。在這三個段落中，戰爭用兵的總規模遞次縮減。如果維持三十萬兵力防禦匈奴足以導致秦朝亡國，那麼怎麼解釋這樣一個歷史現象：戰國之時，各國何以能常年匯聚數百萬軍隊惡戰而長期生存？數十年來，秦國幾乎年年以數十萬乃至百萬之眾征伐四方，為何卻越戰越強？從歷史經驗看，在王朝崛起、兵戈強勁之時，順勢解決北方威脅比較容易取得成效。秦始皇、唐太宗都是成功者的實例。漢高祖、宋太宗等則有其心而無其力，他們敗於北方民族之手而遺患無窮。更何況北禦匈奴是當時鞏固國防的主要措施。剛剛建立的秦朝不攻匈奴，正在崛起的匈奴也要攻秦朝。秦朝除動用大軍驅逐、防禦匈奴之外，別無良策。有了長城之後，漢朝不是也需要駐屯二十餘萬眾以防範匈奴嗎？

秦始皇鞏固國家統一的主要措施

秦始皇採取了一系列鞏固國家統一的措施。主要有進一步完善中央集權政治制度，建立了以郡縣制度、官僚制度、等級制度為基幹的皇帝制度，並建立了相關的經濟制度和文化制度；統一度量衡、統一貨幣、統一文字、統一道德規範和法律規範，推動中華文化共同體的發展和漢族的形成；修建以咸陽為中心、通達全國各地的陸路、水路交通網和傳郵驛站網，夷平一些城郭險阻，既便於軍隊調動，維護國家政治統一，又有利於各地的經濟、文化交流；修築長城等一批重大軍事工程，鞏固邊防；收繳散落於民間的兵器，聚集於咸陽銷毀，防範、鎮壓各種分裂國家和反抗朝廷的行為；巡狩四方，播揚聲威，足跡遍布黃河上下、大江南北。上述措施的具體情況在以後各章節將分別予以詳細介紹。這裡著重介紹一下秦始皇大規模移民的措施。

大規模移民是秦始皇維護國家統一、政治安定的重要措施之一。其特點是次數眾多，規模巨大，持續時間很長。在《史記・秦始皇本紀》中，有關記載達十二條之多。其中一次遷徙達三萬戶以上的大規模移民至少有五、六次之多：

1. 秦始皇六年（西元前二四一年），秦擊敗韓、魏、趙、衛、楚聯軍，攻克衛國。秦將衛國居民大量遷徙，「其君角率其支屬徙居野王，阻其山以保魏之河內。」其他類似的移民可能很多。
2. 秦始皇八年（西元前二三九年），王弟長安君成蟜叛變「軍吏皆斬死，遷其民於臨洮」。
3. 秦始皇九年（西元前二三八年），嫪毒叛亂，其部屬「奪爵遷蜀四千餘家，家房陵」。後來秦始皇又准許這些人回遷。

4. 秦始皇十二年（西元前二三五年），賓客數千人竊葬呂不韋，「其舍人臨者，晉人也逐出之。秦人六百石以上奪爵，遷。五百石以下不臨，遷，勿奪爵。」

5. 秦始皇二十六年（西元前二二一年），「徙天下豪富於咸陽十二萬戶。」

6. 秦始皇二十八年（西元前二一九年），秦始皇「南登琅邪，大樂之，留三月。乃徙黔首三萬戶琅邪台下，復十二歲」。

7. 秦始皇三十三年（西元前二一四年），秦始皇「發諸嘗逋亡人、贅婿、賈人略取陸梁地，為桂林、象郡、南海，以適遣戍」。據說當時共有五十萬人戍守嶺南地區。後來秦始皇又將數以萬計的婦女遷往這些地區。

8. 秦始皇三十三年（西元前二一四年），秦始皇在從匈奴手中奪回的地方設置一批郡縣，並徙大批有罪者謫戍，「實之初縣。」

9. 秦始皇三十四年（西元前二一三年），秦始皇將一批「治獄吏不直者」遷居邊疆，令他們「築長城及南越地」。

10. 秦始皇三十五年（西元前二一二年），在驪山一帶修築陵墓、離宮，「因徙三萬家麗邑，五萬家雲陽，皆復不事十歲。」

11. 秦始皇三十五年（西元前二一二年），秦始皇「益發謫徙邊」。

12. 秦始皇三十六年（西元前二一一年），秦始皇「遷北河榆中三萬家」。

此外還有許多沒有見於具體記載的遷移，如《史記．貨殖列傳》中的一批富豪曾被遷往各地。

根據上述記載估算，秦始皇下令遷徙的人口數以百萬計，甚至很可能達二三百萬人以上。秦始皇大規模移民的原因和目的主要有以下幾點。

其一，充實邊疆地區。

秦始皇大規模移民的主要遷徙方向是邊疆地區，移民路線指向北邊、巴蜀、東越、南粵，其中向北方邊地遷徙的人口數量最多。這些地區地處邊疆，又都屬於新占領的地區，向這裡移民的主要目的是充實邊防，鞏固秦朝對這些地區的統治。

這種移民取得了顯著效益。移民在邊疆地區定居、生產，保證了對外用兵時的兵員和後勤補給。這些地區原來在經濟、文化方面都比較落後，大批移民遷入以後，秦朝在這裡設置郡、縣等地方政權，移民帶來了先進的農耕技術和漢族的禮樂文化。在北方牧區，主要是通過移民改變了居民的民族成分，變畜牧經濟為農耕經濟。在南方地區，新來的移民與當地土著雜居，相互影響，共同生活，促進了這個地區的開發。由於當時中原的華夏文化是優勢文化，所以向邊疆移民的總體效果是擴大了中華文化圈，促進了漢族的形成。

其二，直接控制豪強大族。

秦始皇統一天下不久，就下令遷各國貴族、天下豪強十二萬家於京畿地區。這些人都是六國的舊貴族和富商大賈。他們稱霸一方，武斷鄉曲，兼併土地，盤剝小民，有些人還積極策劃危害秦朝政權和國家統一的政治活動。秦始皇將他們遷徙到國都周邊地區，既可以割斷這些富豪之家原有的社會的、政治的、經濟的基礎和聯繫，使之失去昔日的威勢，又可以加強中央政府對他們的直接控制，消除鞭長莫及、無力統馭之虞。這種遷徙將大量的財富、人口和智能向關中匯集，還可以充實京畿地區。秦始皇一舉而收監控豪強大族、削弱地方敵對勢力和加強京畿地區之效。

其三，懲罰反叛者、罪人。

各種政治罪犯及其他罪犯、賤民是歷次移民的重要對象。這種遷徙具有強制性，有的屬於「謫徒」，是一種刑罰或懲罰。應當指出的是：秦朝對其中一些強制性的移民有所照顧，採取了某些鼓勵措施。有些遷徙邊疆的移民得到晉升爵位和免除賦役等待遇。

其四，充實皇帝特別關照的地區。秦始皇遷民於京畿及琅邪、麗邑、雲陽等地，就是為了充實並建設該地，並給予長期免除賦役的優待。這類遷民往往與興建某些工程有關。

秦始皇是春秋戰國時期的最後一位君主。他橫掃六合，混一天下。這個政治事件一直被史學界作為春秋戰國時期結束的歷史性標誌。在這個意義上，秦始皇是一個歷史過程的終結者。

關於秦朝統一的歷史意義，歷代史家有截然相反的評說。一些學者指出，中國第一任皇帝的寶座是由廣大民眾的鮮血染紅的。這個看法符合歷史事實。但是應當看到，這也是為實現國家統一所付出的代價，而這沉重的代價恰恰證明了國家統一的重要意義。自春秋以來，諸侯爭霸，列國稱雄，戰爭成為解決政治問題的主要手段。諸侯列國為了稱霸道，王天下，動員人馬，轉運糧秣，士不解甲，馬不弛鞍。打打殺殺，攻城掠地，墮壞城市，覆滅邦家，數百年無休無止，傷亡的生靈難於計數。天下動蕩，諸夏懷霜，整個社會蒙受了巨大的災難。秦漢帝國的建立結束了這個局面，其歷史功績還是應充分肯定的。

還有一些學者提出了這樣的見解：秦始皇的統一推出了帝制，而帝制是暴虐的，它只有利於統治者，民眾不可能從中得到任何好處。這種觀點顯然將複雜的歷史現象簡單化了。歷史總是在善惡交織的複雜過程中推進人類社會文明發展的。實際上，秦漢帝制的文明發展程度明顯高於商周王制。在一場歷史大變革中，舊的社會秩序解構了，舊的政治隸屬改變了，舊的經濟關係更動了。它在一定程度上弱化了各種社會關係，特別是各種勞動關係中的人身支配性、隸屬性和依附性。秦漢帝制的建立完成了這場變革，整個社會的總體文明程度也躍上一個台階。如果帝制比王制更糟糕，那麼又當如何解釋漢唐盛世的成因？如何解釋歐亞大陸帝國化以來人類社會文明程度的提高？筆者認為，任何低估這個重大社會歷史進展的觀點都是不足取的。

註釋

1 司馬遷在《史記》卷六〈秦始皇本紀〉中引述漢代著名政論家賈誼的《過秦論》。
2 孔鮒：《孔叢子》卷中。
3 參見熊鐵基、周鼎楚：〈秦始皇軍事思想探微〉，《文博》一九九〇年第五期。
4 《史記》卷八七〈李斯列傳〉。
5 《史記》卷六〈秦始皇本紀〉。
6 《韓非子・初見秦》。
7 《韓非子・五蠹》。
8 《史記》卷六九〈蘇秦列傳〉。
9 《史記》卷四六〈田敬仲完世家〉。
10 《史記》卷六〈秦始皇本紀〉。
11 《史記》卷八七〈李斯列傳〉。
12 《史記》卷八七〈李斯列傳〉。
13 《史記》卷六〈秦始皇本紀〉。
14 《史記》卷六〈秦始皇本紀〉。
15 《史記》卷四四〈韓世家〉。
16 《史記》卷六三〈老子韓非列傳〉。
17 《史記》卷二九〈河渠書〉。
18 《漢書》卷二九〈溝洫志〉。
19 《戰國策・趙策一》。
20 《史記》卷六〈秦始皇本紀〉。
21 《韓非子・存韓》。
22 《韓非子・初見秦》。

23 以上引文見《史記》卷四三〈趙世家〉。
24 《史記》卷六〈秦始皇本紀〉。
25 《史記》卷八一〈廉頗藺相如列傳〉。
26 《史記》卷八一〈廉頗藺相如列傳〉。
27 《史記》卷四三〈趙世家〉。
28 《說苑·政理》。
29 《漢書》卷二四〈食貨志〉。
30 參見《荀子·議兵》。
31 《韓非子·飾邪》。
32 以上引文見《史記》卷七七〈魏公子列傳〉。
33 《史記》卷四四〈魏世家〉。
34 《史記》卷四〇〈楚世家〉。
35 《韓非子·和氏》。
36 《史記》卷六五〈孫子吳起列傳〉。
37 《戰國策·楚策一》。
38 《韓非子·問田》
39 《史記》卷八四〈屈原賈生列傳〉。
40 《史記》卷四〇〈楚世家〉。
41 《史記》卷七八〈春申君列傳〉。
42 《史記》卷七三〈白起王翦列傳〉。
43 《史記》卷三四〈燕召公世家〉。
44 以上引文見《史記》卷八六〈刺客列傳〉。
45 《史記》卷六〈秦始皇本紀〉。
46 《史記》卷四〇〈楚世家〉。
47 《史記》卷三八〈宋微子世家〉。
48 《史記》卷四六〈田敬仲完世家〉。
49 《史記》卷六〈秦始皇本紀〉。
50 《太平御覽》卷四三七引嚴玄《三將論》。
51 《戰國策·齊策六》。
52 《史記》卷四六〈田敬仲完世家〉。
53 《戰國策·齊策六》。
54 《史記》卷四六〈田敬仲完世家〉。
55 參見《逸周書》的〈王會〉、〈成周之會〉等。
56 《史記》卷七三〈白起王翦列傳〉。
57 《漢書》卷六四下〈嚴安傳〉。
58 《淮南子·人間訓》。
59 《史記》卷一一二〈平津侯主父列傳〉。
60 參見《文物》一九七五年第三期〈長沙馬王堆三號漢墓出土地圖的整理〉和〈地形圖〉等。
61 《史記》卷一一六〈西南夷列傳〉。
62 《後漢書》卷一一五〈南蠻西南夷列傳〉。
63 《史記》卷一一六〈西南夷列傳〉。

64《史記》卷一一〇〈匈奴列傳〉。

65《史記》卷一一〇〈匈奴列傳〉。

66《史記》卷六〈秦始皇本紀〉，〈匈奴列傳〉記為「十萬之眾」。

67《史記》卷六〈秦始皇本紀〉。

68《史記》卷一一二〈平津侯主父列傳〉。

69《史記》卷一一〇〈匈奴列傳〉。

70《史記》卷六〈秦始皇本紀〉。

第五章　稱帝篇：集先秦各種君權觀念之大成的始皇帝

在中國古代史上，秦始皇建立皇帝制度和漢武帝獨尊儒術，是兩個影響極其深遠的重大歷史事件。前者集先秦政治文化之大成，確立了此後兩千年的基本政治制度；後者把儒家推上了統治思想的地位，為此後兩千年的主流文化和學術發展確定了基調和方向。這兩件大事標誌著皇帝制度及其法定意識形態的確立。

中國古代政治傳統歷來講究「聖王制度」、「新王改制」。據說一個新的王朝建立後，新興的聖王必須「與民變革」，具體措施是：殊徽號，易服色，改正朔，異器械，考文章，權度量等。秦始皇自詡「大聖作治，建定法度，顯箸綱紀」[1]。他仿效「新王改制」故事，不僅使秦朝的尊號、服色、正朔、禮儀等有別於前代，而且通過一系列的定制立法活動，使「大一統」政治理念物化為若干基本的政治制度和法制。這套制度的基本原則和基礎框架此後通行了兩千餘年。這是界定秦始皇歷史地位的一個重要的指標。

秦始皇在全國範圍內建立了以「大一統」為基本特徵的社會政治體系。這個社會政治體系集先秦政治文化之大成，其主要構成是：綜合百家的統治思想；郡縣制、官僚制、等級制三位一體的中央集權政治制度；與這套制度相匹配的法律制度、經濟制度、文化制度。秦始皇還為這套制度設計了一個顯赫的政治文化符號——「皇帝」。從此正式產生了壽命長達兩千餘年的皇帝制度。許多史學家把帝制的建立作為一個新的歷史階段的起點。這就使秦始皇成為一個歷史篇章開端的標誌性人物。

如果把政治制度及其演變作為社會政治歷史進程的主要線索和界標的話，那麼一部有文獻可考的中國古代社會政治史可以稱之為中國君主制度及相關社會關係、經濟關係和思想觀念的發展史。因為自夏、商、西周到宋、元、明、清，中國大地上只存在過一種政治制度，即君主制度（包括這種制度的各種變態形式）。依據政體及各種相關制度的基本模式，中國古代君主制度又可以明顯地分為兩大歷史類型，前者是中國君主制度的原生形態，可以稱之為「宗法等級式君主政體」，後者是中國君主制度的發展形態，可以稱之為「中央集權式君主政體」。夏、商、西周的國家形態屬於前者，秦漢以降的國家形態屬於後者。兩大類君主政體又有各自的歷史發展過程。其中作為宗法等級式君主政體的成熟形態，西周政治制度及相應的社會形態最具典型意義；作為中央集權式君主政體的成熟形態，唐宋政治制度及相應的社會形態最具典型意義。在宗法等級式君主政體和中央集權式君主政體這兩大歷史類型之間還有一種混合類型，它實際上是從前者向後者演變過程中的過渡性產物。春秋戰國時期的國家形態就屬於這一類。秦朝的建立結束了中國君主制度前後兩大歷史類型之間漫長的歷史過渡階段。從政治制度史的意義上，秦始皇也是一個承上啟下的重要的歷史人物。

思想創新、制度創新是人類社會發展進程最重要的歷史界標。作為有別於商周原生形態君主制度的皇帝制度及其理論基礎在春秋戰國時期已經逐步形成。從中國古代社會歷史的總體進程看，秦始皇的歷史地位和歷史價值主要不在於他是一個創造者，而在於他是一個總結者。秦始皇在理論指導原則以及基本的政治制度、法律制度、經濟制度、社會制度、文化制度上並沒有多少獨創性的舉措，他只是把前人的各項思想的、制度的創造匯總到一起，使之更系統、更完善、更規範、更嚴整，並推廣到全中國而已。如果說他有什麼重大的政治創造的話，那麼只有「皇帝」這個稱謂。他用這兩個字高度概括了春秋戰國以來形成的新的政治體制及相應的社會形態和意識形態，並為這種社會政治形態貼上了顯赫的文化標籤。然而總結者也就是創造者。總結前人需要匯集、選擇、綜合與概括，需要有所繼承、有所修改、有所完善，缺乏洞察力和現實感，沒有想像力和創意性，是無法圓滿完成這個任務的。秦始皇相當出色地完成了這個重大的歷史任務，他不僅以皇帝稱謂概括了新的制度，在許多具體制度方面也有所創造。他所締造的前無古人、後無來者的「法治帝國」，在中國古代史上具有特殊的典型意義。

任何國家形態都是一種政治—經濟—文化結構。在實際歷史過程中，思想創新和制度創新往往交織在一起，互為先導，互為依據。在政治領域中，沒有沒有「思想」的「制度」，也沒有沒有「制度」的「思想」。換句話說，「思想」是「制度」的靈魂，「制度」是「思想」的物化。「皇帝」稱謂與「皇帝制度」之間的關係就是典型事例。例如，等級觀念與等級制度二而一，一而二，互為依據，相互轉化。有了等級制度和與之密切相關的等級觀念就有了避諱制度，於是君主（皇帝）又有了「陛下」等一批與避諱制度相關的稱謂。而「陛下」等稱謂包含著豐富的政治文化意義，它們是等級制度的產物，是等級制度在文化觀念上的體現，甚至可以說是一種制度的文化化。因此，在討論各種君主稱謂產生的原因及其文化意義的時候，必然要涉及到有關的制度。其實各種政治學說大多也不單純是一種知識體系、思想形式，還是一種制度化的存在。以先秦法家為例，它通過與政治權力結合，而逐步完成其本身的制度化，並以體現其意識形態的各種社會結構、政治制度的方式而長期存在。儒家、陰陽家等亦然。在一定意義上可以說，皇帝制度就是法家、儒家、道家、墨家、陰陽家、名家等重要思想流派的政治學說不斷制度化的產物。

歷代「聖王制度」活動都是思想與制度的互動過程，它既是一種思想現象，又是一種制度現象。秦朝的統治思想、基本政治制度和法律制度已經形成了完整的體系化的構架，很難將它們完全割裂開來。由於秦始皇奉行「以法治國」的方略，秦朝的政治制度和行政管理具有明顯的法制化的特徵，「制度」與「法律」也很難截然二分。這就是說，從客觀事物本身固有的屬性與特點的角度看，將思想、制度、法制截然相分的研究方法是值得商榷的。就具體研究對象而言，有關秦朝的史料相當貧乏、殘缺，有關秦朝思想文化的史料更是如此，僅憑秦始皇的隻言片語很難解讀其整個思想體系的結構與特點。然而作為最高統治者，秦始皇畢竟是依靠一套制度、一批法律實現其統治的，而通過解讀這些制度、法律所體現的統治意志、秩序法則，是完全可以對秦始皇的統治思想做定性分析和結構分析的。

制度是更加模式化的行為。乍然看來，秦始皇的「聖王制度」是一種個體的行為，其實這種行為還有更深刻的歷史條件和社會背景。沒有一定的經濟模式、社會結構作為社會性的基礎，沒有一種廣泛存在的社會普遍意識給予精神上的支撐，沒有一種比較成熟的理論體系提供政治上的指導，作為君主專制制度發達形態的皇帝制度是不可能產生的。要全面地認識秦始皇的一系列「聖王制度」行為，還必須從全社會經過長期積累而形成的共同的「意識─行為」模式中去尋找更深刻的原因。

為了闡述的方便，下邊把秦始皇一系列的「聖王制度」活動大致分為稱帝篇、思想篇、制度篇、社會篇、經濟篇、法制篇六個部分分別介紹。在稱帝篇，側重分析「皇帝」稱謂所體現的君權觀念，即皇帝制度的文化層面的內容；在思想篇，側重分析秦朝的統治思想和秦始皇的政治傾向，即皇帝制度的理論層面的內容；在制度篇，側重分析秦朝的基本政治制度，即皇帝制度的制度層面的內容；在社會篇，側重分析秦朝的基本社會關係，即皇帝制度的社會層面的內容；在經濟篇，側重分析秦朝的各種經濟制度，即皇帝制度的經濟層面的內容；在法制篇，側重分析秦朝的法律體系，即皇帝制度的法律層面的內容。六個部分共同構成了皇帝制度得以產生和存在的各種條件及其基礎框架。

秦始皇首創「皇帝」名號

秦始皇的第一個歷史性的創造就是為在位的最高統治者發明了「皇帝」稱號。從此以後，「皇帝」稱謂一直是歷代王朝最高統治者的正式尊號。「皇帝」也由此而成為秦漢以來君主制度的文化標誌。與此相應的皇權觀念一直是最高統治者權力和權威的來源之一。

「秦王兼有天下，立名為皇帝。」秦始皇二十六年（西元前二二一年），秦王嬴政稱帝，並指令群臣上尊號。他歷數自己橫掃六合的功勛，指令丞相、御史等人曰：「寡人以眇眇之身，興兵誅暴亂，賴宗廟之靈，六王咸伏其辜，天下大定。今名號不更，無以稱成功，傳後世。其議帝號。」丞相王綰、御史大夫馮劫、廷尉李斯等召集公卿百官集議，他們提出了一個供君王裁決的提案：「昔者五帝地方千里，其外侯服夷服，諸侯或朝或否，天子不能制。今陛下興義兵，誅殘賊，平定天下，海內為郡縣，法令由一統，自上古以來未嘗有，五帝所不及。臣等謹與博士議曰：『古有天皇，有地皇，有泰皇，泰皇最貴。』臣等昧死上尊號，王為『泰皇』。命為『制』，令為『詔』，天子自稱曰『朕』。」嬴政的裁定是：「去『泰』，著『皇』，採上古『帝』位號，號曰『皇帝』。他如議。」同時「追尊莊襄王為太上皇」，不久又「更名民曰『黔首』」2。秦始皇遂成為中國歷史上第一位皇帝。

「皇帝」一詞，古即有之。《尚書・呂刑》有「皇帝哀矜庶戮之不辜」、「皇帝清問下民」等。這是現存文獻中「皇帝」稱謂的最早用例。對於《呂刑》所說的「皇帝」，古代學者大多認為是對堯、舜等前代帝王的尊稱。在功蓋三皇五帝的意義上使用「皇帝」一詞，並將這頂桂冠加在當代君主的頭上，顯然始於秦始皇。

「皇帝」是一種名號、一種君主稱謂。統治者設置名號的根本目的是利用社會大眾對君主制度和王權的普遍信仰來統治、束縛社會大眾。在秦始皇之前，最高統治者已經有過一系列的高貴名號。如夏朝的「后」、商朝的「王」、周朝的「天子」等。秦始皇認為這些稱號還不足以概括其權勢，顯示其功德。於是指令群臣另上尊號。群臣引經據典，認為人類之中「泰皇最貴」，建議以「泰皇」為號。而秦始皇意猶未足，他乾脆將概括天皇、地皇、泰皇之「皇」與上古最高統治者的「帝」號連綴在一起，創造了「皇帝」稱謂。

秦始皇所謂的「皇帝」是對王權的新的概括，有權勢與功德都超越「三皇五帝」的意味。「皇帝」稱謂是在一系列君主稱謂的基礎上產生的，它既可以與「皇」、「帝」、「王」、「天子」、「陛下」等其他君主稱謂並用，又作為最高統治者的正式尊號而凌駕於一切君主稱謂之上。上面引用《史記》的這段資料就是一個實例。

皇帝，作為一種文化符號和政治制度，又是與一系列名與器相聯繫的。秦漢採六國之禮，確立了尊君卑臣的禮儀制度。蔡邕《獨斷》說：「漢天子正號曰皇帝，自稱曰朕，臣民稱之曰陛下。其言曰制詔，史官記事曰上。車馬衣服器械百物曰乘輿，所在曰行在所，所居曰禁中，後曰省中，印曰璽。所至曰幸，所進曰御。」為了維護皇帝尊嚴還有一系列極為繁瑣的禮儀規範，就連皇帝的衣食住行都打上了皇權至上的印記。這就從名號、制度、禮儀、法律等各方面，確保皇帝至高無上和不可侵犯。在制度與觀念的互動中，「皇帝」不再是單純的文化符號，而是統治思想和政治制度的最高概括。

皇帝稱謂確定之後，中國帝王的正式尊號再也沒有更改。原因很簡單：在漢語中已無法找到更尊貴、更貼切的詞彙。正如朱熹所說：「秦之法，盡是尊君卑臣之事，所以後世不肯變。且如三皇稱『皇』，五帝稱『帝』，三王稱『王』，秦則兼『皇帝』之號。只此一事，後世如何肯變！」3

乍然看來，「皇帝」名號的創造純粹是秦始皇的個人行為，其實不然。皇帝名號是在一系列君主稱謂的基礎上，經過意義的不斷疊加而形成的。與「皇帝」名號相關的君權觀念，既有悠久的歷史淵源，又有廣泛的社會基礎。在一定意義上可以說，「皇帝」及相應的皇帝觀念與皇帝制度，既是社會大眾對君主制度普遍信仰的產物，又是君主制度在實踐中不斷發展的產物，即在君權觀念不斷擴張的歷史條件下，社會群體性政治觀念與秦始皇個性化的選擇相結合的結果。「皇帝」囊括著一切君主稱謂的文化意義。要解讀秦始皇的帝王意識就必須了解「皇帝」一詞的政治文化意義，而要了解「皇帝」一詞的政治文化意義，就必須追尋君權觀念及相應的君主稱謂產生、發展的歷史過程，並逐一分析各種君主稱謂所負載的君權觀念。

皇帝與黔首、君主與臣民都屬於政治性人際稱謂。稱謂是通過語言文字表達的。語言是文化的載體，文化是語言的重要屬性。語言共同體所有成員對語言符號的意義及其之間的關係約定俗成的規定，是一種集體的文化模式和社會慣例。漢字注重形體的象徵性和表意性，其文化符號作用更為鮮明、形象。以文字形式表達的人際稱謂，是把個體與社會聯繫在一起的文化符號。政治性人際稱謂體系是角色、地位、規範、價值和利益的網絡，每一種稱謂都是某種社會政治體系及其相應的文化體系的網結和概括。作為一種政治文化載體，政治性人際稱謂以最簡單的社會化方式，向人們灌輸關於社會政治構成的自我意識，使人們習得和接受既成的社會規範，在錯綜複雜的人際互動中找到自己的角色和位置，並以相應的角色規範來指導言和行。稱謂是一種制度化、道德化、文化化的規定。它縱向地一代一代相傳而經歷漫長的歲月，橫向地從個人傳向另一個人而遍布整個社會。政治稱謂規範、塑造著人們的政治心理和政治行為，又通過人們的觀念、取向和行為，承繼、維繫、完善和延續既成的社會政治制度和政治文化體系。政治性人際稱謂是認識和理解政治文化的一把鑰匙。

什麼是帝王（皇帝）？帝王（皇帝）擁有怎樣的地位與權力？中國古代政治文化是通過一系列的稱謂、名號、器物、制度及相關的政治理論回答這些問題的。其中包括「皇帝」在內的各種君主稱謂最具概括性、形象性，是有關帝王及相應的社會政治體系的最重要的文化符號。它們都是整個社會群體給「君主」下的定義。這些君主稱謂大多數轉化為政治概念或由政治概念轉化而成。它們全方位、多角度地界定著帝王，其主要政治功能是把人們引向帝王崇拜。

重名分是中國古代政治文化的一大特點。自孔子提出正名論以後，人們對此諄諄不已。古代人大多認同這樣一個道理：名位不同，禮數亦異。稱謂、名號，上以別貴賤，下以別異同。亂名即非聖、無法、違禮。在這種觀念支配下，構架著一種可以貼上「名分主義」標籤的政治制度。君君、臣臣、父父、子子是君主政治的基礎、主幹和核心。在君尊臣卑、君主臣從的等級制度下，帝王稱謂的名目尤為繁多，字眼最為尊貴。成書於先秦的《爾雅》，是中國最早按照詞義和事物分類編纂的詞典，其中就列舉了九種不同的君主稱謂：「天、帝、皇、王、后、辟、公、侯，君也。」經過長期的繁衍變化，古代帝王稱謂有數十成百之多。人們將這些君主稱謂作為同義詞或近義詞使用。如《老子》使用過聖人、天子、王、侯王、王公、萬乘之主（王）、君、人主、正、長、君子、官長等治者的稱謂。《商君書》使用過聖王、天子、王、帝王、君人者、主、人主、臣主、上、萬乘等君主稱謂。這就把各種君主稱謂的文化意義綜合在一起。

皇帝制度的確立，不僅以「皇帝」名號概括了各種君主稱謂的文化意義，囊括了各種君權觀念，而且使相應的政治性人際稱謂體系制度化和社會意識化。這些稱謂及其基本內涵，在普通臣民那裡，是理所當然的社會現實和政治規範；在一般政論和奏章中，是不言而喻的基礎和前提；即使在經典文獻及層次較高的理論著作中，通常也只是稍加注釋、闡明，很少進行邏輯推理式的證明。這些稱謂及其基本內涵，被人們普遍視為無須深思熟慮、詳加論證的定理乃至公理。

中國古代的君主稱謂，大體可以分為五類：宗法稱謂、權勢稱謂、神化稱謂、聖化稱謂和禮儀稱謂。這些稱謂絕大多數產生於先秦，定型於秦漢，一直沿用到近代。在歷史上，這五類稱謂遞次產生。儘管最初的君主稱謂中就同時包含著各種君權觀念的基本要素，但相關的字眼正式加諸王冠，又有一個歷史演化過程。這些遞次產生的君主稱謂，生動形象地記述著中國古代君權觀念發生發展的歷史過程。皇帝稱謂則將君權至上觀念發展到極致，它集中體現了皇權的壟斷性、至上性、絕對性。

皇帝稱謂既凝集著為全社會所普遍認同的君權觀念，又展示著秦始皇個人的帝王意識，解讀「皇帝」以及相關的各種君主稱謂的文化意義是深刻理解秦朝的統治思想、基本制度和秦始皇的政治心態、政治行為的重要途徑之一。從各種君主稱謂的文化意義中可以推知：秦始皇的帝王意識有著更為深刻的社會根源和文化根源。他的許多政治行為與當時全社會普遍認同的君權觀念有直接的關係。「秦始皇現象」和「皇帝制度」不是個人的創造，而是社會群體的創造。

宗法稱謂：皇帝是天下一家的大家長

中國古代最高統治者最初的尊號具有明顯的宗法屬性。君主的宗法稱謂主要有「后」、「宗主」、「君父」等，它們著重標明君權的宗法屬性，其文化內涵是：君主為天下一家的大家長，他猶如天下臣民的父母。早期君主稱謂的宗法屬性對中國古代政治文化的影響是極為深遠的。

宗法性君主稱謂最先產生，主要是由中國古代國家形成之路的特殊性造成的。中國古代君主制度始終與宗法制度有著血肉聯繫。早期王權屬於典型的君、家、國一體模式。宗法觀念是被社會成員普遍接受的社會政治觀念。宗法稱謂不僅在實際政治中具有可操作性，而且在現實層次上直接肯定了君權的惟一性和絕對性。「后」之類的宗法稱謂首先被加諸王冠之上，乃是宗法社會結構政治化的必然結果。

一、「后」：家國一體與天下父母

「后」，是有文獻可考的華夏族「天下共主」的第一個正式尊號。據說，夏啟以武力奪取最高權位，「遂即天子之位，是為夏后帝啟。」[4]在古代文獻中，夏王皆稱「夏后」，夏王室則稱為「夏后氏」。「后」還可以用於泛稱一切君主，如后稷、后羿。諸侯則被稱為「群后」。最高統治者居於群后之上，故又稱為「元后」。商周以降，「后」依然是君主稱謂之一。與「后」有關的複合型稱謂也很多，如后王、后帝、帝后、辟后、君后、皇后、后君、大后、王后、宗后等。在最高統治者這個意義上，「后」與「王」、「天子」、「皇帝」是同義詞。

「后」的意義是什麼?秦漢以後的人們普遍理解為發號施令者。《說文解字》說：「后，繼體君也。象人之形，从口。《易》曰：『后以施令告四方。』」這就把「后」的字形賦予號令者的意義，並以「後」訓解「后」，以之為一切嗣君的稱謂。段玉裁則引據《爾雅》、《毛亨傳》等，正確地指出：「后」有時指嗣君，有時則泛稱一切君主。

就本義而言，「后」是一個宗法稱謂。「后」的本字為「毓」。殷墟甲骨文往往用毓為后。「后」是「毓」的訛變。甲骨文中的「毓」或「后」是婦女正在生育子女的象形。「毓」的本義是生育，「育」的本義是養育。在遠古，生育、養育子女的母親即一家之長。先民對母親的依賴、崇敬乃至神化，使「毓（后）」成為社會權威的文化符號。因此，毓和育一直保留著「長」的意蘊。《廣雅・釋言》：「毓，長也。」《爾雅・釋詁》：「育，長也。」「毓（后）」之類的首領、官長是由父母之類的社會角色轉化來的。國家產生之初，「后」蛻去了許多原始意蘊，成為君主的尊號。以「后」為「王」，是以「家」為「國」的必然結果。《尚書》所謂「元后作民父母」，在文化觀念上更為接近「后」的本義。天下萬民之父母，這是中國古代對最高統治者地位與權力最常見的一種詮釋。

秦始皇自詡「皇帝躬聖，既平天下，不懈於治。夙興夜寐，建設長利，專隆教誨」，「憂恤黔首，朝夕不懈。」[5]他以養育、教訓廣大臣民的治者和監護人自居。這種帝王意識與「元后作民父母」的君權觀念有著直接的繼承關係。

二、「宗」：「天下宗主」與「天下一家」

「宗」、「宗子」、「宗主」本是宗法制度中宗族大家長的稱謂，又都是產生較早的君主稱謂。其宗法屬性一目了然。

《爾雅．釋親》：「父之黨為宗族。」宗族之長則稱為「宗子」。宗子是祖宗的代表，一宗之主，其權力類似於君主。在三代，宗族組織是最基本的社會組織，宗法制度是社會政治制度的基幹。以家為國，以國為家，既是一種政治現實，又為社會觀念所公認。以西周姬姓宗族為例。周王室為姬姓宗族大宗，天子集王者與宗子於一身。姬姓諸侯集國君與宗子於一身，對王室是小宗，在封國則是大宗。卿大夫以下依法炮製，直至最低一級小宗。各級君主皆以大宗子的名分行使政治權力。在這種情況下，宗、宗子、宗主轉化為君主稱謂，宗法權力成為君權的重要構成和支柱之一。當時各級君主都是以宗主自居而君臨臣民的。《詩．大雅．公劉》：「食之飲之，君之宗之。」《毛亨傳》：「為之君，為之大宗也。」在這裡，君與宗是同義語或近義詞。「君之宗之」正是君主與宗主一而二、二而一的生動寫照。

「宗」可以泛指各級君主，天子、諸侯、卿大夫皆可稱為宗。群宗之間畢竟是有尊卑貴賤之分的，為了區別最高統治者和其他君主，帝王又被稱為「天下宗主」、「天下宗」、「君宗」。《史記．楚世家》有「夫弒共主，臣世君」，〈索隱〉：「共主，世君，俱是周自謂也。共主，言周為天下共所宗主也。世君，言周室代代君於天下。」「天下共主」與「天下宗主」是同義詞。政治上的「天下共主」，亦是宗法意義上的「天下宗主」。

以「天下共主」為「天下宗主」，根源於邦家合一的政治現實和政治觀念。國便是家，家便是國，與之相應的政治觀念必然凝聚為三個字：「家天下」。漢語將「國」與「家」連綴在一起，構成「國家」一詞，正是邦家合一的歷史現象的文化遺存，並長期作為家天下的文化載體而為人們所使用。

西周宗法制度對中國古代政治制度和王權觀念影響最大的是以下幾項具體制度。一是宗子至尊制度。宗子獨占主祭祖先的權力，是族眾的家長和族兵私屬的統帥，有權依據家族禮法管理家族一切公共事務。對違反族規者，宗子可罰可逐可殺。宗子的權力形同一國之君，故又稱之為「宗后」6。二是大宗小宗制度。一祖之孫嫡長為大宗，庶幼為小宗。每一世代都有類似的分化。大宗支配小宗。始祖嫡系傳人永遠為大宗子、總族長，這就形成了等級式的宗族支配體系。總族長支配一切族眾。其三，嫡長子繼承制度。宗子職位實行宗祧繼承制度，諸子依據立嫡、立貴、立長、立賢等原則排定繼承次序。嫡長子是最為名正言順的繼承人。其四，宗廟制度。宗廟是供奉祖先神主牌位、舉行祭祖儀式的場所。它既是凝聚族眾的紐帶，又是宗子借祖先、神明聲威號令族眾的場所。宗法制度與宗法觀念為宗子的權力和地位提供了制度和文化的依據。

正是在這樣一種歷史條件下，祖、宗、族、嫡、主等字都被賦予了「本始」、「正宗」、「尊長」、「主宰」的意蘊。《白虎通・宗族》說：「宗者，何謂也？宗尊也。為先祖主也，宗人之所尊也。」《廣雅・釋詁》說：「嫡，君也。」秦朝的臣民稱秦始皇為「祖龍」，這也與宗法性的君權觀念有直接的關係。

宗法政治化，政治宗法化，為君主制度確立了一批基本政治準則。一是君主惟一原則。家無二主，土必無二王。君主惟一原則最初正是從宗子惟一原則推導、引申而來的。二是君主絕對權威原則。宗法家長權威以個人專斷和絕對服從為特徵，並以等級特權保證這種權威的實現。宗子對族人、大宗對小宗、父兄對其他家庭成員的特權，轉換為政治關係準則，就是君主獨裁與專制。三是君主領有一切原則。宗法家長是家庭一切財產的占有者和支配者，妻妾、子女、奴僕都是其私有財產不可分割的組成部分。這種法則轉換為政治原則，就是尺土、子民莫非王有，王權占有和支配一切。四是君權宗法繼承原則。依據宗法觀念，父產子繼乃是天經地義，轉換為政治準則就是王位世襲。五是臣民絕對義務原則。這一原則集中體現為君父一體的政治規範，使忠與孝成為政治道德準則的一般概括。六是治國猶同治家原則。家國一體是倫理政治的起點和依據，它為由家及國的政治範式提供了歷史範本、文化淵源和現實依據。

秦始皇的統治理念受法家的影響較大，所以宗法倫理政治化的色彩較為淡薄，然而他基本上繼承了上述的君權觀念。他建立皇帝惟一、君主專制、中央集權的大帝國，把全國的土地和人民視為自己一家的私產，宣稱「六合之內，皇帝之土」、「人跡所至，無不臣者」。他不僅要求全國臣民效忠於皇帝，還要把這份家業和皇位傳之子孫，公開宣布：「朕為始皇帝。後世以計數，二世三世至於萬世，傳之無窮。」[7]宗法性君權觀念依然是秦朝統治思想不可或缺的重要組成部分。

三、「君父」：君父一體與「王道三綱」

「君父」，是古代文獻中使用頻率最高的宗法性君主稱謂。「孝、敬、忠、貞，君父之所安也。」[8]顧名思義，所謂君父，即以父為君定位，以君為父定位。君與父二而一、一而二。與君父對稱的是臣子。臣子稱謂則以子為臣定位，以臣為子定位。君父一體、臣子一體，這就為忠孝一體提供了依據。

父即家君，君即國父。父與君最初可能是同義詞。早期君主稱謂多由家長稱謂轉化而來。《廣雅·釋親》：「公，父也。」《爾雅·釋詁第一》：「伯，長也。」顯然，公、伯亦是父兄家長之稱。在古文獻中不乏父與君互訓的實例。歷代儒者更是一再強調父即君，君即父，諄諄不已。《孝經》關於君父一體、忠孝一體的論述最為典型。

君父與子民觀念是中國古代政治文化一個極其重要的範式。作為中國古代文化正宗主流代表的儒家學派，就是以君父、子民觀念為核心，構建其全部學說體系的。先秦的道、墨、法、陰陽、名、雜等諸家也都為這一文化範式的完善與發展做出過各自的貢獻。基於君父觀念而形成的「君臣大義」、「三綱五常」更是古代社會一塊分量最重的精神枷鎖。一切宗法文化的崇拜者都注定通過不同途徑走向君父崇拜。

在秦始皇統治時期，「三綱五常」的理論還沒有正式形成，而孔夫子講究的「君君、臣臣、父父、子子」早已深入人心。《呂氏春秋·處方》說：「凡為治必先定分，君臣父子夫婦，六者當位，則下不逾節，而上不苟為矣。」《韓非子·忠孝》也引據前人的觀點，說：「臣事君，子事父，妻事夫。三者順則天下治，三者逆則天下亂，此天下之常道也。」先秦的主要思想流派在綱常倫理的若干基本點上是有共識的。秦始皇對韓非的理論讚賞有加，又自詡「端平法度，萬物之紀。以明人事，合同父子」[9]。他不僅號召臣民做忠臣孝子，而且在定制立法過程中，對男尊女卑、夫尊婦卑、父尊子卑、君尊臣卑等各種專制主義社會法則嚴加保護。在秦始皇的統治理念中還是相當重視綱常倫理的。

后、宗主、君父等宗法性君主稱謂是「先政治思維」的產物。在政治發展水平低下的時代，人們對政治現象尚無清晰的感知，以致宗族與國家、家長與政長、倫理與政治混淆不清。只要將某些固有的權威崇拜稍加改造，便足以從觀念上維護君主政治體系。宗法性王權觀念是中國古代君權信仰體系中最早、最重要的文化元素之一。但是，單憑這類較為樸素甚至愚昧的觀念無法滿足國家職能的全部需要，更無法圓滿解釋豐富多彩的政治現象。隨著社會政治的發展，人們對政治的認知日益深化。新的一類君主稱謂應運而生。

權勢稱謂：皇帝至高、至上、至尊、至貴

君主是一種政治角色。憑藉至高無上的政治地位和權勢，對外征服，對內強制，獨斷乾綱，宰制天下，這是王權的本質特徵。因此標識君主權勢、地位的文化符號，即權勢稱謂，種類多、數量大。它們分別從不同的角度或層面展示著王權的尊嚴與構成。這些稱謂的政治文化意義把各種政治權力統統奉獻給君主，概言之，即王權至上。

一、「王」：干戈戚揚與「王天下」

「王」是天下共主的第二個正式尊號。在甲骨、金文及《尚書》、《詩經》中，商、周最高統治者皆稱「王」。有時諸侯國君在封域內亦稱王，如《散氏盤》銘文稱矢侯為「矢王」。文獻中又稱這類王者為「王公」、「侯王」、「王侯」等。秦漢以後，王是貴族中的上品。不過「王天下」之「王」始終是最高統治者的稱謂。與諸侯王相區別的王又稱為「天下王」、「天王」。如《老子·七十八章》說：「受國不祥，是為天下王。」王又可以與其他君主稱謂連綴在一起，組成許多

複合型稱謂，如帝王、皇王、天王、聖王、君王、后王、王后、辟王、王君、王者、王人、霸王、王公、侯王、王侯、大王等。

「王」的本義是斧鉞，斧鉞是古代統治者的權杖。以權杖作為權力的象徵和君主的徽號，主要是為了標識君主生殺予奪的權威。王是第一批著重渲染君主權勢地位的文化符號，在它產生的初期，無疑屬於權勢稱謂。

在甲骨文、金文中，「王」是「鉞」的變形。鉞是一種形制較大的斧，它既是一種兵器，又是權力的象徵。斧鉞是先民最重要的工具、武器和財富，並逐漸成為社會權威的文化符號之一。斧鉞的象徵意義主要有以下幾點：

其一，斧鉞是父權的象徵。斧、父、王之間有內在的聯繫。在由父權向君權的演化過程中，斧鉞由父家長的象徵轉變為統治者的徽號是順理成章的。《爾雅·釋親》說：「父之考為王父，父之妣為王母。」「王」的這種用法取輩分尊高之義。換句話說，王的文化意義之一是地位尊高的宗主。

其二，斧鉞是軍事統帥權的象徵。作為禮器的玉鉞最早見於良渚文化遺存。在夏文化遺存中，徽號化的玉鉞與宮殿、都城一起，共同構成國家政權的象徵。殷周文化遺存出土了大量具有象徵意義的青銅鉞。在文獻中，軍事統帥皆以斧鉞為權杖。「湯自把鉞，以伐昆吾，遂伐桀。」[10]這是最高軍事統帥親征的事例。「周公旦把大鉞，畢公把小鉞，以夾武王。」[11]斧鉞的形制與大小又是區別權力等級的主要標誌。這表明，軍權是早期王權最重要的支柱。政權是由軍權轉化而來。

其三，斧鉞是刑賞大權的象徵。在古代人的政治意識中兵與刑不分。正如《漢書·刑法志》所說：「故聖人因天秩而制五禮，因天討而作五刑。大刑用甲兵，其次用斧鉞，中刑用刀鋸，其次用鑽鑿，薄刑用鞭扑。大者陳諸原野，小者致之朝市。其所繇來者上矣。」早在堯、舜、禹時代就有了刑法，其中「大辟之刑」是最殘酷的刑罰之一。所謂大辟，是用斧鉞斬殺。《說文解字》說：「斬，从車、斤，斬法車裂也。」段玉裁注：「此說从車意。蓋古用車裂，後人乃法車裂之意用斧鉞，故字亦從車。斤者，斧鉞之類也。」斧鉞既是兵器，又是刑具，它成為刑法的象徵。以大鉞碎人身軀，最能驚人心魄。以其象徵王權意志、法制威嚴，怎不教人聞其名、見其形便頂禮膜拜，任憑驅使！這正是以斧鉞為王權徽號的本意。

其四，斧鉞象徵著公共秩序和社會正義。以兵刑罰處罪惡、征討無道，必然使之成為秩序的標誌、正義的化身。在先秦，斧鉞的象徵意義相當突出。《史記·周本紀》關於周武王執鉞征伐，「以黃鉞斬紂頭」，以玄鉞斬其嬖女之頭的記載，是一個典型的例子。王師所向，斧鉞所及，正義便伸張於天下，因此象徵王者躬行「天討」的斧鉞又稱為「天鉞」。由鉞演化來的王也隨之成為正義和秩序的化身。

其五，斧鉞是天下共主無上權力的象徵。在人們的政治觀念中，禮樂征伐大權應由王者獨操，他人不得染指。斧鉞的持有者並非僅有王者，還有諸侯和眾將。但是，在觀念上，諸侯、將帥的權力是王者賦予的。所以天子的斧鉞與諸侯的斧鉞不僅有形制的差異和等級的區別，更有質的不同：惟有王斧代表最高權力，其他斧鉞只是它的派生物。最初惟有最高統治者可稱為王，或許正是由於這個原因，《儀禮·覲禮》說：「天子設斧，依於戶牖之間。」《孔子家語·觀周》稱天子「負斧扆南面以朝諸侯」。斧扆狀如屏風，上繡斧紋，置於天子行大典、宣政教的地方。它向覲見的臣民宣布：坐在它前面的人是王，普天之下惟有王至高無上。這或許就是以斧鉞之形創造「王」字的初衷。

在春秋戰國時期的文獻中，「王」是權勢者。孔子說：「禮樂征伐自天子出。」[12]荀子說：「令行禁止，王者之事畢矣。」又說：「臣諸侯者王。」[13]在諸子著作中，類似的言論幾乎觸目皆是。簡言之，「王也者，勢也，王也者，勢無敵也。勢有敵則王者廢矣。」[14]

與此同時，王的文化內涵進一步豐富，主要表現為這一稱謂的道德化、神聖化。老子說：「公乃王，王乃天，天乃道，道乃久。」[15]後人沿著這個思路，使王與公、天、道成為互訓的概念。老子又說：「故道大，天大，地大，王亦大。域中有四大，而王居其一焉。」[16]後人依據這個思想為王增添了「大」的義訓。《廣雅・釋詁》：「王，大也。」孟子、荀子等儒家學者誇飾王道、王政在贏得民心中的作用。後人發展這個思想，說：「王也者，天下之往也。」[17]這種義訓成為秦漢以後占主流地位的王權觀念。自《莊子》提出「內聖外王」的思想命題以來，「王」與「聖」一道成為中國古代最重要的道德範疇之一。

秦始皇是由「王」而提升為「皇帝」的。秦孝公和商鞅明確地把行「王道」，進而「王天下」作為政治目標。自是以來，秦國王者不斷以征伐和法制擴充了王業，終於在秦始皇這一代成就了帝業。秦始皇就是「王天下」之「王」。他的地位、權勢和觀念本身就是「王」的政治文化意義的具體承載者。

二、「君」：支配土地、子民的發號施令者

「君」，是使用最頻繁的君主稱謂之一。以君與主複合而成的「君主」稱謂，後來成為最具一般意義的政治範疇。與王一樣，君的文化意義也相當豐富，其最主要的意義有以下三點：

其一，君是發號施令、支配他人的至尊。《說文解字》說：「君，尊也，从尹、口，口以發

號。」尹為治者，口發號令，君是統治者發號施令的象形。君的本義是發號施令的權威，頤指氣使的尊者。君可稱謂一切擁有政治權力的人，如天子為君宗、大君，諸侯為邦君、國君，卿大夫則為封君。他們又可通稱為君主、君子。君又可泛稱一切支配者，如子稱父母為君，婦稱姑舅為君，妻稱丈夫為君，妾稱嫡妻為君。在古代文化觀念中，一切支配者在其權力範圍內都是絕對權威，所以君又訓為至尊。「父至尊也，……天子至尊也，……君至尊也，……夫至尊也。」[18]父、天子、君、夫分別是子、諸侯、卿大夫、妻妾的至尊。父為一家之尊，天子為君中之尊，君為國中之尊，夫為妻妾之尊。他們都屬於「尊中至極」，因此這些社會政治關係都屬於或視同君臣關係。這就在文化觀念上將一切為君者奉為「至尊」。君是一種權勢稱謂，它著重界定人與人之間的權力關係。

其二，君是土地和子民的支配者。《儀禮・喪服》說：「君謂有地者也。」鄭玄注：「天子、諸侯及卿大夫有地者皆曰君。」這表明，作為政治稱謂，君特指君臣之君，即土地與子民的支配者。

其三，君是聚合人群的角色。《周書・謚法》說：「從之成群曰君。」《荀子・王制》說：「君者，善群也。」「群」是「君」的重要義訓之一。在這個意義上，君聚合、統帥、支配著廣大的人群。以「善群」釋君，既把君與群相提並論，在人際關係中認識君主，又把君與群區別開來。在政治上，君是高居於人群之上，擁有支配權力的人。

上述文化意義綜合在一起，闡釋了君的完整的政治形象：權力、土地、臣民的占有者和支配者。這就構成了政治學意義上的「國家」的三個基本因素。孟子說：「諸侯之寶三：土地、人民、政事。」[19]這比西方提出「國家三要素」說要早兩千多年。

君可以泛稱眾多的社會角色，為了使各種各樣的君互相區別開來，人們通常使用各種與君有關的複合稱謂。其中「君主」專門用於稱謂政治上的君，以與家君、嚴君、夫君等相分別。這類君主稱謂還有很多，如君王、主君、辟君、王君、君宗、君長、帝君、君上、大君、君父、君子、天君、君后等。它們以君與另一種君主稱謂搭配，從而強化了稱謂的專用性。還有另一種搭配方式，即以人與君複合。人即民，君即主，「人君」即民之主，「君人者」即統治民眾的人。這是以君與民之間的政治關係界定君主。在先秦，為了區別君與君之君，人們創造了「大君」稱謂。《易・師卦》上六爻辭有「大君有命，開國承家」。大君即君之君，指最高統治者。大君稱謂直接把大與君聯繫在一起，從而為君注入大的義訓。《詩・大雅・文王有聲》：「皇王維辟。」《毛亨傳》：「皇，大也。」孔穎達疏：「皇，君，君亦大之義，故為大。」君與皇、王一起標示著君主為天下之大的文化意義。

秦始皇無疑是一位「大君」。他實行「法令由一統」的制度，規定「命為『制』，令為『詔』」，自詡「日月所照，舟輿所載。皆終其命，莫不得意。應時動事，是維皇帝」。他還宣稱：「六合之內，皇帝之土。」[20]他如此行事的根據，就是「君」所內蘊的君權觀念。

三、「萬乘」：軍事統帥權與徵收賦役權

「萬乘」、「千乘」、「乘」都是君主稱謂。在春秋戰國的文獻中，以萬乘、千萬、百乘稱謂三類規模不同的政治實體的用法很多。以萬乘稱謂國家，「萬乘之主」也就成為君主稱謂。《老子・二十六章》：「奈何萬乘之主，而以身輕天下？」帛書甲、乙本皆作「萬乘之王」。秦漢以後，萬乘是最高統治者的稱謂。

乘，是古代的一種計量單位。兵車一輛及甲卒若干為一乘。這既是一種兵力單位，又是一種軍賦單位。《漢書・刑法志》說：「天子畿方千里，提封百萬井，定出賦六十四萬井，戎馬四萬匹，

兵車萬乘，故稱萬乘之主。」歷代學者對一乘之賦的徵收辦法和一乘之軍的兵力構成有不同的解釋，而有一點是毋庸置疑的：等級高低、疆域大小、戶口多寡和國力強弱決定著一位君主是萬乘之君，還是千乘之君或百乘之君。

「今夫人眾兵強，此帝王之大資也。」[21]萬乘之稱著重標示著王權的兩個重要構成：軍事統帥權和徵收賦役權。徵收賦役權是帝王支配土地、臣民的體現，是國家財政的主要來源。軍事統帥權則是王權的主要支柱。萬乘稱謂體現著君主對財政與軍隊這兩項古代社會最重要的政治資源的支配。

在本書的制度篇、法制篇將詳細介紹秦朝所賴以維持統治的軍事制度、經濟制度。從中可以看到秦始皇是名副其實的「萬乘」，他牢牢掌握著軍事統帥權和徵收賦役權，憑藉雄厚的政治、軍事、財政實力，奪取並駕馭天下。

四、「正長」：最高行政權力的支配者

「正」、「長」、「官」、「令」都曾是君主稱謂，它們的文化意義顯而易見：君主是最高行政權力的支配者。

「正」，是先秦文獻中較常見的一種君主稱謂。《廣雅．釋詁》：「正，君也。」最高統治者又稱為「天下正」。正又與政互訓。《說文解字》：「政，正也。」《說文通訓定聲．鼎部》引據大量文獻訓解正與政，指出正有君、長、政諸義。所謂政，即出令、匡正、刑禁、帥其屬、正其民。「正」發號施令則為「政」，「政者，君之所以藏身也。」[22]作為一種君主稱謂，正的政治文化意義是政事之主宰。

「長」是與正互訓的另一種君主稱謂。《爾雅．釋詁》：「正，長也。」長，可以泛稱一切擁有政治權力的人。為了有所區別，作為君主稱謂的長多稱為長上、君長。《詩．大雅．皇矣》有「克長克君」。長、長上、君長稱謂著重標示君主的政治權力。

另有兩個與正、長同訓的君主稱謂是官和令。《廣雅．釋詁》：「官、令、長、正，君也。」在三代，官曾是一種君主稱謂。「令」，本義為命令、號令。《說文解字》說：「命，使也，从口令。」段玉裁注：「令者，發號也，君事也。」發號施令是君的特權，故可以「令」稱「君」。官即管，令即命。君主是政治上的管理者、發號施令者。作為君主稱謂的官和令都是政治權威的象徵。

正、長、官、令等君主稱謂的文化意義都是政治首長。在這個意義上，君主又稱為「正長」、「政長」。墨家最喜歡用這類稱謂，有時正長與政長混用。在《墨子》中，正長、政長可以用於稱謂上至天子，下至家君的一切政治首長。天子是最高政長，他負責「一同天下之義」。

秦始皇掌握最高權力，是典型的「一同天下之義」的「政長」。他通過三公九卿制度、郡縣制度、官僚制度以及一系列的具體制度，確保皇帝掌握一切政治權力，宰相公卿以下都是皇帝的臣屬。頌揚者稱讚他「職臣遵分，各知所行」；批評者則指責他「丞相諸大臣皆受成事，倚辨於上」[23]，皇帝成為名副其實的最高行政首腦。秦始皇的這些做法是符合當時通行的君權觀念的，他對行政權力的壟斷有著深厚的社會基礎和文化基礎。

五、「太上」、「元首」、「至尊」、「民主」：「非天子不制度」

「上」、「元」、「首」、「尊」、「主」等君主稱謂屬於這樣一類：它們側重界定君與臣之間的社會政治等級關係。

「元」、「首」都是君主稱謂。《廣雅・釋詁》：「元、首，君也。」又說：「元、良，長也。」元、首、良皆可訓為君長。元、首的本義是頭部。人生頭先出，故引申為始。為頭、為上、為始、為大，這些意義均可用來比喻或指謂君主。正如《爾雅》「大」字條邢昺疏所說：「君也，大也。居先者、始者，無先之稱。君者，至尊之號。大則無所不包。」這種以詞義義聚及其相互關聯為君主注釋的方式，在古代文獻中司空見慣。詞義義聚的繫聯工作，其根據是社會大眾的文化觀念體系。元、首、良的多層意義及其與眾多詞義義聚的廣泛聯繫，使之成為重要的君主稱謂。元首、元良、首長等就是由一批同義詞複合而成的。元首通常用於稱謂最高統治者。元良多用於稱謂太子、儲君。至上、尊大、主統是元、首稱謂主要的文化意義。

「元首」，是最高統治者的稱謂之一。元首的主要文化意義是至尊、尊極，即最高首腦。元首是天下一切民眾的支配者。與元相關的複合稱謂，還有元后、元君等，其意義與元首一樣，都是旨在標示最高統治者為天下第一王者。作為支配者，元首稱謂又以形象生動的比喻界定君與臣之間的權力關係。與「元首」對稱的是「股肱」、「爪牙」。「元首明哉，股肱良哉，庶事康哉。」[24]元首本義為頭顱，這裡則喻君；股肱本義是大腿、臂膊，這裡則喻臣。元首與股肱之喻是人們論證君臣關係時經常運用的一種方法。它論證了君臣互補相需的關係。而對於人體來說，頭顱是決定性的器官；對於政治來說，元首是支配性的角色。元首、股肱之喻是以兩個不可分割的意義界定君臣關係的：一是君居支配地位，二是臣不可或缺。頭顱是肢體的操縱者，君主是臣民的支配者。

「上」，是古代最常用的君主稱謂之一。《廣雅・釋詁》：「上，君也。」上與下之間是支配與服從的關係，正如《墨子・天志上》所說：「且夫義者，政也。無從下之政上，必從上之政下。」上的主要文化意義是社會政治等級中居高位者。上發號施令，下必須服從，上教化在下者，在下者不得犯上無禮。君上之間也是有上下之分的。為了區別最高統治者與其他君上，天子又稱為「太上」。《慎子・民雜》說：「大君者，太上也。」大與太同訓，君與上同訓，故大君即太上。太上即無上之上。由上構成的複合性稱謂很多，如君上、主上、長上、皇上等。以「上」與「下」稱謂君與臣，主要是為了界定君臣之間的等級隸屬關係。

「至尊」，是君主又一常用的稱謂。在古代，一切君臣關係或視同君臣關係中的「君」，皆可稱為至尊。《史記・秦始皇本紀》稱秦始皇「履至尊而制六合」。這裡的至尊指皇帝。太上、元首、大君之類的稱謂則表明最高統治者是一切至尊中的至尊，故又稱為尊級、四海之尊。與至尊相關，專門標示最高統治者地位的稱謂還有九五至尊、宸極至尊等。

「主」，是又一種經常使用的君主稱謂。《廣雅・釋詁》：「主，君也。」主可以泛指一切君主。《說文解字》：「主，燈中火主也。」段玉裁注：「其形甚微而明照一室，引申假借為臣主賓主之主。」主，本義為燈中火主，其形雖小，卻光耀照人，使人們仰望其明，引申為主宰之主。《管子・形勢解》說：「主者，人之所仰而生也。」又說：「人主，天下之有勢者也。」這就是說，君有威勢，為臣所敬仰，猶如人們仰望火生。君與其他各種主的區別是君為天下人民的主宰，故又稱之為「人主」。人主在上，故又稱之為「主上」。「主者，國之心也。」[25]君主是臣民的主宰。在觀念上最高統治者是「天下之主」、「萬國之主」，是普天之下一切國家和人民的主宰。

為強調主稱謂的政治屬性，人們使用較多的是與主相關的複合稱謂。這種複合稱謂又大體分為三類。一類是由兩種君主稱謂複合而成，如君主、主上。一類由國家稱謂與主複合而成，如天下主、國主、邦主、社稷主、宗廟主。還有一類是由主與被統治對象的稱謂複合而成，如人主、民主、臣主。人主的用例最常見。「民主」最早見於《尚書・多方》，所謂「天惟時求民主」。《詩經》中也多次出現。民主意為民人之主。臣主的用例較少。《商君書・算地》說：「故萬乘失數而不危，臣主失術而不亂者，未之有也。」後世注釋者多認為臣主之臣有誤。其實，這裡所謂的臣主與人主、民主屬於同一種結構方式，且與萬乘對舉，顯然是一種君主稱謂。由國家稱謂或被統治者稱謂複合而成的君主稱謂更加突出了帝王是國家、人民的主宰的文化意義。

太上、元首、至尊、民主稱謂表明君主處於等級式社會政治結構的巔峰，惟我獨尊，無匹無朋。「人君者，所以管分之樞要也。」[26]至尊的帝王是整個社會政治等級系統的統領。歷代思想家對元首、至尊在等級制度中的地位和作用多方論證，其中最重要的一條是：「非天子，不議禮，不制度，不考文。」[27]禮，是中國古代各種社會政治制度和行為規範的總稱。惟有天子可以定制度，立規矩，這就把制定一切制度和規範的權力奉獻給帝王。

秦始皇居於等級金字塔的頂端，掌握王者制度的權力。他為民立極，對天下臣民的行為準則和道德規範做了詳盡、具體的規定。秦始皇明令臣民嚴守等級制度，「尊卑貴賤，不逾次行」[28]。這正是對天子制度、聖王立法的君權觀念的繼承和實踐。

六、「辟」：「作威作福，君之職也」

「辟」是文獻中常見的一種君主稱謂。《詩・大雅・棫樸》：「濟濟辟王，左右趣之。」鄭玄箋：「辟，君王。」辟可以稱謂包括天子在內的各級君主，故有百辟、群辟之稱。辟王則是最高統治者。與辟相關的複合稱謂還有很多，如辟君、皇辟、辟主、辟后、辟公、辟一人等。

辟，本義為刑罰、法度。《說文解字》：「辟，法也。」辟，由大辟之刑，引申為法律的總稱，進而指代法律的奉行者。古代人普遍認為惟有君主有權立法。「君子者，法之原也。」[29]王是法的主人，法是王之本。以辟稱君的文化意義顯而易見：王者是法律的化身和秩序的代表。

辟稱謂著重標示著刑賞大權。《尚書・洪範》說：「惟辟作福，惟辟作威，惟辟玉食。臣無有作福作威玉食。」帝王作威、作福的主要手段是賞罰，刑德為君之二柄，君主以法御天下，刑賞大權應由君主獨占，他人一律不得染指。這幾乎是儒、法、道、墨，諸子百家中尊君論的共識。

辟王稱謂的文化意義，一言以蔽之，即君是法的主宰。這種觀念對政治文化和法律文化都有深刻影響。作為一種穩定的內容廣泛的社會規範，法律是系統化的價值符號。君即法的政治現實，使古代社會法定化的主體意志是君主意志的轉化物，乃至君主的意志就是法律。「君叫臣死，臣不死為不忠。」人們之所以認同這一信條，是因為他們肯定君即法的價值觀。王命即王法。辟王稱謂是這種價值觀的文化符號。

秦始皇是中國古代最著名的「法治」皇帝。在本書法制篇將詳細介紹他的法制理念和秦朝的法律制度。秦始皇「以法治國」，以刑御民，自作威福，他是一個典型的「辟王」。

七、「御」：駕馭天下的主宰

「御」，是秦漢以來最常見的君主稱謂之一。「御者，治天下之名也，若柔轡之御剛馬也。……是以秦漢以來，以御為至尊之稱。」[30]凡與皇帝有關的事物皆可冠以御字。如御衣、御馬、御駕親征。御馬即皇帝的馬。「御駕」本身就可作為君主稱謂使用。

御即馭，本義是駕馭車馬。《說文解字》：「御，使馬也。……馭，古文御。」《廣雅・釋詁》：「御，使也。」御由馭馬轉注為驅使，進而引申為治理。在古代政治觀念中，馭馬、使民與治國屬於同一類支配模式。

以駕車馭馬比喻治國理民是中國古代政治思想的一大特色。這種思維方式在先秦已相當普遍。《周禮．天官冢宰》大講「馭群臣」與「馭萬民」。《文子．上義》稱：「治人之道，其猶造父之御駟馬也。」在這裡，君民關係被界定為馭者與牛馬的關係，一切臣民都是君主的工具。君主治國實質是鞭笞天下。

御稱謂主要有兩層文化意義：一是將國家喻為君主的車駕，象徵著帝王「臨馭天下」。二是將臣民喻為牛馬，治術喻為銜轡，象徵著帝王對臣民的絕對支配。君主治國猶如驅使自己的私車，君主理民猶如鞭策自家的牛馬。御稱謂點畫出這樣一幅政治圖畫：國家猶如一駕馬車，君主是高高在上的馭手，群臣是操縱牲口的轡繩，民眾則是駕轅拉套的牛馬。國家和臣民都是操縱在君主之手的工具或物品。御稱謂無疑屬於權勢稱謂。

秦始皇享御稱尊，鞭笞天下，驅吏臣民，「天下苦秦久矣。」[31]他的統治理念和統治行為將皇帝「臨馭天下」表現得淋漓盡致。然而這種個體行為，在很大程度上是獲得中國古代君權觀念認可的。

八、「天下」、「國家」、「社稷」：君與國一體

「天下」、「國家」、「社稷」都可以作為君主稱謂使用。在政論中，天下、社稷多指國家。在君國一體觀念支配下，君成為國的代表和化身。以天下、國家、社稷等稱謂君主的文化意義一目了然：君主即國家。

「國家」又稱「邦家」。這個詞彙本身就是家國一體的產物。在三代，天子以天下為家，諸

侯以邦國為家，大夫以封地為家。這些「有國有家者」常以朕、我等自我指代詞與國、邦、家連綴在一起，把自己的勢力範圍稱我家、我邦、我國家。這就是君、家、國一體觀念的文化淵源。

「天下」，即普天之下，是相對於「天上」而言。天在空間上無限，天下在地理上無邊。天下的一切歸天主宰。天子作為上帝的代理人，支配天下一切土地臣民。天下在地理上又稱「四方」，在政治上又稱「萬邦」。在觀念上，天子是四方正長，萬邦宗主。在「王有天下」的意義上，「天下」屬於國家稱謂。儘管天下一詞後來被注入更為豐富的文化意義，但在政論中，天下通常指謂最高統治者的轄域。《中庸》說：「德為聖人，尊為天子，富有四海之內。」天下為王所有，王為天下共主，這也是君國一體觀念的來源之一。天下王、天下正、天下主、天下宗等都是最高統治者的稱謂。有些人乾脆以天下指謂君主。《文子．九守》說：「天下公侯以天下一國為家。」這裡將「天下公侯」與「天下一國」並提，前者指天子與諸侯，後者指天下與邦國。天下是天子之邦，天子是天下之主。天下即天子。

「社稷」是社與稷的合稱，本指祭祀社神（土地之主）和稷神（五穀之長）的建築。土地為家邦之本，五穀為人民之天，有土有民者皆立社稷。社稷壇是一個社會政治共同體的象徵。社稷與宗廟在古代政治生活中占據舉足輕重的地位。凡國家興起，必立社稷、宗廟：凡國家滅亡，其社稷、宗廟必遭傾覆。主祭上帝、社稷、宗廟是政長、領主、宗主三位一體的象徵。保社稷與保國家往往是一回事，社稷也就成為國家的代稱。《荀子．富國》說：「利而不利也，愛而不用也者，取天下者也。利而後利之，愛而後用之者，保社稷者也。不利而利之，不愛而用之者，危國家者也。」在這裡，天下、國家、社稷是同義詞。「受國之垢，是謂社稷主。」[32] 君主是主祭社稷者，故又稱為社稷主。在文獻中，以社稷稱謂君主的例子很多。《唐律疏議．名例》為「謀反」一條所作注疏是：「謂謀危社稷。……不敢指斥尊號，故託云『社稷』。」

天下主可以稱為天下，社稷主可以稱為社稷，國主、邦主也就可以稱為「國家」。這類用例在漢代最常見。《後漢書・祭祀志上》有「國家居太守府舍，諸王居府中，諸侯在縣庭中齋」。國家指謂漢光武帝。

與君一體觀念有關的君主稱謂有很多，如縣官、皇輿等。《史記・李斯列傳》有「財物入於縣官」。《史記・絳侯周勃世家》有「盜賣縣官器」。《索隱》：「王畿內縣即國都也。王者官天下，故曰縣官也。」縣官是以國都或國都長官代稱君主，反映著君國一體觀念。「皇輿」稱謂始見於楚辭。屈原行吟澤畔，有辭曰：「豈余身之憚殃兮，恐皇輿之敗績。」王逸注：「皇，君也；輿，君之所乘，以喻國也。」[33]皇輿是君、國雙關語。它以君喻國、以國代君。忠君與愛國緊密聯繫在一起，這本身就是君國一體觀念一種重要的表現形式。一語雙關的文化符號又進一步強化了這種政治觀念。

「君國一體。」[34]許多古代思想家一方面大講天下、國家、社稷高於君主，另一方面又高唱君國一體。君即國家，國家即君，故天下之大，四海之內，惟君主獨尊。

君國一體，這是古代臣民普遍認同的信條；朕即國家，這是一切專制君主的共同心態。秦始皇的許多心態和行為，可以從君國一體的君權觀念和朕即國家的帝王意識中找到其政治文化依據。

九、「一人」：四海之內，惟王至尊

「一人」，是臣下稱謂君上；「余一人」，是帝王自我稱謂。卜辭中商王自稱「余一人」。《禮記・玉藻》說：「凡自稱，天子曰予一人。」《詩・大雅・下武》說：「媚茲一人，應侯順德。」《毛亨傳》：「一人，天子也。」秦漢以後，一人仍是較常見的君主稱謂。經學家注「一人」以明王道，政論家據「一人」以論政治，從不同角度闡釋了一人的地位與權力。「一人」稱謂的政治文化意義是：天下之大，四海之內，惟王至尊。

一人稱謂本身就是三代王權以一元化為準則的產則。最高統治權只能一人執掌，這是諸子百家的共識。以孔子、孟子、荀子為代表的儒家推崇三代王制，而獨頭政治則是王制的基本組織原則，所謂「天無二日，土無二王，家無二主，尊無二上」[35]。墨家鼓吹尚同政治，主張由天子「一同天下之義」。法家主張政治一統，君主惟一，民一於君。《莊子・天地》說：「天下雖大，其化均也；萬物雖多，其治一也；人卒雖眾，其主君也。」《呂氏春秋・執一》說：「天下必有天子，所以一之也。天子必執一，所以專之也。一則治，兩則亂。」標示一元化的政治結構是一人稱謂最基本的政治文化意義。

「一人」稱謂是一人體制的文化符號，也是各種帝王權勢觀念的集合體。天子是天下一元之首，為天下立極定一，使天下歸為一統，他是絕對的「一」。帝王獨一無二的觀念在中國古代人群的政治意識中植有深根。「一人」、「元首」，這是尊稱；稱「孤」道「寡」，這是謙語；「獨夫」、「民賊」，這是罵詞。無論以何種態度評說君主，都滲透著「惟一」意識。一人稱謂把帝王置於獨一無二的專制地位。

秦始皇在制度上把「一人」獨制天下的體制發展到新的高度，進一步強化了最高權力的壟斷性。這一點表現為君主稱謂，就是他明確規定：「天子自稱曰『朕』。」蔡邕《獨斷》說：「朕，我也。古者上下共稱之，貴賤不嫌，則可以同號之義也。……至秦，然後天子獨以為稱。漢因而不改。」秦始皇限定惟有皇帝可以自稱「朕」，獨占了這個本來「上下共稱」的自我指謂詞。其目的在於強化「一人」的獨占性。皇帝制度是「一人」政治體制的極致。

神化稱謂：皇帝受命於天、體胤神聖

華夏族「天下共主」的第三個正式尊號屬於神化稱謂，即西周以來的「天子」稱號。自古以來，對天神、地祇、人鬼和祖宗的主祭權就是中國王權的主要依據和構成之一。如果說天神崇拜象徵著君權神授、天佑王權，社稷神崇拜象徵著王權的政治經濟基礎，那麼祖宗神崇拜就是君權宗祧繼承的依據。在中國古代社會，人們普遍相信神佑王權、君權天賦。然而神權並不真正具有超越王權的品格。神權是王權的工具，神的專斷是君主專制的表現形式和文化依據。在這個背景下，一大批神化君主人格、權力和地位的君主稱謂應運而生。神化稱謂的文化意義和政治功能大多一目了然。僅於字面上就可看出，它們標示著王權的神聖。

一、「帝」、「天」、「上帝」：天與王合一

「帝」、「天」，是最早專門用於標示王權神聖的君主稱謂。與帝、天稱謂相關的「天子」稱謂，則是中國古代最高統治者的常用尊稱。帝與天本來都是至上神稱謂，把它們加諸王冠顯然是將王與神相提並論。

早在殷周，帝就是至上神稱謂。在西周文獻中，上帝的別稱名目繁多，如天、天帝、皇、皇天、昊天、昊天上帝、皇上帝、皇天上帝等。秦漢以後，「皇天上帝」一直是至上神的正式尊號。天

上至尊為什麼稱帝？天何時成為至上神稱謂？皇、帝、天、上、昊等其義何指？對這些問題的解釋古今學者多有爭議。限於本書目的，姑且不論。一般說來，帝、天除本義外，只用於指謂主宰者。

帝、天之類的稱謂都是在殷周時期加諸王冠之上的。在卜辭中，對死去的王有時稱帝，如「帝丁」、「帝甲」，或泛稱「王帝」、「帝」、「下帝」。後來，在位的王也開始稱帝，如稱商紂王為「帝辛」。西周初年，王的頭上又被加上「天子」桂冠。天子又有天王、天君、帝君、皇王、皇天子、皇辟君等稱謂。還有一種說法更為直截了當：「君，天也。」[36]這些稱謂為王者加上了神的光環。它們標誌著君與天同體、王與帝合一的觀念已經形成。

《廣雅・釋詁》：「天，君也。」《鶡冠子・道端》：「君者，天也。」天即君，君即天，以天稱謂君主或比附君主是人們界定君臣關係時最常見的現象。君與天同稱，故許多描述天的詞語都可以用在帝王身上，如王位稱為「天位」，王權稱為「天職」，王聽政稱為「天聽」，王出行稱為「天步」。如果說天代表著古代華夏族的最高信仰，那麼王就是這套信仰體系中的教主。據說，這位教主可以諧人神，和上下，故操持王權又稱為「操皇綱」、「執大象」、「獨斷乾綱」。天稱謂的政治功能是把臣民對上天的宗教感情轉化為對帝王的信仰。

天與王合一，帝與君混稱，因此有些人竟然把「上帝」的頭銜也奉獻給人間的君主。《詩經》多有以「上帝」指代君主的例子。《呂氏春秋・有始覽・務本》引《詩・大雅・大明》「上帝臨汝，無貳爾心」以喻「忠臣之行」。這就具有了以上帝比喻或指代上帝的意蘊，甚至使上帝成為君主稱謂之一。它告訴廣大臣民：君主就是人間的上帝。

君主專制制度惟一永恆的原則是帝王的意志高於一切。這條原則同一定的歷史條件相結合，注定了神權在中國的宿命。自從君主有了神化稱謂之後，神在意識形態領域中的地位便開始衰落。

春秋戰國以來的天道自然思潮廣泛而又深入，它基本鏟除了產生政教合一政治模式的文化基礎。但是，王權離不開神權，二者之間既有衝突的隱患，又有和諧的一面。一方面神權不抑，王權不興，另一方面神權覆滅，王權遭殃。「神道設教」的客觀需要注定了王與神之爭的微妙結局：形式上上帝高於一切，實質上天子高於一切。神化稱謂的產生是從文化觀念上調整天王關係、人神關係的開端。中國古代的天人合一論是這種調整後的文化觀念的昇華。

從秦始皇的曾祖父開始，秦國稱帝的圖謀就已經昭然於世。秦國、齊國一同稱帝。只是由於秦國的實力尚不足以抵禦東方六國的共同反抗，秦國才被迫放棄帝號。秦始皇的稱帝完成了祖宗的夙願，以「帝」號取代了「王」號。

二、「天子」：皇天上帝的嫡長子

「天子」是西周最高統治者的正式尊號。天子稱謂最早見於西周成康時期的青銅器銘文。《井侯簋》銘文有「朕臣天子」。與后、王不同，天子這個稱謂專屬於最高統治者。秦漢以來，天子是皇帝最重要的別稱之一。在通常情況下，人們大多稱皇帝為天子。

顧名思義，天子即天帝之子。天子稱謂所內蘊的政治文化意義，是論證和認同最高統治者合法性及其權威的主要依據。其要旨可以概括為四點：一是上帝為萬物宗祖，「君萬物者莫大乎天。」[37]二是最高統治者乃天的嫡長子。他受命於天，奉天承運，代天理民。三是君命即天命。天子參通天地人，秉天命主宰人世，君的權威等同於天的權威。四是君主治理天下必須遵循天定法則。天子服從上帝，臣民服從天子，而天子則不怕人，只怕天。天帝至高無上，天子奉天承運，天人宗法一體，帝王代天行道，這就構成了一個完整的將宗教觀念、宗法觀念、權勢觀念結合為一體的文化邏輯，全面地論證了最高權力的一元性、絕對性和神聖性。

為了維護秦朝的統治，秦始皇緊緊抱住天賦君權觀念不放。他依據陰陽家的「五德終始」說，推定秦朝是「水德王」，以此論證自己是「真命天子」。他又廣泛祭祀上帝及各種神明，以祈求保佑。他還大搞封禪儀典，以表達對上帝的敬畏，並藉以向臣民顯示自己受命於天，功德無量。這些行為都與天子觀念有直接的關係。

三、「龍」、「日」、「九五之尊」：皇權神聖與皇恩浩蕩

「龍」、「日」、「九五之尊」等都是形成於先秦的君主稱謂。它們的政治文化意義著重渲染最高統治者神異莫測的至上權威和澤及天下的無量功德。

「龍」，既是一種備受崇敬的神物，又是一種最通俗的神化君主稱謂。《廣雅·釋詁》：「龍，君也。」古代以「龍飛」、「飛龍在天」喻皇帝登基，以「龍犀」、「龍顏」、「龍體」喻帝王之表，以「龍行虎步」喻帝王之行，其中的龍都是指代君主。龍顏也是一種君主稱謂。君主的俗稱「真龍天子」則是由龍與天子兩種君主稱謂複合而成。秦朝的臣民稱秦始皇為「祖龍」。秦始皇也默認了這個稱謂。這是以龍指代君主的實例之一。龍、龍顏、龍駕、真龍天子是最典型的神化稱謂，它們的文化意義顯而易見：君為龍體。

龍成為社會權威的象徵，其來甚古。自從文明的曙光降臨中華大地，它就被用為酋邦君長的裝飾，又逐漸演化為帝王權威的象徵。作為一種神物，龍是神秘力量的象徵。傳說中的三皇五帝大多與龍有關，或為龍體，或乘龍蛇，或死後化龍。周秦以來，最高統治者以龍為徽號，為裝飾，自命為龍種、龍體，成為歷久不衰的文化傳統。廣大臣民稱帝王為「真龍天子」正是一種文化定

式的產物。

以龍稱謂君主，側重象徵帝王的神聖之體、不測之威和博施之德。《周易・乾卦》及其歷代傳、注、疏者，為龍德的不同表現形式及相關的帝王行為，提供了一個歷久不衰的闡釋模式。其中九五的爻辭「飛龍在天」和用九的爻辭「見群龍無首」，生動形象地顯示著龍德（天德）與君德、龍性與君權的關係。人們以「飛龍在天」或「龍飛」比喻帝王登基，以群龍不見首比喻最高超的統治術，其文化淵源就是古老的《易經》。龍是一種神物，神龍降雨是其主要的恩德。龍稱謂借重龍崇拜渲染帝王惟我獨尊，凌駕一切，無所不在，無所不能，變化多端，高深莫測的個人權威。以神體、神威、神秘、神聖標示著皇帝的「貴不可言」和「澤及天下」。

與龍相似的是「日」。以太陽比喻君主是中國古代歷久不衰的文化定式。自有文獻以來，就有以日興君、以日稱君的文化現象。「皇」的本義為輝煌、黃白色、華美，最初可能是歌頌太陽之詞。以「皇」稱帝稱王是以日代君最早的用法之一。《詩・小雅・小明》：「明明上天，照臨下土。」鄭玄、孔穎達等皆以「喻王者當光明如日之中」訓解。秦漢以來，「大明無偏照」、「正大光明」成為公正無私、澤及萬物的君德、君道的象徵。「太陽」被視為君之象，故成為君主稱謂之一。《廣雅・釋詁》說：「日，君也。」以日論君象、君德、君道及以日稱謂君主的實例，遍及百家，為古代人群的共同信仰。後來與太陽有關的「六龍」、「六飛」也都成為君主稱謂之一。以太陽、日、六龍、六飛稱謂君主，顯然與太陽崇拜有直接關係，它們屬於神化稱謂。

「九五之尊」、「九五至尊」都是君主稱謂，所以天子踐祚稱為「龍飛九五」，登基之日稱為「九五之日」。這些稱謂均源於《易・乾卦》的「九五，飛龍在天，利見大人」。「乾」本身也是君主稱謂。《廣雅・釋詁》：「乾，君也。」《周易》及其歷代傳注者指出：乾為陽、為天、為神、為日、為龍、為君。以乾稱謂君主實際上囊括了各種神化稱謂的文化意義。

以九五稱謂君主與古代人為數字注入的文化意義有直接關係。陽奇陰偶，奇為天數，偶為地數。天地之數始於一，終於九，九為陽數之大，故稱之為「陽物」、「天數」。《說文解字》：「九，陽之變也，象其屈曲究盡之形。」九是陽的本字「易」的形變。有人則以為九是龍蛇的象形。九為陽數之最，變化莫測，是天、陽、龍的象徵。「九者，所以究極中和，為萬物元也。」[38] 九在等級制度中是至尊的象徵。因此，天子著九尺，用九鼎，宮闕為九重，正殿採九開間。九本身就可以比興君主。五也是一個富於神秘色彩的數字。五是陽數，在方位上指中央，在五行中代表土，在卦象中為天位。九五相疊則表示陽氣極盛，上達於天，或神龍飛騰，顯隱於雲霧之中，或聖人有天德且居天位。這就是《乾卦》諸爻中，以九五表示德高位尊，以用九表示聖人能用天德的文化淵源。據說神聖的君主與乾同體，猶如純一不二的太陽和剛健正直的天道。

乾具有一個特定的文化功能和理論功能，即作為陰陽體系中陽範疇的代稱，界定了君主在政治中的主體地位和支配地位。與乾對稱的是坤。乾的卦象為陽、為天、為君、為父、為男；坤的卦象為陰、為地、為臣、為子、為女。天高地卑、陽尊陰卑、乾剛健陰柔順，這就注定了君剛臣柔、君健臣順、君尊臣卑、君主臣從、君無為臣有為等一系列君臣規範。在政治生活中，君主處於綱紀、樞紐、積極、主導的地位，臣下只能「事主順命」、「上唱下和」。以乾為君主稱謂，正是為了標示君臣關係的這一屬性。這是乾稱謂在整個君主稱謂體系中所著重負載的政治文化意義。

由於文獻闕如，秦始皇是否精通易理不得而知。然而當時朝堂之上經常要為了重大政務而卜筮，他對《周易》的道理至少應當略知一二。他的焚書令也不包括《周易》。無論如何，秦始皇極力宣揚皇帝的神聖權威、博大功德的行為是明明白白地記載於史冊的。他不僅宣揚自己是天命在躬、神龍體胤，相信自己是「祖龍」，還自詡：「皇帝之德，存定四極。誅亂除害，興利致福。節事以時，諸產繁殖。黔首安寧，不用兵革。六親相保，終無寇賊。歡欣奉教，盡知法式。……功蓋五帝，澤及牛馬。莫不受德，各安其宇。」[39]秦始皇對各種神化君權的觀念也是信奉有加的。

聖化稱謂：皇帝是與道同體的道德表儀和文化權威

華夏族「天下共主」的第四個正式尊號是「皇帝」。秦始皇自稱「皇帝」、「聖人」。他創造皇帝尊號的主旨是宣揚「尊比三皇」、「功蓋五帝」。皇帝之號著重標示最高統治者的智慧與功德，它屬於聖化稱謂。在中國古代的君權觀念中，一切皇帝都是聖人，是與道同體的道德表儀和至高無上的文化權威。

中國，自古以來就是崇拜聖人的國度。傳說中的三皇五帝首先是文化英雄、道德楷模，據說他們身兼君、師，創造了文明。西周以來，言「道」重「德」的政治思想進一步強化了聖人崇拜。最早的聖化君主稱謂就是在這個背景下創造出來的。春秋戰國以後，聖王論成為中國帝王論的固定模式。儒家的倫聖、道家的道聖、墨家的義聖、法家的智聖與王緊密地結合在一起。聖，是中國王冠上最為燦爛奪目的飾物。

聖化稱謂的主要特點是把君主說成集理性、才智、品德、功業於一身。如果說宗法稱謂來自於對傳統社會習俗的繼承和改造，權勢稱謂著重於肯定和摹寫政治現實，神化稱謂借重於神秘主義的信仰，那麼聖化稱謂最富理性思辨色彩，反映著一種哲理化的帝王觀念。它為中國古代王權提供了一塊最為牢固的基石。

一、「君師」：君師合一與「以吏為師」

「師」，是最早產生的聖化稱謂之一。「君師」稱謂表明，在觀念上，帝王身兼君與師兩種社會政治角色，他一手握著政治權力，一手握著教化權力。就師、君師標示教化權力而言，它們屬於權勢稱謂。為「師長」者必德才兼備，以師、君師、師長稱謂君主旨在表明帝王是有德行、有才智的教民者，他們是社會人群的表儀。在這個意義上，師、君師、師長等屬於聖化稱謂。

《廣雅．釋詁》：「師，眾也。」《釋言》：「師，人也。」師本義為眾人，引申為軍旅，師長。師長即眾人之長。古代為師長者皆為治者、教化者雙兼，故率眾之人稱為師。《尚書．泰誓》說：「天佑下民，作之君，作之師，惟其克相上帝，寵綏四方。」這裡的師指最高統治者。《孟子》曾引述這條文章內容，它是君師稱謂的出處。

「天地君親師」是中國古代社會公認的五大社會權威，彼此可以互相比附。在教化者的意義上，父、君、師屬於同一類權威。晉國的欒共（名「成」）子引古語說：「『民生於三，事之如一。』父生之，師教之，君食之。非父不生，非食不長，非教不知，生之族也，故壹事之。」[40] 荀子說：「故禮，上事天，下事地，尊先祖而隆君師，是禮之三本也。」[41] 師父與弟子如同君臣、父子。父兄是子弟之師，君父是臣民之師。在教化者的意義上，一切治者皆可稱為師。

在先秦，君師合一是許多思想家共同的政治理想。儒家是君師說的倡導者、推崇者。他們發揮《詩》、《書》、《禮》、《易》中的有關資料，熱切期待世主效法古先聖王，做道德楷模，行教化於天下，為萬民之儀表，以上行下效，風吹草靡，再造盛世。道家也是君師論者。《老子》一再奉勸君主執道、無為「以為天下正」。《文子·道德》說：「天下安寧，要在一人。人主者，民之師也。上者，下之儀也。」這就從無為政治的角度詮釋了君師說。法家認為聖者為王，聖者為師，自古已然。當今之世，君主仍應為天下師。具體辦法是：君主制定法令，責令官吏修習，「置主法之吏，以為天下師。」[42]即君主為法吏之師，法吏為臣民之師，天下之人師法君主的法令。法家關於禁絕百家、言軌於法、以吏為師的政治主張，無疑是君師觀念的一種表現形式，是君師說的法家版本。

正如章學誠在《文史通義》中所指出的：「以吏為師，三代舊法也。秦人之悖於古者，禁《詩》《書》而僅以法律為師耳。三代盛時，天下之學，無不以吏為師。」儒法兩家的區別不在於是否應當以帝王及其官吏為師，而在於學習的內容是周禮還是國法。無論是以法律和法吏為師，還是以倫理和倫聖為師，都把帝王置於文化主宰的地位。君師稱謂和君師合一觀念使帝王不僅是政治權威，而且是文化權威。他的意志既是法令律條，又是學術定論，這就是所謂「聖心獨斷」、「聖裁」。無論統一於王法，還是統一於綱常，由君師為臣民立極，根絕異端邪說，是君師合一的基本政治取向。這正是君師稱謂所負載的最主要的文化意義。

秦始皇的確是以「君師」自命的。他自詡「作立大義，昭設備器，咸有章旗」，對廣大臣民「專隆教誨」，使他們「訓經宣達，遠近畢理，咸承聖志」。又「外教諸侯，光施文惠，明以義理」。還以各種政治手段「匡飭異俗」，教化臣民，使「職臣遵分，各知所行」，「黔首改化，遠邇同度」。秦始皇又以文化權威自居，實行文化專制，「別黑白而定一尊。」他焚詩書，禁私學，下令學政術者「以吏為師」[43]。這些觀念與行為顯然與君師稱謂所負載的君權觀念有直接的關係。

二、「君子」、「大人」：全社會的道德楷模

「君子」、「大人」最初應屬於權勢稱謂。由於它們在字義上含有德、位雙兼的意蘊，所以很早就開始向道德符號轉化。西周、春秋以來，人們為君子、大人注入越來越多的道德意義，有時甚至用來泛指一切道德高尚的人。在這種情況下，再用它們稱謂君主，實際上在君主與美德之間畫上了等號。在這個意義上，君子、大人是最早產生的聖化稱謂之一。

「君子」一詞始見於《詩經》，是當時最常見的君主稱謂之一。由於君子後來被道德化，所以後世多有以道德意義解釋《詩經》者，並將一些詩句中的君子釋為平民。實際上君子稱謂最初只能指謂君主。對此，古今許多研究者有精闢見解。朱熹在《詩集傳》中曾指出，〈巧言〉、〈瞻彼洛矣〉、〈青蠅〉、〈既醉〉、〈假樂〉、〈洞酌〉、〈卷阿〉等詩中的君子係指謂天子。〈淇澳〉、〈車鄰〉、〈終南〉、〈蓼蕭〉、〈庭燎〉、〈雨無正〉、〈桑扈〉、〈采菽〉等詩中的君子指謂諸侯國君。〈采薇〉中的君子指謂將帥。其實〈庭燎〉是天子朝會之詩，君子可以泛指諸侯、卿大夫等朝臣。《廣雅・釋詁》：「將，君也。」當時的朝臣、將帥通常都是擁有封地的君主。君子可泛稱等級君主制下的一切君主。

與君子對稱的是「野人」、「賤人」或「小人」。《左傳・宣公十二年》說：「君子小人，物有服章，貴有常尊，賤有等威，禮不逆矣。」《墨子・非樂上》說：「君子不強聽治，即刑政亂；賤人不強從事，即財用不足。」《孟子・滕文公上》說：「無君子，莫治野人；無野人，莫養君子。」君子治政，小人力農，君子勞心，小人勞力。君子與小人（野人、賤人）主要是政治等級概念。

「大人」，是君主的又一個稱謂。大人稱謂始見於《易經》。《易經・革卦》九五爻辭：「大

人虎變，未占有孚。」在這裡，大人為王者之稱。「大人」是與「小人」對稱的。《廣雅・釋詁》說：「道、天、地、王、皇……，大也。」王念孫《疏證》引《老子》、《尸子》等文獻，指出天、帝、皇、王、后、辟、君、公皆有大之義。王者與道、天、地同為「域中四大」，權勢大、功德大，故稱之為大人。與大相對的則是小。《說文解字》：「小，物之微也。」臣民位卑德薄，身為下賤，歷來有愚氓、藿食者、黔首之稱，故稱之為小人。大人稱謂與君子稱謂相類似，即最初是一個德、位雙兼的稱謂，後來逐漸演化為道德範疇。大人稱謂從一開始就包含著位尊、德高、功大等文化意義，在眾多的君主稱謂中著重標示帝王功德。

大人、君子稱謂的文化意義最初都是以權位論道德的。德與位雙兼的稱謂為一切君主戴上了道德桂冠。如果說宗法稱謂以父子關係界定君臣，權勢稱謂以政治關係界定君臣，神化稱謂以天人關係界定君臣，那麼大人、君子稱謂則是以道德關係界定君臣。以道德意義標示君主，無非是要向人們宣示並灌輸這樣一種觀念：道德高尚的人理應占據權位，卑賤愚昧的芸芸眾生理應接受他們的教化，君臣關係是道德法則使然。一言以蔽之，君主是道德的化身。

秦始皇創造「皇帝」尊號，正是為了標榜自己「體道行德」44，與三皇五帝一樣在道德上至善至美。他不僅自命為「皇帝」，命名臣民為「黔首」，而且公然以道德權威和道德楷模的面目出現，行使對廣大臣民的教化權。在道德意義上，皇帝與大人、君子等價，黔首與小人、野人等價。皇帝的尊貴不僅在於他權勢極大、地位至高，還在於他道德至善。

三、「聖人」、「聖王」：君與道同體，聖與王合一

秦始皇是有文獻可考的第一個到處宣揚自己為「聖人」的最高統治者。秦始皇的群臣在各地為

皇帝刻石紀功，張揚聖德。秦始皇對這些歌功頌德之詞欣然受之。他自詡「皇帝躬聖」、「秦聖臨國」，聲稱「聖智仁義，顯白道理」，宣揚「聖德廣密，六合之中，被澤無疆」，秦朝的臣民「咸承聖志」45。這就是說，秦始皇及其群臣都具有這樣的君權觀念：最理想的最高統治者應當符合君道同體、聖王合一的條件。秦始皇就是一位「聖王」。

「聖」、「聖人」、「聖王」等，是最典型的聖化君主稱謂。以師、師長、君師、君子、大人等稱謂聖化君主，還需要一定的解釋和轉換。它們的聖化意義畢竟不能一目了然。為了明白無誤地顯示帝王的聖明，人們乾脆把聖人的頭銜加在王冠之上。與聖相關的複合稱謂很多，如聖王、聖君、聖主、聖上、聖后、聖辟、聖駕等，它們明確把聖與王糾結在一起，標示著聖王合在的君權觀念。

聖，本義是聰明睿智，通達事理，才能逸群。《中庸》說：「不勉而中，不思而得，從容中道，聖人也。」據說，聖之人，不必思考，不必刻意，思慮與言行自然而然就會符合自然、社會、人生的各種法則、規律和規矩。他們察萬物則無所不通，興事功則無所不能。通達道理使聖與道成為互詮的概念，道是客體法則，聖是主體對這些法則的高度體認。聖是與道同體的超人。把這種人格歸之於君主，就產生了聖化觀念及聖化稱謂。聖人與王者合於一體，這就是聖王。

作為一種君主稱謂，「聖人」所涵蓋的君權觀念最豐富、最富思辨性。與其他幾種稱謂直接源於對君主的肯定、頌揚和崇拜有所不同，聖王觀念發軔於統治階級的自我認識和自我批判，由一個從以先王為聖，到聖應為王，再到聖化一切君主的演化過程。這種批判與造聖相輔相成的思想認識運動，主要是由思想家們推動並完成的。而聖人稱謂由有限定的通名，即先王為聖人，演變成無限定的通名，即一切君主為聖人，則是皇帝制度的產物。聖人稱謂完成了由「聖人最宜作王」到「帝王最有資格當聖人」的文化遷變過程。秦漢以後，「天縱聖明」成為歌功頌德的套語。

聖王觀念的實質是通過把王權、認識、道德和行為準則、價值標準合而為一，使君主制度和君權絕對化。聖與道同體落實到政治上就是王與道同體。道是宇宙的本原、規律和法則及各種理想化的社會政治規範的總稱。「聖人者，道之極也。」[46]聖王操持著道，掌握著自然和社會的各種必然性，又是肩負社會教化使命的偉大人物。聖王論從聖與王一體、君與道合一的角度，為聖人立制、聖王作師，即一種君主與道義、王者與聖人、政治與教化高度統一的政治模式提供了邏輯上的依據。聖化的實質是憧憬和信仰某種絕對化的個人權威。對聖人的認同，其最終歸宿是皈依專制王權。因為聖賢主義教導人們：全社會服從聖人是邏輯的必然。君與道同體的文化意義是最豐富的。僅此一個命題或觀念就足以把古代社會一切權威的屬性統統歸之於帝王。聖王合一為政治一統和文化一統提供了依據。

聖化稱謂從政治理性的角度，論證了君權的必然性和絕對性，將帝王置於自然秩序、社會秩序主宰者的地位。但是，橫掃六合，一統天下的秦王嬴政意猶未足，又自創另一個標榜功德的「皇帝」稱謂，把君的權威、尊嚴和功德推向極致。

秦始皇創造皇帝稱謂的主旨是聖化自己。據《史記．秦始皇本紀》記載，秦始皇命令群臣「議帝號」的動機是「稱成功，傳後世」。創造這個展示功德的尊號以後，他又利用皇帝稱謂炫耀自己的功德，所謂「皇帝之功，勤勞本事」；「皇帝之明，臨察四方」；「皇帝之德，存定四極」；「皇帝明德，經理宇內，視聽不怠」；「皇帝並宇，兼聽萬事，遠近畢清」等等。秦始皇這些觀念和行為與中國古代聖賢主義的帝王觀念完全吻合。在這個意義上，皇帝尊號屬於典型的聖化稱謂。

「皇帝」又是典型的禮儀稱謂。政治權力是禮之本，區別貴賤是禮之質，行為規範是禮之儀。

統治者把握禮之樞要，分之權柄，以繁瑣的禮儀別貴賤、明等威，禮儀形式本身就是灌輸君尊臣卑意識，培植君權崇拜觀念的工具。禮儀也是一種文化符號。早在三代，統治者就以禮來宰制萬物，役使群眾，確立了禮樂征伐自王者出的政治體制。「至秦有天下，悉內六國禮儀，採擇其善，雖不合聖制，其尊君抑臣，朝廷濟濟，依古以來。」[47]這一套禮儀制度包括許多具體的制度，如名號制度、冠冕朝服制度、宮廷制度、后妃制度、朝賀制度、避諱制度、鹵簿制度、陵寢制度、宗廟制度等。漢代以後，禮儀制度雖多有增益減損，但基本精神大體相沿。

作為最高統治者的尊號、正號，皇帝稱謂既是禮儀制度的產物，又是為禮儀制度服務的。其他禮儀稱謂也具有同樣的意義和功能。從現存文獻看，至遲到西周已經開始出現與禮儀制度相關的君主稱謂，如與冠冕朝服制度相關的「袞職」。此後又相繼出現與避諱制度相關的「執事」、「陛下」，與鹵簿制度相關的「乘輿」、「皇輿」，與陵寢制度相關的「山陵」等。秦漢以後，又出現更多的禮儀稱謂。由於文獻闕略，大多數禮儀稱謂產生的年代和依據難以確說。但是，這些稱謂都與很早就已經產生的各種維護君權的禮儀制度有關，它們的文化意義又都與尊君卑臣君權觀念有關，這是顯而易見的。

綜上所述，皇帝觀念是在君主制度漫長的歷史演變過程中，各種君權觀念不斷生成、積累、組合、凝集的產物。皇帝觀念是皇帝制度得以產生和存續的文化基礎。在這個意義上，與皇帝觀念相關的皇帝制度是專制主義政治文化高度發展的結果。當這種政治文化發展到一定程度的時候，當其他社會條件也大體具備的時候，就會導出皇帝制度和皇帝觀念。如果把這種制度和觀念比喻為一個豐碩的果實的話，那麼秦始皇與其說是個播種者，不如說是個收穫者。

皇帝名號具有豐富的政治文化內涵，概言之，即至神至聖，尊貴無比，功蓋千古，支配天下，獨斷乾綱，為民立極。如果說皇帝稱謂是君權觀念的極致，那麼皇帝制度就是帝王觀念的全面實現。皇帝稱謂內涵著政治、經濟、法律、道德、文化等各種相關制度，概言之，即大一統。

皇帝一詞涵蓋了各種君主稱謂的文化意義，它是綜合性最強的君主稱謂。皇帝稱謂產生後，除王、公、侯、伯等改為貴族稱謂外，其他各種君主稱謂，包括「王天下」之「王」，都是皇帝的同義詞。《白虎通·號》說：「或稱天子，或稱帝王何？以為接上稱天子者，明以爵事天也。接下稱帝王者，明位號天下至尊之稱，以號令臣下也。……臣下謂之一人何？亦所以尊王者也。以天下之大，四海之內，所共尊者一人耳。」這就是說，在具體用法上，各種稱謂有所分工，用以標示特定文化意義。在實際生活中，人們往往隨心所欲，任意選用稱謂。這樣就使皇帝稱謂匯聚了各種稱謂的意義。君父是全社會的宗法家長，天子是天地神祇的代表，王辟是國家政權的元首，聖人是與道同體的師長。皇帝集天地君親師的權威於一身，其至上性、獨占性、神聖性、絕對性，即使天帝、神佛也會自愧不如。

分析至此，已經可以全面地解讀中國古代的君權觀念和秦始皇的帝王意識了。中國古代政治文化是以這樣一種方式來詮釋君主的地位與權勢的：大凡具有至尊、至上、至大、至神、至聖的字眼或事物，都可以用於稱謂、指代或比喻最高統治者。秦始皇自稱「皇帝」則囊括了有關的各種君權觀念。

大、太、上、天、元等是一批以上、大、本、始為基本意義的字眼，它們全可以加諸帝王的桂冠之上。與此相應，王、皇、帝、君等一大批君主稱謂也都被賦予同樣的義訓。祖、宗、廟、君等是一類可訓讀為尊的字眼，而它們都可以用為君主稱謂。帝、天、道、聖等是中國古代哲學中一批君主稱謂的最高範疇或核心範疇，這些字眼皆可稱謂、指代或比喻君主、君位。在帝王的各種名號中，古代一切智慧、美德、功勛、權勢的符號幾乎應有盡有。

在天人體系中，他是天子；在陰陽體系中，他是太陽；在政治體系中，他是辟王；在宗法體系中，他是父母；在尊卑體系中，他是元首；在學術體系中，他是師長。皇帝是至尊中的至尊。他帝至上，他可與上帝相稱謂；天至大，他可與天地相比擬；道至尊，他可與道理相匹配。他就是神，他就是聖。神、聖、王合一，這就是皇帝。

皇帝像天文體系中的北辰，像地理體系中的山陵，像方位體系中的中央，像水文體系中的海洋，像鱗蟲體系中的龍蛇。皇帝如萬物宗主，臣民必須像環繞極點的群星，仰止泰山的丘陵，情繫中央的六合，朝宗江海的溪流，尾隨龍蛇的魚蝦，拱衛他，景仰他，依戀他，朝拜他，服從他。講仁政德化，他如嚴父慈母，哺育元元。講止暴戡惡，他如干戈戚揚，橫掃陰霾。講正大光明，他如皓日當空，普照四方。講博施普濟，他如神龍降雨，德澤廣布。講孝悌忠誠，他如孝子順孫，恭事上帝。王道蕩蕩，王道平平，皇帝就是王道的代詞、道德的化身。

這種文化現象必然把一切象徵權威、尊嚴、美德、才智的文化意義凝集到「皇帝」稱謂之中，並通過皇帝一詞向人們宣示：帝王享有一切權力。

稱謂是一種人格的比喻或隱喻。以父稱君是利用父這一比喻形象對君進行人格和價值評估。以聖人稱君則是隱喻君與道同體，為人間惟一者。對臣子的各種稱謂其喻義又是與君主稱謂相輔相成的。因此，政治性稱謂體系對人們的政治人格有直接的影響。由於哲學思想和政治觀念的差異，臣民中的一些人或許不認同某些稱謂標示的君權觀念，但是只要他們認同一種君主稱謂的象徵意義，就會拜倒在帝王面前。一般說來，帝王們是樂於占有儘可能多的象徵意義的。當他們接受這些稱謂的時候，無疑會形成一種惟我獨尊的心理。皇帝一詞對中國古代君與臣兩方面的政治人格有極為深刻的影響。

有關皇帝地位與權勢的觀念，是由各種君主稱謂的權力觀念綜合而成的。皇帝稱謂是古代各種社會權威政治化的結果，是人格化政治權威的極端形態。對於生活在皇帝制度中的人們而言，皇帝稱謂既是一種歷史悠久的文化符號，又是一種刻骨銘心的社會現實。

皇帝尊號及各種君主稱謂，以直觀的方式向人們灌輸著帝王觀念及相應的臣民觀念，塑造著政治行為主體的政治意識。帝王崇拜作為一種集體政治心理定式，為君主專制制度的生存與發展提供了牢固的社會心理基礎。秦始皇之所以可以成為始皇帝，之所以可以建立中央集權的皇帝制度，之所以可以憑藉這套制度臨馭天下，之所以可以將各種帝國行為和帝王意識表達得淋漓盡致，是因為他所生存的時代不僅具備了這樣的社會心理基礎，而且具備了這樣的社會物質條件。皇帝制度是皇權觀念的物化。

註釋

1 《史記》卷六〈秦始皇本紀〉。

2 《史記》卷六〈秦始皇本紀〉。

3 《朱子語類》卷一三四。

4 《史記》卷二〈夏本紀〉。

5 《史記》卷六〈秦始皇本紀〉。

6 《禮記·曲禮下》。

7 《史記》卷六〈秦始皇本紀〉。

8 《國語·晉語一》。

9 《史記》卷六〈秦始皇本紀〉。

10 《史記》卷三〈殷本紀〉。

11《史記》卷四〈周本紀〉。
12《論語・季氏》。
13《荀子・王制》。
14《呂氏春秋・審分覽・慎勢》。
15《老子・十六章》。
16《老子・二十五章》。
17《呂氏春秋・慎大覽・下賢》。
18《儀禮・喪服》。
19《孟子・盡心下》。
20《史記》卷六〈秦始皇本紀〉。
21《商君書・弱民》。
22《禮記・禮運》。
23《史記》卷六〈秦始皇本紀〉。
24《史記》卷二〈夏本紀〉。
25《文子・上德》。
26《荀子・富國》。
27《禮記・中庸》。
28《史記》卷六〈秦始皇本紀〉。
29《荀子・君道》。
30 邢昺：《孝經正義》〈御制序〉注。
31《史記》卷四八〈陳涉世家〉。
32《老子・七十八章》。
33 王逸：《楚辭章句・離騷》。
34《公羊傳・莊公四年》。
35《禮記・坊記》。
36《左傳・宣公四年》。
37《周易・繫辭上》。
38《漢書》卷二一〈律曆志上〉。
39《史記》卷六〈秦始皇本紀〉。
40《國語・晉語一》。
41《荀子・禮論》。
42《商君書・定分》。
43《史記》卷六〈秦始皇本紀〉。
44《史記》卷六〈秦始皇本紀〉。
45《史記》卷六〈秦始皇本紀〉。
46《荀子・禮論》。
47《史記》卷二三〈禮書〉。

第六章　思想篇：偏愛法家的「雜家」君主

自秦漢以來，人們普遍認為秦始皇是法家皇帝。其實這種看法似是而非。準確地說，秦始皇的統治思想具有以法家為主、綜合百家的特點。他是一個比較偏愛法家的「雜家」皇帝。

自章太炎以來，許多學者認識到秦始皇的「雜家」特色。一批著名學者有所論述。例如，在《十批判書．呂不韋與秦王政的批判》中，郭沫若指出：秦始皇的精神，就嚴刑峻法而言，是法家；就迷信鬼神而言，是神仙家；就強力疾作而言，是墨家。許多後來者又做了更細緻的分析，指出秦始皇的思想中還包含著儒家、陰陽家、道家的成分。這個思路已經被大多數中外學者所認同。

有些學者又走向另一個極端。有人認為秦始皇的思路雜亂無章，沒有一個統一的思想。有人甚至把秦朝稱為「一個沒有理論的時代」。推而言之，秦始皇是一個沒有理論的皇帝。這個說法很值得商榷。

秦始皇在統一天下、創建帝制過程中面臨著一系列重大政治選擇，這些選擇涉及政治、軍事、經濟、文化、法律等各個領域，包括政策、策略、制度等各個層面。這些選擇有很大的不確定性，在選擇過程中也有很大的主觀隨意性。然而根據《史記》等文獻的記載，秦始皇的政策、策略、制度選擇大多有系統的政治理念作為指導，其強烈的理論選擇意向也躍然紙上。秦始皇本人是一個頗有理論素養的政治家。在他的輔臣、謀士中也有一批理論造詣頗高的思想家。因此，秦始皇的許多政治選擇都是在當時最為流行的理論學說的指導下做出的，有些政治選擇很有創造性，具有為中國歷史發展進程定向的意義。他的許多作為也在政治制度史、經濟制度史、思想文化史、法制史上具有劃時代的意義。如果這是「一個沒有理論的時代」，秦始皇能夠做到這種程度嗎？

只要對秦朝的統治思想做全面、深入、細緻的分析，就不難發現，它的來源廣泛，構成複雜，內容豐富。就基本內容而言，秦朝的統治思想與兩漢的統治思想並無質的差別。如果說秦漢的統治思想有什麼區別的話，主要在於具體的思想形式和基調有所不同，各種思想的整合程度有所不同。各種思想史的著作在論及以今文經學為代表的漢代統治思想的時候，常常使用「融合儒道法」、「兼納陰陽、刑名」、「雜用王霸」之類的斷語。其實這類斷語同樣可以用來為秦朝的統治思想定性。推而言之，不管具體的思想形式和基調是法家、道家，還是儒家、佛教，中國歷代王朝的統治思想都具有「雜家」品格，甚至可以說，「雜家」品格是中國古代主流文化的特點。「雜家」並非雜亂無章，而是有所整合的，其基本屬性是「雜用王霸」。

皇帝制度法定意識形態的初步形成

秦始皇在選擇與確立皇帝制度法定意識形態方面做出過特殊的貢獻。秦始皇自詡「原道至明」，「體道行德」，「匡飭異俗」，他為秦朝創立一系列制度與法則，並指令「後嗣循業，長承聖治」。秦始皇力圖從思想上、制度上尋求使「天下無異意」的「安寧之術」。他的一系列政治活動都體現著選擇與確立法定意識形態的意圖。他「悉召文學方術士甚眾，欲以興太平」；他通過定尊號，除謚法，集先秦君權觀念之大成；他又依據「五德終始」說推定秦朝為水德，確定符合水德的政治方略；後來他又「別黑白而定一尊」，禁私學，焚《詩》《書》，指令天下「以吏為師」[1]。秦始皇不是一位思想家，而他在確定皇帝制度的政治指導原則方面的確下了一番功夫。秦始皇以法家為主、綜合百家的統治思想及相應的政治實踐，在中國政治思想發展史上具有重要的地位和深遠的影響。

探索專制主義中央集權政體的政治指導原則，並確立維護這種制度的法定意識形態，是一個長期的歷史過程。它是思想家們不斷奉獻統一思想的方案，也是最高統治者在實踐中不斷篩選的結果。

春秋戰國時期，「諸侯異政，百家異說」[2]，「道術將為天下裂。」[3]如果說列國群雄各自為政的政治局面為人們指點江山，獨闢蹊徑，開拓認識領域，提供了便利，那麼政治變革，王制轉型就是百家爭鳴的政治根源和主要動力。爭鳴的主題是政治，議論的中心是君主。什麼樣的國家體制、君臣關係和施政方式更有利於國家富強、君權穩固、政令統一？如何才能「定於一」、「王天下」、「為天下一統」？當時的人們圍繞這個政治現實提出的重大課題進行了深入的思考。君主們以招賢謀霸王之譽，士子們以遊說謀卿相之位，學者們以論辯謀一家之尊。一場廣泛參與的政術大討論和政治大實踐勃然興起。以孔子為代表的禮治仁政論，以老子為代表的自然無為論，以墨子為代表的尚同兼愛論和以商鞅為代表的法治論等相繼問世。由此而形成禮治、法治、無為而治三大政治思潮。王制與王道是先秦諸子政治思維的關注點，也是百家之間學術爭論的焦點。百家爭鳴，就其主題而言，是幾種不同類型的帝王論之爭。在先秦諸子的思辨與爭鳴中，帝王觀念逐步理論化、典型化、系統化。這就將歷史長期積累的文化觀念和思維方式，上升為系統的富於思辨色彩的理論體系。

「天下一致而百慮，同歸而殊途。」[4]早在戰國時期，諸子百家就強烈要求以自己的學說來統一思想。各國統治者也有所青睞，有所採擇。在維護君主專制的問題上，儒、道、墨、法的政治思想本來就有共同之處，存在著相互融合的政治基礎和理論特質。它們之間的攻訐駁難，又促進了理論的揚棄與綜合。隨著中央集權政體的逐步確立，各家的政治學說逐漸相互融通。如果說春秋戰國之際，帝王論發展演變的大趨勢是類型化，並出現若干個性鮮明甚至極化的理論體系，那麼進入戰國以後，融通百家而成一家之言，逐漸成為政治學說發展演變的大趨勢。《管子》這部兼收並蓄的論文集成，在一定程度上反映著時代的特點。道家流派中的《文子》及黃老學說可能是最早走向綜合化的。《荀子》一書，以儒為主，儒法合流，兼採諸子，其思想雜而不亂，渾厚、充實，是綜合化趨勢的典型代表和成功範例。

在時代的大趨勢下，理論的綜合與政治的統一互為表裡，互相促進。秦相呂不韋執政以後，正式將統一思想問題提上議事日程。從秦王嬴政登基，到漢元帝執政，大約花了二百多年時間，確定皇帝制度法定意識形態的過程才大體完成。反映這個歷史進程的政治現象和文化現象很多，其中最突出、最典型的事件是秦漢統治者的四大政治實踐和在此期間相繼產生的四部政治名著。

從秦皇到漢武，先後有四部名著問世，它們是秦相呂不韋主編的《呂氏春秋》、法家學者韓非所著的《韓非子》、西漢淮南王劉安主編的《淮南子》和漢代大儒董仲舒所著的《春秋繁露》。這四部著作被分別列為雜家、法家、道家、儒家。就其宗本與旗幟而言，這種分類大體可行。但是，四本書都沒有把先秦各種典型且極化的帝王論進一步推向極端。相反，它們都兼採博收，融會貫通，提煉綜合。雜，即在先秦各種理論學派的基礎上，向綜合性發展才是共有的特徵。四部名著分別是雜存雜通、以法為宗、以道為宗、以儒為宗等四大綜合類型的典型代表。在當時的歷史條件下，綜合方式很難超出這四種類型。這四種綜合類型都具有現實可行性，所以從理論的或然性前途預測，它們都有可能成為統一天下的指導思想。其中前兩種綜合百家的集萃之作都與秦代統治思想的選擇息息相關。

與此相應，秦漢統治者四大政治實踐進一步推動了思想與政治的整合。《呂氏春秋》可以說是統治者選擇統一思想方案的第一次嘗試。依恃呂不韋的權勢，《呂氏春秋》占了先機，而呂不韋的失勢又斷送了雜存雜通綜合方式的政治前程。秦始皇的政治實踐屬於以法為宗的類型。靠法家學說立國、圖霸、進而王天下的秦君青睞法家學說，這本是順理成章的事。秦始皇偏愛《韓非子》，積極貫徹「以法治國」的統治方略，而秦朝的速亡徹底敗壞了法家的形象，以法為宗統一思想的方案被人們所摒棄。第三個登台扮演主角的是道家。漢初諸帝以亡秦為鑑，自覺地實踐黃老政治，使道家一度實際占據統治思想的主導地位。《淮南子》就是這個政治實踐的產物。可是，道家玄談道論，誇大無為，以致「其辭難知」，流於玄虛。以道為宗統一思想的方案很快就夭折了。到漢武帝時期，以儒為宗的統一思想方案被最高統治者選中。然而這時所謂的「儒術」已經兼採道、法、陰陽等，具有綜合百家的特色。

上述發展過程表明，具體的政治形勢和最高統治者個人的好惡，會在一定程度上影響一朝一代統治方略的取捨，卻又不足以確定一個歷史時代統治思想的基本框架和基本要素的選擇。這裡還有更深刻的歷史因素在起作用。

一般說來，秦漢以降歷代王朝的統治思想都高舉儒家的旗幟，而實際上在制度層面多以法家為主，在倫理道德層面基本以儒家為主，在哲學思辨層面大量吸收道家思想，在操作層面則兼採百家之長。在一定意義上可以說，秦始皇的統治思想和政治實踐，為皇帝制度的法定意識形態注入了最基本的內容，奠定了最基本的框架。

據實而言，秦朝的統治思想比以《韓非子》為代表的法家學說的內容更豐富。從《史記》、雲夢秦簡等保存的歷史材料看，法家的「以法治國」論，儒家的禮儀、教化和忠孝之道，道家的玄學、方術，陰陽家的「五德終始」說、「四時之政」等，對秦朝的制度、法律和政策都有重大的影響。統治集團內部時常有以一定的學術流派為背景的政策之爭。作為最高統治者，秦始皇在定制、立法、行政中廣泛吸收了一切有利於維護秦朝統治的政治學說、思想觀念和傳統習俗，對各種學派有一定的包容性。在秦朝的治國方略、定制政令、紀功碑文、法律條文中包容著傳統文化的成分和諸子百家的政見。秦朝統治思想的某些內容也與法家的思路相悖。這表明，秦朝的統治思想絕非「法家」二字可以概括，也不能用「霸道」二字簡單定性。國家之大、政事之繁、臣民之眾、風俗之異都決定了最高統治者不可能單憑一家一派之說來「一道同風」。秦始皇也從來沒有像漢武帝一樣公然宣稱獨尊某家某派，這就注定了秦朝統治思想的「雜家」品格。秦始皇的統治思想及其政治實踐很值得進一步深入地研究。

秦始皇統治思想的主要來源和基本構成

從現存文獻看，秦王朝立國時日短促，還沒有來得及進行全面的文化建設，更沒有明確宣布以何家何派為官方學說，其法定的意識形態尚未明確。因此，在分析秦朝的統治思想和秦始皇的統治理念的時候，不能僅靠《史記》記載的有限的言論，而應當多方探索其主要來源和構成。

一、深入剖析統治思想的若干思路

筆者認為，研究一個朝代的統治思想必須有廣闊的視野，採用多角度、多層次的分析方法，主要涉及以下幾個方面的內容：

1. **最高統治者的政見和政治傾向**。統治者的言論、著作及其對各種政治思想流派和各種具體政見的好惡、取捨是判定統治思想屬性、構成和特點的最直接的證據。但是，最高統治者的採擇往往具有多樣性、不系統性和不穩定性，有關的歷史記載也很難做到全面、準確。依據最高統治者一時的好惡、採擇去評說統治思想是不太可靠的。單憑最高統治者的言行很難整體把握統治思想。

2. **官方學說。官方學說是居於法定的統治地位的思想**。它在很大程度上決定著統治思想的思想形式和基調。官方學說往往打著某一學派的旗幟，如漢武帝明確宣布「尊儒術」。但是，儒學本身顯然不足以完全包容漢代統治思想的內涵。統治思想的內容往往比官方學說的內容更豐富。全面、準確地把握一個朝代的統治思想還需要進一步拓展視野，在分析官方學說的同時，充分注意社會主流意識形態的內容和特點。

3. **現行制度與政策的基本原理和基本原則**。制度是觀念的物化，政策是觀念的操作。制度與政策都是某種觀念獲得認可的產物。物化為制度，規定為政策，並以制度、政策為載體而存在的理論、思想、觀念、意識，可以同時影響甚至規範社會存在和社會意識。它比個人一時的好惡、取捨，比以思想形式存在的學說流派，都更具一般性、穩定性和規定性。以分析秦漢統治思想為例，秦漢兩朝的基本制度幾乎一模一樣，所謂「漢承秦制」，由此可以推定它們所依據的基本原理和基本原則是一樣的。秦始皇與漢武帝的區別主要在於前者更偏愛法家學說，後者更欣賞儒家學說，而法家與儒家在政治思想上的分歧主要不在基本制度層面上，而在於操作層面上。「百代行秦制」的思想根源是「秦制」的基本原理和基本原則始終沿而未革，統治思想最基礎的部分沒有太大變化。因此，制度與政策的原理是分析統治思想的重要材料。

4. **占統治地位或影響廣泛的社會政治思潮**。這類思潮比某個思想家、某個學派的影響要廣泛得多、深刻得多，它們往往會造就主流政治文化或時代性的比較穩定的政治觀念。以春秋戰國時期的思想為例，當時的學派雖號稱百家，而在政治上可以概括為三大思潮，即法治思潮、禮治思潮和無為而治思潮。法治、禮治和無為而治是百家爭鳴的主要話題。三大思潮共同鑄就了「大一統」理論，實行君主專制制度是其一致的取向。就絕大多數思想家而言，不是要不要法治、禮治和無為而治的問題，而是三種治術以何為主的問題。這就必然在紛紜的爭論中，形成若干普遍性的共識。這些共識是超越學派的。無論某個王朝、某個最高統治者偏愛哪一個學派的政見，統治思想中都會包含禮治、法治、無為而治的內容。這些思潮所形成的共同的政治文化成果，才是皇帝制度統治思想的基礎和主調。

5. **社會大眾普遍認同的政治觀念乃至政治信仰**。這類觀念和信仰具有大眾性和相對穩定性，它是任何一個朝代賴以實現其統治的社會心理基礎。有些觀念和信仰則是在統治思想的影響下形成的。古代統治者對於社會大眾極度崇敬的學說、信奉的宗教及各種盲目迷信的東西，往往予以順應，加以利用。有的時候他們本人也是虔誠的信奉者、宣揚者。社會大眾普遍認同的政治觀念乃至政治信仰必然與統治思想有一個互動的關係。在分析一個朝代的統治思想的時候應當予以充分的重視。

下面依據上述認識，全面分析一下秦朝統治思想的幾個主要來源、構成和內容。

二、各種大眾信仰對秦朝的統治思想的影響

戰國、秦漢雜祀名目繁多。社會大眾信奉天神、地祇、人鬼等各種神仙鬼怪。這類信仰大多與傳統文化有關，有的直接為現實政治服務，有的或多或少包含著政治內容。統治者或出於自身的信仰，或出於「神道設教」的需要，積極提倡、鼓勵、支持、參與這類祭祀。秦朝和秦始皇亦不例外。據歷史記載，秦朝建立以後，秦始皇親自祭祀和指令祭祀的神明很多。統治者所認可的各種傳統文化和大眾信仰是其統治思想的重要來源和構成之一。

從《史記·封禪書》的記載看，秦朝的國家祭祀和大眾信仰有的屬於秦國特有的，有的則屬於華夏傳統文化所共有的。秦國在雍設星神廟祭祀參、辰、南斗、北斗、熒惑、太白、歲星、塡星（即土星）、二十八宿、風伯、雨師、四海、九臣、十四臣、諸布、諸嚴、諸逑之屬等，皆由太祝主持每年按時奉祠。還祭祀天上其他諸神，如風、雷、雨。這些祭祀可能有一定的地方特色。秦朝的祭祀來自華夏傳統文化的更多。秦始皇曾親自「行禮祠名山大川及八神，求仙人羨門之屬」。八神，即天主（祠天齊）、地主（祠泰山梁父）、兵主（祠蚩尤）、陰主（祠三山）、陽主（祠之罘）、月主（祠之萊山）、日主（祠成山）、四時主（祠琅邪）。「八神將自古而有之，或曰太公以來作之。」八神享受祭祀之地集中在山東半島一隅，應來自華夏傳統文化。秦統一以後在國家祭祀神明方面做了整齊劃一的規範，使之與大一統局面相適應。「及秦併天下，令祠官所常奉天地名山大川鬼神可得而序也。於是自殽以東，名山五，大川祠山。」

秦朝的許多祭祀具有重要的政治功能。據董巴《輿服志》記載，秦始皇有「郊社」之禮，即祭祀社稷、太社。秦始皇還親自祭祀上帝，封泰山，禪梁父。這些皆從華夏古代政治傳統沿襲而來，具有論證王權神聖的政治功能。

許多學者認為，秦始皇信奉的上帝是秦人自己的上帝。這個看法值得商榷。春秋戰國時期的許多史料證明，包括楚、秦等國家在內，華夏族群都信奉同一個上帝。楚莊王曾經飲馬黃河，覬覦帝位，問「鼎之大小輕重」。王孫滿答道：「周德雖衰，天命未改，鼎之輕重，未可問也。」[5]楚莊王無可奈何，引兵自退。如果楚王不信奉華夏共有的上帝，結果會大不相同。秦國很早就是周天子的附庸。秦國先公也早就以西周正統文化的繼承者自居。與各國統治者一樣，他們的許多信仰會有一定的地方色彩，有的純屬是地方特有的，而其所信奉的上帝不會是僅屬於秦人的。秦始皇如果以秦人的上帝論證秦朝皇權受命於天，是很難以華夏共主的身分威服天下的。秦朝皇帝在都城南郊祭祀上帝。秦始皇在傳國玉璽上刻有「受命於天，既壽永昌」，在泰山封禪刻石亦有「事天以禮」。這個「上帝」、這個「天」必須是被天下所共同信仰的。

秦始皇顯然是一個有神論者。他非常迷信，不僅沿守秦的多神信仰，還把中華大地所產生的諸多神靈都接受下來，一一加以崇拜。在他的心目中有一個多神的世界。他還對仙人世界的存在深信不疑，企盼著羽化而成仙，變成長生不老的「真人」。在政治思想方面，他相信君權天授，「五德終始」，於是頻頻禮拜上帝及眾神，祈求保佑。他極力以華夏族群共同信仰的皇天上帝來證明秦朝皇權的合法性，並自命為「水德」之王。他還千方百計地消除據說瀰漫於東南大地的天子之氣，以防範又一位獲得天命的君主奪取嬴秦天下。

人們普遍把秦始皇界定為「法家皇帝」，而法家著名思想家一般不相信天賦君權、神佑君權這一套。法家學者大多信奉自然的「天道」或客觀的「道」、「理」。他們閉口不談君權神聖，更不講什麼君權天授。在《慎子》、《商君書》、《韓非子》中，人們很難找到神秘主義的幽靈。僅就世界觀而言，秦始皇與法家學說是格格不入的。他的信仰世界與芸芸眾生以及大多數儒者、墨者、方術之士更相似。

無論從秦朝政權的崇拜對象和秦始皇的個人信仰看，還是從戰國、兩漢時期大眾信仰的主要特點看，當時除部分頭腦清醒的思想家以外，整個社會還瀰漫在濃重的神秘主義迷霧之中。在分析秦朝的統治思想的時候不能忽略這個重大的歷史現象。

三、各種源遠流長的政治傳統、政治慣例和政治經驗

秦朝統治思想中的許多內容來自歷史悠久的政治習俗、政治慣例以及各種政治經驗。特別是秦朝的許多具體制度的基本原理和主體框架大多沿襲傳統制度，有關思想的源頭甚至可以追溯到夏、商、西周時期。

秦始皇的許多政治行為與政治傳統、政治慣例有關。例如，中國古代有所謂「新王改制」的傳統。一個新興王朝通常要採取一系列「與民更始」、「與民變革」的措施。秦始皇稱帝後，立即改尊號為皇帝，以十月為歲首的正月，以黑色為正式服色，並修訂各種禮儀制度。秦始皇巡狩天下、封禪泰山梁父等也與源遠流長的政治傳統、政治慣例有關。

秦朝流行的政治道德和有關的規範基本上來自傳統觀念和政治經驗。雲夢秦簡中的《為吏之道》是一部訓誡官吏的教令。它至遲形成於戰國時期。作為官吏的教科書，《為吏之道》的內容包括處世哲學、紀律要求、施政規則、治民技巧等，頗似後世的《臣軌》、《官箴》。從其思想

特點看，顯然不屬於一家一派，而是一種傳之久遠的政治經驗總結。《為吏之道》的基本精神和原則，前有古人，後有來者，它普遍適用於中國古代社會的官吏。可以不無把握地斷言：在秦朝的統治思想中，來自各種影響廣泛、傳延久遠的政治經驗、政治慣例的思想不會僅限於此。

秦朝的許多制度也基本上沿襲傳統制度而有所損益。據《史記・禮書》記載，秦朝的禮制「悉內六國禮儀，採擇其善」。漢朝制度「大抵皆襲秦故。自天子稱號下至佐僚及宮室官名，少所變改」。這表明，秦漢禮儀制度的基本原則和主體框架「依古以來」，基本上繼承了傳統的典章制度，只是在一些具體制度上「頗有所增益減損」而已。秦朝的宗廟制度、避諱制度等也基本上依照傳統思想中的某些說法和制度確定。由此可見，秦朝許多制度的基本原理和主體框架來自歷史上既成的習俗、慣例和制度。有關的思想作為政治經驗的總結和政治慣例的歸納，不屬於一國一地，更不屬於一家一派，而屬於一個時代乃至一種社會政治形態。因此，它們不僅被包納在秦朝的統治思想中，而且貫通於歷代王朝的統治思想中，在中國古代社會具有通行性。

四、影響廣泛的全社會普遍政治意識

全社會的普遍政治意識是一種相對穩定的政治觀念。普遍意識，即在某一社會群體中廣泛存在的共同的信仰、信條、信念、心態。全社會各階層成員的普遍意識，特別是獲得廣大社會一般成員認同的政治意識、社會意識，往往是社會風尚、習俗、信仰的主體性支配因素，由此而形成的普遍化的「意識—行為」模式和社會人格，最能體現某一歷史時期全社會的精神風貌和社會的基本特徵。它又是體現時代精神的所謂「精英思想」的社會背景和文化背景。因此，任何朝代的統治思想都是在全社會普遍政治意識的基礎上構建的。作為法定的意識形態和主流文化的代表，統治思想又集中體現著全社會普遍政治意識。全社會普遍政治意識比個別政治家、思想家的好惡更具有普遍意義，也更具有穩定性。如果把某個個體的精神現象放到全社會普遍政治意識的平台上解剖，就可以更準確地把握個體的觀念、意識、行為與一個時代、一種社會形態的相互關係。所以分析全社會普遍政治意識，是解讀一個朝代的統治思想和一個統治者的統治理念的重要途徑之一。

秦始皇的皇權觀念主要來自於全社會普遍政治意識。在稱帝篇對「皇帝」名號與當時全社會普遍認同的君權觀念的關係，已經做了全面的分析，並指出：「皇帝」稱號和皇帝制度與其說是秦始皇的個人創造，不如說是社會大眾對君主制度普遍信仰的產物和君主制度在實踐中不斷發展的產物。如果說人們對君權觀念有什麼差別的話，也只是在宗法、權勢、神化、聖化等四種君權觀念的要素中更突出某一種成分而已。秦始皇皇權觀念的特點是以聖化為主，又比較突出權勢的成分，兼有神化、宗法成分。其中宗法的成分比較淡薄。

與皇權觀念密切相關的是「大一統」觀念，這也是一個全社會普遍政治意識。儒、道、墨、法、陰陽等重要學派都對「大一統」理論的形成做出過重要的貢獻。秦始皇是信奉「大一統」理論的，他所締造的大秦帝國全面實現了「大一統」。在本章下一節將予以分析、介紹。

五、諸子百家的特色學說與秦朝統治思想的理論構成

秦始皇的統治思想多採自諸子百家的特色學說，他廣泛採擇各家之長，形成比較完備的統治手段及相關的制度、方略和政策。

先秦學術號稱百家。諸子百家除了少數有無君論的傾向外，其餘都是有君論者。從現存文獻

看，其中提出比較完整、比較系統的政治理論的只有儒、道、墨、法四家。在政治思想領域影響較大的還有陰陽家和名家。這六大學派的政治思維有共同的取向，即維護君主制度。然而對於實現和維護君主專制政治的主要途徑和基本方略，六家的主張有很大差異，彼此爭鳴不已。

比較異同，可以將先秦各種帝王論分解為八個層次的內容、取向或論點：1. 有君論，即有君則天下大治，無君則天下大亂；2. 天、道、聖立君，即君主制度是依據上帝、道義或聖人的意圖設立的；3. 國無二主，政治一元，即最高權力必須集中在君主手中；4. 君尊臣卑，本大末小，即在等級地位上君是至尊，在權力配置上君權必須壓倒一切；5. 君為政本，即一人興邦，一人喪邦，天下治亂取決於君主的素質；6. 道義高於君主，即最高統治者必須服從君主政治的基本法則；7. 君道、治道的主要內容，如任賢、納諫、重民、守禮、執法等。8. 君道的宗旨及君道各主要內容之間的相互關係和結構方式。

一般說來，序號越小，諸子的趨同性越高。對無君則亂，人們眾口一詞，高度一致。在君主制度天經地義、政治權力一元化、君尊臣卑、道高於君、君主決定治亂等層面，人們的認識大同而小異。在諸子的治國之道中，都有任賢能、納諫諍、重民生、守禮法的主張，在一些基本點上大致相類。分歧集中在君道的宗旨上。儒家以禮為本，主張「以禮治國」；法家以法為本，主張「以法治國」；道家以自然為本，主張「無為而治」。這一爭論及哲學思想的差異又影響到序號在前的各層次的具體認識。例如，法家更重視強制性政治手段，把法制、賞罰、權術視為治國治民的主要手段；儒家則更重視政治中的道德因素，主張重視教化，德主刑輔，實行仁政。這一認識對兩家的政治體制論和君臣關係論有深刻的影響。又如，由於哲學思想的差異，儒、墨兩家大講君主制度由上帝確立，道、法兩家則認為君主制度依據道義確立。就基本文化取向而言，諸子的帝王論同大於異。「天、道、聖立君」、「亂莫大於無天子」、「土無二王，尊無二上」、「聖者為王」、「一人興邦」、「道高於君」、「天下為公」等幾乎是諸子百家的共識。這就鑄就了一種共有的文化體系。無論人們尊奉哪家哪派，都會認同這一文化體系，從而形成對君主政治體系中基本因素的集體取向。這是諸子百家可以相互融通而殊途同歸的政治基礎和理論基礎。

司馬談說：「夫陰陽、儒、墨、名、法、道德，此務為治者也，直所從言之異路，有省不省耳。」六家之說各有所長，又各有所短，每一家的主張中都有「雖百家弗能易」、「雖百家弗能改」、「雖百長弗能廢」6的內容。這是頗有見地的。維護君主制度是六家的共性，而對實現政治目標的具體途徑和措施各家的見解不盡相同。每一家都提出了有特色的君主政治不可或缺的主張。

秦始皇不是一個學問家，而是一個政治家。他專注於現實政治，這就決定了在思想上他是一位「雜家」。從現存文獻看，秦始皇沒有學者之間常見的黨派意識和學術偏執。他對各種傳統文化、思想流派和政治學說的取捨主要依據其實際政治需要。秦始皇受法家學說的影響較大，而他從來沒有惟法家學說是從。在思想文化上，秦始皇基本上實行兼收並蓄政策。在他的群臣、博士中聚集著諸家門徒，也可謂人才濟濟。在具體施政中，秦始皇以實用主義的態度對待諸子百家的學說，依據有益於政治統治的標準廣泛採擇，並加以整合。因此在秦朝的官方思想中，法家、陰陽家、儒家、道家、墨家、名家等先秦主要學術流派的思想都有一席之地。即使在秦始皇嚴禁私學、「焚書坑儒」之後，兼收並蓄的基本方針實際上也沒有重大改變。原因很簡單，秦始皇實行文化專制的方略是一切統一於皇帝欽定的官方思想，官方思想的集中體現則是國家和皇帝頒布的各種法律、政令，而相關思想的來源與構成則是綜合諸子百家的。

㈠法家

法家學說對秦朝統治思想的貢獻最大，其中屬於法家獨特貢獻的主要是法制至上思想及一些與中央集權政體有關的具體主張。自秦孝公以來，秦國的執政大臣如商鞅、張儀、樗里子、甘茂、魏冉、范睢、蔡澤、呂不韋、李斯等，都不是儒者。他們注重功利、實力、謀略、耕戰和法則，從不諱言「霸道」。其政治理念與商周以來的傳統思想、禮樂政治多有不合之處。秦始皇讚賞《韓非子》，信用李斯、尉繚等人，其定制立法的依據多來自法家學說，行政的方式也深受法家學說影響。在這個意義上，甚至可以說他是一位「法家」皇帝。

「以法家為主」，主要體現在秦朝皇帝的主要政治傾向及某些政治制度層面和常規性政治操作層面。即使在制度和操作層面，秦始皇也沒有按照法家的教導亦步亦趨。他更沒有宣布獨尊法家。

法家著名代表人物，如慎到、商鞅、申不害、韓非等人，更相信「道」、「理」、「天」的自然法則屬性。在他們的理論著作中也很少講忠孝、仁義之道。有的人甚至對這一套思想很反感，主張以殺伐的手段禁絕之。韓非明確反對君主背法「專制」。一些嚴肅的法家思想家還反對繁法苛罰，更反對最高統治者謀私、極欲。在這方面，作為最高統治者的秦始皇與他們顯然有所不同。他相信天賦君權，迷信神仙方術，宣揚忠孝仁義，不僅有其言，而且有其行。秦朝統治思想中的許多內容並不是來自法家學說，在有些方面甚至違背了法家的主張，這是顯而易見的。

㈡儒家

儒家學說為秦朝的統治思想提供了許多重要的內容，其貢獻僅次於法家。這是由儒家學說的本質和特色所決定的，主要有二：一是儒家鼓吹「王天下」、「土無二王」、「定於一」、「大一統」，倡導君主專制，維護等級制度，又提出了比較多的調整王權的思想，其理論體系的基本內容很適合皇帝制度的需要。漢代以降二千年的歷史一再證明了這個事實。其中儒家對秦朝政治的最大的貢獻當數系統化的「大一統」理論。它非常合乎秦始皇的口味。二是儒家學說的特長是「序君臣父子之禮，列夫婦長幼之別」，這一點對於皇帝制度也是「不可易」的。對這一類「雖百家弗能易」、「雖百長弗能廢」的內容，秦始皇及其輔臣不可能視而不見，更不可能棄而不用。秦朝的禮制、法律、紀功刻石及道德規範等都體現著儒家學說的深刻影響。對於儒家學說在秦朝統治思想中的地位、作用和影響，可以從諸多層面分析。

其一，秦始皇、秦二世對儒學和儒生的態度。

秦朝朝廷一直徵用、禮遇儒者，對於儒生與經學一度也相當重視。秦朝有「博士」之官。博士之下又設置「諸生」。博士、諸生皆徵聘、召集「文學」之士充任。秦始皇曾徵聘七十餘名學者擔任博士，又召集兩千多人為諸生，他還以「悉召」、「甚眾」自詡。「文學」特指研究儒學經典等文獻。以「文學」獲得徵用的秦朝博士可能來自不同學派，而其中聞名於後世者大多可以確認為儒家學者。如精通《尚書》的伏生、被稱為「漢家儒宗」的叔孫通和被《漢書・藝文志》列入儒家的羊子等。「焚書坑儒」事件發生以後，仍然有儒家學者被徵召為博士。叔孫通「秦時以文學徵，待詔博士」。秦二世時「拜為博士」。他有「儒生弟子百餘人」[7]。叔孫通等儒家傳人在當時的政治生活中相當活躍。

有秦之世，從政的儒者甚多。依據制度，博士、諸生「通古今」、「辨然否」、「典教職」，可以治學，可以參政，享有一定禮遇。每逢皇帝大宴群臣，或集議大事，都有博士、諸生參與。有人還引經據典，依據儒家學說，臧否朝政，獻納諫言，甚至公然「以古非今」而不受懲處。

與漢高祖一樣，秦始皇時常流露出對儒者的輕蔑。《史記》生動地記述了秦始皇徵聘博士，禮敬諸生，「尊賜之甚厚」，到「由是輕諸生」，再到「益輕諸生」，最後發展到「焚書坑儒」的過程。在中國古代，輕蔑「俗儒」、「文人」是許多直面現實、積極進取的政治家、思想家（包括信奉儒學者）的常態。這樣的統治者為數甚多，秦始皇只是其中的一員。然而秦始皇對儒家經學一度還是比較重視的，至少曾經給予一席之地。秦始皇的失誤在於他看到一些儒者不務進取，不切實際，迂腐不堪，卻沒有深刻體察到儒家學說比專注於政治層面的法家學說更貼近社會大眾。儒學依託著傳統文化，植根於宗法社會，專注於倫理道德，既有華麗動人的外衣，又有深厚的社會基礎，還有豐厚的文化底蘊和豐富的政治哲理，因此儒學對於君主專制政治有特定的、不可取代的作用。它更適合調整複雜的社會與政治，更有利於守成，統治手段也更全面。作為最高統治者，他可以輕蔑儒者，卻不可以輕蔑儒學，尤其不應當輕蔑那些有真才實學的儒家學者。這個經驗教訓被後來者汲取，這或許是秦朝政治與漢唐政治有所不同的原因之一。

其二，儒家學說對法家學說的影響。

秦的政治模式和統治方略深受以商鞅、韓非為代表的法家學派的影響，而法家學說又受到儒家學說的影響，因此儒家學說中的某些內容，也會通過法家代表人物的思想言論，曲折地影響秦朝的統治思想。

就文化淵源而言，儒法同源，都是商周文化在新的歷史條件下的變異和再創造，它們分別著重採擷商周的倫理觀念、刑名思想，形成兩種風格不同的救世、強國理論。然而儒法兩家都鼓吹貴賤有等，維護君權尊嚴，主張「王天下」、「定於一」。儒家的「禮」與法家的「法」也有許多共同的社會政治內容。這些基本共識必然導致兩家的社會政治主張有相互融通之處。這也就決定了儘管儒法兩家的主張乍然看去風格迥異，形同水火，而實際上它們是可以互相包容的。先秦法家代表人物大多有儒家文化背景，他們曾是儒門弟子，有由儒入法的經歷。在《漢書．藝文志》中，李悝的著作一部分列為法家著作之首，另一部分又列入儒家一類。主持楚國變法的吳起曾師事孔子的高足曾子。韓非、李斯都是荀子的得意門生。儘管他們在不同程度上摒棄了儒家的主張，而在思想上卻又不能不或多或少地受到儒家思想的影響。法家學者的著作中的確包容著一些儒家思想。《管子》中的法家著作大講禮、仁、忠、孝、義，在這方面最為典型。《韓非子》中的一些思想也明顯受到儒家的影響。

其三，儒學對秦朝實際政治的影響。

秦始皇是一個重視禮制的皇帝。正如儒學在秦朝的境遇暴露了它的弊端一樣，儒學對秦朝政治的影響最能展現它的優長之處。儒之弊端和優長皆在一個「禮」字，儒學正是靠著禮學給予秦朝的政治制度、臣範官軌、倫理道德以深刻的影響。

儒學對秦朝制度的主要影響之一體現在禮制方面。「人道經緯萬端，規矩無所不貫，誘進以仁義，束縛以刑罰，故德厚者位尊，祿重者寵榮，所以總一海內而整齊萬民也。……是以君臣朝廷尊卑貴賤之序，下及黎庶車輿衣服宮室飲食嫁娶喪祭之分，事有宜適，物有節文。」[8]人們通常把這類思想歸之於儒家，歸之於孔子。其實不然。無論其思想源頭，還是制度原型，都遠在儒家學說創制之前就發生了。在儒、墨、法、名、陰陽以及道家中主治派的政論中，都為「禮」保留了一席之地。這一套思想和制度為當時一切主張實行君主制度的思想家所擁護，其中儒家論證得最系統，提倡得最賣力。在功勞簿上，自然要首先為儒家記上一筆。

秦始皇的許多作為和言論頗像一個「禮治」皇帝。秦朝的禮儀制度受傳統觀念和制度的影響最深，而講究這一套是儒者之長。秦始皇曾指令群儒議定封禪典禮的儀軌。秦二世令群臣議定宗廟制度，而群臣所提出的方案與儒家經典之義大體相合。儒家以「禮」作為其全部政治學說的主幹和基礎。有關的制度顯然深受儒家思想的影響。在秦朝禮儀制度的建設方面，儒家功不可沒。

儒家學說對秦朝政治的又一個重要影響是政治道德。在雲夢秦簡《為吏之道》中，對廣大官吏提出了系統的道德規範和行為準則，其中有「寬俗忠信，和平毋怨」；「慈下勿陵，敬上勿犯」；「正行修身」，為民表率，以身作則；「除害興利，茲（慈）愛萬姓」等。文中還大講處世哲學，諸如「中不方，名不章，外不員（圓）」，〔禍之門〕」等。這些思想與儒家經典的主張相同或相近，有些詞語甚至相似或雷同。例如，《禮記·曲禮上》說：「臨財毋苟得，臨難毋苟免。」《為吏之道》也說：「臨材（財）見利，不取句（苟）富；臨難見死，不取句（苟）免。」《為吏之道》認為，「為人君則鬼（懷），為人臣則忠；為人父則茲（慈），為人子則孝。……君鬼（懷）臣忠，父茲（慈）子孝，政之本殹（也）；志徹官治，上明下聖，治之紀殹（也）。」這個思想與孔子、孟子、荀子等先秦大儒「君禮臣忠」、「父慈子孝」、忠孝為本的主張別無二致。這些思想也應主要來自以儒家為代表的傳統觀念。法家代表人物很少講這一套。

儒家的許多政治價值也獲得秦朝統治者的認同。秦朝在各地的紀功刻石中，宣揚「仁義」，大講秦始皇的「仁」、「義」、「聖」、「德」。這些思想來自以儒家為代表的傳統觀念，而秦始皇、李斯等人顯然是信奉這一套的。秦朝政府依據某些儒家價值標準，評價秦始皇的功業，向廣大臣民播揚皇帝的功德，這從一個側面顯示了儒家學說在全社會的廣泛影響。秦始皇君臣不僅宣揚這一套東西，而且以法律、政令的形式貫徹下去，憑藉國家政權的強制力來維護這一套道德規範和價值體系。雲夢秦簡《語書》以太守發布教令的形式，明確提出：「為人臣」要「忠」，作「良吏」

要忠厚、「廉潔」、「有公心」、「能自端（正）」。這樣一來各種道德說教也就具有了強制性的約束力。秦始皇依據儒家提倡的倫理觀念，為天下臣民設定道德規範、法律規範，這實際上是憑藉國家權力貫徹儒家的某些社會政治主張。儒家學說在組織、維繫秦朝社會政治體系中的作用不可低估。

其四，儒家對當時社會文化的影響。

大量可靠的歷史記載表明，儒學在秦朝有廣泛的影響，當時尊崇、傳授、修習儒學的人為數眾多。直到秦始皇「焚書坑儒」之前，儒學的顯學地位沒有受到重大影響。

在戰國時期的各個文化區域中，儒學有其傳統優勢地域，即以齊魯文化區域為主的東方各國。魯國是周公姬旦後裔的封地，有遵守周禮、提倡「親親」的政治習慣和文化傳統。在春秋時期「禮崩樂壞」的大環境下，魯國成為傳承正宗西周文化的地域之一。以繼承、發揚西周文化傳統為己任的孔子就是魯國人。孟子、荀子等大儒都是齊魯及其附近地區的人。深刻影響中華文化幾千年的儒學體系，既是齊魯文化的結晶，又有更廣泛的影響。在秦朝，齊魯一帶仍然是儒學的大本營。孔子九世孫孔鮒（孔甲）在當地頗有影響，秦始皇曾召其為魯國文通君。荀子的弟子浮丘伯和秦朝博士叔孫通也是這一帶的人。許多人還積極參與政治，為官做宦。作為當時一大顯學的儒家，在政治上、學術上一直保持著強勢和韌性，是一支不容忽視的政治勢力。這股勢力以齊魯為中心，向全國輻射，對當時的政治、學術、禮儀、民俗都有重大影響。

對於儒家的影響，秦始皇的長子扶蘇曾有一個估價。當秦始皇策劃「坑儒」時，扶蘇勸諫說：「天下初定，遠方黔首未集，諸生皆誦法孔子，今上皆重法繩之，臣恐天下不安。唯上察之。」[9]殺幾個「誦法孔子」的人竟會導致「天下不安」，可見儒學的信奉者之眾和社會影響之大。

應當指出的是：儘管許多儒家傳人喜歡「以古非今」，對郡縣制和「以法治國」多有微詞，而儒學所鼓吹的「王道」學說並不是秦朝統治體系的天敵。在儒學的理論體系中，「禮」與「法」、「德」與「刑」本來就不是截然相分的概念。作為禮治德化理論的重要組成部分，本來就有關於法制、刑罰的理論，如在構成「王道」的「禮樂刑政」中，有與「禮」、「樂」相配合的「刑」、「政」。又如作為「王道」的重要法制原則的「德主刑輔」，有與「德」相輔相成的「刑」。在儒學體系中，也有比較重視法治、刑名的學派。以荀子為代表的儒家學者還對法家思想有所吸收，有所改造。他的兩個高足韓非、李斯出儒入法。儒家的「大一統」思想更是與法家的有關主張異曲同工，互相唱和。秦代儒者整理《尚書》，把歷代王者的詔告按照歷史順序排列。這個經過加工、整理的本子，以〈堯典〉為首篇，以〈秦誓〉為末篇，其政治功能在於將秦朝納入帝王之統。總之，儒家學說對秦朝統治思想和實際政治的影響不可低估。

㈢陰陽家

秦朝的統治思想、政治模式和某些制度受陰陽家的影響很深。這集中體現在兩個方面：一是秦始皇採用鄒衍的「五德終始」說，以此論證秦朝皇帝奉天承運，並據以確定了秦朝的政治模式和一系列具體的制度。二是秦朝的一些政治規範深受陰陽家「四時之政」的影響。

「五德終始」說的發明權屬於鄒衍。鄒衍，齊國人，陰陽家著名代表人物，大約生活在齊威王、宣王時期。鄒衍「論著終始五德之運」，「以陰陽主運顯於諸侯」，「及秦帝而齊人奏之，故始皇採用之。」[10]「五德終始」說是當時很流行的一種學說，深得各國統治者的青睞。呂不韋曾將這種學說編入《呂氏春秋》，並廣為宣揚。秦始皇也篤信這種學說，並將其納入秦朝的統治思想。從此「五德終始」說正式成為秦始皇帝制度法定意識形態的重要組成部分。

「五德終始」說的基本論點是：金木水火土這「五德」支配著社會政治的歷史性變化，其規律是：「五德轉移，治各有宜，而符應若茲。」[11]每一種「德」代表著一種特定的政治模式。每一王朝都由特定的德支配，這種德的屬性決定著最適宜一個王朝的政治模式，而它的盛衰又決定著這個王朝的興亡。五德代興決定了王朝的更替，即「五德從所不勝，虞土，夏木，殷金，周火」[12]。虞舜「以土德王」，夏禹「以木德王」、商湯「以金德王」，周文王「以火德王」，代周而興者將「以水德王」。此後依據土勝水、木勝土、金勝木、火勝金、水勝火，無限循環往復。王朝更替之際，一德已衰，一德方興，自然界必然出現相應的徵兆。這類現象稱之為「符應」、「符端」。新興王朝必須改變政治模式，補救舊的政治模式的缺陷，並與自己所屬的德相適應。《呂氏春秋・應同》對「帝王之將興」的徵兆有詳細論證。

「五德終始」說不僅論證了王朝更替的必然性，而且論證了政治模式改變的必然性。它告訴當時的人們：王朝的更替符合「天命」、「主運」；火德的周朝行將被一個水德的王朝取代；新興的王朝應當改變政治模式，用符合水德的「法治」代替符合火德的「禮治」。這種說法無疑是非常符合秦始皇的政治需要的。

秦始皇剛剛稱帝，就有人對他推論「五德終始」之運，說：「黃帝得土德，黃龍地螾見。夏得木德，……有赤烏之符。今秦變周，水德之時。昔秦文公出獵，獲黑龍，此其水德之瑞。」[13]這就是說，周朝為火德，應當被水德的王朝所取代，而秦朝的先公早就獲得了「水德之瑞」，理當由秦取代周。現在秦朝實現了國家統一，以水德滅了火德，應當開始以水德模式治理天下。秦始皇欣然採納，並採取具體措施完成新王改制的政治任務。

秦始皇自命「方今水德之始」，依據水德更改正朔及各項制度。依據陰陽五行之說，水屬陰，方位為北方，時節為冬季，色彩為黑色，數字為六，音律為羽。於是秦始皇下令：更改黃河的名稱為「德水」；以處於冬季的十月為一年之始，以建亥之月為正月，「朝賀皆自十月朔」；以黑色為王朝的象徵，「衣服旄旌節旗皆上黑」；「數以六為紀，符、法冠皆六寸，而輿六尺，六尺為步，乘六馬」；音樂則以大呂為上。秦始皇認為，水屬陰，陰主刑殺，水德政治模式採取法治，並以刑罰為主。因此，「剛毅戾深，事皆決於法，刻削毋仁恩和義，然後合五德之數。於是急法，久者不赦。」[14]

值得指出的是：秦始皇崇尚法制，重用獄吏，嗜好刑罰，刻薄寡恩，與他相信秦朝為水德，施治之術應當符合「五德之數」有直接關係。有關的觀念與行為不能完全歸咎於法家。秦的政治模式本來就與水德模式類似。秦始皇迷信陰陽家的「五德終始」說，以水德自命，使這種政治模式固定化，甚至凝固化。其結果是強化了這種政治模式的弊端。

秦朝以水德稱帝、立國、施治是毋庸置疑的。秦始皇規定服色尚黑，更民名為黔首。黔，即黧黑色。考古發掘也為秦朝色彩尚黑提供了實物證據。秦都咸陽遺址建築和人物畫一般為黑色。秦朝數字尚六的證據更多。秦朝的兵符、法冠皆六寸，車軌、步長皆以六尺為度，車乘則以六馬為駕。秦朝的各種政治措施都偏愛使用六的各種倍數。如「分天下以為三十六郡」；鑄「金人十二」；「徙天下豪富於咸陽十二萬戶」；修築封禪的祭壇「皆廣長十二丈」；秦代刻石三句一韻，一句四字，三句十二字。碣石刻石一百零八字。泰山、之罘、東觀、嶧山刻石皆一百四十四字等。秦始皇統一天下後的「陽陵虎符」銘文是：「甲兵之符，右在皇帝，左在陽陵。」共三句十二字。而秦統一之前的「新郪虎符」、「秦國杜虎符」的銘文則不然。這很可能與秦始皇依據水德改制有關[15]。

陰陽家的「時政」論對秦朝的統治思想也有一定的影響。時政，即四時之政。有關的政治觀念和政治行為由來已久，陰陽家只是集其大成而已。最早從理論上系統論述時政的是〈月令〉。〈月令〉是陰陽家的一篇重要的經典。《呂氏春秋》全文收錄了這篇文章，並將它作為全書的大綱。儒家也將其收入《禮記》。可以說與時政有關的觀念和理論，一直是中國古代統治思想的重要組成部分。

四時之政與農耕文明有直接關係。陰陽家將長期積累的有關的知識和認識套用到政治上，提出了系統的理論。〈月令〉的作者以太陽為宇宙結構的最高層次。太陽運轉形成四時，即春、夏、秋、冬；每時又分為三個月。陰陽、五行與四時相配合，制導著生產、政令等各種人事活動。在生產方面，春種、夏長、秋收、冬藏。在政治方面，也必須採取相應的措施。例如，春季屬木德，為萬物萌發之時，政令的基本精神是布德施惠；夏季屬火德，為萬物繁茂之時，政令的基本精神是講究禮樂；秋季屬金德，為萬物凋零之時，政令的基本精神是尚武用刑；冬季屬水德，為萬物閉藏之時，政令的基本精神是強化治安。與此相應，還有一系列與四時相應的禁忌。如春季禁止伐木殺生，夏季禁止大興土木等。

在文獻中，四時之政對於秦朝政治的影響缺乏詳細的記載。而雲夢秦簡保存的《田律》證實秦朝的法律和政治，顯然接受了有關的思想，特別是在指導農業生產方面基本上照搬了〈月令〉的各種禁忌。其具體內容將在法制篇詳細介紹。

秦始皇之所以以「五德終始」說論證秦朝統治的合法性，以水德規範秦朝的政治模式，並依據四時之政制定有關的法律，是因為這既是他和群臣的政治信仰，又是社會大眾的政治信仰。

關於陰陽五行思想的起源問題，學術界聚訟不已，迄今尚無定論。但是眾多的歷史材料表明，有關的思想因素很早就產生了。陰與陽這兩個相反相成的哲學範疇，是中國古代哲學的核心概念。古老的《易經》就是這種思維方式的淵源之一。到春秋戰國時期，陰陽範疇的解釋能力已經推及宇宙間一切事物，即可以用來解釋自然、社會、人生的一切對立統一的現象。不僅專門講究陰陽學說的陰陽家成為當時六個最重要的理論學派之一，而且儒、道、墨、法、雜、兵等各家各派的著名思想家和《老子》、《周易》、《墨子》、《孟子》、《孫子兵法》、《莊子》、《荀子》、《呂氏春秋》、《韓非子》等先秦思想名著，都曾按照各自的理解運用陰陽理論論證其學說。五行學說的情況大致相同。五行也是中國哲學史上古老的哲學範疇之一。「五行」一詞最早見於《尚書・甘誓》。但是有的學者認為這裡的「五行」並不是指金、木、水、火、土。有的學者則不同意這種說法。無論如何，到西周時期，著名思想家伯陽父就已經開始運用陰陽學說、五行思想來判斷政治興衰、君臣互補。伯陽父是周幽王的太史，又稱史伯。他根據金、木、水、火、土相雜「以成百物」，推定君主必須接受臣下的諫諍，又根據陰陽失序、天災不斷及其他因素，推定西周將亡，齊、晉、楚、秦將興[16]。從此以後，許多思想家都援引陰陽、五行思想論說社會、政治、軍事等事。到秦漢時期，陰陽五行說是全社會的重要信仰之一。顧頡剛曾把這個學說稱為「中國人的思想律」[17]。范文瀾曾以孫悟空跳不出如來佛的手掌，來比喻陰陽五行學說對中國人的影響[18]。這種社會思潮性的政治理論和大眾信仰不可能不被納入秦朝的統治思想。

㈣墨家

墨家是戰國時期的顯學之一，其信徒很多，影響頗大。一種流行的觀點是，墨家學說代表社會下層民眾的意願，其尚賢、非攻、兼愛、節用、尚同思想不合乎統治者的需要。許多學者甚至認為，墨家主張民主、平等、博愛。但是，上述看法忽略了這樣一個事實：墨家的思想與實踐都不具有與君主政治相對立的性質。墨家學者還得到包括秦國在內的一些國家君主的禮遇。在當時的歷史條件下，一種否定君主專制制度的學說不可能成為一時之顯學，更不可能得到君主們的青睞。仔細分析墨家的政治思想體系就不難發現：墨家的某些具體主張可能不能迎合統治者的欲望，而其政治思想體系與秦漢以來的統治思想並無根本性的矛盾。在政治上，墨家屬於專制主義。

墨家主張尚同，其要點有七：一是人類必須實行君主制度。墨家認為，上古無君，以至「天下之亂，若禽獸然」。為了制止人們「自愛」、「自利」、「一人一義」而引起的紛爭，實現兼愛交利，必須設立「政長」、實行「刑政」，由最高統治者實現「尚同」。二是最高政長至貴至智。墨家認為，由「貴且智」者治理「賤且愚」者是不可移易的根本法則。天子由天選賢而立，助天為治，他是人世間極貴、極富、極智的人。在人間，天子是最高的絕對權威。三是天子選拔任命各級政長。墨家認為，天子一人無法獨治天下，他必須選賢任能，立三公、封諸侯，建立自上而下的政長體系，形成各級政權。四是政長逐級尚同。每一級政長必須對上級負責，逐級尚同。家君發布憲令於其家，並尚同於里長。里長尚同於鄉長，鄉長尚同於國君，國君尚同於天子，天子尚同於天。天子依據天意發布憲令，「一同天下之義。」五是下級絕對服從上級。墨家主張，上下級之間是絕對隸屬關係，下可以規諫上，但下必須服從上，「上之所是，必亦是之；上之所非，必亦非之。」六是以賞罰保證政令實施。墨家認為，賞罰是政治之本。政長體系以刑政賞罰為治，「下比而非其上者，上得則誅罰之。」天子有權賞罰天下一切善者或不善者，以使廣大臣民「無有敢紛天子之教者」。其七，維護等級制度。墨家認為，「無君臣上下長幼之節，父子兄弟之禮，是以天下亂焉。」[19]一切尚同於天子的制度模式和組織原則表明，墨家的政長體系屬於法制化的中央集權君主專制政體。換句話說，秦朝的制度模式和組織原則基本上符合墨家的政治設計。

墨家主張兼愛、尚賢、節用、非攻。這些政治主張與秦漢以來統治者的治國方略並沒有根本性的矛盾，有的主張甚至非常符合秦的統治者的口味。以墨家尚賢說為例，墨家反對以分封親親為基本特徵的世卿世祿制度，主張聖王治理天下任人惟賢，用人應當不論出身貴賤，「雖在農與工肆之人，有能則舉之。」[20]天子對於賢者要「富之、貴之、敬之、譽之」，對那些「不肖者」要「抑而廢之，貧而賤之，以為徒役」[21]，從而使「官無常貴而民無終賤」。實際上，自秦孝公以來，秦國的功勛爵制度一直實踐著這種政治主張。秦始皇等最高統治者怎能因為墨家尚賢而對之深惡痛絕呢？

早在戰國、秦漢之時，許多非墨家的學者就已經指出，墨家中包含著有利於君主政治的內容。呂不韋主編《呂氏春秋》，吸收墨家學者參加，並把節葬、尚儉思想納入書中。司馬談、司馬遷、劉向、班固等都肯定了墨家之所長，認為墨家一些政治主張「雖百長弗能廢也」。漢代的《淮南子》對墨家也推崇備至。這些事實表明墨家與當時的統治思想並非格格不入。

墨家學說對秦的統治思想也有一定的影響。墨家學說主要通過三個渠道對秦朝統治思想產生影響。

第一個渠道是墨家學者與秦國統治者的密切交往。據《呂氏春秋》記載，秦惠王與墨家學者交往密切。如〈去私〉記載著秦惠王禮敬墨家鉅子腹䵍，給予特別的優待。鉅子又稱「巨子」，即墨家團體的首領。〈首時〉記載著墨者田鳩晉見秦惠王的故事。田鳩還對秦王大講「湯武之賢」、「桀紂之時」以及「得天下」之道。〈去宥〉記載著秦之墨者唐姑果與東方之墨者謝子爭寵的故事。這些記載表明，墨家學者在秦國有一定的政治地位和影響。一些研究者早就指出：墨家有擁秦之嫌[22]。墨家學者在秦國從政是有歷史傳統的。在秦始皇統治時期也有一定數量的墨家學者參加到政權體系中。這些從政者會在一定程度上影響秦國的政治與學術。

第二條渠道是墨家對法家等學派的影響。在學術史上，墨家的君主集權思想、任賢使能思想和法制刑政思想等，對法家學說的形成和完善有一定的影響。儒墨兩家的許多政見更是大同小異。一些儒家學者的強本節用思想與墨家很相似。這就使墨家的一些主張通過被其他學派認同而嫁接到統治思想中去。

第三條渠道是統治者的自覺採擇。秦相呂不韋將墨家強本節用論納入《呂氏春秋》，正是採擇了墨家學說中「不可廢」的特色思想。秦始皇驕奢淫逸，不可能實行「節用」政策，然而他也宣稱：「上農除末，黔首是富」，「節事以時，諸產繁殖。」[23]他與歷代皇帝一樣，「強本節用」這塊招牌還是要高舉的。秦漢以後，許多皇帝把墨家的節用、節儉思想寫入自己的詔旨、著作，甚至所使用的語言都抄襲於《墨子》。唐太宗的《帝範》等便是實例。「強本節用」一直是中國古代統治思想的基本構成之一，而墨家在這方面是有特殊貢獻的。

㈤道家

由於文獻闕如，很難找到有關道家對秦始皇有直接影響的可靠證據。但是，可以有把握地推斷：道家學說對於秦朝的統治思想也有一定的影響。

道家學派比較複雜。先秦道家中的一些學者有無君論的傾向，而更多的道家學者是主張實行君主專制的。特別是在戰國秦漢之際，黃老一派在政治上頗有影響，並獲得一些統治者的青睞，曾經為皇帝制度法定意識形態的確立做出過特殊貢獻。先秦道家對秦朝統治思想的影響主要通過四個渠道實現。

第一個渠道是以區域文化為媒介。道家學派與楚人、楚國、楚文化關係密切，在以楚國為中心的南方地區有較大的影響。這個文化區域與深受法家影響的秦晉文化區域和深受儒家影響的齊魯文化區域鼎足而立。道家學說可以通過一個重要的區域文化，影響大眾心態和現實政治，進而或多或少地影響秦朝的統治思想。

第二個渠道是以其他學派為媒介。作為先秦無為而治思潮的典型代表，道家學說在當時有廣泛的影響。道家的「臣有為而君無為」論基本上被儒家、法家吸收，並成為中國古代君臣論的綱領。其中法家關於君主無為之術的基本思路和主要內容來自道家學說。《呂氏春秋》、《韓非子》等都深受道家哲學的影響。從秦朝的制度和秦始皇的許多政治行為看，道家的君主無為馭臣之術確實被嫁接到秦朝的統治思想中來。秦始皇標榜「體道行德，尊號大成」24。學者多認為它來自道家。其實君主應當體道、守道、行道的思想可以說是百家共識。

第三個渠道是道家獨有的學術優勢。在先秦，道家的形上思維獨領風騷。道家經典《老子》是一部在中國古代影響最為深遠的政治哲學著作。它為歷代統治者所津津樂道。法家著名代表人物慎到、申不害、韓非的哲學思想深受老子哲學的薰陶。慎到在哲學上可以劃歸道家，在政治上則屬於法家。申不害以「道」論「術」也很有特點。《韓非子．解老》是現存第一部系統詮釋《老子》的學術著作。韓非的「因道全法」思想顯然受到道家「道生法」思想的影響。這種學術交流是潛移默化的，而它對人們思維方式的影響又是極其深刻的。

第四條渠道是道家自身的理論發展。在戰國，許多道家學派已經奉行兼收並蓄的方針。《管子》中的道家著作，兼收法、儒，大講道、義、禮、法的統一。《文子》也具有類似的特點。黃老一派則以道家為宗，綜合百家，提出了系統的政治主張。在這一派的學說中，大講文武、德刑、剛柔並用之術，將道家的法自然、陰陽家的合陰陽、儒家的崇道德、法家的重法治、名家的審刑名等結合在一起，提出了一整套君主集權主張。《經法》、《十六經》、《原道》、《稱》等黃老派的著作力主以法治刑名實現君主集權。許多學者稱其為「道法」家。就基本政治主張而言，這些思想與秦朝的統治思想是大體相合的。

㈥名家

先秦名家以重視「形名」之學著稱，它既不是一個統一的哲學流派，更不是一個統一的政治思想流派。儒、墨、法諸家都很重視形名之學，而名家特指一批專門研究形名關係的學者。以形名之學討論政治的學者，大多把關於「形名」的哲學思辨與「刑名」、「名分」、「正名」等政治問題結合起來。例如，《鄧析子．無厚》認為禮法、政令、爵號、儀式等社會規定性的東西都是名，其中法最具權威性。在政治上，「定名」之權屬於君主，「明君審一，萬物自定。」其具體主張是：明確區分「君之事」和「臣之事」。君操其名，「循名責實」；臣效其實，「奉法宣令。」聖王明主的特點是：無為而治，獨斷專行，「循名責實，察法立威。」名家的這類思想基本上被法家、儒家、道家吸收，為法治論、禮治論和無為而治論提供了思想基礎。

秦始皇在施政中，擅長運用刑名之術，他非常重視「審一」正名，立法定分，「循名責實」。這是符合名家「控名責實，參伍不失」的思路的。儘管秦始皇可能不是直接從名家那裡學來的，但是名家的主要政治主張顯然是當時統治思想的一個組成部分。

從以上分析不難看出，秦王朝的統治思想與西漢王朝統治思想就基本構成和基本取向而言，大同而小異。主要區別在於，由於皇帝制度的政治指導原則尚不成熟，法定意識形態尚未確定，秦王朝的統治思想比較粗糙，同時又受秦國的政治傳統和秦始皇及其重要輔臣的政治傾向影響，其中法家思想的成分也比較濃重一些，而漢武帝以後，經過長期的選擇，統治思想進一步完善，又確立了儒家學說的主導地位。無論如何，秦漢的基本政治制度和基本政治模式屬於同一類型，它們的統治思想不可能有根本性的差別。最能體現秦漢統治思想一致性的是「大一統」。

「大一統」觀念的全面實現

無論如何評說功過得失，有一個歷史事實是毋庸置疑的：在中國歷史上，秦始皇第一次從疆域上、制度上和文化上名副其實地實現了「大一統」。秦始皇的「大一統」觀念及相關的制度堪稱是這種政治觀念和政治制度的範本。因此，「大一統」是評價秦始皇和評說「秦始皇現象」所必不可少的話題。

一、從「王天下」觀念到「大一統」理論

許多學者把「大一統」的制度與思想說成是自秦朝以來的歷史現象。似乎有了秦始皇的帝制，才有了「大一統」和君主獨裁。因而他們把構築「大一統」制度的罪過或功勞加諸秦始皇頭上。其實這與歷史的實際過程並不相符。客觀公正地說，無論「大一統」理論，還是「大一統」制度，都不是秦始皇發明創造的。他的歷史貢獻在於通過締造規模空前的大帝國並構建皇帝制度，第一次全面地、名副其實地實現了「大一統」。

「大一統」一詞始見於《公羊傳》。「大」，即張大；「一統」，即統於一。「大一統」，即張大一統，以一統為大。

如果把中國古代的「大一統」比作一條歷史長河，那麼先秦就是河水初豐之時。夏商周時期的「王有天下」觀念是「大一統」觀念的濫觴。當時的「天下共主」政治模式與王權至上觀念為「大一統」思想的形成提供了基本條件。「大一統」的基礎理論和制度模式到戰國時期已經初具規模。秦始皇所創立的皇帝制度則集其大成。

先秦絕大多數思想流派和思想家，都為「大一統」觀念的理論化和制度化做出過貢獻。其中孔夫子的許多思想一直是後世學者論說王權至上、政治一統的重要理論依據。他可以算作打造「大一統」理論的第一人，最終完成這個理論構思的也正是孔夫子的傳人。以老子為代表的道家將「道」與「一」的思辨奉獻給「大一統」理論，以「天大」、「道大」論證「王大」。從此以後，思想家們紛紛效仿和發揮，以「一」論說宇宙、社會和政治蔚然成風，遂成為中國古代政治哲學的一大特色。一批著名法家代表人物，則無愧為專制主義中央集權制度這座政治大廈的設計師和建築師，他們為「大一統」制度的建立做了許多實實在在的事情。墨家的尚同論也是典型的「大一統」論。先秦儒、道、墨、法等諸家都提出了各自的「大一統」理論，而戰國七雄的政治制度都屬於「大一統」模式。無論由哪個學派占據統治思想的主導地位，無論由哪一個國家統一天下，都不會背離「大一統」這三個字。

「大一統」是中國古代重要的政治思想命題之一。在政治上，「大一統」包含著國家統一、中央集權和君主專制等多重意義。在當時的歷史條件下，這些涵義具有內在的一致性。一統是與多元相對而言，統一是與分裂相對而言的。所以，「大一統」論的基本價值取向是一而不二，合而不分。為了維護「大一統」，思想家們有時也論及「一」與「二」、「合」與「分」、「本」與「末」的關係，諸如君主必有「輔貳」而政事應有所分工之類。但是天下國家不二，最高權力不二，帝王統緒不二，文化價值不二，歷來被絕大多數學派和絕大多數思想家視為最理想的境界。「大一統」的內涵比君主專制的內涵要豐富得多，不能簡單地將二者等同，然而在特定的歷史條件下，二者總是糾纏在一起。對「大一統」的追求只能導向中央集權，而中央集權勢必強化君主專制。王權一統的歸宿是君主專制。

為了研究的方便，下面在分析「大一統」觀念和皇帝制度的時候，將使用兩個概念：「價值專制主義」和「制度專制主義」。價值專制主義特指專制主義的價值體系，屬於精神層面的歷史現象。制度專制主義特指專制主義的制度體系，屬於物質層面的歷史現象。在歷史的實際過程中，它們既大致相分，又無法完全割裂開來，一方面屬於觀念形態的價值專制主義未必能夠立即或全面體現為制度，其中某些理想主義的成分也未必能夠原原本本地付諸實踐，另一方面，價值追求顯然不是純粹觀念形態的，論證、認同、追求專制主義價值目標，必然包括一定層次、一些方面、一定程度的踐履，而全面踐履專制主義，使之政治制度化，也必然推動這個價值體系的進一步發展。

如果把「大一統」觀念歸為「價值專制主義」，那麼皇帝制度就是「制度專制主義」，二者相輔相成、互動互換、共寓一體。中國古代專制主義的價值體系很早就形成了。在先秦儒家、道家、墨家、法家手中這個價值體系已經達到高度理論化的程度。經過長期的歷史演變，到秦始皇統治時期「價值專制主義」全面轉化為「制度專制主義」，二者互為表裡，共同構成皇帝制度的基礎和主幹。皇帝制度將「大一統」觀念與「大一統」制度有機地結合在一起，實現了價值與制度的統一。從此以後，中國式的專制主義在精神上和物質上都逐步達到其巔峰狀態。

二、「大一統」理論的基本內容和秦朝的「大一統」

作為系統化的理論體系，「大一統」的內容十分豐富，它幾乎可以包納中國古代政治學說關於國家、政體的主要思路。就主要內容而言，宇宙一統是「大一統」的哲學基礎，政治一統是「大一統」的核心內容，王權一統是「大一統」的基本宗旨，天下一家是「大一統」的社會理想。「大一統」論又可以分解為一批相關的具體論點。

㈠天道一統

天道一統是「大一統」的哲學基礎。《老子》認為「道生一」。《莊子》、《韓非子》認為道即一，一即道。《呂氏春秋》以「太一」界定道。諸子百家皆以「一」論天道、道。無論人們認為天即道、道即天，還是道生天、天法道，他們都把「一」視為天道、道的本質屬性。「一」是宇宙的基本法則，這就注定了「一」也是社會的基本模式和法則。

先秦絕大多數思想家認為，天道決定人道，天之「一」派生出王之「一」。《老子．六十二章》在論證「道者，萬物之奧」時，提出必須「立天子，置三公」以維護道義。《周易》以「一陰一陽」之道論證人間的貴賤等級和君尊臣卑。《墨子》以「天」為「人」立義，論證必須由天子「一同天下之義」。《韓非子．揚權》以「道無雙，故曰一」論證中央集權。人類社會中的政治一統、王權一統是符合天道一統的，人統一於天，必先統一於王，所以君臨天下，又稱為「得天統」[25]。

秦始皇不是一個哲學家，然而他不可能不受到這種影響廣泛的政治哲學思潮的影響，更不會反對用這種政治哲學論證由皇帝實行一統的制度。秦始皇的許多觀念和行為證明他是篤信關於「一」的政治哲理的。

㈡江山一統

江山一統是「大一統」的國家形態。江山一統的具體歷史內容是政權、土地、人民皆歸最高統治者所有。自孔子以來，人們普遍認同「貴為天子，富有天下」[26]。江山一統的核心是皇帝對天下土地的占有，進而實現政治、文化的一統。

秦始皇自詡「六合之內，皇帝之土。西涉流沙，南盡北戶。東有東海，北過大夏。人跡所至，無不臣者」。「日月所照，舟輿所載。皆終其命，莫不得意。」[27]他切實取得了對全國土地的有效支配權，第一次名副其實地實現了在華夏國家疆域內的「大一統」。

㈢治權一統

治權一統是「大一統」的政治結構。最高權力不可分割，這是「大一統」論的精髓。在實行獨頭政治這一點上，儒家、墨家、法家、雜家及道家中的求治派的認識是高度一致的。他們都有系統的理論闡述。其中孔子的「天無二日，土無二王」說最具影響力和權威性。為了保證獨頭政治的正常運轉，不僅要在等級制度上確保天子至尊，採取各種措施尊君卑臣，還要在權力配置上確保天子對臣下的有效支配，這叫做「隆一而治，二而亂」[28]。法家、墨家、道家都有類似的觀點。治權一統排斥一切可能使治權分化的政治模式。因此，「大一統」以中央集權為基本取向。

實現治權一統的關鍵是強幹弱枝，即採取一系列措施確保中央對地方的控制和支配。「國家之立也，本大而末小，是以能固。」[29]如何使「本大末小」？當時有兩種方案。大多數學者沿襲傳統觀念，主張實行分封制，又都認為「國不堪貳」[30]，主張天子的直屬領地要遠遠超過諸侯的領地，確保中央政府「以大使小，以重使輕，以眾使寡」，否則「勢有敵，則王者廢矣」[31]。另一種主張更徹底，即廢除分封制，實行郡縣制。

秦始皇自詡「海內為郡縣，法令由一統，自上古以來未嘗有，五帝所不及」32。他以君天下、國郡縣、家編民體制徹底取代君天下、國諸侯、家大夫體制，徹底解決了強幹弱枝的政治課題，這就從制度上真正實現了治權一統。

㈣政令一統

政令一統是「大一統」的政治操作模式。古今論者多認為這種政治理念和操作模式來自法家。其實不盡然。它應當來自一種普遍政治意識，也很符合儒家、墨家、道家等先秦主要政治思想流派的政見。

孔子對西周的王制與王政極口稱讚。他認為西周王權的特徵是天子執掌最高權力，諸侯以下莫不從命。他提出了一個重要的政治價值標準：「天下有道，則禮樂征伐自天子出；天下無道，則禮樂征伐自諸侯出。……天下有道，則政不在大夫；天下有道，則庶人不議。」33最高政治權力集中在最高統治者手中則為「天下有道」，否則為「天下無道」。孔子的這個思想後來一直是「大一統」論的重要理論依據之一。

政令一統集中體現為天子是惟一的立法者。《商君書．定分》說：「人主為法於上，下民議之於下，是法令不定，以下為上也。」君立法，臣守法，民從法，下民不得議論法令，這是許多學派的共識。天子集權，獨斷大事，立法布令，臨御天下。秦始皇「法令由一統」的統治理念和政治操作方式完全符合「大一統」模式。

㈤帝位一統

帝位一統是對實現「大一統」的主體的界定。《公羊傳》的作者認為「君統」是實現大一統的基本條件。君國一體的具體表現之一是政權世襲。「國君何以為一體？國君以國為體。諸侯世，故國君為一體也。」[34]「大一統」以君、家、國一體為基本特徵，君權世襲才能保證最高權力的合法性。在通常情況下，惟有君主的合法繼承人才是正統傳人。這是為中國古代絕大多數人所認同的政治觀念。

帝位一統是「大一統」的題中之義。對於帝位一統，法家等其他學派的論述遠不如儒家充分、周到，而秦始皇並沒有忽略這個至關重要的問題。他把帝位一統作為一項基本制度，一再重申，向廣大臣民宣布：「朕為始皇帝。後世以計數，二世三世至於萬世，傳之無窮。」[35]秦始皇的這些做法都是符合「大一統」觀念的。

㈥王道一統

王道一統是「大一統」的統治原則。人們普遍認為必須由「王者」立「王制」，行「王政」，以「王道」一天下、正天下。這就確立了「大一統」的一項重要的政治原則，即帝王必須以王道為統治思想。

秦始皇至少在口頭上表示要遵循道義，所謂「聖智仁義，顯白道理」，「皇帝躬聖，既平天下，不懈於治。」[36]在通常情況下，這位「法治」皇帝也是遵循有關政治原則施治的。那種認為秦始皇不遵循任何政治原則，總是一意孤行的見解，與歷史事實有一定的距離。

㈦文化一統

文化一統是「大一統」在思想文化方面的特徵。思想文化的統一是國家統一、萬民歸心的重要保證。文化一統的理論是先秦諸子所共同創造的。先秦諸子大多主張聖者為王、聖者為師。道家主張侯王「執一」，儒家主張王者「定於一」，墨家主張天子「一同天下之義」，法家主張君主「作一」，《呂氏春秋》主張「天子必執一」，這裡的「一」都包含著文化、思想、學術統一的內容。

在理論上，「一」之者是「聖人」、「聖王」、「天子」。一涉及到具體操作，就必然落實到最高統治者身上。荀子說：「聖也者，盡倫者也。王也者，盡制者也。兩盡者，足以為天下極矣。故學者以聖王為師，案以聖王之制為法。」[37]由此而形成的文化一統，只能導向文化專制。儒、道、墨、法等諸家都主張由國家權力統一學術、統一思想。一些人甚至主張以燒、罰、誅等行政手段「禁言」、「禁心」。

秦始皇「別黑白而定一尊」的政治實踐體現著文化一統的政治訴求，他甚至不惜動用專橫的「焚書」手段。經過秦始皇的規範和整治，以文化專制為重要特徵的文化一統成為現實。應當指出的是：秦始皇統一文字、統一風俗的措施，對於中華文化共同體的發展做出了歷史性的貢獻。

(八)華夷一統

華夷之辨是「大一統」理論的重要內容之一。孔子及其傳人是華夷之辨理論的主要創造者。《公羊傳》及其歷代注疏者認為：禮義是華夏的精髓，是華夷之別的關鍵；「尊王攘夷」、「華必統夷」、「以夏變夷」是「春秋大義」之所在，而「尊王攘夷」的目的是維護以華夏王權為天下共主、以華夏文明為共同取向的「大一統」。華夷一統是由政治統一逐步達到文化統一、民族統一的過程。最理想的境界是天下一家，遐邇一體。「大一統」論的這種認識有利於兼容並包，民族融合，對中華民族和多民族統一國家的形成發揮過積極的作用。但是，在當時的歷史條件下，其主旨是論證王權與王道的重要性以及貫徹王權一統所應達到的終極目標。

秦始皇消滅六國之後，並沒有停止戰爭的步伐，而是將疆域向南北兩個方向大幅度擴張。儘管這些戰爭行動的直接動機與國家安全有關，而在秦始皇的政治意識中也有華夷統一，使天下「罔不賓服」[38]的政治訴求。無論秦始皇的主觀意圖是什麼，他的政治功業促進了統一多民族國家的形成。

㈨天下一家

「大一統」的「王制」理想是「四海之內若一家」[39]。每當人們談到理想政治時，常常會有這樣的說法：「聖帝在上，德流天下，諸侯賓服，威振四夷，連四海之外以為席，安於覆盂，天下平均，合為一家。」[40]普天之下，無論遠近大小，共戴一主，並為一國，匯聚一族，合成一家，這種理想境界顯然集天下統一、治權統一、政令統一、帝位統一、王道統一、文化統一、華夷統一於一體。「天下一家」無疑是「大一統」的極致。天下風俗劃一，族群不分華夷，人人相親相愛，這是「大一統」論為中華民族設定的一個理想，一個目標。

秦始皇全面實現「大一統」具有劃時代的意義。在歌頌皇帝的功德時，秦朝群臣宣稱：「古之帝者，地不過千里，諸侯各守其封域，或朝或否，相侵暴亂，殘伐不止，猶刻金石，以自為紀。古之五帝三王，知教不同，法度不明，假威鬼神，以欺遠方，實不稱名，故不久長。其身未歿，諸侯倍叛，法令不行。今皇帝並一海內，以為郡縣，天下和平。」[41]這個估價在很大程度上是符合歷史事實的。

三、「大一統」的政治意義和歷史意義

「大一統」論是一套完備的、體系化、哲理化的政治理論。這套理論主要是為了論證國家形態、制度原理及相關的政策而設的。「大一統」論及相關的政治觀念在中華民族的形成和發展、中國統一的多民族國家的形成和發展，以及專制主義中央集權制度形成和發展的過程中發揮過重要的作用。在當時的歷史條件下，「大一統」論既包含著理性的思考並有利於中華民族的整合，

又包含著價值悖謬並導致王權的極端化。

如果說皇帝觀念是皇帝制度的政治文化基礎，那麼「大一統」論就是皇帝制度的政治理論基礎。這種文化基礎是先秦絕大多數社會成員所共同創造的，而這種理論基礎則是先秦絕大多數思想家所共同構思的。隨著專制主義中央集權政體的成長壯大，這種文化和理論逐步轉化為現實。秦始皇締造「大一統」的帝國，不是一種個體行為，而是一種群體性的行為。戰國時期各國的政治體制都屬於「大一統」模式，無論哪個國家統一天下都會建立「大一統」的帝制。實際上這是歷史演變大趨勢使然。在制度演化過程中，實現和維護國家統一、政治安定是一種自發的內在驅動力。在中國古代特定的歷史條件下，這種驅動力的政治目標直指「土無二王」與中央集權，其結果必然造就大帝國和帝制。秦皇為「五帝所不及」者，主要不在於疆域，而在於制度。秦始皇確立的皇帝制度是全面實現「大一統」論的根本保證。

「大一統」王朝的建立和「大一統」理論的發展，促進了中華文化共同體的基本形成，並從政治、經濟、文化、民族等諸多層面維護著國家的統一。秦始皇把更加遼闊的版圖統一於中央王權的政令、軍令之下，又通過大規模的移民和邊境開發把中華文化播揚四方。「大一統」體制雷厲風行地掃蕩著各地之間的形形色色的「異」，包括政制之異、法令之異、道德之異、文字之異、貨幣之異、車軌之異等。在秦漢時期，漢族正式形成。一統的帝國、一統的制度、一統的文化造就了統一的國家、統一的民族。在廣闊的疆域內，人們書同文，車同軌，度同制，行同倫，地同域。文化的、民族的凝聚力進一步強化了國家的凝聚力。

王權的不斷強化和中央集權政體的不斷完善是國家統一的重要的制度保證。而「大一統」的理論對這種制度的強化與完善具有重要的指導作用。王權與中央集權政體的發展集中體現為地方行政制度的演變。總的發展趨勢是中央對地方控制越來越嚴密。這種制度通常有利於社會安定和經濟發展，可是由此而導致的王權過度強化又會引發許多政治弊端。

與「大一統」論互為因果的王權制度曾對中國古代社會歷史發展起過積極作用，這是不能否認的歷史事實。它使中華文化在長達數千年的時間裡成為具有真實意義的統一文化，並曾造就了漢唐盛世。在某種意義上可以說，沒有依據「大一統」論而締造的政治、經濟、文化空前統一的中華大帝國，或許就沒有中國這個幅員如此遼闊、人口如此眾多、歷史如此悠久，萬世一脈，統一的、多民族的泱泱大國，也不會有令炎黃子孫自豪，令世人欽敬不已的華夏古代文明。

在世界古代史上，中華民族的文明發展程度最高，經濟與科技成就最大。這是毋庸置疑的歷史事實，也獲得世界上一切不帶偏見或比較客觀而略有偏見的史學家的公認。

一些西方史學家在編寫世界通史的時候把近代以前的世界史劃分為四大段落，即文明之前的人類、歐亞大陸的古代文明（西元前三〇〇〇年—西元前一〇〇〇年）、歐亞大陸的古典文明（西元前一〇〇〇年—西元五〇〇年）、歐亞大陸的中世紀文明（西元五〇〇年—一五〇〇年）。他們依據這個分析框架，充分肯定了華夏文明的成就。

在「文明之前的人類」階段，華夏先民就已經創造出獨特的文化類型。在「古代文明」階段，中國是公認的世界四大文明古國之一。在「古典文明」階段，南亞次大陸、東亞大陸的中原地區和歐洲的地中海沿岸地區形成了三個文化高度發達的核心區。在這個時期，歐亞大陸完成了帝國化。中華大地產生了組織能力和統一程度均優於羅馬帝國的秦漢帝國。在「中世紀文明」階段，中華文明可以用「首屈一指」、「無與倫比」、「傲視群雄」、「獨占鰲頭」等字眼點評而當之無愧。漢唐以降，明清以前，中國無論在文明發展程度，還是在人口數量、經濟規模、科技發明等方面，都在世界上居於絕對優勢地位。斯塔夫里阿諾斯的說法很有代表性：「中世紀時期，中國則突飛猛進，仍是世界上最富饒、人口最多、在許多方面文化最先進的國家。……這一點不應抹殺：整整一〇〇〇年，中國文明以其頑強的生命力和對人類遺產的巨大貢獻，始終居世界領先地位。」他指出：當時中國對世界的最大貢獻是技術。「中世紀時期，中國人在歐亞大陸的交流中，通常是捐獻者，而不是接受者。……在西元後的十四個世紀中，中國則是技術革新的偉大中心，向歐亞大陸其他地區傳播了許多發明。」[42]技術對人類文明發展具有決定性的作用，這也是人所共知的。

在世界四大文明古國中，美索不達米亞文明、古埃及文明、古印度文明都因居民人種或種族的改變而中途斷絕自然歷史過程，惟有中華文明歷經各個歷史階段而傳延至今。中華文明不僅傳承數千年而長盛不衰，而且曾將領先優勢地位保持了近兩千年。在世界古代文明史上，中華文明的統一性、連續性及其歷史成就都是無人可比的。

然而皇帝制度是中華古代文明賴以維繫的政治制度，這個文明的歷史性貢獻與皇帝制度直接相關。在剖析、評價中國的皇帝制度並批判其歷史性暴虐的時候，如果忽略了它曾經創造過人類歷史上最偉大、最持久、最輝煌的古代文明這個重要的歷史事實，就很可能得出與客觀事實不盡相符的結論。

在當時的歷史條件下，「大一統」論顯然是一種尊君的理論。依照「大一統」論所建立的國家體制是以專制王權為基本模式的。因此，它在歷史發展過程中的消極作用也是不能否認的。

註釋

1 《史記》卷六〈秦始皇本紀〉。
2 《荀子·解蔽》。
3 《莊子·天下》。
4 《史記》卷一三〇〈太史公自序〉。
5 《左傳·宣公三年》。
6 《史記》卷一三〇〈太史公自序〉。
7 《史記》卷九九〈劉敬叔孫通列傳〉。
8 《史記》卷二三〈禮書〉。
9 《史記》卷六〈秦始皇本紀〉。
10 《史記》卷二八〈封禪書〉。
11 《史記》卷七四〈孟子荀卿列傳〉。
12 《文選》沈休文〈故安陸昭王碑〉李善注引《鄒子》。
13 《史記》卷二八〈封禪書〉。
14 《史記》卷六〈秦始皇本紀〉。
15 參見林劍鳴：〈秦為水德無可置疑〉，《考古與文物》一九八五年第二期。
16 參見《國語·鄭語》、《國語·周語上》。
17 顧頡剛：〈五德終始下的政治和歷史〉，見顧頡剛等編著的《古史辨》第五冊，上海古籍出版社一九八二年版，第四〇四頁。
18 范文瀾：〈與顧頡剛論五行說的起源〉，見顧頡剛等編著的《古史辨》第五冊，上海古籍出版社一九八二年版，第六四一頁。
19 以上引文均見《墨子·尚同中》。
20 《墨子·尚賢上》。
21 《墨子·尚賢中》。
22 參見方授楚：《墨學源流》，中華書局一九三四年版，第二〇一－二一〇頁。
23 《史記》卷六〈秦始皇本紀〉。
24 《史記》卷六〈秦始皇本紀〉。
25 《史記》卷八〈高祖本紀〉。
26 《禮記·中庸》。
27 《史記》卷六〈秦始皇本紀〉。
28 《荀子·致士》。
29 《左傳·桓公二年》。
30 《左傳·隱西元年》。
31 《呂氏春秋·審分覽·慎勢》。
32 《史記》卷六〈秦始皇本紀〉。

33《論語・季氏》。

34《公羊傳・莊公四年》。

35《史記》卷六〈秦始皇本紀〉。

36《史記》卷六〈秦始皇本紀〉。

37《荀子・解蔽》。

38《史記》卷六〈秦始皇本紀〉。

39《荀子・王制》。

40《史記》卷一二六〈滑稽列傳〉。

41《史記》卷六〈秦始皇本紀〉。

42 參見〔美〕L・S・斯塔夫里阿諾斯：《全球通史——一五〇〇年以前的世界》，中譯本，吳象嬰、梁赤民譯，上海社會科學出版社一九八八年版，第四二九頁。

第七章　制度篇：確立中央集權政治制度的「聖王」(一)

秦始皇又一個創造性的政治功業是建立了可以稱之為「皇帝制度」的統治體系。皇帝制度將政治統治和社會控制結合在一起，形成體系化的統治模式及管理模式。「統一」和「一統」是這套制度的基本特徵。

秦始皇非常重視政治的規範化、制度化、法制化，在制度建設上下了很大功夫。在《史記·秦始皇本紀》中，關於制度建設的內容很豐富，涉及到政治制度、等級制度、經濟制度、軍事制度、文化制度、法制制度等。其他歷史文獻和出土文物則保存了這套制度的許多細節。圍繞一些重大制度，朝堂之上不斷引發爭論。這也透露了習慣勢力的強韌和制度創新的艱辛。秦始皇總結歷史的經驗教訓，以秦國制度為主，兼採六國制度之長，有所補充，有所修改，有所創造。秦朝的政治制度幾乎汲取了春秋戰國以來一切重大的制度革新成果，不僅逐一建立了各方面的具體制度，而且使這些制度相互匹配，構成比較完備的制度體系。這套制度還在很大程度上實現了法制化。與歷代王朝相比較，秦朝的政治結構受宗法關係的影響最小。除皇權層面外，基本上排除了宗法制度在政治結構中的作用。這都是很有特色的。

秦始皇定制立法的成果，可以說達到了在當時的歷史條件下所能達到的最高成就。他比較全面地實踐了世界史上第一套真正的國家與法的理論，即法家學說。在秦始皇所生活的時代，建立帝制統治下的大帝國，是歐亞大陸各地社會歷史演變的大趨勢。這個共同的大趨勢有其歷史的合理性。建立帝制也是人類社會文明發展過程中的歷史性標誌之一。比較一下同一時代世界各地大帝國的政治理論和政治制度，就不難看出秦朝制度的成功之處：在那個時代，秦朝政治的規範化、制度化、法制化程度是最高的，因而也是最有效率的。秦朝的一些具體制度，如面向全民的功勛爵制度、具有相對流動性的等級制度及統一文字、統一倫理的文化制度等，在當時也是最具合理性的。它們為中華古代文明注入了活力，並為其步入鼎盛奠定了制度的基礎。因此，今人在批判秦朝制度的歷史性暴虐的時候，不應忽略了這種制度在人類文明史上的歷史性成就。

秦始皇創立的皇帝制度屬於專制主義中央集權的政體。君權至上法則是皇帝制度最基本的構建法則，一切具體的制度都體現著這個原則。它有三個基本特徵：一是最高權位只能由皇帝一個人占據，實行終身制、世襲制。二是最高權力不可分割，皇帝一人獨占一切最高權力，他擁有支配天下一切土地和人民的主權以及立法權、最高行政權、最高司法權、最高監察權、軍事統帥權和國家財政大權。三是地方絕對隸屬於中央。上述政治原則使皇帝在政治生活中處於主宰和中樞地位，他幾乎成為國家政治制度的人格化身。這樣一來，君主實際上集國家元首、政治首腦、最高立法者、最高軍事統帥和最高司法官於一身。各種國家機構都是君主的辦事機構，宰相以下公卿百官都是君主的辦事人員。君權至上法則又把縱橫的各種關係綜合為一體，形成至高無上的個人政治權威。

在政治上，秦始皇主要是一個踐履者、行動者。他以各種政治行為踐履著「大一統」理論，而構建制度是更深刻的行為，更全面的踐履。自秦始皇確立政治制度，古代君權觀念所奉獻給最高統治者的權力，皇權可以說是應有盡有，無一遺漏。秦朝的皇權具有毋庸置疑的獨占性、排他性。皇權的這種屬性不僅得到與「皇帝」尊號有關的各種君權觀念的認同，而且得到一系統制度的保證。

秦朝的皇帝制度是一個政治—經濟—文化結構，僅就政治體制而言，它由三項基本制度構成，即官僚制度、郡縣制度和等級制度。這三項基本制度相輔相成，又得到一系列經濟的、社會的、文化的制度的支持。

皇權支配下的「三公九卿」制度

完善中央權力機構，特別是宰相（宰執）制度是秦始皇制度建設的重點。建立一套從中央到地方的官僚機構內部相互制衡的政治機制，又是秦始皇制度建設的著意之處。秦始皇總結各國官僚政治的經驗，依據分化事權、彼此制衡、監察相司的原則，進一步使最初由宰相一人統管的行政機構、軍事行政機構和監察機構各自相對獨立，並由直接對皇帝負責的三公，即丞相、太尉、御史大夫分別統管。在制度上三者互相牽制，任何一人都不能總攬大權。其中御史監察機構的相對獨立及其首長地位的提高具有制度創新的意義。

一、皇權與相權的基本關係準則

「相權」即宰相類職官的權力。「宰相」，是對協助君主宰制萬端的一類職官的通稱。宰相稱謂最早見於《莊子．盜跖》、《韓非子．顯學》，可是除較晚的遼代正式以「宰相」為官職外，其他朝代類似職官的正式名稱並不叫宰相。如秦國的宰相叫「相邦」、「丞相」，而楚國的宰相叫「令尹」。宰相為「百官之長」。這一類職官「論道經邦，燮理陰陽」、「佐天子，總百官，治萬事」，品秩高、權勢重，號稱「一人之下，萬人之上」。宰相職權較大，頗似政治首腦。然而在觀念上、法理上和制度上，宰相只是君主的輔佐者，論名、論實都不是政治首腦。君權（皇權）與相權的關係，集中反映了君主（皇帝）與百官的權力分配關係和君權至高無上的屬性。

君主必須有最直接的推行政令的助手，否則就真的成了「孤家寡人」。輔佐君王必然染指最高權力，進而可能危及最高統治者的地位和權威。君權與相權的關係和配置直接關係到君主政體的穩固和效率。因此，這個問題是先秦諸子普遍關注的政治課題之一，由此而形成若干基本的共識。在理論上、觀念上，君主與宰相、君權與相權的關係是從以下幾個方面界定的。

其一，君主與宰相有君臣之別。「君尊臣卑」是君臣關係最基本的定位原則。對於這個原則，儒家、道家、墨家、法家、名家、陰陽家等都有充分的論證，有關的言論不勝枚舉。其中最具有經典性的是《周易．繫辭上》以「天尊地卑」的自然定位論證君尊臣卑的社會政治定位，和《韓非子．揚權》以「道無雙」論證「君不同於群臣」。這個定位方式適用於君主與宰相。其實僅從宰相的頭銜就可以顯示出宰相在君主面前地位的卑微。宰相一類職官的頭銜最初幾乎都是卑微者的稱謂。在先秦，宰相有「宰」、「太宰」、「冢宰」之稱。《說文》：「宰，罪人在屋下執事者。」宰本是家奴或家奴總管的稱謂。後世宰相的名號「司徒」、「司空」、「司馬」、「尚書」、「侍中」等，原本也都是家臣或宦官的頭銜。宰相的身分相當君主的家奴總管，實屬幕僚長。因此，他們位居相位，權勢炙手，號稱「宰天下」，而在君主面前必須俯首稱臣，自稱「待罪宰相」[1]。秦朝丞相王綰、御史大夫馮劫等歌頌秦始皇的功德，奉上尊號，還要口稱「臣等昧死上尊號」，皇帝與宰相之間的尊卑關係由此可見一斑。

其二，宰相是君主的輔佐者。在政論中，人們總是以輔佐者來詮釋宰相一職。《論語．季氏》說：「危而不持，顛而不扶，則焉用彼相矣。」相即輔佐者、襄助者，他是權力者的助手，必須盡忠主人，扶危救困。秦以丞相為宰相之稱。丞，同承。相，助也。「丞相」即承受皇帝之命，輔助其總理國政。《史記．陳丞相世家》有一個廣為徵引的「宰相」定義：「宰相者，上佐天子理陰陽，順四時，下遂萬物之宜，外鎮撫四夷諸侯，內親附百姓，使卿大夫各得任其職焉。」宰相是君之佐，又稱為「股肱之臣」。秦始皇與李斯君臣際遇，他們之間的主宰與輔相關係是皇帝與宰相政治關係的典型。

其三，宰相由君主任免。《尚書．說命》說：「爰立作相，王置諸左右。」《周禮．天官冢宰》說：王「乃立天官冢宰，使帥其屬而掌邦治，以佐王均邦國，治官之屬。」《荀子．王霸》稱「人主之職」是「論一相而兼率之」。《韓非子．顯學》說：「明主之吏，宰相必起於州部，猛將必發於卒伍。」宰相是君主之吏，只能由君主選拨任免。宰相權力很大，卻畢竟是君主的屬官，必須惟君主之命是從，對君主負責。君主不僅有權隨意任免、責罰宰相，就連宰相的身家性命也操在皇帝手中。右丞相馮去疾、左丞相李斯、將軍馮劫只因請求減輕徭役負擔，便觸怒了皇帝。秦二世命令將他們逮捕。二馮被迫自殺，李斯被抄家滅門。

其四，君權高於相權。宰相是僅次於君主的權力者。春秋戰國時期的宰相權力最大，甚至曾出現「天下事皆決於相君」[2]的現象。然而當時就有許多思想家指出：宰相只是君主的佐助者，君權支配相權。《管子．君臣下》說：「君者執本，相執要，大夫執法，以牧其群臣。」〈君臣上〉又說：「主畫之，相守之；相畫之，官守之；官畫之，民役之。」君主才是最高行政首腦，「執要」的相必須服從「執本」的君。這個思路具有普遍意義。相權是由君權派生的，而君主才是最高主宰。秦始皇乾綱獨斷，「丞相諸大臣皆受成事，倚辨於上。」[3]他與宰相之間的權力關係為此提供了具體的實證材料。

其五，君主必須重視宰相的作用。宰相的地位和權力直接威脅著君主的地位、權力和威望，因而君主總是猜忌宰相。這就使宰相的作用往往得不到正常發揮。許多思想家強調宰相職能的重要性。《荀子・王霸》認為：「彼持國者必不可以獨也，然則強固榮辱，在於取相矣」，選任賢相輔政，君主就可以「守至約而詳，事至佚而功」。這是很有代表性的言論。在秦始皇的政治行為中，既有猜忌宰相的典型事例，也有重視發揮宰相作用的事例。他對李斯頗為賞識，寵信有加，李斯對他也可謂知恩圖報，盡心竭力。

其六，必須限制相權。《韓非子・愛臣》說：「人臣太貴，必易主位。」如果大臣專擅人權、財權、兵權和刑賞大權，君主就會失去德與威，甚至失去權威和君位。這個思想是在制度上逐步削奪相權的理論依據。「官分文武，惟王之二術也。」[4]最初的宰相兼管文武，權力很大。戰國時期總理國政的大臣有了相與將的區別。這是宰相制度的重大變化。在制度上，相不再領有軍事行政權和指揮權，從而降低了這類職官在政治結構中的地位與作用。秦始皇設置「三公」，從制度上進一步分化了相權。

秦始皇對上述君權與相權的基本關係準則心領神會，他不僅非常善於任用、馭使宰相等公卿大臣，牢牢地掌握著中樞權力，還通過完善宰輔制度，強化了皇權對相權的控制。與此相關的中央政府權力機構可以概括為「三公九卿」制度。

二、秦朝的三公九卿及相關的中央政府機構

秦朝的中央政府制度可以概括為：兩府並設、三公鼎立、五權相制、九卿分工、博士議政。秦朝宰相公卿等宰輔類職官號稱「三公九卿」。如果再加上「博士及其他議政的加官」這一條，就基本上勾畫出秦朝的中央權力機構和官僚體系的基礎框架。

兩府，即丞相府和御史大夫府。兩府分立並設，互不統轄，國家重大政務基本上通過兩府運轉。

三公，即丞相、太尉、御史大夫。在權力配置上，三公鼎立，各司其職。丞相與御史大夫互相輔助、互相制約。儘管副相御史大夫秩祿較低，卻單獨開府辦公，其權力具有獨立性。

五權，即行政、監察、軍事、司法、財政，五種權力各自有相對獨立的機構和職官，互相配合，互相制約。立法權則專屬於皇帝，在中央政府中只有議事制度，沒有立法機構。

九卿，即三公之外，一批位居諸卿、分管主要政府機構的官員，主要有奉常、郎中令、衛尉、太僕、廷尉、典客、宗正、治粟內史、少府等。從雲夢秦簡提供的材料看，九卿之外還有一批重要的機構和職官，如將作少府、司空、主爵中尉、典屬國等。各個機構各司其職，分工負責，各自承擔一個方面的行政管理職能。

秦朝中央政府機構還設置博士及其他加官與三公九卿共同參議朝政。秦朝的博士不僅從事文化教育活動，還活躍在朝堂之上，在當時是一種重要的職官。

㈠三公與廷尉

秦朝中央政府最重要的職官是丞相（相國）、太尉、御史大夫和廷尉，他們分別是直接對皇

帝負責的最高行政長官、最高軍事行政長官、最高監察長官、最高司法長官。其中丞相、太尉、御史大夫並為三公。廷尉屬於九卿之列。在秦朝，最高司法機構的首腦廷尉的實際地位與權力很高。作為秦始皇主要助手的李斯曾長期擔任這個職務。三公與廷尉分別代表與行政、軍事、監察、司法等四種重要政治權力相關的中央機構。將這四種權力及其機構相對剝離開來，體現著秦始皇對戰國制度的改進和完善。

1. 丞相與中央行政體系。

秦朝的最高行政權屬於皇帝。皇帝的第一助手是丞相。《漢書・百官公卿表上》：「相國、丞相，皆秦官，金印紫綬，掌丞天子助理萬機。」丞相位居三公之首，金印，紫綬，秩萬石，是直接聽命於皇帝的文官之長。

秦朝通常設置兩位丞相。秦國自開始置相，就分為左、右二職。秦以左為上，左丞相即「第一丞相」。在秦朝，這種制度延續下來。秦朝建立之初，二丞相分別是隗狀和王綰。《史記索隱》引顏之推云：「隋開皇初，京師穿地得鑄秤權，有銘，云始皇時量器，丞相隗狀、王綰二人列名，其作『狀』貌之字，時令校寫，親所按驗。」李斯、馮去疾曾分別做過秦朝的最後一任左、右丞相。《全秦文》卷一所載秦朝刻石多列有丞相隗林（狀）、丞相王綰或丞相李斯、丞相馮去疾的署名。可在通常情況下，秦朝有兩位丞相。秦朝末年，丞相設置一度出現變態。秦二世倚重趙高。趙高是宦官，時稱「中官」，故稱這位獨攬朝政的宦官宰相為「中丞相」。

丞相總領百官，主要職責是輔弼皇帝，參議軍國大政，並主持宰輔會議、百官會議；總理萬機，主持中央政府機構的日常行政事務；典領百官，負責選用官吏，指揮並督察百官；主管地方上計及相關的考課事宜等。丞相之下設丞相府及一批下屬機構和職官。

君權與相權的具體關係既受制度性規定的約束，又與實際政治情勢相關，特別是君主與丞相的政治素質、政治威望有關。秦皇父子分別代表兩個極端變例：秦始皇幹練、勤政、剛烈，他牢牢地控制著最高權力，許多政事親自處理，後來發展到「博士雖七十人，特備員弗用。丞相諸大臣皆受成事，倚辨於上」[5]。他又善於控御大臣，恩威兼施。制度的約束與個人的制御相結合，使秦始皇穩穩地屬於權力的巔峰，終其一生，公卿大臣都絕對聽命於他。從現存文獻看，自秦始皇統一天下、自稱皇帝以後，沒有相權敢於公開對抗君權的記載，也沒有公卿大臣和封疆大吏抗君命、專權勢的記載。秦二世庸碌、怠政、專橫，一方面他可以運用權勢恣睢跋扈，對李斯等公卿大臣任意處置，甚至動輒抄其家，滅其族；另一方面他又委政於權相趙高，難免受制於人。趙高不僅「指鹿為馬」，欺君罔上，專斷朝綱，而且公然弒君篡權，差一點奪取帝位。

比較而言，秦朝丞相的地位與權力仍相對較大，實際上仍然可以染指各種重要權力。因此，漢唐以來，中央機構的變革以進一步削奪相權為主線。

2. 太尉與中央軍事行政體系。

秦朝的最高軍事統帥權屬於皇帝，太尉只是武官之首，助理軍事行政。《漢書・百官公卿表上》：「太尉，秦官，金印紫綬，掌武事。」太尉是三公之一，地位與丞相相當，排序其後，金印，紫綬，秩萬石。太尉是直接聽命於皇帝的最高武官，有時帶兵，無調兵權。

太尉一職是官分文、武的產物。戰國時期，各國均以國君為最高軍事統帥，軍隊組建、調動、征伐之權由國君獨攬。各國普遍實行文武分職、將相分權制度。齊、趙、燕、魏設將、將軍、上將軍、大將軍統帥軍隊。楚國武官之長為柱國、上柱國。秦國武官之長先稱大良造，秦昭襄王時始設將軍，後來設有國尉。國尉即秦國的最高軍事行政長官。尉繚曾任其職。各國武官之長以下的武官設置也相當完備。例如，趙國設左司馬、都尉。齊國設司馬。秦國設都尉、中尉、衛尉。各國在郡一級設立都尉一職。秦始皇在上述基礎上進一步完善有關制度，遂改最高武官之設的國尉為太尉。

現存文獻均沒有秦朝具體任命太尉的記載。在歷次重大軍事行動中也沒有以「太尉」職銜出場的歷史人物。許多學者據此認為秦朝沒有太尉一職。他們說：「從歷史記載看，秦國與秦朝似乎都沒有這個職務，只有與此職務相近的國尉。不過，國尉的地位不高，只是大將之下比千石官吏略高一點的一個武職而已。因為皇帝是軍隊的最高統帥，秦國與秦朝從來不設專管軍隊的最高武官。」「秦皇朝時，朝廷還沒有太尉一官。」[6]有些學者持存疑態度，如白壽彝總主編的《中國通史》第五卷。還有許多著作沿用《漢書》的說法。

筆者讀史多年悟出一個道理：依據各種歷史文獻易於證「有（有或可能有）」，很難證「無」。僅僅依據「史無明文」，便斷定「史無其事」，這種考據方式似乎有道理，卻並不可靠，它常常犯錯誤。原因很簡單：人類的社會歷史豐富多彩，這就決定了各種歷史記載只能是其片段，更何況許多當時的文字記載由於種種原因而失傳。歷史上確有其事而記載闕略或不詳，這種情況極其常見，即使很重要的事情也可能失傳於文獻。

這裏僅舉一個與秦朝有無「太尉」類似的事例。關於秦始皇的后妃，特別是王后（皇后）的姓名、事蹟，現存文獻沒有留下確切的具體的記載。在《二十五史》舊史體系中，對「母儀天下」的皇后通常是要記上一筆，甚至是要立傳的。從秦始皇在位多年且有眾多子女的歷史事實可以有把握地推斷：他肯定按照后妃制度娶有配偶，既有正妻，又有偏妃，而且妻妾眾多。然而她們的姓名、出身和事蹟卻一概史無明文，甚至無從可考。就連秦始皇的長子扶蘇和秦始皇二世的母親的姓氏都不見於記載。從《史記》等文獻記述秦始皇事蹟的筆法看，如果秦始皇在后妃問題上有反常之舉，反而會大書特書。即使史書不記，漢初的政論家們也會提及，以作為他「不合聖制」的證據。由此可以推測，秦始皇在這方面沒有多少值得人們做文章的特異行為。難道可以因為歷史記載的闕略而斷定秦始皇沒有配偶嗎？不僅如此，推測秦王嬴政（秦始皇）有王后（皇后）要比斷定他無王后更有可能與事實相符。

學術史上的大量事例已經證明，僅僅依據文獻闕如或不詳或有誤，不能輕易斷定史無其事。近年來的許多重大考古發現並不見於文獻記載。有些考古發現還使許多古今著名學者的「證無」、「證偽」之說（有的觀點來自歷代以擅長考據聞名學界的「學術大師」）不攻自破。許多被古今著名學者斷定為「無」的歷史事物，一一被確鑿的事實判定為「有」。例如，由來已久的關於先秦道家著作《文子》和兵家著作《孫臏兵法》的有無、真偽之爭就是被有關文物的出土終結的。雲夢秦簡的發現，使我們了解了一系列原有文獻所沒有記載或錯誤記載的歷史真相，也是很有說服力的一個事例。

筆者主張：對於類似「秦朝有無太尉其人」的史學難題，在找到確鑿的證據之前，不必急於下斷言，以存疑的方式對待為好。

存疑就意味著尚且不能斷定有無，存在「有」與「無」兩種可能性。就秦朝太尉其官、其人的問題就有以下幾種可能：

第一種可能性是秦朝不僅有太尉之職，而且有任職之人，只是由於歷史記載闕略或不詳，而無法考訂。如「太尉」可能簡略地記為「尉」或記為舊有的「將軍」。據《史記・秦始皇本紀》記載，右丞相馮去疾、左丞相李斯和將軍馮劫因勸諫秦二世而獲罪下獄，二馮根據「將相不辱」

的觀念而自殺。這位將軍與丞相一起參與議政、諫君，又以「將相」自居，很可能不是尋常的將軍而更可能是相當於「太尉」、「大將軍」的職官。秦朝還有一些「尉」曾經統帥重兵，征戰四方，如尉屠睢曾統帥重兵進攻南越。他們是「太尉」，還是獨當一面的「都尉」已經無從考證。秦漢之際有些將領就曾以太尉頭銜領兵。這種頭銜應當是沿用秦朝官職制度。上述記載都表明，在沒有發現更可靠的實證材料之前，不能輕易下秦朝沒有太尉其官、其人的結論。

第二種可能性是秦朝自統一以來，雖有太尉之設，卻又由於種種原因而虛其位，無其人。自古以來，「三公，不必備，惟其人與使能也。」[7]因此存在這樣的可能性：由於沒有合適人選，秦始皇遲遲沒有任命太尉。秦國本有國尉，這一點有確鑿的社會資料可為證據。儘管國尉的秩祿可能比許多資深將軍低，而這個職務的設置在政治制度史上具有重要意義。它意味著武官開始與文官分列，軍事行政體系開始與相國領導的行政體系相對剝離。在戰國，將與相並立具有普遍性，這種制度有利於中央集權。筆者認為，秦國國尉之設很像宋朝樞密院的樞密使。將這類機構和職官設在統軍將領之上，更有利於君主獨攬軍權。秦始皇統一天下之後，沒有任何理由取消這個制度。從秦始皇的行事方式推測，類似國尉的職官不僅應當在制度上仍然保留，而且還極可能改換一個更響亮的稱謂。「皇帝」及「御史大夫」之稱便是例證。簡言之，既然國尉或太尉之設體現著新制度的合理性，既然秦國確實有「國尉」一職，既然漢代人明確記載「太尉」為秦官，那麼就很難找到確鑿無疑的證據來證明秦朝沒有類似職官。秦朝在官制上確有此職的可能性要遠遠大於沒有此職的可能性。

第三種可能性是秦朝既無太尉之設，更談不上太尉其人。

筆者更傾向於第一種可能性。第三種可能性雖不能完全排除，卻幾乎可以斷定不存在。秦始皇為了把持軍權而有意不任命太尉的說法是頗值得商榷的。一切調兵權專屬於君主，這是中央集權制度的定制。秦始皇要專擅軍權，大可不必在任命太尉上做文章。

無論具體情況如何，在秦朝法定的職官體系中，官分文武，軍權與相權相分，當數事實。從官制上將最高官僚列為文、武兩類，以分解、制約宰相類職官的權力，這是宰相制度的一大演變。

3. 御史大夫與專職監察體系。

秦朝的最高監察權屬於皇帝。御史大夫是直接聽命於皇帝的專職監察官員之長。《漢書・百官公卿表上》：「御史大夫，秦官。位上卿，銀印青綬，掌副丞相。」御史大夫是三公之一，其實際權力地位僅次於丞相，而秩位不高，銀印，青緩，秩二千石。

御史大夫主要負責監察，單獨開府辦公，是諸御史的首領。御史大夫府與丞相府並稱「二府」。御史大夫府的下屬機構和屬員較多。御史中丞，秩千石，是御史大夫的第一助手，下屬侍御史若干，主要負責監察朝廷百官，承辦詔獄。御史大夫府還有監御史若干，他們作為中央監察機關的派出機構和人員，掌管監察郡縣各級官吏。這就構成了從中央到地方的專職監察體系。

在記載戰國歷史的文獻中，秦國及東方六國早就有御史之設，而不見有御史大夫之設。關於這種職官的記載始見於秦始皇時期。秦始皇二十六年（西元二二一年）參與議帝號的有御史大夫馮劫。秦二世元年有「御史大夫臣德」。有些學者認為，由此「可證御史大夫確為秦統一後所設」[8]。將專職監察機構及官員的首腦命名為「御史大夫」，並將其提升到三公的地位，極有可能是秦始皇的一大創造。這個舉措使專職監察機構和職官相對獨立於丞相以下的行政體系，體現了分化相權、分權制衡的宗旨。

秦朝的御史大夫印綬、秩位雖低於丞相，而其實際權力不在丞相以下。他「掌副丞相」，參與議決國家大政，協助丞相總領百官，處理政事。御史大夫以副相身分，分擔丞相的部分權力，凡丞相有權處理的政務，御史大夫均可參與、過問。他又有許多職權為丞相所無，如專司監察、彈劾，掌管圖籍秘書，典政法度等。

御史大夫是皇帝的樞機秘書，掌管國家文件，審閱四方文書。對此《漢書・百官公卿表》有明確記載。從《漢書》、居延漢簡保存的史料看，漢代許多重要詔令需要由丞相、御史大夫共同簽署。文書下達程序是：由皇帝交給御史大夫，再由御史大夫下達給丞相處理。皇帝頒行地方的詔、告、命、令等政令、法令，一律由御史大夫下達丞相，再下達秩二千石的朝官和郡守，進而下達百官。這個程序顯然有更為古老的淵源。秦朝亦當如此。這種制度和相關的權力，使御史大夫在中樞權力體系中占據特殊的位置。

御史大夫在秦朝的法制體系中也占據舉足輕重的地位。秦始皇「以法治國」，而御史大夫有參與制定法律、保管法律文本和解釋法律的職責。雲夢秦簡《睡虎地秦簡・尉雜》有一條規定：「歲讎辟律於御史。」即廷尉每年須到御史府核對刑律。這條法律印證了《漢書・百官公卿表》的有關記載。御史大夫及其屬吏在秦朝的司法活動中也很活躍。秦始皇重用法吏，許多重大獄案交由御史審理。對於「坑術士」案件、「黔首刻石」案件等，秦始皇都派遣御史查處。

御史大夫由「史」官演變而來。御史本是君主的文書小吏，雖官卑人微，卻是君主的親信。君主既要防範相權及外朝群臣，又不能事必躬親，於是常常委任親信小臣以重任，甚至由自己的親信組建新的權力中樞。在中國古代政治制度史上，從樞機秘書類職官向宰相類職官發展，具有普遍意義。御史由文書小吏發展為君主的喉舌之官，又發展為享有監察權的官員，最後發展為三公之一，就是典型事例之一。

御史大夫基本上不受丞相的節制。他負有協助、監督丞相的職責，有權彈劾丞相。一旦丞相去職，他又是順理成章的繼任者。這就在丞相與副相之間形成一種分權、共事、相累、相司的政治關係，構成了宰相之間的相互制衡機制。

御史大夫之設頗有深意。它表明秦始皇深諳無為之術、御臣之道。商鞅學派有一個重要的思想：「夫利異而害不同者，先王所以為保也。」[9]三國時期的夏侯玄對這種制度設置的指導思想也有準確的解釋：「始自秦世，不師聖道，私以御職，奸以待下。懼宰官之不修，立監牧以董之，畏督監之容曲，設司察以糾之。宰牧相累，監察相司，人懷異心，上下殊務。漢承其緒，莫能匡改。」[10]將這類思想制度化，是秦始皇對中國古代中央集權政體的重大貢獻。

據實而言，在秦始皇的制度建設指導思想中，既有「陽謀」，又有「陰謀」。所謂陽謀，即借鑑歷代制度的成敗得失，將區分文武、分化相權、重視法制、強化監察、提高效率的指導思想落實到制度上，充分借助機構和職官之間的分工合作與監督制約關係，保證權力結構的穩定和權力運作的順暢。所謂陰謀，即將諸子百家有關駕馭重臣的權術思想，以各種方式加以運用，充分利用群臣之間的利益矛盾，使之相互牽制。無論陽謀也好，陰謀也好，在當時的歷史條件下，這套制度在維護長治久安、皇權穩固方面是成功的。因此，儘管不斷有人批評秦始皇「不師聖道」，「陰」、「私」、「奸」、「獨」，可是秦朝制度建設的基本原則卻一直是歷代王朝政治制度的靈魂，歷經二千多年而「莫能匡改」。

與隋唐兩宋的宰相制度相比，秦朝的宰相制度尚屬粗糙。比較而言，秦漢宰執的權勢仍比較大，一旦皇帝平庸或幼小就很容易導致權臣專擅甚至篡奪最高權力。秦朝有趙高弒君、西漢有王莽篡位、東漢有曹操專政。兩漢至魏晉南北朝，外戚專權、權臣篡位現象不絕於史，以致有「自魏晉以來，相國、丞相多非尋常人臣之職」11的現象。君權與相權關係問題經過數百年的演變，直到隋唐時期才在制度上得到比較恰當的處置。

4. 廷尉與最高司法機構。

秦朝的最高司法權屬於皇帝。廷尉作為直屬皇帝的最高司法官員，是全國最高司法機構的首腦。《漢書．百官公卿表上》：「廷尉，秦官，掌刑辟。有正、左右監，秩皆千石。」中國古代兵刑不分，管理刑獄的廷尉是由原為軍事類職官的「尉」轉化而來。

廷尉既是官名，又是機構名。作為最高審判機關，廷尉依照法律程序受理朝廷大案或地方無法解決的疑難案件，複審全國的死刑案件，接受各地臣民的上訴，並定期處理積案。作為職官，廷尉主管廷尉機構及屬吏，參與皇帝指派的「雜治」，即會審。

廷尉被後人列入「九卿」之內。在九卿之列，廷尉的秩位、序位也不是最高的。然而廷尉是皇帝之下國家最高司法機構的代表，所以他在國家權力體系和實際政治生活中的地位很重要。在秦朝，廷尉的權勢在諸卿之上。在議定帝號時，由丞相王綰、御史大夫馮劫、廷尉李斯等領銜報告百官會議的結果。在琅邪刻石中，屬於卿的李斯排位僅次於丞相王綰，可見其政治地位的顯赫。李斯長期以廷尉或御史大夫的身分參與甚至具體主持大政，體現了法制類職官和機構在秦朝制度和政治中的特殊地位。

㈡其他諸卿與機構

在秦朝的中央政府中，三公之外，還有以諸卿為名、主管主要政府機構的高級官員，如奉常、宗正、郎中令、衛尉、太僕、廷尉、典客等，號稱「九卿」。

秦朝主要政府機構和主管職官是：奉常，管理宗廟禮儀，兼管文化教育，位居九卿之首，屬清要之官。宗正，管理皇帝宗族、外戚事宜，皆由皇室貴族擔任。皇親犯罪由宗正轉報皇帝處理，其他司法機構無權過問。郎中令，負責掌管宮殿門戶、宿衛侍從。衛尉，秦朝初設，統轄宮內武士，護衛宮門以內。太僕，秦朝所設，主管國家馬政，指揮皇帝出行車馬次第，負責親自為皇帝駕車。中尉，負責京城之內、宮門之外的警衛，皇帝出行時充當護衛，指揮儀仗隊。典客，秦設，掌管四方「歸義蠻夷」的朝貢、行禮、接待等事宜。將作少府，掌管宮殿、宗廟、陵寢的修繕及全國重要的基建工程。治粟內史，秦朝將其提高到卿的地位，主管天下錢糧和全國的財政收入與支出。少府，秦朝設立，主管山林池澤稅收和關市之徵，專門供應皇室的開支，下屬有龐大的專門負責皇室飲食起居的機構。在諸卿中，少府的機構最大、人員最多，其掌握的財富也比治粟內史多。秦朝將其提高到卿的地位。

中央集權與單純的郡縣制度

秦始皇對於確立專制主義中央集權制度的最大貢獻是進一步推行郡縣制度。

在秦始皇的各種定制立法中，實行單純的郡縣制度是最有爭議的。朝堂之上圍繞這個問題一再發生激烈的爭論，反對與支持兩種意見針鋒相對。一些朝臣甚至當面指責秦始皇「事不師古」。著名的「焚書」事件就是以此為導火線而引發的。在秦漢之際，人們幾乎眾口一詞：實行單純郡縣制是秦朝滅亡的主要原因之一，並據以斷定秦政「不合聖制」。從此以後，對秦始皇實行單純郡縣制是否正確的爭議不絕於史冊。幾乎每一個新興王朝立國之初，都有人引據秦制的利弊及秦朝速亡的教訓，主張實行分封制度，並由此而引發朝堂上的制度、政策之爭。在思想界、學術界，關於秦制成敗得失的爭論主要圍繞秦始皇推行單純郡縣制度這個問題展開。許多著名思想家指責秦始皇違背「聖王之制」，秦制「大私」而秦政「苟簡」，屬於最糟糕的政治模式。另一批著名思想家則認為秦始皇與時俱進，秦制體現了「大公」原則，郡縣制度有利於國家統一，選賢與能。自秦以來，圍繞秦制得失而展開的「分封」與「郡縣」之爭，一直是波及政治界、思想界、學術界的重要歷史現象。

一、「郡縣」與「分封」之爭

《史記・秦始皇本紀》記載了朝廷之上，圍繞「郡縣」與「分封」而發生的兩次大的爭論和秦始皇的最終裁決。這也是有確切文獻記載的第一場有關郡縣制的大爭論。

第一次爭論發生在秦始皇剛剛統一中國不久。秦始皇二十六年（西元前二二一年），秦朝實現了「王天下」，與此同時，一個重大政治課題擺在了秦始皇及其輔臣的面前：實行什麼樣的政治體制才能鞏固秦朝統治，實現長治久安？秦始皇與漢高祖、漢光武帝、唐太宗、明太祖等人一樣，把這個重大政治課題提交群臣商議。

丞相王綰等人依據政治傳統和慣例，結合戰國以來的制度與經驗，建言：「諸侯初破，燕、齊、荊地遠，不為置王，毋以填之。請立諸子，唯上幸許。」他主張在邊遠地區沿用商周以來親親封王的方式，建立若干諸侯國，以皇子為諸侯王，鎮守封疆，藩屏中央，維護「家天下」。王綰等人的建議實際上主張實行郡縣與封國共存的混合體制。這也是當時的人們最容易想到的「王天下」方案。由於當時缺乏維護「大一統」歷史經驗，大多數人的政治思維還局限在西周王制和春秋戰國以來政治經驗的框架內，所以群臣之見並沒有像後世的王朝一樣，立即形成兩派對立、方案眾多的局面。史稱「始皇下其議於群臣，群臣皆以為便」。

提出異議的是廷尉李斯，他認為：「周文武所封子弟同姓甚眾，然後屬疏遠，相攻擊如仇讎，諸侯更相誅伐，周天子弗能禁止。今海內賴陛下神靈一統，皆為郡縣，諸子功臣以公賦稅重賞賜之，甚足易制。天下無異意，則安寧之術也。置諸侯不便。」李斯的見解頗有道理，也與秦國的政治傳統和現行制度基本相合，所以得到皇帝的讚賞。秦始皇採納了李斯的建議，說：「天下共苦戰鬥不休，以有侯王。賴宗廟，天下初定，又復立國，是樹兵也，而求其寧息，豈不難哉。廷尉議是。」於是他決定「分天下以為三十六郡，郡置守、尉、監」。後來他又在一些新征服的地區設置了郡縣。這就將秦國制度推行到全中國，確立了實行單純郡縣制度的中央集權國家形式。所謂單純郡縣制度並不意味著沒有封君食邑，而是指地方政區「皆為郡縣」，封君食邑實際上相當於郡縣。

許多跡象表明，自秦始皇推行單純郡縣制度以來，在朝野就多有質疑者、非議者和抨擊者。這種做法不僅遭到習慣勢力的反對，就是在忠誠於皇帝的群臣之間也必然有爭論。篤信儒家經典、崇拜西周王制的學者對秦始皇不建國、不封侯的做法更是深表不滿。絕大多數人是在私下議論，有的人則出於對道義的執著、對朝廷的負責和對皇帝的忠誠，而敢於公開闡明自己的觀點。這些爭論和不滿終於導致了朝堂之上又一次公開的交鋒。

秦始皇三十四年（西元前二一三年）的某一天，秦始皇「置酒咸陽宮」，大宴群臣。百官紛紛向皇帝祝酒，「博士七十人前為壽。」僕射周青臣奉上一段歌功頌德的祝酒辭，曰：「他時秦地不過千里，賴陛下神靈明聖，平定海內，放逐蠻夷，日月所照，莫不賓服。以諸侯為郡縣，人人自安樂，無戰爭之患，傳之萬世。自上古不及陛下威德。」始皇帝聞之大悅。周青臣的這段祝酒辭不無阿諛奉承之嫌，卻也大體符合事實。但是他把「以諸侯為郡縣」作為秦始皇的主要功德，必然引發爭議。博士齊人淳于越進言說：「臣聞殷周之王千餘歲，封子弟功臣，自為枝輔。今陛下有海內，而子弟為匹夫，卒有田常、六卿之臣，無輔拂，何以相救哉？事不師古而能長久者，非所聞也。今青臣又面諛以重陛下之過，非忠臣。」對於淳于越的直言極諫，秦始皇不會滿意，但也曾為所動。他沒有怒責淳于越，也沒有立即裁斷是非，而是「下其議」，把這個問題交給群臣討論。

由於文獻記載的闕略，群臣之間的爭議已不得其詳。從後世歷代王朝有關類似事態的記載看，這種爭論應當是相當激烈的。這一次又是李斯力排眾議。他說：「五帝不相復，三代不相襲，各以治，非其相反，時變異也。今陛下創大業，建萬世之功，固非愚儒所知。且越言乃三代之事，何足法也？」他還把這個關於政治體制的爭論與學術思想扯在一起，指責「今諸生不師今而學古，以非當世，惑亂黔首」。秦始皇採納李斯的政見，從而導致「焚書」事件。從此以後，也就再沒有人敢於公開主張封建諸侯。

在當代史學界，許多學者把這場爭論歸結為保守的習慣勢力與先進的政治勢力之爭。從歷史發展的過程看，這種觀點是有一定道理的。分封制和郡縣制分別與華夏舊王制和中華新帝制相匹配，後者比前者更合理，這是歷史事實。許多學者把這場爭論歸結為儒法之爭。從學術層面看，這種觀點也是有一定道理。儒家「祖述堯舜，憲章文武」，篤信「聖王之制」，講究「親親」、「尊尊」，因此多數儒家傳人在感情上懷戀著西周王制，政見上傾向於分封制度。法家主張與時俱進，摒棄宗法政治，因此他們的政治設計更容易導向徹底拋棄分封制。另有許多學者把這場爭論歸結為集權制與分權制之爭。從實際的政治內容看，這種觀點也有一定的道理。郡縣制無疑有利於集權，而分封制勢必導致權力的流失。然而筆者認為實際情況可能比上述幾種簡單的二分法要複雜得多。在一定意義上或一定條件下，這種爭論不是先進與保守之爭，也不是儒法之爭，更不是集權制與分權制之爭。如果把這種爭論放在更廣闊的歷史背景和時空中去考察就會發現，它雖然有一定學術背景，也不無是非曲直之分，有時還夾雜著政見之爭乃至權力之爭的性質，卻主要與各種實際政治考慮有關。為了全面地、準確地把握這個問題，下面簡要地介紹與此相關的各種爭論。

在中國古代，分封稱為「封建」。「封建」與「郡縣」是歷史上兩種不同的國家結構形式。西周分封制是「封建」的典型，其具體的做法是：天子除掌握部分直屬領地外，分封親戚與功臣為諸侯。在天子的直屬領地和各個封國之內亦逐級分封，從而形成具有世襲領地性質的各級地方政權。這些地方政權實行政長、領主、宗主三位一體制度。各諸侯國幾乎相當於獨立的王國，大夫的封邑也具有相對獨立性。秦朝是郡縣制的典型，其具體做法是：將天下分成數十個郡，郡下設縣，郡縣直屬中央，由皇帝派遣官吏治理。這兩種國家結構形式是在不同歷史條件下形成的。兩者的目的都是維護天子權威和家天下。一般說來，郡縣制是更高級的國家形式，它基本杜絕了封君依恃土地、臣民、權力與中央政府相抗衡的問題，更有利於中央集權、政治一統。歷史上的「封建」與「郡縣」兩種體制之爭主要圍繞國家調整中央與地方、整體與部分之間相互關係所採取的形式及中央與地方的權力配置問題展開，涉及到政治領域的許多問題。討論這類政治的文章往往以「封建論」為標題。

西周、春秋實行普遍化的分封制。直到春秋中後期才產生郡縣制的萌芽。為區別於後世的郡縣與分封混合體制，可以稱之為早期分封制。早期分封制的目的與基本原則主要有以下幾點認識。

其一，「封建親戚，以蕃屏周。」[12]當時的人們普遍認為分封親戚，以維護國家與宗族，理所當然。這樣做既可以親親、賞功，分配財產與權力，又可以以親戚之國護衛天子，共禦外侮。

其二，逐級分封，親疏有等。分封制的基本原則是：「天子建國」，即分封諸侯；「諸侯立家」，即分封卿大夫；「卿置側室，大夫有貳宗」[13]，即分立小宗為士。逐級分封必然依血緣親疏形成貴賤分明的等級。天子是天下之君，諸侯是一國之君，卿大夫為封邑之君。這就在家天下的範圍內形成梯級分布的等級君主制度。

其三，本大末小，強幹弱枝。分封者的直屬領地必須大於被分封者的封地，以確保宗主對附庸的支配，即「國家之立也，本大而末小，是以能固」[14]。天子所封諸侯國又依據大小、尊卑、地位分為公、侯、伯、子、男等。

其四，天子至尊，號令諸侯。在觀念上，「禮樂征伐自天子出。」在制度上，王為天下「共主」，諸侯之權受命於王權，對天子履行報政、朝覲、貢賦、勤王等義務。

值得指出的是：分封有分權之實，然而在觀念上當時的人們把這看成是一種授權、分事，它只是最高權力得以實現的一種方式，並不具有分化最高權力的性質。這個觀念對後世的有關理論有深刻的影響。

在經濟落後，人口稀疏，交通不便的歷史條件下，「封建」有效地維護了天子權威和家天下。然而隨著歷史條件的變化，分封制逐漸背離「蕃屏宗周」的本意，封國演化為獨立的政治實體。在錯綜複雜、血腥殘酷的權力爭奪中，中央集權體制初露端倪。各國紛紛設置由國君派遣官僚實行直接統治的「縣」、「郡」等地方政區。與此相應，先秦諸子都非常關注中央與地方的關係問題。諸子百家幾乎眾口一詞：地方必須服從中央，應由最高統治者統一政令。他們一般不反對分封，但在政治傾向和一些具體問題上又有明顯的分歧。

一般說來，儒家維護親親分封原則。孔子歌頌西周王制。孟子認為「身為天子，弟為匹夫」則算不得「親愛」。荀子認為分封是宗法倫理原則的體現。孔、孟、荀都主張尚賢，這對世卿世祿制度有所衝擊。法家諸子鼓吹中央集權，又大多是分封制的受益者。商鞅、吳起等人都是封君，他們熱衷於追逐封君特權。法家反對親親分封，世卿世祿，但沒有在理論上明確提出廢除分封制問題。他們的主張可以概括為任賢使能，量功分祿，控制分封規模，限制封君權力。如《韓非子》的〈揚權篇〉與〈愛臣篇〉明確提出，分封「必適其賜」，封君不得「臣士卒」、「藉威城市」。值得注意的是：法家著名代表人物都不反對適度封建。

後世的分封與郡縣之爭實際上可以追溯到春秋戰國時期。面對新舊制度交替、分封與郡縣並存的局面，儒家大多主張重建西周王制，而法家則主張改革舊的制度。儒、法兩種政見可以代表對立的兩極，常常被後世有關爭論的雙方引為各自的證據。如果據此認為分封與郡縣之爭是儒法兩家之爭，又與歷史事實不盡相合。準確的說法應當是：篤信儒家經典的人更容易走向主張實行全面的分封制，而受法家學說影響較大的人更容易走向主張實行單純郡縣制。實際上絕大多數人無論其學術背景如何，其政見往往界乎於二者之間。正像許多法家代表人物不反對適度封建，而許多儒家著名思想家大力鼓吹中央集權一樣，學術背景對有關政見的影響是相對的。

還有一點要特別指出：先秦諸子中，沒有一個人是從分權制的角度論證分封制的，而「大一統」則是其共同取向。如果輕易地斷言這種爭論屬於政治理論上的集權制與分權制之爭，是無法找到可靠的歷史依據的。一般說來，歷代統治思想代言人，無論是儒家、法家，都沒有現代政治學意義上的「分權」觀念，而只有「分事」之說。筆者學習、研究中國古代政治思想史多年，瀏覽過的歷代文獻頗多，還沒有發現關於有人在朝堂之上奉獻「分權制」理論及其操作方案的記載。可以肯定地說，歷代朝堂之上的分封與郡縣之爭，一概不具有集權制與分權制之爭的意義。這些爭論屬於維護皇權至上體制的兩種有所不同的操作方案之爭。許多皇帝把爭論的雙方都視為忠臣，這就是明證。這種爭論還有一個特點：有人主張實行單純的郡縣制，卻沒有人主張全面恢復分封制。丞相王綰等群臣只是「請立諸子」，以鎮守邊遠地區。淳于越只是反對「子弟為匹夫」，並擔心因此而「卒有田常、六卿之臣，無輔拂，何以相救」。他們並沒有提出全盤照搬西周王制的主張。後世主張分封者也大多有類似特點。

秦漢以來，是否分封諸侯，如何分封諸侯，一直是朝野上下爭論不休的問題。自秦始皇時期的爭論開其端，此後每當王朝更替或天下動亂之際，這種爭論就會從理論層面轉化到政策層面。「封建」問題涉及國家制度、皇位繼承、君臣關係和宗法倫理。帝王必須兼顧國與家，處理好中央與地方、集權與分事、君與臣之間的關係，因此它一直是困擾最高統治者的難題。難就難在皇帝制度具有「公天下」與「家天下」兩種屬性。與西周王制比較而言，皇帝制度高度政治化，在社會公職選任和權力分配上基本上廢止了親親原則，在一定程度上實現選賢與能，「賞不私其親」，這就是所謂的「公天下」。然而皇權世襲，天下是皇帝自家的產業，這就是「家天下」，由此也就產生了制度選擇上的困難。分封與郡縣兩派的爭論集中體現了這種制度的微妙之處。

分封派的共同論點是：分封宗親有利於鞏固中央權威，皇帝猶如樹幹，諸侯猶如枝葉，幹與枝是相互扶持的關係，由一家人分控中央與地方權力，他人就不敢叛逆。即使中央皇權出了問題，還有地方上的同姓諸侯王可以東山再起。反對分封派大多不正面否定分封論的意見，卻又指出了封建親族的隱患：數世之後，親緣疏遠，彼此就會化為仇敵，大動干戈。分封使「國異政，家殊俗」，也不利於政令統一。從強化皇權和中央權威的角度看，反對分封派的意見顯然占上風。從維護家天下的角度看，分封派的意見也不無道理。「救土崩之難，莫如建諸侯；削尾大之勢，莫如置守宰。」從皇帝的角度看，兩派的主張都有一定的道理，取捨之間是一種兩難的抉擇。

秦始皇、漢高祖、晉武帝、唐太宗、明太祖等都曾面對這個難題。實行郡縣制，有利於皇帝集權，這是有目共睹的。所以沒有一個皇帝主張廢除郡縣制。可是他們不可能不考慮如何保住自家的基業問題，因此，兩種意見都會受到皇帝們的關注。兩種體制之爭的目的都是為王權的實現尋找恰當的途徑、手段和機制。只要家天下存在一天，有關的理論和政策之爭就不會停止，在實踐上也會有反覆。

秦始皇堅定地選擇了單純郡縣制，並貫徹始終。然而在他心中並非毫無顧慮。特別是第二次朝堂大辯論，淳于越以激烈的言詞批駁周青臣的頌詞，公然把矛頭對準秦始皇欽定的單純郡縣制度，甚至發出了王朝不能久遠的警告。秦始皇沒有當機立斷，而是再次交由群臣會議。儘管後來他採納李斯的意見，沒有改變既定的制度，但是淳于越的一番話對他還是有所觸動的。

實行郡縣制的目的是在國家結構形式上維護皇帝支配一切土地臣民的主權。皇權至上法則是中國古代皇帝制度最基本的構建法則。因此，在決定行政關係的橫向的區域結構中，區域政權機構之間只有共同的絕對統一，而無制度上的權力制約關係。在決定權力關係的縱向的層次結構中，只有自上而下的逐級統轄關係，中央永遠制約地方，上級永遠制約下級。皇權至上法則又把縱橫的各種關係綜合為一體，形成至高無上的個人政治權威。國家統一、權力集中都體現於皇帝的主宰地位。郡縣制可以從御史制度上有效地維護皇權至上，維護君尊臣卑。因此，它是戰國秦漢以來歷代王朝的基本政治制度之一。

二、秦朝的封君食邑制度

秦朝仍然存在封君食邑制度。它是由裂土分封制度和世卿世祿制度蛻變而來的。在商周，爵位、政權、土地、臣民一並封賜，諸侯至大夫各級封君享有封地內的立法權、行政權、司法權和宗法權。每一塊封地就是一個相對獨立的王國，每一位封君在各自的封地內就是名副其實的世襲君主。春秋以來的政治動亂與這種制度造就的政治結構有直接的關係。因此，社會政治大變革的主要內容之一就是鏟除裂土分封制度和世卿世祿制度。

在春秋戰國時期，裂土分封是政治慣例，追逐權力是時代潮流，因此很難找到只講集權，不搞分封，或者只講分封，不搞集權的當權者。正如著名學者劉澤華所指出的：「在當時的歷史條件下，諸侯、卿大夫既是分封的擁護者，又是集權的當事人。」「集權與割據是一個問題的兩個方面，凡置身於分封制的人都具有兩重性格，只不過因條件不同突出的方面不同罷了。」[15]當時的人們都具有兩重性格，即一方面企盼建立功勛，靠舊制度獲得封爵、采邑，另一方面又自覺或不自覺地成為改造舊制度的現實力量。商鞅一方面積極設計新的中央集權體制，另一方面又心安理得地享有賜爵、采邑，堪為這一批人的典型。制度演化的大趨勢指向中央集權，而由於積極參與現實政治的主體普遍存在的「兩重性格」，又不可能一下子摧毀裂土分封、世卿世祿的舊制度，所以新的封君食邑制度是通過舊制度的蛻變而逐步形成的。

新的封君食邑制度保留了舊制度的基本形式，又在內容上做了實質性的改革。改革的過程是漸進的，在舊的形式中不斷加入新的內容，因此新、舊兩種制度之間存在著許多中間類型或過渡類型。

戰國時期，各國都出現具有新內容的封君食邑制度。各國皆有封君，見於文獻記載、銅器銘文、出土竹簡的各國封君數以百計（實際上可能比這要多得多），其中見於文獻記載的秦國封君二十二人（因投靠秦國獲封者未計在內）16。但是封君食邑的具體做法和內容發生很大變化，其中最大的變化是封君基本上喪失了在封地內的統治權。新、舊兩種封君食邑制度的不同之處主要是：由官爵一體變為官爵相分；由以地權為祿變為以租稅為祿；由主要封賜親戚變為主要封賜功臣；由各級官員普遍封賜采邑變為個別高等爵位封賜采邑；由長期世襲變為很難世襲。其中秦國的制度改革的程度最為徹底。

秦始皇沿襲祖制，不行分封，因此秦朝不存在裂土封國食邑制度，沒有既是賜爵，又是封國，還有食邑的王公之國。但是，各級官僚有官職，有爵位，其中二十等功勛爵的最高一級「徹侯」，既是賜爵，又有食邑，屬於封君範疇。秦始皇統治時期，見於《史記．秦始皇本紀》記載的封君就有十幾位，他們是文信侯呂不韋、長安君成蟜、長信侯嫪毒、昌平君、昌文君、武成侯王翦、通武侯王賁、李斯（列侯）、建成侯（倫侯）趙亥、昌武侯（倫侯）成、武信侯（倫侯）馮毌擇等。

秦始皇實行的封君食邑制度有以下幾個特點：

其一，只有最高爵位可以享有食邑。在秦朝，只有獲得功勛爵制度最高一級「徹侯（列侯）」者才有食邑。「爵卑於列侯」的倫侯只有封名而無食邑。原來秦國制度的標準要比這寬一些。這表明，秦始皇統治時期進一步提高了封君資格的門檻。這就大大減少了封君的數量。

其二，將相未必是封君。從《琅邪刻石》所記載名單看，隗林（狀）、王綰兩位丞相都排在五位侯爵之後，沒有提及他們是否也有侯爵，可見其位秩序列低於侯爵。秦國相國多為封君，而秦朝許多在職的將相不是封君。這與漢朝也有很大的不同。三公九卿雖官高權重，卻未必封侯食邑；列侯封君雖爵高位重，卻未必執掌大權。這表明，爵位與官職已經基本分成兩個不同的等級與權力系列。

其三，公子王孫鮮有封君。從歷史記載看，秦朝的公子王孫鮮有封君。秦始皇採納李斯「諸子功臣以公賦稅重賞賜之」的主張，對親兒子也只是多賞賜些錢財而已，不僅不予立王封國，而且無功者一律不賜爵封侯，以致有「子弟為匹夫」之譏。王子不封王侯，宗室多有無爵者，這是秦朝制度和政治的一大特點。

其四，不肯輕易封侯。王翦受命率軍滅楚時，秦始皇親自送行。王翦借機索要大量田宅，他的理由是「為大王將，有功終不得封侯」[17]。王翦終因功大而封侯。由此可見，秦始皇嚴格掌握賜爵封邑的標準，不肯輕易封侯。秦朝封君不會只有《史記》等記載的十數位，而顯然數量不會很多。

其五，封君傳世極難。據《史記・李斯列傳》記載，趙高稱：自己在宮廷之中「管事二十餘年，未嘗見秦免罷丞相功臣有封及二世者」。他指出，要想「長有封侯，世世稱孤」，必須一直處於掌握大權的地位。這表明，秦朝的封君傳世極難。

其六，秦朝受封者都是地地道道的官僚。把全體臣屬都變成從君命、食邑祿的官僚是秦朝制度重要原則之一。秦朝沒有徹底廢除封君食邑制度，而這種封君食邑制度已經被納入官僚制度範疇。「秦漢之制，列侯封君食租稅」[18]，而列侯封君所食的「租稅」相當於分割部分國家賦稅，實際上是「俸祿」的一種形式。食邑之賜並不附帶統治權。封君的爵位與他的官職也不是一回事。這種制度只保留了分封制度的一些形式。因此，保留封君食邑制度與「廢封建，置郡縣」並不矛盾。

秦朝的封君食邑制度沿襲秦國制度，而秦國的封君早已官僚化。換句話說，早在秦始皇之前，秦國已經徹底廢除了分封制度。元代著名史學家馬端臨在《文獻通考・封建考》中指出：「蓋秦之法，未嘗以土地予人，不待李斯建議而後始罷封建也。」這個說法是有道理的。秦始皇的貢獻不是「罷封建」，而是從制度上、政策上進一步鞏固了「罷封建」的各種成果。

應當指出的是：在評價秦朝政治制度的時候，不僅不應誇大秦始皇在確立郡縣制度方面的歷史功績，也不應誇大秦朝郡縣制度與後世有關制度的差異。自戰國以來，郡縣制度就一直是歷代王朝的基本制度之一。除個別王朝、個別時期曾出現實權較多的諸侯國以外，基本上都屬於單純郡縣制度的範疇。如果說有什麼差別的話，主要在於有王侯頭銜而不掌握地方政權的皇親國戚勛臣數量的多寡和特權的大小有所不同。秦朝的特點主要在於秦始皇對封君的級別、數量、特權限制極嚴，甚至達到對子孫也毫不例外的地步。這樣做的目的是維護中央集權，使地方「甚足易制」且不再「樹兵」。這無疑體現了秦始皇很強的權力欲。但是在全面評價這種歷史現象時，又大可不必誇大這種權力欲的作用。秦朝的制度只是以一種比較極端的方式，展現著郡縣制度的基本政治原則而已。歷史上任何一個皇帝在考慮有關的政治問題的時候，都毫無例外地把強化皇權，使天下「甚足易制」作為核心意圖和基本取向。誇大秦始皇的權力欲對秦朝制度的影響，不利於更深刻地把握皇帝制度的成因、特點和本質。如果把與秦朝制度有關的一些歷史現象，看成是皇帝制度尚且不夠成熟的體現，可能更客觀一些。

三、秦朝郡縣制度的內容和特點

秦朝的地方政權分為兩大類：在首都設內史，為中央政府直轄政區；在全國各地則設置數十個郡。內史地處首都、京畿，為帝王所居，宗廟所在，地位特別重要，所以地方行政機構也有別於其他郡縣。內史的行政長官也稱為「內史」，通常由皇帝最信任的大臣擔任。其他地方的行政機構設郡縣兩級。

秦朝的郡有郡廷組織及相關的一系列機構。主要職官是「守、尉、監」19，三者有所分工，守治民，尉典兵，監察官。守、尉、監均由中央政府任命或派出，可以隨時任免。

每郡設守一人。郡守又稱「守」、「太守」。學界歷來認為「太守」之稱始於漢代。雲夢秦簡《封診式》的〈遷子〉一目中提到「太守」。可見這個稱謂出現不晚於秦朝。郡守是一郡之首，郡的最高行政長官，大凡郡內的民政、財政、司法、軍事、考課、監察、選舉、教育等均由其掌管。

郡守主持郡廷組織，領導佐官屬吏。關於秦朝郡守的職權，文獻記載比較零散。總的說來，秦朝郡守的權力很大，他有權依法頒布地方性政令，自設條教，整齊風俗，選舉人才，辟除屬吏，監察屬縣，黜罰官員，審判獄案，掌握郡兵，支配財政。但是，郡守由中央政府任免，必須對中央政府負責，每年向朝廷「上計」，即報告全郡政務。他必須依法行政、斷案，在法律上無專殺之權。他也無權自行任免郡尉、郡丞、長史及各縣令、縣丞等。

雲夢秦簡《語書》、《編年紀》等為研究秦代郡守的權力提供了可靠的實證史料。這位奉秦始皇之命在「南郡備警」的南郡郡守騰顯然擁有軍事指揮權。作為一郡之首他無疑擁有郡的最高行政權。《語書》是秦始皇二十年（西元前二二七年）四月初二南郡守騰頒發給本郡各縣、道的一篇文告，全文共十四簡。作為郡守向所屬縣、道官吏發布政令的文告，它是地方官根據國家統一的法令，針對本地區具體情況，以政令、法令形式頒布的。《語書》的主旨是宣傳法律，發布條教，要求所屬縣、道官吏貫徹國家法令，教導民眾，「除其惡俗。」這反映出郡守擁有根據國家法律、政令，頒布地方法規，治理地方民眾的權力。南郡郡守明確告誡所屬官吏必須守法、勤政，要做「良史」，不要做「惡吏」，還宣稱郡守將「令人案行之，舉劾不從令者，致以律，論及令、丞」。這表明他擁有監察郡內大小官吏的權力。但是，郡守以下各類佐官，凡秩二百石以上者，皆由中央政府任命，屬於朝廷命官。郡守處罰縣令、縣丞等要上報朝廷批准。他的用人權受到很大限制。郡守的其他屬吏，均由郡守自主辟除，選拔任命，通常只是本郡人士。與後世相比，秦朝郡守的用人權力還是相當大的。

郡守的主要佐官是郡丞（邊郡設長史）、郡尉。郡丞，秩六百石，協助郡守總理全郡政務。從雲夢秦簡提供的材料看，郡丞的主要職責是處理全郡司法事宜。郡尉，秩比二千石，主要在軍事方面輔佐郡守。其地位與郡守相當，一般有單獨治所和單獨屬官，並具體負責郡內一切軍事、治安行動，擁有實權。郡守以下還有許多機構和職官。如負責管理工程建設和有關刑徒的郡司空（邦司空）等。

在郡縣兩級還有中央政府的派出機構及職官，其中最重要的是監察御史。秦朝的郡既是行政區，又是監察區，有行政系統（郡守、縣令）和專職監察系統（監察御史、縣御史）兩套組織分別負責監察工作。秦朝設置隸屬於御史大夫的監察御史，負責監郡，代表皇帝監察包括郡守在內的郡內所有官員，即所謂「省察治政，黜陟能否」[20]。監察御史秩位較低，而權力很大，不僅省察郡守，還可以監軍、帶兵、主持工程建設等。都官極有可能也是相當重要的中央機構派出職官。雲夢秦簡《廄苑律》、《倉律》、《金布律》、《司空》、《置吏律》、《內史雜》、《效律》等，都涉及到都官。都官與令丞常常並列見諸文字。都官直屬朝廷，駐在郡縣，主要負責管理與財政、經濟有關的事物。

郡的下一級行政區劃和機構是縣、道和徹侯食邑。道和徹侯食邑相當於縣一級行政機構。道設在少數民族聚集區域。有些郡兼有縣、道。秦朝的徹侯食邑稱「國（邦）」。國（邦）直屬於郡，相當於縣一級建制。各種縣級行政機構皆由郡統轄。縣、道的主官是縣令（縣嗇夫）、道令（道嗇夫）。

縣令及其主要佐官縣丞、縣尉均由中央政府任免。秦朝縣一級機構與職官很可能與郡一級相關職官與機構相互對應。縣的主要職官是縣令、縣尉、縣御史，其職權的性質與分工大體與郡的守、尉、監類似。縣令是一縣之長，主管本縣各種政務。縣尉負責軍事、治安。縣御史負責監察。睡虎地十一號秦墓的墓主喜就曾擔任「安陸御史」。這表明，在縣一級也有御史系統的職官專司監察職能。縣令的主要佐官是縣丞。縣丞輔佐縣令，兼主刑獄、倉庫等。此外，縣令還有一批屬吏，如令史等。

從雲夢秦簡提供的材料看，秦朝縣一級的經濟管理機構比較多，也比較完善，有一批重要的機構及其主官，如掌管全縣工程的縣司空（司空嗇夫）、掌管全縣軍馬的縣司馬（司馬嗇夫）、掌管全縣亭的亭嗇夫、掌管全縣倉庫的庫嗇夫和掌管田政的田嗇夫等。

縣以下設鄉、鄉下設里。鄉、里是國家最基層的政權組織，國家的賦役和地方的教化、刑獄、治安等，絕大部分由鄉里官吏直接承擔。

秦朝的郡縣制度有以下幾個特點：

其一，地方行政機構設郡、縣（道）兩級，縣以下有鄉、里等基層政權組織。基本上實行單純的郡縣制。封君食邑的「國」數量很少，且實際上相當於縣一級建制。中央政府之下設數十個郡。作為地方最高行政區劃的郡規模相對較小。

其二，郡縣主官一律中央政府任免，其他各種重要官吏的任免權也操在中央政府手中。各級官吏的基本職責和行政行為主要依靠國家制定的各種法規加以規範。一切地方官都屬於官僚制度中的官僚，他們必須服從國家及上司的法令、政令，定期向上一級政府報告政務，並接受上一級政府的考課。中央在地方設置專門的派出機構以監察郡縣百官或直接管理有關事務。

其三，國家將各項重大權力集中於中央政府。通過掌握大政方針的決策權、國家法規和制度的制定權、各級主要官吏的任免權、所有軍隊的調動權、最高司法權、最高監察權和財政管理權等，加強對郡縣的控制，使地方很難形成對抗中央政府的政治勢力。

其四，地方官吏分權、制衡的機制初步形成。如在郡一級，郡守、郡尉、監察御史在行政、軍事、監察方面有所分工，軍事、監察權力有一定的相對獨立性。但是，在這方面有許多有待進一步改進、完善的地方。

其五，中央賦予地方較多的實權，使之與後世郡縣相比有較多的自主權。各級政權機構基本上實行行政、司法、軍事、財政、監察官吏、屬吏的權力。每一級行政機構只有一個權力中心，行政首長的權力仍然比較大。地方享有的權力尚足以承擔屬於其職權範圍中的各項日常政務。必要時郡守還有條件集中包括軍事力量在內的各種資源應對危機。

許多政治史及政治制度史的著作認為秦朝滅亡的原因之一是秦始皇嗜權如命，導致中央集權過甚而地方政權權力太少。這是值得商榷的。綜觀中國古代政治制度發展史，在歷代王朝中，秦朝郡縣一級政權及其行政長官的實際權力屬於較大的一類。在當時的歷史條件下，這是容易出問題的。

從歷史發展的角度看，秦朝郡縣體制的弊端主要有兩個：一是地方主官的權力太集中於御史。由於秦朝立國時間太短，這個問題還沒有從內部充分地暴露出來。但是在發生動亂時，項梁、劉邦等一批豪傑只要奪取守令印信，便可以形成一股勢力，在一定程度上暴露了這個問題。二是地方最高一級行政區劃的規模太小。全國分劃為四十多個郡，中央直接管理的下一級政權機構數目太多。從管理學的角度看，這是有問題的。郡一級的行政區劃太小，致使力量過於分散，在國家出現危機時，單憑各個郡縣的力量，很難在更大的範圍內組織有效的應對措施，而中央權力又難免有鞭長莫及之嘆。秦末天下動亂之際，這個弊端暴露無遺。這些弊端的產生主要與郡縣制度還不夠成熟有關，而制度演變的大趨勢主要就是解決這兩個問題。此外，從穩定「家天下」的政治結構的角度看，在認同舊的政治體制的傳統勢力仍然相當強韌的秦代，特別是在剛剛實現國家統一的立國之初，如果秦始皇在關鍵地區適度分封若干秦姓王國，可能在政治上更有利一些。這樣做既可以減少一些輿論的批評，使「以古非今」者少一些，又有利於保持嬴秦王朝的家天下，使整個國家的政治狀況增加一些穩定性。

註釋

1 《史記》卷五六〈陳丞相世家〉。

2 《史記》卷七九〈范雎蔡澤列傳〉。

3 《史記》卷六〈秦始皇本紀〉。

4 《尉繚子．原官》。

5 《史記》卷六〈秦始皇本紀〉。

6 白鋼主編：《中國政治制度通史》第三卷秦漢，人民出版社一九九六年版，第一六三、三三六頁。亦可參見李福泉：〈秦無三公九卿制考辨〉，《求索》一九九二年第三期。

7 杜佑：《通典》卷二〇〈職官二．三公總敘〉。

8 林劍鳴：《秦漢史》，上海人民出版社一九八一年版，第九六頁。

9 《商君書・禁使》。

10 《三國志》卷九《魏書・夏侯尚傳附子玄傳》。

11 鄭樵：《通志》卷五二〈職官二〉。

12 《左傳・僖公二十四年》。

13 《左傳・桓公二年》。

14 《左傳・桓公二年》。

15 參見劉澤華：《中國傳統政治思想反思》「中國封建君主專制制度的形成及其在經濟發展中的作用」一章，生活・讀書・新知三聯書店一九八七年版。

16 參見楊寬：《戰國史》附錄二，上海人民出版社一九八〇年版。

17 《史記》卷七三〈白起王翦列傳〉。

18 《漢書》卷九一〈貨殖列傳〉。

19 《史記》卷六〈秦始皇本紀〉。

20 《漢書》卷一九〈百官公卿表〉注引《漢官典職儀》。

第八章　制度篇：確立中央集權政治制度的「聖王」(二)

「自周衰，官失而百職亂，戰國併爭，各變異。秦兼天下，建皇帝之號，立百官之職。」[1] 秦始皇不僅確立了與國家政權機構有關的基本制度，還完善了與人員管理和監督有關的一系列制度。這一類的制度為政權的具體操作提供了制度上的保證。

官僚制度與法制化的行政管理

官僚制度是皇帝制度的基礎性制度，它是作為世卿世祿制度的對立物而出現的。官僚制度的基本特點是：除君主以外，其他一切國家公職都不能世襲；各級官僚均實行任命制，由君主或君主指定的機構任免；各級官僚享受俸祿，都不是有政、有土、有民的封君。這個制度有利於維護中央集權，有利於選拔優秀人才入仕，有利於保證官僚隊伍的素質，有利於擴大統治基礎。它還具有改造社會結構和等級關係的意義。

秦朝有一支精幹的職官隊伍，把他們組織到皇帝周圍的基本制度是官僚制度。這種制度形成於春秋戰國時期，秦始皇在位期間進一步完善了這種制度。秦朝與前代最大的不同之處有兩點：一是一切國家公職人員都是官僚。少數官僚有封君頭銜，而其實際政治地位屬於「官僚」範疇。

二是行政體系制度化程度很高，許多行政管理實現了法制化。正是由於在當時的歷史條件下，這種制度可以在很大程度上改善職官隊伍的素質，提高行政效率，所以秦始皇才得以統一六國，締造帝國，並創造了許多聞名世界的奇蹟。

一、入仕與選官制度

由於史料缺乏，秦朝的選官制度，難以詳考。然而從戰國和漢初通行的制度，結合秦朝政治的特點及秦始皇有關的行為，還是可以大體知道其綱要的。

㈠入仕資格

比較而言，秦朝的入仕資格最強調一個「能」字。在秦朝統治者的心目中，所謂「能」的核心是一個「智」字。檢驗「能」、判定「智」的主要標準不是言，而是行。以「智」為核心的「能」，必須展示於「用」，顯現於「功」。所以秦朝選拔官吏更看中一個「功」字，並通過制度化的措施加以貫徹。西周主要靠論「親」選官，秦朝主要憑論「功」選官，而漢代以降主要以論「學」選官。與歷代王朝比較而言，在強調「能」與「功」這一點上，秦朝是很有特色的。

戰國時期各國的變法運動都把「因能授官」作為一項重要的內容，而秦國在這方面又做得相當到位。先秦諸子都把任賢使能作為君主無為之術的核心內容和要訣之一，其中法家講得最到位。法家在「能」與「德」、「功」與「忠」之間更看好前者，他們認為「智盈天下，澤及其君；忠盈天下，害及其國」[2]，主張主要依據才能，廣泛招攬人才，且用長棄短。法家主張「任賢」，而他們為「賢」設定的標準首先不是「德」，而是「能」，即「官職者，能士之鼎俎也，任之以事，而愚智分矣」[3]。檢驗人才的可靠途徑是「任之以事」，這就像用舉鼎來選拔大力士，一目了然。因此，對於各種人才要「試之官職，課其功伐」，然後根據政績、功勛進一步選拔，實行逐級晉升，「故明主之吏，宰相必起於州部，猛將必發於卒伍。」4

秦始皇頗得這套思路的要旨，他所重用的能臣武將都符合「能」、「智」、「功」的條件，又都是通過逐級晉升而高居於將相之位的。雲夢秦簡《除吏律》明確規定：「發弩嗇夫射不中，貲二甲，免。」不具備任職能力的官吏，必須予以罷免。由此可見，秦朝制度和秦始皇的任賢使能方略還是頗有令人稱道之處的。

總的說來，秦朝在任能授官、因功晉爵方面，制度比較嚴明，貫徹得也比較徹底。自秦孝公以來，秦國重視耕戰、法制，衡量功勞與能力的主要標準在於「法」、「戰」、「耕」這三個字。全面考察之後，不難看出秦朝的做官資格還應加上「學」、「德」二字。

「法」，即明達法令。《通典．選舉典》說：「秦自孝公納商鞅策，富國強兵為務，仕進之途，惟辟田與勝敵而已，以至始皇，遂平天下。」這種說法大體與事實接近，可惜忘記了最重要的一條，即「法術之士」。這類人兼文武之才，仕途大多優於農夫、戰士。秦國、秦朝號稱「以法治國」，其高官顯宦大多精通法律、謀略、治術，具有濃烈的求實精神和功利訴求，其中不乏幹練之才和治國高手。秦國歷代將相及秦始皇的將相呂不韋、李斯、尉繚等堪為典型。這些人都屬於「法術之士」範疇。貫徹法治不僅需要高官顯宦精通法術，而且需要各級官吏學法、知法、懂法、執法。沒有大量具有法律修養的中下級官吏具體操作政務，法治原則就無法貫徹到底。秦朝為各級政府大量配備法吏，各級政府的主官兼有司法職責。這就決定了「明達法令」是入仕或晉升資格之一。法官又被人們卑稱為「獄吏」。秦始皇以法吏為骨幹組織秦朝的官僚體系。當時就有人抨擊他「專任獄吏，獄吏得親幸」5。精通法律無疑是當時仕途得意的重要保證。出身極其卑賤的趙高就是因為「通於獄法」而被秦始皇重用。在秦朝法律中有一系列關於法吏培養、配備和提拔的規定。秦始皇曾明令「欲有學法令，以吏為師」。由此可見，秦朝官僚隊伍的一大特點就是具有較高的法律素養。通曉法律是在秦朝做官的最重要的條件。

「戰」，即軍事素質與戰功。秦朝官吏多以戰功博取爵位。戰功越大，爵位越高，官職也越大。因此秦朝高官大多具有很高的軍政素質，有出將入相之才。王翦父子、蒙恬兄弟堪為典型。在統一戰爭中，許多臣民，包括賤民、奴隸，以戰功獲得賜爵，憑爵位進入仕途。「戰」也是在秦朝做官的主要途徑之一。

「耕」，即致力墾荒，善於種植。在秦漢，朝廷為了鼓勵墾殖，明確規定「辟田」、「力田」是仕途之一。秦漢都有納粟拜爵的做法。一些人循著這條路徑獲得爵位，進入官僚體系。然而單憑這一條難以做高官。在文獻記載中，找不到只因是個農業模範、種田好手而躋身公卿者。

秦朝還有一條重要仕途，即「學」。自春秋戰國以來大量士人步入仕途，「學」成為重要的仕途捷徑。秦朝七十博士，官高秩重，靠的就是「文學」等知識、技能。秦相多是飽學之士，如李斯、趙高之輩。雲夢秦簡《內史雜》規定：一些專業性很強的官吏必須經過「學室」專門訓練。秦始皇及南郡守騰都曾指令廣大官吏認真學習法律，以便具備從事職務活動的能力。這些事實表明，秦朝對官吏隊伍的「學」的素養還是相當重視的。

此外，還有「德」字。據說，韓信當年「貧無行，不得推擇為吏」[6]。雲夢秦簡《為吏之道》、《語書》等都對官吏的道德準則有很高的要求，還號召廣大官吏做忠臣。雲夢秦簡《除吏律》、《內史雜》都有關於不得任用「廢官」和罪犯的明確規定。即使受過較輕刑罰的人也不得擔任低級官吏。《行書律》還規定：「不可誠仁者勿令。」在秦朝，這個「德」字還是頗要講究一番的。

總而言之，做秦皇之官靠的是能力和功勛。無能、無功者僥幸入仕者極少，即使是王子公孫，如果沒有功勞，也不能得到高官顯爵。檢驗能力的主要標準有「法」、「戰」、「耕」、「學」、「德」這幾個字。不僅要有其名，而且要有其實。只要能拿出真招，做出勞績，就有可能做官。

秦朝對官吏的任職條件還可能有一些限制，如財產、職業、身分、學識、年齡等。例如，《內史雜》有「除佐必當壯以上」的規定，禁止任用新傅籍的年輕人為吏。

㈡入仕方式

秦朝選任官員的方式，可謂集戰國之大成而有所損益，許多具體的措施與漢代大體相似。主要的入仕方式有以下六種。

1. 征辟。

征辟是自上而下選擇官吏的制度。一種是皇帝徵聘，即皇帝採取特徵與聘召方式選拔有名望、資歷、才學的社會人士到中央政府做官。設置這條入仕途徑意在籠絡名流，搜羅遺才，有助於政教。直接被皇帝徵聘入仕是當時最有尊榮的仕途。接受徵聘者大都待以賓禮，高官厚祿。被徵聘者來去自由，如不應命，也不勉強。秦始皇時期的博士們多由此途進入宦海。如叔孫通以文學徵、王次仲以隸書徵[7]。漢初的「商山四皓」也曾被秦朝皇帝徵聘入仕。另一種是公府、郡縣辟除，即中央機構長官和郡縣長官及其他高級官員根據國家規定，自主選聘掾屬、佐吏。其中丞相在這方面的權力最大。公府、郡縣屬吏經過試用之後，可以通過長吏薦舉、察舉晉升，其中公府掾屬官位雖低，卻易於顯達。在當時這是一條重要仕途。各郡縣都有大批才俊之士由此入仕。其中許多人經過試用，被薦舉到更高的職位，升任中央官吏或地方長吏。秦相李斯走的就是這條仕途。他是從擔任相國呂不韋的屬吏開始在秦國的宦海生涯的。

2. 薦舉。

秦朝實行自下而上推舉人才為官的制度，薦舉（「察舉」、「選舉」、「推擇」）是一種常見的入仕方式。做官通常要由現職官吏保舉。從雲夢秦簡《法律答問》提供的材料看，現職官吏既可以保舉他人擔任同級或下級官吏，又可以保舉他人擔任比自己官職高的職務。其中有一條法律解釋就涉及保舉人的法律責任問題：「任人為丞，丞已免，後為令，今初任者有罪，令當免不當？不當免。」保舉人如果失察，將被罷官，只有在特定情況下可以不追究責任。這條法律印證了文獻記載的說法：「秦之法，任人而所任不善者，各以其罪罪之。」[8]被保舉人犯了罪，保舉人與被保舉人以同罪論處。秦相范睢就是觸犯了這一條，而罷相免職，很可能因此被殺。這類法規的存在也說明薦舉、保舉在當時的確是重要的入仕之途，因而需要制定相關的行政法規加以規範。秦朝可能已經形成各級政府及其主要官員向中央舉薦人才的制度。

3. 戰功。

在秦朝，功勛爵制度主要為獎勵軍功而設。由於國家長期處於戰爭狀態，國家急需大批能征慣戰的軍官，所以以軍功博取賜爵，以爵位博取官職，這是當時最常見的仕途之一。依據秦律，就連奴隸、賤民也可以憑藉戰功博取爵位。可以由此推斷：秦朝的官僚體系中有一批原本身分低賤而戰功卓著的人。

4. 納粟。

秦代有一條政策叫做「百姓納粟千石，拜爵一級」[9]。有了爵位，也就有了做官的資格。納粟拜爵實際上就是賣官鬻爵。不過在當時這種做法含有獎勵農耕的意圖，與後世的賣官鬻爵並不完全相同。

5. 自薦。

春秋戰國以來，自薦是一種常見的仕途現象。「毛遂自薦」的故事膾炙人口。許多士人周遊各國，尋求做官的機會，一旦受到賞識就可以成為低級官吏、「客卿」乃至將相。秦相張儀、范雎、蔡澤等都是循著這條途徑入仕的。

6. 任子。

任子，即高官薦舉其子弟為官。在秦朝，任子也是一條常見的仕途。這種制度源於先秦。在世襲觀念支配下，中國古代社會始終存在著這種制度。雲夢秦簡多處提到「葆子」，並為官吏子弟設置「弟子籍」。凡納入「弟子籍」者可以享受一定特權。還規定在一定條件下兒子可以繼承陣亡父親的功勛爵位。《內史雜》還規定只有「史」的子弟有資格到「學室」學習，接受培訓，以便承繼職務。蒙恬初仕亦沾門蔭之光。秦相李斯的兒子大多位居高官，未必都是靠著個人的才能和功勞。這條仕途受世襲觀念的影響很大，顯然背離惟才、惟功是舉的任賢使能原則，不過與世世許多王朝相比較，秦朝為這條仕途開的路徑還不算太大。在秦朝，單憑父祖恩蔭也很難做高官。

㈢任免制度

實行任免制度是官僚制度的重要特徵之一，而官僚制度下的「官」與世卿世祿制度下的「官」的主要區別之一就在於前者可以隨時任免，不實行終身制，更不實行世襲制。在秦朝，官吏的任免已經制度化、法制化，有關政務大多有明確的法律規範，其中任用資格、任用方式、保舉者的責任等都有具體的法律條文加以規定。這是官僚制度基本成熟的標誌。

秦朝任命官員稱為「拜」、「除」。正式任命以「令」的形式下達。從雲夢秦簡看，至少正式任命縣令、縣丞以上的各級官員都被授予官印。官印是任官的憑證。任官受印，免官收印，印隨官轉。拜除之權屬於皇帝，中央與地方各級主要官員均由朝廷任命。名見於《史記》的秦朝高官皆由君王拜除。皇帝不可能一一拜除百官。秦朝很可能與漢代一樣，將秩位較低官員的拜、除、調、遷的具體操作權下放給三公九卿，並經由中央政府批准，予以正式任命。公府、郡縣等所轄機構的低級屬吏則由長官依法自主選任。

在雲夢秦簡中，有一批涉及官吏任免的行政法規，如規範行政、財務部門官吏任免的《置吏律》、規範軍事官吏任命的《除吏律》和規範高官子弟培訓、任用的《除弟子律》等。還有規範軍功爵位的《軍爵律》和規範勞績呈報的《中勞律》等與官吏任用制度相關的法律。由此可以推定：秦朝的官吏任免制度已經法制化。這些法律、法規對官吏的資格、任免、考核、獎懲及相關政務等，都有具體而又嚴格的規定。例如，《置吏律》規定：縣、都、郡原則上應在每年的十二月初一至來年的三月底任免屬吏。如果由於死亡及其他緣故而出現空缺，可以「為補之，毋須時」。縣內各官府的嗇夫等屬吏被免職後的二個月內，縣令、縣丞必須及時任命繼任者。官吏必須經過正式委任，才能任職或派遣；官吏一經任命，必須絕對服從派遣。如果違反上述規定，將「以律論之」。《置吏律》還規定：嗇夫等主管官吏調任他職時，「不得除其故官佐吏以之新官」，即不得偕同下屬一起赴任。制定這條法律的目的是防止地方官朋比結黨，盤根錯節，專擅權力。

(四)官吏級別

秦朝的官吏等級分明。官吏在官僚體系中的等級地位主要根據權位、爵位、秩位確定，此外還有一系列標示官吏地位和權力的措施。由此而形成官吏內部的權力關係和等級制度。

權位，即在權力體系中的實際地位，秦朝通常以職務確定權力的範圍和大小，所以權位主要取決於官職。在實際政治生活中，有時權力的大小不完全取決於職務的高低，皇帝的親信大臣的實際權位往往高於其職務本身所賦予的權力。自秦始皇十年（西元前二三七年）「李斯用事」，到秦始皇二十八年（西元前二一九年）他仍然還是一個「卿」。在擔任丞相以前，李斯實際權位很高。秦始皇的這種用人方式在中國古代社會很常見。

權位是構成官僚之間上下級關係的主要標誌。「不怕官，只怕管」，當時的上下級之間的關係具有很強的人身依附性質，在主官與屬吏之間甚至構成君臣關係。屬吏必須視主官為「君」，並恪守臣屬義務。這種現象源於世卿世祿制度，不僅得到當時社會的認可和道德觀念的維護，又有現實制度的依據，直到魏晉以後依然存在，秦朝當不例外10。

爵位，即以勛爵的高低確定等級。由於秦朝主要以爵位標示個人的社會政治地位，所以爵位的高低是官僚地位高低的重要標誌。例如，秦代琅邪刻石所記載的朝臣排序依次為列侯、倫侯、丞相、卿、五大夫。

秩位，即以秩祿薪俸確定官階等第。從雲夢秦簡及《漢書．百官公卿表》記載的材料看，秦朝以糧食數量表示官吏的薪俸、秩位，如秩有「千石之官」、「百石之官」、「五十石之官」等。秩是官階，按照秩發放的祿米才是實俸。由於史料闕如，秦朝各級官吏的具體官秩很難確說。估計當與漢代大體相當，諸如丞相萬石、郡守二千石、縣令長一千石至五百石等。「石」的數量既標示著薪俸的多少，又標示著官階的高低。秩位是劃分官僚等級的重要依據之一。

在秦朝，確定高級官吏、中級官吏和低級官吏的主要依據是秩位。雲夢秦簡《法律答問》有：「可（何）謂『宦者顯大夫』？宦及智（知）於王，及六百石吏以上，皆為『顯大夫』。」六百石以上，為「顯大夫」，又稱「大吏」；六百石以下、一百石以上，為「有秩吏」；一百石以下，為「少吏」，又稱「斗食、佐史之秩」。秦始皇在處分竊葬呂不韋一案時就曾以「六百石以上」、

「五百石以下」作為量刑的依據。秦朝的顯大夫包括皇帝的親信以及秩位六百石以上的官吏。一般說來，中央政府的三公九卿及其重要佐官和博士、議郎、郎中等；郡一級政府的守、尉、丞、長史等；縣一級六百石以上的縣令及其他職官等，都屬於「顯大夫」。各級官吏的政治地位、法律地位有明顯的不同。例如，雲夢秦簡《金布律》規定：有秩吏每人可以配備一名伙夫，而斗食之吏則每十人配備一名伙夫。

印綬，即官印、綬帶。印綬是官吏的官階、等級、職務和權限的象徵。印綬的政治功能是表明治事之官受命於君王，並通過官印的質地、綬帶的顏色和刻在印上的文字等表明其官階級別和職權範圍。在實際生活中，人們可以通過「方寸之印，丈二之組」識別官員地位。官印在行政過程中還是行使職權的信物，用於公文封緘、庫府封存等。在漢朝，丞相、太尉等皆為金印紫綬，御史大夫等秩比二千石以上的官吏皆為銀印青綬，秩比六百石以上的官吏為銅印黑綬，秩比二百石以上的官吏為銅印黃綬。秦朝的情況可能也大致如此。

冠服、車輿。與歷代王朝一樣，秦朝有一套複雜的車輿、官服制度，並通過車輿的規格、冠冕服飾的制式、顏色和文飾等，標明官階、文武、職權等。其政治功能就在於明尊卑，辨等級，示名分。

朝位，即官僚上朝面君時所應處的排列班次。秦朝朝位制度已不可詳考。秦始皇採擇六國之禮，制定了一套朝堂禮儀，其中對於朝位必定有詳細的規定。估計與漢朝大體相同，綜合考慮爵位、權位、秩位、印綬等確定其朝位。

㈤休假、致仕

秦朝官吏有休假制度。李斯之子李由擔任三川守期間曾經「告歸咸陽」11。劉邦擔任亭長時，

「常告歸之田」[12]。

秦朝官吏可能與漢朝一樣沒有任職期限，又不實行終身制。依據現存史料分析，秦朝的制度有三個比較明顯的特點：一是官僚晉升沒有嚴格的年資、等級限制，而職務規範相當嚴格。因此，官僚的實際境遇往往起伏很大，有人起家而為高官顯貴，有人由卿相一變而為布衣、刑徒。二是沒有明確的任期限制。當時各級官吏的任職期限往往很長，見不到調動頻繁的跡象。有人長期身居一職，有人任職數月便罷官。三是沒有終身的保障。任職則為官，不任職則為民。沒有品級的積累，官位可升可降，做什麼官，食什麼祿。由於制度如此，宦海浮沉，司空見慣，所以官吏能上能下，社會對此也習以為常。這種制度使官吏沒有任期保障，更沒有終身保障，想任職就得稱職，想晉升就得有政績，想保榮華富貴就得兢兢業業保住職位。這種制度有促使官吏奮發努力的作用，也有弊端。不實行終身制是其利，長期任職一官則容易滋生各種弊端。官吏的遷降賞罰主要取決於政績考核，這是合理的，然而在當時的政治體制下，考核不可能不受到長官意志和情感的影響，這也必然滋生弊端。沒有一定的資格積累及相應的待遇保障，也會對吏治產生一些負面影響。這些現象表明秦朝的官僚制度還不夠完善。

二、法制化的行政管理

司馬遷對秦始皇政治統治的特點的概括就是「事皆決於法」[13]。以法治國就必須依法治國。依法治國的要旨有兩點，即依法行政和公正斷案。行政管理法制化正是秦朝政治制度的顯著特點之一。

㈠初具規模的行政法規體系

行政是國家的組織活動，而行政法規是規範各級政府行政行為的法律部門。在雲夢秦簡中，規範行政管理和職務行為的法規比較多，其中有一系列成文的單行行政法規，如關於廷尉機構行政管理的《尉雜》，關於治粟內史機構行政管理的《內史雜》、關於司空機構行政管理的《工律》、關於公車司馬機構行政管理的《公車司馬獵律》、關於戶籍行政管理的《傅律》、關於傜役行政管理的《傜律》、關於文書傳遞管理的《行書律》、關於邊防事務管理的《屯表律》、關於戍邊管理的《戍律》、關於驛站食物供應管理的《傳食律》、關於出入境管理的《遊士律》和關於少數民族事務管理的《屬邦律》等。有關法律的內容涉及到經濟行政管理、軍事行政管理、外交行政管理、司法行政管理、社會治安管理、監獄行政管理、戶籍行政管理、交通行政管理、文化教育行政管理等。由此可以推斷：秦朝的各種行政管理都有相關的法律、法規，充分體現了「以法治國」、「依法行政」的精神。

秦朝的行政法規的規範類型完全，結構嚴密，規範明確。以雲夢秦簡《傜律》為例，律文規定：縣令有權徵發禁苑周圍有農田的居民興建防護措施，「無貴賤，以田少多出人」；縣一級政府機構拆改官衙等公房必須事先向上級報告；對修繕工程必須準確計算工作量，如果所估不實，對估算者以法論處等。這就對縣一級政府機構徵發傜役時，有權做什麼、可以做什麼、必須做什麼、不准做什麼以及違反規定的後果等，都有明確的規定。從規範類型看，包括了授權性法律規範、義務性法律規範、禁止性法律規範和懲罰性法律規範等。秦朝的行政法規絕大多數屬於確定性規範，對規則的內容、適用的條件和制裁的尺度都有明確具體的規定，甚至達到精確量化的程度。只有個別法律規範准許官吏酌情處理，為有所變通留下一點餘地。比較系統的行政法規為「依法行政」創造了條件。

秦朝的官法官規充分體現著秦始皇以法治吏的法治理念和將行政管理法制化的意圖。它不僅內容廣泛，規範嚴整，條文具體，而且懲處嚴厲。秦朝行政法規所規定的法律制裁有經濟制裁、行政強制、行政處罰和刑事處罰等。秦朝對官吏觸犯行政法規的處罰相當嚴酷，一些服苦役的行政處罰無異於刑事處罰。官吏違規行政，動輒處以口頭責罰或罰款，「貲盾」、「貲甲」屬於常刑。重者則「貲徭」、「貲戍」、「免」、「廢」。秦始皇常常將大批違法的官吏流放到邊疆服苦役。重罰主義的刑罰原則同樣適用於當官為宦的人。

(二)官僚的政治規範

與前代之周朝、後世之漢朝相比，秦朝治吏，最為得法。這一點集中體現在秦朝的官規、官法很多，要求得很嚴格，貫徹得很堅決。秦朝的官僚規範主要有兩個來源：一個來源是國家制定的基本制度、行政法規及相關的政令、條例等，這些屬於強制性的行政規範和法律規範。另一個來源是流行的官箴臣軌，這些屬於社會通行的道德規範。

秦始皇把「法」作為治國理政的不二法門，力圖使大小政務皆有章可循，有法可依，各種行政法規是其規範各級官僚從政行為的主要手段。有關規定職責分明，詳細具體，要求嚴格。有功者賞，有過者罰，賞罰皆有法可依。

在秦朝法律中，對廣大官吏提出了一系列的要求。《法律答問》要求官吏必須履行職責，一心為公，對「不以官為事，以奸為事」的官吏要處以流放之刑；要求官吏必須服從政令，依法辦事，令行禁止，明確規定：「令曰勿為，而為之，是謂『犯令』；令曰為之，弗為，是謂『法（廢）令』」，對犯令（違反禁令）、廢令（有令不行）者要依據法律懲處。《秦律雜抄》要求官吏必須不折不扣地執行君主命令，不得有絲毫不敬之心，明確規定：對皇帝的政令陽奉陰違、拒不執行者要判處「耐為候」；宣讀命令時，聽者態度不恭敬，將撤職查辦而永不敘用。

依據秦法，犯法的官吏負有民事、行政、刑事責任。為了保證官吏奉公守法，盡心盡職，秦朝法律對各種失職、瀆職行為規定了嚴厲的處罰。在民事責任方面，凡是因失職造成國家財產損失的，一律要賠償。在行政責任方面，凡玩忽職守者，或當面斥責，或處以罰款，或降級降職，或解除職務。不勝任的官吏予以免職。罪錯嚴重者開除官吏之籍，永不敘用。在刑事責任方面，凡屬職務犯罪，一律要負刑事責任，處罰大多很重。《法律答問》等規定：利用職務之便侵占、挪用公款者，「與盜同罪」；官吏錯斷了案子，要負刑事責任，如果屬於故意斷案不公者，處以流放戍邊的重刑；被保舉做官的人犯了罪，保舉人負有連帶責任。秦法對行賄受賄罪的處罰很重。《法律答問》有一條法律解釋表明，只要行賄一錢，就要處以「黥城旦罪」。估計對受賄罪的處罰也會很重。

以通行的道德規範訓誡官吏，也是秦朝治吏的重要手段之一。秦始皇在諸多紀功刻石中提到許多官吏的道德規範。雲夢秦簡《為吏之道》、《語書》等也為道德規範對秦朝吏治的影響提供了實證材料。

《為吏之道》既像一紙教令，更像一本道德讀物。有的段落採用四字一句的格式，有的段落採用民歌式的韻文，滿篇說的是居官做吏、為人處世的道理、規矩、戒律，講的是官吏在治民施政中的各種行為方式的是非善惡標準。這本書的文字多有犯秦國國諱之處，可能是傳誦各國、流行甚久的一本類似後世官箴的書籍。這本書被一位秦始皇的法吏抄錄並珍藏，說明它在當時頗有影響。

《為吏之道》認為，「君鬼（懷）臣忠，父茲（慈）子孝，政之本殹（也）；志徹官治，上明下聖，治之紀殹（也）。」全篇從維護這種政治倫理和施政理念出發，相當系統地羅列了官吏必須遵守的各項準則和應當注意的各種事項。如果把《為吏之道》和唐代武則天所著的《臣軌》加以比較，就不難發現在若干基本內容上二者是相似的。

在道德品質方面，《為吏之道》要求大小官吏必須為人清白正直，謹慎細緻，公正無私，溫良不苛，「審當賞罰」，寬容忠信。處事要剛正嚴厲而不粗暴，清正廉潔而不傷人，不仗勢欺人，不意氣用事。這些道德規範正是後世「清、勤、慎」之類的官箴臣軌的前身。

在處理政治關係方面，《為吏之道》要求大小官吏對上司要「敬上勿犯」，服從命令，謹慎從事，恪盡職守。對下屬要「茲（慈）下勿陵」，為民表率，以身作則；要慎重行使權力；要知人善任，根據能力，選任人才；要讓屬吏助理政事，不要讓他們安享官職、俸祿；要力求政令正確，不要朝令夕改；要維護等級制度，制止百姓的欲望，打擊邪惡之人等。對民眾要「審智（知）民能，善度民力」，要「除害興利，茲（慈）愛萬姓」，「施而喜之，敬而起之，惠以聚之，寬以治之。」具體措施很多，諸如施政要正大光明，斷案要處以公心，要懲罰不忠不義之人，要救濟孤寡老弱，要擴大農田墾殖面積，要均衡徭役賦稅，不要加罪於無罪之人，不要賦斂無度，不要無節制地濫用民力，不要令百姓懼怕，不要故意為難百姓，不要目中無人，不要經常對百姓發怒等。這些道德規範頗似後世的「忠君報國」、「愛民如子」等。

在道德修養方面，《為吏之道》要求大小官吏「正行修身」，要「處如資（齋），言如盟，出則敬，毋施當（意為不要廢弛應當遵守的原則），昭如有光」。它諄諄告誡大小官吏：要永遠保持一顆怵惕之心，深知「戒之戒之，材（財）不可歸；謹之謹之，謀不可遺；慎之慎之，言不可追；

綦之綦（之），食不可賞（償）」。

在處世哲學方面，《為吏之道》期望大小官吏要深知「中不方，名不章，外不員（圓），（禍之門）」，要做到「怒能喜，樂能哀，智能愚，壯能衰，恿（勇）能屈，剛能柔，仁能忍，強良不得」；「安樂必戒，毋行可悔」；臨財毋苟得，臨難毋苟免；「毋喜富，毋惡貧，正行修身。」《為吏之道》諄諄告誡官吏們：只有忠誠正直，「慎前慮後」，不為已甚，行為有所節制，才能「過（禍）去福存」。

作為一種流行於世的官箴、條規，《為吏之道》或許不具有法令的強制力，卻顯然具有道德的約束力。其中一些內容寫入政令法規。《語書》便是一例。《語書》是郡守向所屬縣、道官吏發布的條教，具有政令法規的性質。

在這篇太守發布的教令中，明確提出：「為人臣」要「忠」，做「良吏」要忠厚、「廉潔」、「有公心」、「能自端（正）」、「明法律令」、不爭權奪利。「惡吏」的特點則是不懂法令，不習政務，敬且懶惰、搬弄是非、巧言令色、自高自大、爭名逐利、弄虛作假、貪贓枉法。這篇郡守發布的條教宣稱：對惡吏要繩之以法，嚴厲大夫懲罰。這樣一來各種道德說教也就具有了強制性的約束力。

秦朝關於懲處官吏的法律相當細密而完備，對違反規範者動輒「致以律」。秦始皇先後將成批的執法斷案不公的官吏流放邊疆，從事苦役，其對官吏的要求甚至有嚴酷之嫌。秦末天下動亂，當時的人們抨擊時政及吏治，多言秦政之暴、秦法之苛、秦官之酷，很少有史料涉及秦官之貪。由此大體可以推測：秦始皇時期的吏治還是比較清廉的。秦始皇治吏有方，官吏不敢怠於職守，辦事效率較高。吏治比較清明，這是他能夠統一中國、成就帝業的重要原因之一。

㈢考課與賞罰

秦朝對各級官員的考核主要通過上計制度進行。上計制度是秦朝中央政府加強對地方政府和官僚控制和管理的一項重要制度。這種制度既是皇帝和中央政府掌握和監控全國各地人口、土地、資源、收入、治安狀況的重要手段，又是監察百官、考核政績、獎善懲惡、澄清吏治、徵收賦役的重要手段。其形式和目的都以考核官吏為主，主要著眼於控制地方各級官吏。

上計制度，即各級地方政府定期向上一級政府匯報轄區基本情況的制度。「計」，即「計簿」之類。各級政府為了政務的需要，必須設置機構和職官，將戶口、土地、收成、財政、治安等情況記載簿籍，以作為徵收賦役、計劃開支、制定政策的依據，這就是「計」。各級政府按照規定將有關情況報告上一級政府，這就是「上計」。「上計」具有下級向上級匯報政務和上級考課下級政績的功能，這類制度與郡縣制同時產生。

秦始皇進一步完善上計制度。秦朝以十月為歲首，所以上計時間大體在八、九月份。漢承秦制，漢高祖時期在丞相府中設有專職官員負責「領主郡國上計」14。秦朝可能也有這樣的制度、機構和職官。每年歲末各郡必須派員向朝廷上計，將該郡的戶口、墾田、稅收等呈報中央政府。上計者必須同時攜帶有關帳目、簿籍，即《金布律》所說的「與計偕」。在此之前，各郡的屬縣的情況上計到郡。郡核對計簿，根據實際政績評定殿、最等級。郡將各縣上計情況匯總後，統一上報朝廷。中央政府根據考核結果評定各郡的等級。上計制度實質是每年對全體官吏進行一次全面的檢查，自下而上逐級報告政務，並由上級對下級逐一進行考評。每年的考課材料都要歸入檔案。根據考察結果，決定遷降、賞罰。凡考課為「最」者，升遷；有罪錯、過失者，給予責罰、降職、削爵等處分。

秦朝重視法制，所以考課的重要內容之一是官吏是否知法、守法、執法。雲夢秦簡《語書》提供了一個個案實例。在這篇郡守教戒所屬各級官吏的文告中，明確宣布：官吏知法、守法、執法的情況是監察、考課的一項重要內容。「明法律令」者為「良吏」；「不明法律令」者為「惡吏」。不懂法律的官吏必然無德無能，不忠不義，對他們「不可不為罰」。凡居官為吏者不明習法律，或不舉劾犯令者，或所屬吏民違法而不知情，都將受到處分。如果令、丞有此類問題，郡守將上報處理。《語書》還提供了有關程序的信息：行政體系實行自上而下的監察和考課。郡守、縣令負責監察、考課、查處郡、縣下屬官吏。縣官有過錯，郡守有權上報處理。行政體系內部構成中央政府—郡—縣—鄉逐級監察、考課制度。

強化政治監控機制與完善監察制度、諫官制度

秦始皇在政治制度上的一大貢獻是全面強化了政治監控機制及相關的制度。他在固有的行政體系及其政治監控、行政機制之外，建立了相對獨立、自成體系的監察機構和職官體系，還進一步加強言諫機制，增加言官設置，使國家的政治監控機制更加完善，在很大程度上實現了行政監察、司法監督活動制度化及法制化。

秦朝的政治監控、監察職能主要由行政官員體系、監察官員體系和諫議官員體系分工負責。在常規行政體系中，各級行政機構都有監控政情的職能，從丞相到郡縣長官都負有報告政務、諫諍上司、監察屬官、了解民情的職責，構成由丞相、郡守、縣令等組成的一套監控、監察體系。

例如，郡守兼領監察郡御史內各級官吏的職責，每年都要巡視屬縣，廣泛接觸吏民，考察地方政績，了解民間情況，並向中央政府報告。雲夢秦簡《語書》為此提供了可靠的實證材料。此外，還有制度化的「上計」。在常規行政體系之外，秦始皇又另建了一套專門負責監控政情、監察百官的機構。他首設御史大夫，以之為副丞相，令其獨立開府辦公，建立了一套從中央到地方的專職監察體系。御史機構與系統直接對皇帝負責，專司監察百官、監控政情，在整個官僚體系中具有相對獨立性。秦始皇重視朝廷議事制度的建設，他繼承、發展了戰國時期的相關官制，增加了兼職、專職諫官的數量。在秦朝，諫議職官體系初步成型，已有專職諫官之設。諫官之設與固有的朝議制度相結合，強化了諫議機制。諫議機制和相關制度的發展，不僅進一步完善了中央政府的決策機制，而且為強化政治監控、官吏監察提供了重要的渠道和手段。秦漢以後，監察制度、諫官制度的發展與完善一直是中央集權政體演變的重要內容之一。秦始皇在這方面有發軔之功。

下面簡要介紹一下秦朝有關制度的歷史淵源、理論依據和具體內容。

一、秦朝諫議制度、監察制度的歷史淵源

中國古代諫議制度、監察制度的歷史淵源可以追溯到古老的政治傳統，它隨著王權的不斷強化而不斷完善，並與皇帝制度相始終。據文獻記載，早在傳說中的堯舜禹時代就有這類政治設置和機制，到中央集權政體產生之初，開始出現專職機構和職官。皇帝制度下的諫議制度、監察制度在秦漢時期已初具規模，到隋唐時期臻於完備。它是中國式的君主專制制度為強化對各種權力機構和權力者的監控而自身主動設置的，又隨著這種制度的逐步成熟而不斷完善。換句話說，它是歷代君主為防止自身施政失誤、防範政情失控而特意設置的，具有監君、監官、監民等多種政

治功能，其中諫議制度具有明顯的監君功能，而行政制度則以監官為主。從政治實踐看，凡是雄才大略的皇帝（君主）都善於發揮這種制度和機制的作用，並在一定程度上尊重有關的運作機制和法定程序。秦始皇並不例外。他不僅善於運用這些制度和機制，還對這些制度和機制的完善做出過歷史性的貢獻。只是由於人們過於強調秦始皇的暴戾，誇大了秦制的專橫，反而忽略了對這些制度和機制的深入分析，更沒有做出準確的全面的評價。深入研究和分析這類制度的原理、內容和特點，有助於全面、深刻地認識和評價中國古代君主制度。

諫議制度和監察制度大致相分，又密切相關。兩類職官都屬於言官範疇，被稱為「言路官」。這些身居「言路」、專司「言諫」的言官是君主的耳目喉舌之臣、檢押風憲之官，他們都肩負著諫諍君王、監察百官、監控政情的重任。諫議官體系與監察官體系職能相近，它們互不統屬，相互監督，又有所分工，相互補充。諫議類職官主要為議政、諫君而設；監察類職官主要為察官、治吏而設。言官專司納諫諍，正吏治，觀民風，職卑而權大，官輕而勢重，官之雄峻，莫與之比，故歷來被視為風霜之任、清要之職。言官之設的宗旨和目的，歸根結柢是為了維護王權至上的政治體制和一家一姓的王朝，這是毋庸置疑的。然而言官之設採取了一種自我約束、自我調整、自我監督的方式來實現和維護君主專制。它常常形同虛設，卻又對君主政治至關重要。因此，至少在唐宋以前，有關的機制日益強化，有關的制度日益發展，有關的職官日益增多，就連以「專橫」、「暴虐」著稱的秦始皇也在完善相關制度方面有所作為。這是一個很值得研究的歷史現象。

有的學者把中國古代監察制度比作國家政權內部的「萬里長城」[15]，即國家和君主賴以整飭吏治、振肅綱紀的政治防禦工程。其實諫議制度也適用這個比喻，甚至比監察制度更為重要。如果這個比喻成立的話，那麼秦始皇可以說為中國古代國家和帝制修建了兩個「萬里長城」。一個是雄偉的實體建築，作為軍事工程，它被用來抵禦外侮；一個是精緻的政治設置，作為統治手段，被用來防範內亂。

就像萬里長城是秦始皇在前代遺留的一批防禦工程的基礎上進一步修繕、加固和擴建而成的一樣，政治監控體系也是秦始皇在歷代傳延的各種政治設置的基礎上進一步整理、完善和擴充而成的。從現存文獻看，關於政治監控、政治監察制度的傳說可以追溯至三皇五帝時代。據說，黃帝有明台之議，唐堯有衢室之問，虞舜有誹謗之木，夏禹有敢諫之鼓，商湯有總街之庭，武王有靈台之復。這些政治設置都是先王、聖君為廣開言路、聽取批評、體察民情而設。當時還有朝堂之議、四嶽之議、庶民之議以及監官、諫官。三皇五帝三王以此採集民意，決斷朝政，監督政務，監察百官。這些傳說並非全是空穴來風，它們或多或少傳達著上古君主政治的一些特點。從現有研究成果看，學者們普遍認為，夏、商、西周時期可能還沒有專職的諫議行政機構和職官，更沒有相關的法定程序，有關的政治功能主要通過各種政治慣例、議事制度、臣下的政治義務和一些非制度化的渠道來實現。無論實際情況如何，有關的政治傳說和政治傳統都是相關制度形成和發展的歷史淵源。

從《尚書》、《詩經》、《左傳》、《國語》、《周禮》等文獻提供的材料看，西周、春秋時期的三公四輔卿士佐官都有諫議的權利和義務，已經有一些機構、職官負有採集民意、盡規納獻、監控政情的職責，還形成了許多政治慣例。《尚書．酒誥》引用古語，主張「人無於水監，當於民監」。《詩．大雅．民勞》說：「王欲玉汝，是用大諫。」這是文獻記載中最早出現的諫議思想、諫議行為和「諫」字。當時人們普遍認為理想的決策模式是：「天子聽政，使公卿至於列士獻詩，瞽獻典，史獻書，師箴，瞍賦，矇誦，百工諫，庶人傳語，近臣盡規，親戚補察」，在廣開言路、兼聽博納的基礎上，「王斟酌焉」[16]。據說這是「先王之政」、「聖王之制」。《周禮》中也記載了許多具有政治監控、行政監察性質的政治設置和職官職責。周厲王還曾經指令衛巫「監謗」[17]。由此可以推斷以巫史類職官擔當諫議、監察職能來自更為古老的政治傳統。這些政治傳統及相關的政治思想、政治設置、政治機制為中國古代的諫議制度、監察制度的完善提供了歷史依據、文化先導和經驗教訓。

春秋戰國時期，各種政治監控、監察機制逐步制度化。這個時期的歷史文獻記載著許多關於君主廣開言路、從諫如流、鼓勵進諫、強化監察的事蹟。鄭國執政子產不毀鄉校、齊威王重賞諫臣以及許多權勢者養士議政等都是膾炙人口的政治佳話。在君主集權政體不斷完善這個大的歷史背景下，專司政治監控、行政監察的機構和職官產生了。據說，齊桓公設置「嘖室之議」，傾聽「極言」，並指派東郭牙擔任「大諫」，負責管理納諫進賢方面的政務[18]。「嘖室」很可能是個專職機構。齊桓公在相之下置「五官制度」，即大田、大行、大諫、大司馬、大理。其中「大行」專門負責監督朝會、祭祀的禮儀規章，其職能相當於秦漢以後的侍御史、殿中御史。「大諫」專門負責規諫國君，其職能相當於後世的諫議大夫。在戰國七雄的中央集權政體中都有專門的監察機構和職官。秦、韓、趙、魏都有御史擔當糾察百官之任，有郎官（中郎、郎中、議郎等）擔當諫議之任。楚國的箴尹、司箴諫，趙國的左右司過，齊、趙、秦等國的內史等，都屬於言諫、監察類職官或負有這方面的職責。各國的地方監察制度均已初具規模，諫議制度也呼之欲出，這就使以言官為主的政治監控體制逐步發展。戰國時期秦國自身的制度和各國的相關制度都是秦朝制度的歷史淵源，而秦朝的制度又啟發了漢唐的制度。

二、先秦諸子的政治監控理論

以諫議理論為中心的政治監控理論的不斷完善，為相關政治制度和政治機制的完善提供了政治文化基礎和理論的指導。

諫議論，就其整體而言，它是中國古代最重要的政治監控理論；就其主旨而言，它是中國古代最重要的政治調節理論。諫議機制與君主政治日常運作的關係相當密切，它涉及政治決策、政治監控和君臣互動。在朝堂議政時，各種政治理論都是諫議的依據，又都在不同程度上依靠諫議發揮其政治調節作用。

作為一種政治文化，諫議觀念與君主政體相伴而生，一道興盛，一同沉淪。諫的觀念和理論有發端於相當久遠的歷史年代。堯舜設置謗木、諫鼓，禹諮詢四嶽。這些傳說對後世的諫議理論有重大影響。西周初年的政治文誥中，〈酒誥〉、〈牧誓〉、〈召誥〉諸篇中的一些言論具有明顯的倡導聽諫的性質。這些思想資料都成為諫議論的重要依據。周幽王的太史伯陰父子（史伯）以「和」與「同」的哲理，論證君主納諫的必要性。這表明，至遲到西周末年，諫議已從一種政治意識上升為政治理論。

春秋戰國時期，諫議成為公認的政治準則，形成了系統的理論，主要表現有四：一是諸子百家都提出了各自的諫議理論，這些理論分別從不同角度論證了諫議的政治功能和必要性，從而使諫議的基礎理論大體完備。二是諫成為公認的政治美德。思想家們一致認為君主納諫與否關係到國家的盛衰興亡，臣下進諫與否則是忠與奸的分野。許多思想家、政治家還依據諫議的運行狀況判斷各國的政治情勢。三是諫議機制在政治運作中發揮著重要的作用，開始出現專司諫議的機構、職官。四是納諫、進諫技巧日趨成熟。《論語》、《孟子》、《荀子》、《韓非子》等都對君臣在諫議中的微妙關係及行為規範有所論及。其中《韓非子．說難》是這方面的名篇。許多思想家曾論及兼聽與獨斷的關係及君主聽言納諫的政治藝術。《國語》、《左傳》、《戰國策》等都記載了大量君主樂於納諫、臣下善於諷諫的事例。鄒忌諷齊王納諫、觸龍說趙太后等，都是膾炙人口的歷史故事名篇。

在這個歷史背景下，幾種基礎性的諫議理論先後提出。在中國古代政治思想史上，廣為人們徵引的諫議理論主要有四個，即和同論、以道事君論、兼聽論和疏導論。這幾個理論都產生於先秦，它們從哲學、倫理、政治、輿論等諸多角度，全面地論證了諫議的必要性和政治功能，一直是後世諫議的基礎理論。

和同論著重從哲學的角度論證了君臣相互配合的必要性和進諫與納諫的重要性。在文獻中，和同論最早見於《國語．鄭語》。史伯以「和」與「同」論興衰、論君臣。「和」，指事物相雜、配合；「同」，指事物單一。他認為，事物相雜，協調配合，相互補充，才能生機勃勃。這是自然與社會的一般規律。例如，五行相雜生萬物，五味相配調眾口。事物單一則毫無價值。例如，只有一種聲調則無悅耳的音樂，只有一種味道則無好吃的食物。揚「和」棄「同」表現在政治上就是君臣配合，取長補短，其最佳途徑就是「擇臣取諫工而講以多物」，即君主任賢納諫，廣泛聽取臣下的批評意見。如果君主拒諫飾非，任用奸佞，排斥忠良，就會走向滅亡。西周王權的式微，其原因就在於此。春秋時期，齊國大夫晏嬰發揮和同論，提出「獻可替否」[19]說。晏嬰對絕對服從式的君臣關係提出批評。他認為，「同」是無差別、單一或同一之物；「和」是各種事物的互相協調和補充。「和」猶如以水、火、鹽、梅等烹調肉羹，「齊之以味，濟其不及，以泄其過」，火候和作料適當，才能美味可口。君臣之間應像調羹作樂一樣，互相配合。如果一味強調「同」，君曰可，臣亦曰可，君曰否，臣亦曰否，這就像白開水煮肉，誰能下咽。正確的做法是：君曰可，而有可有否，臣應指出其否，而助成其可；君曰否，而有否有可，臣應指出其可，而去掉其否。後人稱之為「獻可替否」。這就充分肯定了進諫的必要性。孔子賦予「和」與「同」更為廣泛的意義。他明確指出：「君子和而不同，小人同而不和。」[20]從此，「君臣和若鹽梅」、「獻可替否」、「君子和而不同」等成為論說諫議的主要依據之一。和同論的實質是以哲理的方式，論證了臣下對君主實行政治監督的必要性。

以道事君論依據社稷重於君主，道義高於權勢，討論君臣規範，主張以諫議方式「正君以禮」、「致君堯舜」。以道事君論強調進諫是臣之軌度、忠之極致，實際上是一種政治道德論。最先明確提出「以道事君」的是孔子。《論語·先進》說：「所謂大臣者，以道事君，不可則止。」諫是事君之道。君主有過錯，大臣必須反覆諫諍，實在聽不進去，才可以閉口不言。《孟子·離婁上》有「格君心之非」說，即以道義原則去矯正君主的私心雜念。《荀子·臣道》明確提出「從道不從君」，倡導做諫臣、爭臣、輔臣、拂臣。為了國家利益和君主尊嚴，必要時臣下可以擅君之威、抗君之命。諫、爭、輔、拂之人是「社稷之臣也，國君之寶也」。孔子、孟子、荀子的論點成為後世論諫的主要思想來源。孔孟後學對這個思想多有發揮，使「以道事君」成為占主流地位的臣道規範。

兼聽論著重從政治操作技巧的角度，論證了諫議的必要性。其基本思路是：君主不可能遍知天下之事，也不可能事事考慮周到，因此他必須借助臣的聰明智慧，善於集思廣益，在廣泛諮詢的基礎上決斷政務。《尚書·洪範》提出一個君主政治決策的最佳方式，即遇到政治難題，君主應與群臣、庶人商議，還應以卜筮貞問，然後做出決策。若君主自己的謀劃與群臣、庶人、卜筮的意見一致，稱之為「大同」。這就是說，君主決策若能廣泛諮詢，求得多數的贊同，就能取得最佳政治效果。「朝議」、「廷議」正是這種決策思想的制度化。這種決策方式把獨斷與兼聽結合起來，以兼聽輔助獨斷，所以獲得普遍的贊同。荀子、韓非子都對兼聽有深入的論證。荀子認為兼聽的功能是使君主「不視而見，不聽而聰，不慮而知，不動而功，塊然獨坐而天下從之如一體」。「兼聽齊明則天下歸之」，這樣便可達到「政教之極」[21]。韓非的基本思路是：君主一人智能有限，以寡治眾，力不能敵，所以「下君盡己之能，中君盡人之力，上君盡人之智。」「與其用一人，不如用一國。」[22]具體辦法之一就是兼聽。納諫兼聽，集思廣益，就會使君主不用親自去看、去聽、去想，借臣下的耳目而遍知天下之事，用臣下的智慧決斷大事，令親信之臣代為監控政治和百官。韓非說：「忠言拂於耳，而明主聽之，知其可以致功也。」[23]他一再告誡君主要重視兼聽的政治功能，要讓群臣把各種意見提出來，「說於大庭。」[24]「兼聽則明」是古代論諫的著名命題之一，也是對皇帝制度影響最大的諫議理論。

疏導論從疏導輿論、上下溝通、監控政情、傾聽民意的角度，論證了諫議機制在歷史政治生活中的重要意義。最先明確提出疏導論的是西周的邵穆公。他認為「防民之口，甚於防川」。正如治河貴在疏導，對洪水一味阻擋，一旦潰口，傷人必多一樣，對於批評意見，不能壓制，只能疏導，讓民眾把不滿發洩出來，君主亦可從中知道政治得失，及時調整政策。「是故為川者決之使導，為民者宣之使言。」[25]疏導輿論，聽取批評的具體措施是廣開言路。鄭子產的「小決使道」論和「不毀鄉校」的做法，也是這方面的著名事例。孔子對這個思路表示讚揚。《呂氏春秋》的〈達鬱〉、〈壅塞〉、〈貴直〉、〈直諫〉、〈自知〉等篇進一步指出：君主不納諫諍是自我壅塞。通則生，鬱則敗，這是自然、社會、人生的一般規律。水鬱則污，樹鬱則蠹，人鬱則病。君臣上下不能溝通，這是「國鬱」。國有鬱則萬災叢至。因此，君主應廣開言路，任用豪士、忠臣，傾聽直言，以決鬱塞。自知者明，而納諫才能自知。

疏導論提出了三個基本原則：一是輿論反映了政治得失，統治者傾聽臣民心聲，有利於及時調整政治，修訂政策，以避免政治失誤。二是與其彈壓輿論，防民之口，不如因勢利導，宣泄積怨，否則一旦釀成事端，王朝就難免傾覆。三是統治者應廣開言路，溝通上下，體察政情，監控政治。在歷代論諫的文章中，這三個原則經常被提到。廣開言路是絕大多數思想家、政治家的共同主張，而君主廣開言路的主要目的之一就是加強政治監控。

上述理論的提出不僅使以諫議論為中心的政治監控理論日益成熟，還形成了一種影響廣泛的政治文化。人們普遍認為，拒諫國亡，納諫邦興，君主是否納諫關係政治盛衰，於是將納諫與進諫分別作為君道與臣道的重要內容之一。納諫成為對一切帝王普遍適用的政治原則。許多思想家從不同層面、不同角度論證君主納諫的必要性及政治功能。他們認為君主納諫不僅僅是為了聽取批評，下情上達，它還具有綜合性的政治功能，是君主招納謀略、調整政治、支配臣屬、掌握政治樞機的重要手段。奉勸帝王納諫，教導君主聽言藝術、納諫技巧的言論不勝枚舉。人們普遍主張君主兼聽博納，聞過補闕，通下情，防壅蔽，辨忠奸，去讒佞，甚至主張君主尊師重道，師事臣屬。與此相應，臣子進諫理論也不斷發展。《易經》的「王臣蹇蹇」說、晏嬰的「獻可替否」說、孔子的「以道事君」說、孟子的「格君心之非」說、荀子的「諫爭輔拂」說、《禮記・禮運》的「君臣相正」說和《孝經》的「爭臣」說等，都是論說進諫的重要思想來源，並廣為徵引。

諫議論及相關的制度是專門為缺少最高權力制衡機制的君主專制制度設計的。諫，是獨斷與兼聽結合的產物。納諫是君道，進諫是臣道。它以肯定和維護君主的主宰地位為基本前提，為君主政治的日常運作提供有效手段。作為一種帝王之道，納諫是君主控制政權、駕馭群臣的重要手段。作為一種為臣之道，進諫顯然是為君權服務的。諫議為專制、獨斷的政治模式提供了自我監督、自我約束的機制，既有利於強化政治監控，又有利於減少政治失誤，所以它受到普遍的重視。

秦始皇是如何看待諫議問題的？由於文獻闕如，很難考證。但是，可以肯定地說，他不僅不可能無視一種為全社會普遍認同的政治文化和諸子百家共同主張的政治理論，而且勢必對這些理論有所採擇，對有關的政治技巧心領神會，並一一付諸實踐。在秦始皇統治時期，諫議機制有所發展和監察制度進一步完善，這顯然是最高統治者有意為之。秦始皇對待諫議的態度及相關政治心態的變化曲線，也與著名的納諫皇帝唐太宗頗相類似。這些政治行為背後必有相應的政治理念支配。許多事實表明，秦始皇明瞭兼聽與獨斷的哲理，還有所踐履。

除諫議理論外，先秦諸子有關「治吏」的思想也對秦朝政治監控、監察制度和機制的完善提供了重要的理論指導。在這方面，法家諸子的貢獻最大。法家以法、勢、術為中心構思政治理論，他們在以術防奸、以法治奸方面提出了系統的政治設計。法家指出，君臣關係是權力關係、利害關係甚至是買賣關係。君臣之間「一日百戰」，有權勢的臣下都是虎狼之輩，時時刻刻覬覦著最高權位。法家認為，治吏比治民更重要。韓非說：「聞有吏雖亂而有獨善之民，不聞有亂民而有獨治之吏。」據此他主張「明主治吏不治民」[26]。法家還為防範臣下、監控政治設計了一套周密的方略。「術」，既有陰謀詭計，又有積極的考課、監察，如強本弱枝、任能授官、兼聽博納、形名參驗、賞罰分明等。韓非等人還對君主如何借助臣下的智慧、耳目制馭群臣、監控政治等多有論述。實際上先秦儒家、道家在這方面也多有貢獻。「術」的具體內容大多屬於操作層面，然而其中一些操作方法一旦制度化、法制化就會形成更加可靠的政治監控、監察機制。

三、秦朝的政治監控制度和秦始皇的主要貢獻

皇帝制度的政治監控、行政監察機制主要由兩類基本制度及相應的職官構成：一個是御史制度（監官），一個是言諫制度（諫官）。前者以對百官的行政監察為主要職能，後者以對帝王的獻可替否為主要職能，兩者的職能和權限又有所交叉。它們互相制約，互相補充，構成了較為全面的立法、行政、司法監督、監察機制，並主要以參與決策，規諫君主，封駁詔書，審核奏章，糾彈失職，檢舉不法，平抑冤獄，採集民意等方式發揮作用。這兩類基本制度及相應的職官都淵源於先秦而形成於秦朝。在秦朝，御史制度已經備其大體，並開始相對獨立於傳統的行政體系，而言諫制度也初步成型。

㈠秦朝的監察制度

秦朝的監察機制和監察制度比前代有重大的進展。秦始皇進一步發展、完善原有的各種監察機制和制度，在監察制度方面的貢獻和創造主要體現在以下幾個方面：

其一，進一步完善行政體系自身的政治監控和行政監察職能。從中央到地方構成由丞相公卿、郡守、縣令等各級行政官吏組成的一套行政體系內部的監控、監察體系。這個體系是由前代直接繼承下來的。利用《史記》和雲夢秦簡《語書》等所提供的材料，結合西漢的有關制度，可以推定：在秦朝，這個體系在政治監控和行政監察中發揮著重要的作用。這個體系是秦朝監察制度的重要構成之一。

其二，進一步凸顯御史類職官的政治地位和作用。加強御史監察制度，將御史體系的主官

升格為副相，從而形成了相對獨立的完整的從中央到地方的立法、行政、司法監督、監察體系。秦始皇以相對獨立的監察體系直接監控、監察行政體系。御史體系在政治監控，特別是監控百官方面發揮著日益重要的作用。這個體系是秦朝監察制度的主體部分。

其三，設置諫議大夫等一批專司諫議的職官。各種議事制度與各種言諫類職官相輔相成，共同構成了更為完善的對立法、行政、司法活動的監督、監察機制。

秦朝的監察制度是由行政體系、御史體系和言諫體系及相關的各種具體制度共同構成的。這也是秦漢以來歷代王朝的共性。

在中國古代監察制度發展與完善方面，秦始皇最大的歷史性貢獻是將御史體系基本上從行政體系中分離出來，而其主要措施是以御史大夫為副相，獨立開府辦公，大大提高了監察機構和職官在整個政治體系中的地位和作用。

關於御史大夫的地位與職權，前一章已經介紹。作為監察機構的首腦，御史大夫位列三公，身居副相，他有權參與立法、行政、司法、監察等各項重大政務。在權力關係上他只受皇帝的節制和法令的規範，不受包括宰相在內的其他官僚的節制。御史大夫的地位與職權，充分反映了御史監察制度在整個權力體系中的相對獨立性和重要性。御史大夫之設是御史體系從行政體系中分離出來的重要標誌。這在中國古代政治制度史上具有劃時代的意義。比較而言，在歷代王朝的御史監察制度中，秦漢御史大夫的地位是最高的。

秦朝的御史監察制度與職官屬於納言之官、耳目之司、監察之職、法制之任，其主要職能是諫諍得失，監督宰執，彈劾不法，糾舉失職，維繫綱紀，整飭吏治。在實施監督、監察的各種主要方式和手段中，參與決策，規諫君主，封駁詔書等，具有立法、決策監督的功能；審核奏章，糾彈失職，檢舉不法等，具有效監察的功能；平抑冤獄，採集民意等，具有司法監督的功能。

御史監察機構和職官的權力地位體現在以下幾個方面：一是參與制定國家法律。秦始皇「明法度，定律令」，均召集丞相、御史大夫等合議。漢承秦制，有御史參與「論定律令」[27]的規定和事例。二是稽查百司，彈劾非法。御史體系職官有權監督一切政務，一切機構，一切官職。其檢舉、彈劾的範圍，上至丞相公卿，下至百官小吏。三是考核群臣，參與銓選。御史體系職官負責或參與考課、上計。張蒼「秦時為御史，主柱下方書」，而「明習天下圖書計籍」[28]。各郡每年歲末必須向侍御史上報政績，其上報的簿籍稱為「上計簿」。監察機構有權根據各級官吏的政績考核評定優劣。漢相蕭何在秦朝曾擔任泗水的低級官吏，工作稱職。「秦御史監郡者與從事，常辨之」，考評為「最」，位列「第一」，還打算向中央政府推薦他[29]。「法考」是秦始皇厲行「法治」的手段之一。四是駁正獄案，糾理冤獄。御史體系職官在授權範圍內享有司法之權，主要是承辦涉及官吏職務犯罪的案件。五是掌管國家法律文件。監察機構負有維護國家法制統一，監督國家各項政令貫徹實施的職責。秦朝法律要求司法、行政官員必須定期從負責監察自己的官員處抄錄、核對與本職工作有關的法律。六是擔任皇帝的耳目。監察官員之設，意在以卑監尊，御史類職官秩位偏低，而權大責重。御史體系職官的重要職責之一就是監控各地的政情和百官的活動，將有關情報及時報告中央政府和皇帝。皇帝允許言諫官員，特別是御史根據「風聞訪知」，行「風聞奏事」，即彈劾百官不必說明調查材料的來源和揭發檢舉者的姓名。漢代就有這樣的規定。由此可以推斷：秦朝的御史也有這類特權。

御史體系的職官有一個明顯的特點：秩低而勢大，官卑而權重。御史大夫論職位、秩祿和印綬都比丞相低一截，然而卻擁有許多特權。御史中丞、侍御史掌朝廷監察、執法之任。秦始皇將楚國的王冠賞賜給他們作為職務象徵。侍御史秩位不高，卻享有皇帝的特殊授權，他們頭戴獬豸冠，在朝堂上彈劾公卿百官，猶如護法的神獸，「牴觸不直者」，「辨別是非曲直」，其權勢足以震懾百官群僚，就連宰相公卿也是懼怕三分。秦朝在各郡設置的監郡御史，其官秩僅六百石，卻有權監察包括秩二千石的郡守在內的各級官吏。論秩位，監郡御史剛剛達到「顯大夫」的最底線，屬於「顯大夫」中秩位最低的，而作為欽差大臣，他們不僅可以與郡守等高官平起平坐，分權而治，而且有權監督、彈劾他們。監郡御史還參與考核官吏、薦舉人才、率兵作戰、主持工程等政務，並有權處置皇帝和中央政府交辦的其他事務。監郡御史只對皇帝和中央政府負責，與封疆大吏們沒有統屬關係，基本上可以不受制約地履行自己的職責。御史體系職官上可以諫君王，下可以監百官，他們在整個權力體系中的位置舉足輕重。

秦始皇以相對獨立的御史監察體系監控行政體系，賦予很大的權力，實行上下相監、以卑監尊、以內監外，由此而形成一個重要的政治監控體系。同時，為了防止御史監察體系失控，他也對這個體系實行有效的監控。主要表現在四個方面：一是御史監察體系完全受皇帝節制，其職官由皇帝任命，其職權由皇帝賦予。作為皇帝的耳目之司，御史類監察官員的權力基本上限於舉奏彈劾，最終處分權掌握在皇帝手中。二是御史監察體系的行為受國家法制的規範。秦始皇「以法治國」，各種治官治吏的法律大體完備，御史監察機構也只能「以法理官」或遵旨辦事。御史監察官員必須接受法律的約束，其活動也要遵守有關詔令、法規之規定。三是各種機構和官員互相糾察。秦朝允許各類職官上書言事，御史監察體系職官也必然受到其他職官的監控。四是嚴格御史監察官員的選拔標準。御史監察官員既屬於言官範疇，又屬於特殊的法吏。在中國古代政治體制中，言官歷來受到特殊的重視，皇帝總是慎重其選。中國歷代王朝都明確規定：監察官員必須選任文化素養較高、具有實際政治經驗的幹才充任。這類職官秩卑、權重、賞厚，從政素質往往較高，被奉為「百官表率」。秦朝當不例外。法吏在秦朝的特殊地位更是有目共睹。從歷史記載看，秦朝的御史與其他朝代一樣大多仕途得意，當時很可能初步形成了一條由低級言官、法吏（御史）到中高級言官、法吏（御史中丞、廷尉等），再到御史大夫、丞相的晉升途徑。一般說來，這些人政治素質較高，又得到皇帝的信任，其自我約束能力也比較高。在通常情況下，上述四條措施可以保證皇帝將御史體系牢牢地掌握在自己手中。

御史體系主要為監官而設，這種以卑監尊、以內監外的制度和職官對於強化皇權、穩固統治有重要的作用。御史體系的相對獨立和日益完善是專制主義中央集權政治體制進一步發展的歷史標誌之一。

㈡秦朝的諫官制度

秦始皇剛毅果斷，往往獨斷專行，甚至剛愎自用。然而他深謀遠慮，進一步完善了言諫機制，使專職言官職數有所增加，開啟後世相對獨立的諫議制度之端。他在這方面還是有所貢獻的。

秦朝的言諫制度主要由兩個部分構成：一是比較完備的議事制度，二是設置一批言路官，其中包括若干專職諫官。秦朝的議事制度來自中國王權的古老傳統，且在制度上更加完善。在通常情況下，皇帝尊重這種制度，並借以決斷軍國大政。秦始皇的高明之處就在於，他在使專門負責監官的御史體系獨立成軍的同時，也開始注意提拔專門負責諫君的官員。諫官與御史同屬言諫類職官，肩負著相近的職責，又大體有所分工。諫官主要盯著「君」，御史主要盯著「官」。秦始皇設置以「諫」為名的職官及其他一批與諫議有關的職官，標誌著有關的諫議機制開始了向制度化發展的演變過程。

秦朝的專職諫官設在郎中令下，統稱大夫。《漢書・百官公卿表》稱：「大夫，掌議論。有太中大夫、中大夫、諫大夫，皆無員，多至數十人。」諫議大夫（諫大夫）是專職諫官中的一種，「秦置諫議大夫，掌議論，無常員，多至數十人，屬郎中令。」[30]這些記載表明，在秦朝的中央機構中有一批專職諫官之設，這些職官專掌議論，並歸屬於郎中令。當時各種以議論為專門職責的大夫沒有定員職數，說明這種制度還處於初創階段；諫議大夫有時多至數十人，表明這種政治設置逐漸受到重視；「諫大夫」之設，則說明已經開始明確地以「諫」設置這類職官，並規範其職能，專職諫官制度初步成型。

以「諫」命名職官具有重要意義，它表明皇帝任命這些官員的主要目的不是泛泛地發表「議論」，也不是只「議論」具體政務，而是「諫」，即諫諍君王，獻可替否。諫，即規勸，指通過批評、勸戒、說服、建議等手段，使他人改過從善。在朝堂之上特別設立諫官，其「諫」的對象只能是皇帝。設置諫官的主要目的，就是要他們專門負責注意防範朝廷的決策和施政出現錯誤，一旦出現錯誤，就要以「諫」的方式加以阻止。以「諫」命名職官，這表明最高統治者有意從制度上強化這方面的機制和職能。專職諫官之設可以追溯到春秋戰國時期，而秦始皇使這種設置初步實現制度化，這是值得肯定的。

在秦朝，除了專司議論的職官外，還有一批特別賦予諫議職責的加官。諫議類加官的目的是以授予其他職官某種頭銜的方式使之負有言責。秦朝的給事中屬於加官，無定員，通常加授給近臣侍官，由大夫、博士、議郎等兼領。加授給事中的官員有更大的議政權，「日上朝謁，平尚書奏事，分為左右曹。以有事殿中，故曰給事中。」[31]南北朝以後，給事中逐漸發展為負有重要職責的專職諫官。在唐代，給（給事中）、舍（中書舍人）、台（御史）、諫（諫議大夫等）分別在門下省、中書省、御史台等機構供職，形成若干專職言諫機構。溯其源流，秦始皇當屬開端之人。

在秦朝，還有一條重要的言路，即臣民上書。一般說來，一切臣民都可以利用這條途徑陳情建言，議論得失。這條言路也來自古老的政治傳統。商周以來，國家設有專門機構和職官負責管理有關事務。在秦朝，臣民可以到皇宮門前的公車上書。有關事務由衛尉的屬官公車司馬令負責，凡「天下上事」皆由其負責轉達。秦二世時期的丞相趙高就曾在秦始皇時期擔任過公車司馬令。臣民上書這條言路具有通下情、納諫諍、平冤獄、抑權豪等政治功能。它有利於政治監控政情，制馭百官，所以歷來受到重視。秦朝有鼓勵「告奸」的政策和法律，所以理應像歷代王朝一樣，相當重視臣民上書這條言路。

由於秦朝制度尚處於中國古代帝制的初期階段，還有許多不夠成熟、不夠完善的地方，所以其言諫制度存在明顯的弱點。主要有二：一是言諫機構沒有獨立，附屬於丞相主管的機構；二是專職諫官尚無定員，負有言諫責任的職官多非專職。這些問題經過幾百年的演變之後才得到解決。

與隋唐兩宋時期的言諫制度相比較，秦漢的言諫制度還很粗糙。然而秦朝制度的開創性是毋庸置疑的，它大體確立了這種制度的基本規模、宗旨和若干具體思路。在隋唐兩宋時期的給（給事中）、舍（中書舍人）、台（御史）、諫（諫議大夫等）四類專職言諫職官中，有三種官名在秦朝已經出現。經過秦始皇的制度立法，中國古代以御史、諫議大夫、給事中為主體的言諫、監察制度初具規模，縱橫監督監控立法、行政、司法三權的機制進一步完善。

在世界古代史上，中華帝國的政治監控制度，特別是監察制度最完備，沒有任何一個帝國的有關制度可以與其相媲美。經過漫長的歷史演化過程，經過一番精巧構思和細密構造，中華王權逐步組建成一套完整的制度，在官僚體系內部形成一批政治監控、政治制衡機構。這種政治構思的主旨固然在於維護王權至上的「家天下」體制，然其主要目的是控制各級政權和官吏，但是它在保持政治穩定方面的積極作用也不容忽視。其中某些制度的原理、原則仍然適用於現代社會。以秦始皇為代表的中國古代政治家的政治智慧還是應當充分肯定的。

註釋

1 《漢書》卷一九〈百官公卿表上〉。
2 《慎子·知忠》。
3 《韓非子·六反》。
4 《韓非子·顯學》。
5 《史記》卷六〈秦始皇本紀〉。
6 《史記》卷九二〈淮陰侯列傳〉。
7 《水經·漯水注》。
8 《史記》卷七九〈范睢蔡澤列傳〉。
9 《史記》卷六〈秦始皇本紀〉。
10 參見拙著《亦主亦奴——中國古代官僚的社會人格》第二章第一節君臣之義與人的臣僕化，浙江人民出版社二〇〇〇年版。
11 《史記》卷八七〈李斯列傳〉。
12 《史記》卷八〈高祖本紀〉。
13 《史記》卷六〈秦始皇本紀〉。
14 《漢書》卷四二〈張蒼傳〉。
15 參見彭勃、龔飛主編：《中國監察制度史》導言，中國政法大學出版社一九八九年版。
16 《國語·周語》、《左傳·襄公十四年》都記載了類似的思想。
17 《史記》卷四〈周本紀〉。
18 參見《管子·桓公問》等。
19 《左傳·昭公二十年》。
20 《論語·子路》。

21《荀子・君道》。
22《韓非子・八經》。
23《韓非子・外儲說左上》。
24《韓非子・喻老》。
25《國語・周語》。
26《韓非子・外儲說右下》。
27參見《漢書》卷九〇〈酷吏傳〉及《漢書》卷九七〈外戚傳〉等。
28《史記》卷九六〈張丞相列傳〉。
29《史記》卷五三〈蕭相國世家〉。
30杜佑：《通典》卷二一〈職官三〉。
31杜佑：《通典》卷二一〈職官三〉。

第九章　社會篇：改造並重構等級秩序的國家元首

自國家文明的曙光初照以來，中國古代社會就一直以等級制度為基本結構模式。等級制度既是君主制度最基本的社會基礎，又是君主制度最重要的政治制度。郡縣制度、官僚制度和等級制度是專制主義中央集權政體的三大基本制度。它們鼎足而三，共同支撐著高高在上的皇帝。這種社會政治體系最基本的結構就是等級。皇帝是高踞於社會的、政治的等級金字塔頂端的國家元首。等級制度及相應的等級觀念一直是皇帝權力和權威的主要來源之一。

等級制度是中國古代最基本的社會政治制度。整個社會依據社會身分、政治身分以及政治資源（組織資源）、經濟資源和文化資源占有狀況，劃分為各個不同的等級，社會人群由各種社會地位構成多級的階梯。有等級必有階級，有階級必有等級。在等級分明的社會中，等級是階級差別的一種重要表現形式。等級關係與階級關係有所不同。階級關係是最基本的社會關係，它通過與物質生產直接相關的生產關係或經濟關係形成。在這個意義上，階級關係屬於「物質的社會關係」。階級關係在各種社會關係中具有基礎性，它客觀存在，不以人的意志為轉移。等級關係歸根結柢是階級關係的一種曲折的表現形式。在中國古代社會，人們並沒有清晰地覺察到階級關係的存在，而主要依據等級關係結構社會、維繫社會，並認知人與人之間的各種社會關係。等級不等於階級，它與階級並不嚴格對應，有些個別情況還可能有所顛倒，而階級主要通過等級體現，等級關係狀況大致可以體現階級關係狀況。在通常情況下，生活在中國古代社會的人們主要以等級的形式界定人與人之間的社會關係，包括生活關係、政治關係、家庭關係、法權關係、道德關係等。等級關係既是社會的，又是政治的、法律的、觀念的，還與經濟關係有一定聯繫。等級關係主要通過人們的意識結成並維繫。在這個意義上，等級關係是一種典型的「思想的社會關係」。等級制度則是等級關係的制度化，它是人們有意識地設置的。

依據中國古代的社會觀念和政治觀念，人們普遍認為，最高統治者是等級秩序的締造者和維護者。作為最高統治者，秦始皇以等級制度的「元首」、「太上」、「至尊」自居，致力於為天下臣民「立極」、「立義」。他重視等級制度的建設，從政治、社會、道德、法律等各個方面強化有關的規範，自詡締造了「尊卑貴賤，不逾次行」的社會秩序。在秦始皇及其群臣看來，「作立大義，昭設備器，咸有章旗」，這是始皇帝制度之作為；「貴賤分明，男女禮順，慎遵職事」，以使「男樂其疇，女修其業，事各有序」，這是始皇帝制度之道理；「職臣遵分，各知所行，事無嫌疑。黔首改化，遠邇同度，臨古絕尤」，這是始皇帝制度之功德[1]。

秦朝的等級制度既具有中國古代等級制度的共性，又有其特性。早在商周時期就形成了以「親親」、「尊尊」為宗旨、以「禮」為規範的嚴格的等級制度。春秋戰國時期，與社會大變革相呼應，現實中的政治結構、社會結構發生重大變化，許多思想家也隨之提出變革禮制的課題，其中以孔子的「損益」說和商鞅的「易禮」說最有代表性。各國變法的重要內容之一就是建立與新的政治結構、社會結構相適應的等級制度。秦始皇綜合春秋戰國以來改造舊的等級制度的各種成果，建立了與中央集權政體相匹配的等級制度，並把等級原則貫徹到社會生活的各個方面。

皇帝（君）、官僚（臣）、黔首（民）三大政治等級

在中國古代社會，區別上下、貴賤、尊卑是等級制度的基本宗旨和核心內容之一。在政治上，等級制度主要為界定、規範政治關係而設。政治等級主要依據政治身分及對政治資源（組織資源）的實際占有狀況確定，它決定著一個人的政治地位、政治權利及相關的政治規範。在行政權力支配社會的歷史條件下，政治身分是劃分階層的重要依據。一個人的政治身分是確定其等級地位的主要因素，乃至決定性的因素。政治等級還在很大程度上決定著一個人對經濟資源、文化資源的占有狀況。因此，依據實際政治身分確定的政治等級最具有綱領性。政治等級制度是整個社會結構體系的主幹。

一、君、臣、民政治等級的重構與相關的社會普遍意識

中央集權政治制度的建立在很大程度上簡化了中國古代社會的政治關係。在夏商周的等級君主制度中，政治關係相當複雜。以君臣關係為例，天子以諸侯為臣，諸侯以卿大夫為臣，卿大夫以士為臣，而反過來，士以卿大夫為君，卿大夫以諸侯為君，諸侯以天子為君。在名義上，天子是天下之君，諸侯是一國之君，然而他們卻不能實際支配「陪臣」，即天子不能真正支配作為諸侯之臣的卿大夫，諸侯不能真正支配作為卿大夫之臣的士。在中央集權政治制度中，政治關係相對簡化。由於秦朝實行單純郡縣制度和官僚制度，使等級君主制一變而為徹底的君主集權制，天下只有一個君主，即皇帝。這樣一來，君、臣、民構成了界限清晰的三大政治等級。最高統治者皇帝是君，各級官僚是臣，其他沒有政治身分的人是民。天下是皇帝一人之天下，臣民是皇帝一

人之臣民，皇帝是天下臣民惟一的君主。臣就是臣，官僚化的徹侯封君、公卿百官、郡守縣令都不再是亦君亦臣的政治角色。庶民依然是庶民。政治關係的簡化必然導致政治等級制度的變化。內容有所更新的政治等級制度及相應的等級觀念逐步取代了西周、春秋時期的政治等級制度及相應的等級觀念。儘管新的制度與觀念是在舊的制度與觀念的基礎上產生的，二者的本質和最基本的法則並無二致，一些制度、規範和觀念還有相當大的承繼關係，而實際的社會政治內容已經發生很大的改變。

這樣一來，金字塔式的政治階層結構形態有所調整。首先，「君」階層簡化到只有一人的程度。換句話說，整個社會階層結構中的最高支配階層縮小到了極限。這既是專制主義中央集權制度的產物，又是維護中央集權、君主專制的需要。其次，「臣」階層的規模有所擴大。「臣」的絕大部分又是地產主，他們與其他庶民地產主、工商業主共同構成古代社會階層結構的中間階層。在春秋戰國時期，他們又是社會變革的動力階層。在人類文明史上，社會中間階層的擴大是文明程度深化的重要標誌。社會中間階層規模越大，社會資源的配置越趨於合理，整個社會越容易保持相對穩定。從春秋戰國的歷史過程看，當時「臣」及其他中間階層的膨脹是客觀的歷史自發性演變和主觀的統治者制度安排、社會政策共同作用的結果。

在秦朝，君（皇帝）、臣（官僚）、民（黔首）是三種最基本的政治身分和政治等級，它們又分別構成君與臣、君與民、官與民三種基本的政治關係。君、臣、民都是歷史範疇。在春秋以前，「君」用於稱謂每一獨立或相對獨立的政治實體的最高權力者，如天子、諸侯、卿大夫都是君主。下一級君主是上一級君主的臣。「臣」本義是奴隸，即臣、妾、僕、隸、宦、宰等。由於家國一體，家事、國事攪混在一起，君主的家臣往往染指政治而成為顯宦、家宰，而諸侯又多是稱「臣」

者，於是「臣」逐漸演變為官吏的稱謂。「庶民」、「庶人」、「國人」通常屬於平民百姓之稱，他們的社會地位一般高於臣妾僕隸。戰國、秦漢以後，君（皇帝）、臣（官僚、貴族）、民（良民、賤民）構成三大社會政治等級。秦朝的政治關係模式就屬於這一類。皇帝君臨天下，其餘都是臣民。由此形成了與之相應的社會普遍意識。

在秦朝，皇帝是最高統治者。如前所述，秦始皇統一天下後，改帝號為「皇帝」。在觀念上，皇帝權威凝集著中國古代各種絕對權威的屬性。在實際政治中，皇帝居尊高之位，執無上權力，是一切臣民的主宰。

君與臣相對而言，在上為君，在下為臣。在甲骨文、金文中，「君」為發號施令者的象形；「臣」為屈服順從者的象形。這兩個象形字本身就生動地揭示著君與臣在地位和功能上的巨大反差。在文獻中，「臣」的稱謂涵義比較複雜，大體有四類情況：一是使用臣的本義，用於稱謂家臣、奴僕或部曲。二是泛指一切臣民。三是特指有政治身分的官僚、貴族。凡是論及君臣關係和臣道規範的地方，大都在這個意義上使用「臣」字。四是用於稱謂在視同或類同君臣關係中居於「臣」的地位的角色。例如，父與子、夫與婦等類同君臣，有時在下者稱之為「家君」、「嚴君」或「君父」而自稱為臣或妾。「臣」最基本、最穩定的文化意蘊是「奴才」。在專制主義社會政治體系中，一切被支配、被奴役的社會角色都可稱之為臣。在各種政論文章中，臣通常指與君（皇帝）、民（庶民）對稱的官僚。

官僚（臣）是主與奴、貴與賤的統一體。相對於君，他們是下，是奴，是臣子；相對於民，他們是上，是主，是父母。他們出則輿馬，入則高堂，一呼百諾，權勢炙手，而在君主和長官面前卻必須俯首從命。其實「官僚」、「官宦」稱謂本身就生動地刻畫出這種政治角色的雙重地位。

「官」，本義為官府、官衙，引申為官吏，是權力者、管理者的稱謂。《廣雅．釋詁》：「官，君也。」官，最初是君主稱謂，後來一般泛指天子以外的一切國家公職人員。「其諸侯以下，及三公至士，總而言之，皆謂之官。官者，管也。」[2]「僚」、「臣」的本義則是奴僕。「臣」即家奴。甲骨文中的「臣」字是房屋下臣隸的象形。《左傳》將人分為十等，其中「隸臣僚，僚臣僕」，僚屬於僕隸之類。臣僚的地位極其卑賤。將官與僚結合在一起，是君主制度發展史的產物。在中央集權政體形成過程中，君主將家相、群僚提升為官，又將諸侯、卿大夫貶抑為僚，這就造就了官僚，造就了亦主亦奴、亦貴亦賤的群體。「官」與「僚」也就黏連一體，成為這一群體的文化符號。官僚是君主的「臣」。君主稱他們為「臣工」，他們在君主面前自稱為「臣」。因此，在各種政治理論著作中，「臣」大多是特指官僚。官僚在政治上屬於統治階級，在經濟上大多屬於剝削階級。同時他們又是君主的統治對象。

相對於君、臣等「肉食者」，民是「藿食者」、「蔬食者」。在經典注疏、政治論著中經常可以看到「民者，冥也」、「下民難與圖始」的說法。民被視為愚昧無知的一群。君主與官僚被稱為「大人」、「君子」，而庶民則被稱為「小人」、「野人」、「愚氓」、「庶人」等。秦始皇統一天下以後，「更名民曰『黔首』」。黔首，顧名思義，指一群沒有冠冕、裸露著黑色髮髻的人。用黔首稱謂沒有政治身分的平民百姓還是很貼切的。在法律上，「民」，又稱「庶民」，特指沒有政治身分的芸芸眾生。依照古代法典，民又有良、賤之分，其中良民包括平民地主和自耕農，而部曲、奴婢等屬於賤民。在民事案件中，奴婢等賤民視同畜產、財產。民並不是一個階級範疇，而是一個依照政治地位劃分社會等級的概念。那些豪強大姓，富商巨賈，縱可橫行鄉里，富甲一方，除非設法獲得政治功名，否則列入庶民。民在政治上屬於被統治階級。他們絕大多數是勞動者，其中大多數人在經濟關係上屬於被剝削階級。

在中國古代社會，上述對於君、臣、民三種政治角色的界定獲得廣泛的認同，有關的政治觀念屬於一種社會普遍意識。歷代思想家還將有關的政治觀念理論化。因此，與君（皇帝）、臣（官僚）、民（庶民）三種政治角色相關的定位與規範，不僅是一種文化定位，又是一種制度定位。各種相關的政治規範、法律規範和道德規範共同維護著這種既定的政治等級制度。秦朝並不例外。

秦始皇是如何認識和界定君（皇帝）、臣（官僚）、民（黔首）基本政治關係的？由於史料的缺乏，現在只能通過其所欣賞的政治論著，其所制定的制度、法律、政策及有關的行為來推斷。根據秦始皇所關注的諸子百家學說、所確立的「大一統」政治制度和他所制定的相關的政治稱謂、政治規範、法律規範和道德規範，可以有把握地斷言：秦始皇關於君、臣、民基本政治關係的理念，來自於在戰國時期基本形成並獲得廣泛認同的政治意識和政治理論。因此，在進一步研究秦朝的政治等級制度和政治關係時，有必要先了解一下有關的政治觀念和政治學說。

二、先秦諸子論君、臣、民的基本政治關係

君尊臣卑，自古以來就是中國古代社會制度、政治制度的基本法則。其歷史根源至少可以追溯到夏、商、西周。與此相應的文化觀念也早已成為社會共識。君尊臣卑觀念不僅為廣大臣民所認同，還被儒、道、墨、法、名、陰陽等諸子百家所反覆論證，形成了系統的政治理論。君尊臣卑觀念是中國古代政治文化的基礎框架。

正如內容有所更新的政治等級制度形成於春秋戰國時期一樣，內容有所更新的政治等級理論也是由先秦諸子共同構建的。重視政治關係的討論是中國古代政治思想的一大特色。先秦諸子在

討論社會結構、政權構成及統治手段和管理方法的時候，總是首先論說政治關係，從君臣關係、君民關係、官民關係的角度探究馭臣、治民的方略和政策，提出維持政治體系穩定並使之正常運轉的藝術和方法，即治國之道、為君之道。

君、臣、民稱謂本身就是對三種政治角色及其基本政治關係的規範和界定：君是主宰天下的最高統治者；臣由君主冊封或任命，占有較高的社會等級和一定的政治職位，是政治權力的實際執行人；民處在社會政治體系的底層，他們向國家繳納貢賦，卻不享有任何政治權利。對於這種基本關係，除無君論者外，諸子百家不僅從來沒有提出過異議，而且多方予以論證。

早在春秋以前，社會政治體系中三大政治分層已初步形成。《尚書》、《詩經》、《國語》、《左傳》中的大量歷史材料表明，在當時的政治觀念中，王、王以下的其他執政者、庶民分屬於不同的政治等級，享有不同的政治權利。東周內史過在論證「長眾使民之道」時，引據《夏書》的「眾非元后，何戴？后非眾，無與守邦」以及〈湯誓〉、〈盤庚〉的「余一人」思想，指出：「古者先王既有天下，……諸侯春秋受職於王以臨其民，大夫、士日恪位著以儆其官，庶人、工、商各守其業以共（供）其上。」[3]這就明確規範了君、官、民三種角色的政治關係：天子主宰天下，設官分職；諸侯、大夫、士受職於上，守官臨民；庶民百姓從事物質生產以供奉其上。

先秦諸子關於君、臣、民基本關係的認識在很大程度上繼承了傳統的君臣、君民觀念，只是在新的歷史條件下有所發揮、有所改造而已。先秦儒家是傳統政治文化的直接繼承者。孔子以「禮樂征伐自天子出」、「政不在大夫」、「庶人不議」作為「天下有道」的標準[4]。孔子的這個思想明確規範了最高統治者、其他執政者、庶民的政治關係與政治權利。孟子、荀子等也認為天子有天下，諸侯有國家，士大夫有田邑，官人百吏有祿秩，庶民只能辛勤勞動，奉養君子。這些思想雖略顯陳舊，卻是儒家全部政論的基礎。先秦法家對政治關係的界定相當清晰。《管子・任法》說：「有生法，有守法，有法於法。夫生法者，君也；守法者，臣也；法於法者，民也。」君是法制政令的制定者，臣是法的執行者，民則僅有守法從命的義務。在墨家、道家及其他政治學流派的政論中也可以找到類似的說法。這就是說，諸子百家形成了一個基本共識：君是政治的主宰，臣是執行君命的工具，民眾是有政治義務而無政治權利的被統治者。這一切是由「天」或「道」規定的，每一等級都應各守其職，各盡其分。不得染指最高權力的官僚和毫無政治權利的庶民，只能永遠受君主的支配和驅使，否則就是滅天常，背道義。先秦諸子的政治分層理論所提出的基本法則，簡言之，即君尊臣卑。

先秦諸子的尊君卑臣論可以大體分為兩個相輔相成的板塊，即君主至上論和臣民卑賤論。關於君主至上觀念和相關的理論，前面各章已有詳細的介紹，這裡著重分析一下臣民卑賤論。

君主尊而臣民卑、君作主而臣民從，這是中國古代政治學說最基本的政治關係定位。諸子百家以各種方式為君主和臣民定位，系統地論證了臣民的卑賤地位和工具屬性。如果說臣民卑賤觀念主要是結構定位，那麼臣民工具觀念則主要是功能定位。兩種定位相輔相成，渾然一體。結構上的卑賤地位注定了功能上的工具屬性；功能上的工具屬性又表明了在結構中的卑賤地位。中國古代政治學說以多種形式為帝王和臣民定位，每一種定位方式都兼包結構定位與功能定位。據說這是天秩，是命定，是自然之理，且最合乎人情。這類理論觀念對帝王與臣民兩方面的政治意識都有深刻的影響。

先秦的君尊臣卑觀念和理論的內容和類型很多，限於篇幅，這裡著重從政治比喻來分析君尊臣卑觀念的特點。諸子百家在闡釋帝王與臣民關係時，往往多方設譬，以一種形象化的方式為君、臣、民定位。這些譬喻獲得全社會的廣泛認同，有的甚至成為文化符號。最常見的君臣之喻有以下幾種。

帝王為天與臣民為地。《管子·明法解》說：「君臣相與高下之處也，如天之與地也。」帝王處於至尊至上之位，臣民處於至卑至下之位，高下相懸猶如天壤之別，故素來有君為臣天之說。《周易·繫辭上》說：「天尊地卑，乾坤定矣。卑高以陳，貴賤位矣。」天高地卑歷來被視為君主制度和等級制度的法象。類似的君臣之喻還有很多，如雁陣的頭雁與群雁，哺乳的母羊與跪乳的羔羊等。中國古代政治學說喜歡以「自然之理」來論證結構模式、秩序法則和社會規範的必然性、合理性和絕對性。天地自然之喻是臣民卑賤論的主要論據之一。它認為君尊臣卑是「天經地義」的。

君主為父母與臣民為子女。《尚書》有帝王「作民父母」之說。這一觀念是古代文獻中最常見的社會政治定位理論。其基本思路是：在上者與在下者屬於一種類同親子的關係。於是人們以「君父」為帝王定位，以「臣子」、「子民」為臣民定位。這就是說，天下一家，家國一體，君父一體，忠孝一體。在這囊括眾生的政治大家庭中，為帝王者無論長幼永遠是父母，為臣民者無論老少永遠是孩子。這種關係定位不移，它不以帝王與臣民的實際年齡和輩分為轉移。廣大臣民是帝王養育、監護、教化、支配的對象，為子為臣者只能盡忠盡孝，惟命是從。在宗法觀念占支配地位的時代，這種定位方式本身就確認了臣民的卑賤地位。

君為元首與臣為股肱。以「首德」喻君，以「股肱」喻臣，這種觀念可以追溯到三代。西周金文就有這類比喻。在歷代文獻中，元首與股肱之喻最為常見。以致「元首」成為一種君主稱謂，而「股肱」也成為輔臣的文化符號。人們常常以此論證君為主、臣為輔、民為本，告誡帝王千萬不要做自損手足，割股啖肉的蠢事。然而手足無論多麼重要，畢竟要由頭腦來指揮，為元首服務。頭腦高高在上，支配四肢運動；手足處於下位，為頭腦取物、行走。首足之喻生動形象地揭示著臣民在帝王面前的卑下地位與工具屬性。

君為腹心與臣為九竅。《文子・上德》說：「主者，國之心也。」心臟是主宰的喻體之一。與心臟對稱的是九竅、股體。心臟是人體的中樞，九竅則是附屬與配件，故心又與君互喻。「心之在體，君之位也；九竅之有職，官之分也。心處其道，九竅循理。」[5]心把握道理，九竅遵循而行，彼此猶如君臣。君臣關係猶如心與九竅、四肢。心臟、九竅、肢體相須一體，誰也離不開誰。因此，為君不可獨治，必須置群官，以備爪牙耳目。賢臣良佐猶如君之耳目，代替帝王視聽於四方。心臟、九竅、股體之喻表明帝王是臣民的主宰，臣民是帝王的工具。

帝王為御者與臣民為車馬。思想家們常以駕車馭馬比喻治國理民。《孔子家語・執轡》將臣民、治術喻為牛馬、銜轡最為典型。以牛、馬、鷹、犬作為臣民喻體，這是中國古代政治文化的一大特點。在文獻中，人們常把良將賢才比為良弓、走狗、鷹犬、騏驥。以犬馬喻臣民，以人馬、人犬關係喻帝王與臣民關係，這既生動又貼切。帝王重視臣屬如同獵手珍愛行圍打獵的鷹犬，重視民生如同馭者養護負重遠行的牛馬。臣民只是一種工具的人格化。

君主為舟與臣民為水。《荀子・王制》有一段名言：「君者，舟也；庶人者，水也。水則載舟，水則覆舟。」民既可以擇君擁君，又可以棄君誅君，這就像水平則載舟，水激則覆舟。舟水之訓千古傳誦，它著重論證了君權的相對性，從而為民本思想張目，為重民政策吶喊。然而水永遠是水，舟永遠是舟。水不載此舟，仍要載彼舟；民不擁此君，仍要擁彼君。舟水之訓從不具有改變民的卑賤地位和工具屬性的意義。舟水之喻著重強調帝王對臣民的依賴，臣民對帝王的制約。

即使這類思想也未能脫出臣民卑賤論和工具論的窠臼。

君主為陽與臣民為陰。以陰陽法則論證，比喻帝王與臣民之間屬於天秩定位，這是最富哲理性的君尊臣卑論。中國古代思想家們大多認為：道（天道、自然之理）是宇宙間最高存在，陰陽是天地間最普遍的矛盾規律。物之有形者皆根於道，生於陰陽。陰陽相摩相蕩，促成天地萬物的生滅變化。陰陽存在於世界上一切對立的事物和現象之中，大凡先後、始終、動靜、晦明、上下、進退、往來、開闔、盈虛、消長、剛柔、尊卑、貴賤、表裡、隱顯、向背、順逆、存亡、得失、出入、行藏等，都是「一陰一陽」的具體表現。陰陽既是一切事物對立性的概括和抽象，也是事物對立性的普遍依據。這就是說，作為實體，陰陽化生萬物；作為屬性，陰陽遍布一切事物之中。陰陽是表述形而上學和普遍聯繫的範疇，它可以解釋自然、社會、人生的一切對立統一現象。這樣一來，陰陽成為為一切事物定位、定性的理論工具。陰陽就是道，或是道所確立的法則；天之道曰陰曰陽，天地是一大陰陽；人類社會中的男女、夫婦、父子、君臣皆為陰陽關係。因此，依據陰陽法則為社會角色的定位又被稱為「天秩」。《易傳》把君、父等列為陽，臣、子等為陰。「制人者陽，制於人者陰。」[6]這種定位的依據是陰與陽的屬性和形式。陰與陽分別代表兩類截然相對的事物。歸入陽類則高貴、剛強、完善、主動；歸入陰類則低賤、柔弱、殘缺、被動。各種陰陽論都把帝王置於陽位，把臣民置於陰位。在等級關係中，尊者為陽，卑者為陰。陽尊陰卑，注定君臣之分，貴賤有恆。君尊臣卑，定位不移，臣民只能永遠處於卑賤地位。在支配關係中，主導者為陽，從屬者為陰。陽剛陰柔，陽動陰靜，注定君道剛嚴，臣道柔順。《周易·坤卦》以「坤道其順」、「地道無成」論臣道。其主旨是強調臣不可先君，卑不可先尊，臣民不能自作主張而充當具有完全主體性的主動者。以天道與地道、陽與陰、乾與坤等為君臣上下定位，這就為君尊臣卑、君主臣從的觀念找到了哲學依據。它從哲學的高度向人們宣示：帝王永遠處於尊、貴、剛、健、主的地位，臣民永遠處於卑、賤、柔、順、從的地位，這是天的規定、道的本質，是上帝的律令或自然的法則，任何人都不能違逆。

實際上有關君臣關係的喻體還有很多。如把帝王比作龍虎，臣民比作風雲；把帝王比作太陽，臣民比作葵花；把帝王比作鳳凰，臣民比作百鳥；把帝王比作北極星，臣民比作群星……雲從龍，風從虎，葵花向陽，百鳥朝鳳，群星繞北斗，萬物靠太陽，因而臣民是帝王的附庸、從屬。又如把臣民比作附麗蒼穹的日月星辰，妝點大地的山川嶺嶽；鴻鵠凌雲的羽翮，巨鯨遨遊的溟渤；集成珍裘的狐腋，匯成大海的涓流；……無論哪一種比喻，帝王的喻體都處於主體、主導地位，而臣民的喻體則處於附屬、工具地位。又如把帝王比作源，臣民比作流；把帝王比作容器，臣民比作液體；把帝王比作工匠，臣民比作器物；把帝王比作冶人，臣民比作礦石；把帝王比作陶工，臣民比作泥土；……無論哪一種比喻，帝王的喻體都是主體，臣民的喻體都是客體。

中國古代政治觀念和政治理論以各種方式詮釋臣民的地位與功能：在等級體系中，他們是卑、是下；在政治體系中，他們是臣、是民；在宗法體系中，他們是子、是女；在學術體系中，他們是生、是徒。他們像天文體系中的群星，必須環繞北斗；他們像水文體系中的江河溪流，必須朝宗大海；他們像地理體系中的沙礫壤土，必須仰望山陵。以鱗蟲為喻，他們是尾隨龍蛇的魚蝦；以禽鳥為喻，他們是朝見鳳凰的百鳥；以毛獸為喻，他們是陪襯麒麟的群獸。帝王為聖人，臣民則為愚氓；帝王為大人，臣民則為小人；帝王為主子，臣民則為僕役；帝王為至貴，臣民則為至賤。說來說去，都是要告訴人們這個一定之規：臣民只能作政治的客體，不能作政治的主體。

先秦諸子的高明之處在於，他們在君尊臣卑定位不易的前提下，對君臣民一體以及君、臣、民關係的紐帶有清晰的認識和深入的探討。除個別無君論者外，思想家們普遍將君臣民視為政治統一體。三者缺一不可，共同構成歷史政治共同體。各種君臣論、君民論、官民論見仁見智，風格各異，頗多分歧，而爭論的焦點不在於是否應當確立君主、臣輔、民從的一般原則，而在於如何維繫君臣民之間的關係，切實貫徹這個原則。

無論儒、道、法三家的先哲們在重視臣民方面講了多少古訓名言，諸如孔子的「仁」、老子的「慈」、商鞅的「愛民」之類，他們都絲毫沒有改變君尊臣卑等級關係的意圖。相反，他們在設計維護君臣關係、君民關係的方略時都明確地把臣民置於卑賤、工具的地位。在這方面，最為典型的當屬「愚民之術」、「弱民之術」。孔子說：「民可使由之，不可使知之。」[7]這是有文獻可考的儒家最早的愚民主張。老子所謂「聖人之治」的綱領是：「虛其心，實其腹，弱其志，強其骨，常使民無知無欲，使夫知者不敢為也。」[8]這恐怕是最徹底的弱民之術。商鞅認為，「民弱國強，民強國弱。故有道之國，務在弱民。」在他看來，「樸則強，淫則弱」[9]，最好的方略是使臣民保持純樸、愚昧的狀態。三家的愚民、弱民之術有驚人的相似之處，其根本目的無非是使臣民永遠處於可以任意支配的卑賤、工具地位。秦朝的統治思想在這方面實際上也是兼採眾長。在秦始皇駕馭臣民的各種制度、政策和行為中，法家、儒家、道家所提供的手段幾乎應有盡有，只有法家的色彩更濃一點而已。

三、秦始皇規範君、臣、民政治等級關係的主要措施

政治等級關係的重構是春秋戰國歷史社會大變革的一項重要的內容。在政治等級關係重構過程中，各國統治者的變法活動起著舉足輕重的作用。政治等級關係的重構是一系列相關的政策調整和

制度創新的產物。它適應中央集權的政治需要，並通過一系列的政治的、社會的、經濟的和文化的調整完成。新的政治等級關係是與中央集權政體相匹配而形成的社會結構體系的主體部分。儘管等級制度的調整有更深刻的社會動因，但是統治者基於實際需要而做出的主觀設計和大力推行，顯然起著主導的作用。

對於政治關係的相對簡化，秦始皇及其群臣是有所感知並極力維護的。比較明顯的具體表現有三：一是他們清晰地感知「古之五帝三王」，「實不稱名」，而「海內為郡縣，法令由一統」的新制度，改變了舊制度下「諸侯或朝或否，天子不能制」的政治狀況，真正實現了「人跡所至，無不臣者」。秦始皇及其群臣對秦朝的這個政治成就頗為得意，大肆宣揚。在他們看來，秦始皇締造「併一海內」的政治局面，這是曠古之盛事，「自上古以來未嘗有，五帝所不及。」[10]這表明秦始皇對於新的政治等級關係是充分肯定的。二是秦始皇改帝之號為「皇帝」，改民之名為「黔首」，而貴族、公卿和百官皆是官僚，且以「臣」為稱。確定「皇帝」稱號的目的無疑是旨在宣揚君主的至上性、獨一性和神聖性。獨一無二的「皇帝」與官僚、黔首稱謂相匹配，具有在觀念上明確界定君、臣、民三大政治等級及其相互關係的意義。秦始皇的這個行為，實際上從文化制度和政治規範的角度，鞏固了新的政治等級關係。三是秦始皇及其群臣自覺地通過完善或創立各種制度，來維護這種新的名副其實的「大一統」政治結構和政治關係，許多相關的規範和制度都有明確界定和規範君、臣、民三大政治分層及其相互關係的意圖和功能。不管秦始皇是否清晰地意識到這些做法的歷史意義，他的一系列「制度」行為都實際上具有在新的歷史條件下，將三大政治等級的政治稱謂、政治規範及相互關係倫理化、制度化乃至法制化的意義。秦朝在華夏民族歷史上第一次實現了君主獨一、一統天下的政治局面，這個政治實踐也具有全面確立新的政治等級關係的歷史性作用。

上述事實表明，秦始皇在重新構建政治等級結構方面不僅相當自覺，而且頗有作為。從秦始皇所確立和依恃的政治制度與統治手段看，他極力維護君尊臣卑，從制度上將臣民置於卑賤的地位。他在前人的基礎上，將君、臣、民之間基本關係進一步制度化、法制化，從而基本上完成了從舊的政治等級制度向新的政治等級制度轉變的歷史過程。

圍繞基本政治等級關係，秦朝還有一系列操作性很強的具體的等級制度，如功勛爵制度、官僚職秩印綬制度和各種禮儀制度等。這些制度既是政治的，又包含或涉及到歷史、經濟等各個領域，從而使等級法則貫徹到社會生活的各個領域。秦始皇還在法律上、政策上為各種政治的、社會的、經濟的等級結構提供保護。這就構成了以皇權為中心的等級分明的社會結構體系。

規範臣民等級特權的二十等功勛爵制度

秦朝實行二十等功勛爵制度。在秦朝各種人為的等級制度中，功勛爵制度與新的政治等級制度關係最密切。它既是政治制度，又是規範臣民社會地位、等級特權的主要制度，還與新的經濟關係息息相關。功勛爵制度是秦朝的基本政治制度之一，也是秦朝最重要的等級制度。

功勛爵制度是依據臣民為國家和君主建立的功勞、做出的貢獻而確定爵位，並相應賜予土地、田宅、食邑及各種等級特權的爵祿制度。功勛爵制度首先是一種政治等級制度，它是確定臣民在社會政治體系中所處地位的主要依據。功勛爵制度同官僚制度、徭役制度、經濟制度、法律制度等都有密切的聯繫。一般說來，有了爵位才有資格做官。爵位不同，不僅政治地位不同，而且法定的社會權利、經濟權益也不同。一個人的爵位發生變化，他在等級社會體系中的地位（包括政治的、社會的、軍事的、經濟的、法律的）也隨之變化。功勛爵制度是一項操作性很強的社會等級制度。它涉及到各種重要的地位、權利、價值、利益的分配。

一、功勛爵制度的產生與發展

功勛爵制度是秦朝帝制與商周王制的重大區別之一。它的產生是政治制度、等級制度的一大創新，並對春秋戰國秦漢時期的社會政治結構變革有著直接的、重大的影響。作為一種政治制度，功勛爵制度是裂土分封制度和世卿世祿制度的替代物。它從根本上改變了君主以下各級國家公務人員的選拔、任命、晉升辦法，促進了分封制度的瓦解和官僚制度的發展。功勛爵制度還為新的政治體制培植了堅實的社會基礎。它的產生標誌著中國古代君主制度的重大改革。正是有了這種制度，才使得「宰相必起於州部，猛將必發於卒伍」[11]逐漸變成現實。比較而言，功勛爵制度在政治地位和社會資源的分配方面，更強調能力準則，它比裂土分封制度更趨近於「公平」、「合理」，有利於提高行政效率，還在一定的程度上實現了社會公正。能力準則相對凸顯與身分準則的相對弱化，在很大程度上推動了社會階層的流動。

在中國古代，食邑賜爵制度源遠流長。據說，「古者明君爵有德而祿有功。」[12]在《史記》中，記述了許多夏、商時期因為各種功勛而獲得爵位或晉升爵位的故事。其中許多人最初只是一個奴隸、家奴。他們完全憑功勛而獲得君王的封賜。秦始皇的祖先就是因為在西周時期立有軍功，才獲得周王的賞賜，循著臣民、大夫、諸侯的階梯，而立家立國的。在春秋時期，主要靠著軍功起家的卿大夫不勝枚舉，晉國六卿堪為典型。因此，自從有了封邑賜爵制度就有了因功勛賜爵的現象。這是功勛爵制度的歷史淵源。但是，春秋以前「親親貴貴」、「裂土班爵」的爵祿制度與戰國以來「不別親疏，不殊貴賤」、「見功而與賞，因能而受官」的功勛爵制度有很大的不同。在新的功勛爵制度下，爵位主要憑功勛獲得，有爵位者大多不是封君，而高爵位的封君也開始向官僚轉化，不能再「食其田並主其邑，治以家宰私臣，又子孫得世守之」[13]。

新的功勛爵制度形成於春秋戰國時期。春秋戰國史頗似一部戰爭史。車轔轔，馬蕭蕭，戰鼓擂，飛鳴鏑，爭霸戰爭、兼併戰爭奏鳴著時代的主旋律。為了適應「大爭之世」的需要，為了在「爭於力氣」的環境下生存和發展，新的功勛爵制度萌芽。晉國大夫趙簡子在打敗鄭兵之戰的戰爭誓詞經常被史家引用。為了鼓舞士氣，趙簡子在大戰之前明確宣布賞罰條例：「克敵者，上大夫受縣，下大夫受郡，士田十萬，庶人工商遂，人臣隸圉免。」[14]這就是說，凡立下軍功者，大夫、士可以獲得晉升和賞賜，庶人工商可以躋身仕途，人臣隸圉可以免除奴隸身分。這在當時屬於臨時性政策措施，並沒有形成制度。但是，這種政策已經具有新的內容，它的效益也是明顯的。正是在這樣的歷史條件下，舊的制度開始瓦解，新的措施開始制度化，並逐步取代舊的制度。戰國時期，各國都在不同程度、不同規模上先後實行功勛爵制度。

秦國的功勛爵制度正式形成於秦孝公時期，由商鞅主持制定。這種制度形成之初以獎勵軍功為主。此後其爵名、等級和賜爵的標準、程序等顯然有一個損益、沿革的演變過程。到秦始皇統治時期已經形成比較成熟的二十等功勛爵制度。雲夢秦簡有《軍爵律》，可見這種制度達到法制化的程度。從《史記》記載的有關史實看，這種制度的本質和內容只用「軍爵」二字是不足以概括的。至少在秦始皇手中，已經使它的各種社會政治功能都得到了充分的發揮。

許多史學著作喜歡稱這種新的爵位制度為「軍功爵制」。這個概括有一定道理，卻不夠準確。準確的概括應當是「功勛爵制」。

秦國的二十等爵制的主要目的和本質屬性是以賜爵的形式獎賞功勛。在其建立之初，秦國政治的重心是戰爭，富國強兵是戰爭之本，所以設置功勛爵制度以後，授爵的對象主要是榮立軍功的將領和戰士。在這個意義上，可以稱之為「軍功爵制」。這個特點適用於各國的類似制度。可是，自功勛爵制度創立之初，獲得和晉升爵位等級的途徑就不僅僅限於軍功，對國家的其他貢獻也可以獲得同樣的待遇。大量事實表明，戰國七雄所授的功勛爵顯然不局限於軍功。一般說來，只要君主認定屬於功勞的，都可以論功行賞。法術之士可以靠著政績立功；謀士可以靠建言獻策立功；縱橫之士可以靠外交活動立功；王子宗親可以靠為國家充當質子立功；告奸者可以靠揭發罪犯立功；間諜、刺客可以靠著為君主完成特殊任務立功；投誠的地方官或將領可以靠獻納土地、部屬為新的主人立功；奸佞之輩也可以靠著君主的寵愛「立功」等等。除從軍、從政立功賜爵，還有納粟賜爵。作為鼓勵農耕的一項重要措施，功勛爵制度也適用於勤於墾殖、精於稼穡的農夫。農民可以靠向國家交納糧食立功；普通民眾可以靠著按照國家的意圖移民墾荒立功。正如許多學者所指出的：各種事功也可以獲得爵位。新的爵位制度「實際上也包括事功」15。這是符合歷史事實的。

設置功勛爵制度的初衷在於賞功。「功勞」的內容是由國家和君主根據自己的意志和現實政治的需要確定的，「爵位」則是依據功勞授予的。當國家的政治重心是軍事活動時，功勛以軍功居多，事功居少。可是情況一旦發生變化，功勛的內容和主次也會發生變化。秦朝建立後就明顯發生了相應的變化。漢朝繼承了這套制度，且立國時間長久，其「功勛」內容的變化更為顯著。

因此稱之為「功勛爵制」更準確。

二、秦朝二十等功勛爵制度的基本原則和主要內容

關於東方六國功勛爵制度的具體內容，由於史籍闕如，已經無法知其詳情。然而秦國（秦朝）的情況比較清楚。儘管有些記載可能不夠全面或有些出入，一些具體的規定也有一個歷史變化過程，但是綜合秦及六國有關的歷史記載，當時功勛爵制度的基本原則、主要內容和顯著特點還是可以大體了解的。

從雲夢秦簡、《史記》及《商君書．境內》[16]等文獻的記載看，秦國（秦朝）的功勛爵制度有以下幾個基本原則和主要內容：

基本原則之一：面向全民，不論貴賤。

功勛爵制度的基本特點是只認功勞，論功行賞。從這個制度的具體實踐看，沒有對賜爵對象的社會身分做明確的限制。全體臣民，包括奴隸，都可以因功受爵。雲夢秦簡《軍爵律》有「隸臣斬首為公士」。睡虎地秦墓四號墓出土的秦軍戰士的家書，要求家人「書到皆為報，報必言相家爵來未來」，這顯然與軍功賜爵有關。由此可見，處於社會底層的人的確可以憑藉軍功獲得爵位。這一點是功勛爵制度與世卿世祿制度的主要區別之一。

對這種制度，當時及後世的許多儒家學者看不慣，他們說：「傳曰：諸侯之有關梁，庶人之有爵祿，非升平之興，蓋自戰國始也。」[17]「庶人之有爵祿」正是功勛爵制度的基本特點。

這項原則的貫徹有牽一髮而動全身的效果，它具有全面改造政治制度及政治關係、等級關係和經濟關係的作用，對中國古代社會歷史進程的影響極其重大而深遠。甚至可以說，「庶人之有爵

祿」（無論通過功勛爵制度實現，還是通過科舉制度實現）是戰國、秦漢以來中國古代文明最重要的特點之一。在當時的歷史條件下，「庶人之有爵祿」在一定程度上為人們提供了「公平競爭」的環境。它不僅擴大了王朝的統治基礎，改善了官吏隊伍的軍政素質，促進了社會等級的流動，而且給整個社會帶來生機與活力。秦朝的巨大功業和漢唐的盛世景觀都與這項原則的貫徹有著密切的關係。

基本原則之二：有功者有爵，無功者無爵。

功勛爵制度的賜爵條件只有一個，即功勞。雲夢秦簡《軍爵律》明確規定：「從軍當以勞論及賜。」只要有功有勞，經評定合乎法定標準，就可以獲得賜爵。《商君書．境內》言及當時有「軍爵」與「公爵」之別。秦律有專門的《軍爵律》。這證明秦的功勛爵制度有「軍爵」、「公爵」之分。無論制度的目的，還是政治的實踐，都不會也沒有把功勞僅限於軍功。

秦朝在維護有功者有爵、無功者無爵原則方面做得最到位。雲夢秦簡《法律答問》有關於「內公孫毋（無）爵者」在適用法律時的具體規定。「內公孫」即宗室貴族後裔，「毋爵者」即沒有爵位的人。可見當時公子王孫沒有爵位的很多。宗室成員無功則不享有爵位這個規定顯然是制度化、法律化的，並得到比較好的貫徹。

基本原則之三：爵位遷升與功勛相稱。

以軍功為例，政府以法令形式明確規定了一系列賞格，諸如普通士兵「能得（爵）〔甲〕首一者，賞爵一級」；下級軍官率部「得三十三首以上」者，賜爵一級；高級將領率部獲得「全功」者「賜爵三級」[18]等。《軍爵律》對於賜爵具體辦法有若干法律規定。賜爵大體要經過「勞爵」、「盈論」、「賜爵」等程序。在核實功績、論定功勞後決定賜爵等級及其他賞賜。功勛的大小直接決定著爵位等級，功勛越大，爵位越高。這項原則是前兩項原則的推演和具體化。

基本原則之四：官職與爵位大體相稱。

爵位與政治地位及官職直接掛鉤。據《韓非子・定法》記載，「商君之法曰：『斬一首者爵一級，欲為官者為五十石之官；斬二首者爵二級，欲為官者為百石之官。』」有爵則可做官，爵高則官大。秦將白起、王翦等都是憑著軍功封侯拜將的典型。睡虎地秦墓十一號墓主喜曾經從軍，十九歲開始做小吏，不久先後任縣御史、縣令史等，很可能是一位普通人靠軍功或勞績獲得爵位、官職的實例。爵位越高，政治地位也越高。「秦民爵公大夫以上，令丞與亢禮。」[19] 公大夫以上為高爵，公大夫的禮儀地位相當於令丞。有些徹侯、倫侯的禮儀地位甚至高於三公。

有爵位才有做官的資格，步入仕途才能分享政治權力。爵位越高，可以擔任的官職就越大，享受的俸祿也越多。能否做官及官職大小、俸祿多少，取決於有無爵位及爵位高低。換言之，有功勛才能步入仕途，功勞越大官職及相應的待遇越高。由於爵位的取得不受社會身分的限制，所以這項原則實際上向全體臣民敞開了仕途的大門，為他們鋪設了通向權貴的道路。自功勛爵制度實行以後，大批的平民、賤民取得了爵位，步入了仕途，他們取代舊的貴族，成為炙手可熱的權貴。整個等級體系也因此產生較大幅度的對流。這在中國古代社會史、政治史上無疑是一個重大的進步。

「庶人之有爵祿」必然造成「布衣將相之局」。依據功勛確定爵位，依據爵位任命官職，這條原則的貫徹為提高各級官吏的素質和能力提供了可靠的保證。長期以來，秦國的將相多有出身微賤者，張儀、陳軫、范睢、蔡澤、李斯以及白起、王翦等，都屬於「布衣將相」。功勛爵制度在一定程度上保證了「能者在位」。這在當時的歷史條件下是難能可貴的。

基本原則之五：等級特權與爵位相稱。

爵位等級還與一系列等級特權掛鉤，包括政治特權、經濟特權、社會特權、法律特權等。對於不同爵位的等級特權，秦國（秦朝）有明確的法律規定。如每賞爵一級，「益田一頃，益宅九畝，級除庶子一人。」[20]每獲得爵位一級，都會獲得與之相適應的田宅、庶子。庶子，即依附農民，他們每月要為主人服役六天，還要隨時聽從驅使。對一些爵級的賞賜還有「稅邑」、「賜稅」、「賜邑」、「受客」等重賞。爵位越高，賞賜越重，等級特權也越多。爵至「不更」以上，可以「不豫更卒之事」，免除徭役。爵至「公乘」以上，可以「乘公家之車」。爵位高者可以支配無爵或爵位低者。如「左更」、「中更」、「右更」的命名之義是「主領更卒，部其役使也」；「少上造」、「大上造」的命名之義是「言皆主上造之士也」；「駟車庶長」命名之義是「言乘駟馬之車而為眾長也」[21]。根據雲夢秦簡裡的《傳食律》，有無爵位或爵位高低還決定所享受傳食待遇的標準。

在秦律中，有爵位的人的法律地位要高於沒有爵位的人，爵位高的人的法律地位要高於爵位低的人。秦法允許以爵位抵罪或換取免除父母、妻子「隸臣」、「隸妾」身分。如《軍爵律》規定：允許「歸爵二級」，以免除「親父母為隸臣妾者一人」；隸臣獲得「公士」爵位，允許以此免除「故妻隸妾一人」。有爵位的犯罪服勞役時可以得到優待。如《司空》規定：有爵位的罪犯服刑時，在一定場合可以不穿囚服，不戴刑具。

爵位不只是一種榮譽，它與一系列政治權利、等級特權、經濟利益直接掛鉤，可謂實至名歸。這項原則的貫徹調動了廣大臣民為國家和君主效勞的積極性。惟有建功立業，才能博取富貴榮華。作為界定社會等級的基本制度，功勛爵制度比分封制度要合理得多。

功勛爵制度這個原則的貫徹有重大的社會歷史意義，即它造就了數量眾多的地產擁有者。地產可以繼承，於是又分化出更多的中小地產擁有者。這就逐步造就了大量的地產擁有者。他們構成了規模較大的社會中間階層。這種地產形式又很容易向土地私有制演變。換句話說，這種制度及相關的社會政策有意無意之間培育著新的社會階層結構形態和新的經濟關係。從一部戰國史看，這批人在當時的社會歷史進程中扮演著積極的角色，甚至可以說他們是那段歷史的主角。

基本原則之六：爵高者賞重，爵低者賞輕。

功勛爵制度所確定的賞格明顯有等級差別。據《商君書・境內》記載，軍隊圍邑攻城能斬獲敵軍首級八千或者布陣野戰能斬獲敵軍首級二千，即為全功。獲得全功的軍隊「吏自操及校以上」盡賞。具體的賞格規定：爵高者賞重，爵低者賞輕。

這項原則體現了等級制度的一般法則，它符合功勛爵制度自身的邏輯。然而它也有一定的合理性。在通常情況下，軍事統帥及各級軍官在戰爭中的作用要大一些。有時軍事統帥起著決定性的作用。功高者賞厚，這也符合功勛爵制度的基本邏輯。

基本原則之七：賞罰並行，有賜有奪。

功勛爵制度是貫徹信賞必罰思想的產物。秦朝政治講究恩威兼施，明賞嚴責，賞罰公正。這就決定了功勛爵制度的基本原則之一是賞罰並行，有賜有奪。賜爵是賞功，奪爵是罰過。有些人以爵位替父母妻子免除隸臣身分等也會導致爵位的降低或喪失。有賜有奪，爵位也就有升有降。

在秦朝政治生活中，因犯罪降爵、奪爵的現象司空見慣。激烈的政治鬥爭有時會導致大規模的奪爵。嫪毒作亂，其舍人奪爵遷蜀四千餘家。

基本原則之八：設置官吏，專司其事。

功勛爵制度是重要的政治制度之一，涉及到國家政治目標的實現和廣大臣民的切身利益，關係重大。國家設有專門機構和職官管理有關事宜。秦朝中央管理賜爵事宜的官吏是主爵中尉。對於爵位的授予、繼承、剝奪等，秦國有一套法制化的程序規定。有關的法律內容詳細，具有可操作性。

秦朝的功勛爵制度分為二十個等級。據《漢書·百官公卿表上》記載，「爵：一級曰公士，二上造，三簪裹，四不更，五大夫，六官大夫，七公大夫，八公乘，九五大夫，十左庶長，十一右庶長，十二左更，十三中更，十四右更，十五少上造，十六大上造，十七駟車庶長，十八大庶長，十九關內侯，二十徹侯。皆秦制，以賞功勞。」

古代史家、學者大多認為，秦朝的二十等級爵位始於商鞅變法，自秦孝公以來沿用不變。許多當代學者認為，商鞅開創的爵位制度後來不斷調整，秦朝統一以後，才最後確定下來[22]。一些學者還依據有關史料，詳細列舉了商鞅之制與秦朝之制的區別，指出二者在爵類、爵名、爵級、爵序，獲爵者權益等方面都有所不同。商鞅變法以後，還曾出現一些不見於二十等爵制的爵位名稱[23]。儘管一些具體問題還可以進一步研究，但是大體說來，秦國的功勛爵制度的確有一個不斷調整、不斷完善的過程，並非一定而不變。

三、秦始皇貫徹實行功勛爵制度的一些特點

秦始皇統治時期，功勛爵制度的具體貫徹有一些新的特點：

其一，堅持貫徹宗室無功則無爵的規定，沒有任何動搖、通融。

秦始皇不僅拒絕分封諸子，設立王國，而且對親生兒子也一律按照無功則無爵的制度辦事。他以「公賦稅重賞賜」諸子，使之得以有優越的生活條件，而不輕易授之以爵位，賜之以食邑。

秦始皇曾因此一再遭到批評。他有子孫數十人，胡亥等諸子沒有「尺土之封」，歷史記載中從沒有提及這些公子王孫的爵號、食邑。可以推定，其中絕大多數人沒有高等爵位。

中國古代政治思想歷來提倡「賢聖之君不以祿私親，其功多者賞之，其能當者處之。故察能而授官者，成功之君也」[24]。自秦孝公以來，秦國長期實行有功者晉爵、無功者無爵的爵祿制度。公子王孫們必須通過從政、參軍、做人質等方式建立功勛，才能獲得爵位，否則只能富而不貴。在秦始皇統治時期，這項原則得到堅定不移的貫徹，以致大臣公開批評「今陛下有海內，而子弟為匹夫」[25]。在這一點上，包括秦始皇在內的一批秦君堪稱「賢聖之君」、「成功之君」，甚至可以說「前無古人，後無來者」。兩漢以後，歷代王朝都有爵王族、祿私親的制度。在「察能而授官」方面，秦朝的制度與歷代王朝的制度相比，是最徹底的，也是最成功的。除皇位和爵位繼承依然實行宗祧繼承外，宗法家族制度及宗法觀念對秦朝政治制度和施政方式的影響較小。比較而言，在中國古代歷代王朝中，宗法制度在政治生活中的地位和作用以秦始皇統治時期為最低、最小。這是秦朝政治值得充分肯定的地方。

秦始皇「大公」乎?「大私」乎?這一直是古代學者們爭論不休的問題之一。無論如何，在「察能而授官」方面，秦朝的制度最接近「大公」的標準。這也是秦始皇得以建立宏大功業的制度性因素之一。

其二，以其他功勛晉升爵位的人員比例逐步擴大。

功勛爵制度設立於「大爭之世」，當時國家政治的重心是戰爭。因此，功勛爵制度主要為獎勵軍功而設。秦朝建立前後，大戰頻仍，軍功授爵依然盛行，晉升爵位的主要依據還是軍功，即李斯說的「官鬥士，尊臣功，盛其爵祿」[26]。為官者一般要先有爵位，獲得爵位是入仕的主要途徑。秦朝的各級職官主要由以軍功封爵的人占據。這是歷代新興王朝的共同特點。

治民理政畢竟與從軍打仗不是一回事，善戰之士未必善於從政。這個問題早已被一些思想家察覺。《韓非子．定法》指出：秦國行商鞅之法，「官爵之遷與斬首之功相稱」，這種做法有問題。「斬首之功」憑藉勇力，而「治官者智能也」。以有勇力的人擔任「智能之官」，就像以戰士擔任工匠、醫生一樣，必然「屋不成而病不已」。作為精通治道並實際操持國家政治的君主，秦始皇不會看不到這個問題。《韓非子》這本書他也曾熟讀。統一戰爭結束之後，國家政治的重心發生重大變化，戰爭活動減少，軍功的重要性下降，二十等爵制的具體內容也不可避免地發生變化。其中最顯著的變化之一是「軍功爵制」的性質逐漸淡化，以其他功勛晉升爵位的人員比例逐步擴大。例如，納粟賜爵現象更普遍。秦始皇四年（西元前二四三年），「十月庚寅，蝗蟲從東方來，蔽天。天下疫。」為了增加財政收入，秦始皇下令：「百姓內粟千石，拜爵一級。」此外，賜爵的對象擴大到修馳道者、受命遷徙者及自願徙邊的刑徒等。這類賜爵規模往往很大，如秦始皇三十六年（西元前二一一年），「遷北河榆中三萬家。拜爵一級。」[27]這一類貢獻主要不是軍功，而是符合國家政治需要的各種事功。

其三，功勛爵制度向民爵制度演變。

在秦朝，官職（包括政治權力、秩祿和其他政治特權）與爵位相分的發展趨勢很明顯。這必然導致功勛爵制度性質、功能與內容的變化。當時賜爵的對象和範圍不斷擴大，社會上有爵位的人很多，就連大批徙邊的刑徒也保有原來的爵位或者獲得爵位。特別值得注意的是向廣大臣民廣泛賜爵的現象日益增多。有時一次向數萬家民眾賜爵，有時甚至向更廣泛的對象賜爵。例如，秦始皇二十七年（西元前二二〇年），「賜爵一級。」[28]其賜爵對象可能具有普遍性。這些受爵者大多不能進入仕途，這就必然出現所謂「民爵」現象。與此相應，官職與爵位進一步相分，二者之間的對應性明顯降低。官高爵低、爵高官低、有爵無官、無爵為官等現象增多。功勛爵制度逐漸不再肩負分配政治權力的重任，在功能上從主要規範政治地位的政治等級制度，向比較單純地規範社會地位的社會等級制度演變。它原有的許多政治功能逐漸改由專門規範官僚等級和權益的職位、秩祿制度發揮。這個變化過程始於先秦，發展於秦朝，到西漢時期基本完成。在中國古代政治制度史上，這是一個重大的變化。

秦始皇對家庭內部等級關係的保護

中國古代家庭內部有明顯的等級關係，秦朝的家庭組織亦然。由於文獻闕如，對於秦朝的家庭組織很難做細緻的描述和深入的解剖，然而從雲夢秦簡、《史記》、《韓非子》所提供的有關的制度、法律、思想的資料看，戰國、秦漢的家庭組織屬於同一模式，彼此大同而小異，因此其基本結構法則和內部等級制度的主要特點還是大體可以了解的。

一、宗法家庭組織及其政治功能的重大變革

家庭是主要以親子血緣關係組成的共有財產的親屬集團。在中國古代社會，以宗法關係構成並維繫的家庭是最基本的社會單位、經濟單位和政治單位。以「戶」的形式存在的家庭組織是一個基本的生產單位，在財產上成為權利和義務的主體。家長與家庭其他成員、親與子、長與幼、

男性家庭成員與女性家庭成員、夫與妻、主人與奴婢之間有明確的尊卑等級關係。宗族內部也有尊卑等級。父家長對其他家庭成員擁有統治權，甚至有生殺予奪的支配權。「族」、「戶」還被依法賦予連帶刑事責任。這種家庭的基本等級結構是其他重要的社會等級結構的根源，其統治模式是國家統治模式的縮影，其倫理道德理念是其他社會道德和政治道德的基礎。在這種歷史條件下，家族、家庭制度不單純是一種社會現象，還是一種重要的政治現象，實際上它也是政治體系的重要構成之一。

在秦朝，與前代和後朝一樣，以宗法關係構成並維繫的家庭依然是最基本的社會單位、經濟單位和政治單位。但是與西周春秋時期相比較，宗法家庭、家族的內部結構、具體社會內容和政治功能發生了重大變革。

宗法家庭的等級制度和統治秩序發端於原始社會末期的父家長制家庭組織。在父權支配下的家庭內部，父家長與其他家庭成員之間存在著與奴隸制、農奴制相同或相似的勞役關係。這種家庭組織也是專制主義的歷史淵源之一。馬克思、恩格斯認為：「它以縮影的形式包含了一切後來在社會及其國家中廣泛發展起來的對立。」[29]這個論斷是精闢的，也是符合人類社會文明演變的實際歷史過程的。

春秋以前家庭、社會和國家發展演變的歷史過程及當時的宗族制度與經濟制度、社會制度和政治制度的密切關係，也為馬克思、恩格斯的論斷提供了實證材料。如果說借更改名稱以改變事物乃是人類天賦的詭辯法的話，那麼借用舊名稱來偷換事物就是人類天賦的遮眼術。西周時期，家國一體的統治模式就是在宗法制度和政治制度互動的過程中逐步形成的。它為「家」的軀殼注入了「國」的內容，又以「國」的名稱改變了「家」的性質。這樣一來，「家」與「國」具有了相同或類似的結構和統治秩序。維護「國」必然維護「家」，因為「家」是「國」的社會基礎，「家」的統治秩序為「國」的統治秩序提供了合法性的重要來源。維護「家」也必然維護「國」，因為具有特定政治內容的「國」為具有特定社會內容的「家」提供著政治的、法律的支持。正是由於這個原因，改造「國」也就必然要改造「家」。

春秋戰國時期歷史大變革的重要內容之一是家庭組織的變革，這在很大程度上是政治上改造「國」的結果。具體地說，這是王權支配社會，特別是政治支配組織運動的結果。「國」的改造導致「家」的改造。王權主要通過三條途徑改變了家庭組織的性質和功能：

第一條途徑是王權改造政治結構，從而使家族的政治屬性和政治功能有所改變。政治的發展必然導致國家制度逐漸從宗法制度的軀殼中解脫出來。中央集權體制的建立要求大幅度地降低「家」在政治生活中的地位和作用，導致眾多的實際上具有國家實體性質的政治家族向普通家族轉化。分封制度的沒落、世卿世祿制度的瓦解及與此相應的封君貴族的官僚化，大大減少了「家國一體」的「家」和「有國有家」的「家君」的數量。秦始皇實現統一以後，這樣的「家」只剩下皇族一個，這樣的「家君」只剩下皇帝一人。其餘的家君不再具有政治上的君主身分和地位。在秦朝，國家事務和皇室事務也開始逐漸相互分離。這既是國家政治制度的深刻變化，又是宗法家族制度的一大巨變。

第二條途徑是王權改造經濟關係，從而使家庭內部的經濟關係發生重大變化。在政治體制變動的過程中，王權改變了控制土地的方式。春秋戰國時期，各國統治者普遍推行「授田」制，把土地分配給被稱為「公民」的編戶農民。君主們還用田宅土地賞賜臣屬、招徠人口，甚至形成了依據功勛爵制度賜予田宅土地和依附農民的制度化的政策。國家通過賦役制度與編戶農民和其他土地占有者形成新的經濟關係，這在客觀上有改造家庭組織，特別是其經濟屬性的作用。經濟關係和經濟屬性的改變是一種質的改變。一家一戶小農經濟模式的形成與發展，對家庭組織及其內部關係的性質和內容有深刻的影響。

第三條途徑是王權改造家庭規模。這是王權對家庭組織有目的、有計劃、有措施的直接干預。秦自商鞅變法以來，採取一系列措施改造舊的家庭制度，特別是分化「戶」的規模，強令數代同堂的大家庭分化為核心家庭，從而進一步促進了一家一戶小農經濟的發展。它造就了小農經濟的汪洋大海。這是最有利於專制主義中央集權政治體制的經濟模式和家庭模式。這種經濟模式和相應的家庭模式是王權通過一系列政策和制度造就的。

上述三條途徑相互作用，使家庭、家族組織發生了與國家體制相適應的一系列變化，從而為專制主義中央集權政治制度提供了堅實的社會基礎，也使社會的文明程度有所發展。值得指出的是：上述變化並不意味著宗法制度走向瓦解和宗法觀念漸趨淡薄，而是這種制度及相應的觀念在新的歷史條件下的更新改造。宗法制度和宗法觀念仍然是秦朝政治體系的重要社會基礎和支柱，只是在政治體制發生重大變化之後它們的具體形式、社會內容和政治功能有所變化而已。

為數眾多的秦史研究者將秦文化的特點概括為：重功利，輕倫理。其中許多人認為：秦文化區域缺乏嚴格的宗法制度，宗法觀念淡薄。甚至有人認為秦人反對周禮、輕視宗法、鄙棄倫理。他們列舉了許多相關的歷史現象，諸如秦人多神崇拜色彩濃重，漠視祖先崇拜；《急就篇》等文獻有重視實際辦事能力甚於倫理道德的價值傾向；秦國的王位沒有嚴格貫徹嫡長子繼承制度；秦國沒有以宗法制度為社會基礎的分封制和井田制；秦國沒有任用宗室執掌國政的政治傳統；荀子曾經指出秦的「父子之義，夫婦之別，不如齊魯」[30]；漢朝賈誼抨擊秦國「遺禮義」，棄倫理[31]等。

有的學者認為這構成了秦文化特質或最基本特徵。有的學者認為這表明秦文化天生就有不重倫理的傾向。有的學者還把秦朝速亡的原因歸咎於秦始皇完全廢除宗法制度。許多學者甚至據此斷定秦文化落後於周文化。至於產生這些現象的原因，許多學者認為這是嬴秦帶有游牧民族特色的獨特文化淵源的產物，是嬴秦不曾根本接受周人宗法文化的結果，還與關中地區生活著大量不講宗法的「戎狄」有密切關係。

除了有些證據明顯與歷史事實相悖之外，上述一些認識使後人注意到秦文化的某些現象，抓住了它的一些特點，一些思路也並非全無道理，但是又頗值得商榷。其實秦國沒有嚴格的宗法制度的說法違背歷史事實，秦人「宗法觀念淡薄」的斷語也不夠準確。許多現象也不意味著秦國的宗法制度和宗法觀念與當時東方各國有本質的差異。由於這個問題關係到如何認識秦始皇的歷史地位和政治行為，所以有必要花費一些筆墨加以辨析。

宗法制度和宗法觀念是一種世界性的歷史現象。它起源於原始社會後期父系氏族社會的父家長制度，通行於世界各地區的古代社會。宗法制度與宗法觀念是古代社會的重要的社會基礎，它在古代農耕文明區域體現得尤為突出。在實行君主制度的地區，宗法制度始終是君主制度重要的社會基礎之一。世界各地的宗法制度和宗法觀念的具體表現形式的確有明顯的差異，而造成差異的主要原因有兩個：一個是時代差異，它與文明發展程度有關；一個是文化傳統差異，它與民族或地區特點有關。

在古代中國，宗法制度和宗法觀念是普遍通行的社會法則和社會規範，它不僅來自古老的傳統，而且獲得普遍的認同。自夏商周以來，宗法制度和宗法觀念就是王權的重要支柱。西周家國一體的政治體制曾將宗法全面政治化，並將宗法政治模式發展到極致。戰國秦漢以後，宗法制度一直是皇帝制度的重要社會基礎，又一直是維護等級制度和皇帝家族世襲統治的基本政治制度。從歷史的邏輯不難推斷：至遲從文明曙光初照開始，嬴秦先民（包括其他「戎狄」）就已經有了宗法家庭制度及相應的觀念。大量歷史事實還表明，在政治上，秦人也深受宗法政治模式的影響。至遲從嬴秦成為西周臣屬開始，他們就開始受到西周宗法政治文化的深刻影響；至遲到春秋時期，嬴秦王室已經基本接受了宗法政治模式及相關的西周禮樂制度；秦孝公以後，與各國一樣，秦國的宗法制度和宗法觀念也發生一定的變革，主要是弱化其對政治的影響；秦始皇不僅沒有廢除宗法制度，而且通過政治的、法律的、社會的手段極力維護有所變革的宗法制度和宗法觀念。

其一，嬴秦盛行祖宗崇拜。春秋以前嬴秦先民祖宗崇拜的具體情況已經很難考證。然而世界各民族先民，無論農耕民族還是游牧民族，在步入文明時代前後都經歷過一個盛行祖宗崇拜的歷史發展階段。嬴秦族屬及秦地的戎狄並不例外，他們都應有各自的祖先崇拜傳統。封侯建國後，秦國統治者一再聲稱「賴宗廟」、「賴宗廟之靈」，把為政叫做「奉祀」。考古發掘證明：春秋時期秦國的宗廟制度和祭祀用牲基本符合周禮，而略有差異。秦國、秦朝的宗廟祭祀禮儀繁縟、隆重，並設有專門職官主管宗廟祭祀，還特意制定了保護朝廷祭祀的律條。秦始皇自詡「上薦高廟，孝道顯明」[32]。秦二世採眾儒之言，仿周代廟制，立天子七廟。這一套基本為漢朝繼承。目前還沒有發現任何足以證明包括秦始皇在內的歷代秦君不重視祖宗崇拜的證據。秦國的祖宗崇拜、宗廟制度屬於華夏文化類型。

其二，秦國實行比較嚴格的宗祧繼承制度，其加位傳承法則基本符合周禮。首先做總體估計：從嬴秦得姓至嬴政即位，秦國實有三十六君，其中符合父死子繼法則者計有三十人（父死子繼者二十五人、太子早死而立其子者三人、原應父死子繼而終於復位者二人）。自嬴秦至武公十世九君嚴格地貫徹了父死子繼制度，其中兩個變例都有特殊原因，即世父作為長子而自願放棄君位、憲公（寧公）以太子長子身分繼位。應當指出的是：當初嬴秦之立，就曾涉及廢嫡問題，周王室權衡之後，採取了妥善措施。這說明當時周朝的諸侯、附庸普遍接受周禮所確立的政治原則。嫡子死而立嫡孫更是嚴格維護周禮的典型事例。由此可見，在嬴秦立國之初，父死子繼就是基本制度和政治原則（不能排除有立嫡立長法則的可能性）。後來秦國曾出現過一些變例，而其他王族成員繼立者僅六人，其中兄弟相繼者五人，且多半可以確認有特殊政治原因，屬於非常規繼承。這種君位繼承狀況在東方各國也屬常見，很難據此證明秦國有「兄終弟及」的制度。更何況「兄終弟及」本身也屬於宗法制度範疇。由於歷史記載闕略，秦國君主非嫡子繼承者的數量難以統計，而反映維護嫡子繼承原則的事例很多：三個立太子之子的變例顯然是出於維護嫡子繼承法則；秦昭襄王在立安國君為太子前，曾立長子為太子，前太子死於魏國，才另立他子；安國君立子楚，首先以法定形式確立其嫡子地位；胡亥圖謀篡位時也曾擔心因違背公認的嫡長子繼承法則而遭到譴責。在整個中國古代社會，違背周禮的君位繼承司空見慣，其原因很複雜，用這類現象不足以證明一個國家是否嚴格遵守周禮。齊桓公稱霸，與諸侯盟誓，其中一條就是禁止廢嫡立庶，可見東方各國也多有違背周禮的做法。總的說來，秦國的君位繼承基本符合周禮。特別是秦獻公以後，比較嚴格地執行了符合周禮的宗祧繼承原則。目前還沒有發現任何足以證明秦始皇廢除周禮所規定的君位繼承制度的證據。

其三，宗法制度對秦國的政治制度有重大影響。除宗廟制度、君位繼承制度外，宗法制度對政治的影響主要體現為與周禮有關的等級制度、禮儀制度、世卿世祿制度和井田制等。秦國的等級制度、禮儀制度及其時代性的變化都大體與當時各國類似。戰國以來，秦國還將有所調整的等級制度、禮儀制度法制化。見於《史記》記載的秦國王族封君有好幾位，其他封君也有一批。這說明秦國很早就有宗室封君、世卿世祿現象。商鞅變法主要目的正是要消除西周政治模式的影響，主要內容是變禮治為主以法治為主；革新封君制度，剝奪宗室的相關特權；廢除井田制等。由此可見，秦國變法前的政治基本屬於西周模式。

秦國的宗法文化的確與西周的宗法文化有一些區別。如果說秦國的宗法制度與觀念有所不同的話，主要是由於地區文化差異和發展程度造成的，而不是制度的「嚴」與「鬆」、觀念的「厚」與「薄」造成的。

嬴秦立國前後的文明發展程度相對落後，而當時西周宗法制度的發展程度更高一些、制度更嚴整一些、禮儀更考究一些、規範更細密一些，因而也就更森嚴一些，甚至更僵化一些。東方的齊魯文化區域、三晉文化區域地處中原，春秋時期的魯、晉、鄭、衛等又都是姬姓大國，所以這個地區受西周正統文化的影響較深。關中秦地受「夷狄」之風的影響較大，所以其宗法制度和宗法觀念與東方有所差異，主要表現為對一些「別」不那麼講究，對一些「義」不那麼固執，特別是宗法制度對政治模式的影響相對「輕」一些。這對形成秦地宗法文化的某些特點有一定影響。其實在道德、風俗方面深受「夷狄」影響的現象在東方各國也具有普遍性。

然而春秋戰國以來秦文化與西周文化的主要差異不是種族性的、地區性的，而是時代性的。造成這些主要差異的根本原因在於決定文化本質屬性的經濟結構、社會結構和政治結構發生了重大變化。西周文化的顯著特點是將宗法原則貫徹到社會政治生活各個領域、各個層次，其政治模式全面宗法化，而社會歷史演變的大趨勢，恰恰是相對縮小宗法制度在政治領域的作用範圍，相對弱化宗法觀念對實際政治的影響。因此，春秋以來的西周文化已經淪落為文明發展程度相對落後的文化。後來秦國社會政治發展的程度相對超前，因此其宗法制度和宗法觀念有重大調整，注入了時代的特點。這個現象在其他國家也普遍存在。

秦國的封君較少，傳世很難，這個特點主要是時代造成的。在秦國立國之時，西周家國一體政治模式已經開始崩潰，宗親分封制的弊端已經暴露，不久中央集權體制又開始萌芽。當秦國地位有所提高，國土逐步擴大，有條件大規模分封宗室時，行將取而代之的郡縣制已經誕生於世。商鞅推行功勛爵制度和郡縣制又使秦國最先廢止了宗室公族的這類特權，並在很大程度上改變了封君的實際政治內容。因此，秦國基本上沒有經歷過普遍分封宗親的歷史階段，也沒有形成強大的由公室封君和其他封君構成的貴族勢力，更沒有任用宗室王族執掌國政的政治傳統。這種現象是特定歷史條件造成的，是時代的產物，它不應用「不重視宗法制度」、「宗法制度不嚴格」或「廢除宗法制度」來解釋，而應當用宗法制度的影響範圍和宗法觀念的具體形式，發生了與新的政治結構相適應的變化來解釋。秦文化從來不具備輕蔑宗法的文化特質，而相對弱化宗法對政治的影響則是當時社會歷史演變的大趨勢。與其說它來自秦文化的本性，秦文化有與生俱來中央集權傾向，不如說是時代性的社會政治演變為秦文化注入了新的特質。新的政治特質決定了新的文化特質。這種新的文化特質在其他國家也已逐步形成、發展，只是由於習慣勢力更強大，不如具有後發優勢的秦國那麼鮮明、那麼徹底而已。

戰國以來，由於秦國沒有形成典型的宗法政治模式，秦地的傳統勢力又相對薄弱，新的制度反而成長更快。新的制度恰恰要在許多方面突破舊的東西，它對社會結構的改造也會導致宗法道德的調整。例如，依照秦國法令，家庭規模只能保持在最小的程度，兒子成人必須分家別居。父子之間經濟關係（主要是財產關係）及相應的法律關係的變化，必然導致其道德關係的相應變化。

在人類文明史上，家庭規模的縮小是文明發展程度提高的重要標誌之一。「父子之義，夫婦之別，不如齊魯」，這正是社會向前發展的產物。但是這並不意味著秦人不重視區分等級貴賤、規範父子夫婦的宗法。與此相反，無論商鞅還是秦始皇都非常重視規範君臣、父子、夫婦的倫理綱常，並從思想上、制度上、法律上維護這種社會關係及相應的道德關係。

文化是一個歷史範疇，它是時代性、流動性極強的概念。決定文化本質和主要特點的基本層面，如經濟結構、社會結構、政治結構等，都具有鮮明的時代性，因此文化具有與時俱進的品格。完全離開文化的時代性去解讀文化，很容易提出似是而非的見解，甚至跌入文化決定論的泥坑。秦文化的區域特色正式形成於春秋戰國之際，它主要是「先進」的產物，而不是「落後」的產物。無論是相對落後，還是相對超前，秦人實行宗法制度、恪守宗法觀念這一點並沒有變化。以宗法制度「嚴」與「鬆」、宗法觀念的「厚」與「薄」評判有關的歷史現象，顯然不夠準確。

應當進一步指出的是：戰國以來，主流政治文化鄙棄周禮的某些原則和內容，這在各國具有普遍性。正如顧炎武所說：「春秋時猶尊禮重信，而七國則絕不言禮與信矣。春秋時猶宗周王，而七國則絕不言王矣。春秋時猶嚴祭祀、重聘享，而七國則無其事矣。春秋時猶論宗姓氏族，而七國則無一言及之矣。春秋時猶宴會賦詩，而七國則不聞矣。春秋時猶有赴告策書，而七國則無有矣。邦無定交，士無定主。此皆變於一百三十三年之間，史之闕文，而後人可以意推者也。不待始皇之併天下，而文武之道盡矣。」[33] 拋棄西周禮制，改行有所變革的禮制是一個時代性的歷史現象。

這裡還應指出一個重要的解讀性錯誤。許多學者喜歡引用賈誼的一段話證明秦人不重倫理。這段話說：「商君遺禮義，棄仁恩，並心於進取，行之二歲，秦俗日敗。故秦人家富子壯則出分，家貧子壯則出贅。借父耰鉏，慮有德色。母取箕箒，立而誶語。抱哺其子，與公並倨。婦姑不相說，則反唇而相稽。其慈子耆利，不同禽獸者亡幾耳。」但是他們忽略了賈誼講這段話的主旨在於強調漢代「其遺風餘俗，猶尚未改」，甚至出現「今其甚者殺父兄矣」[34]等更嚴重的現象。這段話恰恰表明有關現象具有時代性和普遍性，形成這種現象很難歸因於一個秦國和一個短命的秦朝。它是家庭結構發生重要變化在道德文化方面的具體反映。在儒家學者看來，這是世風澆漓，離經叛道，背棄倫理，是歷史的倒退。而從社會歷史演變的角度看，這恰恰是戰國、秦漢歷史大變動的結果。它不意味著背棄宗法和倫理，而是人們的倫理觀念有所變化的表徵。

應當指出的是：自商鞅以來，秦國統治者就力圖以國家強制力，建立與中央集權及其經濟基礎相匹配的道德體系。商鞅變法，強制父子兄弟分戶而居，改變「父子無別，同室而居」的「戎翟之教」[35]，其意圖之一就是造成與一家一戶的個體經濟家庭相匹配的道德體系。經濟關係是各種社會關係的基礎，家庭是社會的細胞，經濟關係、家庭關係的變化，必然導致道德關係的變化。新的經濟關係、家庭關係也需要新的道德關係的維繫。商鞅變「父子無別」、合居共財的宗法大家庭為父子分戶、各自有獨立經濟的小家庭，由此而產生的道德上的後果之一就是舊的道德關係中的某些因素的弱化或更新。荀子、賈誼、董仲舒等儒家學者非議性的道德評價從一個角度證明，秦人的道德體系更有利於父子分戶、子婦獨立。這種道德體系與其說是文化落後的產物，不如說是新的社會關係所派生的，是社會關係發展演變的產物。

二、維護父家長特權的主要措施

在秦朝的政治生活中，宗法的地位、功能和作用與前代相比有明顯的降低。然而當時不僅依然保持著「家天下」的政治模式的某些特徵，而且依然是以宗法父家長制為本位的社會。作為社會的細胞和國家的基礎，宗法家庭依然是一個政治的、經濟的單位，而宗法的基本原則依然是維護家庭內部的等級關係。因此，保護這種家庭、家庭制度也必然是秦朝政治及法律的主要任務和重要內容之一。

在秦朝，別親疏、明貴賤依然是宗法的基本宗旨在家庭組織的基本法則，而其某些具體做法則有時代性的特色。在社會上，父子、夫婦、男女、長幼之間的尊卑關係獲得普遍的認同。在思想界，倫理綱常思想進一步發展，後世的「三綱五常」理論初步成型。儒家勢力依然強韌，其宗法思想、綱常理論影響廣泛，這自不待言。法家在某些方面更勝一籌。《韓非子・忠孝》公開鼓吹維護「孝悌忠順之道」，稱之為「定位一教之道」，其依據就是「臣事君，子事父，妻事夫，三者順則天下治，三者逆則天下亂。此天下之常道也，明王賢臣而弗易也」。這個認識在當時是諸子百家、社會大眾的共識，尤為儒、法兩家所提倡。在政治上，秦始皇及其輔臣明確地把這種觀念、思想、理論貫徹於法制。他們標榜定制立法的目的是「以明人事，合同父子」，其作用在於使「貴賤分明，男女禮順，慎遵職事」，「男樂其疇，女修其業，事各有序」36。這就把維護宗法家庭制度列為一項重要的法律原則。

在秦朝，家庭內部的等級關係集中體現於父對子、夫對妻、主對奴的支配。這裡著重利用雲夢秦簡提供的材料，分析一下父子、主奴之間的等級關係。

父家長的權力首先體現為對家庭財產的支配權。家產為父家長所有，家庭（戶）的共有財產以家長的名義加以管理和使用。在法律上，戶同國家和其他人發生債務、買賣、不動產處置等經濟往來關係，只能由家長做主。戶在財產上的權利能力與行為能力，集中體現為父家長的權利能力與行為能力。雲夢秦簡《法律答問》在解釋「家罪」時說：「父子同居，殺傷父臣妾、畜產及盜之，父已死，或告，勿聽，是胃（謂）家罪。」這條法律解釋表明：一般說來，兒子以任何形式侵犯父親的財產都是違法的。父親死後，兒子事實上已經繼承家產，因此有關罪行可以不予追究。秦朝法律還有一條規定：「父盜子，不為盜。」兒子分戶而居以後，父母依然有權侵犯兒子的財產權，不視為「盜」，法庭也不受理有關告訴，而兒子侵犯父母的財產權則屬於「盜」，要負刑事責任。這就使父親在法律上有權支配分戶獨立生活的子女的財產。上述事實表明，秦朝在維護家長財產權的基本原則的同時，又制定了與分戶法令相應的適用法律。這是一個時代性的變化。

父家長的權力主要體現為人身支配權。秦朝法律禁止家長任意處死親生子女或嚴重體罰子女，這是時代性的變化。但是法律同時規定家長的這類行為屬於「非公室告」的「家罪」，即使告發，法庭也不予受理。如果不聽勸阻，堅持告訴，「告者有罪。」同時，秦朝法律有「不孝」之罪。從某些案例看，子女不孝屬於重罪，要根據情節輕重處以「鋈足」、流放，甚至死刑。各種侵犯父母、祖父母人身的行為也被列為重罪，如「毆打父母，黥為城旦舂」。這就以法律的形式為家長的尊者地位提供了保護。

奴隸在家庭內部處於最底層，他們沒有任何權利可言，具體體現在以下幾個方面：奴隸完全沒有人身自由，作為物而為主人所占有，在法律上屬於財產的範疇。在《封守・爰書》中，「臣某、妾小女子某」被列入主人的財產清單。奴隸必須為主人服役，聽命於主人。《告臣・爰書》有一個案例：奴隸丙驕橫強悍，「不田作」、不聽命，他必須負刑事責任。在秦律中，奴隸不負家庭連帶法律責任。《法律答問》有一條法律解釋：「戶為同居，坐隸，隸不坐戶謂毆（也）。」

依據連坐法，「同居」、「同戶」要負連帶法律責任，而奴隸卻不必連坐。沒有任何權利，也就沒有任何責任。這條法律得以成立的依據來自現實社會中奴隸在家庭中的實際地位。秦律禁止主人擅自殺戮、刑罰奴隸，這也是時代性的變化。然而秦律又規定這些行為屬於「家罪」，法庭不受理有關告訴。奴隸的生命權依然得不到可靠的保障。

從《法律答問》等提供的法律條文和法律解釋看，父與子、夫與妻、主與奴的法律地位有明顯的不同。在父子關係方面，秦朝法律明確保護父家長在家庭中的統治地位及其支配子女的各種特權。在實體法上，嚴禁家長任意處死子女或嚴重體罰子女；在程序法上，又規定這些行為屬於「家罪」，法庭不予受理。實際上家長只有擅殺非親生子女，才會受到法律懲處。依據秦朝法律，子女不孝屬於重罪。雖然與漢律、唐律相比，秦律的有關刑罰要輕一些，而其保護父家長特權的用意卻是相同的。在夫妻關係上，秦朝法律只保護經政府登記認可的婚姻關係，並對夫權多有保護。法律明確禁止妻子背夫逃亡。觸犯者無論出於何種原因，都要予以處罰。不過，秦朝法律對妻子權利的保護較歷代法律為多。例如，禁止丈夫任意毆打妻子，即使輕微毆傷蠻橫的妻子，也要負刑事責任。妻子殺死與他人通姦的丈夫，可以不負刑事責任。這是很有特點的。在主奴關係上，秦朝法律保護主人對奴婢的私刑權，同時明確規定奴婢對主人人身和財產的任何侵犯，都構成嚴重犯罪。上述法律規定表明，秦朝在以國家法律限制家法的某些內容的同時，又為家長在家庭內部的統治權提供了必要的保護。

秦朝法律中的等級關係

在秦朝法律中，依據不同的政治、經濟、血緣關係及其他社會關係，人們被區分為不同的身分。在刑事、民事法律關係中，不同身分的人具有不同的法律地位。身分實際上是基於各種等級關係而形成，因此法律地位從一個方面體現著全社會的等級關係。

在秦朝法典中，皇帝根本不受刑法和民法的規範和調整，他的各種特權受到法律的周密保護。在刑法中，官僚與平民、有爵者與無爵者、家長與其他家庭成員、主人與奴婢的法律地位有明顯的差別，各種在上者的特權受到明確具體的保護。在民法中，除皇帝外，各種社會成員的身分與權利大體可以劃分為四種類型，即具有完全民事法律權利能力的社會身分、民事法律權利能力有所限制的社會身分、具有不完全民事法律權利能力的社會身分和完全不具有民事法律權利能力的社會身分。

1. 具有完全民事法律權利能力的社會身分。

官吏、有爵者和平民百姓等社會身分具有完全民事法律權利能力。在法律上，這些社會身分除必須向皇帝履行臣民義務外，不屬於他人的奴婢和財產，享有法律所賦予的其他人身權利。他們有被任命為官吏的權利、單獨立戶的權利和完全的財產權利及婚姻權利。在民法中，不僅賦予他們完全民事法律權利，也沒有規定歧視性的條款。

2. 民事法律權利能力有所限制的社會身分。

作務、商賈、贅婿、後父等都屬於這一類。作務、商賈屬於工商業者。贅婿、後父多來自窮苦人家。這些人不屬於他人的奴婢和財產，有的大作務主、大商賈相當富有，擁有大量財產和奴婢。他們本應屬於平民百姓的範疇，然而由於國家政策及其他社會性因素受到歧視，在法律中也規定有一些歧視性的條款。有些規定使他們在某些權利方面還不如社會地位更低賤的人。因而他們的民事法律權利受到一定的限制。雲夢秦簡保存的《魏戶律》將作務、商賈與贅婿、後父同等看待，對這批人有一系列的歧視性規定，如不准單獨立戶，不予分配田宅，不准做官等。他們的曾孫可以做官，但必須在簿籍上注明其祖先的社會身分。魏王還命令徵發其「宗族昆弟」從軍服役，並指令將軍們在打仗的時候不必憐惜他們。這個法律在秦朝依然適用。秦始皇曾大量徵發這些人移民戍邊。從這些法律規定看，作務、商賈、贅婿、後父等在民法上的地位低於一般平民。

3. 具有不完全民事法律權利能力的社會身分。

有一類社會身分介乎於奴隸和庶民之間，如隸屬於官府的隸臣妾和隸屬於主人的人貉。隸臣妾必須終身服刑役，其子孫還要接替。然而他們有為法律所確認的財產權利，如《倉律》、《金布律》規定官府僅負責隸臣妾為官府服役期間的口糧，發放衣服時必須按價繳費或酌情減價收費。法律允許他們有財產，有家庭，有「其從事私」的條件。他們還可能可以自立門戶，有「名籍」。人貉近似於私家奴隸。他們的子女可以自立門戶，有合法的婚姻權利，但必須履行供養主人的義務，至少要為主人提供糧食才不至於受到法律制裁。他們顯然有一定的土地可供獨立耕種，有為法律所確認的一定限度的財產權利。這些人介乎於奴隸與農奴之間。在法律上，這一類社會身分的人已經不再屬於國家或主人的財產，卻又對國家或主人有很強的人身依附關係，其法律地位明顯低於平民百姓以上的社會等級。然而他們已經有了獨立門戶的權利，在這一點上又優於作務、商賈、贅婿、後父等。

4. 完全不具有民事法律權利能力的社會身分。

在秦朝，還有相當數量的人屬於奴隸身分，他們是官府或個人的奴婢。在法律上，這些人屬於國家或主人的財產，並與衣服、畜產相提並論。國家或主人可以把他們作為商品買賣，還有法定價格和市場價格。主人犯罪可以由自家奴婢代替服刑。

綜合性的社會階層結構與相對流動的等級秩序

在秦朝，各種等級制度的因素形成綜合性的社會階層結構。以政治地位為主，綜合經濟、政治、社會等各種因素，特別是對政治資源、經濟資源和文化資源的占有情況，秦朝大致存在以下十大社會階層：1. 君主（皇帝）；2. 貴族和高級官僚；3. 其他大地產主和大工商業主；4. 中低級官僚和有中低級爵位者；5. 無政治身分的中小地產主；6. 中小工商業主；7. 自耕農和其他自由勞動者；8. 國家授田農民和其他各種形式的依附農民；9. 雇農及各種傭工；10. 各種公私奴隸或近似於奴隸身分的勞動者。1. 2. 3. 處於社會上層，其中最上層的君主只有皇帝一人；4. 5. 6. 處於社會中層；7. 介於中下層之際；8. 9. 10. 處於社會下層，其中10. 處於最底層。與前代相比，最上層和最底層的人數比例大幅度減少，處於社會中層的人數比例明顯增加，而大多數人處於社會下層，他們都是人身依附性、隸屬性有所降低的各種勞動者。各種社會階層的社會地位有以下特徵：

1. 皇帝。

代表人物秦始皇、秦二世。在政治上，皇帝是最高統治者，其餘的人都是他的臣民。在家族內，皇帝是皇族的族長和子女妻妾的父家長。在經濟上，皇帝是全國土地的支配者，不僅直接占有大量國有土地，並通過各級政權機構直接經營，而且有權以任何方式處置任何臣民所占有的土地。在各種制度、政令和法律中，對皇帝及其特權只有周到的保護，沒有任何限制性的規定。在等級上，皇帝處於金字塔式的社會等級制度的頂端，在這個等級中，惟此「一人」。

2. 貴族和高級官僚。

處於這個階層的人有的是徹侯、倫侯等封君，有的是朝廷公卿高官，有的是皇帝近侍，有的是將軍校尉，有的是封疆大吏，有的是郡縣守令。其代表人物是王翦、李斯等一批青史留名的能臣。在政治上，他們是貴族、重臣、高官，有的位極人臣，權勢炙手可熱，地位僅次於皇帝。在經濟上，他們擁有巨大的田產和財富，田連阡陌，門客眾多，家僮成群。這些財富主要來自皇帝的封賜、俸祿。他們還享有免稅免役的特權，並憑藉各種特權聚斂財富。在等級上，他們擁有法定的高級爵位和官場的高級職秩，又是家僮和依附農戶的主人，處於等級金字塔的上層。在秦國、秦朝，秩六百石以上的縣令屬於高級官吏範疇。他們尊比封君，權勢很大。韓非曾論及縣令地位之尊榮，他說：「今之縣令，一日身死，子孫累世絜駕，故人重之。」[37] 縣令以上高官的等級地位可想而知。

3. 其他大地產主和大工商業主。

這個階層的特點是：雖然沒有政治身分，卻有很高的社會地位，掌握著雄厚的經濟資源，有的還有很大的社會影響和政治影響。其中有些人是剛剛失勢的舊貴族。有些大地產主、大工商業主又是豪強大族。在政治上，他們屬於「黔首」，卻有能力勾結官府，武斷鄉曲，稱霸一方；在經濟上，擁有數量可觀的土地和財富，使用數量不等的奴婢，占有眾多的勞動人手。可謂「千金之家比一都之君，巨萬者乃與王者同樂」，故號稱「素封」。他們的實際社會地位處於等級金字塔的上層。這個階層人數不少，其中大工商業者的崛起與社會變革有密切的關係。《史記・貨殖列傳》記載了一批春秋戰國以來的大地產主、大工商業主，如以貿易致富的「陶朱公」范蠡、白圭，以鹽業起家的猗頓，以鐵冶成業的郭縱和卓氏、程氏、宛孔氏家族，他們都家財巨萬，「與王者埒富。」秦始皇一方面奉行重本抑末和抑制豪族的政策，另一方面承認並保護這個階層的社會地位。秦朝的烏氏倮以畜牧和貿易致富，「畜至用谷量馬牛。」「秦始皇帝令倮比封君，以時與列臣朝請。」巴寡婦清一家靠開採丹穴致富，「擅其利數世，家亦不訾。」「秦皇帝以為貞婦而客之，為築女懷清台。」後來成為漢相的王陵「始為縣豪」[38]，也是一方豪強。司馬遷認為：這些邊鄙牧人、鄉野村婦，地位卻高貴，甚至「禮抗萬乘，名顯天下，豈非以富邪？」這個看法是正確的。巨大的財富是支撐這個階層社會地位的根本。

4. 中低級官僚和有中低級爵位者。

在政治上，他們有的是朝廷命官，有的是中央或地方政府的屬吏，有的因軍功獲得爵位和土地。一些有爵位者雖無官職，卻有資格享受各種法定的特權。在等級上，他們絕大多數人還擁有爵位。在經濟上，他們通常擁有大量或較多的地產、依附農民和奴婢。在這個群體中，有一批號稱「豪吏」。後來成為漢相的蕭何、曹參原是縣令的屬吏，分別擔任沛的吏掾、獄掾，史稱他們「居縣為豪吏」[39]。他們是秦朝統治的骨幹力量和地方實力派。他們也屬於社會中上層人物。

5. 無政治身分的中小地產主。

這個階層的來源很多，有的是高官顯貴的庶子孽孫，有的是沒落權貴的後裔，有的經營工商致富，有的從更低的層次躍升上來。他們的共同特點是擁有自己的地產，可以通過租佃、雇工、蓄奴等方式取得財富，因此也可以支配一定數量的下層民眾和家奴。雲夢秦簡許多民事案件案例中的有一定地產的事主就屬於這個階層。他們處於社會中層，在政治上屬於黔首，卻又屬於統治階級範疇。

6. 中小工商業主。

這個階層的人數也應較多，其經濟地位與無政治身分的中小地產主大體相當。但是由於國家政策、法律和社會偏見，使他們的社會地位有所下降。

7. 自耕農和其他自由勞動者。

自戰國以來，這就是一個不斷發展的階層，來源很多，特徵是擁有自己的地產、農具或其他可供自食其力的生產條件。在各種農民和勞動者中，他們屬於擁有較多人身自由的階層。在整個社會的等級結構中，他們處於中下層。

8. 國家授田農民和其他各種形式的依附農民。

他們占當時普通勞動者的大多數，是典型的編戶農民。大多數人從國家接受一百畝到三百畝不等的土地耕種。一家一戶，交納租稅，承擔賦役，不得隨意遷徙。還隨時可能被皇帝連同土地一起賞賜給封君、功臣。實際地位相當於國家的農奴。其中有一部分人是佃農，又叫「私人」，他們「耕豪民之田，見稅什伍」，須將一半以上的收穫交給主人，與主人的關係實際上是地主與農奴的關係。與授田農民相比，又多了一層與主人的依附關係。

9. 雇農和各種傭工者。

他們是「賣庸而播耕者」[40]，又稱為「庸客」、「庸夫」、「持手而食者」。他們屬於雇農，除了雙手之外，一無所有，靠出賣勞動力為生，是農民中地位最低下，生活最困苦的一群。後來建立大楚政權的陳勝就曾經是雇農。

10. 公私奴隸及各種近似於奴隸的人。

在秦朝，有大量奴隸或大體相當於奴隸的人。史籍中經常出現關於「奴」、「隸」、「虜」、「僕」、「臣」、「妾」、「豎」、「僮」、「隸臣」、「隸妾」、「人貉」等記載。在一些達官貴人、富豪地主家內往往有數以千百計的奴僕，文獻中多有「家僮萬人」的記載。官營工商業主要依靠這一類勞動者。許多地產主、工商業主在生產中也大量使用這一類勞動者。秦朝法律規定可以將罪犯罰作奴隸，這類刑徒有時多達百萬人。他們與主人形成人身依附性極強的社會關係，政治地位、等級地位和法律地位都十分低下；在民事法律中被視同財產。在整個社會等級機構中，這些人地位最低，境遇極差，有的沒有絲毫的人身自由。

值得注意的是：秦朝的奴隸大多已不屬於典型的奴隸制度中的「奴隸」，其中許多人或多或少有法定的或為社會所承認的人身權利及其他權利，實際上屬於一種賤民。秦朝法律明令禁止債權人強行索取以人質抵債。在現知的秦律條文中，只有關於轉賣奴隸的規範和事例，沒有賣庶民為奴的規範和事例。這就在很大程度上消除了強制債務人淪為奴隸的可能。奴婢等奴隸或賤民還可以通過功勛爵制度獲得爵位或通過取贖、主人認可等免除奴隸身分。

社會階層結構形態體現著一個國家或地區文明程度的整體發展水平。社會階層結構形式比較複雜還是比較簡單，處於社會中層的人數相對較少還是相對較多，各個社會階層間的流動性相對較大還是相對較小等，都是判斷社會發展水平的重要依據。它更深刻、更具本質性地體現著一個社會的文明程度。

與歐亞大陸其他古代文明的等級社會，特別是歐洲中世紀的封建制度相比，中國自戰國秦漢以降的等級制度具有明顯的流動性。在中世紀歐洲，整個社會的等級和封建主內部的等級並非紋絲不動，也會由於戰爭和政爭等原因而有國家的興衰、貴族的沒落和等級的升降，但在通常情況下，整個歷史等級結構複雜，政治等級制度嚴格，個體等級地位穩定，很難發生社會各個等級之間的頻度較大的相互流動，甚至給人一種凝固化的感覺，特別是封建主與農奴之間極少等級地位的對流，可謂等級森嚴，凝固僵化。這與中國商周時期的情況大體形似。戰國秦漢以降的情況則明顯有所不同。儘管等級結構大體穩定，等級規範也相當嚴格，而個體的等級地位卻變動不居，各個社會階層之間的流動幅度較大，數量較多、頻率較高。

歐亞大陸古代文明的社會階層結構形態都是以政治等級為基幹的。身分主義原則是普遍通行的社會等級劃分法則。因此，社會階層結構形態都是金字塔式的。中國並不例外。造成國家或地區之間明顯差別的根本原因是中華帝國有其自身的一些特點。首先，大致從戰國時期開始，等級地位的構成不再是單一的，政治等級基本決定一切的格局被打破，經濟因素在確定社會等級中的作用逐漸強化，到秦漢出現了官職等級、民爵等級和財產等級三大相對獨立的等級序列。其次，等級地位對流的幅度極大。對流幅度最大的莫過於化君為臣、化臣為君。在觀念上和實際中，皇帝這個等級也是可以流動的。「公天下」論的君位為天下公器說、「革命」論的誅除獨夫民賊說以及「五德終始」論和「三統三正」論的政治模式輪迴說等，都從理論上肯定了君臣更迭的必然性、合理性。統治者與被統治者的對流、高等級者與低等級者的對流更加頻繁。郡縣制度基本上剝離了政權與土地權，這就使土地權和政權都很難固定在一個貴族家族，貴族很容易由於各種原因而淪為平民，所謂「君子之澤，五世而斬」。權臣猶如走馬燈，一朝得勢，位極人臣，土地連阡陌，忽而失勢，罷官降職，土地易主。功勛爵制度及後來的科舉制度使低賤者步入仕途的途徑敞開、機會增多，乃至大量出現「布衣卿相」。就連奴隸也可以通過法定途徑進入權貴行列。土地制度的變化以及諸子析產、土地買賣等也在不斷地改變著人們的經濟地位。

總之，與西周時期的社會階層結構形態相比，秦朝的社會階層結構形式相對簡單，處於社會中層的人數相對較多，各個社會階層之間的流動性明顯增大。這表明秦朝的文明程度高於商周的文明程度。換句話說，政府制度及相應的社會政治體系的建立從總體上推動了社會文明的發展。在評說這種社會政治體系的時候，不能只看到它專橫暴虐的一面。

註釋

1《史記》卷六〈秦始皇本紀〉。
2《禮記正義・王制》孔穎達疏。
3《國語・周語上》。
4《論語・季氏》。
5《管子・心術上》。
6《黃老帛書・稱》。
7《論語・泰伯》。
8《老子・第三章》。
9《商君書・弱民》。
10《史記》卷六〈秦始皇本紀〉。
11《韓非子・顯學》。
12《禮記・祭統》。
13 孫詒讓：《周禮正義》卷二。
14《左傳・哀公二年》。
15 參見朱紹侯：《軍功爵制試探》，上海人民出版社一九八三年版，第二頁。
16 關於《商君書・境內》內容的可信性及有關研究，參見高敏：〈從雲夢秦簡看秦的賜爵制度〉，《雲夢秦簡初探（增訂本）》，河南人民出版社一九八一年第二版。

17《鹽鐵論・險固》。
18《商君書・境內》。
19《漢書》卷一〈高帝紀〉。
20《商君書・境內》。
21《漢書》卷一九〈百官公卿表上〉顏師古注。
22 參見朱紹侯：《軍功爵制試探》，上海人民出版社一九八〇年版，第二頁。
23 參見柳春藩：《秦漢封國食邑賜爵制度》，遼寧人民出版社一九八四年版，第一八至二三頁。
24《史記》卷八〇〈樂毅列傳〉。
25《史記》卷六〈秦始皇本紀〉。
26《史記》卷八七〈李斯列傳〉。
27《史記》卷六〈秦始皇本紀〉。
28《史記》卷六〈秦始皇本紀〉。
29 參見馬克思：〈摩爾根《古代社會》一書摘要〉，人民出版社一九六五年版第三八頁；恩格斯：〈家庭、私有制和國家的起源〉，《馬克思恩格斯選集》，人民出版社一九七二年版，第四卷上第五三頁。黑體字為原著所固有。
30《荀子・性惡》。
31《漢書》卷四八〈賈誼傳〉。
32《全秦文》卷一〈繹山刻石〉。
33 顧炎武：《日知錄》卷十三〈論周末風俗〉。
34《漢書》卷四八〈賈誼傳〉。
35《史記》卷六八〈商君列傳〉。
36《史記》卷六〈秦始皇本紀〉。
37《韓非子・五蠹》。
38《史記》卷五六〈陳丞相世家〉。
39《史記》卷五四〈曹相國世家〉。
40《韓非子・外儲說左上》。

第十章　經濟篇：富有天下的最高統治者

先哲有一句名言：「強有力的政府和繁重的賦稅是同一個概念。」秦始皇建立了那個時代最強有力的政府。維繫這種統一的效能的統治機器，需要一套完備的軍事—官僚機構和一支龐大的官僚隊伍和軍隊，還需要興建大批相應的工程。秦始皇通過向全體臣民徵收具有超經濟強制性質的相當繁重的賦役及其他租稅，建立起帝制最基本的財政基礎。他在完善相關的各種財政經濟管理措施方面下了一番功夫，並通過定制立法把有關措施制度化及至法制化。

制度化、法制化的財政經濟管理

秦始皇廢除六國各自實行的經濟制度，建立了統一的經濟制度。財政、經濟管理在一定程度上法制化，是秦始皇施政的一個特點，也是秦朝法律制度的重要特點之一。

一、統一度量衡

統一度量衡是秦始皇鞏固國家統一的一項重要措施。度量衡是經濟活動的重要工具，在戰國時期各地已經自發地出現計量標準趨同的現象。秦始皇二十六年（西元前二二一年），秦始皇發布詔令，「一法度衡石丈尺。」[1]他統一度量衡，規定統一的度量單位和進位制。為了保證這項法令的貫徹落實，由中央政府向各級地方政府頒發統一製作的標準量器。凡製造度量衡器，都要刻上皇帝詔書全文。不宜刻字的陶器也用刻字木戳印上字樣。從現存秦代量器看，秦始皇把商鞅變法時確立的度量衡標準推行到全國，也就是說，他以秦國的標準統一了各國有所不同的標準。

秦始皇的這個措施得到大量考古文物證實。《考古圖》曾記載當時人們所見的兩個秦朝銅權，「權各高二寸，徑寸有九分，容合重六兩。」其一有銘文云：「二十六年，皇帝盡併兼天下諸侯，黔首大安，立號為皇帝。乃詔丞相狀、綰，法度量則不壹，歉疑者，皆明壹之。」傳世的商鞅方升於秦孝公十八年（西元前三四四年）鑄造並頒發給重泉（今陝西省蒲城縣）作為標準量器。秦始皇統一度量衡時，又把它調回咸陽檢定，刻上新的詔令，頒發給臨縣作為標準量器。一九六四年在阿房宮遺址出土的銅質的高奴禾石權是在秦昭襄王時期鑄造並頒發給高奴（今陝西省延川縣東北）的，秦始皇把它調回咸陽檢定並刻上詔令後，準備發還給高奴。

秦始皇還以法律形式保證統一的度量衡標準。雲夢秦簡《效律》規定：「衡石不正，十六兩以上，貲官嗇夫一甲；不盈十六兩到八兩，貲一盾。」其他桶不正、斗不正、升不正、斤不正等，凡誤差超過一定限度，都要受到法律的懲罰。

二、統一幣制

秦始皇以法令的形式劃一幣制。戰國時期各國貨幣本位制、單位和鑄幣的輕重、大小、形制都不一致。「及至秦，中一國之幣為二等，黃金以鎰名，為上幣。銅錢識曰半兩，重如其文，為下幣。而珠玉、龜貝、銀錫之屬為器飾寶藏，不為幣。」[2]秦始皇依法統一幣制並加強貨幣管理，還制定了中國現存最早的貨幣金融法規《金布律》及一系列有關法規。秦朝在貨幣管理方面主要有以下幾個重要的規定。

其一，統一貨幣本位制。

秦始皇規定黃金為上幣，銅錢為下幣，二者都是通行全國的法定金屬貨幣。其餘曾經作為貨幣使用的物品不再屬於貨幣範疇。他將法定貨幣的黃金、銅錢、布帛三本位制，改為黃金、銅錢二本位制，還將珠玉、龜貝、銀錫等排除在法定貨幣之外。這就進一步提升金屬貨幣的地位，在制度上取消以實物作為等價物。

其二，統一銅錢形制。

廢除各國不同形制的貨幣，形制一律仿照周秦制度，採用方孔圓形。從此外圓內方的銅錢形制通行於歷代王朝。

其三，統一貨幣的單位重量和兌換率。

秦始皇將上幣黃金的單位從「斤」改為以「鎰」（二十四兩，一說二十兩）為單位。下幣銅錢則以半兩為單位，每枚符合標準的銅錢重半兩，並鑄有「半兩」二字。雲夢秦簡《金布律》對貨幣規格與比價有明確的規定。秦國通行的貨幣有「錢」（鑄幣）、「布」（布帛）、「金（貴金屬）」等三種。《金布律》規定：「布袤八尺，福（幅）廣二尺五寸。」如果布帛的質量和尺幅不符合規格，則禁止流通。《金布律》還規定了錢與布的兌換比價，錢十一兌換一布。貨幣兌換必須依據法律規定進行，「其出入錢以當金、布，以律。」秦朝建立後，布不再屬於法定貨幣，而在實際生活中仍充當貨幣使用。

其四，統一貨幣鑄造。

秦律規定：貨幣鑄造權由國家掌握，私人鑄幣屬於違法行為。雲夢秦簡《封診式》就記載著查抄、沒收私鑄貨幣和鑄錢模子，並將「盜鑄」者扭送官府治罪的案例。秦朝將鑄幣權收歸中央政府，明令禁止民間私鑄銅錢。這與前代、後世有所不同。統一貨幣鑄造是秦始皇強化財政金融管理的重要措施。

其五，依法保證貨幣的流通和管理。

為了保證貨幣流通，《金布律》規定：凡國家鑄造發行的貨幣，無論質量好壞，均可正常流通。官府徵收上來的貨幣，「錢善不善，雜實之」；在日常流通中，「百姓市用錢，美惡雜之」，禁止挑挑揀揀。《金布律》還嚴格禁止官吏、商賈拒絕接受符合流通條件的貨幣。如果有人「擇行錢、布」，將觸犯刑律。不予告發的伍長和檢察不嚴的官吏「皆有罪」。

三、法制化的經濟行政管理

秦始皇繼承並進一步發展各種制度化、法制化的經濟行政管理措施。在秦朝各級政府都設立了管理經濟的行政機構，還制定了一系列管理經濟的法規，以行政的、法律的手段對經濟生活進行廣泛的管理、控制和干預。

秦朝中央政府的內史、少府以及太倉、大內、大田等機構都有經濟管理的職能，有的則專職負責管理某一類經濟事務。從雲夢秦簡提供的材料看，在縣一級有主管財政的少內嗇夫、主管田政的田嗇夫、管理畜牧的苑廄嗇夫、管理漆事的漆園嗇夫、管理禁苑的禁苑嗇夫、管理糧食的倉嗇夫、管理皮革的藏嗇夫、管理軍庫的庫嗇夫、管理手工業的工室嗇夫、管理礦冶的採山嗇夫等。這些機構和職官涉及各個主要的經濟部門，並按部門各自形成從中央到地方的垂直管理體制。

秦朝的政府中經濟管理機構比較多，也比較完善。與此相應，秦朝管理經濟的行政法規也很多，如雲夢秦簡中的《田律》、《廄苑律》、《倉律》、《金布律》、《關市律》、《工律》、《工人程》、《均工律》、《效律》、《藏律》等。這些機構及法律大多與國家對經濟的行政管理和官營經濟有直接關係，有關法規大多是規範管理某一種經濟活動的行政機構的單行法規。這反映出秦朝經濟總體特點是，在整個經濟生活中官營經濟占的比重比較大，國家對官營經濟分門別類實行集中統一管理。秦的許多法律對私人經濟活動也進行直接的行政干預，這反映出秦朝政府對一切重要的經濟領域的控制也比較嚴格。

四、「重農抑商」政策與管理工商業的法律

與歷代秦君一樣，秦始皇奉行「上農除末，黔首是富」政策，力圖使「百姓當家則力農工」[3]。在對商業有所抑制的同時，秦始皇制定了一系列有關法律，加強對工商業的管理。

㈠國營手工業管理

秦朝的官營手工業規模較大，國家直接支配大批工匠，他們從事各種製造業，以滿足政府和皇帝的需要。為了加強管理，秦朝設立了「漆園嗇夫」、「司空嗇夫」、「採鐵嗇夫」等職官，還制定了《工律》、《工人程》、《均工律》、《效律》等法規，內容豐富而具體。在其他法律中，也有一些有關的規定。這些法律涉及勞動定額、產品規格、產品質量、工匠培訓等。《工人程》依據季節、身分、性別、年齡、勞動熟練程度和技術水平等，對工人、工匠的工作量做了具體的規定。《工律》規定同一產品必須規格一致，「為器同物者，其小大、短長、廣夾（狹）必等」，嚴禁擅自改變產品製造標準。凡產品質量不合格者，要予以處罰。《司空》對修繕車輛所使用的

膠、脂等材料的用量有具體的規定。《金布律》對各種規格囚衣製作的原材料和價格也有具體的規定。秦律還對有關機構和主管官吏的考核及獎懲做出了詳細的規定。考核涉及履行管理責任和生產責任，保證產品質量，減少原材料消耗，提高經濟效益等。考核定期舉行，列為下等者，令、丞、佐等主管者和具體責任人都要受到處罰。連續數年考核為下等，主管的嗇夫撤職且永不敘用。《均工》鼓勵工師培養新工和新工提高技術，還規定「隸臣有巧可以為工者，毋以為人僕、養」。從上述情況看，秦朝法律對官營手工業管理有明確具體的規範。

㈡民營商業管理

依據雲夢秦簡提供的材料推測，秦朝政府可能不直接經營商業或政府直接經營的商業規模很小。秦的歷代君主和地方大吏重視市場建設和管理。他們建立市場制度，在城市設立固定市場，對於市場貿易有關的貨幣金融活動及度量衡等，都有法制化的管理措施。當時的民營商業相當發達，有大量的民間商賈從事貿易活動。

秦朝法律在保護合法商業活動的同時，明令禁止一切非法的經商活動，沒有特許權力的政府機構以及官吏、農民從事商業經營一律屬於違法行為。《田律》禁止農民賣酒。《廄苑律》禁止乘用公家車馬的官吏出賣死馬的肉和皮，這類物品必須統一交縣一級政府處理。《秦律雜抄》有一條法律規定：嚴禁低級官吏利用為其配備的馬匹和差役進行牟利活動，否則處以流放的重刑。

秦朝法律還有限制商品價格、保護公平交易、禁止走私等規定。《金布律》明文規定：除價格在一錢的小商品外，出售者必須明碼標價。《司空》規定：糧食價格每擔三十錢，勞動力價格「日居八錢，公食者日居六錢」。《法律答問》規定：其他國家的商販必須呈驗經營憑證，禁止百姓與非法的外商進行交易。珠玉等貴重商品不准賣給「邦客」、「旅人」等其他國家的商人。破獲的走私珠寶必須繳送內史，由內史酌情獎賞。

國有土地的管理及相關法律

在土地制度方面，秦始皇也頗有作為。秦始皇三十一年（西元前二一六年），他下令：「使黔首自實田也。」即占有土地的人自動呈報實際占有土地的數量，並按照規定繳納賦稅。這個法令承認各類土地的實際占有狀況，在客觀上具有推動私有土地數量不斷發展的意義。他還改變各地「田疇異畝」[4]的狀況，統一土地度量制度，規定六尺為步，二百四十方步為一畝。這一畝制沿用千年而大致不變。

一、皇權支配下的土地占有形式

關於秦朝的土地所有制，學術界眾說紛紜，莫衷一是。有代表性的意見可以分為三大類：1. 土地國有為支配形式[5]。2. 地主土地私有制占支配地位[6]。3. 國有、大土地私有、小土地私有三種所有制同等重要[7]。由於這個爭論涉及的理論問題和其他學術問題很多，因而學者們提出的具體見解不勝枚舉。

從現存材料看，秦朝的土地制度很可能以國家所有占主導地位，與此並存的其他各種所有形式也無不受到行政權力的支配。一是雲夢秦簡證明當時有大量國有土地，有專門規範、調整國有土地使用和管理的法律。二是記載有關秦朝以前及秦朝土地買賣的史料很少。三是沒有可以充分證明秦朝非身分性地產主數量很大的史料。四是尚未發現毫無爭議的秦朝專門用於規範、調整非國有土地使用、轉讓、買賣的法律。更重要的是：在當時的歷史條件下，還遠不具備存在純粹土地私有制的條件。至少行政權力對土地類財產施加支配性影響的狀況還不可能消除。即使土地私有制已經有所發展，它也不是現代意義上的私有制。

君國一體的皇帝制度是一種獨特的國家形式。在皇權支配下，政治權力與經濟權力不可分割，國家主權與所有權統一，主權就是所有權；在君臣關係制導下，政治身分與經濟義務統一，臣民必須承擔各種義務。事實上，臣民自身及其包括土地權益在內一切財產都從屬於國家和皇帝的最高權力。就本質屬性而言，當時無論在觀念上、事實上，還是制度上、法律上，都不存在現代意義上的土地私有制。這一點具體體現在以下幾個層次。

在觀念上，當時通行的說法是「尊為天子，富有四海之內」、「天子無外，以四海為家」。思想家們常常把天下、國家說成是最高統治者的府庫。秦始皇統一天下之後公開宣稱：「六合之內，皇帝之土。」最高統治者享有對天下一切人和物的所有權，國家所有權所包括的範圍可以說是無限的。皇帝有處置人世間一切人與物的權力，就連國家所有權實質上也是皇帝所有權，更何況其他的所有權形式。

在現實中，國家和皇帝所有權的客體是極其廣泛的。從雲夢秦簡、《史記》等提供的材料看，社會基本的生產資料以及各種設施幾乎皆為國家所有。國家統治的各種設施毋庸置疑地全部為國家所有。海洋、河川、山脈、林澤、荒原皆為國有，這是法定的。政府除直接經營一部分土地外，將一部分土地賞賜給有功勛的臣民，其餘的土地則實行授田制度，直接分配給廣大庶民耕種。對於取得土地占有權和使用權的廣大臣民，國家通過徵收租金與稅收合一的賦稅，實現其支配權或所有權。國家對全國的可耕地實際擁有最高主權。國家還擁有大量的其他生產資料和生活資料。

在制度上，國家與皇帝之間也有公、私之分。財政管理有兩套機構：一套是分管政府公有財產的治粟內史及其派出機構。治粟內史是國家賦稅徵收機構，負責徵收田稅等。這些稅收歸國家所有。史論家稱之為「大用」、「大藏」。另一套是分管皇室私家財產的少府及其派出機構。少府是皇家稅收機構，負責徵收人口稅、山川林澤之稅等。這些稅收歸皇帝私家所有。史論稱之為「小用」、「小藏」。儘管清楚地劃分出「公」、「私」兩個稅收機構，而實際上「公」、「私」不分。以養馬為例，據《漢書・百官公卿表》記載，太僕的屬官「有大廄、未央、家馬三令」。顏師古注：「家馬者，主供天子私用，非大祀戎事軍國所須，故謂之家馬也。」國家公用與皇帝私用，大到財政，小到養馬，皆分別設置機構管理，可謂涇渭分明。然而國家的庫府和馬匹的處置權明確無疑地屬於最高統治者，就連廣大國土也是任由皇帝賞賜、贈與或剝奪。在皇帝切實掌握最高支配權的條件下，國家公有與皇家私有之間並無本質的區別。「天子富有四海」絕非阿諛奉承之詞。

戰國以前，土地一律實行國有（王有、君有）。實際上天子只擁有直屬領地的土地支配權，全國土地由天子和諸侯、卿大夫等各級封君多級占有。西周制度最為典型。春秋戰國以來，這制度隨著政治制度的演化而演化，逐步消滅了等級君主土地所有制，到秦朝代之以皇權統一支配下的多種形式占有、所有或使用土地的制度，其中一些占有形式具有私有制的主要特點。這個時期土地制度的演變集中體現為土地實際占有形式發生了引人注目的重大變動，而占有形式的變化遲早要引起所有制的變化。

在秦朝已經有土地私有制逐漸發展的跡象，然而私有化的程度以及土地私有制是否已經占據支配地位等，都有待於進一步研究。對於有關研究，現有的歷史材料還沒有提供確鑿無疑的直接證據，各種佐證不足以構成牢不可破的證據鎖鏈，因此很難據此做出準確的結論。例如，許多學者依據雲夢秦簡《田律》的有關規定論證土地國有制在當時占主導地位。然而這些材料也可以解釋為地方官對各類土地占有形式的日常行政管理。又如，許多學者把雲夢秦簡《法律答問》關於禁止私自移動田界的規定，視為國家承認和保護土地私有制的重要證據。然而這條材料實際上是「中性的」。田界既可以劃分私有土地的界限，也可以劃分國有土地的界限。無論土地所有制採取何種形式，私自移動田界都會破壞既定的社會秩序。因此，禁止私自移動田界並不一定意味著只是保護私有土地所有權，它也可以適用於保護其他各種土地占有和使用形式。

筆者總的感覺是：現有史料更有利於在秦朝國有土地占主導地位的觀點。還沒有可靠的事實足以證明土地私有制已經居於主導地位。在雲夢秦簡中保存了許多規範財產關係的法律和案例，可是從中沒有發現一條法律與確認土地所有權有關。除了一條關於移動地界的法律，涉及禁止妨害他人土地使用權或私有權以外，也沒有涉及規範和調整有關私有土地的轉讓、買賣、返還、賠償方面的民事法律條文和案例。雲夢秦簡的所有者是一位生活在標榜「以法治國」、號稱「皆有法式」的時代的法吏。在他所珍藏的私用檔案、筆記中，竟然找不到確鑿無疑的規範、調整私有土地的民事法律條文和案例。這至少說明這類法律在當時還不那麼重要。

這裡著重討論皇權對於全國土地的各種控制方式。在皇權的支配下，在君臣關係這個大框架內，在國家擁有最高土地所有權的前提下，秦朝實行以國家所有制為主，多種實際占有、所有權或使用權的主要方式；土地以國有居多；「私田」還沒有獲得法律意義上的完全所有權，即使擁有「所有權」也是有限度的。依據國家控制形式和占有權、使用權取得形式，主要分為以下幾種類型：

1. 國家賜予土地與封賜土地占有者。

皇帝經常對臣下實行賜爵與賜土，其中依據功勛爵制度賜爵、賜土是一種經常性的政務。依據法制，功勞越大，爵位越高，賞賜的土地也就越多。秦始皇還經常在制度外根據政治需要和個人好惡賞賜宗室、大臣、親信田宅、食邑。王翦奉命率兵滅楚時，趁機向秦始皇請求賜予大量田宅，獲得應允。這類事情在當時也應屬司空見慣。這就不僅需要國家有任意支配全國土地的權力，還需要國家直接掌握著大量的國有土地，可供隨時賞賜。毫無疑問，這些用作賞賜的土地應當屬於國家所有制。

與此同時，君王還有權奪爵與奪土。相國呂不韋田連阡陌，家僮萬人；丞相李斯位極人臣，既富且貴；蒙恬兄弟備受寵幸，權傾朝野。他們都是官僚加地產主。然而君王賞賜給他們的土地和財富，只需一道詔令，便可化為烏有，就連他們的身家性命也一同被剝奪了。此外大批「為國不忠」或為吏「不直」者也因奪爵、謫戍失去了富貴和土地。無論以何種形式為臣民占有、所有和使用的土地都可以根據最高統治者的意志授予或剝奪，這是國家擁有全國土地最高支配權的集中體現。賞賜的土地還可以隨時收回，占有者顯然不擁有完全土地私有權。

2. 國家授田與受田土地使用者。

從雲夢秦簡提供的史料看，當時國家擁有並直接經營很多的可耕土地。這一部分的土地由國家各級政府直接控制、直接經營，其所有權無疑屬於國家。國家直接管轄的耕地主要採取授田制的經營方式，即按人丁分配土地。「受田者」按照國家規定繳納賦稅（包括地租）。這些經營活動由各級政府直接參與，相當於國家（皇帝）直接經營土地。

有國家授田，也就有受田農民。這部分土地所有權屬於國家，使用權屬於受田農民。戰國、秦漢的一些史料表明，當時國家授田大體以每個農夫百畝為限。文獻中諸如「五口之家」、「治田百畝」之類的記載，可能大多是指這一類土地使用者。授田制度與賦役制度相結合，構成了國家對土地的主要經營形式，也是君民關係的主要的具體形式之一。國家與接受分地的農民之間的經濟關係類似於租佃關係。這種君民關係具有雙重屬性，既是一種政治關係（皇帝與黔首），又是一種經濟關係（地主與佃農）。處於雙重支配下的臣民實際上是農奴。

3. 其他國家直接經營的耕地與其耕種者。

政府直接控制的土地還有兩種常見的經營方式。一種方式是由「隸臣」耕種，另一種方式是租佃給民眾。

雲夢秦簡《倉律》有一項規定涉及供應「從事公」的隸臣的口糧標準。其中「隸臣田者」在農忙季節每人每月可以增加供應半石口糧。這說明使用隸臣耕種國有土地在當時絕非個別情況。秦朝驅使大量具有奴隸身分或近似於奴隸身分的隸臣從事各種勞動，其中包括耕種土地等。這在當時是重要的國有經濟經營方式，也屬於一種相當落後的生產方式。這一類土地屬於國家所有、國家使用。

政府把國有土地租佃給民眾的經營方式屬於比較進步的生產方式。《法律答問》有一則關於「部佐」隱匿「民田」問題的司法解釋。其處理辦法是：已向百姓收取田賦而不上報，「為匿田」；未收田賦，則不以隱匿田畝論處。這條法律與政府以租佃形式直接經營所掌握的土地有關。各種租佃關係的發展意味著生產關係正在發生重大演變。這類土地屬於國家所有，租佃者使用，所有者與使用者屬於租佃關係。租佃國家土地的農戶除繳納租金外，還要依據賦役制度向國家履行各種義務。他們的政治地位與受田農戶相同，而經濟地位略有差別。

此外，《倉律》有關於播種數量的硬性規定，《廄苑律》有關於使用「公馬牛」耕種的規定，這些都是國家和各級政府直接管理、經營大量土地的佐證。

4. 具有國家直接經營性質的其他土地。

國家直接控制的土地還包括苑囿園池、山林川澤。雲夢秦簡《為吏之道》提到「苑囿園池」，可能包括國家牧場、王室園林和供君主遊獵的圍場等；《廄苑律》專門規範官吏對國家的「廄苑」的管理，涉及「牧公馬牛」的評比和使用「公馬牛」的有關規定等；《徭律》涉及到維修「禁苑」、「公馬牛苑」以及對「苑吏」的要求，從中可以知道當時的苑囿周圍修建有塹壕、牆垣、藩籬，並設有專職管理苑囿的官吏。從《史記》、《漢書》的記載看，秦漢皇家苑囿園池的數量很多，面積很大，圈占著大量的可耕地和山林川澤。這些土地都屬於國家所有。秦朝繼承前代的做法，以法律形式明確把山林川澤列為皇帝所有，對其使用有一系列的限制，並通過稅收實現所有權。一般說來，山林川澤屬於國家所有，民眾可以依據國家規定使用，須繳納相關的賦稅。所收賦稅歸皇室所有。

5. 各種類似私有的占有形式。

自春秋戰國以來，從自耕農到大地產主等各種類似私有的占有形式不斷發生、發展。這是毋庸置疑的歷史事實。各種功名賜地及其親屬繼承很容易向私有制轉化，由此而形成的土地轉讓、買賣、租佃等，都會強化土地私有屬性。在秦朝，各種類似私有的土地占有形式，其所有權受到的限制也比較明顯。這些土地並沒有擺脫國家支配乃至直接控制。秦始皇大量遷徙豪族，表明國家有權剝奪以各種形式占有的土地。因此，各種類似私有的占有形式不具有法律上的完全所有權。

雲夢秦簡《田律》現存法律六條，都是有關土地及農業管理的規定，如有關官吏必須及時報告各種災害及莊稼的生長狀況的規定，以及使用山林河流、繳納租稅、使用官府牛馬的有關規定和禁止百姓賣酒等。《田律》為田嗇夫、部佐、農民具體規定了管理責任與生產責任。這些材料雖不足以證明所涉及的土地一律歸國家所有，卻可以表明當時政府對全部或大量土地有強化控制，甚至直接管理和經營的行為。這也是最高支配權、所有權的一種體現。

上述各種控制方式，實際上將全國的土地一律視為國家和皇權可以支配、控制的。秦朝的賦役制度則是國家實現最高土地所有權的操作手段。

二、土地管理制度

秦朝的土地主要為國家所有，大量土地需要國家直接管理和經營。為了有效地控制和管理大量的國有土地，秦朝不僅設置了系統的管理土地的政府機構和相關的職官，還有相關的立法。雲夢秦簡《語書》證實《田令》是備受各級政府重視的法律文件。

相關職官，見於雲夢秦簡的有大田、田嗇夫、部佐、田典、牛長等。大田，官名，主管農事。據說齊國曾設有此官。《漢書．百官公卿表》沒有提到秦朝設有這種職官，而雲夢秦簡《田律》證實秦朝也有稱為「大田」的機構和職官。地方的有關政務必須向大田報告。

雲夢秦簡《田律》、《秦律雜抄》等保存著一些有關土地管理的法規。主要包括以下內容：

1. 明確國家所有權。

《田律》通過有關各項規定，以直接有效的管理和租稅徵收，體現國家對這部分土地的所有權。《法律答問》也涉及到國有土地的租佃問題。《秦律雜抄》中的「採山重殿」等條還明確規定山林、水澤均為國家所有，不經國家允許，礦山、漆園及其他物產，不得攫為己有。這些法律規定與國家的賦稅制度相匹配，全面維護並實現了皇帝對全國土地的最高支配權。

2. 規範各級官吏對土地的管理責任。

秦朝設「大田」、「田嗇夫」、「部佐」等官吏專職主管農田耕作事務。《田律》規定：負有土地管理職責的地方官吏，必須及時以書面形式向中央政府報告土地的使用情況，如雨後的墒情、穀物抽穗和尚未墾殖土地數目等情況。如果發生旱澇、蝗災，也要及時、快速報告受災面積。《廄苑律》對耕牛的管理、飼養及其考核有具體的規定。如果耕牛死亡率高於三分之一或考核為下等，田嗇夫、里典要負刑事責任。《法律答問》還規定：田官不得隱匿土地數量及其使用情況。

3. 明確國家土地使用者的義務。

《田律》等明確規定：凡國有土地使用者，無論是否耕種，一律「以其受田之數」，向國家交納租稅。依照秦朝的財政管理制度和賦役制度，凡使用國家的山林、水澤、礦產，從中獲取物產者，必須向國家交納租稅。《倉律》明確規定稻、麻、禾、麥、黍、菽等各類作物的每畝播種數量，「其有不盡此數者」，依律處罰。《田律》規定：禁止「百姓居田舍者」釀酒販賣，由田嗇夫、部佐等負責監督，不從令者有罪。《田律》還禁止農民損壞莊稼、隨意壅堤堤水等。

4. 要求吏民通曉國家關於土地管理的法令。

作為郡守行政文告的《語書》，命令下屬官吏「明布」法令，要求吏民都要「修法律令、田令」，並嚴格遵守。其中特別提到田令。《田律》及各種田令的重要性從一個側面體現了當時國有土地的規模及國家對各類土地的支配權乃至直接管理權。

5. 以法令形式保護國家認可的土地占有或使用權益。

秦始皇「使黔首自實田」，承認了一些土地的占有或私有權。《法律答問》規定：「盜徙封，贖耐。」私自移動土地界標，要處以贖耐之刑。土地界標標示著土地權益的範圍。私自移動土地界標必然侵犯他人的權益。無論土地權益擁有者的具體身分是占有者（所有者）還是使用者，都需要由土地界標界定其權益範圍。這條規定旨在保護國家認可的合法權益。

6. 保護農業生產條件和資源。

《田律》規定：春季禁止採伐山林和堵塞水道；不到夏季禁止燒草為肥、採集剛發芽的植物和捕捉幼獸、幼鳥等；在禁獵期內禁止毒殺魚鱉，不准設置捕捉鳥獸的羅網；禁止其他破壞資源的行為。這表明，秦朝法律繼承了傳統的「四時之政」的合理成分。有關的法律規定具有保護環境和資源的作用，有利於發展農業生產。

秦朝的賦稅制度及相關法律

中國古代賦稅制度的性質很複雜。賦稅主要與國家的財政行為有關，屬於現代社會的「稅」的範疇。徵稅是國家存在的經濟體現，各種稅收是國家財政的主要收入和經濟基礎。然而賦稅不是單純的財政行為，它還包含著現代意義上的「租」的成分。國家以土地所有權為前提所收取的地租及其他租金，是土地所有權藉以實現的經濟形式。這就使賦稅具有租、稅合一的性質。賦稅還具有明顯的超經濟強制性質。它不是單純的經濟形式，它還包括國家和君主憑藉對全國土地、資源的占有權和對廣大臣民的各種人身支配權而行使的超經濟強制。賦稅制度將國家稅收、物權租金和強收硬斂結合在一起，許多具體的賦稅徵收項目很難明確地歸類，往往兼而有之。

賦稅制度是皇帝制度的財政經濟命脈，也是專制主義社會控制模式的有機構成之一。它側重體現著這種制度、這種社會控制模式的經濟層面的各種現象，卻又絕對不是一種單純的經濟現象。徵收賦稅是君主制度最重要的政治行為之一。準確地說，賦稅制度是一種把君主與臣民之間的經濟關係和政治關係統一在一起的制度。它既是一種經濟制度，也是一種政治制度。賦稅制度主要基於政治關係而設，又是國家財政制度的重要構成之一，它實際上屬於政治制度範疇。由於賦稅制度集中體現著君主專制國家與其廣大臣民的經濟關係，體現著君臣關係的經濟內容，所以又可以把它作為一種經濟制度來研究。在研究中國古代賦稅制度的時候，必須充分注意到它的這個性質和特點。

中國古代賦稅制度的性質決定了它的內容也很複雜。賦稅，包括租稅與傜役。在戰國、秦漢時期，賦稅主要以「布縷之徵」、「粟米之徵」、「力役之徵」等方式徵收，還包括其他稅收。其中國家無償役使民眾的「力役之徵」的超經濟強制性質尤為明顯。

一、秦朝賦役制度的歷史淵源

與其他各種基本制度一樣，秦朝的賦役制度也是春秋戰國時期社會歷史大變動的產物。

許多有關專著注意到春秋戰國時期一項政策上、制度上的重要變化，即「稅畝」、「稅田」的出現與普及。人們大都稱之為「土地徵稅制度的起源」。許多學者還把土地徵稅制度的產生與土地私有制度的產生聯繫起來，認為後者是前者之因。其實這種說法不夠準確。

「稅」是國家賴以存在的財政基礎，徵稅與納稅是與國家同時產生的，而土地是古代社會最重要的政治資源和最主要的財產，所以以土地為對象的「稅」（以政府的身分徵收）與「租」（以土地所有者的身分徵收）肯定早已產生。土地徵稅制度的產生與土地所有制的性質無關。如果說春秋前後有什麼不同的話，其差別僅在於徵納的方式有所改變，而徵納方式的變化是與經濟關係（包括土地所有制）的變化相關的。大量史料證明，春秋以前，「稅」與「租」主要以「力役」方式徵納。由於以貢納力役為主，故有「助而不稅」[8]、「藉而不稅」[9]的說法。「不稅」的意思不是不繳納現代意義上的「稅」與「租」。春秋以來，齊、晉、魯等國相繼開始改革有關做法。西元前五九四年，魯國「初稅畝」，賦稅實行「履畝而稅」[10]。史學界普遍把它視為重要的標誌性歷史事件。它表明，一種新的徵納「租」的方式正在逐步取代舊的徵納「助」的方式。「助」，從「力」與「且」；「租」，從「禾」與「且」。「助」以貢納力役為主；「租」以貢納實物為主。徵納方式的改變與土地制度的某些變化可能有密切關係，而更直接的動因是土地占有者與生產者勞動關係的變化，即土地占有者開始普遍以「租」的方式與生產者締結經濟關係。新制度最重要的特點是實物租稅與徭役並行。從春秋戰國之際的文獻記載看，當時已經有了「常徵」、「常役」並行的賦役制度。戰國以來，各國普遍實行這種制度。

二、秦朝的主要租稅徵課項目

秦朝租稅徵課以土地租稅為主。由於注意到秦朝賦役制度有租、稅不分的性質，這裡沒有採用人們習慣使用的「土地稅」、「土地徵稅制度」的提法，而使用「土地租稅徵課制度」這個概念。秦朝的租稅徵課內容豐富，主要有以下幾項：

1. 土地租稅。

土地租稅即田租及各種田畝稅，它以國家耕地使用者為徵收對象。秦朝的土地租稅有二：田租、芻稿。它們都屬於實物租稅。「田租」徵課農作物果實。關於秦朝田租稅率的具體數字，史料闕如，難以詳考。「芻稿」徵課牧草和穀物莖稈。穀物、芻稿都屬於種植農作物的收穫物。青禾、牧草為「芻」（又稱「青稿」），穀物秸稈為「稿」，主要用於飼養牲畜和建築材料。芻稿之稅古即有之，屬於「先王之制」。《尚書・禹貢》、《國語・魯語上》、《儀禮・聘禮》等都曾提到此類貢賦。國家及各級政府都有大量牲畜需要飼養，莊稼秸稈還在建築工程中大量使用，因此民眾必須「入芻稿之稅，以供國用」[11]。《田律》、《倉律》均涉及芻稿的徵收、保管事宜。如《田律》規定：「入頃芻稿，以其受（授）田之數，無墾不墾，頃入芻三石，稿二石。」

2. 人頭稅。

秦朝人頭稅有二：口錢、算賦。屬於戶口之稅，以適齡人口為徵收對象。

「口錢」，即計口徵稅。關於這種制度的起源，古今學者聚訟不已。類似的制度可能古即有之。秦朝制度沿襲了戰國時代的舊制。漢代文獻曾言及秦朝的「口錢」之課。至於其具體徵收辦法已不得而知。從漢代的制度看，口錢的徵收對象是一定年齡以上至服役年齡以下的人口，每人每年出口錢若干（關於年齡和錢數的具體規定有變化）。秦朝想必亦大體如此。

「算賦」是口錢既除以後的另一種人頭稅，徵收對象的年齡與口錢相銜接。它的徵收對象主要是處於服役年齡的人口。它的特點是《文獻通考・戶口考一》所說的「且役之且稅之」。類似算賦的制度起源於何時已不可考。《後漢書・西南夷例傳》曾提到秦昭襄王免除了有功的少數民族的算賦。秦朝的制度也是繼承此而來。算賦的徵課辦法是「頭會箕斂」[12]。雲夢秦簡《金布律》規定：「官府受錢者，千錢一畚，以丞、令印印。」算賦徵課由官吏按照人頭，持畚箕逐戶收斂，每一千錢為一個徵收單位，交由官府封存。秦朝的「頭會箕賦，輸於少府」[13]，這項收入算作最高統治者的私藏。

3. 其他賦稅。

秦朝有關市之徵、山澤之稅，包括諸如關稅、市租、酒稅等商業稅，鹽、鐵等特產稅和以私營手工業為徵課對象的工程等。

春秋以來，個體工商業迅速發展，行商坐賈貿易於市場。國家開始對商品買賣徵收營業稅、通關稅，這就是關市之徵。當時各國有關卡、市場則必有官吏主其政，關市之徵成為「常徵」。關稅、市租等也逐漸成為國家財政的一個重要來源。

許多文獻記載表明，秦國的商業相當發達，咸陽及許多大城市都有政府設置的商品集散地，因而「市張列肆」，店鋪林立，市場繁榮。辛氏《三秦記》記載了這樣一則傳說：「秦始皇作地市，與生死人交易。令云：『生人不得欺死者物。』市吏告始皇云：『死者陵生人，生人走入市門，斬斷馬脊。』故俗云，秦地市有斷馬。」[14]這個傳說顯然是杜撰的。《三輔黃圖》卷二有關於秦文公曾設立「宜市」，要求「物無二價」，童叟無欺。這個故事當數事實。秦朝政府重視市場的管理和有關的稅收，設有專門的官員，並頒布相關的法令。酒稅的徵收與國家經濟政策有關。據說商鞅曾「重關、市之賦」。他為了重農抑末，禁遊蕩奢侈之俗，對酒類經營課以重稅，「貴酒肉之價，重其租，令十倍其樸」[15]。

關於秦朝關稅、市租的具體徵收辦法，已難詳考。《關市律》、《金布律》規定著一些與「市租」有關的罪名，用以規範市場管理者和經營者的行為。由此可以推斷：當時對關市之徵有明確而詳細的法律規定，違犯者將觸犯刑律。

山澤之稅，即鹽鐵之稅和山海池澤之稅等。山澤之稅、鹽鐵之稅自古有之。在秦漢，山海池澤皆屬國有，凡「山澤之利」皆歸皇室支配，即「山海之利，廣澤之畜，天地之藏也，皆宜屬少府」16。戰國時期各國有鹽官、鐵官負責鹽鐵之徵。據說商鞅「外設百倍之利，收山澤之稅」17。秦國的民營鹽鐵業很發達，國家徵稅的稅率也很高。秦始皇繼承祖宗的制度和政策，重視發展鹽鐵業。在統一六國過程中，秦始皇把中原一些善於經營鹽鐵業的大族遷到巴蜀地區，使這個地區的鹽鐵業尤為發達。據說，「始皇，克定六國，輒徙其豪俠於蜀，資我豐土，家有鹽銅之利，戶專山川之材，居給人足，以富相尚。」18

秦朝民眾的各種租稅負擔相當沉重，而其大致比率是「收泰半之賦」19。這個比率可能是指總的負擔。在正常情況下，民眾辛辛苦苦勞動一年，收穫的大部分被無償剝奪，民生之苦可想而知。

三、法制化的徭役制度

徭役是國家以行政強制手段對臣民實行超經濟強制的主要形式之一，徵調徭役是地方政府的基本任務之一。為了規範、加強對徭役的管理，秦始皇頒布了一系列政令、法律。雲夢秦簡就有《傅律》、《徭律》等專門的單行法規，還有一些法律也涉及到對徭役的行政管理。這些法律明確規定了服役的起止年齡、免役條件、對逃避徭役的懲處及各級政府的相關職責等。

秦朝徭役有更卒之役、正卒之役、戍卒之役三大類，稱相應的服役者為「更卒」、「正卒」、「戍卒」。據說秦朝「又加月為更卒，已，復為正一歲，屯戍一歲」20。在正常情況下，一個人進入服役期後，大體先服更卒徭役，再服正卒徭役，接著服戍卒徭役，然後繼續服更卒徭役直至達到免役年齡。

更卒是在本郡的徭役。更，即更換。服役者到達規定的服役期限後由接替者更換，故稱之為「更卒」。秦朝規定：在服役年齡期限內的無爵位和爵位在不更以下的人每人每年在郡縣服役一個月。服徭役者從事的勞動涉及到修築城池、道路、河渠、宮室等工程項目，還有運輸物資、飼養馬匹、煮鹽冶鐵及各種雜務等。正卒屬於正役性質，在京師、內郡服兵役官差，服役期可能是一年，故稱「正卒」。戍卒是戍守邊疆的徭役。從《左傳》、《史記》、《管子》、《尉繚子》等記載的一些事實看，春秋戰國時期的戍卒徭役以一年為期。秦朝的戍守制度大體沿用戰國制度。從歷代戍卒徭役的執行情況看，一年的定期常常不能嚴格執行。「逾時之役」、「逾期不還」的情況經常發生，嚴重超時服役的情況也並非罕見。戍卒徭役的主要任務是守望邊境，抵禦入侵，具體任務有烽燧、亭侯、郵驛、屯田等。

在秦始皇統治國家，除徭戍之外，還有行讁戍之制，經常以「發讁」形式徵發大批人眾戍守邊疆。這種發讁形式很早已有之，不是秦始皇創造的，而秦始皇經常性的大量發讁當屬事實。「發讁」的對象都屬於有罪錯或社會地位低下的人，主要有五種人：1. 諸嘗逋亡人，即各種逃犯。從秦律的有關條文看，這些逃犯有的是觸犯了「盜」的罪名而逃亡；有的是刑徒逃亡；有的是奴隸逃亡；有的是服役者逃亡；有的是因為其他社會原因逃亡，如男女私通者，女子「去夫亡」等等。2. 贅婿，即出贅婦家為婿的貧苦人。這種人不能立戶、不能受田、不能做官，等同賤民。3. 賈人，即商人。他們因國家的重農抑末政策和社會偏見而受到歧視。4. 治獄吏不宜者，即在執法中有徇私舞弊行為的官吏。5. 其他刑徒。在一個時期內，這種徵發相當頻繁，遷徙人口的數量也很大。這類戍邊的性質應有所區別。一類仍屬於徵發性質，如對諸嘗逋亡人、贅婿、賈人等賤民；一類屬於「謫罰」性質，即所謂「科謫」。這種行為旨在以「科謫」懲罰犯罪，又具有「以謫徙民」的性質，不是純粹的徭役。

徵發徭役是各級政府一項經常性的行政事務，又關係到國家重大利益，所以形成了一套完備的法制化的制度。

㈠傅籍制度

傅籍制度，相當於現代的戶籍制度。戶口管理是制定法令、徵發徭役、課取賦稅、辨別等級、分配權力的重要依據，又是國家控制編戶農民，保證賦役徵發，加強治安管理的重要手段。秦朝對什伍編制、戶籍制度有一整套制度化、法律化的規定。

自秦獻公以來，秦國的戶籍管理制度逐步形成。商鞅變法的一項重要的內容就是加強戶籍管理，實行什伍編制。全國人口無論男女必須登記在冊，「生者著，死者削」，禁止擅自遷徙，遷移戶口必須到官府辦理手續，以使「民不逃粟，野無荒草」21。各地居民編為什伍，大致以五戶為伍，十戶為什，十什為里。里以上為縣鄉行政機構。鄉里居民互相監視，五家相保，十家相連，凡有善惡之事，必須報告官府實行什伍連坐，即一家有罪，四鄰共同糾舉，大家相連告發，否則十家連坐。雲夢秦簡《法律答問》等有關於「伍人」、「四鄰」、「什伍」的法律規範，還有關於「伍人相告」必須屬實、「什伍知弗告」則有罰和官吏不在連坐之列等規定。《法律答問》將大夫爵獲得者排除在伍人編制連坐之外，什伍連坐制度很可能只適用於平民百姓。

秦始皇進一步完善戶籍管理制度，使之更加嚴格、規範。秦始皇十六年（西元前二三一年）「初令男子書年」22，明確要求全國男子必須依法登記年齡。雲夢秦簡《編年紀》的作者在這一年也記有「自占年」三個字，即向政府申報自己的年齡。在此之前，徵發徭役時主要通過測量身高判定是否達到服役年齡。從此以後，徵發徭役依據比較可靠的申報登記在冊的年齡。秦始皇以法令形式規定：全國男子必須申報戶口、年齡，著於戶籍，不得隱瞞、虛報。從現有材料分析，秦朝的戶口冊要求寫明主姓名、籍貫、身分、家庭人口、祖宗三代的出身以及戶主及家庭成員的年齡、身高、健康狀況等。戶籍可能還有民戶戶籍和「宗室籍」、「宦籍」、「弟子籍」等區別。

秦朝有專門規範傅籍的法律，即《傅律》。《傅律》規定：登記戶口由「百姓」自報，經由典（里典）、老（伍老）核對。典、老若發現申報不實，必須向上級官府報告，否則將受到懲處。登記戶口時，必須申報姓名、年齡及疾病、傷殘情況。當百姓達到可以免役的年齡時，也要向官府提出申請，經批准後方可生效，否則仍以「為詐偽」論處。法律禁止任何不依法登記、隱瞞戶口、逃避徭役的行為。如果出現此類情況，有關人員要受到法律懲處，知情不報的同伍、典、老也要受到懲罰。

㈡徭役徵發管理

在徭役徵發條件上，秦朝有「傅」、「免」制度。「傅」，即「傅籍」，男子達到一定年齡必須著於徭役名冊，開始服徭役。「免」，即「免老」，達到一定年限可以免除役籍，不再服徭役。

關於秦朝始傅年齡，史學界原有「二十歲」說、「二十三歲」說，這些說法根據「漢承秦制」，以漢推秦，「二十歲」說依據漢景帝之制推定；「二十三歲」說依據漢昭帝以來的漢代定制推定[23]。發現雲夢秦簡以後，又有「十七周歲」說[24]、「十五周歲」說[25]。上述說法都有歷史記載為據。其中「十七周歲」說比較可靠一些。這個說法是根據雲夢秦簡《編年紀》中的有關記載推算出來的。它也獲得大多數學者的認同。關於秦朝的止役年齡，據《漢官舊儀》卷下記載，「秦制二十爵。男子賜爵一級以上，有罪以減，年五十六免。無爵為士伍，年六十乃免老。」漢朝沿用此制。

這就是說，秦朝止役年齡有等級差別，有爵者五十六歲就可以止役，無爵者則服役到六十歲。其中爵位在「不更」以上者，可以免除更卒之役。爵位在五大夫以上者可以免除戍卒之役。

一般說來所有臣民都有服役的義務，普通黔首從十七歲至六十歲都可被徵發徭役。對於各種逃避徭役的行為，秦朝以明確的法律形式規定了處罰辦法。例如，縣一級官吏設法使自己的子弟逃避徭役，犯有「匿敖童」或者「敖童不傅」等，「尉，貲二甲，免；令，二甲。」

秦朝還有關於徭役行政管理的專門法律。在有關徭役的法規中，對官吏行政行為既有授權性、準用性規範，又有義務性、禁止性規範，還明確規定了各種違法現象的行政責任、刑事責任，及處罰手段、量刑標準。雲夢秦簡《戍律》明確規定不得一家男丁同時徵發戍卒徭役，即「同居毋並行」。如果縣嗇夫、縣尉不依法徵發戍卒，「貲二甲。」凡戍卒參加修繕城垣等重體力勞動者，不得再派服其他勞役。否則主要官員也要受法律處罰。《徭律》在授權地方官徵發徭役以修繕禁苑防護工程的同時，對徵發對象、具體方法等有明確的規範。它明確要求主持工程的官吏必須精確計算工作量，依據工程實際需要徵發徭役。如果因計算有誤，「贏員及減員自二日以上，為不察」，要依法論處。《效律》明令禁止地方官將朝廷為運輸而徵發的「輸者」轉為其他用途，否則「以律論之」。秦朝法律還注意到了不違農時的重要性。《司空》律規定：凡是以勞役抵貲贖債務的人在農忙時也「歸農田，種時、治苗時各二旬」。一家如果有兩人同時以勞役抵罪、贖刑或還債，必須放回一人安排農活，但並不免除他的勞役。這些規定體現了重視農時和珍惜民力的精神。制定這些法律的目的是保證國家對徭役的集中管理，禁止郡縣濫興徭役。秦朝統治者深知徭役對民眾正常生產、生活的干擾，所以以法律形式嚴禁有關官員弄虛作假，欺壓民眾，保證每一戶人家都有男丁在家從事農業生產。

㈢徭役勞動管理

秦朝法律對於服役勞動的質量也有很高的要求。《徭律》規定：不按徵發命令準時出發或到達目的地的時間延誤都要處罰，延誤時間越長，處罰越重。所修築的工程須保用一年以上，不足一年壞損，工程的行政主管和技術主管有罪，責令原修築者重新修築，所需時間不計入服役時間。從《秦律雜抄》的有關規定看，凡建築工程考核列為下等、浪費建築材料、損傷牲畜等，都要依法予以處罰。

㈣復除制度

「復除」，本名「施捨」，即根據君主的詔令或法律規定，免除民眾應納的租稅、徭役。國家與帝王以「舍」、「復」、「復免」、「復除」賦稅徭役的方式「布施德惠」，故稱之為「施捨」。一般說來，秦朝在徭役（含兵役）徵發對象方面具有普遍性，一切臣民都要為國家服役，高官顯貴之子不能例外。同時又存在徭役豁免制度，如規定一定爵位享受一定的徭役豁免待遇。

復除有「賜復」與「買復」之別，復除的目的和對象主要有：1. 獎賞功勛。「僇力本業，耕織致粟帛多者復其身。」[26]凡致力於農耕而大幅度增產者可以免除本人的賦役。這類復除的目的是獎賞符合國家耕戰政策的人，其對象相當於現代的「勞動模範」。2. 籠絡功臣。據《史記・甘茂列傳》記載，秦國曾以復除甘茂全家賦役的方式，企圖感召當時在齊國的功臣甘茂回國服務。3. 招募民眾。商鞅招募三晉的民眾到秦國開墾荒地，以使秦國士兵專心從事軍事，其鼓勵措施是「利其田宅，而復之三世」[27]。這類復除的目的是以經濟利益為誘餌，保證國家既定政治方略的實現。4. 獎賞移民。秦始皇曾遷徙「黔首三萬戶琅邪台下，復十二歲」，「三萬家麗邑、五萬家雲陽，皆復不事十年。」[28]復除的目的是使大批移民有足夠的條件完成國家賦予的各項任務。5. 安定邊疆。秦昭襄王優寵內附的邊疆少數民族，「復夷人頃田不租，十妻不算。」[29] 6. 納粟復除。納粟可以拜爵，爵位提高到一定程度就可以享受減免徭役的待遇。

四、常稅、常役狀態下的民眾負擔

秦朝常稅、常徵狀態下的民眾負擔主要由兩大部分構成，一是田租和人頭稅，二是各種徭役。秦朝的民眾負擔很重這是毋庸置疑的，這是秦朝滅亡的主要原因之一。但是，「徵稅盡，人力盡」是在常稅、常徵狀態下形成的，還是在非常狀態下造成的？這是一個值得深入研究的問題。

縱觀中國歷代王朝的興亡史，不難發現這樣一個現象：常稅、常役狀態下的民眾負擔都很重，沒有一個王朝實行過名副其實的「輕徭薄賦」制度，也沒有一個王朝因常稅、常役而亡國。甚至可以說凡是基本上堅持常稅、常役的皇帝都實現了「某某之治」。問題主要出在加稅、加役上，即苛捐雜稅，繁徵酷役。秦朝的問題可能也在於此。

漢代學者董仲舒抨擊秦朝暴政，其中一條就是常稅、常徵竟然達到「收泰半之賦」、「力役三十倍於古」[30]的程度。「收泰半之賦」符合事實，「力役三十倍於古」顯然失實。但是，值得注意的是這些材料不僅用於抨擊秦制不合乎王制，而且意在批評漢制因循不改。西漢的董仲舒、東漢荀悅等許多學者都曾批評漢朝「收泰半之賦」、「輸其賦太半」之制。這提示人們：秦漢常稅、常役的負擔大體相當。秦朝的問題可能主要不是出在「收泰半之賦」上。

按照董仲舒等人的說法，如此沉重的賦稅系統從秦始皇開始。其實不然。早在春秋國家就出現「民參其力，二入於公，而衣食其一」[31]的現象。在當時，這是很重的租稅率。在戰國國家，這種稅率逐漸在各國實行，成為「常徵」。由於每戶的墾殖面積擴大，單位面積產量有較大幅度增加，民眾對這個租稅率已經大體可以承受。因此，不僅秦朝沿用這個制度，而且「漢興，循而未改」[32]。由此推斷，這是戰國秦漢通行的賦稅負擔。正如有的學者所說：秦代田租的租率「實際上只是繼承六國的舊制，沒有加重也沒有減輕」[33]。徭役的問題與此類似。從許多文獻記載看，戰國時期各國徭役的起役年齡普遍在十五歲或十五歲以下，止役年齡最高達六十五歲。秦朝止役年齡在六十歲，相當或低於戰國時期的水平。關於秦朝起役年齡學術界有爭論，而無論是十五歲、十七歲還是二十歲，都不存在進一步加重負擔的問題，還存在著負擔有所減輕的可能性。基本可以斷言：如果秦朝皇帝嚴格按照常稅、常徵制度收斂賦稅，還沒有超越民眾所能負擔的極限。秦始皇正是靠著這種制度征服了天下，又怎麼會因此而亡國呢！

還有一個很常見的說法：秦朝的役法異常殘酷，如戍卒「失期，法皆斬」[34]。從雲夢秦簡《徭律》的有關規定看，服役的戍卒不得延誤到達戍地的時間，若延誤三到五天，予以申斥；若延誤六到十天，罰一盾；延誤超過十天，罰一甲。如果遇到雨天，可以免除這次徵發。漢代人的記述則與此有很大的不同。延誤抵達戍地時間究竟是輕罰還是「皆斬」？這兩種量刑尺度真可謂有天壤之別。由於秦朝法律僅存留著一些斷片，這個問題已難詳考。從許多現知秦朝法律條文看，它們大多依據情節輕重規定不同刑罰。無論有無客觀原因，無論情節輕重，無論責任大小，一律實行「失期，法皆斬」，這種做法與通常的立法原則相悖。當然也存在這種可能性：秦二世另立苛法而加重了刑罰，或根本不尊重法律而濫施刑罰。

秦朝賦役制度的剝削掠奪程度的確很高，而這個制度在秦朝建立之前已經形成。戰國七雄依靠這種制度得以長期立國，秦國還依靠這種制度越戰越強。秦朝建立前後，在制度上徭役負擔還有所減輕。所以秦朝滅亡的原因不在於「制」，而在於「政」，即問題主要不是來自常規定制，而是來自過於繁苛的定制之外的賦役徵發，特別是毫無節制地繁興傜役。借用《墨子．辭過》的說法，百姓非苦於「常徵」、「常役」，乃是「苦於厚作斂於百姓」。

立法是立法，執行是執行，從來就是既相關又相分的兩碼事。這種情況即使在現代實行「民主」、「法制」的各個國度，都無法避免，何況在行政權力支配社會的時代。在中國古代史上，皇帝、官僚法外行事可謂司空見慣。秦二世徵發已經復除傜役的「閭左」之民，使有關的制度、法令形同虛設。不僅普通民眾苦於「常役」之外的頻仍徵發，而且許多不該徵發的人群也被迫出征。從秦隋亡國的教訓看，問題主要出在肆無忌憚地徵發傜役。

註釋

1 《史記》卷六〈秦始皇本紀〉。
2 《史記》卷三〇〈平準書〉。
3 《史記》卷六〈秦始皇本紀〉。
4 《史記》卷六〈秦始皇本紀〉。
5 參見侯外廬：〈中國封建社會土地所有制形式問題〉，收入《中國封建社會史論》，人民出版社一九七九年版。
6 參見林甘泉：〈論秦漢專制主義經濟基礎〉，收入《秦漢史論叢》第二輯，陝西人民出版社一九八四年版。
7 參見趙儷生：〈論兩漢土地所有制和社會經濟結構〉，《文史哲》一九八二年第五期。
8 《孟子．公孫丑上》。
9 《穀梁傳．宣公十五年》。
10 《公羊傳．宣公十五年》。
11 《淮南子．氾論訓》高誘注。

12《史記》卷八九〈張耳陳餘列傳〉。

13《淮南子·氾論訓》。

14《太平御覽》卷八二七引辛氏《三秦記》。

15《商君書·墾令》。

16《鹽鐵論·復古》。

17《鹽鐵論·非鞅》。

18《華陽國志·蜀志》。

19《漢書》卷二四〈食貨志上〉。

20《漢書》卷二四〈食貨志上〉。

21《商君書·去強》。

22《史記》卷六〈秦始皇本紀〉。

23參見錢劍夫：《秦漢賦役制度考略》，湖北人民出版社一九八四年版，第一二—二〇頁。

24參見睡虎地秦墓竹簡整理小組：《睡虎地秦墓竹簡》一書中的《編年紀》注，文物出版社一九八七年版；《雲夢秦簡研究》一書中的〈秦簡所反映的軍事制度〉、〈珍貴的雲夢秦簡〉等文，中華書局一九八一年版。

25參見高敏：〈關於秦時服役者年齡問題的探討〉，收入《雲夢秦簡初探》（增訂本），河南人民出版社一九八一年第二版。

26《史記》卷六八〈商君列傳〉。

27《商君書·徠民》。

28《史記》卷六〈秦始皇本紀〉。

29《後漢書》卷一一六〈南蠻西南夷列傳〉。

30《漢書》卷二四〈食貨志上〉。

31《左傳·昭公三年》。

32《漢書》卷二四〈食貨志上〉。

33參見錢劍夫：《秦漢賦役制度考略》，湖北人民出版社一九八四年版，第一二—二〇頁。

34《史記》卷四八〈陳涉世家〉。

第十一章　法制篇：中國古代首屈一指的「法治」帝王

秦始皇是中國古代首屈一指的「法治」皇帝，在他統治下的秦朝則是世界古代史上首屈一指的「法治」王朝。秦始皇試圖建立君與法的單一權威支配原則，他在治國方略、基本制度和法律實踐上都致力於貫徹「法治」原則，從而使君主專制條件下的「法治」模式登峰造極。在一定意義上甚至可以說，在中國古代史上，秦朝的「法治」程度前無古人，後無來者。

自秦孝公、商鞅變法以來，秦國的政治和法律深受法家學說的影響，政治規範化、制度化、法制化的程度不斷提高。自是以來，秦國君王多有尊重既定法制和「法治」原則的嘉言懿行。秦國堪稱是法治王國。這是秦國在「大爭之世」取得勝利的主要原因。

秦始皇繼承先王的政治傳統，堅持「法令出一」的政治制度，奉行「事皆決於法」的治國方略。秦朝的主要行政活動「皆有法式」，在一定程度上實現了依法行政。秦始皇「專任獄吏」，重視司法官吏的培養、使用和提拔，並強化對司法活動的控制、監督和檢查，以嚴刑酷罰防範、懲處司法腐敗。「法令由一統」的政治制度、詳盡具體的法律條文、通曉法律的法吏隊伍和嚴厲的司法監督，在一定程度上保證了公正斷案。秦始皇明確宣布學術以國家法令為本。秦朝各級政府還以行政手段強化法制教育，力圖「令吏民皆明智（知之），毋巨（歫，至）於罪」1。由於秦始皇比較全面地貫徹了法家的法治學說，「法」在秦朝政治生活中有著舉足輕重的地位和作用。

關於秦始皇的法制理念和秦朝的法律制度及其主要形式、基本內容，《史記》、《漢書》等早期歷史文獻語焉不詳，僅記載了一些片段。有關的法令、法規，如關於司法制度、功勛爵制度、官吏考核制度、賦役制度、戶籍制度、國有經濟管理制度的各種法律、政令，《史記》、《漢書》很少涉及或基本沒有涉及。由於許多問題文獻無徵，所以二十世紀七〇年代以前的有關研究主要以《史記》、《漢書》等留下的隻言片語為線索，依據戰國或漢朝制度推斷秦朝的法律制度，依據法家的學說推測秦始皇的法制理念，依據文獻記載的斷片來分析和評論秦始皇的有關行為。以戰國推秦和以漢朝推秦的研究方式，實屬無可奈何。由源逐流和追流溯源，從其源其流推測未知歷史事物的主要特徵，這種研究方式在方法論上是成立的。可是，作為秦朝法律先導的戰國法律和以秦律為基礎的漢代九章律，原文也久已佚失無存。關於戰國、漢朝的法律制度的記載也屬於殘簡斷片。這就更增加了研究秦朝法律制度的難度，有許多重大問題令人無法置喙。由於實證史料的局限並受到漢代一些情感化言詞、抨擊性記載的影響，當時人們對秦朝法律制度和秦始皇法制理念的了解是概要的、片段的，很不系統，很不具體。有關研究的許多描述和判斷與歷史事實有一定的距離，有的甚至嚴重背離歷史事實。

一九七五年十二月，中國的文物考古學者在湖北省孝感地區雲夢縣睡虎地發掘出一批秦代簡牘（學界簡稱雲夢秦簡或睡虎地秦簡）。這是文物考古學者第一次發現秦簡。其中睡虎地十一號墓的墓主名叫「喜」。根據墓中出土的《編年紀》推測，喜生於秦昭襄王四十五年（西元前二六二年），大約死於秦始皇三十年（西元前二一七年）。他曾在秦始皇時期擔任安陸御史、安陸令史、鄢令史及鄢的獄吏等與司法相關的職務。他還有可能親眼見到過秦始皇出巡的大駕鹵簿。這位秦始皇時期的法吏以大批內容與政治、司法活動有關的竹簡為自己殉葬。經整理拼復，他的墓中總計有簡一千一百五十五支（另殘片八十片），內容計有《編年紀》、《語書》、《秦律十八種》、《效律》、《秦律雜抄》、《法律答問》、《封診式》、《為吏之道》、《日書》甲種、《日書》乙種等十種。這種秦簡大部分是法律、文書，不僅有一批秦律的要點摘抄，而且有解釋律文的問答和有關治獄的文書程式。經過由中國史學界一批著名學者組成的「睡虎地秦墓竹簡整理小組」的整理、考據、注釋，證明雲夢秦簡確實是秦始皇統治時期遺存的文物[2]。據有關專家考證，雲夢秦簡的法律多是從前代繼承而來的。如《置吏律》只提到「十二郡」，可能形成於秦昭惠王時期。還有一些法律基本可以確認制定於秦始皇時期，如一些律條稱鄉官為「典」、「老」，即里典、伍老。里典本稱「里正」，改「正」為「典」是為了避秦始皇的名諱。無論產生於什麼時期，從雲夢秦簡的所有者是秦始皇時期的法吏可以推斷，這些法律在秦始皇時期依然有效。這就為研究秦朝歷史，特別是秦朝的法律制度提供了豐富的材料和可靠的實物證據。

雲夢秦簡保存的法律文書是現知最早的中國古代成文法典匯編，在世界史上同一時期也很難找到如此眾多而詳細的法律規定。這些簡牘或出自私人筆記，或抄錄政府文件，或摘自國家法令，比之經過史臣裁剪、文人修飾的史書更具有真實性、客觀性。它們因殉葬而免於焚書之秦火和秦末的戰亂，留下了極其珍貴的歷史材料。

學術界運用雲夢秦簡提供的材料，結合各種文獻記載已經對秦朝的各種制度進行了比較系統、深入的研究。這些研究成果表明，許多原來認為「為秦所無」的事物而秦朝確有其事，許多原來認為漢人所創的事物卻仍屬「漢承秦制」。儘管現今有關於秦朝法律制度的歷史材料依然很不完備，許多重要內容和大量的細節還不太清楚，然而這些材料已經可以充分證明秦朝的確是一個以「法治」為特色的王朝，秦始皇無愧為「法治」皇帝。在世界古代史上，秦朝也是第一個比較全面地實行「法治」的古代王朝。在評價秦始皇這個歷史人物的時候，必須充分注意到這個事實。

秦始皇的法制理念與政治行為方式

秦朝政治的法制化程度較高。這與秦始皇的法治理念和法律實踐有直接的關係。秦始皇在很大程度上實踐著法家的法治理想，而法家的法治理想又是先秦法治思潮的產物。法治皇帝秦始皇實際上是一個影響廣泛的政治思潮的代表人物之一。

一、先秦的法治思潮與法家的法治理想

法治思潮是與禮治思潮、無為而治思潮同時流行的先秦三大政治思潮之一。法制與法治的凸顯是春秋戰國社會政治大變革中一個十分顯著的政治現象。從宗法化的禮治，發展為政治化的法治；從具有神秘性的禮制，發展為具有公開性的法制；從屬於禮的刑罰體系，發展為規範一切的法律體系；從習慣法的罪刑擅斷，發展為成文法的罪刑法定等等，都標誌著政治活動日益規範化、制度化、法制化。與此相應，在思想界出現了影響廣泛的法治思潮。

先秦的法治思潮影響到諸子百家。法家是這個思潮中的典型代表，自不待言。儒家大量吸收了這個思潮的思想成果，並做出了自己的理論貢獻。荀子提出兼綜儒法、禮法結合的學說體系是最典型的事例之一。就連大講仁政的孟子也肯定了「刑」在政治中的地位和作用。墨家鼓吹建立「刑政」，力主強化法制。道家中的一些學派，如黃老學派認為法是道的體現，立法、執法是為政之本，主張法治、法斷。《鄧析子》、《尹文子》等名家代表著作力主由君主以正名和法治使「萬

物自定」，他們以哲學思辨的方式為盛行一時的刑名思想提供了哲學依據。陰陽家也認為政治、法律據道而生，由道而定。他們的「四時之政」以秋季的金德論證了立刑罰、決獄訟、戮有罪的必然性、必要性。鄒衍的「五德終始」說則論證了充滿殺氣的「水德」政治模式3。先秦法治思潮提出了系統的法制原則，其中法家構思的法治王國最具有典型性、完整性和理想性，代表著中國古代法治理想的極致。

法家是最典型的「法治」論者。他們主張「以法治國」，基本論點有五條：一是嚴法而治是歷史發展的必然。《商君書・開塞》、《韓非子・五蠹》都指出：古代民風淳樸，故可行德治；當今人民奸巧，故應行法治。二是治國安邦，不可無法。《商君書・定分》認為法是「民之命」、「治之本」，治國而無法，猶如飢而無食，寒而無衣。《慎子・威德》指出：「法雖不善，猶愈於無法，所以一人心也。」惡法勝於無法，「治國無其法則亂。」三是德生於法。《商君書・開塞》認為「德生於刑」，「利天下之民者」莫大於以法為治。仁義禮樂都是法的產物，法制的功德至厚。四是尚法不尚賢。法家認為法在政治中表現為一般規定性，而人的因素則有偶然性。《韓非子・用人》說：「釋法術而任心治，堯不能正一國。」聖君明主離開法也不能治國，更何況世上庸人居多。《韓非子・守道》指出：法制正是為庸主而設，即使桀紂只要「抱法處勢」，也可以治天下。五是一切從法，天下大治。《管子・任法》認為只要「明法而固守之」，「君臣上下貴賤皆從法，此謂大治。」

法家的法治理想可以概括為四句話：君權至上，中央集權，以法治國，天下為公。實際上這四句話是先秦許多思想家的共同主張。儒家中許多有真知灼見的思想家也強調法的作用。如果說他們與法家有什麼爭議的話，其爭議主要在於是否應當把「法」置於「禮」之上。法家之所以被稱之為「法家」，是因為他們把「法」在政治中的地位和作用提高到無以復加的地步。因此，法家的法治理想最典型。

法家從哲學、歷史、王道、政治的角度，全面地論證了「法」與「法治」，提出系統的法治理論和法治理想，主要包括以下幾個層次的內容：

1. 以法為本，實行王道。

法家認為，道是宇宙的本原，萬物的法則，政治的依據，因此道是法的依據，法是「道」的人事化、社會化。道包容萬物，法包容一切人事；道對宇宙萬物一視同仁，法對世間萬事一視同仁。「法者，王之本。」[4]君主必須「以道為常，以法為本」[5]。

「王道」是法家的政治理想。《商君書》明確以「王道」概括法治學說，認為聖王的共同特點是與時俱進，厲行法治。法家認為，法治也是霸道的核心，行霸道雖不能「比德於殷周」，卻是王天下的手段，「一國行之，境內獨治；二國行之，兵者少寢；天下行之，至德復立。」[6]在法家看來，「至德」的王道政治是最高理想，王道政治的特點是實行法治，而厲行法治又是實現「王道」理想的必由之路。

中國古代思想家普遍認為天或道是王道與法制之本，並以「天」、「道」論證了王道及禮法制度的合理性、神聖性。禮法據於道的思想也被人們奉為定禮立法的基本原則。據此，法家提出了系統的立法理論，如順天道、隨時變、因人情、遵事理、量可能等[7]。儒家也提出類似的制禮原則。

2. 設君立禁，定分止爭。

法家認為，法的主要目的與功能是設立公義，定分止爭。法家以野兔入市則百人競追為喻，證明名分不定則競爭不止，「名分定，勢治之道也；名分不定，勢亂之道也。」[8]他們主張制定法律，設立公義，以定分立禁的方式，平息社會紛爭。在法家看來，「國無君不可以為治。」[9]定分立禁必須設君，而設君的目的是立禁定分。

「分」的內容很豐富，涉及到各種社會分層及相應的權利、義務。國家有君臣、上下、貴賤之分，天子、諸侯、大夫各有其位，不得僭越；家庭有父子、嫡庶、長幼之分，夫婦、親子、兄弟各有名分，不得無序；社會有職業之分，「士不得兼官，工不得兼事」；施政有功罪、賞罰之分，「定賞分財必由法」[10]；官場有職守、權限之分，大小群僚「職不得過官」[11]。這一切都應當由法來明確規範。

設君立禁、定分止爭也是先秦主要思想流派的共識。儒家主張君主以「禮」定分止爭，使君臣有別、貴賤有等，進而實現「君君、臣臣、父父、子子」[12]、「農農、士士、工工、商商。」[13]墨家主張天子、政長立「義」而天下國家無爭。在這方面，他們的基本思路與法家相同。

3. 君主立法，權勢獨操。

法家認為立法的權力專屬於君主，「以力役法者，百姓也；以死守法者，有司也；以道變法者，君長也。」[14]君主立法又稱為「作一」。所謂作一，即制定並貫徹統一法令、統一制度、統一思想、統一利途的政策。王道，一言以蔽之，「身作一而已矣。」[15]

聖人王者立法設刑也可謂百家共識。儒家說：「禮義法度者，是聖人之所生也。」[16]法制由聖人創立，惟有王者有權制定法律，立法權是君主不可轉讓的權力。

4. 法制至上，皆有法式。

法家認為法制至上，法律一經制定，就具有絕對權威。有了法律，就要「緣法而治」[17]。由於他們對法的有效性深信不疑，所以在變法活動中不斷擴展法的適用範圍。戰國以來，各國逐步形成了比較系統的刑法典及有關行政、軍事、經濟、文化的各種法規。這與法家學說的影響有直接關係。

主張法制至上是法家學說的特色。但是儒家禮至上、墨家義至上的思想中也包含著類似的思想因素，這也是顯而易見的。

5. 因時立法，政令有信。

因時立法、變俗易教的思想古即有之。《尚書・呂刑》有「刑罰世輕世重」，即根據形勢和治安狀況採取相應的刑法對策。春秋戰國時期，思想家們普遍有改良政治、變革制度的思想。孔子主張「損益」禮制。法家則大講變法，主張法令要「隨時而變，因俗而動」[18]。其他流派的思想家也多有同樣的主張。

法家既主張變法，又注重保持法律的統一、穩定。《管子》反覆強調法令必須像天地一樣穩定，像星座一樣準確，像日月一樣鮮明，像四季一樣有信。韓非一方面主張「不期修古，不法常可」[19]，另一方面又主張「有道之君貴靜，不重變法」，並指出「治大國而數變法，則民苦之」[20]。這也是許多論法者的共識。

6. 明令禁止，廣布天下。

法家主張立法要刑名明確，簡明易懂，公之於眾。商鞅認為法律必須「明白易知」，不僅官吏要熟知法令，還要達到「愚智遍能知之」。百姓諮詢法律問題，官吏必須如實解答，否則百姓因此而犯法，官吏也必須負連帶責任。國家還要加強法制宣傳，「為置法官，吏為之師，以道（導）之知」，使「天下之吏民無不知法者」[21]。這就使法律成為盡人皆知、必須遵守的強制性社會規範。

7. 事斷於法，信賞必罰。

法家極力強調法的公開性、客觀性、嚴肅性，認為「民一於君，事斷於法，是國之大道也」[22]。法家主張「法不阿貴」、「刑無等級」，在既定法律面前，人人平等，「刑國不避大臣，賞善不遺匹夫。」[23]法家還主張依法定罪，據法刑人，「不引繩之外，不推繩之內，不急法之外，不緩法之內」，「使人無離法之罪。」[24]這個思想頗有「罪刑法定主義」的意味。

8. 人人守法，臣民自治。

法家認為，法律是最高的價值尺度，君主、官吏、民眾都必須遵守法律。在一切決斷於法的意義上，「有道之國，治不聽君，民不從官。」從決斷的主體可以分為「君斷」、「里斷」、「家斷」、「心斷」等。「家斷」則不必驚動四鄰；「里斷」則不必告官，更無須「君斷」。因此「治則家斷，亂則君斷，治國貴下斷」。事斷於法的最佳境界是人人皆能「心斷」，事事皆能「日斷」。如果是非曲直都可以在社會的基層組織依法解決，便不必延誤時日，這就實現了「日斷」，而「日治者王」[25]。

「心斷」是每個人都自覺地依照法律約束自己。君「作一」則民「自治」，民眾皆自覺依法辦事，政治就達到理想的境界。

9. 君主守法，天下為公。

法家稱國家利益為「公」，稱個人利益（包括君主的個人利益）為「私」。他們主張「尚公」、「貴公」，包括君主在內的任何個人都不得以私意廢法。實現公、維護公的惟一有效途徑是君主立法制，守法令，君臣上下都嚴格依法辦事。立法是為了確立公的標準，法令行則私道廢，因此君主也要尊重既定法令，「任公而不任私」[26]，行法、守法才能切實保證公的實現。

法家認為「法之不行，自上犯之」[27]，實現法治理想的關鍵是君主守法。既然崇公，就要去私；既然「作一」，就要「守一」；既然行法，就要奉法。在他們看來，公，則為明主；私，則為亂君。五帝、三王、五霸之所以為聖王明君，是因為他們「皆非私天下之利」。法家諸子激烈抨擊君主徇私亂法，認為：「今亂世之君臣，區區然皆欲擅一國之利而管一官之重，以便其私，此國之所以危也。」[28]

國家公利至上，君行其私則亂國。推而論之，必然主張公天下，反對私天下。《慎子・威德》提出：「古者立天子而貴之者，非以利一人也。曰：天下無一貴，則理無由通。通理以為天下也。故立天子以為天下，非立天下以為天子也。立國君以為國，非立國以為君也。」《商君書・修權》表達了同樣的思想。貴天子是為了平天下，立國君是為了治國家。天下、國家重於君主，天下正義、國家公益才是目的，立君僅是手段。這就在理論上把天下與天子、國家與君主區別開來。法家的基本思路是：設立君主制度是合乎天經地義人情的，立君為公，無君則不能實現天下公利，而君主若利用權勢地位謀取個人利益，就違背了立君為天下的本意。

在先秦其他學派的政論中，「公天下」的思想也在不斷發展。儒家發展社稷重於君主的觀念，側重從立君為民的角度論證天下之公。孟子的「民為貴，社稷次之，君為輕」[29]是對這個思路的高度概括。《呂氏春秋・貴公》則綜合各種思路對先秦的公私之辨做出理論總結。許多思想史研究者對《孟子》、《呂氏春秋》的有關思想高度評價，而對《慎子》、《商君書》的有關思想卻視而不見。這是不足取的。

10. 體道全法，道高於君。

與天下為公、君主守法思想相應，法家還主張道義高於君主。法家的理想王國是君主獨尊獨裁的法治社會。這一理想王國的基本景觀是：「事在四方，要在中央，聖人執要，四方來效。」[30]所謂「聖人執要」之「要」，即道、一、法。道是最高法則，法是道的化身，因此道義、法制高於君。法家諸子對「道高於君」論之甚詳，這裡僅以韓非的見解為例，以窺一斑。

「道高於君」的第一層涵義是君主必須「貴獨道之容」。韓非認為，君主必須遵循「道無雙」、「君臣不同道」之普遍法則，建立獨一無二的絕對權威。建立「要在中央」的法制是君主體道的第一要義[31]。

「道高於君」的第二層涵義是君主必須「因道全法」。韓非雖主張「獨斷」、「獨制」，卻又反對「專制」[32]。背法而治屬於「專制」，「專制」就會違背法治原則。韓非期望君主「以道為舍」、「因道全法。」[33]君主必須遵循由道法引申出來的政治原則，道義高於君主即法制高於君主。

「道高於君」的第三層涵義是君主必須公私分明。韓非認為，公私相背，勢不兩立。「明主之道，必明於公私之分，明法制，去私恩。夫令必行，禁必止，人主之公義。」[34]「守法」則為「奉公」，「釋法」則為「用私」。在這個意義上，公與法、道互訓。道義高於君主又可稱為公利高於君主。

「道高於君」的第四層涵義是君主必須以法術之士為輔佐。韓非充分肯定輔弼之臣的作用，主張任「霸王之佐」，行「霸王之道」，成「霸王之名」[35]。君主重用精通法術、王道的臣下，實際上是為了遵循道義，奉行法治。

「道高於君」的第五層涵義是君主必須「以道正己」[36]。至於如何以道正己，韓非語焉不詳。《管子·法法》主張君主必須「置法以自治，立儀以自正」。法家不大講君主修身養性，但要求君主守法奉公、自治自正、德澤天下，這又與儒家有類似之處。

「道高於君」的第六層涵義是有道者得天下，無道者失天下。韓非子指出：遵循道義是普遍適用的社會規範，「夫緣道理以從事者，無不能成。無不能成者，大能成天子之勢尊，而小易得卿相將軍之賞祿。」[37]他還引據大量歷史經驗教訓，諄諄告誡帝王要懂得這樣一個道理：「戰戰栗栗，日慎一日，苟慎其道，天下可有。」[38]有道是王天下必備的條件，道無疑是高於君主的。

法家的法治理想，簡言之，即聖王加法治。法家明確反對「人治」、「身治」，但是法家的法治論有一個致命的缺陷，即以君為惟一立法者，以法為君的政治工具。法家毫不遲疑地把立法的權力託付給君主一人，這就使君在法外，不在法內，在法上，不在法下。君主實際上不受法律的有效制約，這就必然重蹈「人治」的覆轍。法家的「法治」實質上是「人治」的一種形式。它不僅在理念上把君主置於法律之上和法律之外，而且使法成為「帝王之具」。「以法治國」一旦與君主專制結合在一起，就會導致許多法治原則無法得到確實的貫徹，也就很難真正做到「依法治國」。

然而法家的「法治」畢竟不同於儒家的「人治」。在世界史上，法家學說是第一部系統的國家與法的理論。它包含著許多合理的政治理念，其中一些法制原則在現代社會依然適用，這是難能可貴的。可惜的是，由於歷史條件的限制，法家的法治理想只能是一種理想化的王權專制。

二、秦始皇的「以法治國」統治方略

秦始皇是一位非常重視「法治」的皇帝。秦朝是一個厲行「法治」的王朝。秦始皇深受法家思想影響，重視以法為治。他公開宣稱以法治國，把法作為治國之本，於是立法度，行法治，任獄吏，嚴刑罰。這就使秦朝的政治模式和秦始皇的統治方略與後世歷代王朝有所不同而別具特色。

秦始皇比較全面地實踐著法家的法治理念。秦朝的群臣頌揚他：「皇帝臨位，作制明法，臣下修飭。……治道運行，諸產得宜，皆有法式。」[39]後世也有人以「繁法嚴刑而天下振」、「禁暴誅亂而天下服」[40]來評說他。秦始皇汲取先秦法治思潮的各項成果，基本上將有關的法治理念貫徹到實際政治中。

秦始皇是一位「因道全法」的皇帝。這一點可以從三個重要事實推定：一是秦始皇欣賞韓非的政治學說，而韓非堅信道是「萬物之始」、「是非之紀」，國家法制、治國之道、賞罰之術等，都因道而設，依道而行。二是秦始皇相信陰陽家的「五德終始」說，並依據「水德」確定了秦朝的政治模式和法制風格，而陰陽家相信一切根源於道，「五德終始」則是天道運行在政治上的體現。三是秦朝的三公、九卿、博士大多有法家或儒家學術背景，都相信法據於道（天道）。自百家爭鳴以來，道或天（天道）一直是中國政治哲學的最高範疇，它必然被歷代統治者引為一切政治活動的最高依據。秦朝並不例外。

秦始皇是一位講究變法的皇帝。秦始皇及其群臣認為「古之五帝三王，知教不同，法度不明，假威鬼神，以欺遠方，實不稱名，故不久長」。因此，統一天下之後，秦始皇不僅沒有以古代王制為範本，定制立法，反而匯集、整理、修訂戰國以來歷經改革的各種制度、法規，創立出新制度，編纂出新的法典。秦始皇及其群臣聲稱：「秦聖臨國，始定刑名，顯陳舊章。初平法式，審別職任，以立恆常。」「聖法初興，清理疆內，外誅暴強。」[41]他們認為自秦始皇「始定刑名」方使「聖法初興」，顯然有誇大其詞之嫌。然而秦始皇顯然頗有一點與時俱進的精神。秦朝在制度上、法律上有所改革、有所創新，這也是歷史事實。

秦始皇是一位重視立法定制的皇帝。他集先秦法學理論和法制實踐之大成，在「天下大定」之後，以法為本，逐步建立「法令由一統」的制度。秦始皇自詡大小政務「皆有法式」，「除疑定法，咸知所辟」，實現了「職臣遵分，各知所行，事無嫌疑。黔首改化，遠邇同度」。群臣頌揚他「大聖作治，建定法度，顯箸綱紀」。「普施明法，經緯天下，永為儀則。」42李斯也稱讚「明法度，定律令，皆以始皇起」43。秦始皇進一步完善法制，有關的法律規定涉及到社會、政治、軍事、經濟、文化制度。這套法律體系比較完備，從殘存的雲夢秦簡所保存的具體律條及其他歷史文獻的概要記載看，秦朝重要制度和重要政務都有法可依，許多日常事務也有專門的立法和具體的法律規範。秦朝立法通常不採取概括的方法，而採取一事一例具體規定的方法。有關規定詳細、具體，可操作性很強，這說明其立法已經達到相當發達、相當完善的程度。雲夢秦簡的抄寫者死於秦始皇三十年（西元前二一七年），可以推測在此之後秦朝的法律還有一個更加系統、更加完善的過程，而其詳情現在還不得而知。由此可見，秦始皇及其群臣的說法距離歷史事實並不太遠。

秦始皇是一位熱衷普及法制的皇帝。秦朝的法制具有公開性。秦律在依法規定臣民必須履行某種義務時，總是預先宣布對於違反者的處罰手段及其量刑標準，以明令禁止、事前告誡乃至威嚇的方式，敦促臣民履行義務。秦始皇明確規定：秦朝各級官吏都要學習法律，精通法律，他們還有責任向民眾宣講法律，並回答有關法律問題的諮詢。《語書》為秦朝各級政府注意成文法的公布及國家法制的宣傳、教育工作提供了一個可靠的事例。《內史雜》規定有關官吏必須及時抄寫其職責範圍內所需要的法律。《法律答問》還明確規定：官員必須及時地、正確地解答百姓的法律諮詢，否則有可能負連帶法律責任。在這方面，秦始皇的理念和行為完全符合法家學說的要求。

秦始皇是一位善於依法施治的皇帝。為了使秦朝政治「合五德之數」，他「剛毅戾深，事皆決於法」。為了貫徹法制，秦始皇建立了以法吏為基幹的官僚體系。與歷代王朝相比較，秦朝的法吏體制和法吏責任制很有特色。秦朝尚法而治，因此法律和法吏在政治生活中的地位和作用與其他朝代有所不同，有關體系之完備和制度之嚴密也非常突出。從現存文獻看，在通常情況下，秦始皇注意依據制度和法律實施政治，辦理政務。甚至他的許多暴政，如「焚書坑儒」等，也基本上是按照既定的制度和法律辦事的。當時的政治反對派攻擊秦始皇「樂以刑殺為威」，「專任獄吏，獄吏得親幸。」[44]這從一個側面證實了秦始皇的確重視依法為治。秦始皇的暴政在很大程度上不在於「無法無天」，而在於秦法繁苛。依據繁苛的法律施政，即使原原本本地照著法律行事，也只能製造暴政。秦政之得與秦政之失都與一個「法」字有關。

秦始皇在一定程度上實踐了罪刑法定原則。長期以來，由於大量歷史文獻和各種著作對中國古代的專制主義缺乏客觀的具體的記述與分析，特別是對秦始皇和秦朝政治的評論方式有片面性、簡單化之嫌，從而使人們有一個誤解：秦始皇賞戮由心，罪刑擅斷。法家「刻薄寡恩」，秦始皇「暴虐無道」，以致「亡秦橫暴」，法繁刑酷，隨意行事，無法無天，秦朝的「法治」政治沒有多少理性可言。其實不然。恰恰是在秦始皇統治時期，恰恰是這位蠻橫殘暴的皇帝，曾經把罪刑法定奉為重要的法律原則，並在一定程度上實踐了「依法治國」的思想。

有的學者依據可靠的史料指出：秦朝實行過罪刑法定主義。首先，「秦朝沒有承認習慣法的任何痕跡」；其次，《法律答問》規定：國家大赦、特赦後，不得追究赦前犯罪。可見「秦律也沒有溯及既往的效力」；再次，「在秦律中所規定的刑罰，都是具體的、固定的，沒有任何伸縮。」儘管「廷行事」的存在沒有徹底排除適用類推的原則，「但對絕大多數的刑事案件的定罪科刑，是根據事前公開頒行的成文法或官府認可的廷行事。」現代罪刑法定主義有四條基本原則，即定罪量刑只能依據既定的成文法，不能依據習慣法，更不能依據道德觀念；刑法不能是有溯及力的；只能依法判處定期刑，而不能判處不定期刑；法律沒有明文規定的不得適用類推原則等。秦朝的刑事立法和司法實踐，排斥習慣法、排斥法律有追溯力、排斥不定期刑，這是符合資產階級實行的罪刑法定主義的[45]。

應當指出的是：這四條標準也是原則而說、大致而言，即使在現代法治國家的法律實踐中也很難找到完全徹底、純而又純的例證。如果從這個事實出發去分析的話，秦朝的法治理念和法治實踐是基本上符合罪刑法定主義的。它的問題只在於「皇權」二字。

以往的研究者普遍認為，在君主專制制度下，不可能有主張罪刑法定的法律理論及相關的做法，只能是罪刑擅斷主義橫行。這種觀點有失於簡單化。縱觀人類文明史，就不難發現：無論古今中外，罪刑法定思想有一個漫長的歷史發展過程，它也不是「民主制度」的專利。罪刑法定是「法律」這種社會現象自發的要求之一。自產生了法律現象，就或多或少產生了罪刑法定的理念，而這種理念又隨著法律實踐和法律思想的發展而發展。在古代史上，凡是主張「法治」和中央集權的思想家、政治家，必定具有肯定罪刑法定的傾向。這是因為罪刑法定不僅與罪刑擅斷相對抗，符合法治理念，而且可以在一定程度上防止各級領主、官吏操縱和濫用司法權力，有利於中央政府統一政令、法制。實行統一的法制，由國家明確制定刑名與刑罰，並要求各級官吏一律依法斷案，這是維護中央集權、君權至上的重要的、可靠的手段之一。「法治」與「集權」這兩種因素的結合也會形成類似於罪刑法定主義的理論和實踐。秦朝的治國理念和法律原則就是典型的事例之一。自春秋戰國以來，中國的罪刑法定思想伴隨著中央集權政體的發展而發展，到秦代得以比較全面地貫徹，其原因就在於秦朝正是一個既實行高度中央集權，又十分強調法治的朝代。從此以後，歷代王朝的明智之君都有類似於罪刑法定主義的言論。這是很值得深入研究的歷史現象。

但是，在當時的歷史條件下，無論在法理上、法律中，還是在法律實踐中，都沒有也不可能徹底排除罪刑擅斷。在理論上、制度上君主享有各種法律特權，其中一條叫做「權」、「權斷」，即「權制斷於君」[46]。這個特權專屬於君主。《唐律疏議》明確規定：惟有君主可以「量情制敕」。秦朝很可能也有類似的規定。這就充分肯定最高統治者有權不受成文法的約束而決斷政務、刑獄。

大量歷史事實表明，儘管在實踐中，罪刑法定原則常常被破壞，無論君主專橫、官僚枉法，都會導致罪刑擅斷，而秦朝法制至少在理論上和規定上還是明確宣布既定成文法至上，強調法的嚴肅性和普遍適用性，主張以法聽訟、據律論罪、依典刑人的。秦法還明確規定各級官吏無權法外行事。這與漢代公然標榜「經義決獄」，允許甚至鼓勵各級官吏「春秋決獄」、「據義行法」、「量情斷獄」，在法理上還是有很大的不同的。秦朝的罪刑擅斷現象與漢朝的罪刑擅斷現象產生的原因有很大的不同。前者來自專制政治的本質和法制的弊端，而後者在此基礎上又增加了儒家經學的駁雜和倫理綱常的暴虐。漢代儒家化的法制思想嚴重破壞了罪刑法定原則，從而導致律條之濫、刑名之繁及罪刑擅斷現象之多比秦朝更甚。這在法律發展史上是嚴重的倒退。

秦朝的罪刑法定全面體現在法制的各個層面。在立法上，秦始皇力圖「皆有法式」，強調「除疑定法，咸知所辟」。這一點得到雲夢秦簡的證明。秦律的規定非常具體。以鬥毆、傷害罪為例，根據不同的凶器、不同的後果，分別規定具體明確的刑罰，僅造成的後果就有「拔髮」、「撥盡鬚眉」、「斬人髮結」、「斷齒」、「斷鼻」、「抉耳」、「折肢」、「殺人」等細緻的區分。法律條文具體有利於罪刑法定。可是由於缺乏概括力，不能「以簡馭繁，以類行雜，以一行萬」，難免有法繁之弊。法繁不僅容易失之於苛，而且條文再詳細，也不可能包羅萬象，立法所留下的空白，又為破壞罪刑法定原則提供了可能。

秦始皇是一位依法嚴格治吏的皇帝。他對違法的權貴、官吏嚴懲不貸，在很大程度上貫徹了「不別親疏，不殊貴賤，一斷於法」[47]這條法治原則。在適用法律面前，人人一律平等，只要觸犯法律，無論貴賤親疏，都要受到制裁。為了保證國家法制的貫徹，秦始皇在方略上實行「事皆決於法」，司法官吏很難違法定罪科刑或貪贓枉法而不受懲處。這是值得肯定的。

秦始皇的基本政治模式是統一於「法治」、「法吏」、「法教」。但是許多學者認為秦始皇從根本上否定道德的價值和作用，這種看法是值得推敲的。秦始皇在政治領域基本剔除了道德的作用，的確具有明顯的「唯法論」的傾向。然而他不僅注重道德規範的法律化，將許多適用道德納入法律體系之中，還通過法律、政令的形式移風易俗。在法律與道德的關係上，秦始皇的思路是法律至上，道德從屬於法律。他只是張揚法律的地位和作用，弱化道德在國家政治生活中的地位和作用而已。在今天看來，這個思路依然有其合理之處。

在政治理念上，秦始皇對法制和「法治」的重視和強調居歷代皇帝之首。在政治實踐上，秦朝前期的依法為治也堪為典範。漢代以降，歷代王朝都奉儒家學說為統治思想的基幹，提倡以「禮」、「德」、「仁」為主的政治方略，大大降低了「法」在政治中的地位和作用。秦朝和秦始皇也招致「專任刑罰」之譏。在這個意義上，秦始皇是中國古代史上惟一的「法治」皇帝。

有一個問題是值得深入探討的：秦始皇是否接受「天下為公」、「道高於君」之類的觀念？人們的回答很可能都是否定的。從目前的各種研究成果看，還沒有人直接提出這個問題，所以也就沒有人正面回答這個問題。人們強調秦始皇的集權、專制、極欲、暴虐，許多有關的抨擊和批判也符合歷史事實。依照常理推斷，一個實行「家天下」的專橫暴虐的專制君主怎麼可能接受「天下為公」和「道高於君」之類的觀念呢？人們對這個問題給出否定性的答案似乎是理所當然的。但是筆者認為，秦始皇極有可能是接受，至少在表面上是接受這些觀念的。這是由中國古代統治思想的特點和自身邏輯所決定的。

筆者在瀏覽了自先秦至明清歷代統治思想代言人的著作以及許多皇帝的著作和言論之後，發現這樣一個事實：中國古代的統治思想不僅不排斥「天下為公」、「道高於君」的說法，反而把這些說法納入統治思想的基本框架之中，不僅統治階級的思想家們對此津津樂道，就連許多帝王將相也經常把這類思想掛在口頭上，其中包括一些專橫霸道的暴君。

在統治思想代言人中，先秦法家諸子歷來被視為「絕對君權」的鼓吹者。然而正是這些非常講究集權、獨斷的思想家最先將社稷高於君主、國家利益高於天子的思想昇華為「公天下」論。《呂氏春秋．貴公》發展這個思想，提出「天下非一人之天下也，天下之天下也」。漢代以後，作為統治思想代言人的歷代大儒也舉起了這個旗幟。他們普遍認為「天下者，天下之天下，非一人之私有」[48]，「人君當與天下大同，而獨私一人，非君道也。」[49]「公天下」成為中國古代帝王論中歷久不衰的信條之一。最先在理論上提出系統的「以道事君」、「道高於君」理論的是孔子、孟子、荀子等大儒（有關的思想因素至遲可以追溯到商周時期）。如前所述，集先秦法家之大成的韓非的「道高於君」論也形成了相當完整的思路。法家的「道高於君」論並不比儒家遜色多少。秦漢以後，法家與儒家的有關思想相互融合，也成為歷代統治思想的重要構成之一。

「天下為公」、「道高於君」的思想不只是個別思想家的宏論。在朝堂議政中，這類思想經常被引用，一些皇帝也把它作為口頭禪、座右銘。隋煬帝說：「非以天下奉一人，乃以一人主天下也。」[50]唐太宗也贊成這樣的觀點：「以一人治天下，不以天下奉一人。」[51]他們一個是遺臭萬年的暴君，一個是名垂青史的明主，卻又吟誦著同一個戒銘。歷代皇帝大都認同這類戒銘所表達的政治觀念，津津樂道者代有其人。北京故宮幾處殿閣都高懸著清雍正帝、乾隆帝等手書的條幅：「惟以一人治天下，豈為天下奉一人？」[52]這表明推行專制政治、維護「家天下」的皇帝們並不諱言「公天下」。「天下為公，一人有慶。」[53]依照統治思想的思維邏輯，「天下為公」與「一人有慶」不僅不相互矛盾，而且是相輔相成的。天下需要一個大公無私的聖君。「一人有慶」才能「天下為公」，「天下為公」才能「一人有慶」。

秦始皇是否像隋煬帝、唐太宗一樣把「天下為公」掛在口頭上，這一點已無法確認。如果《說苑·至公》所記述的秦始皇與鮑白令之討論五帝「官天下」的故事基本屬實，那麼這是秦始皇承認「公天下」的重要證據。無論如何，商鞅、韓非等人的書秦始皇是一一拜讀並讚賞有加的。韓非與秦始皇初次見面，坐而論道，開篇伊始就公開批評秦國政治，大講「苟慎其道，天下可有」。秦始皇對這一套很可能是有所認可的。更何況諸如「天下為公」、「道高於君」之類的思路已經成為許多重要的思想流派的共識。即使為了裝裝樣子，秦始皇也不會公開壓制有關言論。即使為了粉飾統治，他也不會公開與許多公認的政治法則唱反調。

像隋煬帝、唐太宗一樣，秦始皇不可能真正做到「天下為公」，更不可能時時刻刻牢記「道高於君」的信條。這是不言而喻的。因此，秦始皇不可能原原本本地按照法家的法治理想去做。秦朝的法治實踐也的確在一些方面偏離了法家的政治設計。

法律制度是一種社會現象，它是現實社會關係的體現，而不是單個個人的恣意橫行。實行法治必然在一定程度上遵守、貫徹有關的政治原則，用當時的術語說就是在一定程度上體現「公」、遵守「道」、恪守「法」。深入分析秦朝的法律制度的方方面面，就不難發現：在講究法治這一點上，秦始皇還是有許多體現「公」的理念和遵守「道」的行為的。在秦朝，許多重要的政治關係、歷史關係、經濟關係有了法律的規範，擺脫了主要靠各種道德規範、風俗習慣和慣例調整政治與社會的局面。這是國家政治乃至社會文明向前發展的重要標誌之一。無論如何，秦始皇在建設中國古代國家法制過程中的重大貢獻是無法抹煞的。

秦始皇運用法律組織「大一統」式的國家政治，把各種人際關係、人際互動和社會秩序用法律的形式固定下來，並用國家強制力保證其得到施行。他以法律來規定等級化的社會地位，規範社會生活方式，維護社會秩序，以強制性手段對臣民做出種種限制，以嚴刑酷罰懲處一切違背這種生活方式和社會規範、破壞這種社會秩序的叛臣亂民。這樣一來，「法治」成為國家權力支配社會的一種形式和重要手段。秦始皇「重之以苛法峻刑，使天下父子不相安」，以致秦朝臣民普遍感到「秦法重」[54]。秦制之失與其說是「法治」之失，不如說是「政制」之失。皇帝兼握最高立法權力、最高司法權力和最高行政權力的政治制度不僅很容易使「法治」的理性成分化為烏有，而且常常使「法制」與「法治」助紂為虐，成為暴君專橫跋扈的政治工具。

秦朝的法律制度與法律形成

法律是統治階級意志的集中體現，是統治階級維護政治統治的重要工具。「法治」皇帝秦始皇主要依靠法律手段維繫其統治。他的統治思想和政治行為與秦朝的法律制度密切相關。解讀秦始皇及其創立的皇帝制度，必須研究秦朝的法律制度、法律形式和法律的基本原則。

一、秦朝法制的基本制度

秦朝法律制度的基本特徵是：立法權與司法權合一，即立法權專屬於最高統治者，最高司法審判權也屬於最高統治者；行政與司法合一，即各級司法組織體系基本與行政組織體系合一，各級行政長官及其主要助手兼理司法；設廷尉作為中央最高專職審判機關，其首長廷尉為九卿之一，主管國家刑獄，並對皇帝負責；國家政治「專任獄吏」，建立了以法吏為主體的官僚體系，法律和法吏在政治生活中的地位和作用舉足輕重；通過國家立法的方式，確定訴訟制度、審判制度和監獄制度，對各級主管司法、刑獄的官員的司法行為有比較明確具體的法律規範；初步形成以刑法為主體的、內容豐富的法律體系，在一定程度上提高了政治活動、經濟活動及社會生活的法制化程度；從中央到郡縣普遍建立監獄，對於監獄的安全管理、勞役管理也有法制化的規範。

最高立法權、行政權和司法權合一是秦朝政治制度、法律制度最顯著的特點之一。獨享立法權的皇帝是最高行政首腦，也是最高審判官。他是全國司法事務的最高決策者，擁有最高裁判權、各級法吏的任命權和宣布大赦的權力。全國各級司法機構都對皇帝負責。他還親自判決大案，史稱秦始皇「專任刑罰，躬操文墨，晝斷獄，夜理書」55。《史記·秦始皇本紀》所記載的當時發生的重大政治案件都是由秦始皇親自審判或派法吏處理的。作為皇帝的主要行政助手丞相、御史大夫都負有司法責任，但是丞相府、御史府都不是專職司法機構。他們可以根據皇帝的指示審理重大案件，而最後決定權仍然操在皇帝手中。在中央機構中，有兩套與執法有關的系統，其一是作為專職司法機構的廷尉系統。其二是御史系統，這個系統主要負責與監察職能相關的司法活動。

行政體系與司法體系基本合一是秦朝法律制度的又一個最顯著的特點。在秦朝，朝廷、郡、縣三級行政機關本身就是三級法院，各級行政主官都負有司法職責，從而構成以皇帝為首的從中央到地方垂直領導的司法體制和相應的法吏體系。各級地方長官同時兼理司法，是所轄地區司法的最高負責人。當時已經形成了縣、郡、廷尉三個審級的司法制度和多審級的司法審判程序。雲夢秦簡《法律答問》規定「郡守為廷」，即郡是一級法庭，受理訴訟。在郡的範圍內，郡守是首席審判官。秦朝的最下一級法庭設在縣裡。雲夢秦簡《封診式》記載的刑事、民事案例大部分是在縣一級審判的。縣令是縣一級政權的行政長官，同時也是該縣的首席法官。據說，范陽令在任十年「殺人之父，孤人之子，斷人之足，黥人之首，不可勝數」[56]。可見其權勢之大。各級行政長官的副手也負有司法職責。

上述兩個最顯著的特點決定了秦朝的司法體系基本上與行政體系合一。這就是說，秦朝的「法治」實際上是行政權力支配社會的重要手段和途徑。在秦始皇統治時期，「天下之事無小大皆決於上」，「事皆決於法。」[57]依據中央集權、君權至上的政治原則和法制原則，天下之事「皆決於上」與「皆決於法」具有同等意義。

二、秦朝主要的法律形式和內容

秦代法律的種類繁多、形式多樣、內容龐雜。現將已知的秦朝法律形式及其主要的內容介紹如下：

1. 政令。

這種法律形式主要以政令的形式制定與發布。政令主要來自中央政府和皇帝。皇帝的「命為制，令為詔」，它們都是秦朝法律的主要形式之一。《史記》記載了一批由秦始皇親自頒布的制、詔、法、令，內容涉及一批重大制度。有關國家基本政治制度的法規和許多單行法規，如「焚書令」、「挾書令」等，都是以政令的形式發布的。在秦朝的法律體系中，皇帝的制、詔具有最高法律價值。雲夢秦簡《法律答問》涉及「犯令」、「廢令」兩個罪名。所謂「犯令」，即「律所謂者，令曰勿為，而為之」。所謂「廢令」，即「令曰為之，弗為」。通常情況下，「律」的制定在前，多為先王頒布，「令」的發布在後，多為時君意旨。「令」是對「律」的發展或修訂，在法理上以「令」為準有一定的合理性。漢代有「前主所是著為律，後主所是疏為令」[58]的說法。秦代將「令」置於「律」之上，主要是為了維護當今皇帝的至上權威。

還有一類政令來自地方政府和地方長官。雲夢秦簡《語書》就是南郡守騰向下屬發布的教戒性法律文告。《語書》是竹簡原題，凡十四枚簡文。簡文開頭語是：「廿年四月丙戌朔丁亥，南郡守騰謂縣、道嗇失。」這位郡守以政令的形式，要求屬吏貫徹國家法令，他「為是而修法律令、田令及為閒私方而下之」。這表明，秦朝允許地方官在職權範圍內，根據所轄區域的具體情況，以政令的形式，制定、發布地方性法規。

2. 式。

雲夢秦簡中有《封診式》，共九十八支簡。簡文分二十五節，每一節的第一簡首首寫有小標題，如《治獄》、《訊獄》、《有鞫》、《封守》、《覆》、《盜自告》等。其內容有對法官審理案件和各種法律文書（供詞、紀錄、報告書等）的具體規範，還涉及各類案例。《封診式》有「訊獄」和「治獄」各一篇。其中明確規定：允許司法官吏依法刑訊，但是這種「笞掠」必須記錄在案，並說明理由。凡不用拷打就查清犯罪事實的，為上等；凡借助拷打的，為下等；有恐嚇行為的，為失敗。在法律上，秦朝並不鼓勵司法官吏刑訊逼供。

3. 刑法典及其他律條。

秦朝法律的主要形式是律典與其他各種律條。秦朝的刑法典即「六律」，包括《盜律》、《賊律》、《囚律》、《捕律》、《雜律》、《具律》。商鞅改李悝《法經》的「六法」為「六律」，秦的刑法典可以稱為律典。其中《盜律》是有關懲處盜竊犯罪方面的法律規定；《賊律》是有關懲處鬥毆、傷害、殺人等方面犯罪的法律規定；《囚律》是關於訴訟、偵察、審訊、判決和執行刑罰等方面的法律規定；《捕律》是關於逮捕被認定犯有罪行的人的法律規定：《雜律》是關於懲處「輕狡、越城、博戲、淫侈、踰制」[59]等犯罪的法律規定；《具律》是關於刑名的法律規定，具體規範罪名與量刑標準，相當於現代的刑法總則。雲夢秦簡的《法律答問》解釋刑法的內容大體與六律相合，被解釋的律文很可能出自秦代的刑法典。

律典之外還有許多針對一些專門問題制定的單行法律及相關的具體律條，大多也稱為律。

雲夢秦簡《秦律十八種》，共二百零二支簡，涉及十八種律名，即《田律》、《廄苑律》、《倉律》、《金布律》、《關市律》、《工律》、《工人程》、《均工》、《徭律》、《司空》、《軍爵律》、《置吏律》、《效》、《傳食律》、《行書》、《內史雜》、《尉雜》、《屬邦》等。這些竹簡全部是秦代的法律條文。每一種大約都不是該律的全文，可能是抄寫人根據需要從秦律中摘抄出來的。《秦律十八種》的內容相當廣泛，涉及國家耕地和牲畜的經營與管理、徭役的徵發、官吏的任免與職責、爵位的賞賜等一系列重要的制度和相關法規。有關的法律規定詳細、具體、明確。

雲夢秦簡《效律》，共六十一支簡。《效律》書題見於原簡，可能是一篇首尾完具的律文。

這部法律是有關核驗縣和都官所管理的各種物品的制度和法規。其中對軍用物資，如兵器、鎧甲和皮革等，規定尤為詳盡。特別是對度量衡器的精度規定了明確的誤差限度。

雲夢秦簡《秦律雜抄》，共四十二支簡，其中一部分標有律名，還有一部分沒有律名，律名是雲夢秦簡整理小組根據簡文內容命名。律名計有《除吏律》、《遊士律》、《除弟子律》、《中勞律》、《藏律》、《公車司馬獵律》、《牛羊課》、《傅律》、《屯表律》、《捕盜律》、《戍律》。《秦律雜抄》的十一種律名與《秦律十八種》並無重複。它大約是根據需要從秦律中摘錄的，有的在摘錄時還做了簡括和刪節。這些簡文領域廣泛，內容龐雜，涉及官僚制度、軍事制度、賦役制度等。

從上述材料看，歷來認定秦律只有刑法的看法不符合歷史事實。秦朝法律以刑法為主，又不限於刑法和刑事訴訟法，還包括民法、行政法、經濟法、軍法、訴訟法等許多部門法。其中行政法和有關經濟管理的法規在秦朝體系中占有重要的地位，其內容相當豐富、相當系統。秦朝還有了調整民事糾紛的民法和民事訴訟法方面的內容。由此可見，秦朝的法律體系的確已經發展到前無古人的程度，堪為中國古代法律史上的里程碑。

4. 法律解釋。

法律解釋是秦代法律的一種重要形式。雲夢秦簡《法律答問》，共二百一十支簡，涉及一百八十七條解釋。主要以問答形式解釋訴訟程序、法典中的術語、律條及相關問題，也有關於犯罪、刑罰、刑罰適用原則的規定和說明，內容涉及到犯罪構成、量刑標準、刑事責任、共犯、犯罪未遂、犯罪中止、自首、累犯、數罪並罰、損害賠償、婚姻的成立及解消、財產繼承等一系列理論原則和概念，還涉及到訴訟權利、案件複查、誣告、告不實、失刑、不直、縱囚等訴訟法方面的理論原則問題。根據秦朝的法制原則判斷，《法律答問》絕不會是私人對法律的理解，而是國家的統一解釋，在當時應具有法律效力。它與刑法典相互匹配，其地位與作用類似於《唐律疏議》的疏議部分。

《法律答問》所解釋的是秦法的主體部分，即刑法典。解釋內容所涉及的範圍大體與《盜》、《賊》、《囚》、《捕》、《雜》、《具》等秦律六篇相符。有一部分內容涉及訴訟程序。從《法律答問》及其他史料看，秦朝法律已經有了區分罪犯身分地位、區分共同犯罪與非共同犯罪、區分故意犯罪與過失犯罪、區分犯罪行為危害程度、區分刑事責任能力、區分認罪態度、數罪並罰、不追究赦前犯罪等一批法律適用原則。這些原則的提出與貫徹表明，秦朝的刑法制度比前代更加具體、系統、完整。在秦朝，官方的法律解釋與律條一樣具有法律效力。這種「問答」形式的法律解釋是中國古代法律注疏的濫觴。

5.「廷行事」（舊案成例）

「廷行事」，即法庭的舊案成例，是成文法的補充形式。秦法以詳細、具體、明確為特徵，然而無論如何也不可能包羅萬象、周到詳盡。在司法實踐中，當法律沒有明文規定時，就必須以類推等形式加以解決，由此而形成的案例也就為此後的司法提供了可以參照的先例。

秦朝法律規定：司法官吏可以援引舊案成例判決獄案。雲夢秦簡《法律答問》多處提到「廷行事」、「行事」。如「盜封嗇夫」條有「可（何）論？廷行事以偽寫印」。「廷行事」的成因主要有三種：一是成文法的規定不明確、不具體，需要以「廷行事」的方式加以補充；二是成文法的規定不夠合理，需要以「廷行事」的方式有所修訂；三是政府的刑事政策改變，需要以「廷行事」的方式加以調整。還有一些「廷行事」旨在維護既定的成文法。這些「廷行事」都具有法律效力，可以在司法實踐中引用，也是法律的一種形式。「廷行事」的主要作用在於通過司法實踐，總結經驗教訓，並以官府認可的「類推」、「比附」案例，補充成文法的不足。即使是現代大陸法系國家也在堅持成文法陣地的同時，允許判例占一定地盤。這種法律形式並沒有違背罪刑法定原則。

戰國秦漢時期的法律體系脫胎於商周法制，尚處在初創階段，因此秦朝法律具有明顯的過渡性特點。秦的法律有一個逐步積累的過程，如雲夢秦簡中的律名和法律細目比商鞅變法時期大幅度增加，在律之外出現了「程」、「課」、「式」、「比」等發展或補充律文的法令。從法律的形式和內容看，秦朝的法律體系存在明顯的缺陷，同時又有許多值得稱道的地方，不僅多有創造和發展，而且有些成就就連後來也有所不及。

漢魏以來，學者普遍認為漢相蕭何在秦法六篇之外，增加戶、興、廄三篇，發展成漢朝九章之律。這種說法幾成定論。然而雲夢秦簡的發現使這種說法變得很不可靠。雲夢秦簡有《廄苑律》，而《傳律》相當於戶律，《除吏律》、《除弟子律》、《徭律》等相當於興律。可見蕭何所增三律依然有所本。如果說他有所創造的話，可能僅在於使之更加完善、規範而已。

秦朝法律體系的明顯弊病可以概括為：繁雜、苛細、嚴酷。為了使社會生活的各個層面「皆有法式」，秦始皇力圖設置一個嚴密的法網。然而由於各種歷史條件的限制，這個法律體系過於龐雜、繁苛。主要表現是：法律概念不夠規範，刑名尚未定型，如秦朝的基本法典稱「律」，而一些規範驛傳供食之類的章程（《傳食律》）也稱為「律」，顯得有些雜亂，不夠嚴整。有關的法律解釋也不夠周全、不夠嚴謹。《法律答問》對「同居」、「家罪」等概念就有不盡相同的解釋，對「妻知夫盜」等罪名的量刑也有不同說法。秦朝的法律條文散亂，許多性質類似的律條散見於不同名目的法律篇章中，而規範同類事物的法律又有多種。如規範製造方面的法律規定散見於《工律》、《均工》、《工人程》及其他法規中。秦朝的法網太密，法規瑣碎、苛細，就連牛瘦一寸、偷盜不足一錢等都納入律條。法繁必苛，由於法網太密，臣民舉手投足之間，動輒觸犯刑律。如此一來，即使薄罰亦屬嚴苛，更何況秦律實行輕罪重罰。上述缺陷導致「秦法繁於秋荼，而網密於凝脂」60。「制」之失難免導致「政」之誤。秦政嚴苛與其法律制度的缺陷有直接的關係。

從歷史發展和歷史比較的角度看，秦朝法律又有一些值得肯定的地方。雲夢秦簡具備刑法、訴訟法、行政法、軍法、經濟法、民法等方面的內容。這些實證材料證明：秦朝已經把統治階級意志及各種重要的政治、經濟、軍事、法律制度，以立法的形式，用法律條文固定下來。其中刑法制度最為成熟、系統。秦始皇在政治活動、經濟活動及社會生活法制化方面的貢獻尤為突出。

秦朝法律重視依法治吏，這是值得稱道的。秦朝法律的主體是刑法，這也是中國歷代王朝法律的共同特點。有關律條的許多具體內容不僅屬於刑法，還有行政法規的性質。其中有關規範官吏行為的行政法規及對違規犯法的官吏的刑罰的內容很豐富，體現了秦朝重視以法律規範、整飭吏治的特點。這一點僅從上述律名中便可一目了然。許多不屬於行政法規的法律中，也時常可以看到對管理者、司法者的法律限制。秦朝對以法治吏的重視不僅表現為在成文法典中規範官吏行為的律條、法令很多，而且表現為在司法中執行得也比較嚴格。秦始皇動輒將大批的貪贓瀆職的官吏流放邊疆，可見當時觸犯瀆職罪的官吏數量甚多。這從一個側面體現了秦朝法律在規範、整飭吏治方面的嚴格性、嚴肅性。秦法不只是鎮壓黔首的工具，它也是高懸在官僚貴族頭上的一把利劍。秦朝嚴格禁止官吏法外侵民，這有利於維護政治穩定，對於廣大黔首也有一定的保護作用。儘管其最終目的是維護皇帝權威，又難免嚴苛之譏，而其依法治吏的思路和治吏之嚴還是值得肯定的。

注重經濟活動的法制化是秦朝法律的又一優長之處。在經濟法規的制定、有關法規內容的豐富和系統、運用法律調整經濟關係的廣度和深度等方面，秦朝的作為都是空前的。在有些方面為漢朝及後世許多王朝所不及。有關的具體內容參見「經濟篇」。

秦始皇還試圖將社會生活納入法制軌道，這就使秦朝法律中包括了民事法規，特別是關於調整婚姻家庭的法規，諸如婚姻的登記和解除等。值得一提的是：在處理家庭關係時，注重「法治」的秦始皇的做法，比講究綱常倫理、維護宗法道德的漢唐法律更合理一些。有關具體內容參見「社會篇」。

三、秦朝法制的罪名與刑罰體系

秦朝法律中的法定罪名很多，見於現存文獻的約有二百種，諸如侵犯皇權罪，如「謀反」、「誹謗」、「以古非今」、「方術不驗」等；其他政治犯罪，如「操國事不道」、「挾書」、「偶語詩書」、「妖言」等；危害公共安全罪，如縱火、失火等；破壞經濟秩序罪，如「匿田」、「匿戶」、「匿敖童」、「乏傜」等；侵犯人身罪，如「殺人」、「賊傷」、「鬥傷」等；侵犯財產罪，如各種主體、形式、種類、時間的「盜」；妨害社會管理秩序罪，如「投書」（匿名信）、「匿奸」、「誣人」等；破壞婚姻家庭關係罪，如「子盜父」、「父盜子」、「擅殺子」、「伯擅殺侄」、「毆父母」、「毆大父母」、「為人妻去亡」、「棄妻不書」等；官吏瀆職罪，如「犯令」、「廢令」、「不勝任」、「不智」、「不直」、「不廉」、「縱囚」、「失刑」及「失期」、「礜敵」等。

在秦朝法律中，規定著一系列殘酷的刑罰。見於《史記》、雲夢秦簡的秦朝刑罰種類繁多，主要有以下幾種：

1. 死刑。

死刑是剝奪罪犯生命的刑罰，歷來屬於極刑範疇。秦朝法定死刑在設置目的上注重對社會的威懾作用，在執行方法上種類繁多且野蠻殘酷，集中體現著重刑主義的原則。有關刑罰夏商以來一直沿用，並由漢代所繼承。

秦朝死刑的執行方式主要有：(1)「斬」，即以斧鉞等利器斬殺罪犯。秦始皇之弟長安君成蟜率軍反叛，其「軍吏皆斬死」。(2)「腰斬」，古代斬刑大多以斬斷腰身的方式處決，故稱「腰斬」。《秦律雜抄》規定：「不告奸」等罪名適用腰斬刑罰。李斯就被秦二世腰斬而死。(3)「棄市」，即在鬧市當眾處死。秦始皇「焚書」，規定對「偶語《詩》《書》」者適用棄市刑罰。(4)「梟首」，即將犯人斬首之後，把他的首級懸於木竿之上示眾。秦始皇鎮壓嫪毒之亂，其同黨「衛尉竭、內史肆、佐弋竭、中大夫令齊等二十人皆梟首」。(5)「戮死」，又稱「生戮」。《法律答問》說：「生戮，戮之已乃斬之之謂殹（也）。」即先以刑辱示眾，然後斬首處死。「譽敵」而擾亂軍心者就適用此刑。與此相關的刑罰是「戮屍」，即罪犯未經法定程序而死亡，追加損毀屍體的刑罰。成蟜率軍反叛，秦始皇將陣亡的反叛兵卒「戮其屍」。(6)「磔」，即以割裂罪犯肢體的方式處死，並陳屍示眾。《法律答問》規定：教唆未成年盜竊殺人者適用磔刑。(7)「車裂」，俗稱「五馬分屍」，即將罪犯頭及四肢分別捆綁在車上，向五個方向撕裂肢體。嫪毒等興兵作亂也被「車裂以徇」。(8)「坑」，又稱「生埋」，即將罪犯活埋致死。《法律答問》規定有「生埋」的刑罰。秦始皇將「諸嘗與王生趙時母家有仇怨，皆坑之」。他還曾「坑術士」。(9)「具五刑」，即先執行各種肉刑，再執行死刑，梟首示眾，然後在鬧市中將屍體粉碎如泥。據《漢書．刑法志》記載，漢興之初，雖有約法三章，卻尚有夷三族之令。令曰：「當三族者，皆先黥，劓，斬左右止（趾），笞殺之，梟其首，菹其骨肉於市。其誹謗詈詛者，又先斷舌。」這種酷刑適用於判處「族」刑的罪犯。秦始皇曾經立法：「以古非今者族。吏見知不舉者與同罪。」觸犯這條法律者一律適用「具五刑」。李斯也是死於「具五刑」。(10)「族」、「滅其宗」、「三族之罪」，是連坐刑罰中最重的一種。一般說來，罪犯的刑罰越重，連坐的範圍越廣。嫪毐、李斯都被滅族。(11)「定殺」，即將罪犯投入水中溺死。《法律答問》規定：「癘者有罪，定殺。」這種刑罰適用於患有痲瘋病的罪犯。(12)「賜死」，實際上就是逼迫自殺。賜死多適用於皇親、貴族、功臣。胡亥為了篡奪皇位，編造秦始皇的詔書將公子扶蘇、蒙恬賜死。

在法定刑罰之外，統治者有時還動用私刑。據《說苑》記載，秦始皇曾以「囊撲」的方式將其母親所生的兩個私生子殺死。「囊撲」即將人裝入袋中，然後扔到河中淹死。據《漢書．刑法志》記載，秦朝還有「鑿顛」、「抽脅」、「鑊烹之刑」等刑罰。這些刑罰很可能並非法定常刑。

2. 肉刑。

秦朝沿襲了自古以來實行的許多肉刑，諸如黥、劓、刖、宮、斬趾、笞殺等。這類刑罰以「斬人肢體，鑿其體膚」的方式執行，極其殘酷暴虐。在秦律中經常可以看到「黥為城旦」、「黥劓為城旦」、「斬趾」等刑罰。《鹽鐵論．詔聖》稱「秦時斷足盈車」，《三輔故事》稱「始皇時隱宮之徒七十二萬人，所割男子之勢高積成山」。這些說法可能誇大了事實，而秦朝的確較多地使用過刖刑、宮刑。雲夢秦簡曾提到「宮隸」、「宮均人」、「宮更人」、「宮狡士」等稱謂，可能大多是受過宮刑的犯人。

3. 徒刑。

秦朝的徒刑名目很多，適用範圍廣泛。依據勞役內容和時間，主要分為以下幾種：

「隸臣妾」，即罰作在官府從事各種雜役的徒刑。男性罪犯稱為「隸臣」，女性罪犯稱為「隸妾」。「隸臣妾」實際上是一種無期徒刑，且多附加其他刑罰。秦始皇將嫪毒、呂不韋的黨羽、門人「籍其門」，即籍沒其一門皆為徒隸，其子孫不得仕宦。

「城旦舂」，即以從事各種苦役的方式服刑。「城旦」，即必須黎明即起、終日服苦役的徒刑，主要從事修城築牆等重體力勞動，適用於男性罪犯。「舂」，即舂米，其勞役內容不限於舂米，適用於女性罪犯。刑期一般為五年，不附加肉刑的則為四年。其中不附加肉刑的稱為「完城旦」、「完為城旦」，附加肉刑的屬於「刑城旦」、「刑為城旦」，依據所處肉刑的種類稱為「黥為城旦」、「黥劓為城旦」等。秦始皇下令焚書，明令「令下三十日不燒，黥為城旦」。「城旦舂」屬於重刑，與其他重刑一樣，有時會株連親屬。

「鬼薪白粲」，即以為宗廟祭祀勞役的方式服刑。刑期一般是三年。「鬼薪」適用於男性罪犯，主要從事砍柴採薪等勞役。「白粲」適用於女性罪犯，主要從事擇米等勞役。「鬼薪白粲」也常常附加其他刑罰，如「耐為鬼薪」、「刑為鬼薪」等。嫪毒作亂，「其舍人，輕者為鬼薪。」

秦朝的徒刑還有「司寇」、「舂司寇」、「候」、「下吏」等。如「司寇」的服刑方式以從事防禦寇盜的勞役為主。刑期一般是二年。

4. 流刑。

流刑（遷刑、謫刑等），即流放，簡稱為「遷」、「謫」。秦朝法律規定，受刑罪犯的家屬通常必須一同流放。在秦朝，「遷」廣泛實行，一次刑獄而大批遷徙的事例並非罕見。嫪毒作亂，受牽連者「奪爵遷蜀四千餘家」。秦朝治吏嚴格，官吏觸犯法律者眾多，所以「科謫」者也甚多，有的甚至不僅罷官，而且奪爵、「徙謫」。呂不韋服毒自殺，許多門客前去吊唁。秦始皇下令：

「秦人六百石以上奪爵，遷。」他開拓邊疆，大量謫戍有罪官吏。在秦朝，見於記載的「遷」很多，被處罰者大多來自社會上層，諸如權臣、官吏、豪強及其僕從。秦始皇統治方式的嚴厲乃至嚴酷，由此可見一斑。

5. 教刑。

中國自古有「教刑」之說。所謂「教刑」，即以鞭笞、羞辱等方式懲戒罪犯。這類刑罰主要有「誶」、「笞」、「髡」、「耐」等，通常適用於輕微犯罪。誶，即申斥責罵。如戍役延期到達目的地三至五日等適用此刑。笞刑，即以竹條木板等捶打罪犯，目的是用羞辱的方式教訓有過錯的人，類似於家法。髡刑、耐刑，即剃光罪犯的鬍鬚、鬢毛。中國古代有一個觀念叫做「身體髮膚，受之父母，不敢毀傷，孝之始也」[61]。因犯罪而被剃去毛髮是個人與家族的恥辱。髡刑、耐刑具有恥辱刑性質，常常作為附加刑使用。

6. 罰刑與贖刑。

秦朝有「貲刑」，即僅判處繳納罰金、勞役等而不予收監的刑罰。「貲」有貲金、貲物、貲作之別。貲金，即繳納罰金。貲物，有貲甲、貲盾等。貲作，有貲戍、貲役、貲傜等。這種刑罰經常被使用。秦朝廣泛適用贖刑。一般說來，各類人等、各種刑罰都可以用交錢贖罪的方式免除刑罰。

在秦朝法律體系中，刑名眾多，刑罰嚴酷。各種刑罰還可以結合使用，許多罪名可以同時使用多種刑罰，這就使刑名更繁，刑罰更酷。

重刑主義的刑罰原則

秦朝正處於中國古代法律制度史上重刑主義流行的時期。秦始皇公然奉行重刑主義的刑罰原則，他集前代之大成，匯集成一套龐雜的法定刑罰體系，有時還在法定刑名之外濫施酷刑。時代性暴虐、社會性暴虐、制度性暴虐和個體性暴虐交織在一起，致使秦朝政治以法嚴刑酷而著稱於史，秦始皇也落下了一個「殘酷」的罵名。

秦始皇的重刑主義法制思想集中體現在以下四個重要的法律原則：

其一，輕罪重罰原則。

秦朝法律實行輕罪重罰原則。以嚴刑峻罰治民的思想古已有之。自春秋以來，重視法制的思想家、政治家大多主張重刑，強調政要猛，刑要威，使民畏懼。孔孟主張嚴禁「小人犯刑」，對情節嚴重者可「不待教而誅」。法家認為法律是「制民之本」，在法制思想上，他們主張「以刑去刑」，嚴刑禁奸；在刑法強度上，他們主張輕罪重罰、「刑於將過」、「細過不失」；在適用刑罰上，他們主張大搞連坐；在刑罰方式上，他們主張多用酷刑。這對秦朝法制有深刻的影響。

秦朝法律相當嚴酷。《法律答問》規定：五人共同盜竊一錢以上就要斬斷左趾。偷人桑葉價值不到一錢，也要罰勞役三十天。又規定：諸如欲行盜竊而中途返回或欲撬門而未打開等盜竊未遂也要判。這些都屬於「將過」、「細過」、「微奸」、「小奸」之類，卻一律實行重罰，不予寬恕。如果負責防範、查處盜竊的官吏「害盜」、「求盜」觸犯盜竊罪，也要處以重刑。秦朝的各種附加刑亦種類繁多，這也必然加重刑罰，使酷刑變得更加酷毒。

其二，重典治盜賊原則。

秦朝法律對「盜」的處罰尤為嚴苛。自人類社會有了政治統治以來，產生犯罪的條件與產生現行統治秩序的條件就一直是相同的，而刑罰則是現行統治秩序維護自身生存條件的一種手段。中國古代統治秩序得以產生和存在的最基本的條件是私有制度，因而最常見的犯罪是對私有制度下一系列社會法則的侵犯，其中最主要的是「盜賊」。據說李悝著《法經》，「以為王者之政莫急於盜賊。」[62]其律六篇，以罪統刑，深文峻法，且以「盜法」、「賊法」為二篇。戰國、秦漢法典深受其影響。秦朝法律對各種侵犯公私財產和危害人身安全的行為，依據其形式、程度，不厭其煩地規定出各種罪名和刑罰。有關律條既詳細又具體。即使偷盜未遂或盜竊物品價值「不盈一錢」的桑葉、豬心、豬腎等也要判處刑罰。即使接受不足一錢的贓物，也要與偷盜價值千錢財物的主犯同樣論罪。就連「盜而未到盜所」，沒有在事實上造成任何後果，也必須加以處罰。盜竊國君祭祀用品比一般盜竊罪處罰更重，凡是情節比照一般盜竊應當判處罰款以下的都處以「耐隸臣」。

其三，嚴懲政治犯罪原則。

與歷代王朝的法律一樣，秦朝對政治犯罪實行嚴厲懲罰，政治犯罪重於一般刑事犯罪，對君主的犯罪重於一般政治犯罪，且罪名繁多，刑罰殘酷。在秦朝的刑事立法中，對危害國家以及侵犯君主權力、尊嚴、人身安全的政治犯罪實行重刑原則，法定刑罰極重。秦始皇對於一切非議朝政、誹謗法令、蠱惑民心、謀反謀逆的政治反對派禁其行，破其群，散其黨，不惜以血腥的手段，斬盡殺絕。其中見於《史記》的罪名有「操國事不道」、「為亂」、「謀反」、「謀逆」、「誹謗」、「妖言」、「以古非今」、「偶語詩書」、「挾書」等。見於雲夢秦簡的就有不從或不敬君命、資助秦人外逃、盜竊王室祭品、納奸、叛逃、嚮敵、降敵、寫匿名信等。秦始皇統治的後期和秦二世統治時期法律更為嚴苛，竟然誅及「偶語者」。有關的刑罰有「戮其屍」、「梟首」、「車裂」、「籍其門」、「滅其家」、「滅其宗」、「夷三族」等。不僅刑罰殘暴，而且廣泛株連。這條立法原則集中體現了中國古代法制為王權服務的本質。

其四，家屬、鄰里、職務連帶責任原則。

家屬、鄰里、職務連帶責任原則，即連坐原則。「連坐」，又稱「緣坐」、「從坐」等，具體表現為一人犯罪而與其相關的無犯罪行為的人也連帶受刑。連坐之制起源於國家法制產生之初。秦國沿襲這種制度，根據犯罪的性質、情節確定了不同的連坐範圍，如三族、全家、同伍、里典、同僚等。秦律中的「同居所當坐」、「與盜同法」、「與同罪」、「收」、「族」、「夷三族」等都是根據連坐原則定罪的。法定的連坐有家屬連坐、鄰里連坐、職務連坐等。在秦律中，政治犯罪、盜竊犯罪、累犯加刑以及在徭役上弄虛作假等都適用家屬連坐。嚴重的政治犯罪往往株連宗族甚至「滅其宗」、「夷三族」。鄰里連坐與居民組織什伍制度相關。秦律要求鄰里互相保證，互相監督，一家有罪，四鄰必須告發，否則要受到株連。居民組織的伍長、里典對所屬居民監督不力也要受到株連。在秦律中，只有知情不舉，才適用鄰里連坐。並非所有罪行都適用鄰里連坐，如殺人罪、傷害罪、誣告罪、行賄罪都不適用連坐原則。職務連坐主要體現為上下級、同級連坐。《效律》規定：如果縣尉屬下的官吏犯罪，縣尉和縣尉府中的其他官吏及其上級縣令、縣丞都要負連帶責任，並根據隸屬關係的遠近，處以不同的刑罰。這就使同級、直接上級和再上一級的官吏都負有了連帶責任。這一類連坐涉及行政、軍事、經濟等各個部門。在人事方面的職務連坐有時甚至處以死刑。實行連帶責任原則的主要目的是人為地製造一種利害關係，強迫人們互相監視，互相告發，以此達到加強統治的目的。應當指出的是：這個重罰主義原則貫穿於整個中國古代社會，並非秦法所獨有。它充分揭示了中國古代法制的殘酷性。

追根溯源，秦朝重刑主義的刑罰原則及相關的罪名、刑罰有三個主要來源：

第一個來源是自古以來的刑罰傳統。春秋以前的刑罰野蠻殘酷，令人髮指。這個傳統一直延續下來。秦朝的刑罰，特別是各種死刑、肉刑，基本上是繼承而來的。許多歷史記載把這些刑罰說成是不合聖王之制的「秦法」所特有的，這與事實有相當大的距離。總體說來，秦朝的刑罰要輕於商周時期的刑罰。

第二個來源是依據「五德終始」所確立的統治方略。秦始皇確認秦朝為水德，而水主陰，陰主刑殺，所以水德之朝，應當以嚴刑峻法施治，以合「五德之數」。

第三個來源是先秦諸子的刑罰思想，特別是以商鞅、韓非為代表的重罰主義思想。秦朝法制受法家中的商鞅學派和韓非的思想影響很深。秦法的創立者商鞅屬於法家中重法的一派，他主張「以刑去刑」，認為「王者刑九賞一」[63]。深受這類思想影響的秦始皇不僅不會想到減輕刑罰的問題，還在立法中集前代、各國刑罰之大成，積累、增補出龐雜的法目刑名。

這三個來源的相互作用導致了秦法的暴虐。秦始皇為人「剛毅戾深，事皆決於法」。秦二世即位以後，「用法益刻深。」[64]秦朝皇帝的個性又進一步強化了秦法的暴虐。從歷史過程看，輕罪重罰問題直到秦朝滅亡數百年以後才逐步得到解決。輕罪重罰反映了當時法制不夠成熟的時代特點。

應當指出的是：漢代以來的各種記載與評論又有意或無意地誇大了秦法的嚴酷程度，許多說法與歷史事實不符。例如，秦有告奸、連坐之法，並有重賞重罰之條，這是事實。為了證明秦法重賞重罰，司馬遷在《史記》中的說法是「不告奸者腰斬，告奸者與斬敵首同賞，匿奸者與降敵同罪」。《鹽鐵論·申韓》為了貶斥法家，渲染秦法恐怖，竟然說此法的目的是「設罪以陷人」，乃至「以陷不辜，累無罪，以子及父，以弟及兄。一人有罪，州里驚駭，十家奔七」。而雲夢秦簡提供的材料表明，秦律法定的告奸之賞、連坐之罰遠未達到這種程度。揭發殺人犯的告奸之賞是獎給黃金二兩，並未言及賜。適用連坐法而受到牽連的家屬也僅是與罪犯本人同罪同罰。對不告發罪犯的同戶、同伍、伍老、里典則區別對待，遞降刑罰，有的只是罰些款物而已，根本沒有一律腰斬的規定。「同居」的主人犯罪，其奴隸還可以不必連坐。在秦律中，傷害御駕之馬，輕者「貲一盾」、「貲二盾」，傷之較重者也不過「貲一甲」；盜竊國家祭祀神明的貢品，判處「耐隸臣」。而在《唐律》中，加諸這種行為的罪名重者是「大不敬」，屬於「十惡」之罪，定斬而不赦。情節較輕者也處以「流二千五百里」等刑罰65。對比兩者的最高刑罰，秦律反而為輕。

應當指出的是：秦朝還有一些法律原則是值得稱道的，有的在一定程度上體現了「慎罰」的思想。主要有以下幾個法律原則：

其一，刑事責任年齡原則。

秦法明確規定：未成年人犯罪不負刑事責任或減輕刑事責任。《法律答問》有關於身高「未盈六尺」而牧馬「食人稼一石」不予處罰和「盜牛時高六尺，繫一歲，復丈，高六尺七寸」而依律處罰的說法。依據秦代制度和法律，男子身高達到六尺五寸，女子身高達到六尺二寸，方完全按照成年人對待。六尺身高男子大致年齡不足十五歲（虛歲），而十五歲以下屬於未成年人，可以不負刑事責任。這類規定把定刑量罪與認知能力、行為能力聯繫在一起，無疑具有積極意義。秦朝所規定的不負刑事責任的年齡大致與我國現行法律的規定相當（不滿十四周歲者不負刑事責任）。由此也可見其合理性。它標誌著當時刑法理論的發展水平。

其二，自首從輕原則。

自首從輕是秦朝的法律原則之一。《法律答問》、《封診式》有一批關於「盜自告」、「亡自出」、「先自告」的案例。對這種有自首行為的罪犯在量刑時給予從輕處置。一個盜竊錢財的罪犯，本應「耐為隸臣」，由於「先自告」，從輕處罰為「貲二甲」。這表明秦律並非一味追求重罰而毫無理性可言。

其三，誣告反坐原則。

秦朝法律鼓勵「告奸」。可是秦朝法律同時規定：誣告他人也屬於犯罪。凡故意捏造事實向司法機關控告他人者，通常以所告之罪加諸誣告者之身，有時還會根據情節加重懲處。秦律還嚴格區別誣告與控告不實的界限。這個法律原則無疑是合理的。

其四，區別故意與過失原則。

秦朝法律繼承前代法制傳統，對故意犯罪量刑從重，對過失犯罪量刑從輕。《法律答問》規定：舉告他人盜牛、傷人而情況不屬實，故意者按照誣告處罰；過失者按照控告不實論處。司法官吏斷案有誤，也要區別是故意，還是過失。因過失而犯「失刑」罪屬於「不端為」，故意加害或故意包庇則屬於「不直」或「縱囚」。在秦律中，對官吏「不直」的處罰很重，「縱囚」罪則更重。區別故意與過失原則也屬於秦律中的理性成分。

在秦朝訴訟法中，也包含著「慎刑」的理念。秦朝訴訟的基本原則是「有罪推定」，而同時也存著某些「無罪推定」的實際成分，如明文規定對刑事被告人採取逮捕繫獄等強制措施，必須事前掌握足夠的證據；司法官吏有權多方搜集和運用證據；刑事被告人的自供不能作為定罪的最後依據，對供詞要進行查證核實；對法官刑訊逼供有所限制等。

應當指出的是：在中國古代法制史上，隋唐以前的法律制度都屬於重刑主義範疇。《荀子·正名》說：「刑名從商。」這表明，春秋戰國時期的罪名與刑罰深受商朝刑罰的影響，而秦朝的嚴刑酷罰有久遠的歷史淵源。從各種文獻的記載看，儘管向著律簡刑輕的方向發展演變是中國古代法律制度史的大趨勢，秦漢刑罰比商周刑罰要輕一些，可是商周時期的許多酷刑在戰國、秦朝、兩漢、魏晉依然存在。這個問題直到隋唐時期才有所解決。

舊的史家常常將秦與漢對照，認為秦法「不合聖制」而漢法符合「聖人之制」。其實刑罰嚴酷是秦漢法律制度的共性。秦朝的各種罪名、刑罰在兩漢的文獻中幾乎都可以找到。如果說二者有什麼區別的話，主要在於秦朝把公開鼓吹重刑主義的法家學說奉為政治指導思想，而漢朝以儒家為宗本的統治思想更講究一個「德」字，乍然看來，似乎反對嚴刑酷罰。漢朝的高祖、惠帝、文帝、景帝等的確都曾有過簡化刑名、減輕刑罰的舉措，也取得了一些成效。可是多屬一時之舉，許多法定罪名、刑罰後來又被恢復，或者即使有所減輕，也仍屬嚴刑酷罰。漢文帝宣布廢除「收孥之法」之後不久又恢復了「夷三族」的刑罰。他提出了廢除肉刑的改革，卻又實際上擴大了死刑的適用範圍。司馬遷對此的評價是：「外有輕刑之名，內實殺人。」66許多漢朝宰相還公然鼓吹、維護重刑主義原則。從《史記》、《漢書》記載的大量事實看，這個時期盛行「夷三族」、「具五刑」，對政治犯罪的處罰尤為殘酷。見於司法實踐的罪名就有「非議詔書」、「非所宜言」、「誹謗」、「詆欺」、「欺謾」、「不敬」、「不道」、「大不敬」、「大逆不道」等。群臣議政奏事，動輒觸犯刑網。甚至「腹誹」，即君主認定屬於心懷不滿者，也要依法處死。對於犯有「誹謗」罪的先斷舌，再處死。對於嚴重的政治犯罪的株連動輒達萬人以上，有的多達三萬人，其殘酷程度比秦始皇統治時期更甚。漢武帝「獨尊儒術」之後，儒家「先德後刑」的主張占據統治地位，然而刑罰不僅沒有減輕，反而日益加重。據說，漢武帝時期，「律令凡三百五十九章，大辟四百九條，千八百八十二事，死罪決事比萬三千四百七十二事。」漢成帝時期，「大辟之刑，千有餘條」，遠遠超過秦律。此後愈演愈烈，甚至達到「郡國被刑而死者歲以萬數，天下獄二千餘所，其冤死者多少相覆」67。漢朝還盛行「以經義決獄」，各種儒家經典及其解釋都可以作為法律援引，從而導致罪名繁多，罰濫刑重。漢儒還特別講究「誅心」二字，有些罪名甚至可以隨心所欲而濫加於人，使人無所適從。在司法實踐中，漢代使用過的酷刑與秦朝大體相同。漢法之繁與酷並不遜色於秦法。

總體而言，兩漢魏晉的嚴刑酷罰與秦朝相差無幾。在一些時期甚至有過之而無不及。漢朝許多儒家思想家對秦朝嚴刑酷罰的指責大多基本上符合事實。他們也的確使統治思想有所調整。然而在儒家思想指導下的漢代法制比秦朝法制強不了多少，這也是歷史事實。嚴刑酷罰是一種歷史性的現象，秦朝只是更典型一點而已。在評價秦始皇和秦制、秦政的時候應當看到這一點。

與文化制度相關的法律、法規

秦始皇將規範化、制度化、法制化的行政管理推行到廣泛的領域。這裡再介紹一下秦朝與文化行政管理相關的法令、法規。

秦始皇以武力征服天下，摧毀了政治疆域的籬笆，建立了統一的政治制度。他沒有停步於此，又把目光對準了斑駁陸離的文化領域，致力於構建「大一統」的思想文化形態。秦朝建立不久，秦始皇就雷厲風行地掃蕩各種文化差異，推行書同文、車同軌、度同制、行同倫的政策。他統一文字、軌度，規範道德、風俗，還健全博士制度，廣召文學之士，講究學術，整理秘府文獻。在文化領域，秦始皇頒布了一批強制性乃至制度化、法律化的法令，可以稱之為「文化制度」。

一、「書同文」

統一文字、簡化字形是秦始皇在統一文化制度方面最重要的舉措。秦始皇稱帝不久就下令「書同文字」[68]。他針對各國「文字異形」的狀況，統一文字的字形、書體。

秦始皇首先推行經過整理的秦篆（小篆）。小篆是以秦國文字為基礎，以西周以來通行於周地、秦國的《史籀》大篆為藍本，又汲取齊魯等地通行的蝌蚪文筆劃簡省的優點，修改而成的。秦始皇將李斯、趙高、胡毋敬等人用小篆編寫的《倉頡篇》、《爰歷篇》、《博學篇》作為標準的文字範本。李斯等人創造的「小篆」又稱「秦篆」。秦篆形象勻圓、字體齊整、筆劃簡略。它作為官方規範文字，頒行全國。

秦始皇的「書同文」還有更大的貢獻，即推行隸書。早在雲夢秦簡發現之前，就有學者指出：「秦始皇改革文字的更大功績，是在採用了隸書。」[69]雲夢秦簡的發現證實了這個觀點的正確。

隸書的誕生是中國文字史和書法史上的一件大事。它打破了古體漢字的傳統，提高了書寫效率，奠定了楷書的基礎，代表著漢字字形的合理發展方向。秦朝通行程邈整理的隸書。據說獄吏程邈得罪入獄，潛心創造出一種更為省便的文字。這種文字將小篆圓轉的字形、筆劃改變為扁平、方折，書寫更加簡便、流暢。秦人重法治，多獄案，需要草擬大量公文。為了節省時間，簡化文字的書寫方法，於是產生了隸書。刑獄事務涉及徒隸，故有隸書之名。實際上隸書脫胎於古隸。

有的學者指出：早在春秋時代，秦國文字的字體已不同於東方列國。戰國時期較早的秦器銘文字與隸書差距尚遠，而秦昭襄王時期的器銘文字的字體逐漸向隸書趨近。到秦始皇時期，現存眾多兵器上的銘文，如四年、五年、八年相邦呂不韋戈和五年、六年、十年、十二年上郡守戈等，其字體「多與秦簡相似，可資對照。這說明隸書的濫觴應上溯至戰國晚年」[70]。

秦代通行隸書已經得到實物材料的證實。睡虎地秦墓十一號墓主喜死於秦始皇三十年（西元前二一七年）。在這位秦始皇時期的法吏的墓中所保留的各種法律、文書抄件都採用墨書隸體。位於一地的四號墓出土了兩個前方戰士的家信，其中一件約有二百餘字，另一件約有一百餘字。這兩件木牘的文字也都是墨書隸體。這兩位戰士曾參加了秦國滅楚的戰爭。上述事實表明隸書在秦簡時代已經成為社會通行的字體，無論朝廷法吏的公文和筆記，還是平民、戰士的家書，均使用隸書。寫於秦始皇時期的雲夢秦簡字跡清楚，全體為墨書隸體，這證明當時隸書已然臻於成熟。由此可見，所謂程邈作隸，其功績不在於首創一種字體，而在於對已經產生的隸書作了一番整理，使之更加規範，更加便於通行。

秦始皇簡化漢字、統一字形，對於中華文化的發展有重大的影響。中國地域遼闊，各地方言、鄉音差別很大，而漢字的表意性很強，有了統一的文字，基本上克服了各地經濟文化交流中的方言障礙、鄉音隔閡。統一文字不僅對促進政治統一、經濟交流有積極的意義，還促進了中華文化共同體的迅速發展和漢族的形成。許多中外著名學者高度評價秦始皇的這個歷史功績，這是完全正確的。

二、「行同倫」

「行同倫」，即統一人們的文化心理。秦始皇以政令、法律等形式，統一道德規範和法律規範，諸如「依法為教」、「禁止淫泆」等。秦朝政府還在各地設置專掌教化的鄉官，名曰「三老」。在頌揚秦始皇功德的秦代刻石中，列舉著一批與「行同倫」相關的政治措施。舊史也很早就把「行同倫」歸功於秦始皇。至於秦始皇是如何具體推行「行同倫」政策的，有關記載語焉不詳。

雲夢秦簡的發現在一定程度上補充了文獻記載的闕失。秦簡保存的各項法律文本揭示了秦朝各種維護君主制度、等級制度、宗法家庭及相關道德規範的法律原則和具體規範。《為吏之道》開列了一批當時流行的道德規範。《語書》則提供了一個地方政府貫徹秦始皇的統治意志的實例。這篇南郡守騰頒發給所轄縣、道嗇夫的政令，明確宣布要以國家法令統一思想，矯正民心，改造鄉俗民風，並指令各級官吏「明法律令」，把這項政務切實做好。

《語書》開宗明義，寫道：「古者，民各有鄉俗，其所利及好惡不同，或不便於民，害於邦。是以聖王作為法度，以矯端民心，去其邪避（僻），除其惡俗。」各地民間習俗、道德規範、是非標準不盡相同，這有害於國家，不便於民生。為此，聖王制定法度，以統一的規範和價值標準，矯正民心，鏟除惡俗。文告認為：「法律未足，民多詐巧」，這就會導致有人犯上作亂，而法律政令的目的和作用就是鏟除惡習陋俗，使民眾臻於至善。

這位南郡守指出：南郡的現狀並不理想。「今法律令已具矣，而吏民莫用，鄉俗淫失（泆）之民不止，是即法（廢）主之明法殹（也），而長邪避（僻）淫失（泆）之民，甚害於邦，不便於民。故騰為是而修法律令、田令及為間私方（即懲辦有奸私行為的法令）而下之，令吏明布，令吏民皆明智（知）之，毋巨（距，至）於罪。」可是，這些法令公布之後，「聞吏民犯法為間私者不止，私好、鄉俗之心不變」，而各級地方長官又或知情不舉，或不予懲處。這種行為違背君主的法令，庇護邪惡之人，「如此，則為人臣亦不忠矣。」他宣布：凡不了解下情的官吏，屬於「不勝任」；凡知情而不敢查處者，屬於「不廉」，「此皆大罪。」

為了改變現狀，這位南郡守採取的措施可以概括為三條：一是將各項法律公之於眾，使全郡官吏、民眾都知法、懂法、守法。二是要求所屬官吏要做「明法律令」的「良吏」，不做「不明法律令」的「惡吏」。三是加強檢查，「令人案行之，舉劾不從令者，致以律。」還要考核各縣、道的主要官吏，哪個地方多有違法者而令、丞不予查處，要將令、丞上報處理。

這篇文告發布於秦統一六國前。它表明，秦始皇曾制定法律，以規範臣民的行為，而秦的地方官與歷代地方官一樣，負有整飭民風鄉俗的職責。

秦始皇不僅以法律的形式明確地推行並保護後世稱之為「三綱五常」的倫理道德，而且在祭祀神明方面也作了整齊劃一的規範，使之與大一統局面相適應。秦始皇以政令的形式規定了各種應當祭祀的神明。秦朝法令對祭祀什麼神，什麼時間祭祀，用什麼儀式祭祀等都有法律規定。除國家廣設廟宇並指派官吏主管祭祀以上帝為首的諸神外，「郡縣遠方神祠者，民各自奉祠，不領於天子之祝官」[71]。但是這並不意味著國家對宗教信仰和各種民間的祭祀放任而不加管理，而是對此進行嚴格的行政管理。《法律答問》有一條法律解釋：「『擅興奇祠，貲二甲。』可（何）如為『奇』？王室所當祠固有矣，擅有鬼立（位）殹（也）為奇，它不為。」「奇祠」，即不合法的祠廟，後世稱之為「淫祠」。不經官方批准而擅自設立神位，就是奇祠、淫祠。這是違反法律的。這條法律很早就頒行了，在秦始皇時期依然有效。

秦始皇頒布的「一法度衡石丈尺」、「車同軌」[72]等法令也具有統一文化的意圖和政治功能。秦始皇改變各國車軌尺寸不一的狀況，實行「車同軌」，並將全國車軌統一為六尺。

總的說來，秦始皇推行書同文、車同軌、度同制、行同倫等統一文化的政策是值得肯定的。

它有利於在一些基本層面形成統一的生活方式和民族心理。「書同文，行同倫」標誌著中華文化共同體的重大發展和漢族的基本形成。這在中華文化史上具有劃時代的意義。政治的統一為文化的統一創造了必要的外部條件，而文化的統一又勢必促進政治的統一。作為這些政策、制度的制定者、推行者，秦始皇的歷史功績不可磨滅。

三、「以吏為師」、「以法為教」

秦朝建立之初，秦始皇在統一思想文化方面還是比較慎重的。在統一文字時，曾經頗加整改，便是一例。在規範社會風俗方面，也沒有關於他大規模實行暴力強制的記載。在對待思想、學說方面的問題，他也曾實行兼容並蓄的政策。但是後來竟然發展到強令人們「以法為教」、「以吏為師」，嚴令禁止普通百姓讀「《詩》、《書》、百家語」，甚至達到以焚書、誅殺、滅族等手段禁止異端的地步，這就強化了文化專制、思想專制。有關「焚書坑儒」問題，將在驕奢篇詳細介紹。

秦始皇在中國法制史上的歷史地位

中國古代法制屬於禮法結合的統治模式，禮法結合是中華法系最顯著的特點之一。禮法結合的統治模式初創於春秋以前，形成於春秋戰國，定型於秦漢，成熟於隋唐，宋元明清繼續有所發展。禮法結合有一個歷史過程，在不同歷史時期禮法結合有不同的歷史內容。秦朝法制是禮法結合統治模式形成過程中的一個重要環節，在中國古代法制史上有過重大的歷史貢獻。

春秋以前禮法結合的基本特點是：以禮為法，寓刑於禮。其主要特點是：本屬風俗習慣的禮被統治者制度化、政治化。國家以禮為主要統治工具，不僅用禮規範一切，而且依禮定刑，以刑護禮。「禮」是普遍適用的行為規範，它既具備道德規範的形式和結構，又具備法律規範的形式和結構。從屬於「禮」的「刑」具有擅斷性和殘酷性。以刑罰嚴酷著稱的商周法律對後世的法律有很大的影響。西周時期的「周公制禮」、「呂侯制刑」及由此而形成的「明德慎罰」、「德主刑輔」指導思想，使禮法結合的統治模式初具規模，為中華法系的發展確定了基本方向。

春秋戰國社會歷史大變動的重要內容之一是法制思想和法律制度的大變革。這一時期的特點可以概括為：禮法相分，法理凸顯。具體表現是：隨著人們對政治和法律的認識不斷深入，禮與法開始從理論上和形式上區別開來。諸子百家對法的概念、起源、本質、功能及其同政治、經濟、倫理、風俗的關係進行了系統的探討，奠定了中國古代法學的理論基礎。與此同時，各國紛紛制定成文法典，法律由簡入繁，「以法治國」的思想廣為流傳，法在政治中的地位顯著提高。法家最先明確提出「以法治國」的主張，在法律從禮法混淆狀態中逐步解脫出來，形成獨立的法律形態的演變過程中，法家居功甚偉。這一時期在法學和法典方面的建樹，為中華法系構建了基本框架。

禮法相分，法理凸顯，這只是相對而言，它並不意味著禮法結合統治模式的終結。且不說儒家從理論上發展了禮法結合的指導思想，就是法家代表人物也在理論上常將「立法」與「制禮」、「變法」與「易禮」相提並論，在立法中將許多禮的規定納入法典。各國的法律條文都有明顯的儒法合流、以禮入法的特徵。禮法結合的統治模式在新的歷史條件下得到更新和發展。

秦漢魏晉是中華法系的定型期。秦始皇集先秦法制之大成，又有所創造，有所發展。秦始皇的統治方略具有明顯的「法治」傾向。乍然看來，秦朝的法制思想和法律體系似乎與「禮法結合」

這個發展方向不相符合。其實不然。首先，如前所述，秦朝的統治思想具有明顯的兼收並蓄、百家合流的特點，而從現存秦律條文看，其禮法合流的特點也相當明顯。自秦孝公、商鞅以來，秦國的立法者將經過改造的等級原則、宗法原則，以立法的形式逐一加以規範、落實，這就將貴賤有等之禮與等級特權之法相統一。其次，秦朝重視以法律調整社會、經濟、政治，據說「莫不皆有法式」。在從商周以「禮治」為宗本，向唐宋禮法高度結合發展的過程中，法制的大體完備是不可或缺的中間環節。再次，從歷史過程看，漢唐法制基本上繼承了秦朝的成果。漢唐法制思想的儒家化使「法治」思想有所削弱，而法家提出的許多重要的思路並沒有銷聲匿跡，而是融入統治思想。且不說歷代都有重法的思想家和帝王將相，就連號稱「純儒」的朱熹等宋明理學大師也都「言則孔孟，行則申韓」。總的說來，秦朝屬於禮法結合統治模式中比較強調法的作用的類型。漢唐以後復歸輕法制、重教化的發展途徑。

從歷史發展和歷史比較的角度看，秦朝法律有一些值得肯定的地方。雲夢秦律，內容龐雜，已經具備刑法、訴訟法、行政法、軍法、經濟法、民法等方面的內容。這些實證史料證明：秦朝已經把統治階級的意志及各種重要的政治、經濟、軍事、法律制度，以立法的形式，用法律條文固定下來。其中刑法制度最為成熟、系統。秦始皇在政治活動、經濟活動及社會生活法制化方面的貢獻尤為突出。

古今許多論者把秦朝滅亡的原因歸咎於法家與法治，這種看法似是而非，似非而是。

筆者有一個感覺：對於先秦法家的性質、特點和歷史地位有待於進一步的研究。限於篇幅，這裡僅為讀者提供兩個參考性素材：一個是德國政治學家羅曼·霍爾佐克的觀點，一個是筆者的一個見解。

羅曼・霍爾佐克指出：法家學說是世界上現存「第一套真正的國家理論」，而「在西方，我們是從西元十六世紀起才看到這種理論的」。他認為，秦始皇的制度證明了這套理論的可行性，而漢朝皇帝全盤繼承了這種制度。法家學說沒有民主選舉的內容，還有嚴酷之弊，「而法這個新穎的、頗有現代意味的概念，顯然已構成內政上各種要求的核心。」在他看來，不能將法家學說與馬基雅維里主義相提並論，它們的主張「在兩個根本點上是不同的，第一，法家將全部增強國家權力的活動都用來服務於建立和平和秩序，第二，即使為了達到這個目的，他們也並不要求建立一個權力無限的國家，而是建立一個法制國家。一直過了很長時間，西方研究國家理論的專家們在法制國家的問題上才達到了這一水平」[73]。實際上中國許多學者早就提出了類似的觀點，然而這個見解出自從世界史的角度全面研究古代國家問題的西方現代學者之口，還是值得人們予以注意的。

在讀到上述觀點之前，筆者有感於許多政治學教科書的錯誤說法，曾經寫過這樣一段話：「一般認為，古希臘的亞里士多德是最早將倫理問題與政治問題有所區別的西方政治學家。他使政治學成為一門獨立的學科。亞里士多德指出，倫理學研究個人的善，政治學研究群體的善。但是，他把國家說成是『最高的善』，把政治歸結為倫理的目的，道德仍然與政治混淆在一起。在整個中世紀，西方政治學說一直是神學的婢女，根本無法擺脫宗教教義和倫理道德的糾纏。在世界的其他地方，情況亦大體相同。在中國古代，絕大多數政治學流派也是把政治與倫理混為一談的。但也有例外，這就是先秦法家。先秦法家是世界上最先使政治理論擺脫道德觀念桎梏的政治學流派。法家，特別是商鞅一派，具有強烈的非道德主義傾向。他們以現實的態度審視人與人之間的權力關係，認為政治地位和政治關係既不依據道德、是非標準而確立，又不依賴忠孝信義去維繫。他們把政治權力視為決定一切社會生活的力量。據此，他們以君主獨一與以法治國為核心命題，以法、術、勢為主要概念，設計政權組織形式，規劃政府機構，設置暴力機關，確定權威性政策制定和執行的途徑及社會價值權威性分配的方式。他們對君主專制政體的產生、形式和權力等問題進行了系統的論述。有時，法家也論及道德，但在他們看來，道德只是政治的工具，不是政治的目的。法家的思想無疑是一種相當純正的政治學說。如何評價法家學說的內容，是另外一回事。僅就這種政治思維方式本身而言，的確是難能可貴的。在中國古代，這種政治思維方式曾形成影響深遠的學術流派，這是中國古代政治學比較發達的標誌之一。」[74]

籠統地將秦朝滅亡歸咎於法家與法治，很難解釋這樣一個現象：自秦孝公以來，秦國正是靠著這套有專制、嚴苛之弊的國家學說和法律制度，不僅守成而且創業，不僅長期守住一方沃土，而且終成帝業。因此，秦朝亡國的原因不在於實行「法治」，甚至不在於「法繁刑酷」，而在於統治者，最主要是秦二世一系列動搖國本的政治失誤，甚至在法外濫施暴政。

筆者在多年讀史中悟出一個思路：僅僅依據官方學說屬於「嚴猛」類型還是「寬柔」類型，依據法定的制度屬於「絕對專制」還是「開明專制」，依據法定的刑罰屬於嚴酷還是寬平，依據法定的賦役屬於繁重還是較輕等，來議論、評價戰國秦漢魏晉時期的政治變動容易失之於簡單化。廣為流傳的法家學說不利於守成的觀點也頗值得推敲。總體而言，這個時期無論學說、制度、刑法、稅法，都屬於專制、獨裁、嚴酷、繁重之類，而在通常情況下，這不足以導致王朝覆滅。秦始皇還靠著這一套奪取了天下。秦、漢兩朝都亡於皇權的變態和與此相關的政治腐敗。一旦權力結構失常、政治腐敗失控，必然導致法外之刑更加氾濫，法外賦役更加無度，這才是王朝覆滅的主要原因。這就是說，在分析當時的政治興亡的時候，制度、法律之內的因素不能忽略，而主要著眼點很可能不在於此，而在於正常制度、法律之外。如果簡單地認為法家學說、君主專制和法網繁密是秦朝的亡國之因，那麼就很難解釋秦國為什麼正是靠著它而日益強盛？也很難解釋為什麼漢朝靠著「漢承秦制」而享國久遠？更難解釋後世一些「法簡刑寬」的王朝何以迅速滅亡？從現存記載看，隋煬帝的《大業律》是中國古代法制史上刑罰最輕的一部法典。在這方面，唐太宗的《貞觀律》也相形見絀。然而隋煬帝還是成了亡國之君。原因很簡單：隋煬帝把自己制定的寬平之法拋在腦後，輕用民力，濫徵傜役，賞戮由心，濫施重罰。筆者認為，關於秦朝法制的利弊得失大體也應如是看。

註釋

1 睡虎地秦墓竹簡整理小組整理：《睡虎地秦墓竹簡》，文物出版社一九七八年版，第一五頁。

2 本書引用關於雲夢秦簡的資料皆出自睡虎地秦墓竹簡整理小組整理、李學勤定稿的《睡虎地秦墓竹簡》（文物出版社一九七八年版）一書，一律簡稱「雲夢秦簡」，不再註明出處。簡文的內容和釋讀亦基本採納此書的見解。

3 以上參見劉澤華主編：《中國政治思想史（三卷本）》有關章節，浙江人民出版社一九九六年版。

4 《韓非子・心度》。

5 《韓非子・飾邪》。

6 《商君書・開塞》。

7 參見劉澤華：《先秦政治思想史》第五章法家以法、術、勢為中心的政治思想，南開大學出版社一九八四年版。

8 《商君書・定分》。

9 《韓非子・難一》。

10 《慎子・威德》。

11《慎子·知忠》。
12《論語·顏淵》。
13《荀子·富國》。
14《慎子·逸文》。
15《商君書·農戰》。
16《荀子·性惡》。
17《商君書·君臣》。
18《管子·正世》。
19《韓非子·五蠹》。
20《韓非子·解老》。
21《商君書·定分》。
22《慎子·逸文》。
23《韓非子·備內》。
24《韓非子·大體》。
25《商君書·說民》。
26《管子·任法》。
27《史記》卷六八〈商君列傳〉。
28《商君書·修權》。
29《孟子·盡心下》。
30《韓非子·揚權》。
31 參見《韓非子·揚權》。
32《韓非子·南面》。
33《韓非子·大體》。
34《韓非子·飾邪》。
35 參見《韓非子·初見秦》等。
36《韓非子·觀行》。
37《韓非子·解老》。
38《韓非子·初見秦》。
39《史記》卷六〈秦始皇本紀〉。
40《漢書》卷二三〈刑法志〉。
41《史記》卷六〈秦始皇本紀〉。
42《史記》卷六〈秦始皇本紀〉。
43《史記》卷八七〈李斯列傳〉。
44《史記》卷六〈秦始皇本紀〉。
45 參見栗勁：〈秦律和罪刑法定主義〉，《法學研究》一九八四年第三期。栗勁：《秦律通論》第三章第三節我國古代的「罪刑法定主義」，山東人民出版社一九八五年版。本書其他有關秦律的內容也大多參考了這部著作。
46《商君書·修權》。
47《史記》卷一三〇〈太史公自序〉。
48《孟子集注·萬章上》。

49《周易程氏傳·同人卦》。

50《隋書》卷三〈煬帝紀上〉。

51《貞觀政要·刑法》。

52《日下舊聞考·國朝宮室》。

53《貞觀政要·刑法》。

54《史記》卷八九〈張耳陳餘列傳〉。

55《漢書》卷二三〈刑法志〉。

56《史記》卷八九〈張耳陳餘列傳〉。

57《史記》卷六〈秦始皇本紀〉。

58《漢書》卷六〇〈杜周傳〉。

59《晉書》卷三〇〈刑法志〉。

60《鹽鐵論·刑德》。

61《孝經·開宗明義章》。

62《晉書》卷三〇〈刑法志〉。

63《商君書·去強》。

64《史記》卷六〈秦始皇本紀〉。

65 參見《唐律疏議》卷一〈名例〉「大不敬」條、卷十九〈賊盜〉「諸盜大祀神御之物者」條。

66《史記》卷一二〈孝文帝本紀〉。

67《漢書》卷二三〈刑法志〉。

68《史記》卷六〈秦始皇本紀〉。

69 郭沫若：〈古代文字之辯證的發展〉，《考古學報》一九七二年第一期。

70 李學勤：〈秦簡的古文字學考察〉，收入《雲夢秦簡研究》，中華書局一九八一年版。

71《史記》卷二八〈封禪書〉。

72《史記》卷六〈秦始皇本紀〉。

73 參見〔德〕R·霍爾佐克：《古代的國家——起源和統治形式》（德文版一九九八年慕尼黑），中譯本，趙蓉恆譯，北京大學出版社一九九八年版，第二七四—二七八頁。

74 參見拙著：《中華文化通志·學術典·政治學志》導言，上海人民出版社一九九八年版。該書導言及第一、二、三、四、五、六章由筆者獨立撰寫；第七章由蕭延中獨立撰寫。筆者的書稿完成於一九九六年十二月。

第十二章　工程篇：前無古人的工程皇帝

秦始皇親自組織興建了一大批重大工程，主要有鄭國渠、靈渠、馳道（包括直道等）、長城、咸陽宮廷建築（阿房宮等）和驪山陵（包括兵馬俑）等。除鄭國渠外，它們都興建或完成於秦始皇稱帝以後。這些工程前無古人，世所罕見，許多在當時堪稱世界奇蹟，有的直到今天還被譽為世界奇蹟。秦始皇是一位名副其實的工程皇帝。

秦始皇的這些工程為他招來了毀與譽，至今學者們還在為此爭論不休。其實這些工程在當時都是典型「帝國行為」，大多屬於正常的統治活動。它們共同構成帝國化完成的重要物質標誌。

歐亞大陸的大帝國都有類似的帝國工程，即興建大規模的軍事防禦工程、建立並維護遍布帝國疆域的驛道網和建築各種宏大的公共工程、宮廷設施以及帝王陵墓等。羅馬帝國在北部邊界修築從福斯灣到克萊德灣的大規模防禦工程，其功能類似於中國的長城。羅馬帝國、波斯帝國的公路交通網可與秦朝的馳道相媲美。波斯帝國「御道」從波斯灣北面的蘇撒城向西通到底格里斯河，再由此經敘利亞和小亞細亞，抵達愛琴海沿岸的以弗所，全長近二千七百公里，沿途設數以百計的驛站。後來隨著帝國疆域的擴大，又開闢了幾條岔道，向西通往埃及，向東南通到印度河流域，從而形成遍布帝國疆域的陸路驛道網。阿黑門尼德王朝二千六百多公里的王家大道和孔雀王朝近二千公里的王家大道也具有同樣的政治功能。許多大帝國的公共工程、宮廷建築、帝王陵墓等也成為現存著名的世界文化遺產。

秦始皇的大部分工程是在前人的基礎上擴建而成的，如全國的陸路水路交通網、以長城為標誌的軍事工程體系、咸陽都城及宮廷建築等，它們負載著大量的有關華夏文明發展史和中華帝國形成史的歷史信息。其他建築基本上也是根據華夏禮制、王權觀念而修建的。秦始皇與眾不同之處不在於建築的目的和內容，而在於工程之浩大乃至豪華奢靡空前絕後。

秦始皇的帝國工程行為是功乎？是過乎？這要做具體的分析。它們有的是功，有的是過，有的功過參半。無論功過，它們都旨在維護當時的統治秩序，因而都不可避免地打上時代的烙印，與支配、奴役、壓榨、掠奪等字眼直接相關。非但秦始皇的帝國行為應當如是看，世界歷史上一切類似的帝國工程都應如是看。

以長城為主要標誌的軍事工程體系

「長城首築，萬里安邊。」萬里長城是一項被譽為世界奇蹟的特大型工程，其工程之浩大、氣勢之雄偉，在世界軍事工程史上可謂首屈一指。一提到長城，人們就會想到秦始皇；一提到秦始皇的功與過，人們也總要論及長城。萬里長城是秦始皇統一天下之後修築的最重大的軍事工程。它與秦始皇有不解之緣。

城（城牆、城池），一向被視為人類文明的標誌。文明產生的實質性內容是國家政權的產生。然而遠古的人類社會遺址通常只能留下一些建築設施、生活用品及刻畫的遺跡。因此，在考古學界只能通過聚落規模、文字、設防城市、大型公共工程等，推斷一個歷史組織是否已經步入文明時代。大多數學者將設防城市作為國家文明所必備的標誌性文化遺存。

城的發展又是判定文明發展程度的重要歷史標誌。城最初以城牆為標誌，城牆、城池最初為軍事防禦而修建。一個文明發展了、擴張了，屬於它的城牆、城池也就拓展了、擴散了。先是城和城牆的拓展，再是一個個城池的擴散，再次是城池化的國境，……伴隨帝國化的進程，城由一個封閉的方圓，擴散為一群規模不同的方圓組合，再由方圓構成點線，最後變成一個漫長的曲線化的大城牆。這個大城牆圍護著一個大帝國和這個大帝國的眾多的城池。中國古代的長城就是這種性質的大城牆。

長城的出現是華夏文明帝國化的重要標誌。秦始皇最終完成了綿延萬里的長城。如果有人懷疑記述秦朝制度的歷史文獻的可信度，那麼可以請他看一看萬里長城。這座氣勢恢弘的大城牆可以證明：秦始皇終結了華夏文明的帝國化過程，秦朝確實實行帝制。

秦朝的軍事工程體系是一定歷史條件的產物，它是在前人的基礎上不斷發展、不斷完善、不斷擴充而逐步形成的。春秋以前，除國都及各地的城堡外，無力修建更多的國防工程。一般城邑和關隘要津多不設防。因此，一個國家的軍隊通過敵國或他國的領土常常進軍千里，通行無阻。春秋時期，各國開始在邊界修建一些關塞，然而由於人力、物力等方面的原因，禁防疏闊，通常沒有常駐軍隊防守。因此，他國之兵往來其境依然如入空虛之地。到了戰國時期，各國開始在大小城邑和關塞要津普遍設防。隨著騎兵、步兵野戰成為戰爭的主要方式，對險要地區的爭奪往往決定戰事的勝負，各國紛紛在邊境地區修建關塞，設關駐防。秦國的函谷關最為著名。經濟的發展也為軍事工程的建設提供了物質基礎。各國還大量修建亭、障、烽燧等軍事工程。亭是具有瞭望功能的軍事工程，通常建立在高高的土堆上。障是規模較大的城堡。烽燧主要用於報警，一旦發現敵情，就按照約定點火放煙為號。大一統的政治需要大一統的軍事工程體系。在統一天下過程中，秦始皇在戰略要地又修建了一批類似的軍事工程。

「馬上得天下」的秦始皇十分重視國防設施建設。為了鞏固統一，北禦匈奴，南擾百越，他指令擴建或修葺長城、直道以及與此相配套的關隘、亭障、烽燧、驛傳等，完善了整個帝國的軍事防禦體系。其中長城是秦朝最為浩大的一項軍事工程。

長城屬於大規模長久性軍事防禦工程。人類很早就以「城」、「城堡」的形式作為軍事防禦工事。「長城」實際上是擴大的城堡。它是由一系列利用地形構築的塹壕、城垣和防禦性小城逐步發展而來。

在中國，現知最早的長城出現於春秋戰國時期的楚國。最初楚國把溵水、泚水的堤防相連，加高加固，築成東起魯關，南達泚陽的軍事工程，號為「方城」。這類軍事防禦工程不斷發展完善。秦國先後利用黃河堤防、洛水堤防構築防禦性軍事工事。這種工程既加固了堤防，又可用於軍事防禦。齊、魏、趙、燕也相繼以同樣的方式構建軍事和水利兩用的工程。各國又相繼出現邊塞長城。秦昭襄王在隴西、北地、上郡修築長城以防禦匈奴。這種長城依山傍水，多為土石結構。近年來在河南省境內發現楚長城遺址，其中在南召縣板山坪鎮發現的楚長城為石製干壘建築，蜿蜒二十多公里，依山而建，連接六座山峰，整個城垣由外廓城、內城、甕城構成。

戰國時期各國都有長城。齊長城的規模很大，據說「齊宣王乘山嶺之上築長城，東至海，西至濟州千餘里，以備楚」[1]。魏國地處中原，無險可守，築長城以為屏障。燕國有南、北兩條長城，南界「易水長城」主要防禦秦、趙、齊，長達五百多里。北界長城主要防禦匈奴、東胡、山戎等，由上谷至遼陽蜿蜒兩千多里。趙國也有南北兩道長城。一條長城在漳水之北，主要用於防禦魏、秦。趙北界長城全長一千三百里，主要用於防禦燕和匈奴等三胡。韓國長城原為鄭國長城。韓國滅鄭後，遷都於鄭。經過擴建，這條長城成為韓國抵禦秦國的屏障。中山國築中山長城以防範四面強鄰。

戰國時期，為了防禦匈奴，秦、趙、燕三國都曾在邊境修築長城。秦昭襄王滅義渠，「於是秦有隴西、北地、上郡，築長城以拒胡。而趙武靈王亦變俗胡服，習騎射，北破林胡、樓煩。築長城，自代並陰山下，至高闕為塞。而置雲中、雁門、代郡。……燕亦築長城，自造陽至襄平。置上谷、漁陽、右北平、遼西、遼東郡以拒胡。」[2]

秦朝軍隊收復、攻占河套、陰山一帶以後，匈奴勢力範圍北移，卻依然對內地構成嚴重威脅。為了阻止匈奴騎兵南下，秦始皇決定修築一條橫亙於匈奴南進中原道路上的人工軍事屏障。蒙恬率軍隊三十萬眾，「築長城，因地形，用制險塞，起臨洮，至遼東，延袤萬餘里。於是渡河，據陽山，逶蛇而北。」[3]新的長城是在各國舊的長城的基礎上修葺、擴建而成。這條長城貫通東西，屹立在秦朝北部邊疆，是名副其實的「萬里長城」。

作為軍事防禦工程體系，長城由關隘、城台、城牆、烽燧等構成。關隘、邊城居高臨險，扼守要衝，「一夫當關，萬夫莫開。」城牆依山傍水，阻隔交通，可以有效地防止匈奴剽悍騎兵的長驅直入和大規模運動。城牆上每隔大約五百公尺設有城台、敵樓可供屯兵、據守。敵樓上準備著報警用的烽燧。在長城沿線設有重兵駐守，還有大量移民實邊，軍民可以利用長城的各種軍事設施及時抵禦匈奴的侵擾。

築城與拆城同步進行。在修築漫長的邊牆城防的同時，秦始皇下令拆除、夷毀東方各國在各自邊境修建的城郭濠塹及其他不必要的關隘、溝塹，使國家成一體，大道變通途。主要目的是便利交通，也便於軍隊迅速調動，防止這些舊的軍事工程被反叛、割據者利用。正如《碣石刻石》所說：「墮壞城郭，決通川防，夷去險阻。地勢既定，黎庶無繇，天下咸撫。」

萬里長城，工程浩大，僅數年即告完成。這不僅有賴於設計者、建築者的聰明才智，還必須集中大量人力、物力。修築長城的勞動力有三個主要來源：一是蒙恬所率領的三十萬常駐軍隊和從全國各地徵發的戍卒；二是在附近地區徵發的服徭役的民眾；三是發配邊疆的罪犯。人數最多時可能達到五十萬。在工具簡陋、交通不便的條件下，完成如此艱巨的工程，民眾負擔的沉重是可想而知的。

長城主要靠強制性的兵役、徭役勞動建成。秦治尚法，秦法嚴苛，對各種勞役的強度、工程的期限有極嚴的要求和規定。據說開鑿靈渠時就有兩位將軍因延誤工期而被處以死刑。其他工程也勢必有類似現象。長城工程多建於偏僻險要之地，勞動條件惡劣，軍民的傷亡病死也相當慘重。秦人留下一首《長城歌》，歌中唱道：「生男慎勿舉，生女哺用脯，不見長城下，屍骸相支拄！」廣為流傳的孟姜女哭長城、弔亡夫的故事雖為民間傳說，卻在一定程度上反映了百姓的哀怨與憤怒。

輕用民力幾乎是人們對秦始皇修長城的共同評價。司馬遷曾經說過：「吾適北邊，自直道歸，行觀蒙恬所為秦築長城亭障，塹山堙谷，通直道，固輕百姓力矣。」4但是，許多學者把秦朝亡國歸咎於修建長城，這是值得商榷的。

工程浩大，靡費良多，的確是導致秦朝短命的主因。在戰亂殘破，大局甫定，急需休養生息的時期，好大喜功，驕奢淫逸，靡費資財，輕用民力，這是政治之大忌。秦始皇恰恰犯了這個大忌。然而據此斷定修長城是秦始皇的一大暴政又失之於簡單化。各種帝國工程有「合理的」與「不合理的」之分，不能籠統地斥責「輕用民力」，更不應簡單地評說功過。秦朝的一些工程屬於合理或基本合理的。這些工程多為當務之急，且大多是在原有工程的基礎上擴建的。工程的完成還有增收節支之效，有的還有利於整個社會經濟的發展。筆者認為，歷來爭議頗大的修長城、築馳道，均應劃入這一類。

修築長城，基本合理。首先，阻止正在崛起的匈奴帝國侵擾中原是當務之急。長城不能不建，否則軍費、勞役的消耗和生命、財產的損失會很大，未必小於修建長城的消耗和損失。其次，長城是一項擴建工程，儘管工程浩大，而其總體負擔不會超過六國各自修築和維修軍事工程所需負擔的總和。正如秦始皇動用三十萬軍隊防禦匈奴二三十萬騎兵，其兵力大體合理一樣，秦始皇築長城基本上沒有增加全國軍事工程費用總量，其開支也大體合理。再次，長城築成以後，在抵禦匈奴侵擾方面可以節支，在發展內地經濟方面可以增收。秦朝與匈奴之間十年不動干戈，這個工程的總體收益是合算的。值得指出的是：在軍事技術相當落後的歷史條件下，長城有積極有效的防禦作用，只要中原政治穩定，它足以防範剽悍凶猛、來去飄忽的北方游牧民族騎兵。漢朝初年，漢高祖動用二十餘萬軍隊防禦匈奴，漢惠帝不僅大體保持用兵規模，還動用近十五萬人修繕長城。這也表明秦始皇動用數十萬人北禦匈奴、修築長城有其必要性、合理性。歷代王朝一再耗費巨資維修或重建長城也充分證明了這個工程的重要性。修馳道、開運河、整溝渠等大體與此相仿，且都屬於有巨大經濟效益、社會效益的工程項目。這類工程項目都應列入秦始皇的政績。

中國古代史上有兩個頗相類似的工程皇帝，一個是修築萬里長城的秦始皇，一個是開鑿大運河的隋煬帝。這兩個皇帝都「為禍一時」，而這兩個工程都「造福百代」。築長城、鑿運河都被後人列入他們的虐民之罪、亡國之因。其實這是不客觀、不公正的。他們的罪過在於興辦許多於社會無益、於民生有害的事項，靡費了大量的人力物力。這樣一來，本應修建，也有能力修建的工程也成了害民之舉。如果秦始皇不消耗大量的人力、物力用於建宮室、築皇陵、祭天地、求仙藥，後人很可能會不斷地頌揚他的「築城禦胡」之功。

近年來有一種奇談怪論：中國的四合院是小的圍城，中國的長城是大的圍城，它們都是中國文化天生具有封閉性的產物和象徵。這純屬無稽之談。建設長城出於軍事目的，並不旨在阻斷經濟的、文化的、人口的交流，事實上也沒有因此而把中華文化圈封閉在長城以內，把外來的文化排斥在長城以外。就中國本身而言，長城誕生的時代，中國古代文明正處在上升期，秦漢隋唐文化的開放性毋庸置疑。到清朝，閉關鎖國政策呈現出明顯的封閉性，而在出色地解決了團結北方各民族這個難題的條件下，康熙皇帝反而不主張修建長城。長城與文化的封閉性毫不相干，這是風馬牛不相及的兩種歷史現象。展望世界歷史，近代以來的西方文化無疑具有一定的開放性。而看一看羅馬帝國留下的長城遺跡，再看一看西歐中世紀到處林立的封建城堡，難道可以因此而斷言西方文化天生具有封閉性嗎？大大小小封建貴族的城堡以巨石壘砌而成，大多登高據險，牆聳溝深，可謂遍布各地，森嚴壁壘，其封閉程度遠甚於中國的城邑和四合院。其實世界各地的古代文明大多如此，難道可以由此斷定世界各地區、各民族的文化都天生具有封閉性嗎？

長城是中華民族的驕傲，是多民族統一國家的象徵。它曾為中華民族的形成與發展，為中國古代文明的繁榮與鼎盛，做出過重大的歷史性貢獻。在人類文明史上，它也是頗為壯觀的奇蹟。隨著人類文明的發展，長城已經失去軍事的防禦價值，轉化為供人們遊覽、觀賞的歷史文化遺跡。直到今天，「萬里長城」仍以其雄姿向世人展示著無與倫比的中華古代文明。

秦始皇修築舉世聞名的「萬里長城」是功，不是過。

馳道與遍布中華的通衢驛道網

秦始皇無愧為中華帝制的第一位皇帝。秦朝建立後，他所明令興建的第一個重大的交通工程就是遍布中華的通衢驛道網。在當時，它也是世界上首屈一指的人工修築的陸路交通網。

修築大規模的通衢驛道網是典型的帝國行為。交通網是天下動脈，郵傳號稱「天下血脈」。由大道通衢和驛站郵傳共同構成的路陸交通驛道網是一切大帝國所必備的軍、政、民三用公共工程設施。通衢驛道網的形成對於維護帝國的統一、穩定和發展具有重要的政治、軍事、經濟、文化意義。

秦朝的陸路交通體系也是在前代基礎上擴建而成的。戰國時期，各國都修建了便於交通運輸的陸路交通網。有些道路最初專門為軍事目的修建。例如，秦國為攻滅巴蜀，曾在陡峭岩壁上鑿孔架橋連閣，「棧道千里，通於蜀漢。」各國的道路彼此溝通，構成更大的網絡。當時地處中原的魏、趙、齊等國修建了許多縱橫交錯的大道，稱之為「午道」。利用既寬又直的午道，數百里的行程，可以「馬馳人趨，不待倦而至」[5]。這些午道多與秦、楚的午道溝通，其中著名的「成皋之路」常常被東方各國合縱攻秦的大軍作為戰略要道使用。

秦始皇二十七年（西元前二二〇年），剛剛掃滅六國後不久，秦始皇就下令「治馳道」。為了打通障礙，他還下令「壞城郭，決通堤防」[6]。據說「為馳道於天下，東窮燕齊，南極吳楚，江湖之上，瀕海之觀畢至。道廣五十步，三丈而樹，厚築其外，隱以金椎，樹以青松」[7]。馳道以首都咸陽為中心，橫縱貫通，遍於全國。這些馳道寬五十步，用鐵錐夯實，兩邊植樹，掩映如蓋，頗為壯觀。馳道主要為了政治、軍事目的而建，它是國家的重要設施，所以當時的人們視之為「天子之道」。秦朝四通八達的馳道顯然是在原有道路的基礎上擴建而成的，其中包括拓寬或修整原有大道、拆除阻礙交通的關隘路障和開闢新的大道通衢。

秦朝的陸路交通網不斷擴建。秦始皇專門為軍事目的修建了一些國防通道，如通向雲貴地區的「五尺道」、通向南海的「楊越新道」和通向北方邊境的「直道」等。秦始皇為了進一步密切巴蜀與西南邊疆地區的聯繫，派常頞修築通往雲貴地區的大道，其遺跡至今尚存。這條道路鑿山以通，大約有五尺寬，又稱「五尺道」。在平定百越過程中，秦始皇下令按照馳道標準，修築楊越新道。這條大道溝通中原與湖南、江西、廣東、廣西，直達南海。秦始皇三十五年（西元前二一二年），秦始皇為了便於對匈奴用兵，又下令修築「九原直道」。它由咸陽經上郡、雲陽，達九原，沿途開山鑿岩，夷平險阻，用時兩年半。這條大道「塹山堙谷，千八百里」8，自咸陽直通九原郡治所（今內蒙包頭市西南），故名「直道」。

據說，秦始皇還曾親自參與修路築橋。據《水經．濟水注》記載，秦始皇東巡，路遇河水阻擋，無路無橋。他親率百官，各提一石，填河鋪路。由於相傳是「秦始皇東巡所造」，故稱之為「秦梁」。與所有大帝國一樣，國家興建的公路網同時也是驛站網。二十世紀八〇年代以來，許多考察秦代馳道遺跡的學者發現了傍道而建的驛站館舍遺跡，為此提供了實物證據。交通網又與信息網密切相關。騎馬飛奔的驛卒、信使可以迅速地傳達中央政府的指令或地方政府的報告。這種大型驛站郵傳網是維護龐大帝國統治所必需的。

公路交通網是一個國家最重要的基礎工程，它又是文明發展程度的重要標誌。關於秦始皇修築陸路交通網的目的，歷史文獻多持巡幸說、用兵說，有人甚至認為馳道是秦始皇專為遊觀天下而建，其餘道路也是為了窮兵黷武，均屬於奢靡之舉。這種認識過於狹隘，不足以解釋這種帝國行為。就許多道路修築的直接動機而言，巡幸說、用兵說或許有一定的道理，然而這類行為的目的和功能顯然具有綜合性。它是一個大帝國控御之術的產物，也是政治、軍事、經濟、社會發展的產物。換句話說，它是文明發展到一定程度的必然產物。當年羅馬帝國凡得一國，必造大道，且標準高、質量好，從而使「條條大道通羅馬」，這與秦始皇使「條條馳道通咸陽」屬於同一類歷史現象。世界上的其他帝國也大體如此。甚至可以說，只要有大帝國，便有這種「大道通衢現象」。大帝國造就了大道通衢，大道通衢造就了大帝國。大道通衢一旦聯網成片，人類社會的文明就走上了一個台階。從人類文明史的角度看，不管築路者最初的目的是什麼，交通設施通常都具有綜合性的社會功能，既有利於政治統一、軍事調動，又有利於經濟發展、通商貿易和文化交流。大道通衢的網絡將一個國家連成一體，並構成這個國家的命脈。從現存記載看，秦始皇時期的陸路、水路交通網建設基本上屬於有較高效益的公共工程。且不說它對國家統一、政治安定、經濟發展和文化交流的重大促進作用，僅以車船運輸取代人力搬運而節約兵員、輜重運輸費用一項便相當可觀。一些學者把修建馳道列為秦始皇的一大罪狀乃至秦朝的亡國之因，這是值得商榷的。

靈渠與溝通大江南北的水運交通網

在世界古代農耕文明史上，組織修建水利設施是國家的重要職能之一，後來興修運河等又發展成為一種典型帝國行為。作為締造大秦帝國的始皇帝，秦始皇也有這種帝國行為。

中國先民歷來重視水利建設。大禹治水，開渠導河，史稱「諸夏艾安，功施於三代」。此後，中原有從滎陽引黃河而成的鴻溝，連接濟、汝、淮、泗四水。楚國有通渠連接漢水、雲夢，有通溝介於江、淮之間。吳國有通渠連接三江、五湖。齊國有運河連接菑、濟之間。秦國有都江堰「穿二江成都之中」。「此渠皆可行舟，有餘則用溉浸，百姓饗其利。」9此外有魏國的引漳水溉鄴工程和秦國連接涇水、洛水的鄭國渠。開鑿運河以輸送兵員和輜重史有先例。上述河渠大多不是單純為民用目的而興建。春秋時期，吳王夫差為爭霸中原，於西元前四八六年開鑿邗溝，溝通長江、淮河水系，又於西元前四八二年開鑿從淮河通往宋魯之間的運河，溝通長江水系與黃河水系。這樣他就可以通過水道從地處長江流域的吳地運送兵員、糧秣至黃河流域的中原地區。戰國時期，中原的鴻溝最為著名，它以黃河為主要水源，構成連接各國的水運交通網。秦始皇為保證樓船兵的遠程進軍和軍糧長途轉運，開鑿靈渠，溝通湘江水系和桂江支流灕江之間的交通。秦始皇統治時期還興建或疏浚了鄭國渠、鴻溝等一批重要水利工程。其他見於記載的秦朝水利工程還有通陵、汨羅支流、興成渠、秦渠、琵琶溝等。上述人工運河與分布各地的天然水道溝通了黃河、淮河、長江、珠江各個重要水系，形成水運交通網。它對於維護國家統一，促進經濟發展，擴大文化交流，都有重大作用和積極意義。這個水運交通網經歷代統治者不斷維修、擴充，一直是中國古代重要的基礎性水利交通設施。

靈渠是出於軍事目的而修建的大型水利交通工程。大約始建於秦軍進軍嶺南之時，建成於秦始皇三十三年（西元前二一四年）。秦軍平定楚地不久，便開始南平百越。當時嶺南一帶，山路崎嶇，交通不便，不利於軍隊及輜重的輸送。為了解決秦軍進兵和給養供應問題，秦始皇命監御史祿負責「鑿渠運糧」10，輸送樓船之士。於是史祿開始著手在湘水、灕水之間修鑿運河，以通糧道。

靈渠，又稱興安運河，起點在湘江上游海洋河畔（今廣西興安縣城東南）。在這一帶，湘水、灕水相距僅一點五公里，水位相差不到六米，其間只有一些低矮的山坡，相對高度只有二三十公尺，因此靈渠工程具有可行性。史祿經過實地勘察，選擇適當位置動工開渠。他利用自然地勢，修建了由鏵堤、大小天平、南渠、北渠和秦堤、泄水天平、陡門等構成的配套工程。史祿組織人力在此處江中築起犁鏵形石堤，分湘水為南北兩渠，七分經北渠（約四公里）導歸湘水，三分經南渠（約三十公里）與灕水上游的大榕江合流。所經之處都是高地，靠人工鑿渠通行。渠道迂迴，以降低坡度，平緩水勢。渠中設若干斗門，船只通過斗門上升或下降。南北往來之船浮舟過嶺，「循崖而上，建瓴而下。」這條人工運河全長三十四公里，連接湘水和灕水，溝通了長江水系和珠江水系。

靈渠修成，秦軍加快了軍隊的調動和糧草的運輸，終於征服了南越和西甌。它的效用不止於此。靈渠成為「三楚兩粵之咽喉」，不僅是溝通南北的交通樞紐，還可供引水灌溉。靈渠無疑是一個高效益的水利公共工程。

秦朝的水陸交通網是歷代先民不斷擴建的成果。始建於秦的都江堰、鄭國渠、靈渠等直到今天仍發揮著重要的作用，長期給各當地民眾帶來福祉，真可謂「造福萬化」。其中靈渠在世界航運工程史上占有光輝的地位。這個功績應當記在包括秦始皇在內的工程組織者、設計者和建設者的帳上。作為修建或疏浚水陸交通網的工程組織者，秦始皇功不可沒。

十二金人與「銷鋒鑄鐻」工程

史稱：「始皇既立，並兼六國，銷鋒鑄鐻。」[11]興建大型紀念性、象徵性建築物也是一種比較常見的帝國行為。秦始皇下令「鑄鐻」可以列為這種行為。他把「鑄鐻」工程與「銷鋒」工程有機地結合在一起，強化了這個工程的紀念意義和象徵意義。在文獻中，這兩個工程合稱「銷鋒鑄鐻」。「銷鋒鑄鐻」是秦始皇統一六國後，為了鞏固秦王朝的統治而興建的又一個重大工程。這個浩大的工程分為「銷鋒」、「鑄鐻」兩個步驟。其標誌性成果則是聞名於世的「十二金人」。

秦始皇二十六年（西元前二二一年），齊國滅亡，天下一統。秦始皇在確立王朝的各項重要制度的同時，下令「收天下兵，聚之咸陽，銷以為鍾鐻，金人十二，重各千石，置廷宮中」[12]。這就是所謂的「銷鋒鑄鐻」。「銷鋒」，即收繳並銷毀大量的兵器。「鑄鐻」，即用這些廢棄的兵器作原料，大規模地鑄造在宮廷中使用的鍾鐻之類的各種銅器，其中「金人十二」是當時鑄造的最大的青銅器物。由於這些金人是秦始皇命令工匠以收繳的兵器為原料鑄造而成的，所以「銷鋒鑄鐻」往往相提並論。碩大的青銅人像是這個工程的最顯著的標誌物，後世論及這個歷史事件時主要圍繞「十二金人」展開話題。

關於秦始皇「銷鋒鑄鐻」的目的，學者們有幾種說法：

第一種說法是「弭兵」說。這種說法把「銷鋒鑄鐻」看成是秦始皇的功績之一。漢朝初年，嚴安曾上書漢武帝，議論時政，文中寫道：「及至秦王，蠶食天下，併吞戰國，稱號皇帝，一海內之政，壞諸侯之城，銷其兵，鑄以為鍾虡，示不復用。元元黎民得免於戰國，逢明天子，人人自以為更生。」[13]這就是說，秦始皇「銷鋒鑄鐻」的目的是避免戰亂再起。這個舉動也是動亂甫平、天下一統的象徵，頗有一點「鑄劍為犁」、「放馬南山」的意義。

第二種說法是「弱民」說。這種說法從秦始皇的統治方略角度立論，強調「收天下兵」的政治目的。「弱民」說與「弭兵」說完全相反，它們對同一類歷史現象做出了截然相反的價值判斷。漢代的賈誼、司馬遷是持這種說法的代表人物。在《史記・秦始皇本紀》中，司馬遷引用賈誼的《過秦論》，以評價秦政得失。他們認為，秦始皇為了維護「鞭笞天下，威振四海」的政治局面，「於是廢先王之道，焚百家之言，以愚黔首。墮名城，殺豪俊，收天下之兵聚之咸陽，銷鋒鏑，鑄以為金人十二，以弱天下之民。」這就是說，收繳並銷毀「天下之兵」的目的是「弱天下之民」，使之無力反抗秦王朝的統治。這個說法是當時許多人的共識。他們把「銷鋒鑄鐻」與「以法治國」、「焚書坑儒」相提並論，視為秦始皇的敗政之一，所謂「於是秦兼天下，廢王道，立私議，滅《詩》、《書》而首法令，去仁恩而任刑戮，墮名城，殺豪桀，銷甲兵，折鋒刃」[14]。這個說法為後世大多數學者所認同。「鑄金人，發謫戍」[15]成為秦始皇的罪狀之一。

第三種說法是「符瑞」說。據《漢書・五行志下之上》記載，「秦始皇帝二十六年，有大人長五丈，足履六尺，皆夷狄服，凡十二人，見於臨洮。天戒若曰，勿大為夷狄之行，將受其禍。是歲始皇初併六國，反喜以為瑞，銷天下兵器，作金人十二以象之。」這就是說，秦始皇錯將災異理解為符瑞，「銷鋒鑄鐻」的目的是為了宣揚符瑞降臨，顯示秦王朝的合法性和一統天下的功勛。如此說來，「十二金人」具有特殊的政治意義。由於這些青銅人物鑄像「皆夷狄服」，所以許多文獻稱之為「銅狄」、「金狄」。符瑞、祥瑞本屬無稽之談，而在當時的政治生活中又有舉足輕重的作用。秦始皇是個尊崇上帝、迷信天命的皇帝。當臨洮的地方官報告「符瑞」的時候，他深信不疑，認為這是天下一統、中外一家的象徵，於是就鑄造「十二金人」宣揚並紀念這件事。

持「符瑞」說的許多古代學者既相信符瑞，又非議秦政。在他們看來，秦始皇誤以「天戒」「天譴」為「符瑞」，並以此證明秦皇無道。

第四種說法是「翁仲」說。高誘注釋《淮南子．氾論訓》，他認為：「秦始皇二十六年，初兼天下，有長人見於臨洮，其高五丈，足跡六尺。放寫其形，鑄金人以象之。翁仲，君何是也。」這就把金人與翁仲聯繫在一起。《史記．秦始皇本紀》《索隱》引謝承《後漢書》：「銅人，翁仲，翁仲其名也。」這種說法認定「十二銅人」就是「翁仲」。許多文獻論及翁仲，如《山堂肆考》、《廣宇記．陝西臨洮府名宦》、《古今圖書集成．坤輿典》等。所記略有差異，基本內容相同。據說翁仲姓阮，身材高大，相貌威武，是秦始皇手下的大將。秦朝建立後，秦始皇命人按照他的形象鑄造銅像，立於咸陽宮司馬門外。銅像栩栩如生，匈奴人見之，以為翁仲尚存，禮拜有加。然而這些記載都沒有直接把銅翁仲與「十二銅人」聯繫起來。「翁仲」說將秦始皇鑄金人的目的解讀為：紀念聲播域外的戰將，用以威震遠方的匈奴。

第五種說法是「仿效聖王」說。這種說法是日本漢學家瀧川龜太郎提出的。他認為「始皇銷兵，學周武放牛馬也；鑄十二金人，效夏鑄九鼎也」[16]。這就是說，秦始皇「銷鋒鑄鐻」旨在仿效古代聖王故事。他為了表示刀兵入庫，放馬南山，偃武修文，以鑄造大型標誌性器物，凸顯博大功業。

第六種說法是「廢棄銅兵」說。郭沫若明確提出此說。在他看來，秦始皇「銷鋒鑄鐻」是一個標誌性歷史事件，「這標誌著銅器時代與鐵器時代的轉折點。」[17]江淹在《銅劍贊序》中有一段議論。他指出：從春秋至兩漢有一個從銅兵器向鐵兵器轉化的歷史過程。戰國以來，兵器需要量很大，而「鑄銅既難，求鐵甚易。故銅兵轉少，鐵兵較多，二漢之世，逾見其微」。這是符合歷史事實的。儘管鐵兵器的普遍化是漢代的事情，而鐵兵器的增多畢竟增加了銅兵器的淘汰數量。

筆者認為，上述這些說法都有一定道理，實際上可能是各種成分都有一些，而總的說來，「銷鋒鑄鐻」屬於一種正常的統治行為，只是在特定的歷史條件下，其規模空前絕後而已。

「銷鋒鑄鐻」是秦始皇為鞏固統一所採取的一系列措施的兩大成果。秦始皇收繳天下兵器與鑄造鍾鐻金人本來是兩件事，只是由於都屬於鞏固統一的政治措施，幾乎同時進行，而鑄金人的材料又取自兵器，這才把兩件事關聯在一起，使之成為一個浩大工程的兩個步驟。如果沒有如此規模的收繳兵器之舉，就很難有如此浩大的青銅鑄造工程。「銷鋒」與「鑄鐻」的原因和目的應當分別考察，統一歸納。

秦始皇「銷兵」的主要目的是在特定的歷史背景下處理戰爭善後問題，加強兵器管理。秦始皇收繳天下兵器的原因首先與秦的制度有關。從雲夢秦簡提供的材料看，秦國有兵器國有的傳統。依據制度，平時由國家統一製造並保管兵器；動員軍隊時由國家統一發放兵器，並登記造冊；軍隊復員時，統一收回兵器，凡與登記不符者，必須照價賠償。除少量賜予貴族、官吏的佩劍等禮儀性兵器外，用於戰爭的兵器一律由國家統一保管，不准私人平時擁有武器。這很可能是一個行之久遠的制度。這就決定了在戰爭結束後，政府必然將大量兵器收歸國庫所有。

秦始皇銷毀兵器的主要原因是兵器總量過剩。秦始皇收繳的兵器來自六大「戰國」，這就決定了他所收繳的兵器數量巨大。戰國末年，大國之間的兼併戰爭已是曠日持久，各國軍隊的總兵力約有數百萬。當時每一個士兵配備的兵器至少三件，如果再加上散落在民間的兵器，估計兵器總量數以千萬計。統一天下之後，全國軍隊總數大幅度下降，對於繳獲的、殘損的、流散的和過剩的兵器必須有一個適當的處置辦法。大規模收繳並銷毀兵器勢在必行。加強兵器管理的目的顯然有維護統治秩序、防範民眾反抗的意圖。大功告成之後銷毀兵器，也有偃武修文的用意。在秦始皇收繳、銷毀兵器的動機中，還很可能包含著各種政治考慮，其中也有仿效聖王故事的意味。這種現象史有先例，魯國的季武子就曾用繳獲齊國的兵器，「作林鐘而銘魯功。」[18]結束戰爭之後，大規模地銷毀武器更是一種很常見，也很正常的歷史現象。秦始皇「銷兵」之舉與既定制度有關，也有利於國家統一，歷史安定。在評論這個事件的時候不必過於誇大「弱天下之民」的成分。

天下剛統一，秦始皇就立即下達了收繳兵器的命令。數以千百萬計的兵器收集於國家庫府，匯聚到首都咸陽，恐怕用「堆積如山」都不足以形容其數量之多。秦朝政府必須以適當方式處理這些閒置不用的兵器。在當時，兵器以青銅質料居多，而青銅是比較貴重的金屬，用銷毀的兵器鑄造銅器又是一種最常見的選擇。自商周以來，歷代統治者就嗜好以大型青銅製器顯示權威和富貴，秦始皇亦然。於是秦始皇決定把這些寶貴的青銅用於鑄造奢華的宮廷用品，特別是紀念性、象徵性的大型器物。這在當時應屬很正常的現象。

秦始皇鑄造「十二銅人」的目的顯然與符瑞有關。這可以依據銅人的形制斷定。「十二銅人」依據「臨洮長人」的身材、形象而鑄造，它們「皆夷狄服」。這表明，「符瑞」說是可信的。

秦始皇用銷毀的兵器鑄造的器物顯然不限於「十二銅人」。秦朝宮廷之中擁有大量銅質器物，許多文獻有秦人多鑄千石之鐘的記載。這些器物有的是繼承前代的，有的是秦始皇監製的。據劉歆所著的《西京雜記》卷三記載，劉邦初入咸陽宮，「周行庫府，金玉珍寶不可稱言」，其中有一批「尤驚異者」，如「復鑄銅人十二枚，坐皆高三尺，列在一筵上，琴筑笙竽，各有所執，皆綴花采，儼若生人。筵下有二銅管，上口高數尺，出筵後。其一管空，一管內有繩，大如指。使一人吹空管，一人紐繩，則眾樂皆作，與真樂不異焉」。這顯然是一個大型的銅人樂隊。這裡所提到的「銅人十二枚」是否就是「十二金人」，不得而知。從其形制、尺寸來看，似不是「十二金人」。值得指出的是：大型銅製樂隊不是秦始皇首創的。一九七八年在湖北隨縣發掘出戰國時期的曾侯乙墓，其中的大型編鐘就是由六具鑄鐻銅人承托的。裴松之為《三國志》作注，他引《魏略》記述魏明帝大規模搬運銅器的材料以補《魏志》的不足。這段文字是：「《魏略》曰：『是歲，徙長安諸鍾虡、駱駝、銅人、承露盤。盤折，銅人重不可致，留於霸城。大發銅鑄作銅人二，號曰翁仲，列坐於司馬門外。又鑄黃龍、鳳皇各一，龍高四丈，鳳高三丈餘……』」[19] 這段史料說明，不僅秦漢宮廷的大型銅質器物甚多，而且鑄造「翁仲」之類的銅人並置於宮廷的適當位置也是很常見的帝王行為。從這些史料可以大體推斷：在統一天下不久，秦始皇就用銷毀的兵器鑄造了許多器物，其中以「十二銅人」最為著名。後來還可能又陸續鑄造了「翁仲」等大型器物。

秦始皇「銷鋒鑄鐻」的成果都被置於宮廷之中。「十二金人」顯然安放在阿房宮的顯要位置，很可能置於阿房宮前殿之前。翁仲則被立於宮門之外。它們使阿房宮更加壯美、更加莊嚴。在這個意義上，「銷鋒鑄鐻」又是擴建咸陽都城和宮廷建築工程的一個組成部分。

這項工程的規模是可以大體估算出來的。徵集並銷毀數以千萬計的兵器是一個很大的工程，然後還要把它們熔鑄成各種大型器物。關於「十二金人」的高度，有關文獻記載不一致。有立姿五丈說、坐姿三丈說等。五丈說見於《史記・秦始皇本紀》、《漢書・五行志》，恐怕很難簡單地推翻。有人據此推定金人為立姿，高五丈。《三輔黃圖》有「坐高三丈」之說，還記載了十二金人胸前的銘文：「皇帝二十六年，初兼天下，改諸侯為郡縣，一法律，同度量，大人來見臨洮，其大五丈，足跡六尺。」當時的坐姿與後世不同，通常是踵足席地而坐，即跪坐。身高五丈，跪坐高三丈，也是符合比例的。《三輔舊事》、《水經注》等皆採此說。這裡姑且採用坐姿三丈說。

秦代一尺約合三十三點一公分。銅人的三丈金身大約在七公尺左右。關於金人的重量，《史記·秦始皇本紀》記作「各重千石」。秦代一石約合六十公斤，千石約有六萬公斤。依此推算，十二金人總重量達七十二萬公斤。實際上高達七公尺的仿人跪坐銅像，其重量應高於六萬公斤。《史記·秦始皇本紀》的「正義」引《三輔舊事》云：「聚天下兵器，鑄銅人十二，各重二十四萬斤。漢世在長樂宮門。」一說為「三十四萬斤」。這樣一來，金人的重量成倍增加。即使金人的身高、重量皆從其數量較小者，其工程總量也相當可觀。兵器的數量巨大，金人的結構複雜，從收繳兵器、匯集兵器、運輸兵器，到建造工場、融毀兵器、澆灌冶鑄，再到精心打磨、修飾成器、置於宮廷，其工程規模之大是可以想像的。再加上眾多的千石之鐘、巨大的翁仲銅像及各種銅鑄的飛禽走獸、車馬、器皿、裝飾等，「銷鋒鑄鐻」工程所耗費的人力、物力可想而知。

秦始皇的「銷鋒鑄鐻」工程，是非參半，功過相雜。「銷鋒」是勢在必行的功德之舉，不能簡單地斥之為「粉飾太平」、「壓迫民眾」。「鑄鐻」基本上是無益有害之舉，本應鑄為犁的劍，卻被秦始皇鑄成了豪華的宮廷飾物。鑄造這些宮廷飾物不僅無益於國計民生，而且消耗民脂民膏。許多古代思想家把「銷鋒鑄鐻」視為秦始皇的無道之舉，這是頗有幾分道理的。

秦朝滅亡後，「十二金人」歷經磨難，終歸於泯滅。由於文獻記載的闕略，「十二金人」的最終結局已經很難詳細考證。關鍵在於漢代以來的文獻中所提到的「金人」、「銅人」、「金狄」等是否就是當初的「十二金人」，這一點很難確說。「十二金人」的損毀過程很有可能是這樣的：秦朝覆滅，阿房宮毀於戰火，金人掩棄於廢墟之中。劉邦建立漢朝後，命人將「十二金人」運到長樂宮的大夏殿，銅翁仲則立於司馬門外。在西漢，「銷鋒鑄鐻」的主要成果完好無損。兩漢之際，王莽篡漢，建立「新」朝，他的一次夢魘，致使「十二金人」的金身破損。據《漢書·王莽傳下》

記載，有一次，王莽「夢長樂宮銅人五枚起立，莽惡之，念銅人銘有『皇帝初兼天下』之文，即使尚方工鐫滅所夢銅人膺文」。這些銅人可能就是「十二金人」。它們胸前的銘文被王莽命尚方監的工匠全部鑿除。東漢末年，天下大亂，群雄割據，董卓一度挾持皇帝，專擅朝政。漢獻帝初平元年（西元一九〇年），董卓改變幣制，「壞五銖錢，更鑄小錢，悉取洛陽及長安銅人、鍾虡、飛廉、銅馬之屬，以充鑄焉。」[20]據說遭此一劫，「十二金人」大多毀損，僅餘其二。三國時期，魏明帝將長安的大型銅質器物遷往洛陽，幸存的銅人也在計劃之內。據說「金狄或泣，因留霸城」。實際上是由於「銅人重不可致」[21]，運輸困難，未能達到目的。魏明帝只好另鑄了兩尊銅翁仲立於宮廷之前。到十六國時期，後趙皇帝石季龍命人將銅人運抵鄴都。後來，前秦皇帝苻堅又將其運回長安銷毀。至此「十二金人」損毀殆盡。

「十二金人」是當時最大的青銅器，其體積、重量前無古人。如此規模的熔鑄能力、高超的冶鑄技術和精美的藝術造型，堪稱中國古代乃至世界古代手工業史上的壯舉。令人遺憾的是，這些精美的鍾鐻、銅人因一個王朝的政治需要而被鑄造，又因另一個王朝的政治需要而被損毀。王朝的興替使它們當初所負載特殊的政治意義不復存在，以致後世的皇帝視之為廢銅爛鐵。秦始皇的奢靡、王莽的愚昧和董卓的貪婪都令人唾棄，而這些大型青銅藝術珍品的毀棄實在令人扼腕嘆息。

阿房宮與秦都咸陽的擴建工程

大帝國都有宏偉壯麗的國都及相應的政治性建築群。秦始皇也有他的宏大帝都和壯美宮室。

秦國歷代先公先王長期經營關中，早已形成了龐大的都邑和宮室體系。特別是自秦孝公以來，經過六代君主的不斷建設，秦國都城咸陽宏偉壯麗。可是秦始皇意猶未足，繼續大建宮室苑囿。據《史記・秦始皇本紀》記載，秦始皇大規模擴建咸陽都城及宮室的過程大體可以分為三個段落。

第一個段落是統一六國前後。當時「諸廟及章台、上林皆在渭南。秦每破諸侯，寫放其宮室，作之咸陽北阪上，南臨渭，自雍門以東至涇、渭，殿屋復道周閣相屬。所得諸侯美人鐘鼓，以充入之」。這個建築群全部按照各國的王宮複製，並安置從各國虜來的宮人、器物。這些宮殿很可能以各國名稱命名，如「楚宮」、「衛宮」等。

第二個段落是統一天下不久。秦始皇二十七年（西元前二二〇年），「焉作信宮渭南，已更命信宮為極廟，象天極。自極廟道通酈山，作甘泉前殿。築甬道，自咸陽屬之。」這個段落的核心建築是極廟。它是宮殿式的宗廟，比附天上的北極星座，又稱太極廟。中國古代認為北極星座是天極、帝座、紫微帝宮，它居中不動，為群星所拱，在星辰體系中最為尊貴。極廟的象徵意義是：皇帝在人間的地位相當於上帝在天國的地位。後來秦二世將極廟改為始皇廟，尊為「帝者祖廟」。

第三個段落是秦始皇晚年。秦始皇三十五年（西元前二一二年），秦始皇覺得「咸陽人多，先王之宮廷小」，決定大規模改建咸陽城，將宮室的重心移向西周故都遺址「豐鎬之間」。「乃營作朝宮渭南上林苑中。先作前殿阿房，東西五百步，南北五十丈，上可以坐萬人，下可以建五丈旗。周馳為閣道，自殿下直抵南山。表南山之顛以為闕。為復道，自阿房渡渭，屬之咸陽，以象天極閣道絕漢抵營室也。阿房宮未成。成，欲更擇令名名之。作宮阿房，故天下謂之阿房宮。」

秦始皇大規模擴建都城和宮室的目的主要有四個：

其一，威服天下。漢高祖剛剛稱帝，丞相蕭何就修建未央官，「立東闕、北闕、前殿、武庫、大倉」，頗為壯觀。漢高祖指責蕭何：「天下匈匈，勞苦數歲，成敗未可知，是何治宮室過度也！」蕭何認為：「天子以四海為家，非令壯麗亡以重威，且亡令後世有以加也。」[22]漢高祖聞之大喜。蕭何的說法符合中國古代的統治術。體現皇權不可一世的氣勢、君臨天下的威嚴、皇家地位的尊貴，這是包括秦始皇在內的歷代帝王修建宮廷的主要宗旨。

宮廷制度是皇權的物質標誌。宮廷制度包括地理位置、建築格局、內侍組織及其相關的規制等。在觀念上，皇宮內院是帝王齊家之所，朝堂大殿是帝王治平之地，帝都京城是國家政治中心。據說，「王者居宸極之至尊」，天下第一家的居所亦法象「宸極」，即「宮者，天有紫微宮，人君則之，所居之處故曰『宮』」[23]。在陝西澄城縣良周村出土的戰國秦漢帝王行宮的瓦當上，有這樣的銘文：「與天無極。」這正是宮廷制度所物化的政治文化意義的高度概括。宮廷的各種稱謂，如天宇、天衢、天闕、天邑、宸極、皇州、帝鄉等，都旨在尊崇天子。各種建築也皆具政治功能和象徵意義。建築設計刻意在空間和色彩的對比變換中營造富貴、崇高和威嚴的氣勢。巍峨的宮闕、恢弘的門樓、雄偉的圍牆、寬闊的廣場、壯麗的殿堂，裝飾以河橋、華表、金龍、石獸，再渲染以白玉、碧瓦、紅磚，構成了富麗堂皇、莊嚴肅穆、凌駕一切的意境。再加上隆重、神聖、威嚴、繁縟的大典儀軌。在這種意境和氛圍中，皇帝行使著「官天下」的權力，扮演著「家天下」的大家長。人們只能頂禮膜拜，誰又敢對君王懷有貳心？

其二，炫耀功德。秦始皇建立極廟以與皇帝尊稱相匹配，複製各國宮室，以炫耀橫掃六合的武功。大規模擴建咸陽城固然與實際需要有一定的關係，而其主要目的還是為了進一步營造超邁五帝三王的氛圍。

其三，窮奢極欲。秦朝的皇家建築群集當時各種技術、工藝之大成，堪稱亙古罕見的建築藝術瑰寶。它以宮室建築為主，配以各種苑囿園林，依山傍水，布局嚴整，錯落有致，氣勢雄偉。秦始皇還將分布在各地的各國王宮、離宮統統據為己有。然而面對如此規模、如此壯麗的宮室，秦始皇意猶未足，又大規模擴建從秦文惠王開始動工興建的阿房宮，並在各地大量建造離宮。據說，「關中計宮三百，關外四百餘。於是立石東海上朐界中，以為秦東門。」如此規模的宮殿、苑囿和遍布各地的離宮顯然遠遠超過禮制的規定和豪華的帝王日常生活的實際需要。

其四，修煉仙道。秦始皇聽信術士盧生之言，為了見到「真人」，將自己隱秘宮中。為了適應這個特殊需要，「乃令咸陽之旁二百里內宮觀二百七十復道甬道相連，帷帳鐘鼓美人充之，各案署不移徙。行所幸，有言其處者，罪死。」24

以阿房宮為主體的秦都宮室苑囿規模極其宏大，建築極其豪華。據說，阿房宮由秦惠文王始建，秦始皇大規模擴建。直到秦始皇辭世，阿房宮的主體工程阿房前殿等尚未完工。此外秦始皇還先後興建梁山宮、曲台宮、長樂宮、蘭池宮、宜春宮、望夷宮、南宮、北宮、興樂宮、林光宮等。近年來的考古發掘證實了一些有關的記載。為了擴建宮室、陵墓，秦始皇派遣「隱宮徒刑者七十餘萬人，乃分作阿房宮，或作麗山。發北山石槨，乃寫蜀、荊地材皆至」。又「因徙三萬家麗邑，五萬家雲陽，皆復不事十歲」25。

如此大規模地建築都城、宮室、苑囿，勞民傷財，且毫無益處。這是秦始皇統治時期一大弊政，甚至可以說是導致秦朝速亡的重要誘因。據說當時流傳一個民謠：「阿房，阿房，亡始皇。」這個褒貶時政的警世妙語不幸而言中。秦朝滅亡，這些宮殿也大多焚毀。正如《三輔皇圖序》所說：「始皇併吞六國，憑借富強，益為驕侈，殫天下財力以事營繕。項羽入關，燒秦宮闕，火三月不滅。」

兵馬俑與空前奢華的驪山陵工程

帝王陵墓屬於帝國工程。建築豪華奢靡的陵墓，是維護皇權、鞏固統治的一種手段。無論中外，有帝國必有帝王陵墓。在通常情況下，帝國越強盛，帝陵越宏偉。這類工程前有古人，後有來者。秦始皇亦不例外，但是「自古至今，葬未有盛於始皇者也」[26]。在中國歷史上，秦始皇驪山陵工程的特點是：其規模之大，耗費之巨，可謂前無古人，後無來者。秦始皇陵的發掘已經證實了《史記》有關記載的真實性。一九八七年，它被聯合國教科文組織列入「世界遺產保護名錄」。

遠古人類相信靈魂不滅，這種觀念至今尚存。因此，權貴們幾乎無一例外地出於嚮往天國、迷信鬼神、維護尊嚴和炫耀富貴，而興建陵墓，厚埋陪葬。在中國，厚葬之風古即有之，還形成「事死如事生」的禮制。考古發現的商王及后妃、貴族之墓就是先例。春秋戰國以來，厚葬之風更盛，還增加了封土山陵。近年來，經考古勘察、發掘的秦公大墓、曾侯乙墓等都為當時王侯的厚葬之風提供了實物證據。史稱「吳王闔閭，違禮厚葬」，此後，「秦惠文、武、昭、嚴、襄五王，皆大作丘隴，多其瘞臧。」[27]秦始皇更是登峰造極，堪稱中國古代帝王厚葬之最。

君主生前預造壽陵可能始於春秋戰國時代。依據古代制度，「天下貢賦三分之，一供宗廟，一供賓客，一充山陵。」[28]秦漢時期政府財政與皇室財政是分開的，但這並不妨礙皇帝任意把國家財政撥作己用。所以名義上秦始皇是在用自家收入為自己修築陵墓，實際上所用金錢是民脂民膏，所用勞力是國家徭役。

秦始皇從十二歲即位伊始，就開始為自己修建驪山陵，直到死時尚未完工。史稱：「始皇初即位，穿治酈山，及併天下，天下徒送詣七十餘萬人，穿三泉，下銅而致槨，宮觀百官奇器珍怪徙臧滿之。令匠作機弩矢，有所穿近者輒射之。以水銀為百川江河大海，機相灌輸，上具天文，下具地理。以人魚膏為燭，度不滅者久之。」[29]

秦始皇陵園南依驪山，北臨渭水，遠遠望去像一座巍峨聳立的山丘。它是中國歷史上第一個皇帝陵園，也是最豪華的皇帝陵園[30]。秦始皇陵園是在戰國君王陵寢制度的基礎上創建的。秦始皇繼承前代制度並多有創新，他通過修築驪山陵形成了許多影響深遠的帝陵制度，如封樹制度、陵邑制度、園寢制度等。

秦漢時期的帝王之陵以秦始皇驪山陵的封土規模最大。秦始皇還命名自己的陵冢為「山」。封，即封土，積土成山；植，即植樹，廣植松柏。封樹，即封土植樹如山似陵。封土的大小、高低標誌著墓主人生前的等級與地位。據說罔象專食亡人肝腦，而松柏可以使之避易。秦始皇的陵冢呈覆斗狀，全部由人工積土成山，精心夯築而成。陵冢原高五十丈（約一百一十五公尺），陵基東西長約四百八十五公尺，南北寬約五百一十五公尺。經兩千多年的風雨侵蝕和人為破壞，至今尚保存高七十六公尺、寬三百五十公尺、長三百四十五公尺的夯土陵丘。

秦始皇建立陵邑制度和園寢制度。他「因徙三萬家麗邑」[31]，令大量關東之民到陵園附近居住。這些居民的任務是修建、維護皇帝的陵園。「驪山園」仿照都邑建造，是一座由內外兩重園垣圍成的陵園。考古勘察表明，陵冢園有長方形的內、外二城，其規模也比漢代為大。內城、外城四面有門，門上有闕樓。在陵冢的北側和西側建有大片地表建築，模仿生前宮殿的「前朝後寢」制度。陵園設專職職官負責管理。

秦始皇的陵邑、陵冢、寢殿、地宮、寺吏舍、陪葬墓及各種陪葬坑，模擬天地、國家、皇宮、政府、軍隊、臣民、苑囿等，形成一個完整的冥世帝國。據說地宮中有各種象徵日月星辰、山川河海、林木禽獸的圖畫、裝置，還有百官位次和各種奇珍異寶、玉門機關。各處點燃灌注鯨油的長明燈。此外還有大量的殉葬品。一九七四年，在陵冢東側一點五公里處發現陪葬的兵馬俑坑。三個俑坑埋藏著與實物同樣尺寸的兵馬俑八千多件。這些兵馬俑製作仿真，構成龐大的軍陣序列，規模宏偉，威武雄壯，大氣磅礴。一九八〇年底，在陵冢西側深七米的陵道附近又出土了兩組精美的銅車馬。它們是皇帝出行的鑾駕乘輿。此外還發現許多象徵宮廷苑囿的馬廄坑、珍禽異獸坑。由此可見秦始皇陵規模之宏偉，陪葬品之豐富，工程之浩大。

秦陵附近出土的每一件文物都令人驚嘆不已。舉世聞名的秦陵兵馬俑被譽為「世界第八奇蹟」。銅車馬等也堪稱「世界奇蹟」。而它們僅僅是秦陵布局的一小部分。殉葬明器坑都有如此驚人的規模，陵墓總體規模之宏大可想而知。

秦始皇的驪山陵前後修建將近四十年，常年勞作的主要是刑徒和工匠。他們多達數十萬人。秦始皇還調用各地工匠以及荊楚木材、北山石料等，以木蘭為梁，磁石為門，銅水灌漿，米汁刷飾。為了採取合用的石料，秦始皇命令「發北山石槨」[32]。據說當時有民謠曰：「運石甘泉口，渭水為不流。千人唱，萬人謳（一作鉤），金陵餘石大如塸。」以人拉手推的方式運輸一塊塊大如土屋的巨石，僅僅這個工程的耗費就是極其驚人的。

無節制地廣建宮室，大修陵墓是加速秦朝滅亡的重要原因。這些工程無益而有害，僅阿房宮、驪山陵這兩項就長期占用七十萬刑徒及大量工匠，其人力消耗相當於甚至超過北禦匈奴、南平百越所用人力的總和。漢代的賈山批評秦始皇，他說：「貴為天子，富有天下，賦斂重數，百姓任罷，赭衣半道，群盜滿山，使天下之人戴目而視，傾耳而聽。一夫大呼，天下向應者，陳勝是也。秦非徒如此也，起咸陽而西至雍，離宮三百，鐘鼓帷帳，不移而具。又為阿房之殿，殿高數十仞，東西五里，南北千步，從車羅騎，四馬鶩馳，旌旗不橈。為宮室之麗至於此，使其後世曾不得聚廬而託處焉。為馳道於天下，東窮燕齊，南極吳楚，江湖之上，瀕海之觀畢至。道廣五十步，三丈而樹，厚築其外，隱以金椎，樹以青松。為馳道之麗至於此，使其後世曾不得邪徑而託足焉。死葬乎驪山，吏徒數十萬人，曠日十年。下徹三泉，合採金石，冶銅錮其內，漆塗其外，被以珠玉，飾以翡翠，中成觀游，上成山林。為葬薶之侈至於此，使其後世曾不得蓬顆蔽冢而托葬焉。秦以熊羆之力，虎狼之心，蠶食諸侯，併吞海內，而不篤禮義，故天殃已加矣。」33

在今天看來，一切帝王陵墓工程都是靡費民脂民膏之舉，其現存的文化遺產價值與評價當時的帝王是兩回事。在當時看來，帝王修建陵墓是理所當然的事，它不是一件養生送死的生活瑣事，而是關乎禮制和政治的大事。只要符合制度，只要不超過一定的限度，這類工程就合禮、合法，是公，是天理，屬於理所當然之舉。以孟子、朱熹為代表的鼓吹禮治仁政的歷代大儒對此多有論述。這個觀念也獲得大多數臣民的認同。但是，秦始皇的驪山陵顯然逾越了制度，無論用什麼尺度衡量都屬於驕奢淫逸之舉，可以毫無疑問地使用窮奢極欲、暴虐無道、殘暴虐民之類的字眼予以抨擊。

秦始皇堪稱蓋世英豪，然而驪山陵未竟，霸業已成泡影。此後的兩千年中，驪山陵累遭人為破壞。先是楚霸王項羽放火焚毀地面建築，後有漢代牧羊人失火焚毀部分地下建築。唐末黃巢起義時，也曾發掘秦始皇陵。清代袁枚有一首《始皇陵詠》：「生則張良椎之荊軻刀，死則黃巢掘之項羽燒，居然一抔尚在臨潼郊，隆然黃土浮而高。」秦始皇若地下有知，不知當作何感想。

註釋

1 《史記》卷四〇〈楚世家〉「正義」引《齊記》。
2 《史記》卷一一〇〈匈奴列傳〉。
3 《史記》卷八八〈蒙恬列傳〉。
4 《史記》卷八八〈蒙恬列傳〉。
5 《戰國策·魏策一》。
6 《史記》卷六〈秦始皇本紀〉。
7 《漢書》卷五一〈賈山傳〉。
8 《史記》卷八八〈蒙恬列傳〉。
9 《史記》卷二九〈河渠書〉。
10 《史記》卷一一二〈平津侯主父列傳〉。
11 《史記》卷一三〇〈太史公自序〉。
12 《史記》卷六〈秦始皇本紀〉。
13 《史記》卷一一二〈平津侯主父列傳〉。
14 《漢書》卷六十四上〈吾丘壽王傳〉。
15 《淮南子·氾論訓》。
16 瀧川龜太郎：《史記會注考證》第二冊，東方文化學院東京研究所昭和七年版，第二九頁。
17 郭沫若：〈《侈靡篇》的研究〉，《歷史研究》一九五四年第三期。
18 《左傳·襄公十九年》。
19 《三國志》卷三《魏書·明帝紀》。
20 《後漢書》卷一〇二〈董卓傳〉。
21 《三國志》卷三《魏書·明帝紀》裴松之注引《漢晉春秋》、《魏略》。
22 《漢書》卷一〈高帝紀下〉。
23 《唐律疏議·名例》。
24 《史記》卷六〈秦始皇本紀〉。
25 《史記》卷六〈秦始皇本紀〉。
26 《漢書》卷三六〈楚元王傳〉。
27 《漢書》卷三六〈楚元王傳〉。
28 《日知錄·厚葬》。
29 《史記》卷六〈秦始皇本紀〉。
30 本書有關秦始皇陵的內容主要參考了秦始皇兵馬俑博物館所編輯的《秦俑學研究》等，陝西人民出版社一九九六年版。
31 《史記》卷六〈秦始皇本紀〉。
32 《史記》卷六〈秦始皇本紀〉。
33 《漢書》卷五一〈賈山傳〉。

第十三章　生活篇：享御稱尊的大秦天子

作為最高統治者，秦始皇是王，是天子，是皇帝。依照禮制，他有權享御稱尊。秦始皇的政治地位、社會身分與眾不同，他的整個人生之旅，包括日常的家庭生活、政治生活也必然與眾不同。他既是一個極特殊的人，又是一個很普通的人。與眾不同之中，有與眾相同之處；與眾相同之中，又有與眾不同之處。秦始皇的家庭生活、衣食住行、社會活動和日常政務，從一個側面展現著中華帝制的特點及其個人的人格特徵。

中華帝王家的家庭制度與秦始皇的家庭生活

秦始皇生於一個中華帝王家。在中國古代社會，家庭一直是一個政治單位。脫離了政治的視角，就很難認識古代家庭的本質與內涵。帝王家更是典型的政治家庭（家族）。中華帝王家有一套來自傳統的獨特的家庭制度。在帝王家族內，一切親屬關係都高度政治化，家庭成員大多扮演著特定的政治角色。其家長是「臨御天下」的皇帝，其冢婦是「母儀天下」的皇后。皇帝的妻妾是有爵秩的「女官」，子女或是儲君（古代人視之為「國本」）或是貴族，姻親是王親國戚，大多高官顯爵，就連家奴也是有秩祿的「宦官」。帝王的家庭生活本身就是國家政治生活的一個重要組成部分。

自古有「禍起蕭牆」之說。父子相猜、諸子爭立、儲君弒父、后妃干政、外戚擅權、宦官專政等當時最重大的政治禍亂，都是由帝王家庭內部的紛爭引起的。當年齊桓公在葵丘之會以霸主身分代行天子之權，與會諸侯盟誓「五毋」，其中有三條關乎君主的家庭生活，即不准廢黜嫡子，不准以妾為妻，不准使婦人干政。帝王之「家」常常成為「國」亂之源。秦始皇親政前就曾面對太后專政、兄弟叛變、宦官謀逆等發端於家庭內部的政治禍亂。親政以後，他以「看似無情卻有情」的方式，小心翼翼地維護著這個家庭的內部秩序。與歷代帝王相比，秦始皇掌握大權期間的皇家內部狀況可以算是相當穩定的一類。妻妾、宦官都在牢牢的控制之中，父子、兄弟之間也大體相安無事。可是他剛剛辭世就「禍起蕭牆」。秦朝之國難，還是由家難而起。

一、君臣關係制導下的家庭關係

在對秦始皇的家庭生活作個案分析之前，有必要先對當時公認的帝王家庭關係準則及相關的帝王規範作簡要的介紹。

在中國古代社會，圍繞「家」這個概念，形成了複雜的家庭觀念體系和相應的家庭關係規範。在這個觀念體系中，帝王的地位最特殊，有關規範也最複雜。

當時的人們普遍認為，宇宙是一個大家庭。天（上帝）是宇宙的最高主宰，天地是生化萬物的親體，是全人類的祖宗、家長。因此，在宇宙王國中，天是至上之君，人間的王無論生前死後都是上帝的臣子。在宇宙大家庭中，天地是萬物的父母，王必須將其作為父母侍奉。「人無幼長貴賤，皆天之臣也。」[1]事天如君，事天地如父母，這類規範是天命觀念的產物。帝王祭祀天地，對天稱臣，就是對這類觀念和規範的認同和踐履。由於天子是天地的嫡長子，所以他又是「天下之父母」。天下眾生，包括帝王的親屬，無論貴賤長幼都要稱君主為「君父」。在「天地」這個大家庭中，帝王是一個亦臣亦君、亦子亦父的角色。

當時的人們普遍認為，「天下一家」，而帝王是這個大家庭的家長兼君主。但是人們又認為，儘管一切臣民都是帝王的子民，可是為君者必有師傅、師臣，他還必須尊老敬長、禮賢下士。在古代社會關係體系中，師徒如父子，師徒關係類似於君臣、父子關係。「事師之猶事父」這類原則適用於一切人[2]。這就要求南面之君屈尊事臣，北面稽首，甚至以師為父。事師如父規範為帝王做了這樣的文化定位：帝王是人君，而在道德上他又必須師事其臣、父事其臣。秦始皇呼呂不韋為「仲父」，師事王翦、茅焦等人，就是這一類似宗法化的政治現象的實例。在這種情況下，帝王與師臣都扮演著雙重角色。在「天下」這個大家庭中，帝王依然是一個亦臣亦君、亦子亦父的角色。

除了觀念上的擬宗法化的宇宙、國家大家庭外，帝王還有一個實實在在的專屬於自己的家庭。在家庭內部，帝王既有祖宗、父母及其他長輩，又有兄弟姊妹、妻妾及其他平輩，還有子女兒孫等晚輩。因此，帝王家與臣民家一樣，都有父子、夫婦、長幼、兄弟之別，都要遵守相應的社會規範。「雖天子必有尊也，言有父也。」[3]帝王在祖宗、父母面前是臣是子，必須恪守孝道，行「天子之孝」。依照當時通行的道德觀念，父子如君臣、君臣如父子。家庭內部的父子、夫婦、兄弟之間都包含著一定的君臣屬性，內蘊著「君臣之義」。與廣大男性臣民一樣，帝王在家中也是一個亦臣亦君，亦子亦父的角色。

帝王畢竟不同於臣民，帝王家也畢竟不同於臣民家。帝王是名副其實的君主，無論是在國家中，還是在家庭內，他首先是君。按照商周以來的禮制和中華帝王家的規矩，君主（王、天子、皇帝）既是一國之君，又是一家之長。圍繞帝王而形成的一切家庭關係都具有雙重意義，既是君臣關係，又是親屬關係。帝王的各種親屬關係首先是君臣關係，並受君臣關係的制導。這樣一來，帝王的家庭生活本身就是一種特殊的政治生活。帝王的敬祖奉親、養老送終、娶妻生子、選立嫡嗣、締結姻親等等，都成為國家大事，就連帝王的衣食住行也無不與政治息息相關。

根據中華帝王家的規矩，秦始皇在家中扮演著十分複雜的社會政治角色。秦始皇既是其祖輩的子孫，又是他們的臣民。這位顯赫一時、惟我獨尊的始皇帝也曾經為人臣、為人子，先後做過曾祖父秦昭襄王、祖父秦孝文王和父親秦莊襄王的臣子，還曾受到過母后的監護。在祖先、長輩面前，他必須行人臣大禮，盡孝子賢孫的義務，也正是根據這個規矩，從繼承王位開始，在名分上，秦始皇已經是秦國之君和秦國廣大臣民的父母，同時又是嬴秦王族的家族長。在親政前，母親趙姬以太后身分監護兒子，操持國政，實際上是國家的代理君主和家族的代理家長，秦始皇與母親之間的母子君臣關係更為複雜。親政以後，他正式肩負起秦國這個大「家」（國家）、嬴秦王族這個中「家」（宗族、家族）和自己這個小家（核心家庭）的家長責任。按照中國的帝王觀念，秦始皇身兼國家、家族和家庭等三重家長的身分。在臣民、族眾和家庭成員面前，秦始皇既是君主，又是家長，他擁有絕對的支配權。無論年歲長幼，家屬和臣民都要尊秦始皇為「君父」，履行為子為臣的義務。他的長輩也要對他稱臣。但是，在文化意義上，秦始皇依然要遵守某些臣子規範，諸如事天帝如君父、事師臣如父以及行「天子之孝」等。

上述的帝王家庭制度和君臣關係制導下的家庭關係，深刻地影響著秦始皇的家庭行為和政治行為。這使他常常面臨棘手的選擇，有時甚至深深陷入兩難的道德困境。他與親屬，論親緣是家人，論政治是君臣。就親屬關係而言，感情因素較濃厚。就君臣關係而言，他必須依據權力法則理智地對待家人。一旦感情與理智發生矛盾，他就會陷入兩難境地。

二、秦始皇與家庭中的尊長、兄弟

秦始皇的直系尊長是秦國的先公先王。他生於曾祖父秦昭襄王在位期間。當時秦始皇的父母在趙國充當質子。秦始皇個人的家庭生活應當從這個時期說起。

從現存記載推測，曾祖父死時秦始皇可能尚滯留在趙國，他沒有見過大名鼎鼎的秦昭襄王的儀容。祖父秦孝文王五十三歲即位，他尊已故生母唐八子為唐太后。唐太后是秦始皇的親生曾祖母，她本是昭襄王的姬妾。孝文王將她與昭襄王合葬。秦始皇的父親子楚被立為太子，趙國也隨即禮送趙姬母子歸秦。可是祖父正式為王僅三日，便撒手歸西，葬於壽陵。秦始皇是否親眼見過祖父的面容，不得而知。父親秦莊襄王即位，身為嫡長子的秦始皇被立為秦國的太子。四年後，秦始皇登上王位。十二歲小小年紀便開始了享御稱尊的生涯。

秦始皇自詡「上薦高廟，孝道顯明」[4]。這個說法基本符合事實。作為宗子和嗣君，秦始皇不僅謹守宗廟之禮，依禮祭祀祖先，而且養老送終，恪盡子孫義務，主持了數位尊長的葬禮，將他們隆重發喪、安葬。這些事件在當時被視為家國大事，所以在《史記·秦始皇本紀》中一一記載。

第一位是他的父親秦莊襄王子楚。西元前二四九年五月丙午，年僅三十五歲的秦莊襄王去世。嗣君兼長子嬴政依照禮制，將父親安葬在陽陵。

第二位是他的親生祖母夏太后。夏太后是秦孝文王的姬妾、秦莊襄王的生母。依照「母以子貴」的禮法，秦莊襄王在尊嫡母華陽王后為華陽太后的同時，尊生母夏姬為夏太后。秦始皇七年

（西元前二四〇年），夏太后去世。按照禮制，夏太后的丈夫秦孝文王應當與嫡妻華陽太后合葬，所以夏太后事先在位於丈夫的壽陵和兒子的陽陵之間的杜東為自己選好了墓地。她對這塊墓地很滿意，曾自豪地說：「東望吾子，西望吾夫。後百年，旁當有萬家邑。」[5]秦始皇遵從祖母遺願，將她安葬於此。這裡的居民果然越聚越多。一百六十餘年之後，漢宣帝起杜陵於此地，漢家皇陵周邊出現聚居數萬戶人家的城邑。

第三位是他的嫡祖母華陽太后。華陽太后是秦孝文王的王后、秦莊襄王的嫡母。在她還是華陽夫人的時候，便選中子楚為繼承人。沒有她的選擇，秦始皇父子都難以登上王位。由於這個緣故，秦莊襄王和秦始皇對她感恩戴德，優禮有加，對其生前死後的安排，完全符合禮制。秦始皇十七年（西元前二三〇年），華陽太后去世。秦始皇遵從禮制，將她與祖父合葬於壽陵。

第四位是他的生母太后趙姬。秦始皇與母親趙姬的關係比較複雜，母子關係出現過重大曲折。在滯留趙都邯鄲期間，年幼的嬴政與母親一起經歷過風雨，靠著母親的呵護，長大成人。父親繼承王位以後，母親尊為王后，嬴政立為太子，母子安享尊榮。問題出於趙姬以太后之尊垂簾聽政期間。趙姬與嫪毒等人通姦，還有合謀除掉嬴政之嫌。當時的母子關係可想而知。平定嫪毒之亂以後，秦始皇盛怒之下，曾將母后打入冷宮。公正地說，對於母子關係的嚴重惡化，太后趙姬難辭其咎，主要責任不在秦始皇這邊。經茅焦等人苦苦勸諫，秦始皇將母親接回咸陽，使之復居甘泉宮。從此母子和好如初。大約十年之後，即秦始皇十九年（西元前二二八年），秦將王翦攻克邯鄲，奪取趙國大部分領土，又俘獲趙王。秦始皇親臨邯鄲，大開殺戒，將與母親家族有仇怨的人一律坑殺。他回到咸陽，將此事報告母親。趙姬聞之想必快心稱意。不久太后去世。秦始皇將她依禮安葬，與父王合葬芷陽。

關於秦始皇的親兄弟，見於記載的僅有三人。秦始皇是長子，這三個人都是他的弟弟，也是他的臣民。秦始皇的三個弟弟都死於非命[6]。

王弟成蟜死於率軍反叛。他可能是秦始皇的同胞兄弟，小小年紀便被封為長安君。依據秦法，無功勛者無爵位，王室宗親亦不例外。如果不是父母或兄長有所偏愛而特加褒封的話，成蟜獲得封爵理應與他的功勞有關。據《史記．秦始皇本紀》記載，秦始皇四年（西元前二四三年），「秦質子歸自趙，趙太子出歸國。」存在著這種可能性：這位質子就是成蟜，而為國家做質子是有功勛的。成蟜不僅是封君，而且是戰將。秦始皇八年（西元前二三九年），長安君成蟜被任命為秦軍統帥，率兵進攻趙國。他竟然率領所部在戰地發動兵變，具體原因不明，但顯然涉及到君臣關係或與其他當權者的關係，這就必定與他的兄長有直接或間接的關係。這次反叛行動被鎮壓下去。成蟜「死屯留，軍吏皆斬死，遷其民於臨洮」[7]。從這個事件的殺人之多、懲罰之重、牽連之廣，可以斷定這是秦國內部一次重大的非常政治事件。它甚至可能與秦始皇即將親政有關。兄弟首先是君臣，君臣之義高於兄弟之情，無論兄弟之間是否有矛盾，發動叛亂的成蟜只有受死或逃亡這兩條路可走。

秦始皇的另外兩個弟弟是被他下令處死的。這兩個弟弟是秦始皇的同母異父兄弟，他們都是太后趙姬與宦官嫪毐通姦而生的私生子。趙姬與嫪毐懼怕姦情敗露，將這兩個私生子藏匿起來。秦始皇九年（西元前二三八年）嫪毐興兵謀篡，欲對秦始皇下毒手。這場叛亂被迅速平定。依據秦法，嫪毐被處以車裂極刑，並夷三族。他的這兩個兒子雖年幼無辜，也適用連坐之罪，被依法處決。

後世一些舊史家或政論家把這件事作為秦始皇殘暴的證據之一，似乎他不應該車裂「假父」，撲殺兩弟，而有悖人倫，寡情薄義。這種說法頗有一點「欲加之罪，何患無辭」的味道。嫪毐是太后趙姬的情夫，與秦始皇無所謂親情，也論不得「父子」。無論在家庭意義上，還是在政治意義上，其關係都具有敵對性質，他們之間的矛盾勢必引發你死我活的爭鬥。即使嫪毐不先下毒手，只「淫亂宮闈」這一樁罪過，在法律上、道德上他也注定只有死路一條，更何況興干戈，謀篡逆！在那個時代，秦始皇殺其身，滅其族，於法於理無可非議。論血緣，他與這兩位弟弟確實是一母同胞，但又很難以親情論之。他們是太后姦情的人證，事涉秦國王室及秦始皇個人的聲望、尊嚴，只這一條便很難保全。更何況他們是「欺君謀逆」的「亂臣賊子」的親生子。嫪毐犯了夷三族之罪。他的「三族」親屬都必須誅滅淨盡，何況親兒子！可以這樣說，依據那個時代的「禮」、「法」、「道德」，即使是「聖王」在位，也要誅殺這幾個人，不殺之不足以明「君臣大義」，不誅之不足以正「倫理綱常」。如果說這種做法暴虐，那麼它是時代性的暴虐。據此斷言秦始皇心理變態，寡情薄義，生性殘忍，顯然缺乏足夠的說服力。

與許多帝王相比較，秦始皇所面對的長輩和平輩親屬關係更複雜一些，處理起來更棘手一些。這集中體現在圍繞他的生母趙姬所形成的錯綜複雜的親屬關係。就既成事實的親屬關係而言，秦始皇有三位「父」，一位是基於合法婚姻的、為社會公認的父親，即父王子楚；一位是經父母指定，以擬宗法關係認下的乾親義父，即「仲父」呂不韋（他存在著是秦始皇生物學意義上的父親的可能性）；一位是以母親的非法兩性關係為媒介形成的事實上的繼父，即太后幸臣嫪毐。這三位「父」分別是王、相國和宦官，他們都與秦始皇的生母趙姬關係密切：第一位是她的丈夫，第二位是她的前夫，第三位是她的情夫。這種親子關係已經相當複雜，一旦再加上政治關係，就會更加複雜，何況這種關係又屬於古代社會最敏感的親屬關係和君臣關係。秦始皇與一母三父分別構成親子加君臣的關係，任何人面對這種親屬關係都會感到困惑、棘手。秦始皇與這三位「父」的關係多層面地揭示了帝王家庭生活中複雜的人際關係和角色規範。然而從現存材料看，秦始皇在處理現實生活中所必須面對的長幼、兄弟關係方面，沒有太多的異常之處。一切都在那個時代的情理之中，且大多中規蹈矩，合情合法。

首先，他對王族尊長的供養、禮遇符合公認的制度和情理，幾乎無可挑剔。秦莊襄王死時，秦始皇年僅十二歲，這對君臣父子之間大概不會有什麼問題，理應是正常的，甚至是十分親密的。秦始皇依禮安葬父王，並定時祭祀，便盡到了人臣人子之責。他對嫡祖母華陽太后和親生祖母夏太后的供養和禮遇，也完全符合禮制，並沒有因血緣親疏而亂了祖宗留下的制度。他以嫡祖母為尊的做法與周禮完全相符，依據「醇儒」的價值尺度還應當予以高度讚揚。他這樣做也有利於安定朝廷，提高個人威望。由此可見，秦始皇在處理與尊長的關係中，能夠堅持恪守禮法、中規中矩、不亂章法的辦事原則。這表明，在通常情況下，秦始皇根據禮制、倫常處理親屬關係，至少可以算作一個平常人，還可能是相當循規蹈矩的人。

其次，他與「仲父」呂不韋的君臣父子關係很複雜，也很難妥善處理。依照常理判斷，兩人之間一度存在非常親密的關係。呂不韋對子楚、嬴政父子的恩德不言而喻，他先後輔佐兩位君王，政績還是相當突出的。秦莊襄王對他信任有加，委以相國重任，又令兒子尊其為「仲父」。在秦始皇幼年時期，呂不韋以相國加托孤大臣的身分教導、輔佐這位孺子君王，加上他與太后趙姬的特殊關係，按常理判斷，他與秦始皇之間不會有太大問題。名為父子，實為君臣。論父子，呂不韋為尊；論君臣，秦始皇為尊。君王與相國本來就是極其微妙的權力關係。隨著秦始皇長大成人，相國必須將實權歸還君王，這就極有可能引發政見之爭、權力之爭，進而導致君臣彼此猜忌。呂不韋是否有篡國的野心和圖謀？君臣之間是否有激烈的權力之爭？他們之間的政見分歧究竟達到什麼程度？依據現存文獻很難確切斷定。目前學界的各種說法都是通過分析和演繹而間接得出的。但是可以有把握地說，二人之間的關係有了裂痕，甚至可能相當嚴重。呂不韋與趙姬、嫪毐的特殊關係使問題進一步複雜化。在當時的條件下，呂不韋的結局是正常的，甚至是不可避免的。評論這類問題似不應太多地渲染人格和道德因素。呂不韋的悲劇與其說是秦始皇個人的「專制」本性造成的，不如說是專制權力結構和法則所注定的。從現存文獻所提供的蛛絲馬跡看，在處理呂不韋的問題上，秦始皇還是有一定的理性因素和感情因素夾雜其中的。起初，他只是把呂不韋逐回封地；後來，他也沒有對呂不韋下誅殺令，更沒有滅呂不韋的宗族，殺呂不韋的親信。這與處理嫪毐問題的方式有明顯的差別。而在許多朝代，即使親父子遇到這種情況也是要彼此大開殺戒的。無論出於何種動機，這位專橫的君主畢竟還有不太暴虐的行為，這就很難認定他心理變態。

再次，秦始皇處理嫪毐及其兩個兒子的手段和方式，也很難為道德分析和個性分析提供可靠的證據。這三個人落在任何一位皇帝手中，都很難有另一種結局。實際上，這個問題能不能從家庭與親情的角度評說都頗值得推敲。如果不是秦始皇的母親深陷其中的話，它更像是純粹的政治問題。

最後，看一看秦始皇的母子關係。從實際過程看，母子關係的曲折變化，全部責任或主要責任在母親一方，這是顯而易見的。任何人面對這種情勢也會感到左右為難，甚至盛怒難平。秦始皇落入了與鄭莊公類似的情感困境，也找到了類似的解決辦法。很難根據這件事對秦始皇的心理狀態和道德人格做負面的定性，因為他並沒有做出據常情常理難以解釋的行為。在對母親的處理中，秦始皇更像一個有血有肉、有喜有怒的正常人，甚至更像一個善於調控自我心態的胸襟寬闊的人。

在秦始皇的一生中，他所面對的最棘手的家庭問題，莫過於處理與母親、呂不韋這兩個人的關係問題。它不是單純的母與子、義父與義子的親屬關係問題，也不只是君王與太后、君主與宰輔的政治關係問題，而是以最高權力的交接為核心的，關係到國家安危、個人榮辱又交織著複雜親情的，生死攸關的重大政治難題。在那個時代，秦始皇能夠以這種方式了結這場政治風浪，已屬不易。只要看一看歷代君王是如何處理類似問題的，就很容易同意這樣一個分析意見：秦始皇屬於比較妥善地解決了這個政治難題的那一類。沒有很強的政治能力、較好的心理素質和人格特質，是很難做到這種程度的。

三、后妃制度與秦始皇的后妃姬妾們

男尊女卑是中國古代社會兩性關係的主旋律，帝王家亦不例外。依照當時的后妃制度，秦始皇理當妻妾成群，也的確妻妾成群。秦始皇與其后妃姬妾的關係也具有雙重性，論家庭關係，他們是夫妻；論政治關係，他們是君臣。男權、夫權、君權三者合一，使秦始皇高踞於后妃姬妾之上。

早在夏商時期，帝王便實行一夫一妻多妾制度。商王武丁的妻妾有數十人之多。西周實行媵婚制度，有「天子一娶十二女」、「諸侯一娶九女」之說。王（天子）之正妻稱為王后。天子的后妃姬妾為數甚多，且大多有爵秩、有名號、有官職。這套制度形成於三代，完備於秦朝。秦朝后妃姬妾女官的制度、名號為漢朝所沿襲，至漢武帝時期又進一步擴充。

據說，秦始皇後宮的嬪妃女官達萬人之多。「秦併天下，多自驕大，宮備七國，爵列八品。」[8]所謂「宮備七國」，即在征服六國的過程中，將各國宮廷的美女、珍寶統統掠到秦地。

這樣一來，除秦國原有的妃嬪宮女之外，趙女、楚娃、燕姬、齊姜等各國宮廷中的佳麗也先後充斥秦宮。《三輔舊事》云：「始皇表河以為秦東門，表汧以為秦西門，表中外殿觀百四十五，後宮列女萬餘人，氣上衝於天。」這個描述雖有誇張的成分，卻也揭示了秦始皇的驕奢淫逸。所謂「爵列八品」，即后妃姬妾分別有皇后、夫人、美人、良人、八子、七子、長使、少使等名號，各種不同名號有祿秩之差。據《漢書・外戚傳》記載，「漢興，因秦之稱號，帝母稱皇太后，祖母稱太皇太后，適稱皇后，妾皆稱夫人。又有美人、良人、八子、七子、長使、少使之號焉。」其中皇后是正嫡冢婦，夫人是地位較高的姬妾。秦始皇巡遊各地時也攜帶一批姬妾隨行。據說，「鹽官縣……有秦延山。秦始皇巡比，美人死，葬於山上，山下有美人廟。」[9]這位隨巡「美人」的地位相當高。

秦朝選擇宮廷女官的方法和后妃姬妾的爵位、祿秩等，現已不得其詳。漢承秦制，漢朝的做法可供參考。「漢興，因循其號，而婦制莫釐……漢法常因八月筭人，遣中大夫與掖庭丞及相工，於洛陽鄉中閱視良家童女，年十三以上，二十已下，姿色端麗，合法相者，載還後宮，擇視可否，乃用登御。」[10]在漢朝，皇后與皇帝地位匹敵，負責主持後宮之政，其他妃妾則依次「位視丞相，爵比諸侯王」；「視上卿，比列侯」；「視中二千石，比關內侯」；「視真二千石，比大上造」；「視二千石，比少上造」……直至「視百石」、「視有秩斗食。」[11]其爵位、祿秩及等級序列大體比照朝廷百官。秦朝制度的基本原則與此相同，而具體做法大同小異。

秦始皇生命歷程中必定有過隆重的婚禮。依照禮制，王者的婚禮隆重無比。婚姻決定權，父母在聽父母之命，不在則由君主自擇。王者的配偶必須是良家童女、姿色端麗、合乎法相。迎娶嫡婦有一套繁瑣、複雜的婚儀，大體依序為：「納采」，即媒人到女方家中提親；「聘禮」，即訂立婚約；「請期」，即擇定「吉日」作為結婚日期；「迎娶」，即派遣大臣以乘輿法駕迎接新嫁娘；至宮，行「同牢禮」，飲「合巹酒」，行新婦見公婆禮等，親朋皆往祝賀。婚後三月新婦拜祖廟，標誌婚禮完成。

秦始皇的眾多妻妾之中，皇后為「至尊」。皇后之宮一般稱中宮，中宮有常設官屬。見於現存文獻的秦朝皇后宮官有詹事、將行等。西漢時期的詹事（又名中少府）總管宮內事務，將行還有主管車馬輿服的中太僕、主管警衛的中宮衛尉等一批官吏和大量從事宮廷服務的宦官和女官。秦朝的制度大體也應如此。

秦始皇的皇后是誰？這是秦史之謎。不僅文獻沒有記載，就連秦始皇陵中可能也沒有特意為她安排墓地。秦始皇確曾娶過正妻，這當無疑問。因為娶妻之事由父母包辦，且在年少之時，這不是秦始皇個人意願所能左右的。他與正妻（王后、皇后）之間或許沒有大的風波，否則無論是作為家國大事，還是作為政治醜聞，都應見於文獻記載或民間傳說，至少也會留下蛛絲馬跡。

秦始皇的后妃姬妾都沒有青史留名而湮沒無聞。這可能與秦始皇的政治理念有關。《尚書·牧誓》有曰：「牝雞之晨，惟家之索。」后妃干政常常導致惡果。秦國有太后攝政的慣例，秦始皇曾深受其害。受儒、法兩家防範后妃、外戚干政思想的影響，再加上親身體驗，秦始皇這位集權皇帝勢必加強對后妃的控制。秦朝皇后姬妾均名不見於史冊，大概與此有關。有后妃必有外戚。后妃的母家大多也是顯貴之家。外戚是帝王的外姓親屬，他們依附於太后王妃，往往憑藉裙帶關係而染指權力。秦國也有外戚專權的先例。秦始皇統治時期，不僅后妃姓名不見於史籍，就連后妃母家的父兄也一概名不見經傳而湮沒無聞。這從一個側面反映著秦始皇政治化的家庭婚姻生活的特點。

四、秦始皇與子女和姻親的關係

秦始皇是一位父親。他后妃妻妾成群，因而也子女成群。依據宗法家庭制度，作為父家長，他有權主宰子女的一切，包括婚嫁。於是他又通過安排子女的男婚女嫁，締結了一批姻親。

秦始皇共有子女數十人之多，準確數字不詳。其中「有二十餘子」12。皇子姓名見於歷史記載的有四人，即長子扶蘇、公子將閭、公子高和胡亥。第十八子胡亥後為秦二世。公主則不少於十人。

秦始皇與兒子們的關係，可以確知者有三件事：其一，秦始皇不封諸子，父子君臣關係相對簡化。其二，長子扶蘇備受器重，地位特殊，後因勸阻「坑術士」受到斥責，派遣到上郡監兵。秦始皇臨死命其會葬咸陽。其三，第十八子胡亥受到寵愛，秦始皇為其安排師傅，修習法律，又攜他一起出巡，使之得以篡奪皇位。其中第一件事標誌著秦始皇對帝王家庭關係的一大變革，也是秦朝所特有的政治現象。

秦始皇徹底廢除分封制度，堅決貫徹功勛爵制度，不僅功臣及宗室的公子王孫，就連自己的皇子皇孫也概不例外。他沒有封賜諸子尺土寸地，只是對子孫、親屬實行「以公賦稅重賞賜之」的政策，讓他們安享富貴榮華。臨終時，他依然「無詔封王諸子」13。秦始皇的這個行為旨在維護一種他認定合理且親自制定的制度，與其個人的權力欲並無直接關係。從文獻記載看，秦始皇在世時，皇子皆稱「公子」，都沒有貴族頭銜。除地位特殊的長子扶蘇外，其他皇子一律沒有官銜。

對此當時一些人就頗有微詞。後世的絕大多數儒者及一些舊史家和政論家，也認為這是秦始皇貪圖個人權勢而導致的失策乃至無道，甚至將這列為秦朝亡國之因。其實秦始皇這樣做，與其說是主要出於對個人權勢的關切，不如說是探索「安寧之術」，「而求其寧息」的結果。在當時的歷史條件下，適度分封子弟以體現其貴族地位或許是更有利於秦朝統治的長久之計，然而秦始皇的做法與漢唐宋明諸侯王僅食租稅的制度沒有太大的差別。在「家天下」的時代，秦始皇這樣做對制度之「公」是有所貢獻的。在秦始皇在位期間，君臣父子之間大體相安無事，也得益於這種政治安排。從今天的角度看，秦始皇的做法頗有值得肯定的地方。

或許正是由於「子弟為匹夫」，諸子不參與政治，父子君臣之間的關係相對簡化，所以歷史文獻沒有留下有關秦始皇與其諸子之間發生權力之爭和皇子受到處罰的記載。秦始皇在世期間，除地位特殊的長子扶蘇因勸阻「坑儒」受到斥責外，並沒有皇子皇孫過問政治的現象。後來秦二世將十幾位兄長一網打盡，斬盡殺絕，竟然沒有遭到有力的反抗，這也與皇子無權無勢有直接關係。但是，漢高祖以秦始皇為教訓，大封宗親諸子，使他們有權有勢，不是照樣引起了骨肉相殘嗎？在當時的歷史條件下，處理受君臣關係制導的親屬關係是很難找到萬全之策的。

在諸子中，惟一受到秦始皇重用的是長子扶蘇。首先，依據宗祧繼承制度，長子是名正言順的皇位繼承人，立嫡立長是最高權力平穩傳承的最佳選擇。秦始皇是計劃讓扶蘇接班的，他的選擇符合公認的政治準則。其次，扶蘇的政治素質很高，也博得父皇的賞識。陰謀害死扶蘇的趙高曾經有這樣一個分析：「長子剛毅而武勇，信人而奮士。」在趙高看來，在秦始皇的二十多個皇子中，扶蘇的政治素質最高，他品格高尚，知人善任，能夠贏得士人的忠誠。從扶蘇的作為看，他很有政治眼光，「數直諫上」，符合忠臣孝子標準。再次，秦始皇付以重任。秦始皇令蒙恬北禦匈奴而扶蘇為監軍。扶蘇是最受賞識的皇子，蒙恬是最受信任的將領，秦始皇把秦朝最精銳的邊防軍託付給他們，這是莫大的信任。正如蒙恬所說：「陛下居外，未立太子，使臣將三十萬眾守邊，公子為監，此天下重任也。」[14]由此可見，這對君臣父子的關係相當好。如果在尋常百姓家，他們的父子關係狀況應當屬於相當好的。

秦始皇早就在內心中選定了扶蘇。他對扶蘇情有獨鍾，在政治結構中給予特殊安排，使之在諸子中一枝獨秀，這便是明證。秦始皇臨終前，特賜扶蘇璽書，令他：「以兵屬蒙恬，與喪會咸陽而葬。」正如趙高的分析：秦始皇臨死「無詔封王諸子而獨賜長子書」，這意味著扶蘇已被「立為嗣」[15]。

可是，秦始皇在處理父子關係時犯了一個致命的錯誤：沒有及時明確扶蘇的太子地位。一個歷史的偶然，使趙高的奪嫡之謀得逞。它成為導致秦朝速亡的最重要的原因。

秦始皇為什麼會犯這個錯誤？學者們有各種猜測。貪戀個人權勢？自信長壽成仙？扶蘇之母不受寵愛？不滿扶蘇直言強諫？痛感扶蘇政治上不夠成熟？無論如何，都與父子關係受君臣關係制導有關。在中國古代國家，選立嗣君是至關重要的國家大事，屬於最棘手的政治難題之一。無論早立或遲立，立嫡或選立，不立或改立，都有可能引發嚴重政治問題。秦始皇遲疑不決，結果當斷不斷，反受其亂。他剛剛告別人世，便禍起蕭牆，諸子及其子孫幾乎被小兒子胡亥屠戮殆盡。這是後話。

作為父家長，秦始皇有權決定子女的婚配，所謂「父母之命，媒妁之言」。秦始皇子女的婚姻都屬於政治聯姻。其中最重要的姻親是秦始皇的主要輔臣李斯，史稱李斯「諸男皆尚秦公主，女悉嫁秦諸公子」[16]。其次是王翦，他也是秦始皇最得力的助手，在統一戰爭中功勛最大，封爵最高，朝班也名列第一。

關於華陽公主下嫁王家，歷史傳說留下了一段佳話：「華陽在富平縣東南三十里。始皇二十三年，李信伐楚敗歸。時翦謝病家居。始皇疾駕入頻陽，手以上將印佩翦身，授兵六十萬。後三日，翦發頻陽。始皇降華陽公主，簡宮中麗色百人為媵，北迎翦於途。詔即遇處成婚。翦行五十里遇焉。列兵為城，中間設錦幄，行合巹禮，信宿，公主隨翦入都。詔頻陽別開府第。今名相遇處為華陽。」[17]

秦始皇巡遊四方，帶著部分妻妾，她們可能也攜兒帶女，或途中生兒育女。因此，有關於秦始皇東巡時所死之女的傳說：「女陵山在（曲阜）縣北二十里。《太平寰宇記》：相傳秦始皇東巡，女死，葬此。」[18]

經秦二世、項羽兩度大屠殺，秦始皇的子孫幾乎損失殆盡，但是他的血統有可能通過這種途徑傳入久遠。據說，公子扶蘇的一枝苗裔輾轉流亡到日本，以養蠶為業，且人丁興旺[19]。

五、宦官制度與秦始皇的家奴們

宦官也是中華帝王家必備的家庭成員。有宮廷制度、后妃制度必有宦官制度。宦官是在宮廷內苑中專門為帝王、后妃服務的官員和家奴的總稱。其中閹宦特為后妃姬妾而設，使用閹人的目的是保證后妃的貞節。至遲到商周，宮廷之中已有閹人服役。東漢以前，宦官雜用士人、閹人。秦始皇繼承傳統制度，豢養大批宦官作為家奴。

據《周禮》記載，周代王宮內已有相當完備的宦官制度。據說王宮內有八官，即宮正、宮伯、宮人、內宰、內小臣、閽人、寺人、內豎等，多數宦官由閹人擔任，其中「掌王后之命」的內小臣、「掌守王宮之中門之禁」的閽人、「掌王之內人及女宮之戒令」的寺人和「掌內外之通令」的內豎以及低級宦官和下層服務人員，更無一例外地由閹人擔任。他們也被納入「官」的範疇，有爵秩和職賞。秦朝的宦官制度可能更為完善。

按照當時通行的家庭制度，奴隸、奴婢也屬於家庭成員，他們的社會地位極其低下，被視為主人的財產。皇帝的家奴也不例外。他們是地地道道的奴才，大多是「刑餘之人」，因而遭到社會的唾棄和輕蔑。但是皇帝的家奴畢竟與眾不同。他們是權力塔尖上的奴僕，猶如蒼穹中帝座旁的四個宦者之星，緊緊隨侍在君主身邊，竟然也成為「官」，甚至進而染指最高權力。宦官的權力既是君權的延伸，又是君權的異化。一旦君權不足以制御宦官，專權的宦官就會威脅君權。卑微的家奴一旦化君權為宦權，就有可能禍亂政治，甚至以奴欺主，犯上作亂。春秋戰國時期，宦官在政壇上日益活躍，有的甚至封侯專權，閹人亂政的事情時有發生。

在秦始皇統治時期，有兩個遺臭萬年的宦官，一個是嫪毒，一個是趙高。宦官嫪毒淫亂宮闈，興兵謀逆，差一點要了秦始皇的性命，奪了秦國的江山。因此，秦始皇十分注意對這些家奴的控御。在他親政以後，不存在宦官亂政的問題。然而他死後立即就有一位家奴利用皇子、皇帝的弱點而專擅朝政，敗壞朝綱。他就是趙高。宦官趙高不僅設謀奪嫡，而且弒君謀篡，成了斷送了嬴秦家與國的罪魁禍首。秦朝敗於庸子、家奴之手，其亡國之禍發端於蕭牆之內。

秦始皇經營著偌大的天下，也經營著偌大的家族，二者彼此相通，息息相關。在他親執大權以後，天下沒有出現權臣當道、奸佞亂政、諸侯割據等重大政治問題，家中也沒有發生父子相爭、后妃干政、外戚擅權、宦官禍國等重大政治問題。與許多帝王相比，他的治國理家才能算是一流的。這充分體現了秦始皇控御政治的能力。但是，他沒有也不可能從制度上徹底鏟除造成上述政治問題的根源。因此，當這個強大的控御者不在了，幾乎所有的問題便一下子冒了出來，釀成了一場由家及國、由國及家的大動亂。其結局是國破家亡。中國皇帝理家之難，由此可見一斑。在這樣的家庭中生活，秦始皇可以得到情感的滿足嗎？

秦始皇的宮廷生活與日常政務活動

秦始皇是一個帝王，宮廷日常政務活動是其生活的一個主要組成部分。秦始皇十三歲即位，二十二歲親政，五十歲辭世，在人生之旅的大部分時間中，他是在日常政務活動中度過的。

一、與皇帝日常活動密切相關的各種禮儀制度

中國古代君主的各種政務活動和日常生活都與禮儀制度息息相關。政治權力是禮之本，區別貴賤是禮之質，行為規範是禮之儀。統治者以繁瑣的禮儀別貴賤、明等威，禮儀形式本身就是維護帝王尊嚴，規範臣民行為的工具。

秦始皇既是一位「法治」皇帝，又是一位「禮治」皇帝，他幾乎全盤繼承了夏商周以來逐步形成的各種維護天子權威的宮廷禮儀，還兼採各國之長，有所完善，有所發展。秦始皇博採六國禮儀制度，補充損益，建立了秦朝的禮儀制度，這種禮儀制度首先是一種政治制度。

這一套禮儀制度包括許多具體的制度，如名號制度、冠冕朝服制度、朝儀制度、宮廷制度、后妃制度、朝賀制度、避諱制度、鹵簿制度、陵寢制度、宗廟制度、封禪制度、祭祀制度等。後來叔孫通以秦禮為藍本，稍加變通，制定了漢禮。漢代以後，禮儀制度雖多有增益減損，但基本精神大體相沿。在這個意義上，秦始皇確立了與皇帝制度相關的各種禮儀制度的基本原則和框架。

有些制度參見本書有關章節，這裡簡要介紹幾個與秦始皇日常生活有關的制度。

㈠名號制度

名號制度包括皇帝的尊號、徽號、謚號、廟號、年號及其親屬的名號等。秦始皇統一天下不久就具體規範了秦朝的名號。秦朝的各種名號已經不得其詳，而從《史記》的記載，結合戰國、西漢的有關制度，可以知其大體。

「皇帝」是最高統治者的正式尊號。皇帝稱謂是奉上尊號的產物，主要用於大典、詔誥等正式場合。它與名號制度有關，屬於禮儀稱謂。皇帝親屬的名號基本上沿用戰國成例，並改「王」為「皇」。如皇帝的父親稱太上皇，母親稱皇太后，正妻稱皇后，兒子稱皇子（公子），女兒稱公主，孫子稱皇孫等。

秦始皇創造了「皇帝」尊號，又規範了皇帝的謚號、廟號。謚號，即帝王、貴族死後，依據《謚法》及其生平事蹟給予稱號。如褒揚性的「文」、「武」和貶斥性的「幽」、「厲」等。謚號始於西周，相關的《謚法》據說為周公所作。它具有品評君主一生得失的功能。秦始皇說：「朕聞太古有號毋謚，中古有號，死而以行為謚。如此，則子議父，臣議君也，甚無謂，朕弗取焉。自今已來，除謚法。朕為始皇帝。後世以計數，二世三世至於萬世，傳之無窮。」[20] 這實際上廢除了謚號，恢復了「有號毋謚」的古制。「始皇帝」既是生前的尊號，又是死後的謚號、廟號。秦始皇廢除謚號的目的是防止「子議父，臣議君」，以維護皇帝死後的尊嚴。這種行為暴露了他力圖禁絕各種批評的心態。

秦朝沿襲古制，不立年號。雲夢秦簡《編年紀》在昭襄王、孝文王和莊襄王之後是「今元年」，即秦王政（始皇）元年。秦始皇二十六年（西元前二二一年）統一天下，此後，秦始皇既不立年號，也不重新確定元年，繼續使用原來的編年序號，如統一後第二年記作「二十七年」。《編年紀》和《史記》都採取這種紀年方式。

㈡冠冕朝服制度

冠冕朝服制度源遠流長。早在西周時期，天子就有一個代稱叫「袞職」。《詩·大雅·烝民》：「袞職有闕，維仲山甫補之。」毛亨傳：「有袞冕者，君之上服也。」袞，即王者所披龍袍；職，即天子所操政權。袞衣是天子的禮服。袞冕、王權皆為最高統治者獨享，故以袞職代稱帝王。這一稱謂多作為避諱稱謂使用。

秦始皇在定制立法過程中，對服飾制度也有一系列規定，如「衣服旄旌節旗，皆上黑。數以六為紀，符、法冠皆六寸，而輿六尺，六尺為步，乘六馬」21。他還把六國君主的冠冕分賜予不同的職官。「及秦併天下，攬其輿服，上選以供御，其次以錫百官。」22以形制、服色區別尊卑上下是這套禮儀制度的宗旨。據《獨斷》、《續漢志·輿服志》、《通典·禮》、《中華古今注》等記載，秦朝皇帝的常服是通天冠。秦始皇還對不同等級的服色、玉佩等做了嚴格的規定，並把齊國王冠高山冠賜給謁者僕射，把國王冠賜給侍御史廷尉等作為法冠，把趙國王冠賜給武官作為武冠。

㈢璽、符、節制度

秦始皇發布詔令，派遣欽差，調兵遣將，都以玉璽、符節為信物。以璽、符、節為信物的歷史相當久遠。戰國時期，王者、百官皆有璽印，調兵遣將使用虎符。各國在大小城邑、關塞亭障及邊防要津普遍設防，凡通過城邑、關塞的行旅，必須持有關政府部門頒發的信物作為通行證。秦始皇進一步完善了這套制度。

「秦以前，民皆以金玉為印，龍虎鈕，惟其所好。秦以來，天子獨以印稱璽，又獨以玉，群臣莫敢用。」[23]秦始皇為了體現皇帝的尊嚴，以印稱璽。他明確規定：只有皇帝的印信才可以稱為「璽」，並用玉雕琢，臣民一律不得僭越。從此皇帝之印稱為「玉璽」。秦始皇所刻傳國璽是中國皇帝的第一顆玉璽。秦皇璽，又稱傳國璽。據說，秦始皇以著名的和氏璧琢而為璽（一說為藍田水蒼玉，稱秦始皇藍田玉璽），璽方四寸，螭鈕為鼻，上勾交五龍，令李斯以「鳥蟲書」寫其文，文曰：「受命於天，既壽永昌。」據說傳國璽之外，還有「乘輿六璽」。《晉書・輿服志》：「乘輿六璽，秦制也。曰皇帝行璽、皇帝之璽、皇帝信璽、天子行璽、天子之璽、天子信璽。」六璽分別有不同的用途。朝廷專門設「行符璽事」一職，掌管皇帝的符璽。秦皇璽是皇權的象徵和信物。秦朝滅亡，它落在漢高祖手中。漢朝諸帝世代相傳佩帶這顆玉璽，故稱之「傳國璽」。從此，爭奪天下者必奪此璽，或者自刻偽璽。晉朝以來，傳國璽的真偽已產生疑問。宋朝以來，其下落不明。

秦朝的符節制度也源於戰國時期。虎符與節是君主掌握最高軍事指揮權的重要手段。將帥領兵權的授予和軍隊調兵權的行使皆以皇帝的詔旨和虎符為信物。皇帝下達軍令必蓋上由他專用的璽。遠程軍事行動，還須持節作為通行證。虎符以銅鑄成，虎形，背刻銘文，分為兩半，一半留在皇帝手裡，一半發給地方官吏或統兵的將帥。任何軍隊的調發，須由皇帝所遣使臣持符驗合，方能生效。傳世的「新郪虎符」即戰國晚年秦王頒發給駐新郪的將領的兵符，有銘文曰：「甲兵之符，右在王，左在新郪，凡興士披甲，用兵五十人以上，必會王符，乃敢行之。燔燧事，雖毋（毋）會符，行殹（也）。」[24]秦始皇統一天下後的「陽陵虎符」銘文是：「甲兵之符，右在皇帝，左在陽陵。」共三句十二字。上述事實表明，早在戰國時期軍隊就由國君直接控制，秦朝建立以後有關制度更加嚴整。

㈣朝儀制度

朝儀，又稱朝禮，即臣子朝見君王的禮儀，用以「明君臣之義」。這種制度也源遠流長。秦始皇博採各國制度，制定了秦朝的朝儀制度。其中每年一次的「元會儀」最為隆重。「朝賀皆自十月朔」[25]，即每一年的正月初一。參加者有封君、三公及朝廷百官，還有郡計吏、外國使者和皇帝寵幸之臣等。主要活動內容是「君臣同樂」、「奏報圖籍」、進貢禮品、問吏得失等。此外，還有月朝、日朝。月朝，即每月朔日朝，公卿以下百官，「饗會」面君，合議軍國大政。日朝，即日旦而朝，受理公卿奏事，處理日常政務。

秦代朝儀的具體情況已不可考。漢高祖七年（西元前二〇〇年）十月朔日的朝儀大典，留下極為生動、詳細的記載。叔孫通以秦代朝儀為藍本，「頗採古禮與秦儀雜就之」，並適應漢高祖文化程度偏低的特殊情況而有所簡化。據說，「漢七年，長樂宮成，諸侯群臣皆朝十月。儀：先平明，謁者治禮，引以次入殿門，廷中陳車騎步卒衛宮，設兵張旗志。傳言『趨』。殿下郎中俠陛，陛數百人。功臣列侯諸將軍軍吏以次陳西方，東鄉。文官丞相以下陳東方，西鄉。大行設九賓，臚傳。於是皇帝輦出房，百官執職傳警，引諸侯王以下至吏六百石以次奉賀。自諸侯王以下莫不振恐肅敬。至禮畢，復置法酒。諸侍坐殿上皆伏仰首，以尊卑次起上壽。觴九行，謁者言『罷酒』。御史執法舉不如儀者輒引去。竟朝置酒，無敢歡嘩失禮者。」[26]

依據制度，群臣每次朝賀、奉參，須對皇帝行最重的三跪九叩大禮，並三呼「萬歲，萬歲，萬萬歲」。皇帝巡幸所到之處，臣民亦須歡呼「萬歲」。《詩經．大雅．江漢》的「虎拜稽首」，「天子萬壽」是這種朝拜禮儀的濫觴。秦漢以後，臣民朝見皇帝時三呼萬歲成為固定的朝儀，萬歲、萬歲爺也就成了皇帝的代稱。「三呼萬歲」的威儀，「萬壽無疆」的歌頌，是宣揚君權神聖、君尊臣卑的重要手段。這種朝拜禮儀與信徒們供奉上帝、鬼神相似。被稱為「萬歲」的皇帝一旦成為臣民頂禮膜拜的偶像，即使雄才大略的帝王也很容易跌入自我迷信的深淵。

㈤避諱制度

避諱制度是維護等級名分和帝王尊嚴的重要手段。避諱的規定相當繁瑣，其中最嚴格的是「國諱」。一般說來，臣民不得直呼或直書皇帝及其父祖的名諱。一旦犯諱，就是大逆不道。

與歷代王朝一樣，秦朝也實行嚴格的避諱制度。雲夢秦簡《語書》是一篇秦始皇統治時期的官府文告。這篇文告有幾處改「正」為「端」，就是為了避諱嬴政的名諱。秦朝稱「正月」為「端月」，稱「里正」為「里典」，其用意也是如此。秦朝明文規定群臣奏事必稱「昧死言」。即使群臣奉上尊號、歌功頌德，也要一聲「昧死言」。這與尊君卑臣、規避忌諱也有直接的關係。與此相應，還產生了與避諱制度相關的君主稱謂。例如「陛下」，是皇帝的一種尊稱。《日知錄・陛下》說：「蔡邕《獨斷》：陛，階也，所由升堂也。天子必有近臣，執兵陳於陛側，以戒不虞。謂之陛下者，群臣與天子言，不敢指斥天子。……據此，則陛下猶言執事，後人相沿，遂以為至尊之稱。」先秦稱君主為「執事」，後來稱天子為「陛下」，都是為了避免指斥帝王。皇帝的許多別稱也可以用於有所避諱的場合，如袞職、社稷、乘輿、山陵等。使用避諱稱謂的用意是以與皇帝相關的事物指代皇帝，避免觸諱，以顯示對皇權的敬畏。

㈥宿衛制度與鹵簿制度

根據宿衛制度，皇帝出警入蹕，無論居於宮中，還是外出巡行，都要有足夠的軍隊護駕。秦朝的軍隊分為皇帝近衛軍、京畿衛戍部隊、地方部隊和戍邊部隊四大類別。其中皇帝近衛軍又分為禁中宿衛和皇帝親軍兩大部分。禁中宿衛全部是軍官，稱為「郎」、「郎中」，由郎中令指揮，屬於皇帝的貼身侍衛。皇帝親軍稱衛士或衛卒，由衛尉指揮，分駐在皇宮四周，負責皇宮守衛。京畿衛戍部隊由中尉統帥，駐紮在京城內外及附近地區，屬於秦軍主力和國家常備軍。這支軍隊平時負責首都和中央機構的安全，戰時應調出征，充當國家戰略機動部隊。這樣一來，在京畿地區的軍隊就一分為三，分工負責，各司其職，互不統屬，相互牽制。同時在京畿地區始終保持著一支數量、質量、裝備都占有優勢的軍隊，以確保中央對地方的控制。邊疆或地方一旦有事，秦軍主力部隊便可以借助四通八達的馳道迅速調往前線。這幾支軍隊是保衛京畿、宮廷和皇帝的基幹武裝。

皇帝的宮廷宿衛很辛苦。有一次，秦始皇宴請群臣，而天降大雨，「陛楯者皆沾寒。」侏儒優旃善於諷諫，他同情陛楯者的境遇，設法幫助他們，遂與之約定待機此呼彼應。不久「殿上上壽呼萬歲」。優旃趁機憑檻大呼曰：「陛楯郎。」眾衛士齊聲應答。優旃故意大聲對衛士們說：「汝雖長，何益，幸雨立。我雖短也，幸休居。」秦始皇見到此情此景，下令「陛楯者得半相代」[27]。

皇帝出行有鑾駕以及儀仗隊和護衛隊，由此而形成鹵簿制度。鹵簿即皇帝出行的車馬、扈從。所謂鹵簿，即儀仗制度。其制兆於秦。蔡邕《獨斷》卷下說：「古者諸侯，二車九乘，秦滅九國，兼其車服，故大駕屬車八十一乘也。尚書御史乘之，最後一車，懸豹尾，以前皆皮軒，虎皮為之也。」秦漢的鹵簿制度更能顯示天子氣度，皇帝乘輿上有許多華麗的象徵天子權勢的裝飾，所謂「聖人處乎天子之位，服玉藻邃延，日月升龍，山車金根飾，黃屋左纛，所以副其德，章其功也。賢仁佐聖，封國愛民，黼黻文繡，降龍路車，所以顯其仁，光其能也」[28]。

據蔡邕《獨斷》、應劭《漢官儀》、《後漢書・輿服志》等文獻記載，統一天下之後，秦始皇參考三代之禮，確定鹵簿制度。他以金根車為皇帝車輦。金根車金玉為飾，黑旗皂旒，駕馬以六，由太僕親自駕馭。大駕鹵簿屬車八十一乘。除金根車外，還有五色安車、五色立車、耕車、戎車、獵車等，均駕馬以四。據《中華古今注》記載，「秦始皇東巡狩，有猛獸突於帝前，有武士戴狸皮白首，獸畏而遁。遂軍仗儀服，皆戴作狸皮白首，以威不虞也。」鹵簿前驅有鳳凰闟戟，由負責京畿安全的主官引導，後有隨從的副車及扈從。隨行公卿不在鹵簿中，他們各有儀仗。這就構成一個龐大的隊伍。在秦始皇陵出土的銅車馬可能是大駕鹵簿的副車，其中一號銅車是五色立車，二號銅車是五色安車。

皇帝儀仗也是天子尊嚴、特權的象徵。皇帝率領群臣巡幸，動輒備車千乘，騎駿萬匹，旌旗蔽日，箭戟如林。秦始皇陵出土的銅車馬等文物為秦朝的鹵簿制度提供了實物證據。聖駕威儀反映了皇帝尊貴無比和皇權神聖不可侵犯的尊嚴。據《史記》記載，楚霸王項羽、漢高祖劉邦都曾作為秦始皇的臣民而目睹大駕鹵簿，他們的心靈也因此受到強烈的震撼。皇帝的尊威由此可見一斑。

古代人常常以與鹵簿制度相關的事務指代君主，稱「聖駕」、「乘輿」、「皇輿」、「御駕」、「龍駕」等。「皇輿」稱謂見於屈原的《離騷》。以聖駕、御駕、龍駕稱謂皇帝的用例則更為常見。

二、秦始皇的日常宮廷生活

關於秦始皇的日常宮廷生活，各種歷史文獻缺乏記載。這裡僅依據有限的材料，簡介一二。

㈠朝堂議政

秦始皇主要依靠朝議制度決斷各種政務，朝堂議政成為其日常生活的主要內容之一。秦始皇是一位勤政的皇帝，也比較遵守有關的工作制度。他通常通過各種形式的朝議及朝臣會議決斷政務，並以詔、制頒布實行。具體方式大體可以分為三種。

第一種是朝議。「朝」，即朝堂、宮廷。「朝議」，即帝王在朝堂召集群臣議事的御前會議。實際上，「朝」不拘泥特定的建築設置。一般說來，帝王所到之處，無論朝堂屋宇、鞍前馬後、荒郊野外，都可以構成以帝王為中心的「中朝」、「中廷」。帝王集群臣，謀政務，不拘場合所在，皆為朝議。狹義而言，「朝議」特指御前會議，廣義而言，「朝議」泛指朝廷的各種議事制度。根據規模，朝議有小型、中型、大型之分。中小型朝議皆由皇帝召集並主持，參加者為皇帝指定的朝廷重臣和親信及有關人員。與會群臣有建議權、批評權，可以借機進諫、「廷爭」，而最終決策者是皇帝。秦朝許多國家重大政務是在小型御前會議上決斷的。這類朝議的議題大多屬於機要政務，參加者多為皇帝的重要親信輔臣和內侍。如秦始皇與李斯、尉繚等人決斷統一六國的方略。中型朝議大多討論需要集思廣益的政務，需要吸收一些有關官員和具有專門知識的人會議，所以參加人數較多。如封禪及有關典禮儀式，事涉國家禮制、大典，秦始皇曾召集丞相、輔臣及精通典章制度的群儒多次會議。從歷代王朝通行的慣例推測，秦朝應當有一些中小型御前會議是制度化的，帶有「常參」的性質，屬於日常工作制度範疇。大型御前會議更具有制度化的特點。這種會議定期召開，屬於皇帝日常工作制度之一，參與人數更多，大凡一切參與月旦朝見的官員都有參與權。

從《史記・秦始皇本紀》的有關記載看，秦始皇比較重視這些決策方式和工作制度。對於重大政務他通常允許廷爭，一些百官有爭議的議題，也允許進一步討論。例如，關於實行郡縣制的問題，就曾在朝堂上多次爭議。

第二種是宰輔會議。由丞相召集並主持，「三公九卿」等朝廷重臣及有關政府機構的官員參加。這類會議可能由若干法定成員參加，並根據議題吸收相關人員列席。與會群臣可以各抒己見。會議議題多由皇帝提出，群臣集議的結果呈報皇帝裁決。皇帝通常會以「制曰可」的方式批准群臣意見。群臣有不同意見時，皇帝從中採擇自己喜歡的方案。皇帝有時對群臣集議結果加以修改，有時甚至完全推翻。

第三種是百官會議。百官會議一般由皇帝下詔舉行，由丞相主持，參加者幾乎包括所有朝臣。如秦始皇議定「皇帝」稱號就是通過這種決策方式。他先將更名號的議題提出，交由丞相召集群臣會議。對群臣提出的方案，秦始皇基本認可，只是將帝號改為「皇帝」。關於是否實行分封制問題，秦始皇也曾「下其議於群臣」，將爭議交由百官會議。

無論採取何種議政形式，皇帝都是最終裁斷者，他可以採納眾議，也有權推翻眾議。「兼聽」只是為皇帝實行「獨斷」服務的。

㈡批閱奏章

批閱奏章是秦始皇決斷軍國大事的重要方式，也是他一項重要的日常生活內容。侯生、盧生等術士曾背後非議秦始皇「貪於權勢」，「天下之事無小大皆決於上，上至以衡石量書，日夜有呈，不中呈不得休息。」這段話可能反映了秦始皇晚年的政治狀況。當時秦始皇聽信盧生等術士的蠱惑，為了求仙隱居深宮，不見群臣，「聽事，群臣受決事，悉於咸陽宮。」[29]這種決策方式需要他親自批閱大量的公文，否則國家政務將受到嚴重影響。為了確保對國家中樞權力的控制，秦始皇只得自我督促，不閱讀一定數量的公文，不得休息。當時各種奏章、公文以竹簡、木牘書寫，因此，秦始皇每日用秤衡稱量一定數量的簡牘，一一處理完畢。

皇權具有獨占性、排他性和獨斷性。皇帝必須親政、勤政才能防止太阿倒持，權臣亂政。因此，雄才大略的皇帝往往把皇權集中到極致，而昏聵懦弱的皇帝又往往大權旁落。秦始皇是一位專斷的皇帝，對聽政、用人、刑賞大權緊握不放。這就決定了他必須親覽奏章，裁斷獄案，乃至擬定詔書。秦始皇又是一位「法治」皇帝，規範化乃至程式化的政治模式也需要大量的文牘支撐。他如此辛苦，固然與「貪於權勢」有關，卻也是實際政治的需要。只要看一看，古代一切勤政皇帝的作為，特別是看一看清雍正帝等每日批閱文件的文字數量，就應當對秦始皇的勤政有所肯定。這也是一位合格的國家元首所應當做到的。秦始皇親掌大權數十年，僅批閱奏章一項就耗去了其人生之旅的大半生涯。

㈢宮廷宴舞

宮廷宴舞是皇帝宮廷生活的一個組成部分，也是宮廷禮儀的一個組成部分。宮廷宴舞包括筵宴與樂舞，二者還常常一同舉行。秦始皇時常飲宴群臣，「置酒咸陽宮。」[30]皇帝大宴群臣，享以珍饈美味，既是享御稱尊，又是「君臣同樂」。富有天下的皇帝設宴，其豪華與豐盛可想而知。秦始皇廣泛徵集各國樂曲和伎樂娼優。見於文獻記載的秦朝宮廷樂器很多，當時宮廷中有大型樂隊和許多技藝高超的樂師。秦始皇陵陪葬坑還出土了半裸的百戲俑。俑人皮膚皆塗淺粉紅顏色，穿彩繪厚短裙，其他部位裸露。他們姿態各異，表情活潑，神靈活現，可能反映著宮廷百戲場面。此外見於《漢書．禮樂志》的秦朝宮廷樂舞有五行舞、韶舞以及壽仁樂、昭容樂、禮容樂、韶樂。據《太平御覽》卷五七一記載，秦始皇曾與群臣作歌曰：「洛陽之水，其色蒼蒼，祠祭大澤，倏忽南臨，洛濱醊禱，色連三光。」他還曾令人譜寫過《仙真人詩》以及歌詠其巡幸天下的樂章。據《三輔舊事》卷一記載，在秦朝的宮廷之中時常舉行歌舞酒會，「車行酒，騎行炙，千人唱，萬人和。」由此不難想像當年宮廷歌舞盛會的場景：秦皇置酒阿房宮，公卿百官數以千百計，三公獨席，群臣依序排定座次。以戰車行酒，以騎兵布菜。宮娥歌舞於前，百戲耍弄於側。酒酣耳熱，興之所至，皇帝作歌，群臣和之，萬眾歡悅，聲震宇天。

㈣遊獵苑囿

至遲到西周，已經有了專門的射禮和畋獵制度。這種制度規定：天子在飲宴時可令群臣按照禮儀比試射箭，還要時常率領群臣到郊外會獵。這些活動的目的在於修身養性，倡導尚武，習練武藝，檢閱軍事。這些活動同時又是重要的宮廷娛樂方式。

與歷代帝王一樣，秦始皇喜愛遊獵苑囿。秦朝的皇家苑囿數量眾多，範圍廣大，僅見於記載的就有上林苑、宜春苑、驪山苑、梁山苑等。這些苑囿，山川相繆，樓台遙望，林木繁茂，鳥語花香。除野生的各種飛禽走獸外，還特意設有虎苑、獅子苑等豢養眾多的珍禽異獸，以供觀賞、遊獵。國家設置官吏並制定相關法律，對苑囿嚴加保護。其中上林苑包括數十個相對獨立的苑囿，阿房宮等大型宮殿建築群坐落其中。這裡自然環境十分優越，是一個規模空前、宮苑結合的皇家園林。上林苑集當時宮廷建築和園林藝術之大成，在秦漢史上非常著名。皇帝在上林苑內，既可以遊獵、觀賞，「強弩弋高鳥，走犬逐狡兔」31，又可以處理軍國大事，「庖廚不徙，後宮不移，百官備具」32，還可以馳射上林，講習戰陣。秦始皇還曾把它作為避暑的夏宮和求神問仙的場所。

這些苑囿大多繼承前人，秦始皇又擴建了一些。據《三輔黃圖》記載，「長楊宮中有垂楊數畝，因為宮名，門曰射熊館。」秦始皇喜歡射雁，為此築高台四十丈，上設觀宇，「帝嘗射飛鴻於台上，故號鴻台。」秦始皇並不滿足，還想進一步擴大苑囿，使之「東至函谷關，西至雍、陳倉」。優旃以諷諫的方式說：「善。多縱禽獸於其中，寇從東方來，令麋鹿觸之足矣。」33秦始皇這才放棄了如此規模地擴大苑囿的念頭。

在中國古代，帝王遊獵苑囿，不單純是為了娛樂，還有學習射御、健身強體的目的。皇帝還常常以狩獵的方式檢閱軍隊，操練騎射，演習實戰。先秦的《石鼓文》和西漢司馬相如的《上林賦》、揚雄的《羽獵賦》等，都曾繪聲繪色地描述過皇帝的苑囿和射獵活動。天子遊獵，戰陣森嚴，馬蹄聲聲，弓矢頻發，麋豕帶箭，飛禽落地，其場面頗為壯觀。

秦朝皇帝常常在宮廷苑囿中「作角抵俳優之觀」[34]。角抵類似相撲、摔跤。角抵既可以提供娛樂，又可以訓練徒手搏鬥。據說，秦始皇為了防範戰亂，將角抵作為軍事訓練的主要內容。他所制定的律令明確規定：皇帝檢閱軍容的一項重要內容是角抵。

秦始皇喜歡微服私遊。秦始皇三十一年（西元前二一六年），「始皇為微行咸陽，與武士四人俱，夜出逢盜蘭池，見窘，武士擊殺盜，關中大索二十日。」[35]蘭池是秦始皇下令開鑿的一個人工湖。湖中可以蕩舟，又配有蓬萊山、鮮魚石等觀察，旁邊還有一座蘭池宮。這裡距都城很近，又有可供休憩的離宮，所以秦始皇遊幸此地。

「親巡天下，周覽遠方」

秦始皇是一位勤政的皇帝。據《史記・秦始皇本紀》記載，早在統一天下之前，他就經常巡視國土，還多次親臨前線，督戰、閱兵、勞軍。秦始皇十三年（西元前二三四年），「王之河南。」當時桓齮正在率領秦軍猛攻趙國平陽等地。秦始皇十九年（西元前二二八年），王翦破趙，「秦王之邯鄲。」秦始皇二十三年（西元前二二四年），王翦破楚，「秦王遊至郢陳。」統一天下以後的十多年間，秦始皇先後有五次長途巡狩。巡狩成為其統治生涯的重要內容。

一、巡狩制度的政治意義

「天子適諸侯曰巡狩。巡狩者，巡所守也。」[36]巡狩是中國古代統治者的重要政務。在以征伐、祭祀立家立國的時代，最高統治者必須經常帶著軍隊在自己的勢力範圍內巡行視察，祭祀神明，進行各種統治活動，這就是巡狩。在傳說中，三皇五帝都常常巡狩遠方。《尚書・堯典》的整理者將巡狩制度追溯到堯舜時期，並非毫無根據。商代甲骨文多有「王才（在）某」、「王步於某」的卜辭。周代銅器多有「王在某」、「王至某」的銘文。文獻中，多有帝王「周行天下」、「環理天下」、「合諸侯」、「勤疆土」的記載。最高統治者的這些活動都屬於巡狩範疇。周穆王、周昭王等都是勤於巡狩的典範。

巡狩是一種兼軍事、行政、祭祀、遊歷為一體的統治行為，其中某些活動逐步制度化。商周以來，巡狩制度日益定型，最高統治者除了一些根據特殊政治需要隨時確定的巡狩活動外，還有一些制度化的巡狩活動。據《尚書・堯典》、《史記・五帝本紀》、《史記・封禪書》和《禮記・王制》的說法，王者有東巡狩之禮（又稱「岱宗之禮」）、南巡狩之禮、西巡狩之禮、北巡狩之禮。其中「岱宗之禮」備受重視。西周諸王東巡海岱之區，致祭泰山，這是一種制度化的統治行為。

巡狩制度的主要內容和政治功能，大致可以分為三類：一是行政，二是祭政，三是軍政。其核心目的是確立、重申和維護最高統治者的地位。

巡狩首先是控制領地、屬國、盟邦的一種行政方式。「先王制諸侯，使五年四王一相朝。終則講於會，以正班爵之義，帥長幼之序，訓上下之則，制財用之節。」37天子通過巡狩，會盟諸侯，訂立或重申盟約，頒布各種政令、制度、考察、考核各地政治，調解臣屬糾紛，並接受諸侯朝覲、報政、貢獻。在交通和通訊不便，封君各自為政的條件下，巡狩是一種行之有效的行政方式。

巡狩的一項重要內容是實施祭政。一曰祭天。東巡而行「岱宗之禮」以主祭天帝，這是最高統治者的政治特權。在當時具有宣揚王權天賦和祈福禳災的政治意義。「天子祭天下之名山大川。」38主祭四方名山大川，這也是君主的一項重大政治特權，目的在於祈求風調雨順，以贏得臣民的擁戴。《國語．魯語下》記孔子之言：「山川之靈，足以紀綱天下者，其守為神；社稷之守者，為公侯。皆屬於王者。」山川之神與諸侯之君地位相當。天子主祭它們與管轄諸侯類同。這樣就可以通過主祭鎮守山川的諸神，把四方鬼魅也納入天子的統治秩序。帝王巡狩關乎人事，但與神仙鬼怪打交道最多。在今天看來，許多巡狩活動的宗旨和內容相當荒唐，諸如封禪祭天、祈神求仙、憑弔先王、消災避難之類。有時這類活動竟然成為某次巡狩的主要目的。但是，在「國之大事，在祀與戎」的時代，這些活動屬於國家重大政務，具有重大的象徵意義和實際功效。

巡狩常常作為軍事征伐的形式或藉口。巡狩之「狩」的本意與武力、捕獵有關。文獻記載的堯、舜、禹、湯的巡狩大多有征伐的性質。周穆王西巡、周昭王南巡，分別意在征服西戎、荊楚。大多數巡狩即使不是特意為征戰而來，也有彈壓地方、威服四方的意蘊和功能。「巡狩」常常被用為興兵征討的外交辭令，這與其本意有直接的關係。

巡狩還可以表示最高統治者的其他出外遠行活動。有巡必有遊。巡狩中的帝王自然會有許多巡幸遊歷活動。周穆王討伐之餘不忘遊歷，竟至流連忘返，可謂典型。依照「春秋筆法」，就連天下一些狼狽的出行也可以記作「巡狩」。如晉文公以臣的身分召喚周襄王會盟，《春秋》諱之，記為「天子狩於河陽」。

春秋以來，巡狩制度與天子一同式微。秦始皇一登上天子寶座，便立即恢復了這種制度。他的巡狩活動頻繁。儘管秦始皇每一次出遊都有特定的主要目的，但是總的說來與前代天子巡狩的宗旨和內容大同小異。在確立郡縣制之後，許多在分封制下應有的統治活動已經不那麼必要。因此，在秦始皇的巡狩活動中，形式主義的東西比較突出，實際功效有所下降。但是在當時的歷史條件下，秦始皇利用巡狩制度，祭天告成，歌功頌德，炫耀實力，彈壓四方，考察政治，整飭風俗，這些活動有利於樹立皇帝威望，鞏固國家統一，加強邊防建設。

毫無節制地巡狩是秦朝六大弊政之一。秦始皇是中國歷史上最著名的巡狩皇帝。十年間他五次遠程出巡，其巡狩的時間密度空前絕後。天子出行，興師動眾，靡費國帑民力。秦始皇屢屢出行，還增加了許多荒唐的活動，花費大量精力、財力、人力，祭鬼神，求仙藥，厭王氣。因此從實際功效看，秦始皇的許多巡狩活動是不必要的，有些是有害的，屬於誤國誤民的弊政。

二、第一次大巡狩

秦朝建立的第二年，即秦始皇二十七年（西元前二二〇年），剛剛掃滅東方各國的秦始皇就開始第一次遠途巡視。第一次巡狩的方向是西方，即帝國西陲的隴西一帶。關於這次巡狩，《史記·秦始皇本紀》僅記載了寥寥數語：「始皇巡隴西、北地，出雞頭山，過回中焉。」39

視察當地政務，安定西部邊疆是秦始皇這次出巡的主要目的。多年以來，秦始皇的主要目光瞄準東方，一場又一場的大戰使他無暇西顧。東方甫定，巡察西方，還有宣揚秦朝皇威，威震域外，擴大影響的作用。這一帶有嬴秦族群的發祥地，秦始皇很可能在此舉行一些隆重的紀念性活動。

或許就在此時，他得知了關於十二巨人現身臨洮的詳細報告，並決意鑄造「十二金人」以示慶賀。

三、第二次大巡狩

秦始皇二十八年（西元前二一九年），秦始皇率領眾臣開始第二次大巡狩。這次巡狩的主題可以概括為：祭天告成，歌功頌德。各種活動的主調是全面確立皇帝權威。主要活動則是封禪泰山，刻石紀功。由於要行東巡狩之禮，即「岱宗之禮」，在泰山舉行最隆重的封禪大典，所以隨從眾多，有一批顯貴同行。秦朝統治集團的重要人物大多隨王伴駕，其中有列侯武城侯王翦（《秦始皇本紀》記作「王離」）、列侯通武侯王賁、倫侯建成侯趙亥、倫侯昌武侯成、倫侯武信侯馮毋擇、丞相隗林、丞相王綰、卿李斯、卿王戊、五大夫趙嬰、五大夫楊樛從等。東巡之後，秦始皇又繼續南巡，所以路程和時間都很長。

秦始皇一行由咸陽出發，沿渭水南岸的大道浩浩蕩蕩東出函谷關，經過洛陽，直達鄒的嶧山。嶧山「高秀獨出，積石相臨」。這一帶又是孔子的故鄉，秦始皇遂駐蹕於此。秦始皇尊崇孔子後裔孔鮒為「魯國文通君」一事，可能就發生在這個期間。他命李斯用大篆勒銘於立言，立下東巡途中的第一塊紀功刻石，這就是《嶧山刻石》。其辭曰：

> 皇帝之（立）國，維初在昔，嗣世稱王。討伐亂逆，威動四極，武義直（萬）方。戎臣奉詔，經時不久，滅六暴強。廿有六年，上薦高廟，孝道顯明。既獻泰成，乃降溥（專）惠，親巡遠方。登於嶧山，群臣從者，咸思攸長。追念亂世，分土建邦，以開爭理。攻戰日作，流血於野，自泰古始。世無萬數，施（陀）及五帝，莫能禁止。乃今皇帝，壹家天下，兵不復起。

災害滅除，黔首康定，利澤長久。群臣誦略，刻此樂石，以著經紀。40

此後，秦始皇又在各地立下了一批類似的碑刻。這體現了他巡幸四方的一個重要的政治目的，即樹碑紀功，詔告天下。自古以來，中國就有一個獲得普遍認同的政治觀念，即惟有德有功者可以得天下、坐天下，所謂「有德則可久，有功則可大」41。德與功是稱帝的重要依據，而雄才大略、攻戰必取、混一于內、天下大治等，歷來被視為天子聖明的標誌。所以歷代帝王均有強烈的自聖意識。其中由「革命」等方式而「龍飛九五」者，這種自我意識尤為強烈。秦始皇最為典型，他巡幸四方，到處刻石紀功，宣揚自己「聖智仁義」、「功蓋五帝」。

秦始皇不僅要向全國臣民宣揚功德，還要向上帝報告功勛。他與群臣議定封禪大典的禮儀，然後登臨號稱「五嶽獨尊」的泰山，親自主持大典。秦始皇先到泰山祭天，樹碑立石，再至梁父祭地（具體內容見下一章）。禮畢，「刻石頌秦德」，這就是《泰山刻石》。其辭曰：

皇帝臨位，作制明法，臣下修飭。二十有六年，初併天下，罔不賓服。親巡遠方黎民，登茲泰山，周覽東極。從臣思跡，本原事業，祗誦功德。治道運行，諸產得宜，皆有法式。大義休明，垂於後世，順承勿革。皇帝躬聖，既平天下，不懈於治。夙興夜寐，建設長利，專隆教誨。訓經宣達，遠近畢理，咸承聖志。貴賤分明，男女禮順，慎遵職事。昭隔內外，靡不清淨，施於後嗣。化及無窮，遵奉遺詔，永承重戒。

據說，秦始皇在下山的途中，「風雨暴至，休於樹下，因封其樹為五大夫。」

封禪後，秦始皇率眾繼續東行，經臨淄，過黃、腄，抵達渤海之濱。他「窮成山，登之罘，立石頌秦德焉而去」。

在出巡的過程中，秦始皇還搞了一系列祭神活動，只要是天子理應致祭的神明，他都一一拜到。秦始皇先後在臨淄祭祀天主；在梁父祭祀地主；在東平祭祀兵主蚩尤；在三山祭祀陰主；在之罘祭祀陽主；在萊山祭祀月主；在成山祭祀日主；在琅邪祭祀四時主。凡是名山大川，他也一一祭祀。這位人間的主宰對諸位尊神虔誠、恭敬，禮數周到，無可挑剔。

秦始皇東遊海濱，南登琅邪（今山東膠南境內）。琅邪一帶瀕臨大海，風光秀麗。琅邪山出於眾山，孤立特顯，從這裡極目遠望，只見海天一色，岩壁連綿，驚濤拍岸，頗為壯觀。這裡有時還出現海市蜃樓。據說蓬萊仙境就在遠方的大海之中，那裡居住著仙人。他們還有不死之藥，人若食之，便可長生不老。如果得到仙人的指導，還可能羽化成仙。秦始皇迷戀美景仙境，流連忘返，在此整整住了三個月。

秦始皇下令「徙黔首三萬戶琅邪台下，復十二歲」。又作琅邪台，台上築有神廟，以供祭祀新山使用。遙想當年，越王勾踐在此，築台觀海，會盟諸侯，尊為霸主，固一世之雄也，可又怎能與當今皇帝相比。秦始皇撫今追昔，感慨萬千，在此「立石刻，頌秦德，明得意」，這就是《琅邪刻石》。其辭曰：

維二十八年，皇帝作始。端平法度，萬物之紀。以明人事，合同父子。聖智仁義，顯白道理。東撫東土，以省卒士。事已大畢，乃臨於海。皇帝之功，勸勞本事。上農除末，黔首是富。普天之下，摶心揖志。器械一量，同書文字。日月所照，舟輿所載。皆終其命，莫不得意。應時動事，是維皇帝。匡飭異俗，陵水經地。憂恤黔首，朝夕不懈。除疑定法，咸知所辟。方伯分職，諸治經易。舉錯必當，莫不如畫。皇帝之明，臨察四方。尊卑貴賤，不逾次行。奸邪不容，皆務貞良。細大盡力，莫敢怠荒。遠邇辟隱，專務肅莊。端直敦忠，事業有常。皇帝之德，存定四極。誅亂除害，興利致福。節事以時，諸產繁殖。黔首安寧，不用兵革。六親相保，終無寇賊。歡欣奉教，盡知法式。六合之內，皇帝之土。西涉流沙，南盡北戶。東有東海，北過大夏。人跡所致，無不臣者。功蓋五帝，澤及牛馬。莫不受德，各安其宇。

維秦王兼有天下，立名為皇帝，乃撫東土，至於琅邪。列侯武城侯王離、列侯通武侯王賁、倫侯建成侯趙亥、倫侯昌武侯成、倫侯武信侯馮毋擇、丞相隗林、丞相王綰、卿李斯、卿王戊、五大夫趙嬰、五大夫楊樛從，與議於海上曰：「古之帝者，地不過千里，諸侯各守其封域，或朝或否，相侵暴亂，殘伐不止，猶刻金石，以自為紀。古之五帝三王，知教不同，法度不明，假威鬼神，以欺遠方，實不稱名，故不久長。其身未歿，諸侯倍叛，法令不行。今皇帝并一海內，以為郡縣，天下和平。昭明宗廟，體道行德，尊號大成。群臣相與誦皇帝功德，刻於金石，以為表經。

在東遊琅邪期間，齊人徐福（徐市）等上書，聲稱「海中有三神山，名曰蓬萊、方丈、瀛洲，仙人居之」。於是秦始皇派遣徐福等人入海尋找仙人，求取不死之藥。

在歸途，秦始皇一行路過彭城（今江蘇徐州市）。他顯然是特意來到此地的。當年秦昭襄王滅周，取九鼎，僅得八鼎。據說流失的一個鼎飛入了泗水。相傳禹鑄鼎以象徵九州之物，故稱九鼎。九鼎被視為「重器」，是最高權力的象徵。夏、商、周歷代相傳，作為鎮國寶器。秦始皇成就帝業，而象徵天子權力的九鼎失其一，這是莫大的缺憾。他急切尋覓失鼎的心情可想而知。因此封禪之後，他繞道彭城，來到泗水邊。秦始皇「齋戒禱祠，欲出周鼎泗水」。可是千餘人潛水探求，毫無所獲。秦始皇只得怏怏上路。他也南渡淮水，到衡山、南郡，浮江而行，至湘山祠。在這裡，秦始皇有一樁「欺神」之舉被作為罪狀記錄下來。

湘山祠專為祭祀舜二妃之神而建。相傳帝堯將女兒娥皇、女英嫁給舜。帝舜巡狩南方，病死於蒼梧。二妃追尋亡夫而未見，悲傷啼血，濺漬斑竹，遂投水自盡，死於江湘之間。故後世稱斑竹為湘妃竹，亦有「斑竹一枝千滴淚」之詠。當地民眾將二妃葬於死所，立祠祭祀，因山近湘水，廟在山南，故稱湘山祠。堯、舜都是「天下共主」，二妃是帝子、帝妃，死後又被奉為神靈。

秦始皇乘船途經此地，「逢大風，幾不得渡。」他問隨行的博士：「湘君何神？」博士對曰：「聞之，堯女，舜之妻，而葬此。」秦始皇勃然大怒，於是「使刑徒三千人皆伐湘山樹，赭其山」。他還令人放火燒毀了湘山祠。然後揚長而去，經南郡至武關，返回咸陽。

青山無辜，神女何罪！只因疑忌湘山女神阻礙了他的行程，秦始皇就濫施淫威，不惜動用三千刑徒，伐光了一山的樹木。身為帝王而「不敬神明」，這在當時也屬於典型的暴虐之行。

秦始皇為什麼敢於這樣對待身兼帝子、帝妃和女神三重尊貴身分的娥皇、女英？這與他的帝王意識有直接的關係。許多學者僅以與神愚蠢搏鬥解釋這件事，稱之為狂妄。這還不足以深刻理解秦始皇的心態。他們忽略了這樣一個現象：依照傳統觀念，身為天子的秦始皇有權這樣做。

當時秦始皇並沒有不分青紅皂白地立即發威，而是先問清楚此是何方神明。當得知不過下舜二妃之神后，他才勃然大怒，而濫施淫威。按照中國古代絕大多數人對於宇宙秩序的理解，天帝至上，作為天帝嫡長子的天子輩分高於天地之外的眾神。「王者父天母地，兄日姊月」，他與日、月比肩，形同兄弟姊妹，其餘諸神地位皆在天子以下，名山大川之神也僅相當於人間的諸侯王公[42]。帝王在眾神中輩分尊高，地位特殊。王居天、地之間，溝通天地人，王與道、天、地並稱「域中四大」。「君為神主」，天子主祭神明，神也有賴於君主。這些觀念是中國帝王自我神化的一個重要文化根源。秦始皇居帝王之尊，自以為「功蓋五帝」，兩位瀟湘女神自然不能與他分庭抗禮。秦始皇伐木禿山之舉與其說是愚蠢，不如說是專橫。無論如何，依照當時的觀念，不論大神、小神，皇帝還是以禮敬各路神明為宜。但是，此時的秦始皇志得意滿，不可一世，驕橫跋扈，動輒濫施淫威。任何人不得違背他的意志，不僅普通臣民不得拂逆君王，就連屑小神明得罪了他，也要遭殃。秦始皇對待瀟湘女神的舉止，與其對天地日月及名山大川諸位尊神的態度形成強烈的反差。這個事件充分暴露了橫掃六合、祭天告成之後秦始皇心態的重大扭曲。

秦始皇的這次出巡先東後南，最後「自南郡由武關歸」。雲夢秦簡《編年紀》於同年記有「今過安陸」。「今」即「今王」、「今上」的簡稱，在這裡指秦始皇。這個記載證實了《史記》記載的正確無誤。

四、第三次大巡狩

秦始皇返回咸陽不久，再次率隊出巡。秦始皇二十九年（西元前二一八年）春天，他開始了第三次大巡狩。這次巡狩的目的地依然是東海之濱的之罘、琅邪一帶，與上一次重複。其目的很可能與尋訪不死藥關係密切。

秦始皇一行前呼後擁，出函谷關徑直奔向之罘。出關之後的一段路程，沿途是韓、魏故地。數年前這一帶還發生過反秦的叛亂。在這裡，秦始皇又一次遇刺，差點喪了性命。

刺客是張良和一位大力士。張良，韓國人，其祖父張開地「相韓昭侯、宣惠王、襄哀王」，父親張平「相釐王、悼惠王」。他家「五世相韓」，是韓國的貴族顯宦，有「家僮三百人」。秦國滅韓之時，張良年少，未曾出仕。為了報國恨家仇，張良「弟死不葬，悉以家財求客刺秦王」[43]。他尋覓到一位願意同他一起刺殺秦始皇的大力士，並專門為他打造了一柄重達一百二十斤的大鐵椎。他們得知秦始皇出巡的消息，預先埋伏在博浪沙（今河南中牟縣北）。當大駕鹵簿行經此地時，他們突襲秦始皇的車駕，一椎飛去，將其擊得粉碎。可惜這不是秦始皇所乘，而是一輛副車。秦始皇大驚失色，盛怒之下，下令在全國範圍內通緝刺客。張良被迫改名換姓，藏匿到下邳。

到達海濱，秦始皇再登之罘，刻石紀功，這就是《之罘刻石》。其辭曰：

維二十九年，時在中春，陽和方起。皇帝東遊，巡登之罘，臨照於海。從臣嘉觀，原念休烈，追誦本始。大聖作治，建定法度，顯箸綱紀。外教諸侯，光施文惠，明以義理。六國回辟，貪戾無厭，虐殺不已。皇帝哀眾，遂發討師，奮揚武德。義誅信行，威燀旁達，莫不賓服。烹滅強暴，振救黔首，周定四極。普施明法，經緯天下，永為儀則。大矣哉！宇縣之中，承順聖意。群臣誦功，請刻於石，表垂於常式。

隨後，秦始皇又在之罘的東觀刻石紀功，這就是《東觀刻石》。其辭曰：

維二十九年，皇帝春遊，覽省遠方。逮於海隅，遂登之罘，昭臨朝陽。觀望廣麗，從臣咸念，原道至明。聖法初興，清理疆內，外誅暴強。武威旁暢，振動四極，禽滅六王。闡併天下，甾害絕息，永偃戎兵。皇帝明德，經理宇內，視聽不怠。作立大義，昭設備器，咸有章旗。職臣遵分，各知所行，事無嫌疑。黔首改化，遠邇同度，臨古絕尤。常職既定，後嗣循業，長承聖治。群臣嘉德，祇誦聖烈，請刻之罘。

事畢，秦始皇過恆山，經上黨，返回咸陽。

五、第四次大巡狩

秦始皇三十二年（西元前二一五年），秦始皇再次出巡。他發現當初各國在交界之處和大河兩側修建了許多防禦工程和堤防，旨在防禦敵國，以鄰為壑。它們既妨礙交通，又釀成水患，在國家統一之後有害而無益。因此，秦始皇下令，「壞城郭，決通堤防」，鏟平一切妨礙交通和水利的城池、堤防。

他東臨碣石，以觀滄海，又在這裡留下一塊紀功刻石，這就是《碣石門刻石》。其辭曰：

遂興師旅，誅戮無道，為逆滅息。武殄暴逆，文復無罪，庶心咸服。惠論功勞，賞及牛馬，恩肥土域。皇帝奮威，德併諸侯，初一泰平。墮壞城郭，決通川防，夷去險阻。地勢既定，黎庶無繇，天下咸撫。男樂其疇，女修其業，事各有序。惠被諸產，久並來田，莫不安所。群臣誦烈，請刻此石，垂著儀矩。

這次東巡主要有兩個目的。一個是尋訪仙人，求取不死之藥。秦始皇派遣燕人盧生尋找名叫羨門、高誓的兩位仙人。又派遣韓終、侯公、石生等人求仙人不死之藥。另一個目的是為驅逐匈奴，鞏固北部邊防做準備。在返回的路上，秦始皇由東向西巡視了帝國的北部邊疆地區，然後途經上郡回到咸陽。不久盧生返回首都，報告尋求神仙的進展。為了表明自己工作很得力，神仙之說並非謊言，他編造了一部記述各種預言的《圖書》，並將他呈報給秦始皇。這本《圖書》中有一條預言說：「亡秦者胡也。」秦始皇信仰神仙，迷信讖言，被這個編造的謊言打動。這更堅定了他北禦匈奴的決心，於是當即命令將軍蒙恬發兵奪取被匈奴占領的河南地。隨後又大規模移民，鞏固南疆北土兩個方面的國境線。

回到咸陽之後，秦始皇先後主持並組織北擊匈奴、修築長城、四方移民、擴建陵墓、「焚書坑儒」等幾件重大政務，所以有三四年的時間沒有出巡。

六、第五次大巡狩與命喪沙丘

秦始皇第五次大巡狩頗似一種無奈之舉，因而也頗多荒誕之舉。秦始皇三十六年（西元前二一一年），發生了一系列令秦始皇心中不悅的事情。它們都與被神秘化的自然現象和人事現象有關。

第一件事是「熒惑守心」。熒惑，即火星。心，即心宿。火星，古人稱之為「罰星」，主憂患過惡死喪。依據古代的觀念，心宿是天王的布政之所，其中最大一顆星是天王。它在天庭的位置相當於人間帝王的朝堂。「熒惑守心」是一種極其嚴重的災異性天象。「熒惑入列宿，其國有殃」44，而「熒惑守心」尤為凶險。據說，出現這種天象對最高統治者最為不利。它意味著天子失位，大臣為變，諸侯叛亂，大旱成災，甚至天子喪、逆臣起、民流亡。十分迷信的秦始皇見到這種天象，其心情可想而知。

第二件事是隕石落地，即「有墜星下東郡，至地為石」。這也是一種災異性天象。據說，隕石落地意味著近年內將發生兵禍與饑饉。更令秦始皇憤恨的是有人還在這塊隕石上刻寫了一條詛咒秦始皇的標語，文曰：「始皇帝死而地分。」秦始皇聞之，派遣御史追查。當地百姓一問三不知，無人承當此事或揭發他人。一怒之下，秦始皇命人將隕石焚毀，「盡取石旁居人誅之。」

第三件事是負責觀星占氣的官吏向秦始皇報告「東南有天子氣」。這種氣是一種奇異的雲氣，本是自然現象，而在當時看來，這種現象意味著雲氣之下已經有王者臨世，他可能取代秦朝，如果不及時消除這「股氣」，改朝換代將不可避免。化解這種危險的方法之一，是用各種方法破壞當地風水或在位天子親臨這股「氣」所生之地以厭之。秦始皇身邊聚集數百名觀星占氣者，經常聽到關於「東南有天子氣」的報告，因此常常把這件事經常掛在嘴邊，他已經動了再次出巡東南方向的念頭。

秦始皇正在為這幾件相關的不吉之兆悶悶不樂，誰知又發生了更加令人不快的第四件事。秦始皇年老體衰，又加上接連出現災異，整日心緒不佳。為了調適心緒，排解煩惱，他令眾博士撰寫「仙真人詩」及歌詠秦始皇巡遊天下的詩篇，然後傳令樂人配樂譜曲，演奏彈唱。然而秋風蕭瑟之時，又傳來令人不快的消息。有一位從關東返回京城的使者「夜過華陰平舒道」，他遇到一件怪異的事情。夜幕中有人手捧玉璧攔住使者，說：「為吾遺滈池君。」滈池在咸陽附近，滈池君即滈池之神。這位使者聽說要他將玉璧轉交滈池之神，感到很詫異。經反覆追問，這位怪異之人又說了一句話：「今年祖龍死。」使者還想問幾個為什麼，此人忽然消失在夜幕之中，只把玉璧留下。使者持玉璧面見皇上，將事情的原委做了詳細的彙報。始皇默然良久，說：「山鬼固不過知一歲事也。」在退朝還宮的路上，他又自言自語地說道：「祖龍者，人之先也。」據御府官史辨認，這玉璧就是八年前秦始皇乘船渡江、祭祀水神時，投到江中的那一塊。這件事也被秦始皇視為不吉之兆。他覺得祖是人之先，龍是君之象，「祖龍」就是暗指他而言。如果江神的預言準確的話，他這位至尊的皇帝行將壽終正寢。

這件事不是子虛烏有，史家誤記流言，便是有人故弄玄虛，裝神弄鬼，以發泄不滿。無論有沒有這件事，前三個災異和惡兆已足以使秦始皇憂心忡忡。對各種災異、流言秦始皇信以為真，於是專門做了一次占卜，尋求禳災之策。太卜求神禱告，演出龜兆，徵諸三易，「卦得遊徙吉。」既然神示遊歷和遷徙可以躲過這一劫，秦始皇怎敢不惟命是從。他一方面「遷北河榆中三萬家」，以大規模遷徙民眾應對「遊徙吉」的這個「徙」字，又「拜爵一級」以廣施恩德，消災免禍。另一方面，決定立即準備出巡，離開朝堂，以應那個「遊」字。

這次出巡的動機和主要活動與天命、神仙關係最大：一是出遊遷徙，以避禍免災；二是尋找海上仙人，以求不死之藥；三是親臨東南，以厭天子之氣。年老體衰的秦始皇本應在京城安養，通過治療保健，頤養天年，同時通過實行德政，以求長治久安。可是他被一系列的自然現象嚇破了膽，急於免災避禍，求仙長生，消除威脅，於是匆匆踏上了長途奔波的巡遊之路。正是這個荒唐的舉動，不僅要了秦始皇的性命，而且最終導致秦朝滅亡。

秦始皇三十六年（西元前二一一年）十月癸丑，秦始皇出遊。左丞相李斯伴駕出巡，右丞相馮去疾留守京城。「少子胡亥愛慕請從，上許之。」也許秦始皇過於自信，確認自己可以逢凶化吉，因此沒有安排好各種應急措施，特別是沒有明確皇位繼承人。這個政治失誤的後果竟然是無法挽救的。

該年十一月，秦始皇行至雲夢，「望祀虞舜於九疑山。」然後「浮江下，觀籍柯，渡海渚。

過丹陽，至錢唐。」秦始皇「上會稽，祭大禹，望於南海，而立石刻頌秦德」。這就是《會稽刻石》。其辭曰：

皇帝休烈，平一宇內，德惠修長。三十有七年，親巡天下，周覽遠方。遂登會稽，宣省習俗，黔首齋莊。群臣誦功，本原事跡，追首高明。秦聖臨國，始定刑名，顯陳舊章。初平法式，審別職任，以立恆常。六王專倍，貪戾傲猛，率眾自強。暴虐恣行，負力而驕，數動甲兵。陰通間使，以事合從，行為辟方。內飾詐謀，外來侵邊，遂起禍殃。義威誅之，殄熄暴悖，亂賊滅亡。聖德廣密，六合之中，被澤無疆。皇帝併宇，兼聽萬事，遠近畢清。運理群物，考驗事實，各載其名。貴賤並通，善否陳前，靡有隱情。飾省宣義，有子而嫁，倍死不貞。防隔內外，禁止淫泆，男女絜誠。夫為寄豭，殺之無罪，男秉義程。妻為逃嫁，子不得母，咸化廉清。大治濯俗，天下承風，蒙被休經。皆遵度軌，和安敦勉，莫不順令。黔首修絜，人樂同則，嘉保太平。後敬奉法，常治無極，輿舟不傾。從臣誦烈，請刻此石，光垂休銘。

秦始皇一路之上到處搜尋有「天子氣」、「王者之勢」的地點，凡是博士、方士們認為有問題的地方，他都設法一一化解。在號稱「鍾山龍盤，石頭虎踞」的金陵（今南京市），他命令刑徒鑿北山，斷長壠，以絕王者之氣，又改金陵為秣陵，從字眼上貶低它。在朱方（今江蘇省丹徒鎮），他命令三千刑徒鑿斷京峴南坑，又改地名為丹徒，意為身著赤色囚服的刑徒之鄉。在雲陽（今江蘇丹陽縣），他命令刑徒鑿斷北崗，並把所有筆直的大道改成曲折彎路，改地名為曲阿。在檇李，他命令十餘萬刑徒深翻土地，改地名為囚拳。他聽說剡山（今浙江省嵊縣北）有王氣，於是又命令鑿斷山脈以泄氣，使之成為剡坑山。

在完成消解「東南天子氣」的任務，並下令整飭風俗之後，秦始皇又奔向渤海之濱尋訪神仙。「還過吳，從江乘渡。並海上，北至琅邪。」一來到這裡，秦始皇就迫不及待地詢問尋仙求藥的進展情況。方士徐福等人連年入海求藥，耗費大量人力、物力，結局只能是一無所獲。他們擔心遭到查處，於是誆騙秦始皇說：「蓬萊藥可得，然常為大鮫魚所苦，故不得至，願請善射與俱，見則以連弩射之。」這時秦始皇又做了一個奇異的夢。他夢見與凶惡的海神交戰，海神形體似人。他令隨行的博士占夢，他們認為：「水神不可見，以大魚蛟龍為候。今上禱祠備謹，而有此惡神，當除去，而善神可致。」於是秦始皇命令入海者攜帶圍捕巨鯨的漁具，並親自安排連弩等候大魚浮出水面，射殺牠們。船隊「自琅邪北至榮成山，弗見。至之罘，見巨魚，射殺一魚」。秦始皇尋求仙藥，一番奔波，無功而返。他捨舟登岸，沿海岸西行，踏上歸途。臨行他還不死心，指令徐福繼續尋仙求藥。

至平原津，秦始皇一病不起。「始皇惡言死，群臣莫敢言死事。」可是他連續奔波八九個月，行程數千里，心力交瘁。路途之上，醫療條件也較差，所以很快病入膏肓。車隊行至沙丘，秦始皇病情惡化再也無法前行。這裡是趙國故地，有一座前代留下的離宮。一直等到行將辭世，自知不起，他才匆忙安排後事。這一耽擱可是貽誤了大事，竟至斷送了他的家與國。

秦始皇生於趙國，又死於趙地。「（秦始皇三十七年）七月丙寅，始皇崩於沙丘平台。」這位「千古一帝」終作千古。他的人生之旅從此結束。

秦始皇之死給他留下了太多的遺憾。他剛剛閉上眼睛，就發生了「沙丘之變」。死後整整一年，就發生了大澤鄉起義。辭世僅僅三年有餘，他親手締造的秦帝國就灰飛煙滅了。

為什麼會發生這種歷史現象？以下各章將結合秦始皇、秦二世的所作所為，著重回答這個問題。

註釋

1 《墨子．法儀》。
2 參見《呂氏春秋》的〈孟夏紀．尊師〉、〈孟夏紀．勸學〉。
3 《孝經．感應章》。
4 《全秦文》卷一《嶧山刻石》。
5 《史記》卷八五〈呂不韋列傳〉。
6 關於秦朝第三代國君秦王子嬰，《史記》有秦始皇之弟、之孫等不同記載。秦始皇之弟的說法可能有誤。
7 楊寬依據《史記．趙世家》等考據，認為成蟜降趙，受封於饒，可備一說。參見《戰國史》，上海人民出版社一九八二年第二版。
8 《後漢書》卷十〈皇后紀上〉。
9 《水經．沔水注》。
10 《後漢書》卷十〈皇后紀上〉。
11 《漢書》卷一八〈外戚傳上〉。
12 《史記》卷八七〈李斯列傳〉。
13 《史記》卷八七〈李斯列傳〉。
14 《史記》卷八七〈李斯列傳〉。
15 《史記》卷八七〈李斯列傳〉。
16 《史記》卷八七〈李斯列傳〉。
17 《古今圖書集成．職方典．西安府古蹟考三》又《陝西通志》卷七三〈古蹟二〉及《富平縣志》均同。
18 《山東通志．曲阜山川考》引《大清一統志》。
19 參見馬非百：《秦集史》，中華書局一九八二年版，第一二七頁。

20《史記》卷六〈秦始皇本紀〉。
21《史記》卷六〈秦始皇本紀〉。
22《後漢書》卷三九〈輿服志上〉。
23《史記》卷六〈秦始皇本紀〉「集解」引衛宏言。
24 容庚：《秦金文錄》。
25《史記》卷六〈秦始皇本紀〉。
26《史記》卷九九〈劉敬叔孫通列傳〉。
27《史記》卷一二六〈滑稽列傳〉。
28《後漢書》卷三九〈輿服志上〉。
29《史記》卷六〈秦始皇本紀〉。
30《史記》卷六〈秦始皇本紀〉。
31《淮南子・原道訓》。
32 司馬相如：《上林賦》。
33《史記》卷一二六〈滑稽列傳〉。
34《史記》卷六〈秦始皇本紀〉。
35《史記》卷六〈秦始皇本紀〉。
36《孟子・梁惠王下》。
37《國語・魯語上》。
38《禮記・王制》。
39 本節凡未註明出處的引文皆出自《史記》卷六〈秦始皇本紀〉。
40 根據長安本抄錄。參見《金石萃編》卷四《嶧山刻詞》。
41《隋書》卷三〈煬帝紀上〉。
42 參見《國語・魯語下》、《舊唐書・禮儀志四》等。文獻中的有關論述頗多。
43《史記》卷五五〈留侯世家〉。
44《開元占經》卷三〇〈熒惑占一〉。

第十四章　驕奢篇：為禍一世的暴虐君王

自古驕、奢二字足以誤國。至高無上的皇帝一旦驕奢，必定暴虐。驕奢是帝王的通病，除了漢惠帝、漢文帝、唐文宗等少數皇帝外，就連唐太宗之類的明君也難免「驕奢」之譏。秦始皇驕奢淫逸曾給秦朝的廣大民眾帶來了無窮的禍患。他是著名的「暴虐君王」。

秦始皇天資聰明，性情剛烈，明察秋毫，處事果斷，重視法制，銳意進取，又「建萬世之功」、他「起諸侯，併天下，意得欲從，以為自古莫及己」[1]。驕奢之心從此滋生蔓延。

秦始皇統治時期有六大弊政，即無節制擴建宮室、超標準構築陵墓、長時間頻繁巡狩、急於搞封禪大典、大規模尋仙求藥和不分青紅皂白地焚毀書籍。這些弊政都與秦始皇驕奢之心日盛有直接關係。仔細考察也會發現它們之間有著密切的關聯性。在今天看來，皇帝修宮、築陵、遊幸、封禪、求仙、焚書等，都是暴虐之舉。而在中國古代大多數人看來，它們都是合乎禮義的，至少是無可非議的，而一旦超過限度，就是「無道」之舉、「昏君」之行。正是毫無節制地修宮、築陵、巡狩、封禪、求仙、焚書，斷送了大秦帝國。

社會性暴虐、時代性暴虐、制度性暴虐與個體性暴虐

秦始皇是以「暴」而聞名於世的。如何評價秦始皇的「暴」是解讀「秦始皇現象」的重要課題。對於「暴」必須做具體分析，否則很難客觀公正地評價一段歷史和一個歷史人物。籠統地評說、抨擊秦始皇的「暴」，反而不利於全面地認識中國古代的帝制及其相關的一系列歷史現象，也不利於深刻地批判專制主義政治。

恩格斯有一個著名而又精闢的判斷：「……惡是歷史發展的動力借以表現出來的形式。這裡有雙重的意思，一方面，每一種新的進步都必然表現為對某一種神聖事物的褻瀆，表現為對陳舊的、日漸衰亡的、但為習慣所崇拜的秩序的叛逆，另一方面，自從階級對立產生以來，正是人的惡劣的情欲——貪欲和權勢欲構成了歷史發展的槓桿，關於這方面，例如封建制度的和資產階級的歷史就是一個獨一無二的持續不斷的證明。」[2]這個思路提示人們：秦始皇的「暴」大體有三個來源組成部分。第一種「暴」來自習慣勢力的攻擊。相對西周王制，秦朝帝制是社會變革的產物。自管仲、李悝、商鞅、吳起等人推行變革以來，就不斷有人依照舊的價值尺度斥責他們不合「王制」、「聖道」，斥之為「霸」、「私」、「暴」、「殘」，視之為洪水猛獸，喻之為「虎狼」。當時的社會變革也的確是借助暴力完成的。秦始皇是堅定不移的變革派，他既是舊王制的叛逆，又是新帝制的完成者和代表人物。於是他的革新之舉不可避免地被貼上「暴」的標籤。這種暴推動了社會文明程度的新進展。第二種「暴」根源於當時的社會政治制度。與一切建立在人支配人、人壓迫人、人剝削人的社會關係基礎上的政治制度一樣，君主專制制度的本質就是一個「暴」字。它靠暴力支撐，靠暴虐維護，時時刻刻製造著各種暴行，諸如君主獨裁、嚴刑苛罰、橫徵暴斂之類。這種暴適用於

一切皇帝。不管它與現代價值觀如何相悖，卻有其歷史存在的合理性。第三種「暴」純粹由秦始皇個人負責，是個體的「惡劣的情欲」所造成的，諸如驕奢淫逸、剪除政敵、濫殺無辜之類。這三種不同來源的「暴」往往交織在一起，很難清晰地分解開來，而在認識和解釋歷史的時候又必須有所區別。

為了便於對有關歷史現象做出更具體的分析，筆者創造了幾個術語：社會性暴虐、時代性暴虐、制度性暴虐和個體性暴虐。

社會性暴虐是指由社會結構的本質和各種社會基本關係模式的特質所造成的歷史性暴虐。社會性暴虐是一個歷史範疇。這種暴虐根源於支配性、奴役性的社會關係及相關的社會規範。人類社會從愚昧到文明是一個偉大的成就，然而它又是以產生了人對人的支配和奴役為代價的。一旦人奴役人成為各個主要社會群體之間經濟關係、社會關係和政治關係的基本模式，成為社會結構的本質屬性，就必然鑄就根本性的、普遍性的、系列性的社會暴虐。人類歷史上常常出現一些怪事：那些鼓吹仁義道德的正人君子們或信奉自由、平等、博愛的紳士們，卻在為一種暴虐的制度撰寫辯護詞，甚至公然製造各種暴虐而心安理得。如同在古典政治民主最發達的古希臘雅典城邦，公民們可以公然不把奴隸當人看待而自認為理所當然。柏拉圖、亞里士多德等一批大思想家還從理論上論證了這種不人道的社會結構。又如在一八五七年三月六日，在實行民主制度的美國，在為自由人權看家護院的美國聯邦最高法院，在引用《獨立宣言》中的「一切人生來平等」來判決一名黑奴時，大法官坦尼竟然說：「上述籠統的字句似乎是包括全人類的，……但顯然無可爭辯的是，這句話的原意並不包括被當作奴隸役使的非洲人種在內。」只要看一看美國的國父華盛頓是如何奴役成群的黑奴而毫無愧色，也無意改正；只要讀一讀《湯姆叔叔的小屋》中描寫的活生生、血淋淋的場景；只要想一想當時美國優勢群體在法律上、現實中給予廣大黑奴、印第安人，其他有色人種、婦女和貧苦白人的一系列不民主、不平等、不公正的待遇，就可以毋庸置疑地斷定：這不是坦尼一個人的理念，而是一個群體性的理念，乃至就是一種經濟的、社會的、政治的、法律的制度。中國古代大儒一方面真誠地宣揚「仁者愛人」，鼓吹仁義教化之政，另一方面又斥責違背綱常的「小人」、「女子」和「夷狄」是「禽獸」，甚至主張以重典嚴刑懲治各種「禽獸」，這也堪為典型事例。其實這種現象的根源在於社會結構本身內蘊著暴虐的屬性，維護這種社會結構的觀念、道德、制度和法律無論包含著多少精華，也不可避免地存在著邏輯性的悖謬和現實性的偽善。這就是社會性的暴虐。在中國古代，專制主義是各種宏觀的、微觀的社會結構的本質屬性。這種社會結構注定無論實行「德政」的君王、講究「孝慈」的家長，還是主張「愛人」的學者，都難免「暴虐」二字，更何況那些不搞德政、不行孝慈、不講愛人的人？

在今人看來，這一類暴虐必須批判。而在當時的社會中，這一類暴虐行為大多是以「合理」的形式存在的。換句話說，它符合當時通行的社會法則和道德準則，生活在那個社會的大多數人不僅不會指責這類行為是「暴虐」，反而認為它合乎情理，是正當的、正義的乃至合法的。例如，在中國古代宗法社會中，依據儒家的「君君、臣臣、父父、子子」、「三綱五常」及「天理」所做出的許多行為都屬於社會性暴虐。儒家倫理道德的各項具體規定都是與當時各種宗法式的人身奴役、人身依附社會關係相匹配的。「三綱五常」在當時絕大多數人的心目中是天經地義、天然合理的，是符合「聖王之制」和「聖人之道」的。然而自古就有「以理（禮）殺人」之說。在今人看來，君支配臣、父支配子、夫支配妻乃至「父教子死，子不敢不死；君教臣死，臣不敢不死」等，絕對屬於暴虐。這一類暴虐是由專制主義社會形態的基礎性社會性因素（主要是社會關係與社會道德）造成的，故稱之為社會性暴虐。社會性暴虐是一種群體行為，有時全社會的成員都會介入其中，而不以為非。

時代性暴虐是指與一定時代的特定的社會形態相聯繫的暴虐，它是社會性暴虐在不同歷史時代的具體表現形式。人類社會文明經歷過時代性的變遷，即依次出現奴隸勞動（有的近似於奴隸勞動）占主導地位或比重較大、依附農奴或農民勞動占主導地位和雇用勞動占主導地位的三大類社會形態。每一種社會形態自身也有階段性的變遷。在不同的時代，社會結構也會有所變遷，因此社會性暴虐的性質和形式也會有所變化。就前資本主義時代與資本主義時代的社會性暴虐相比，無論範圍、程度、形式和內容都有很大的不同。

中國古代社會本身也有時代性社會變遷。春秋戰國時期社會結構有重大變化。就總體指標而言，秦漢帝制比商周王制的文明程度更高一些。因此，春秋以前與春秋以後相比較，在經濟、社會、政治、文化等各個領域，前一個時代的社會性暴虐比後一個時代的社會性暴虐要更野蠻一些、更殘酷一些、更普遍一些。那種認為西周「禮治」比秦朝「法治」更人道的看法與歷史事實相去甚遠。在今天看來，無論秦之「暴」還是周之「暴」，都應當予以批判。但是，秦之「暴」弱於周之「暴」，不看到這一點，也會得出許多不夠客觀的結論。許多學者對秦之「暴」的抨擊，忽略了這個視角。

制度性暴虐是指由基本政治制度的特質所造成的歷史性暴虐。在特定的社會形態、特定的時代會有特定的制度。制度性暴虐也是一個歷史範疇。這種暴虐根源於支配性、奴役性的政治制度及相關的政治規範、法律規範。在當時的政治制度下，這一類暴虐是以「合法」的形式存在的。換句話說，他符合當時通行的政治制度、法律制度及各種相關的準則、規範，生活在那個社會的大多數人不僅不會指責這類行為是「暴虐」，反而認為它是合乎制度、合乎法律、合乎規範的，是正當的、正義的。例如孟子、朱熹之類的大儒認為君王按照禮法定制來修宮殿、築陵墓、娶后妃、徵徭役是符合「天理」的。這一點也為當時絕大多數人認同。又如依據中國古代法律「為子為臣，惟忠惟孝」[3]，臣子為君父服務，稍有不慎就會因為出言不慎、觸犯忌諱等原因獲罪，諸如「大不敬」、「指斥乘輿（皇帝）」之類，只要不是帝王罔加之罪，古代的人們都認為斬殺觸犯「大不敬」等律條的人是天經地義的。而在今人看來，這一類行為儘管在當時有制可循，有法可依，卻仍然屬於暴虐之舉，因為那種制度和法律是為了維護社會性暴虐、時代性暴虐服務的。

一般說來，社會性暴虐、時代性暴虐和制度性暴虐與人的個性和品德並無必然關聯。在特定歷史時期內，它們總是以「合理」、「合法」的形式出現，甚至被全社會認定是符合「天理」、「聖道」、「公德」、「王政」的。它們是一定的社會、一定的時代、一定的制度所依據、宣揚、遵循和維護的價值觀所造成的。所以有關行為不是根源於諸如暴虐殘忍、嗜血成性、意昏志亂、剛愎自用、惱羞成怒、睚眦必報、驕橫跋扈、濫施淫威之類個人的惡德惡性或特殊的個體情境，更與心理變態無關。

為了與社會性暴虐、時代性暴虐、制度性暴虐相區別，個體性暴虐特指純粹由於個體的某些人格特質或非法行為所造成的暴虐。例如，不公正的立法所導致的暴虐是社會性、時代性、制度性的，而司法腐敗常常與某個個人的情欲、貪欲乃至心理變態有直接關係。個體性暴虐通常與個性及特殊的情境有關，既不「合理」，也不「合法」。換句話說，個體性暴虐特指不僅在今人看來實屬暴虐，就連當時的社會法則、主流文化、政治規範和法律條例也會認定為暴虐的各種行為。如君父濫殺忠臣孽子、官吏法外魚肉民眾等。在中國古代，官吏枉法侵民，依據儒家道德屬於「不忠不義」，依據國家法律屬於「貪墨虐民」。人們對於「無道之君」、「暴虐之主」、「獨夫民賊」

的指責通常也是針對這類暴行。

在今天看來，世界古代文明史上，沒有任何地區、任何民族的任何社會形態、國家制度和統治者可以逃脫「暴虐」之評。而在分析歷史上具體人物特別是統治者的暴虐行為時，必須對四種不同性質的暴虐有所區分，否則就難免有苛求古人之嫌。

以隋煬帝為例，隨著社會文明程度的不斷提高，隋唐以來法制進入相對輕刑時代，而隋煬帝的《大業律》又是中國古代史上刑罰最輕的一部刑法典。《大業律》的刑罰不僅比秦漢魏晉法典大大減輕，而且比他父親隋文帝的《開皇律》和唐太宗的《貞觀律》也輕了許多。在這個意義上，隋煬帝進一步相對弱化了制度性暴虐，也就相對弱化了社會性暴虐和時代性暴虐。在這一點上應當對他有所肯定。可是隋煬帝後來並不遵守自己制定的法律制度，而是法外施刑，濫殺無辜。這就屬於個體性暴虐，只能予以抨擊。

對於秦始皇的暴虐也應當如是看，即凡是屬於在社會歷史進程中向更高的文明程度提升的行為，凡是屬於在當時的人們看來「合理」、「合法」的行為，凡是屬於那個時代的帝王通行的行為，都不應把罪責簡單地歸之於個人，而應當以有所分析的態度對待。而對於個體性暴虐則應予以毫不留情的抨擊。

封禪

封禪，在今天看來，它是一樁地地道道的荒唐事，而在當時看來，它是秦始皇這樣的帝王理應舉行的一次大典。如果說它荒唐、奢靡、勞民傷財，那麼這是由社會、時代、制度造成的。秦始皇不考慮政治情勢，急於搞封禪大典，帶來了一系列惡劣的後果。這個責任只能歸咎於他。

在秦始皇的六大弊政中，封禪、求仙、焚書的影響最大，它們之間的關聯也最密切。從封禪到求仙，從求仙到焚書，秦始皇日益驕奢淫逸。在一定意義上，封禪導致求仙，封禪、求仙所鑄就的政治心態又導致多次大規模的巡狩以及更大規模地擴建宮宇、陵墓等行為。驕奢、專橫的極致是「焚書坑儒」。「焚書坑儒」的導火線又直接與封禪、求仙有心理上或行為上的牽連。在一心足以興邦、一心足以喪邦的時代，最高統治者的驕奢之心足以全面敗壞政治。由此而衍生的各種政治行為，對秦朝政治有廣泛的惡劣影響。急於封禪可以作為秦始皇滋生驕奢之心的起點。

一、封禪的來歷與政治意義

「封禪」是天子對大地最隆重的祭禮。「封」，即在泰山極頂築壇祭天，「報天之功」；「禪」，即在梁父山除地祭地，「報地之功。」梁父山是泰山下的一座小山。先祭天，後祭地，「封」與「禪」是一次大典的兩個關鍵步驟，所以合稱「封禪」。

封禪具有重大的政治意義。「易姓而王，致太平，必封泰山，禪梁父，荷天命以為王，使理群生，告太平於天，報群神之功。」[4]依照慣例，每一個登上至尊地位的人，特別是「革命」之君，都有資格以封禪的形式報天地、諸神之功，並向廣大臣民宣揚自己奉天承運，德配天地。這是最高統治者的特權和無上榮耀。做天子而不能親臨封禪大典是帝王們的終身遺憾。因此，司馬遷說：「自古受命帝王，曷嘗不封禪？……每世之隆，則封禪答焉，及衰而息。」

《尚書・堯典》認定堯制定了封禪之禮。據說，齊桓公欲封禪，管仲極力勸阻。他說：「古者封泰山禪梁父者七十二家，而夷吾所記者十有二焉。」他列舉無懷氏、伏犧、神農、炎帝、黃帝、顓頊、帝嚳、堯、舜、禹、湯、周成王等十二位王者的封禪故事，指出他們「皆受命然後得封禪」。後來孔子等大儒在注釋經典時，進一步認定了「易姓而王，封泰山禪乎梁父者七十餘王」的典章故事。學術界比較流行的觀點認為，上述說法不可靠，封禪之禮產生於西周。筆者認為，具有類似政治功能的祭祀天地諸神的典禮早已有之。西周制度顯然有更為古老的淵源。實際上，古代邦國之君多有祭天告成之舉，只是具體的地點、禮儀有所不同而已。西周以來封禪之禮更加定型、更加規範，地點固定下來，有關的觀念、理論也不斷發展。經孔孟大儒的整理、發揮，惟有最高統治者才有資格封禪的觀念也日益普及。歷代秦公祭祀天地、魯國季氏以「陪臣」身分登泰山，都被視為僭越之舉。其實這都是類似封禪的行為。「七十餘王封禪」固不可信，而許多古代君主有這類行為卻是事實。

二、第一位封禪皇帝的重大失策

秦始皇是中國歷史上第一位封禪的皇帝。事情發生在秦始皇二十八年（西元前二一九年）。當時秦始皇剛剛完成了改朝換代大業。他自認為完全符合封禪的資格，即受天命、現符瑞、致事功、平天下，所以在稱帝的第三年，便急急忙忙登臨泰山，封禪天地。

自周天子式微以來，很久沒有舉行過封禪，「故其儀闕然堙滅，其詳不可得而記聞云。」為了辦好這個隆重的大典，秦始皇「徵從齊魯之儒生博士七十人，至乎泰山下」，共同商議封禪之禮。群儒引經據典，高談闊論，又各持己見，爭執不休。他們提出的見解不是迂腐不堪，就是繁瑣難行。有人甚至主張登山祭天時用蒲草包裹車輪，以避免損傷泰山的一草一木。封禪時要掃地而祭，鋪地的席子必須用茅草編織，以示虔誠。如果照此辦理，堂堂大秦皇帝豈不形同鄉巴佬！「始皇聞此議各乖異，難施用，由此絀儒生。」

他拋開群儒，令人開山修道，建築祭壇，並參照秦國祭祀上帝的禮儀，設計了一套典禮儀軌。他親率隨行重臣，乘車自泰山陽坡上至極頂，登壇祭天，並「立石頌秦始皇帝德，明其得封」。然後從陰坡下山，至梁父祭地。秦始皇是第一個舉行封禪大典的皇帝，這也是王國歷史上有可靠文獻記載的首次封禪大典。由於秦朝政府對這套禮儀嚴加保密，所以世人不知其詳。

封禪是一件荒唐事，這毫無疑問。許多關於秦始皇的書用譏諷的口吻繪聲繪色地描述了封禪的過程。其實與其如此，不如深入地分析一下這件事對秦朝政治的影響。乍然看來，封禪雖是弊政，卻無關大局。其實不然。它是重要的標誌性歷史事件。急於封禪的惡果及由此而帶來的一系列負面影響，埋下了導致秦朝政治衰敗的禍根。

其一，這件事表明秦始皇已因頭腦發熱，而缺乏遠略，舉措失當。

司馬遷曾經批評秦始皇築長城，修直道。他認為「秦之初滅諸侯，天下之心未定，痍傷者未瘳」，當此之時，應當「振百姓之急，養老存孤，務修眾庶之和」不應當「阿意興功」[5]。這個思路用於評判封禪一事更為合適。大亂甫定，百廢待興，秦始皇卻急不可待地大搞封禪之類的不急之事，這是非常失策的。

封禪大典是一樁重大消耗性政務，其規模之大、規格之高、花費之巨，可謂極一時之勝。皇帝擕大駕鹵簿、百官群臣長途巡狩本身就是嚴重勞擾地方的舉動。封禪大典要求全體重臣和屬國之君參與，其扈從人眾相當可觀。封禪需要興建一批相關工程，供奉眾多奇珍異寶，舉行系列大型活動。為此徵調的人役和護駕的軍隊其數量更是非同小可。貢品費、工程費、差旅費、接待費、保安費、禮品費、會議費……這筆開支是相當巨大的，其消耗不亞於一場較大的戰爭，卻又徒勞無益，留不下任何對國計民生有實際價值的東西。因此，歷代有識之士都奉勸皇帝慎行封禪之禮，主張非「天下艾安」絕對不可行之。漢文帝「謀議巡狩封禪事」，終被勸阻。

唐太宗亦然。唐朝立國十餘年，唐太宗在位第五年，「貞觀之治」大見成效。於是公卿大臣並請封禪，唐太宗也認為條件具備。魏徵卻不以為然。他認為：「陛下功則高矣，而民未懷惠。德雖厚矣，而澤未滂流。諸夏雖安，未足以供事。遠夷慕義，無以供其求。符瑞雖臻，罻羅猶密；積歲豐稔，倉廩尚虛，此臣所以竊謂未可。」他打了個形象的比喻：久病初癒，皮骨僅存，無法負重遠行，而此時的唐朝恰如久病初癒之人，是無力舉辦封禪大典的。為了說服唐太宗，他不僅實實在在地算了一筆經濟帳，還明確指出，一旦有所閃失，難免「庸夫橫議，悔不可追」6，唐太宗知難而退。從唐太宗君臣的謀劃、舉措，不難看出秦始皇剛剛滅亡六國就急於封禪是多麼大的政治失誤。

昏君大多智力並不低下，而是驕奢之心膨脹。有驕奢之心，必然頭腦發熱；頭腦發熱，必然缺乏深謀遠略；接下來就是好大喜功、剛愎自用、聽不得批評，從而衍生一系列弊政。一旦弊政叢生，一位為禍一世的昏君也就誕生了。秦始皇封禪絕不是小小的失誤，而是大大的弊政。

其二，封禪為驕奢之心推波助瀾。

從議定帝號開始，秦始皇的驕奢之心初見端倪。急急忙忙地搞封禪大典更是「稱成功」、「明得意」心態的產物，其驕奢之心溢於言表。封禪是神化王權、聖化帝王的重要手段。這類活動只會助長驕奢之心。祭天告成，與上帝諸神對話，很容易導致皇帝自視為眾神同儕。大搞巡狩封禪祭神的秦始皇顯然滋生了類似的心態。以奉天承運自詡也是一切帝王所共有的自我神化方式。奉天承運意識是天命觀念、天子觀念和帝王運世觀念在最高統治者心靈中的主觀呼應。所謂奉天承運，即在位皇帝奉天命，應期運，居大寶，是天命的承擔者和天意的人格體現，他理應成為普天之下的絕對權威。皇帝以「天子」自居，實行對「天」的最高模擬，自命為天堂與人世的惟一聯繫人和天帝權威的惟一代理人。這種模擬和定位使皇帝產生神聖無比的絕對權威感、統攝萬象的權力意識和至尊至貴的權勢心態。這正是許多帝王妄自尊大、肆無忌憚、頤指氣使的心理根源。自東巡封禪以來，秦始皇舉辦過一系列典禮儀式，還到處刻石紀功。廣大臣民的匍匐朝拜和歌功頌德，勢必助長驕與奢。秦始皇將那麼多美妙詞彙和華麗桂冠刻在石碑之上、加諸個人頭上，其驕奢之心已然充盈到無以復加的地步。這種心態只會使秦始皇頭腦更熱，把心思用在更多的有害無益的事情上。這對於剛剛建立不久的秦朝是很不利的。

其三，導致秦始皇輕蔑儒生、儒經。

稱帝之初，秦始皇這位「法家」皇帝還是頗有一點「尊儒」的味道的。在先秦諸子百家中，儒家最為重視尊君卑臣之「禮」，而這是任何一個王朝都不可或缺的。於是秦始皇徵召了一批大儒，令他們任博士，參謀議，還期待他們為秦朝的文化建設多有貢獻。秦始皇重視「禮治」，搞了一套規範君臣上下、朝野內外的「禮」。這套禮頗嚴整，後來基本為漢朝繼承。群儒在制禮定儀方面想必多有作為，這是他們的特長。然而他們過於熱衷搞各種形式化的禮儀，封禪之類的重大典禮自然包括在內。儒者是封禪大典的積極鼓吹者。秦始皇急急忙忙地遠行封禪，極有可能是一群幫閒文人促成的。到達齊魯地區後，秦始皇瞻仰孔子故居，加封孔子後裔，召見齊魯群儒。一時間，儒風勁吹，群儒頗為風光。

可是當群儒興沖沖簇擁著秦始皇來到泰山腳下時，儒學的弊端、腐儒的無能和俗儒的淺薄卻被他們暴露得一覽無遺。秦始皇一怒之下，把群儒統統趕走，決定由自己確定典禮儀式（無獨有偶，漢武帝也撇開群儒，自己另搞了一套封禪典禮儀式）。

儒家天生有三大弊端：一是固執傳統，缺乏創新；二是繁文縟節，難於遵行；三是說教道德，難免虛偽。儒家的經典駁雜、流派駁雜、師說駁雜，也給這個學派帶來許多弊病。歷代儒者群體中的確曾經湧現出一些頗有創意的思想家和善於謀事的政治家，還有一些儒者成為令人欽敬的孤臣孽子、浩然之士，但是更多的儒者屬於參與泰山議禮這一類。他們被以荀子、叔孫通為代表的歷代儒宗、以漢高祖為代表的歷代帝王和以諸葛亮為代表的歷代政治家斥責為「俗儒」、「小儒」、「賊儒」、「腐儒」、「鄙儒」、「無行文人」。這批人固執經典，恪守師說，他們的特點是：坐談立議，無人可及，而臨機應變，百無一能；道德說教，頭頭是道，而名利之心，溢於言表。因此，當秦始皇誠心誠意地請教封禪問題時，他們演出了一個四部曲：第一部大講聖道，促成封禪；第二部翻檢經典，一無所得；第三部各執一詞，莫衷一是；第四部惹怒皇上，滯留山下。這場鬧劇還有一個尾聲：群儒乘興而來，卻被皇上潑了一盆冷水。秦始皇封禪途中遭遇暴風雨使他們找到了發泄不滿的機會。「諸儒生既絀，不得與用於封事之禮，聞始皇遇風雨，則譏之。」他們之中可能還有人造了一個政治謠言：「始皇上泰山，為暴風雨所擊，不得封禪。」儒家以封禪為聖德之舉，本屬子虛烏有，他們利用途中遇雨宣揚秦始皇無德，也難逃惡意攻擊之嫌。這一切都無助於提高儒家在秦始皇心目中的地位。

漢武帝也遇到過類似情況。他與後世許多帝王一樣，僅僅對那些平庸的「俗儒」不屑一顧而已，而對令他敬重的「博學鴻儒」依然「聖恩眷顧」。因為儒學畢竟是他們欽定的官方學說，甚至是他們的信仰。可是在秦朝，情況就大不相同了。秦始皇本來就對儒學缺乏信仰之心。當他開始全面構思統治思想的總體框架，又一心倚重齊魯群儒辦一個盛大典禮時，卻大失所望。這樣一來，對俗儒的不屑一顧，勢必影響到對整個儒學的基本估計。促成封禪的群儒不僅敗壞了秦朝的政治，也敗壞了儒學的聲望和自身的形象。後來秦始皇「焚書」是專制政治的專橫和秦始皇對詩書的偏見共同鑄成的，而儒學的保守和群儒的無能則是重要誘因和導火線。在一定意義上可以說，正是這批平庸之輩開啟了秦始皇的「焚書」之心。「焚書」的惡劣政治影響對秦朝的穩定是十分不利的。

其四，封禪誘發大規模尋仙求藥。

為封禪而遠程巡狩的秦始皇風塵僕僕來到海岱之區。當年齊魯一帶的文化有兩大特色土產：仁義之道和方仙之道。這裡是中國孔學和神仙學的發源地。儒者和術士、儒學與神仙學旨趣大異，卻也有相通之處。同屬荒誕無稽的封禪與求仙便是其中之一。漢武帝時有個大騙子名叫李少君。他動用各種騙術，說服漢武帝尋覓仙人，其中一個說法就是：「祠灶則致物，致物而丹沙可化為黃金，黃金成以為飲食器則益壽，益壽而海中蓬萊仙者乃可見，見之以封禪則不死，黃帝是也。」結果漢武帝上當受騙。秦始皇在封禪前後也遇到一批大騙子，聽到了許多類似的說法，也同樣上了大當。「封禪」將秦始皇引到齊魯大地，大批儒者、術士紛紛圍上來各售其術，於是盛行於海岱之區的方仙道、神仙學也就灌滿了皇上的耳朵。儒者遭到鄙棄，術士博得青睞，這可能是秦始皇東巡最糟糕的一個結果。從此秦朝又多了一個弊政，即大規模尋仙求藥。這不僅是又一個消耗巨大而徒勞無益的行為，還直接導致了無節制的巡狩和「坑術士」。

封禪本身就是一個弊政，它又引發、衍生一系列的大大小小弊政。它標誌著秦朝政治開始走下坡路。在一定意義上可以說，秦始皇急於封禪是秦朝的亡國之因。

尋仙求藥

尋仙求藥是秦始皇的六大弊政之一。宇宙本無神靈，世上本無仙人，人間本無永生。祭神靈，尋仙人，求丹藥，都屬荒唐之舉，徒勞而無益。然而那個時代的人絕大多數信奉這類東西。秦始皇畢竟是凡夫俗子，他未能免俗。如果他只是小打小鬧地搞一搞，似乎不必過多指責。自古以來，佞神、佞道、佞佛的帝王數不勝數。就連號稱一代名君的唐太宗不也死於丹藥嗎？可是秦始皇不然，他把尋仙求藥當作國家大政一樣地對待，這可就非同尋常了。由此而導致的一系列惡果，只能由他個人負責。

尋仙求藥歷來是富貴者的事業，它需要大量的財力支持。皇帝尋仙求藥更是不得了，他可以動用國庫的帑銀，可以徵調民眾的賦役，甚至可以調動軍隊。一旦最高統治者痴迷於尋仙求藥，百姓的苦難就看不見盡頭。

神仙之說產生於先秦，「方仙道」最初流行於燕、齊等沿海一帶。燕齊一帶盛傳渤海之內有蓬萊、方丈、瀛洲三神山，一批仙人聚居於此。大約在戰國初期，宋毋忌、正伯僑、充尚、羨門、高誓等假托鬼神之事，故弄玄虛，效仿傳說中的神仙，大搞方仙道。當地很多人相信這些人死後形解銷化，得道成仙。於是效仿者日益增多，「怪迂阿諛苟合之徒自此興，不可勝數。」這類傳統流傳四方，就連思想家的著作中也有論及。《莊子》有神人之說。據說他們居於遠方神山，「不食五穀，吸風飲露，乘雲氣，御飛龍，而遊乎四海之外。」仙與道的結合構成了後世道教的雛形。

早在秦始皇之前，就有一些君主尋仙求藥。齊威王、齊宣王、燕昭王都曾「使人入海求蓬萊、方丈、瀛洲」。《戰國策·楚策》記載有人曾向楚王獻不死藥。《韓非子·外儲說左上》也記載了「客有教燕王為不死之道者」。可見「神仙之說」、「不死之藥」、「不死之道」等早已有之，用這類東西騙取富貴的術士也早有其人。這些方術之士欺瞞君主，誆騙世人，他們聲稱三神山飄蕩在渤海之中，離人世很近。若遇危險，則隨風而去。曾經有人接近過神山，「諸仙人及不死之藥皆在焉。」山上以黃金白銀為宮闕，各種事物及禽獸等都是銀白色的。「未至，望之如雲。及到，三神山反居水下。臨之，風輒引去，終莫能至云。」齊威王、齊宣王、燕昭王等聞之，豔羨不已，又徒嘆奈何。秦始皇可能早在統一天下之前就聽到過這些傳說，並心嚮往之。

「及至秦始皇併天下，至海上，則方士言之不可勝數。」秦始皇剛剛來到海岱之區，立即被一批搞方仙道的術士包圍，很快便沉迷其中。秦始皇是個有神論者，他採納了陰陽家齊人鄒衍的「五德終始」說，採納了齊魯儒者的封禪說，也採納了齊、燕道者術士的神仙說。迷信各路神明，自然也不會懷疑神仙之說。在渤海之濱，他窮成山，登之罘，遠望煙波浩淼的茫茫滄海，目睹光怪陸離的海市蜃樓，耳聞眾人傳誦的蓬萊仙境，更使他堅信神仙之說不謬，不死之藥可求。

古今中外，哪個正常之人不希望延年益壽？哪個迷信之人不企盼永生或升入天國，進入極樂世界？所以秦始皇很快就被巧舌如簧的術士說得暈頭轉向，開始親自導演一齣又一齣尋仙求藥的荒唐劇。他一再受騙，卻終身不悟。結果樂了術士們，苦了百姓們，也誤了他的家國大事。

最大的騙子當屬齊人徐福（徐市）。秦始皇初次東巡至海，徐福等人就上書皇帝，鼓勵他尋仙求藥。秦始皇信以為真，令他們分頭出海，「入海求仙人。」[7] 一年以後，秦始皇再次東巡至海，而徐福等人一無所獲。眾術士「皆以風為解，曰未能至，望見之焉」。既然眾人遇風不至，秦始皇也不好怪罪，只得令他們繼續尋找。又過三年，秦始皇三度東巡，術士們依然兩手空空。他不禁心中生疑，決心考校其虛實。狡詐的徐福編造了一個更大的謊言。他自稱見到了「海中大神」，並向大神言明自己是當今皇上的使者，「願請延年益壽藥。」可是大神卻說：「汝秦王之禮薄，得觀而不得取。」徐福還繪聲繪色地聲稱他跟隨大神到達蓬萊山，「見芝成宮闕，有使者銅色而龍形，光上照天。」[8]經他一再懇求，海神表示只要貢品豐盛，可以考慮贈送一些延年益壽藥。秦始皇得知仙藥可求，心中大喜。他未辨真假，又資助人力物力，撥給大量貢品，令徐福繼續尋仙求藥。數年後，秦始皇最後一次東巡。他自知年老體衰，不久於人世，急不可待地「冀遇海中三神山之奇藥」。徐福又想出一個搪塞之策，請求秦始皇派人射殺妨礙尋仙求藥的巨鯨大魚。秦始皇再次上當。他親自出海圍捕巨鯨，射殺一魚。在踏上歸途之前，秦始皇又聽信徐福的謀劃，再次派他出海遠行。秦始皇令人為徐福徵集三千童男童女和各種工匠，準備大批船隻以及大量貢品、財物和五穀種子。徐福一行揚帆入海，再也沒有返回大陸。據說，「徐福得平原廣澤，止王不來。」[9]

秦始皇一再上當與當時的社會文化氛圍有密切關係，它強化了秦始皇對仙術的痴迷心態。秦始皇三十一年（西元前二一六年）十二月，秦始皇下令「更名臘曰『嘉平』」。事情的起因源於一個廣為傳說的奇聞。據說這年九月庚子，一個叫茅盈的術士聲稱他的曾祖父茅濛（茅初成）「乃於華山之中，乘雲駕龍，白日升天」。在此之前，他的家鄉就流傳著一個歌謠：「神仙得者茅初成，駕龍上升入泰清，時下玄洲戲赤城，繼世而往在我盈，帝若學之臘嘉平。」荒誕離奇的故事顯然是茅盈等人編造的，而當時的民眾大多相信這套奇談怪論。這件事很快傳到秦始皇的耳朵裡。「始皇聞謠歌而問其故，父老具對此仙人之謠歌，勸帝求長生之術。於是始皇欣然，乃有尋仙之志」，並下令將每年十二月舉行的臘祭改稱為「嘉平」。為了表達對神仙的敬仰和父老的感謝，秦始皇還「賜黔首里六石米，二羊」[10]。正是在這種文化氛圍中，不斷滋生著騙人的人和被騙的人。一種廣泛存在的迷信和信仰是秦始皇一再上當受騙的社會文化根源。

另一個著名的大騙子是燕人盧生。這個人比徐福更壞。徐福等人以神仙之說騙取富貴錢財，致使秦始皇屢屢興師動眾，尋仙求藥，勞民傷財，禍及黔首。盧生等人不僅有同樣罪行，而且對秦朝政治有更大的破壞。他們放到任何一個朝代也只能列入「奸佞」一類。

據《史記・秦始皇本紀》記載，盧生等人有四大惡行。

其一，獻方仙道以誤國。秦始皇三十二年（西元前二一五年），秦始皇東臨碣石，術士盧生仿效徐福等人，取得信任。秦始皇令盧生負責尋找仙人羨門、高誓。又派他的同黨「韓終、侯公、石生求仙人不死之藥」。

其二，獻圖讖以亂政。盧生返回京城，獻上據說是尋仙過程中獲得的《圖書》，其中有「亡秦者胡也」的讖言。這件事促成秦始皇北伐匈奴。北代匈奴是否正確，這另當別論。盧生為了個人富貴，不惜編造神仙之說、圖讖預言以亂政，這是一大惡行。

其三，獻巫術以惑君蠹政。秦始皇三十五年（西元前二一二年），盧生向秦始皇獻上一個尋仙求藥的方略，他說：「臣等求芝奇藥仙者常弗遇，類物有害之者。方中，人主時為微行以辟惡鬼，惡鬼辟，真人至。人主所居而人臣知之，則害於神。真人者，入水不濡，入火不爇，陵雲氣，與天地久長。今上治天下，未能恬惔。願上所居宮毋令人知，然後不死之藥殆可得也。」盧生把尋仙求藥失敗歸咎於秦始皇勤政，主張他深藏不露，隱居宮中，不見尋臣。他又編造「真人」說，引誘秦始皇痴迷於方仙道。秦始皇聽信了這一套鬼話，他說：「吾慕真人，自謂『真人』，不稱『朕』。」秦始皇又「令咸陽之旁二百里內宮觀二百七十復道甬道相連，帷帳鐘鼓美人充之，各案署不移徙。行所幸，有言其處者，罪死」。有一次，秦始皇幸梁山宮，他從山上望見丞相李斯隨從車騎眾多，頗為不滿。有人將這件事告知丞相，丞相趕緊減少隨從車騎。秦始皇見狀大怒，曰：「此中人泄吾語。」他審問侍臣，卻無人招認，當即「詔捕諸時在旁者，皆殺之」。秦始皇先有嚴令後殺人，於法有據，而牽連無辜，實屬殘忍。這次事件以後，沒有人再敢泄露皇帝的行蹤言語，史稱：「自是後莫知行之所在。聽事，群臣受決事，悉於咸陽宮。」盧生的獻策導致一系列的惡果：致使秦始皇更加痴迷神仙之術；促使秦始皇進一步擴建宮室，設置更多的豪華行宮，以便隱藏行蹤；導致秦始皇不再上朝聽政，各種政務皆由一人靠批閱奏章決斷，臣下很難見到皇上，只能奉命辦事。秦始皇自我鎖閉在深宮，斷絕了許多了解國家局勢、尋求合理對策的信息渠道，這對秦朝政治的危害是相當嚴重的。

其四，陽奉陰違，引發「坑術士」。這批專靠騙術謀取富貴的術士毫無道德良知可言。他們得知皇帝已經心生疑慮，打算親自考校眾術士的虛實，惶恐不可終日。依照秦朝法律，他們的騙術一旦被識破，將處以極刑。於是「侯生、盧生相與謀」，策劃逃亡。他們在對秦始皇的為人、政事大加攻擊之後，便悄悄地溜走了。這批術士可把秦始皇坑得夠嗆。他給這批人官與祿、富與貴、信與任，可是他們靡費巨大，而一事無成。不僅如此，他們還極盡惡毒攻擊之能事，然後不辭而別。因此，秦始皇聞之，勃然大怒。他下令徹底追查，於是引發了著名的「坑術士」事件。

尋仙求藥的弊政要由秦始皇負主要責任。兜售仙術、誤國誤民的術士固然該殺，而聽信術士、勞民傷財的皇上也難辭其咎。秦始皇尋仙求藥純粹是為了滿足個人的無限欲望，它不僅對國計民生毫無益處，而且導致或強化了一系列的弊政。秦朝其餘五大弊政都與尋仙求藥有直接或間接的關係。如果秦始皇的頭腦清醒，完全可以避免這個弊政及由此衍生的一系列惡果。封禪、巡狩、擴建宮室、「坑術士」與尋仙求藥的關係前面已經提到。這裡著重分析一下擴建驪山陵與尋仙求藥的關係。

尋仙求藥與擴建陵墓都是窮奢極欲心態的產物。尋仙求藥旨在通過生命永駐，達到永遠安享權勢、尊榮、富貴的目的；擴建陵墓旨在通過死後厚葬，達到在地下永遠保持權勢、尊榮、富貴的目的。它們一個祈求永生，一個安排死後，似乎風馬牛不相及，而在心態上和行為上卻有千絲萬縷的關係。

神仙是中國文化的特產。中國的神仙似神非神、似人非人。神從「示」，出自天然；仙從「人」，由人轉成。仙是凡人經修煉而獲得神性。神仙是人而不同於人，屬神而不同於神。這就是《太平廣記》將神與神仙判為兩類的原因。在中國文化中，神界有職守，有律條，而仙界無羈無絆，既無生死之限，又有神通變化，且可以縱情聲色，享無窮歡樂。仙人比神明自在得多。秦始皇求仙的目的在於尋求一個超乎常人、長存不朽、永享專擅、逍遙自在的境界。然而渴求成仙，意味著自認為凡人。求仙的動因是意識到自己並不是什麼神，而是屬於生老病死、七情六欲的塵世之人。憑藉權勢、財富去求仙是對永無際涯的欲望和權力的追求。它是一種擴張了的人欲，膨脹了的尊大，而又在有意無意之中否定了自我的神異屬性。既然是凡人，必然有生死。豪華的陵墓則是特為死後準備的。同時求仙與修陵是在為自己做兩手準備。秦始皇在極度膨脹的個人欲望和特殊的政治需要驅動下，不惜耗費大量人力、物力尋仙求藥、修築陵墓，目的就是要確保自己的未來。

作為弊政，尋仙求藥有兩大禍患：一是蠹民，二是敗政。蠹民，即大量消耗民力。秦始皇大規模尋仙求藥前後長達十年之久，其中有兩個事件可以大體估算其消耗國力的程度。第一件事是為了築琅邪台並開展與祭神覓仙有關的活動，「徙黔首三萬戶琅邪台下，復十二歲。」這就意味著三萬戶黔首本應繳納國家的十二年的賦稅幾乎完全投入了荒唐的事業。第二件事是徐福最後一次出海。他一下子帶走了三千童男童女、各種工匠及必要的軍隊、船夫，估計其人員總數達數千人甚至上萬人。可以搭載這些人的龐大船隊，以及隨船帶走的各種貢品、物資等，也需要花費一筆可觀的國庫帑銀。見於記載的巡仙求藥活動遠不止於此，其總體消耗之巨大不難想像。大體可以做出這樣的估計：秦始皇用在各種與神仙有關的荒唐事情的費用，包括封泰山、祭神明、厭王氣等，不低於修築長城的費用。耗費大量人力、物力是直接的蠹民之舉，它對國計民生的損害還是可以估算的，而敗政則不然，它的危害性更大。為了見到或成為「真人」，秦始皇的施政態度、方式和熱情乃至生活習慣和人格發生很大變化。在秦始皇生命歷程的最後幾年，明智的政治舉措幾乎一件也找不到，而荒唐的政治行為一樁接著一樁。這種現象對秦朝政治的負面影響廣泛而又深刻，其中「坑術士」與尋仙求藥有直接關係。其破壞作用是無法估量的，一心想生命永駐，反而加速了死亡；一心想王朝永存，反而促成了覆滅。秦始皇是個悲劇性的人物，而尋仙求藥是導致悲劇的重要因素。

與宗教、神明、仙人相關的弊政幾乎歷代皆有。夏商周統治者大規模的祭祀祈福活動實際上是這類弊政的濫觴。帝王尋仙求藥，前有古人，後有來者。秦始皇和漢武帝則是中國歷史上最著名的尋仙求藥皇帝。他們都因動用國家政權的力量大規模尋仙求藥，而損政敗德，勞民傷財，為禍一世。漢武帝的求仙活動，其聲勢與規模遠在秦始皇以上。東漢以降，佛教傳入，道教興起。歷代皇帝大多好道求仙，佞佛祈福。南朝梁武帝是佞佛誤國的典型。宋明一批皇帝因迷惑道教而誤國誤民。宋徽宗（「道君皇帝」）、明神宗都是典型。許多皇帝如唐太宗、唐高宗等明知神仙之說虛妄，口頭上也說以秦皇、漢武為戒，卻又對長生之藥趨之若鶩。關於皇帝死於服食丹藥的記載不絕於史。僅唐代就有五位皇帝死於金丹之毒，他們是太宗、憲宗、穆宗、武宗、宣宗。由此可見，中國皇帝渴求神明保佑、升入天國、生命永駐、羽化登仙的欲望多麼強烈。皇帝有這種欲望，就必然有與此相關的弊政。許多帝王竟因此而亡國、亡身。秦始皇只是其中比較典型的一個代表人物而已。

「焚書」與「坑術士」

秦始皇三十四年（西元前二一三年），依據一個經皇帝裁定的詔令，全國各地開始大規模地焚毀圖書，許多珍貴的古代文獻由此而銷聲匿跡。時過一年，又是依據皇帝裁定的詔令，一批在官方機構服務的術士、學者被活埋或流放。這兩個事件史稱「焚書坑儒」。在秦始皇「有累聖德」的各種事蹟中，「焚書坑儒」是最殘暴、最專橫的。這也是在為秦始皇做歷史定位時最有爭議的事件。

主持「焚書坑儒」的秦始皇遭到千古唾罵。古代的許多論者把它作為秦政暴虐、始皇無道的證據。許多現代論者把這一事件作為中國古代文化專制的典型事例。也有許多古今學者對這個事件有分析，有批判，有的人還有所肯定。「焚書」事件對中國文化的嚴重摧殘是一個不爭的歷史事實；「坑儒」事件則生動形象地展示著專制政治的暴虐、專橫。「焚書坑儒」的基本性質可以準確無誤地斷定為「暴政」、「暴君」。今天的史學研究大可不必為秦始皇撰寫辯護詞。即使依照當時的價值標準判斷，秦始皇對這兩件事的處置也屬嚴重失當。他對這兩樁暴行都有不可推卸的責任。然而筆者傾向以分析與批判相結合的態度看待這些歷史事件。從事件發生的具體過程看，秦始皇並非完全「無法無天」，不能簡單地斷定「秦始皇輕蔑文化建設」，更不能草率地下「秦始皇大規模鎮壓知識分子」的結論。

「焚書」是一個王朝文化建設與文化專制交織在一起的產物。「坑儒」事件的準確表達應當是「坑術士」。「坑術士」則是皇帝處置不忠之臣。「焚書」與「坑儒」本是兩個相對獨立的政治事件。儘管它們有一定關聯，而其是非曲直還是以分別分析為宜。

一、「焚書」緣起

對於「焚書」事件的緣起，《史記・秦始皇本紀》有詳細的記載：

（秦始皇）三十四年……始皇置酒咸陽宮，博士七十人前為壽。僕射周青臣進頌曰：「他時秦地不過千里，賴陛下神靈明聖，平定海內，放逐蠻夷，日月所照，莫不賓服。以諸侯為郡縣，人人自安樂，無戰爭之患，傳之萬世。自上古不及陛下威德。」始皇悅。博士齊人淳于越進曰：「臣聞殷周之王千餘歲，封子弟功臣，自為枝輔。今陛下有海內，而子弟為匹夫，卒有田常、六卿之臣，無輔拂，何以相救哉？事不師古而能長久者，非所聞也。今青臣又面諛以重陛下之過，非忠臣。」始皇下其議。丞相李斯曰：「五帝不相復，三代不相襲，各以治，非其相反，時變異也。今陛下創大業，建萬世之功，固非愚儒所知。且越言乃三代之事，何足法也？異時，諸侯並爭，厚招遊學。今天下已定，法令出一，百姓當家則力農工，士則學習法令辟禁。今諸生不師今而學古，以非當世，惑亂黔首。丞相臣斯昧死言：古者天下散亂，莫之能一，是以諸侯並作，語皆道古以害今，飾虛言以亂實，人善其所私學，以非上之所建立。今皇帝併有天下，別黑白而定一尊。私學而相與非法教，人聞令下，則各以其學議之，入則心非，出則巷議，夸主以為名，異取以為高，率群下以造謗。如此弗禁，則主勢降乎上，黨與成乎下。禁之便。臣請史官非秦紀皆燒之。非博士官所職，天下敢有藏《詩》、《書》、百家語者，悉詣守、尉雜燒之。有敢偶語《詩》《書》者棄市。以古非今者族。吏見知不舉者與同罪。令下三十日不燒，黥為城旦。所不去者，醫藥卜筮種樹之書。若欲有學法令，以吏為師。」制曰：「可。」

對這一段相當完整的記載可以分解為以下幾個基本事實：

1. 事件的起因。

事件起因於對秦朝政治的評價。朝堂之上，皇帝面前，兩種截然不同的評價公之於眾，激烈交鋒。爭論的內容涉及到周秦兩種政治模式的對比。僕射周青臣讚頌秦始皇實現天下一統，威德超邁千古。他充分肯定大朝制度，所謂「以諸侯為郡縣，人人自安樂，無戰爭之患，傳之萬世」。博士淳于越對此不以為然，他認為秦始皇對子弟不行分封是錯誤的，以此行政不僅不值得頌揚，而且有亡國之憂。他充分肯定殷周制度，主張「封子弟功臣，自為枝輔」，改變「陛下有海內，而子弟為匹夫」的現狀，以防止「卒有田常、六卿之臣，無輔拂」。

淳于越以興亡論政，斷言「事不師古」則必定速亡，這就基本否定了秦朝的政治模式和秦始皇的功德。這場爭論實質是春秋戰國以來，新舊兩種政治模式、政治哲學及其價值體系之爭的繼續。儘管周青臣有諂諛阿奉之嫌，淳于越有直言敢諫之名，然而從中國歷史的實際進程看，淳于越所依據的政治理論和價值尺度並無多少可取之處，反倒是周青臣的說法與事實更接近一些。

值得指出的是：淳于越確實出於忠心，旨在謀求大朝的長治久安。他無愧為孔子信徒、忠直之臣。他的意見並非全無可取之處。在當時的政治情勢下，適度搞一些分封或以某種形式賦予王族子弟更多的政治特權，既有利於維護嬴氏家天下，又可以迎合在社會大眾中廣泛存在的政治心態，減少對秦朝新政權的批評。後來的歷史過程也證明，如果秦始皇在堅定維護新體制基本原理和法則的同時，有所變通，有所布置，秦朝可能不至於速亡。

2. 皇帝的反應。

淳于越提出的不是一個具體的政策問題，也不是一個「小是小非」問題，而是一個「大是大非」問題。它涉及到對秦朝政治模式和秦始皇個人功過是非的總體評價問題，甚至可以說涉及到對秦朝基本制度和統治方略的基本估價問題。

從思想史的角度看，以「秦制」、「秦政」為代表的新的政治模式產生於春秋戰國時期。自是以來，諸子百家就對它議論紛紛。直到大清帝國滅亡，有關的理論之爭一直延續不斷。人們只要評價「秦制」、「秦政」，就必然拿它與「周制」、「周政」相比較，而二者的主要區別又在於：「親親」至上與「尊尊」至上之別；「禮法（德化）」至上與「法治（刑威）」至上之別；「封建」制度與「郡縣」制度之別。否定「秦制」、「秦政」者，必然攻擊「郡縣」與「法治」。秦始皇行郡縣是「大私」、「專權」，是「不合聖制」、「不行王道」。這種評論充斥於歷代文獻。不難看出，「郡縣」之爭不是具體制度之爭，而是新舊兩種政制模式之爭。見於文獻記載的秦朝統治集團內部的重大政見之爭主要是圍繞這個問題發展的。所以淳于越提出的問題在當時人們的心目中是一個至關重要的政治問題。

應當指出的是：淳于越的觀點並不是儒家的專利，當時多數學派和學者有「祖述堯舜，憲章文武」的學風。凡是具有這種學風的人，無論屬於儒、墨、道、名、陰陽，都有可能提出類似的政見。實行分封制的主張又代表著一股強韌的習慣權力。從大量歷史材料看，在當時，這種來自傳統文化和政治習慣的主張贏得廣大臣民的認同。淳于越的觀點具有廣泛的代表性，他只是具有名士氣質、忠臣品格而勇於直言極諫而已。這個在群臣、士人中議論甚多的問題終於被淳于越公布於朝堂之上，暴露於皇帝面前。

如此重大的政治問題，以如此尖銳的方式，在如此重要的場合提出，任何時代的任何政權及其當權者都不會對此漠不關心。秦始皇當時的反應還是頗有帝王氣度的。史稱「始皇下其議」，換句話說，他不悅，卻沒有勃然大怒，更沒有當堂論罪（此後也不見有關處分淳于越的記載），而是按照正常議事制度，交由群臣會議。然而他在政策抉擇時所做出的反應卻是失當的。

3. 政策抉擇。

秦始皇採納李斯之議，頒布焚書令、挾書令，即「史官非秦紀皆燒之」，民間收藏的「《詩》、《書》、百家語」也一律交由地方官「雜燒之」；嚴禁私家收藏「醫藥卜筮種樹之書」以外的書籍，嚴禁「以古非今」，甚至不准「偶語《詩》《書》」。對於相關書籍的收藏及學術研討，嚴格限定在「博士官所職」的範圍內。秦始皇還明確規定：凡學習從政之術者，都要以朝廷官吏為教師，即「若欲有學法令，以吏為師」。

關於焚毀書目的範圍，《史記》的記載可能有所誇大。從《漢書・藝文志》等漢代文獻記載看，秦始皇焚書對象主要是《詩》、《書》及各國史記。東漢王充說：「秦雖無道，不燔諸子，諸子尺書，文篇具在。」[11]《周易》等儒家其他經典及包括《孟子》在內的諸子著作不在焚毀之列。

4. 政治目的。

有鑑於「諸生不師今而學古，以非當世，惑亂黔首」，通過若干禁絕措施，維持「法令出一，百姓當家則力農工，士則學習法令辟禁」的政治局面，避免重蹈「天下散亂，莫之能一」的覆轍。歸根結柢是為了維護皇帝和國家法令的尊嚴。

5. 施政方法。

混淆政治與學術。由最高統治者「別黑白而定一尊」，以行政的、法律的手段，根除「以古非今」的思想文化依據，防止今後再出現「私學而相與非法教」的情況。這種施政方式只能定性為文化專制主義。以火與劍解決思想與學術問題，明令禁止臣民「入則心非，出則巷議」，以剿滅一切不同政見、禁絕一切批評的方式維護王權尊嚴，這無疑屬於最極端的文化專制主義。

二、「焚書」令的執行

詔令下達，各地紛紛點燃了焚書之火，不到三十天，民間大部分違禁書籍化為灰燼，只在皇家圖書館中保留了一套比較完整的藏書。秦始皇造成了中國古代史上一次空前的文化浩劫。人們把這場災難稱之為「秦火之厄」。

如果沒有後來項羽入關滅秦後放的那一把大火，或許這場劫難的損失會大大降低。因為，秦始皇並沒有把文化典籍絕版無存，而是在皇家圖書館收藏了一套古今圖書，使「聖人之全經猶存」，各國之史記猶在。可惜時隔數年，又出了一位平素不喜讀書的「西楚霸王」。這位崇尚武力、追逐虛名的新霸主只知道搜括財寶、劫掠美女，東歸故鄉之前，把秦朝宮室、陵墓一概焚毀。於是秦朝秘府所藏的文化典籍蕩為灰燼。

秦始皇的確無意絕滅各種典籍，只是不准廣大臣民利用這些典籍來反對他和他所建立的王朝。在秦朝，儒學和儒經可以與「焚」、「坑」並存而共行，這也是事實。但是這並不能夠減輕秦始皇的罪責。

認真分析現存文獻的有關記載，可以發現：秦王朝和秦始皇還是相當重視文化建設的。「焚書」不是秦始皇的既定國策。原因很簡單：文化建設對於維護一個龐大的帝國是必要的，雄才大略的秦始皇不會不有見於此。在這個意義上，秦始皇「焚書」有一定的偶然性，即在特定情境下政見之爭被激化的結果。正如著名史學家翦伯贊所指出的：從統一六國到「焚書坑儒」事件發生，事隔八、九年之久。在長達八年的時間內，秦始皇既沒有「焚書」，也沒有「坑儒」。「對於古典文獻，不分青紅皂白，非秦者燒」，這不是秦朝既定國策[12]。事實上，此前嬴政在位的三十四年間，秦國也沒有發生過類似的以殘酷手段推動文化專制的具體事例。秦始皇下達焚書令時，沒有明令保存哪一家的著作，或者特別關照要滅絕哪一家。後來「坑儒」的時候，他也沒有明確指出哪一個或哪幾個學派的學者最可惡，必誅之而後快，而是只針對具體「罪行」量刑定罪。「坑儒」以後，包括儒家學者在內的各類博士、諸生依然供職於朝廷。在統一學術的問題上，還很難說秦始皇已經有了固執不變的成見。成見尚無，更談不上胸有成竹。所以一旦由於突發事件把這個問題擺在朝堂之上的時候，秦始皇選擇了一個最粗糙、最野蠻的方案。

應當指出的是：「禁絕異端」和「以吏為師」不是一家一派的主張。在先秦，無論儒、墨、道、法，主張積極求治的思想家幾乎都主張統一思想，鮮有例外。法家甚至視「燔《詩》、《書》而明法令」[13]，主張對各種不利於法治的學派，以強制性手段「禁其行」、「破其群」、「散其黨」[14]。沿著這個思路很容易走向以嚴酷手段控制思想，禁絕批評之途。

秦始皇的文化專制有明確的目的：維護大一統的政治局面。正像他的前輩孔夫子曾以誅殺少正卯來鏟除異端一樣，正像他的後輩漢武帝曾以「獨尊儒術」使思想一律一樣，這種行為前有古人，後有來者。以行政手段強行統一思想很容易走向「焚書」之路。在這個意義上，秦始皇「焚書」又有其必然性。

秦始皇禁書是為了統一思想。這是一種典型的帝國行為，又是一種世界性的歷史現象。在世界古代史上，以強制性的手段消滅異端，統一思想，可謂司空見慣。諸如西歐中世紀基督教政教合一政權以鐵血手段禁止「異端」信仰、禁毀有關書籍，以「獵巫」方式殘害異教徒。阿拉伯人攻陷亞歷山大城之後，為了維護伊斯蘭教教義而焚燒圖書館。以誅其人、焚其書的方式統一思想無疑是暴虐行為。秦始皇本來有更適當的方案和手段可供選擇，而他卻選擇了最不可取的手段，他不僅要用法律手段明令禁止人們習先王之語，論詩書之義，讀諸子之書，而且必欲一概燒之而後快，還要把屠刀高懸在人們的頭上，以保證其統治意圖的實現。在中國古代史上，這是一次手段最殘忍、後果最慘重的文化專制行為。它的殘忍程度和破壞程度，幾乎可以與西歐中世紀以酷刑誅滅「異端思想」的「獵巫」行為相提並論，可謂野蠻至極、血腥至極、殘忍至極、悖謬至極。不管秦始皇焚書有多少理由，這個行為是必須予以嚴厲譴責的。更何況焚書之舉鑄就了一場文化劫難。

秦始皇焚書實際上對秦朝的統治有害而無益。這不僅達不到統一思想、禁絕批評的目的，而且也不利於統治思想的發展、完善。焚書之後，秦朝的統治方略日益僵化，幾乎喪失了在政權體系內部自我調控皇權、方略和政策的能力。秦朝皇帝的統治手段也越來越簡單、粗暴、專橫，甚至達到失控的地步。焚書令一下，還造就了更多的政治反對派。

焚書事件標誌著秦始皇的驕奢淫逸已經達到了臨界點，他已經開始由一位聰明睿智的政治英雄蛻化為專橫暴虐的「無道之君」。秦朝敗亡的徵兆也由此顯露出來了。

三、「坑術士」

「坑儒」的提法不夠準確，應該稱之為「坑術士」。漢代以後，儒術獨尊。人們評說歷史時，習慣從「儒法鬥爭」的角度為秦始皇「焚《詩》《書》，坑術士」[15]這兩件有一定相關性的事件定性，並把它們都說成是專門為了對付儒家而發動的。「焚」特意針對儒經；「坑」特意針對儒生。因此，「焚」與「坑」被黏連在一起，「書」與「儒」也有了特定的涵義。其實，「焚書坑儒」這個詞多少有點誤導的成分。從字面上看，似乎秦始皇的行為是專門針對儒家的，是為了同一個目的而採取的有步驟的行動，即毀其書，誅其人，以滅其學。許多評論者受了「焚書坑儒」這個詞的誤導，簡單地以「尊法反儒」為秦始皇的政治理念和政治行為定性。「焚書坑儒」也好，「尊法反儒」也好，這種概括既似是而非，又似非而是。簡言之，「不準確」而已。秦始皇的政治理念與法家學說更貼近，這是事實；在「焚《詩》《書》，坑術士」中，儒學蒙受的損失最突出，這也是事實。然而這兩件事都不是專門對著儒學、儒者而來的，儘管它牽涉到許多儒經、儒生。

對於秦始皇三十五年（西元前二一二年）發生的「坑術士」事件的緣起，《史記·秦始皇本紀》有詳細的記載：

（秦始皇）三十五年，……侯生、盧生相與謀曰：「始皇為人，天性剛戾自用，起諸侯，并天下，意得欲從，以為自古莫及己。專任獄吏，獄吏得親幸。博士雖七十人，特備員弗用。

丞相諸大臣皆受成事，倚辨於上。上樂以刑殺為威，天下畏罪持祿，莫敢盡忠。上不聞過而日驕，下懾伏謾欺以取容。秦法，不得兼方，不驗，輒死。然候星氣者至三百人，皆良士，畏忌諱諛，不敢端言其過。天下之事無小大皆決於上，上至以衡石量書，日夜有呈，不中呈不得休息。貪於權勢至如此，未可為求仙藥。」於是乃亡去。始皇聞亡，乃大怒曰：「吾前收天下書不中用者盡去之。悉召文學方術士甚眾，欲以興太平，方士欲練以求奇藥。今聞韓眾去不報，徐市等費以巨萬計，終不得藥，徒姦利相告日聞。盧生等吾尊賜之甚厚，今乃誹謗我，以重吾不德也。諸生在咸陽者，吾使人廉問，或為訞言以亂黔首。」於是使御史悉案問諸生，諸生傳相告引，乃自除犯禁者四百六十餘人，皆阬之咸陽，使天下知之，以懲後。

對這一段相當完整的記載可以分解為以下幾個基本事實：

1. 事件的起因。

術士侯生、盧生等人是一群地地道道的政治騙子。他們曾以尋仙求藥矇騙秦始皇，並獲得信任、官爵和財富，卻根本不可能完成這個荒唐的任務。他們自知觸犯了欺君罔上之罪，依照法律應當處死，口說拒絕再為暴虐的秦始皇效勞，實際上是為了逃避罪責。他們從人格、政策、制度和施政方式等各個層面，全面否定秦皇、秦政、秦制，卻惟獨沒有指責尋仙求藥這個重大的弊政，反而把「候星氣者」都說成「良士」。他們恰恰都是導致各種荒唐弊政的主要責任人。實際上，「丞相諸大臣皆受成事」等弊政，也與盧生等人引誘秦始皇隱居宮中企盼「真人」有直接的關係。因此，儘管上述議論道出了秦政的若干弊端，卻又顯然有誇大事實之嫌，更不能視為主持正義者的抨擊。侯生等人的行為在任何朝代也屬於典型的惡意攻擊。

2. 皇帝的反應。

這一切被秦始皇察知，秦始皇「大怒」。侯生像韓終（韓眾）、徐福（徐市）等一批方術之士一樣，曾經以神仙之術、不死之藥誆騙秦始皇，使之深信不疑。秦始皇於是廣詔「方士欲練以求奇藥」。他對侯生等人「尊賜之甚厚」，不僅給予官爵、俸祿，而且提供大量資金供他們求仙尋藥，裝神弄鬼。結果卻是屢屢上當受騙，「韓眾（韓終）去不報，徐市（徐福）等費以巨萬計，終不得藥，徒姦利相告日聞。」這些人不僅欺騙皇帝，一事無成，而且「誹謗」政治，攻擊君主，還逃避懲處，棄官而去。秦始皇還得知這不是個人的行為，被政府以官爵、俸祿供養在咸陽的諸生中竟然有人「訞言以亂黔首」。

任何人遇到這種事情都很難壓抑憤怒之情，何況頤指氣使、惟我獨尊的始皇帝！秦始皇得知自己被愚弄，遭誹謗，當時便勃然大怒。這種反應是可以理解的。

3. 政策抉擇。

秦始皇決定依律處罰，大開殺戒。他的長子扶蘇曾勸諫父親注意一下政治影響：「天下初定，遠方黔首未集，諸生皆誦法孔子，今上皆重法繩之，臣恐天下不安。惟上察之。」秦始皇拒絕了忠告，而一意孤行。

無法無天乎？合理合法乎？按照中國古代的法律規定和道德規範，包括儒家提倡的倫理、法理，秦始皇的行為應屬於後者。首先，「合理。」依據當時的道德規範，侯生等人的犯罪事實清楚，且屬於重罪。即使按照儒家的「君臣大義」判斷，侯生等人也屬「小人」、「奸佞」、「欺君罔上」、「大逆不道」。即使按照漢儒「以經義決獄」的思路量刑，對他們也應「殺無赦」。因此，秦始皇誅殺「欺君罔上」的術士是清除不能「忠於所事」的奸佞，這完全符合當時通行的道德準則。其次，「合法。」類似的法律和案件歷朝歷代都有。《唐律疏議．名例》為了論證對「虧損名教，毀裂冠冕」的十惡不赦之罪必須嚴懲，引據儒家經典，寫道：「案《公羊傳》云：『君親無將，將而必誅。』謂將有逆心，而害於君父者，則必誅之。」只要心裡有了戕害君父之心，就必須殺之。依據秦漢隋唐宋元明清等歷代法典、律條，這一類行為都觸犯了「殺無赦」的重罪，更何況秦法嚴酷。秦法中早就有系統的懲處各種官員失職、不忠行為的律條，還有「告奸」、「連坐」之條，後來又增加了新的律令：「有敢偶語《詩》《書》者棄市。以古非今者族。吏見知不舉者與同罪。」因此，秦始皇「坑術士」有法可依，並不違背他所信奉的「法治」原則。

4. 政治目的。

秦始皇的政治目的是懲處不忠，鏟除奸邪，避免動亂。這是可以擺在桌面上的口實。客觀地說，「坑術士」還是事出有因的。依據當時的道德標準、政治規範和法律條文，秦始皇的做法並非毫無正當性可言。秦始皇的暴虐在於株連無辜，手段殘忍，嗜血成性，此事株連甚廣，實屬史所罕見，秦始皇難逃以暴力禁止批評、彈壓輿論的指責。但是，單憑「坑術士」一事還不足以斷定秦始皇此時已經發展到聽不得一點逆耳之言的地步。並且他聽到的不是逆耳之言，而是惡意攻擊。

筆者的看法是：秦始皇坑殺的對象是政府領養的「諸生」中間的「欺君罔上」者和「妖言惑眾」者，無論方士、儒士、術士，有犯禁者則殺。「欺君罔上」者應以從事方仙道的方士居多，「妖言惑眾」者則可能來自不同的學派。在當時，「誦法孔子」者對秦朝政治的非議最多，而「誦法孔子」者又未必各個是「純儒」。從戰國秦漢的大量歷史事實看，「誦法孔子」者不一定都局限於儒家學派。許多陰陽家、名家學者在具體政治主張上深受孔子的影響，很像儒家學者。簡言之，這是一批「欺君罔上」者、「以古非今」者、「偶語《詩》《書》」者，其中以儒者或深受儒家政治思想影響的學者居多。但是，秦始皇並不是把矛頭對準某個學派。所以「坑術士」不是「坑儒」。

5. 施政方式。

一曰依法辦事。秦始皇把案件交給了專司糾察百官的御史，「於是使御史悉案問諸生。」二曰嚴懲不貸。秦始皇將「犯禁者四百六十餘人，皆坑之咸陽」。三曰以儆效尤。秦始皇明令將案情及處理情況向四方通報，「使天下知之，以懲後。」

於是乎秦始皇就真的動手了。這一開殺戒，便斷送了「四百六十餘人」的性命。最大的問題在於：這四百六十餘人未必都觸犯了預設的律條。如果他們原本無罪，或者罪不當誅，那麼即使依照當時的道德標準和法律規定，秦始皇的行為也可以稱之為「暴政」。

在今天看來，這樁血案無疑屬於暴政，因為除了侯生等人無論按照古今標準都算不得正人君子，至少都犯有詐騙罪、誹謗罪外，其餘大多屬於思想言論問題（有多少人連思想言論問題都沒有已無法考證；有多少人的確正在組織反秦活動也不得而知），而思想問題即使在當時也是以不殺為宜的。

6. 事件性質。

「坑術士」的性質屬於典型的「帝王一怒而天下秋」，把它與不同政見、學術之爭牽上關係顯得有點勉強。它純屬歷代皆有的帝王嚴厲「執法」、責罰「不忠」、清除「奸佞」的故事，只是殺的人太多，殺人的手段太殘酷，還牽連了眾多的無辜。被坑殺的四百六十餘人大體有三類人：第一類人是侯生、盧生等術士。這些人「欺君罔上」，誤國誤民，他們死有餘辜。第二類人屬於敵對勢力，秦始皇鎮壓他們還算是正常的統治行為。第三類人是被牽連進來的人。他們也曾非議朝政，卻既不屬於敵對勢力，也不是惡意攻擊。秦始皇不該殺他們，可是依據秦法又可殺。在君主專制政治中，「合理」、「合法」與「專橫」、「暴虐」本來就黏連在一起，很難撕裂開來。秦始皇「坑術士」堪為典型。

筆者認為：「坑術士」是專橫暴虐的君主政治下的正常統治行為。說它專橫暴虐，這一目了然，不必解釋、分析。之所以說它是正常統治行為，是因為依據當時的政治規則，它既有理可據，又有法可依，還是朝堂之上司空見慣的事情。「坑術士」是典型的社會性暴虐、時代性暴虐、制度性暴虐與個體性暴虐相結合的產物。

中國古代的禮制和道德明確規定：「位卑而言高，罪也。」其中見於儒家經典的語禁就有不得揚君父之惡；不得「思出其位」；嚴禁臣下「不倡而和」；諫諍必須「不可則止」等。總而言之，「非禮勿言。」與此相應，歷代法律都明確規定著名目繁多的思想言論罪，它們大體可以分為四類：非議朝政，妖言惑眾，冒犯尊長，不敬君王。有語禁，必有言罪；有言罪，必有吻禍。歷代都有人死於諫諍君王、批評朝政。秦漢時期的這類法律尤為繁苛，見於《史記》、《漢書》、《後漢書》的就有誹謗、詆欺、欺謾、不敬、不道、非議詔書等。其中秦朝的「以古非今」、「偶語《詩》《書》」和漢朝的「非所宜言」、「腹非」等毫無道理可言。其實，漢代儒家的以禮法「誅心」之術並不比秦朝的以刑法「禁心」之術更「開明」。它是一種披著「寬」、「仁」外衣的殘忍。這種暴虐可以稱之為社會性、制度性的暴虐[16]。秦始皇「坑術士」是各種暴虐的集合體。

關於「坑儒」還有一種說法。「秦既焚書，恐天下不從所改更法，而諸生到者拜為郎，前後七百人，乃密種瓜於驪山陵谷中溫處，瓜實成，詔博士諸生說之，人言不同，乃令就視。為伏機，諸生賢儒皆至焉，方相難不決，因發機，從上填之以土，皆壓，終乃無聲。」17這個傳說流傳甚廣。《文獻通考・學校考》引述了這個傳說，正如許多學者所指出的：這個故事顯然是編造出來的。「坑術士」的政治後果很嚴重。如果秦始皇聽從公子扶蘇的意見只殺部分「欺君罔上」者，對秦朝的統治更有利。

秦始皇的政治人格

在介紹了秦始皇一生的主要經歷之後，理應對他的個性有所分析。人格分析、心理分析需要一定的科學測試手段或者比較詳細可靠的紀錄。可是有關秦朝、秦始皇及其父母、輔臣的歷史記載相當簡略，且大多具有很強的負面色彩。在史料選擇和過程描述中這個問題很明顯。對於短命的王朝，歷代史家記其過失多，甚至誇大其罪惡，而記其成就少，甚至埋沒其功德。這一揚一抑，必然有失「客觀」、「準確」、「公正」。就連司馬遷的《史記》也難免失實之譏。在這方面，秦朝與隋朝的遭遇很相似。因此，對秦始皇這個二千年前的歷史人物做準確的心理分析是很困難的課題，而對秦始皇的政治人格的總體特徵及其政治才能與素質還是可以大體把握的。

一、秦始皇的形象與個性

由於史料有限，對於秦始皇的形象與個性很難詳細描述，更無法深入分析。現存有關秦始皇言行的歷史記載寥寥可數，有些是不實之詞。依據這些數量有限又記述未必準確的材料，很難全面地判定秦始皇的人格特徵。

關於秦始皇的個人形象，只有兩條史料可供研究。

一條來自當時目擊者的描述，見於《史記．秦始皇本紀》。秦始皇的重要輔佐尉繚說：「秦王為人，蜂準，長目，摯鳥膺，豺聲，少恩而虎狼心，居約易出人下，得志亦輕食人。」這個描述顯然有濃重的負面色彩，卻又是現存最可靠的歷史材料。這條材料的特點是把形象與個性結合在一起，側重從個性去把握形象。從這條材料看，秦始皇氣度不凡，他鼻如懸膽，目大眉長，胸部隆起，聲音嘹亮，性格剽悍，工於心計。這種形象也透露出秦始皇猶如凶禽猛獸般的個性，他形似鷹隼，心似虎狼，狡如狐豺，雄視、搏擊、吞噬，悍勇之中又透出狡詐。僅就外部形象、神氣而言，秦始皇頗有梟雄氣概。這種氣質和個性可以與其一系列政治行為及其所成就的功業相互印證。

有的學者依據秦始皇幼年生活不安定，以及「蜂準」、「摯鳥膺」、「豺聲」等形象描述，斷定他患有馬鞍鼻、軟骨病、氣管炎等疾病，有生理上和心理上的諸多缺陷[18]。許多有關秦始皇的傳記文章沿襲了這個說法，並由秦始皇的生理缺陷推導其心理疾患，進而證實其自幼便具備暴君品格。其實這是很難成立的。從各種關於秦始皇勤於政務、巡幸四方、縱橫捭闔、多謀善斷的記載看，這個人體魄強健，精力充沛，雄才大略，善於自我調控心態，不像是一個羸弱的人，更不像是一個有心理疾患的人。秦始皇的功業也不是一個自幼就有各種生理缺陷和嚴重心理障礙的人所能成就的。他的確具有暴君品格，而這種人格和心態主要是由於社會性、政治性因素造成的，屬於社會人格、政治人格的範疇。

另一條出自傳說之筆。據說：「秦始皇帝名政，虎口，日角，大目，隆鼻，長八尺六寸，大七圍。手握兵執矢，名祖龍。」[19]這條材料屬於正面描述，力圖證明秦始皇頗有帝王之相，難免有誇張之嫌。而它與尉繚的描述還是大體相合的，所以也是大體可信的。這說明秦始皇的形象、氣質可以用「英武之主」來形容。

其實還有一條重要的材料，可供推測秦始皇的體貌、氣質：無論秦始皇的生物學之父是氣度不凡的公子王孫子楚，還是頗富智略的呂不韋，他的父系遺傳基因都比較好。他的母親是一位美貌女子，且能歌善舞，體態嫵媚。這一點是史有明文的。在正常情況下秦始皇也應繼承了比較好的遺傳素質，不太可能形體醜陋、智能低劣。秦始皇幼沖之年便身為王孫、立為太子、登上王位，並按照秦國的制度接受了系統的與王者的身分相匹配的教育、培訓。事實證明，這種後天的教育所造就的是一位臨馭天下、令群臣敬畏的英主。秦始皇不太可能是一個形象猥瑣、才智平庸、心胸狹窄的人。

筆者認為，這幾條材料相互支持，大體可以推定：秦始皇的確相貌堂堂，儀表不俗。無論如何，破解秦始皇的形象之謎還是存在著極大的可能性的。如果將來發掘秦始皇陵墓時能夠發現他的遺像或遺骨，就可以利用現代科學技術，恢復其從青壯至老死各個人生階段的體形、相貌。屆時關於秦始皇的形象之謎便可以解開。

二、秦始皇的政治素質和政治人格

乍然看來，很容易給人這樣一個印象：秦始皇是靠著「虎狼之心」奪取天下，又憑藉「荒淫暴戾」來維繫統治的。就連秦始皇的重要輔臣李斯等人也都屬於「卑鄙猥瑣」的小人。誠然，秦始皇的政治人格有其荒淫暴戾的一面，李斯等人也有卑鄙猥瑣的行為。然而就是這些特定的人創造了那個時代的宏大功業。且不說「千古一帝」的評語，如果把秦始皇的班底和漢高祖、漢光武帝、唐太宗、明太祖的班底加以比較，就不難發現秦始皇的班底在政治謀略、軍事才幹、內部協調以及政治、軍事、外交業績等方面不僅毫無遜色之處，而且在某些方面略勝一籌。試想一下：如果秦國的制度比東方六國的制度更殘酷，秦國的統治比東方六國的統治更暴虐，秦國的統治集團比東方六國的統治集團更猥瑣，秦始皇能夠掃滅群雄，實現一統，享御稱尊嗎？只要稍加思考，就不難得出結論：只有國家的制度和政策更合理一些，才有可能躍居並長期保持首強的地位；只有君臣關係比較協調，君民關係比較穩定，一個國家才能日益強盛；只有統治集團的政治智慧更高明一些，才有可能在伐謀、伐交、伐兵的政治軍事鬥爭中戰勝對手。與漢高祖、漢光武帝、唐太宗、明太祖不同的是，秦始皇所面對的不是一個業已崩潰的王朝，所掃滅的也不是一批亂世英雄，而是一個個經營了數百年的強大國家，其難度或多或少要大一些。而只要讀一讀《史記》就會發現：秦始皇指揮統一六國戰爭的過程是多麼流暢，流暢得幾乎波瀾不驚，以致沒有太多的曲折故事可供史家述說，沒有太多的勝敗得失留給後人咀嚼。除了滅楚的軍事布置出過一些差錯（最初有點輕敵）以外，秦始皇的指揮與調度幾乎無可挑剔。如果沒有高瞻遠矚的君王和才智高強的謀士運籌於廟堂之上，秦國大軍能夠屢屢決勝於千里之外而幾乎沒有閃失嗎？這是「荒淫暴戾」、「卑鄙猥瑣」所能概括的嗎？惟非常之才，方能建非常之功。「荒淫暴戾」、「卑鄙猥瑣」只能得一時之逞，不能創博大功業。

總體而言，在中國歷代皇帝中，秦始皇的政治才幹可以歸入佼佼者一類。他最突出的有兩點：一是精通法家的「無為之術」，善於選任賢能，駕馭群臣。二是注重制度、法規建設，善於運用規範化、制度化、法制化的手段，治理國家，運作政治。從秦始皇所建立的功勛和實施的權謀看，他具備很強的政治才幹和出眾的政治素質，這也就注定了一種相當複雜的政治人格。

㈠學識廣博與自賢自聖

秦始皇天資聰明，自幼受到系統的文化教育和軍政訓練。從他的許多言行和政績來看，這個人學識廣博，有很高的軍政、文化素質，勇於決斷大事，善於運用權術，否則他很難做到組織大規模的統一戰爭，而指揮若定。他曾閱讀《韓非子》並讚譽之，又勤於政務，每日批閱大量公文。光憑政治閱歷，沒有很好的智能、必要的知識也是無法做到的。

才高功大的人很容易走向自賢自聖。秦始皇便是一例。統一天下之後，秦始皇恃才恃功自傲，「以為自古莫及己。」在各地紀功刻石中，他反覆強調自己的「聖」與「功」。在朝堂議政中，喜聽歌功頌德之詞，甚至以廢謚號、燒詩書、禁止以古非今等方式禁絕批評。結果聰明反被聰明誤，走向自己的反面。

㈡積極進取與好大喜功

翻檢戰國秦漢時期的歷史文獻就不難發現：這是一個英雄輩出的時代。許多人敢想、敢說、敢幹，進取、務實、機變，善於謀略，勇於任事，敢於搏擊，甚至不恥於「自薦」、「自衒」。臥薪嘗膽、變法改制、胡服騎射、縱橫捭闔、懸梁刺股、毛遂自薦、慷慨悲歌、對策朝堂、立功疆場的故事不絕於史。於是胸懷大志、積極進取、注重功利、勇於創新成為一種時代精神。這種精神與社會大變遷、政治大變革、國家大較量、軍事大搏殺、族群大比拚、個人大競爭的歷史背景相一致。

作為產生於這個時代的政治英雄，秦始皇是開拓進取精神的典型代表之一。他雄才大略，横掃六國，統一天下，開疆拓土，然後北築長城，南修靈渠，開闢馳道於四方，又厚今薄古，不憚變革，定法律，創制度，行郡縣。他的許多作為前無古人，他的許多工程舉世無雙。由其存留至今為數不多的秦朝文物遺跡看，其規模之大，氣勢之壯，可謂空前絕後。無論萬里長城的宏偉，阿房宮的壯麗，秦皇陵的氣勢，還是俑坑兵馬的陣容，都是後人無法企及的。沒有一種強烈的進取之心、功名之心，不要說在短短的十數年間完成這一系列功業，恐怕連想都不敢想。然而積極進取一旦超過一定限度就會變成好大喜功。秦始皇一發奇想，便舉大事，興大役，甚至派遣大量人眾去尋找虛無縹緲的仙山靈藥。好大喜功，輕用民力，勞民傷財，成為史家對秦朝政的定評。

這又是一種歷史性的現象。如若不信，就請看一看漢武帝，他「南誅兩越，東擊朝鮮，北逐匈奴，西伐大宛」，同樣築長城，同樣修大墓，同樣尋仙藥，同樣一發奇想，便舉大事，興大役。這位信奉儒家仁政的皇帝堪稱第二位秦始皇。數百年後又出了一位隋煬帝，同樣是既有造福萬代之舉，又有為禍一世之行。他們的積極進取為中華民族書寫了世界古代史上絢麗的一頁，他們的好大喜功又為平民百姓帶來了無盡的苦難。他們的功業令人嘆為觀止，他們的暴虐又令人髮指。

㈢勤於政務與貪於權勢

秦始皇躬操政事是歷史上著名的勤政君主之一，因此又難免有「貪於權勢」之譏。據說，秦始皇「躬操文墨，晝斷獄，夜理書，自程決事，日縣石之一」[20]。秦代的公文都寫在竹簡木牘之上。秦始皇事必躬親，所以每天必須閱讀大量表箋奏請。他命人每天秤取需要批閱的各種文書一石（一百二十斤），親自處理完畢，才去休息。秦朝建立後，秦始皇十年之間，五次出巡，足跡遍布大半個中國。這在土石道路、驅馬一車的時代，是相當辛苦的事情。

勤於政務與貪於權勢的確有密切的關係。勤於政務是國務「一日萬機」的實際需要，它還有一個用意就是旨在避免太阿倒持，大權旁落。勤於政務也好，貪於權勢也好，只要善於運用君主御臣的無為之術，就會把政務處理得井井有條。秦始皇統治的前期，就屬於這種狀況。可是死死抓住大權不放，「天下之事無小大皆決於上」，難免走向「丞相諸大臣皆受成事，倚辨於上」。勤政到這種程度，就只能算是貪於權勢了。秦始皇統治的後期就出現了這種現象。

㈣果斷剛決與剛愎自用

在《史記・秦始皇本紀》、《戰國策》等現存史料中，常常可以見到「秦王大怒」、「始皇大怒」、「樂以刑殺為威」等記載，秦始皇「膺突向前，其性悍勇」，「剛毅戾深」，他的外表和性格都像一個剛烈乃至粗暴的人。秦始皇處事果決，「剛烈」是其人格的基本特質、核心特質。

盧生說：「始皇為人，天性剛戾自用。」這種說法出自惡意攻擊，有誇大之嫌。天性「剛戾」者未必「自用」。秦始皇在位數十年，大部分時間他「剛戾」而不「自用」。他善於兼聽，崇尚獨斷，常常借助群臣的智慧謀略決斷大事，多有尊師聽教、集思廣益、肯於納諫之舉。凡重大政治決策，他都交由朝議或大臣、謀士商議，在「兼聽」的基礎上，實施「獨斷」。在一定條件下，果斷剛決又很容易導向負面效應，即剛愎自用。成為始皇帝之後的嬴政常常顯露這種心態，導致「上不聞過而日驕，下懾伏謾欺以取容」。

㈤嚴於用法與刻苦寡恩

各種戰國秦漢文獻偏愛用「虎狼」形容秦國、秦人、秦軍。這的確是一個尚武善戰、政嚴令行的國度和人群。無論本性如此，還是制度使然，秦始皇的性格也被定性為「少恩而虎狼心」。大量事實表明，說秦始皇本性如「虎狼」是缺乏依據的。他能把一批能臣戰將籠絡在自己身邊，這是「少恩而虎狼心」所無法做到的。這個人還是頗得「恩威兼施」之術的要訣的。評說者論證「少恩」的主要依據是「專任獄吏」、「刑殺為威」、「久者不赦」。由此可見，「刻削毋仁恩和義」

主要與法制及法治政治模式有關。「事皆決於法」勢必剔除倫理化政治模式的溫情脈脈成分，頗有「法不容情」的味道。這正是秦朝政治的優點。然而「剛毅戾深」的性格、水德陰殺的統治方略、「事皆決於法」的治術和志得意滿的心態結合在一起，勢必走向法治政治的反面。一旦「急法」而另立苛刑，甚至濫殺無辜，就必然導致「天下畏罪持祿，莫敢盡忠」。秦朝的法制大廈就是這樣崩塌的。

秦始皇很懂得恩威兼施，有些行為甚至可以用「仁」來評價，而其骨子中有睚眦必報的性格。最典型的事例莫過於親赴邯鄲將仇家全部坑殺。其實這與其說秦始皇有「虎狼心」，不如說是社會風俗和帝王權勢結合的產物。

應當指出的是：春秋戰國秦漢時期，復仇報恩盛行，「怨惠必酬」是一種社會風氣。當時的史書中記載了一大批歷史名人報仇雪恨的心態和事蹟。伍子胥鞭打楚平王之屍，以報父兄之仇；張良求客刺秦皇，以報宗國之仇。史稱秦相范雎為人「一飯之德必償，睚眦之怨必報」[21]；欒布個性「嘗有德，厚報之；有怨，必以法滅之」[22]。《史記・遊俠列傳》的有關記載也從一個角度反映了這種世風。秦始皇幼年所生長的三晉一帶，盛行「報仇過直」[23]的風俗。形成這種世風的原因很多，或來自遠古的血親復仇觀念和習慣；或來自獲得社會大眾廣泛認同的對家邦、主君、父兄、朋友、知己的忠孝節義；或來自任俠仗義的時尚。強烈的復仇報恩意識又是和強烈的自尊意識相輔相成的。當時的人們多有強烈的自尊意識，其具體表現之一就是義不受辱的事例很多。人們普遍不能接受家邦、主君、父母、兄弟、朋友和自身被輕慢、受屈辱、蒙冤屈，為此甚至不惜以自殘的方式「殺身自明」或擺脫侮辱。奮起報仇者、待機報仇者自然也大有人在。在當時，復仇雪恥是一種風俗時尚，對社會大眾的意識、行為有深刻的影響，於是為宗國報仇、為主君報仇、為父母報仇、為親朋報仇、為子女報仇以及向辱己者報仇的事情不絕於史冊。

秦始皇倚仗戰勝者的氣勢和君臨者的權勢，坑殺仇家，乃至睚眦必報，顯然不屬於寬宏大量之舉，然而這又與世風民俗有關。分析其個性時不能不考慮當時的社會歷史背景和文化習俗，而簡單地認定他是一個小肚雞腸的人。從秦始皇處理與李斯、尉繚、王翦等王霸之佐的方式和駕馭群臣的手腕看，他在政治上還是頗有胸襟器量的。不如此也不足以成其為一代梟雄。

㈥禮賢下士與工於權謀

有人說秦始皇禮賢下士，有人說秦始皇工於權謀。最典型的例子當屬亢禮尉繚、師事王翦、信用李斯、寵愛蒙恬等。其實這本不足為怪。作為一種統治術，禮賢下士及相關的方略本身就有權術的成分。許多論者喜歡引用王翦的一個評價證明秦始皇本性多疑，從來不信任群臣，即「夫秦王怚而不信人」[24]。實際上當時秦始皇的心態可能很複雜，既有禮賢下士的成分，又有工於權謀的成分。剛烈果決又善用柔弱之術，有所疑忌又敢於任用，工於心計又不失大體，這才是梟雄。否則秦始皇就不是「秦始皇」而成了「秦二世」了。

比較而言，還是尉繚動態性的人格分析更準確：秦始皇為人「居約易出人下，得志亦輕食人」。「出人下」說明他剛中有柔，粗中有細，猛中有寬，很善於調控自己的剛烈性格，很會玩弄權術，是一位多謀善斷的人。「輕食人」表明在得意之後，特別是得意忘形之後，容易無所顧忌，使「剛戾自用」的本質暴露無遺。

與許多帝王一樣，秦始皇的政治心態有明顯的變化曲線。統一天下以後，他志得意滿，日益驕奢，於是天資聰明變成自賢自聖，性情剛烈變成驕橫跋扈，明察秋毫變成疑忌苛察，處事果斷變成剛愎自用，重視法制變成濫施淫威，銳意進取變成好大喜功。他不可一世，濫用權力，任何人不得違背他的意志。不僅普通臣民不得拂逆君王，就連神明得罪了他，也要遭殃。特別是聽信術士之言而迷戀神仙道之後，他隱居深宮，心態日益迷亂，因而驕奢、暴虐之行比比皆是。

翻開一部中國皇帝史，人們不難發現：越是雄才大略的英主，越善於自我調整尊與卑的分寸、火候。歷代開國英主的相貌、人品與行事不無差異，而「居約易出人下，得志亦輕食人」卻是他們共同的政治人格。在逐鹿中原之際，他們對強敵貌似卑恭，對謀臣禮待有加。然而「子系中山狼，得志便猖狂」。一旦勢無對手、南面稱尊之後，他們就宣稱「臥榻之旁豈容他人鼾睡」，對敵國伐之滅之，對功臣誅之戮之。如果說這些皇帝之間有什麼區別，其差異也僅僅是程度輕重之別、手段優劣之別。就連號稱明君的唐太宗也有類似秦始皇的政治心態曲線變化。關於這一點，只要讀一讀魏徵的《十漸疏》便可大體明瞭。其實。倘若那些被權臣玩弄於掌中的傀儡皇帝能夠熬到親政主事，那些認賊作父的兒皇帝能夠終成霸業，他們也會一掃奴態，擺出一副老子天下第一的主子相。

許多學者依據秦始皇童年歷經苦難、少年飽受屈辱，斷定他是一個心理變態的人。其實不然。在中國古代史上，曾經顛沛流離、寄人籬下、蒙受屈辱的帝王大多是成功之主，漢高祖、漢宣帝、漢光武帝、隋文帝、明太祖等都是例證，這些人更懂得君臣關係的微妙之處，因此也就更精通為君之道。

君主政治，翻雲覆雨，它要求統治者必須具備複雜的性格、梟雄的氣質。然而君主政治的本質是暴虐的，因此專橫跋扈、驕奢淫逸、武斷固執、猜忌多疑、酷虐殘忍等，都是帝王群體中常見的政治人格特徵。古代正統史家稱具有這類人格特徵的帝王為「荒淫無道」。可見即使依照古代通行的價值標準，這類人格也屬異常。然而這種異常又是如此地經常發生，諸如秦始皇的跋扈、漢武帝的驕奢、北齊文宣帝的殘忍、隋煬帝的偏執等。值得注意的是，許多雄才大略的帝王都有這類行為傾向，而這又往往與其本人早年性格有較大的反差。這種人格特質與其說是心理變態造成的，不如說是君主政治生態鑄模成的。歸根結柢這是中國古代帝王觀念和南面之術的產物。就帝王群體而言，它與其說是變態，不如說是常態。

註釋

1 《史記》卷六〈秦始皇本紀〉。

2 恩格斯：〈路德維希·費爾巴哈和德國古典哲學的終結〉，《馬克思恩格斯選集》第四卷上，人民出版社一九七二年版，第二三三頁。

3 《唐律疏議·名例》。

4 《史記》卷二八〈封禪書〉「正義」引《五經通義》。本節引文凡未註明出處者，均引自《史記·封禪書》。

5 《史記》卷八八〈蒙恬列傳〉。

6 《舊唐書》卷七一〈魏徵傳〉。

7 《史記》卷六〈秦始皇本紀〉。

8 《史記》卷一一八〈淮南衡山列傳〉。

9 關於徐福的事蹟，歷史記載多有矛盾，學者們也有不同見解。由於本書的任務在於研究秦始皇，所以不予考證。以徐福為代表的一批術士一再尋找藉口搪塞秦始皇，而秦始皇一再上當，這是不爭的歷史事實。

10 《史記》卷六〈秦始皇本紀〉及《集解》引《太原真人茅盈內紀》。

11 《論衡·書解》。

12 翦伯贊：《中國史綱》第二卷《秦漢史》，北京大學出版社一九八三年版，第二版，第七九頁。

13《韓非子・和氏》。
14《韓非子・詭使》。
15《史記》卷一二一〈儒林列傳〉。
16 關於中國古代的思想言論罪及其道德依據，特別是儒家的有關理論，參見拙著《亦主亦奴：中國古代官僚的社會人格》第三章第三節言罪、吻禍與說難，浙江人民出版社二〇〇〇年版。
17《史記》卷一二一〈儒林列傳〉「正義」引衛宏《詔定古文尚書序》。
18 郭沫若：《十批判書》的〈呂不韋與秦王政的批判〉，東方出版社一九九六年版，第四四九頁。
19《太平御覽》卷八六〈皇王部〉一一引《河圖》。
20《漢書》卷二三〈刑法志〉。
21《史記》卷七九〈范雎蔡澤列傳〉。
22《漢書》卷三七〈欒布傳〉。
23《漢書》卷二八〈地理志〉。
24《史記》卷七三〈白起王翦列傳〉。

第十五章　結局篇：二世而亡的大秦帝國

在中國歷史上，秦始皇第一次實現了國家的政治統一，建立了第一個中央集權大帝國，成為第一位皇帝，……他生前創造了一系列的「第一」。

在秦始皇死後不久，又出現了第一次皇權變異，爆發了第一次庶民革命，因而導致第一次大帝國的覆滅，……這些「第一」也都或多或少可以歸因於秦始皇。

大秦帝國的根基並不穩固，秦始皇對此是有所覺察的。為了使秦朝基業以「始皇帝」為起點，「二世三世至於萬世，傳之無窮」，他在制度上、思想上、政策上採取一系列措施。他的許多做法可圈可點，不僅銘記於史冊，而且垂法於後世。秦始皇自詡「普施明法，經緯天下，永為儀則」，「昭隔內外，靡不清淨，施於後嗣。」他指令子孫「常職既定，後嗣循業，長承聖治」，期望「化及無窮，遵奉遺詔，永承重戒」[1]。可是他的驕奢淫逸、橫徵暴斂、嚴刑酷罰乃至「焚書坑儒」等，都激化了社會矛盾，不利於政治的穩定。對於秦朝的速亡，他難逃其咎。

秦始皇最大的政治失誤是沒有穩定有序地安排政治繼承人。他暴病而亡，導致帝制下的第一次「奪嫡之禍」。為了坐穩皇帝寶座，心中有鬼的秦二世採取了一系列的不正常的政治措施，導致君臣關係、君民關係全面惡化，國家處於風雨飄搖之中。

大澤鄉一夫首倡，而萬夫響應。這是帝制下第一次庶民革命。此時的秦朝朝廷已然不堪一擊。它既無明君英主，又無賢臣良輔，既乏戰將禦敵，更無民心扶持。

恰在此時，又發生了帝制下第一次宦官專政。權宦趙高專擅朝政，後來竟發展到弑君篡政，圖謀稱帝。這是中國歷史上第一次皇權變異。頃刻之間，一個偌大的王朝便灰飛煙滅了。而此時距離秦始皇的死，僅僅三年之期。

秦始皇統治末期的政治形勢

由於各種複雜的政治原因交織在一起，到秦始皇統治末期，國家政治局勢處於風雨飄搖之中，隨時都可能發生動亂。

一、形形色色的政治敵手

任何一個王朝都有一批公開的或潛在的政治對手和敵對勢力，新建的王朝更會面對較大的威脅。秦朝所面對的敵手相當複雜，他們匯聚成一股力量強大的政治反對派。依據這些政治對手和敵對勢力形成的原因，他們大致由以下幾類人構成：

第一類是「六國餘孽」。

這類敵對勢力實際上是由戰國時期的老對手轉化而來的。每到改朝換代之際都會產生大批懷戀故國、仇視新朝的遺老遺少，「六國餘孽」就屬於這一類。他們本是六國統治集團的成員，或是宗室國戚，或是封君貴族，或是卿相重臣，或是其他忠誠宗國舊主的士大夫。

秦始皇在完成統一戰爭的過程中，與各國舊貴族結怨甚深。秦始皇對各國貴族採取的措施可以概括為：殺戮豪傑，遷徙大族，降為奴僕，嚴加控制。他滅了韓國，後來又平定貴族叛亂並殺了韓王安；他滅了趙國，並親自到邯鄲坑殺了一批與他有仇怨的貴族；他滅了魏國，殺了投誠的魏王假及諸公子，僅僅逃亡一人，他仍窮追不捨，重金懸賞，必欲斬盡殺絕；他滅了楚國，殺了一批貴族，他們的子弟後來都成了反秦的幹將；他滅了燕國，殺了太子丹，又到處通緝他的門客；他誘降了齊王建，又背信棄義地將其活活餓死，招致齊國臣民的怨恨。家仇國恨使一大批人成為秦朝的死敵。這些人的部分家族成員和門客故吏也會加入進來。他們人不死，心還在，一有機會便會興風作浪，甚至組織叛亂。秦始皇二十一年（西元前二二六年），韓國舊貴族就曾在故都新鄭發動了較大規模的叛亂。秦軍平其亂，為了根除禍患，還殺掉了被軟禁的韓王安。

「六國餘孽」的數量很多。秦滅齊之前，有數以千百計的楚、趙、韓、魏等國的士大夫逃到齊國聚居。據說，「三晉大夫皆不便秦，而在阿、鄄之間者百數」，「鄢、郢大夫不欲為秦，而在城南下者百數」[2]，他們都有復國之志，因而被齊國謀士視為一支重要的可以借助的政治、軍事力量。流散在各地的這種人士可能數以萬計。秦朝建立後，他們往往隱姓埋名，蓄志待機，一有風吹草動，便起而推波助瀾，以求一逞。其中有些人有較強的主動攻擊性，他們甘冒殺身滅族風險，積極尋找時機，不惜鋌而走險。張良的博浪一擊最為典型。

這一類人主要來自六國貴族、舊臣。他們胸懷光復宗國、報仇雪恨之心，擁有較大的政治影響力和一定的經濟實力，且大多具有政治軍事經驗，其中不乏將帥之才、謀略之士，因而是最具直接威脅性的政治敵手。後來興兵反秦的六國諸侯王及其重要助手多屬於「六國餘孽」這一類。其中最有代表性的是以下幾個人。

一是張良，他是韓國貴族後裔，胸懷韜略，有膽有識。張良從黃石公處得到《太公兵法》，

「常習誦讀之」，因而有帝師之才。為刺殺秦始皇，他不惜傾家蕩產，親臨險境。在反秦戰爭中，張良「亦聚少年百餘人」起事，後來投到劉邦帳下。他「運籌策帷帳中，決勝千里外」3，充分展示了軍政之才。

二是項梁、項羽叔侄，他們是楚國貴族後裔，「項氏世世為楚將，封於項，故姓項氏。」項梁是項羽的叔父。項梁父親即楚將項燕。秦滅楚國時，項燕與王翦決戰，兵敗自殺（一說被殺）。項梁、項羽素有大志，早就蓄志反秦。他們「避仇於吳中」，在當地士大夫中頗有號召力。項梁經常主持當地大規模的徭役和喪事，「陰以兵法部勒賓客及子弟，以是知其能。」項羽「長八尺餘，力能扛鼎，才氣過人，雖吳中子弟皆已憚籍矣」。他不喜歡學習書法、劍術，認為「書足以記名姓而已。劍一人敵，不足學，學萬人敵」。於是項梁乃教項羽兵法。秦始皇巡狩會稽，項梁、項羽親眼見到皇帝的大駕鹵簿，項羽竟脫口而說：「彼可取而代也。」4後來叔侄二人趁天下大亂，殺會稽守，率精兵八千人起兵反秦，成為滅亡秦國的主力軍之一。

三是魏豹、田儋、韓王信等人。魏咎、魏豹兄弟都是「故魏諸公子」。魏咎「故魏時封為寧陵君，秦滅魏，為庶人」。陳勝稱王，魏咎投奔到他的帳下。攻占魏地後，陳勝立魏咎為魏王。魏咎兵敗自殺，魏豹亡走楚。楚懷王予魏豹數千人軍隊，攻克魏二十餘城，立為魏王。狄人田儋及其叔伯兄弟田榮、田橫是「故齊王田氏之族」。田氏兄弟「皆豪桀，宗強，能得人」。天下動亂之際，他們設計謀誅殺狄令，起兵反秦，率兵略定齊地。田儋、田榮、田橫先後自立為齊王。韓王信是「故韓襄王孽孫」。項梁「立韓公子橫陽君成為韓王」。後來劉邦立得力戰將「信為韓王」5。

第二類是仇秦的「俠義之士」。

他們是一批對秦朝統治者深惡痛絕的俠義之士。廣義而言，他們也可以歸入「六國餘孽」範疇。但是與前一類略有不同的是：他們出身平民，仇秦的緣由主要是基於一種「義」。儘管也有政治理念或政治情感因素夾雜其中，卻主要出於某種個人因素。他們的仇秦主要表現為對秦朝皇帝個人的仇恨。一個「義」字，也使他們敢於採取非常之舉以報仇雪恨。舉琴行刺的高漸離是這類人的典型。

高漸離，燕國人，與荊軻有莫逆之交。兩人一個善於擊筑，一個慷慨悲歌，可謂知音知己。易水河畔，高漸離與荊軻一彈一唱，悲歌一曲，眾人和之，因而留名千古。荊軻刺秦失敗，高漸離受到牽連。秦朝建立後，秦始皇下令緝捕「太子丹、荊軻之客」。高漸離改名換姓，以打工為生，藏匿於宋。高漸離是一位音樂家。主人知其才，「召使前擊筑，一坐稱善，賜酒」，遂尊其為上客。他經常「擊筑而歌」，當地人都知道他是一位才藝出眾的樂師。久而久之，這個訊息傳到秦始皇耳中。秦始皇任高漸離以宮廷樂師之職，並十分欣賞他的演奏。不久，一位熟人認出並告發了他。「秦皇帝惜其善擊筑，重赦之。」死罪赦免，改為弄瞎雙目，從此高漸離成為盲人。秦始皇每次令高漸離擊筑，「未嘗不稱善。」高漸離決心為家國、朋友和自己報仇雪恨，於是暗地把鉛塊塞進筑中，尋機刺殺秦始皇。有一次，秦始皇沉浸在動人的樂曲聲中，將身體靠近高漸離。高漸離趁機舉樂器向秦始皇猛擊，可惜沒有擊中。高漸離因此被殺。從此以後，秦始皇「終身不復近諸侯之人」6。高漸離與其說是仇視秦朝統治的人，不如說是俠義剛腸的人。對朋友的「義」永遠高於其他人的「恩」，只要有機會，他就會履行與知己故交的心理契約，從不計較個人得失。

仇秦的「俠義之士」常常以刺客的面目出現，以奮不顧身、拚命一搏的個人行為做出突發性的舉動。對於秦始皇個人而言，這一類人也是最危險的對手。這類危險有時會令人有無處不在的感覺，必須時刻防範。秦始皇後來甚至發展到不敢接觸任何可疑的人。

第三類是懷念故國的廣大臣民。

他們已經成為新朝的臣民，而在情感上依然對故國舊君有懷戀之心，有很大的離心傾向。項梁、項羽的謀士范增在分析政治局勢的時候曾經講了這樣一種現象：「夫秦滅六國，楚最無罪。自懷王入秦不反，楚人憐之至今，故楚南公曰：『楚雖三戶，亡秦必楚』也。今陳勝首事，不立楚後而自立，其勢不長。今君起江東，楚蜂起之將皆爭附君者，以君世世楚將，為能復立楚之後也。」項梁認為他講得很有道理，於是找到在民間為人牧羊的楚懷王的孫子心，「立以為楚懷王，從民所望也。」[7]在各國故地都會有類似情況。這一類群眾通常未必對新朝有所反抗，如果新朝政策得當，他們都會逐漸轉化成順服的臣民。他們不能算作「六國餘孽」，然而極有可能成為「六國餘孽」的群眾基礎。一旦有人以光復故國為號召，興兵舉事，他們就會紛紛響應，成為反秦勢力的基本群眾。

第四類是由於其他各種原因而仇恨當權者的人。

歷朝歷代這樣的人都為數不少，他們的共同特點是對皇帝或其他當權者個人心懷不滿。例如，引發「坑術士」事件的侯生、盧生等人和沒能親自參與封禪大典的齊魯儒生。他們都曾得到秦始皇的信用，卻由於某種原因遭到追究、面臨處罰或失寵。他們耿耿於懷，在背地裡大發牢騷，甚至惡語相加，散布謠言。這類人當初未必反對秦朝統治，僅僅對某個當權者有私怨，但是這種情緒進一步發展或一旦發生某種事變，他們很容易轉化為與秦朝為敵的人。

第五類是各種懷有政治野心的人。

從歷代的政治鬥爭看，這類人的數量相當大。他們的政治行為受強烈的政治野心的驅動，為了達到目的可以不擇手段。他們未必與朝廷有深仇大恨，有的甚至毫無嫌隙，但是一有機會便會以不正當的手段達到個人目的。如果夾雜了個人恩怨，他們的行為會更加惡劣。趙高是一位典型人物。

趙高與趙國王族同宗，是「諸趙疏遠屬」。其父犯宮刑，妻子沒為官奴婢。據說其母野合所生子皆承趙姓。因此趙高兄弟數人，皆生隱宮，成為被閹割的宦官。「其母被刑僇，世世卑賤。」秦始皇見趙高能力很強，「通於獄法，舉以為中車府令」，還讓他擔任公子胡亥的師傅。趙高曾觸犯重罪，秦始皇命令蒙毅依法處置。蒙毅根據法律規定，判處其死刑，「除其宦籍。」秦始皇愛才心切，「赦之，復其官爵。」但是，趙高為人有才而無德，圖謀富貴而不擇手段。他為了攫取卿相之位，「又怨蒙毅法治之而不為己也，因有賊心。」後來他趁秦始皇病死巡狩途中的機會，利用中車府令兼行符璽令事的地位，「乃與丞相李斯、公子胡亥陰謀，立胡亥為太子。」8這個事變是導致秦朝滅亡的直接原因。

這類政治對手具有隱蔽性、潛伏性。在通常情況下，他們大多以馴服臣民的面目存在，認真履行臣民義務，有的甚至屬於歌功頌德、阿諛奉承之輩。若無機遇，他們可能終身只是一個尋常的臣民。但是一遇機會，他們便會在強烈政治野心的驅動下，膽大妄為，做出不利於皇帝和王朝的舉動。這類人為數不少，又很難識別。他們廣泛分布在朝野上下、宮廷內外，有的就生活在皇帝身邊，其中還不乏梟雄豪傑和巨奸大猾。歷史的經驗證明，這類人最難防範。

第六類是「草莽英雄」。

在古代文獻中通常稱這類人是「盜」、「盜賊」。他們因為各種原因流落江湖、嘯聚草莽，屬於後世所謂笑傲江湖的「綠林好漢」。春秋時期的盜跖是這類人的先輩，據說他們「萬人必死，橫行天下」。在秦朝，法繁刑苛，動輒罰款、貲物、謫戍，「黥為隸臣」，「刑為城旦」。許多人為了逃避苦役苦刑而逃亡，靠打家劫舍為生，其中有不少豪傑。這些人的行為本身就直接威脅著秦朝的統治秩序和地方安定。一遇風吹草動，他們就會大幹一場，「席捲千里，南面稱孤。」劉邦帳下的戰將彭越、英布是這類人的典型代表。彭越為盜的原因不詳。彭越聚集一批流民劫掠富豪「常漁鉅野澤中，為群盜」[9]。後來彭越成為一員驍勇的戰將，被劉邦封為梁王。英布是一位刑徒，故又稱黥布。他被遣送驪山為秦始皇修築陵墓，「驪山之徒數十萬人，布皆與其徒長豪桀交通，乃率其曹偶，亡之江中為群盜。」天下大亂，英布「乃見番君，與其眾叛秦，聚兵數千人」[10]。他先後在項羽、劉邦帳下為將，被封為淮南王。

第七類是持有不同政見的士人。

在通常情況下，這類人大多或隱身朝市，或避難山野。有的是具有反秦傾向的「天下豪俊」。著名代表人物有張耳、陳餘等人。張耳、陳餘都是大梁人。張耳「其少時，及魏公子毋忌為客」，後來「乃宦魏為外黃令」。陳餘好儒術，他「父事張耳，兩人相與為刎頸交」。「秦滅魏數歲，已聞此兩人魏之名士也，購求有得張耳千金，陳餘五百金。張耳、陳餘乃變名姓，俱之陳，為里監門以自食。」秦始皇屢下詔書，「購求兩人，兩人亦反用門者以令里中。」他們始終不願為秦朝服務。陳勝起兵，張耳、陳餘投奔其帳下，出謀劃策，奉命輔佐武臣「北略趙地」。他們知人善任，富於謀略，在反秦戰爭中發揮了重大的作用，據說「其賓客廝役，莫非天下俊桀，所居國無不取卿相者」。後因「據國爭權」[11]，兩人反目成仇。

還有一部分人出於對秦朝現行政策的不滿而成為持不同政見者。例如，秦始皇焚《詩》《書》、「坑術士」，導致許多士人的不滿。他們有的降志屈身，依然在朝為官。大部則迫於彈壓，畏於酷刑，隱逸林泉，潛心學術。如漢初傳《詩》的浮丘伯、申公、穆生、白生，傳《易》的田何，傳《禮》的高唐生，傳《春秋》的公羊等。其中孔子後裔孔甲等部分儒者後來參加了反秦鬥爭。史稱「陳涉之王也，而魯諸儒持孔氏之禮器往歸陳王。於是孔甲為陳涉博士，卒與涉俱死。陳涉起匹夫，驅瓦合適戍，旬之以王楚，不滿半歲竟滅亡，其事至微淺，然而縉紳先生之徒負孔子禮器往委質為臣者，何也？以秦焚其業，積怨而發憤於陳王也」[12]。

第八類是「閭里黔首」。

自人類進入文明時代以來，生活在社會下層的人群就一直是現存統治秩序的天敵。他們屬於社會中弱勢群體，在政治結構中處於被統治者的地位，在經濟結構中處於被剝削者的地位，在社會結構中處於被歧視者的地位。秦朝的「閭里黔首」主要由這些人構成。他們沒有政治權利，法律地位、社會地位低下，還必須向國家交納沉重的賦稅。其中奴隸、奴婢等賤民生活在社會最底層，人的權利、尊嚴被剝奪殆盡。「閭里黔首」之中也有一些階層的社會地位、經濟地位較高，但是作為被統治階級或階層的成員，他們在政治上、經濟上也受到當權者的支配、剝奪、壓迫甚至奴役。「閭里黔首」與國家（皇帝）之間的矛盾是當時社會的主要矛盾。這就決定了他們是現存秩序天然的政治反對派。由於各種社會原因，「閭里黔首」通常大多以順民的方式存在，他們順從或敬畏皇權，還對聖王明主多有期待。只要還能生存下去，他們大多不會介入政治，更不會造反。可是民不欲反而官逼民反，一旦政治繁苛，賦稅沉重，徭役頻興，大災流行，導致「閭里黔首」無法生存下去，他們就會被逼無奈，鋌而走險。

「閭里黔首」中不乏各種人才。他們本來就是社會歷史的真正主角。儘管通常默默無聞，可是一旦有機會他們就會占據歷史舞台的中心位置，展現歷史發展主宰者的風貌。首義反秦的陳勝、吳廣就是「閭里黔首」中卓越人才的典型代表。

陳勝，陽城人，字涉。吳廣，陽夏人，字叔。陳勝素有大志，年少時曾受雇於人，傭耕於野。有一次，他思緒萬千，輟耕壟上，對其他傭耕者說：「苟富貴，無相忘。」伙伴們笑而應曰：「若為傭耕，何富貴也？」陳勝慨然而長嘆，曰：「嗟乎，燕雀安知鴻鵠之志哉。」他和吳廣都被推任為戍卒的屯長，史稱「吳廣素愛人，士卒多為用者」。事實證明，陳勝、吳廣頗有政治頭腦，也有很強的組織領導能力。在特定政治情勢下，這些「甕牖繩樞之子，甿隸之人」，奮發崛起，振臂一呼，「率罷散之卒，將數百之眾，轉而攻秦。」他們「斬木為兵，揭竿為旗」，於是「天下雲會響應，贏糧而景從，山東豪俊遂並起而亡秦族矣」[13]。

漢高祖劉邦本也屬於「閭里黔首」的範疇。他出身平民，「及壯，試為吏，為泗水亭長。」他常常到咸陽服徭役，縱覽都城，見到過秦皇帝儀仗，曾喟然太息曰：「嗟乎，大丈夫當如此也。」有一次，劉邦「以亭長為縣送徒酈山」[14]，許多刑徒中途逃亡。劉邦估計自己很難交差，所以乾脆將刑徒統統放走。他率領部分刑徒流亡草莽。天下大亂，他趁機在家鄉聚眾起兵，被眾人擁立為沛公。在各路反秦軍隊中，劉邦這一支率先攻克咸陽。後來項羽與劉邦楚漢相爭，逐鹿中原，終於敗項羽於垓下，再次統一了中國。

大規模揭竿而起的「閭里黔首」是一股不可阻擋的政治力量。歷史經驗一再證明，一旦第八類人群起反抗，星星之火勢必變成燎原烈焰。無論當朝統治者還能聚集多大的力量，也難以挽狂瀾於既倒。

「天下畔秦，能者先立。」[15]歷史還一再證明，一旦天下大亂，許多循良的官吏、百姓也會加入到抗爭者的隊伍中來。西漢第一任相國蕭何和第二任相國曹參本是秦朝的地方官吏。他們都是劉邦的同鄉。蕭何「為沛主吏掾」[16]，曹參「為沛獄掾」，都「居縣為豪吏」[17]，是幹練、稱職的官吏。在正常情況下，他們是秦朝統治的骨幹力量。繼曹參擔任丞相的王陵，也是沛人。他「始為縣豪」[18]，是一方豪強。劉邦曾經事之如兄。在正常情況下，他也只是個社會地位較高的百姓，不會參與造反。在動亂年代，蕭何、曹參、王陵都與比他們身分低下的劉邦結為君臣，成為反秦勢力的骨幹。

其實，有上述各類「懷有逆心」的人群存在並不可怕，也可以有所防範。任何一個新建的王朝都會有類似的敵對勢力及相應的政治隱患。推而言之，自人類社會有了貧富的分化，有了階級的差別，有了政治的存在，古今中外任何一個統治者都會面臨類似的政治問題，他們都不得不面對形形色色的政治反對派、陰謀家、野心家及其他敵對勢力。有這一類人存在就必然會有各種各樣的麻煩，諸如「叛國」、「謀反」、「謀逆」、「謀篡」、「行刺」、「誹謗」、「惑眾」、「盜賊」、「匪患」之類。這也是迄今為止人類文明史的常態。然而這一類人能不能成氣候，歸根結柢取決於芸芸眾生的政治態度，而芸芸眾生的政治態度又直接受國家總體政治狀況的影響。在通常情況下，主動權把握在當權者的手中。早在先秦，思想家們就提出了「一言喪邦，一言興邦」的觀點，還發現了庶民「可以載舟，可以覆舟」的現象。在帝王「一喜天下春，一怒天下秋」的時代，這些思想不失為真知灼見。只要最高統治者的方略和政策得當，芸芸眾生就不會積極參與反對國家政權和皇帝的活動，甚至不會主動介入政治，因此形形色色的政治反對派也就很難興大風作大浪。

二、「天下苦秦久矣」

秦始皇好大喜功，窮奢極欲，不恤民力，賦役繁興，誅求無厭。古代論者幾乎一致認為，他有兩大暴政：一曰「收以太半之賦」，二曰「威以參夷之刑」。這種說法是否有所誇大，有待進一步的研究，然而這是一位令天下「苦」的皇帝，當無疑義。

秦朝建立僅十餘年，人們就呼出「天下苦秦久矣」[19]，可見對「天下苦秦」之「苦」還是要有所分析的，大體可以分為統一之前六國臣民之舊苦和統一之後秦朝臣民之新苦。七大戰國長期鏖戰，秦軍屢屢奏響得勝鼓，攻滅殺伐，不僅苦了六國的貴族，更苦了各國的百姓。秦朝剛剛建立，原屬各國的臣民對這種「苦」還記憶猶新。人們原來期待戰爭結束之後，苦盡甜來，誰知卻舊苦加新苦，遂有「苦秦久矣」之嘆。「天下苦秦」之「苦」大多由普通民眾承受。秦始皇統治時期的民之苦有四：

其一曰兵戈不休。

秦始皇親政以前，兼併戰爭已屬曠日持久。連年征戰，兵戈不休，真可謂「不一日而無兵」。秦始皇發動的統一戰爭歷時一二十年，惡戰一場接著一場，從未休止。這些戰爭無論是「合理的」還是「不合理的」，沉重的戰爭負擔勢必苦民。戍卒是最苦最重的徭役，它的徵發對象具有廣泛性，包括眾多社會階層的臣民，其中主要承擔者是勞苦大眾。「兵戈不休」必然導致「民苦」。「興，百姓苦；亡，百姓苦。」無論王朝興與亡，總要「兵戈不休」，百姓只是個「苦」字。哪一個王朝興起時，沒有一段「不一日而無兵」的日子！

論者大多譴責秦始皇窮兵黷武，這是不公正的。統一戰爭（包括掃滅六國、北伐匈奴、南征百越）基本上是合理的，屬於不能不戰，或勢在必戰，或你不戰他戰，或遲早必有一戰。戰而勝之，可以「以戰止戰」，達到「弭兵」的效果。從歷代統一戰爭的過程看，這類問題也都是以一氣呵成的方式完成。如果只限於這些戰爭，秦始皇有功無過。它也不是秦朝亡國的根源。由於不能不戰，有關的戰爭負擔也屬「合理」範圍內。以北伐匈奴為例，蒙恬率三十萬大軍，「暴師於外十餘年」，戰爭負擔沉重。這件事一直受到後人指責。而這個負擔是不得不付出的。戰國時期，僅趙國一國就需要十幾萬軍隊防禦匈奴，加上秦國、燕國的防禦軍隊，人數也相當可觀。秦軍北逐匈奴，一度採取積極防守的態勢，又須修築長城，這個用兵數量並不為多。漢朝初年，每次對匈奴用兵大體也需三四十萬兵力。平時為防禦匈奴而設的常備駐軍也至少有二三十萬之多。此後，歷代王朝都必須以重兵防禦北部邊疆，在當時的形勢下，這一筆戰爭負擔基本上屬於合理的範圍之內。南征百越與掃滅六國一樣，都有「以戰止戰」之功，它基本解除了這個地區的戰爭壓力，有一勞永逸之效。更何況對於這個地區的開發有利於整個國家經濟的發展。

儘管秦朝的國防負擔比較沉重，但是並不像許多評論家所說的那麼嚴重。統一之前，七大戰國各養兵數十萬乃至百餘萬，天下總兵力逾三四百萬，且戰事連綿，波及甚廣。秦朝統一之後，南北用兵的總規模最大時也不超過數十萬。

秦始皇所面臨的歷史任務就是統一國家，歷史注定他是一位「戰爭皇帝」。他用二十年左右的時間出色地完成了這個任務。有關的戰爭基本上屬於合理的範圍之內。只要對比一下其他「戰爭皇帝」（多為開國皇帝）所發動的戰爭的規模、範圍和時間，就不難得出這樣的結論：「兵戈不休」不是直接導致秦朝滅亡的原因。百姓不至於為此「四方潰而逆秦」。只有當「兵戈不休」與其他因素疊加在一起的時候，它才構成一個王朝的覆滅之因。

其二曰工程浩大。

工程浩大，靡費良多，是導致秦王朝短命的主因。在戰亂殘破，大局甫定，急需休養生息的時期，好大喜功，驕奢淫逸，靡費資財，輕用民力，這是政治之大忌。秦始皇恰恰犯了這個大忌。但是在探討秦朝亡國之因時，有必要區分「合理的」與「不合理的」工程，不能一概加以指責。

有一類工程屬於合理或基本合理。這些工程多數為當務之急，工程的完成還有增收節支之效，有的還有利於整個社會經濟的發展。筆者認為，歷來爭議頗大的修築長城一事，也應劃入這一類。儘管工程浩大，而其總體負擔不會超過六國各自修築長城所需負擔的總和。長城築成以後，在抵禦匈奴侵擾方面可以節支，在發展內地經濟方面可以增收。這個工程的總體收益是合算的。修馳道、開運河、整溝渠等大體與此相仿，且都屬於有巨大經濟效益、社會效益的工程項目。秦始皇把馳道築向四方，把長城築在邊疆，這一點歷來受到人們的譴責。公平地說，這類工程項目都應列入秦始皇的政績。

還有一類純屬勞民傷財，如與修皇陵、封泰山、祭神明、求仙藥、厭王氣有關的各項工程。其中僅阿房宮、驪山陵等工程就長期動用七十萬人以上的勞動力，還需要消耗大量的財力、物力。粗略估計，秦始皇平均每年用在無益工程和活動上的勞動力可能達百萬之多，其人力、物力、財力消耗甚至大大超過用於南平百越、北禦匈奴和修築長城開支的總和。秦朝弊政主要體現在這類工程和活動上。

其三曰賦斂繁劇。

秦始皇曾經一度實行過「緩刑罰，薄賦斂」[20]的政策。可是連年征戰，大興土木，封禪巡狩，供奉神仙，修宮築陵，勢必賦斂繁劇，減輕民眾負擔的舉措並沒有落在實處。關於秦始皇統治時期的移民、徵發、謫戍的人口規模，許多史學著作算過這樣一筆帳：秦朝約有二千萬人口，南征百越、戍守五嶺徵發五十萬人，修築長城四五十萬人，建造宮殿和皇陵七八十萬人。加上兵役以及其他雜役，「總數不下三百萬人，占全國總人口的百分之十五，秦民已被完全淹沒在賦稅和徭役、兵役的苦海之中。」[21]這個算法不夠準確，還值得進一步推敲。首先，南北兩個防線並非總是同時有如此規模的服役者，上述幾個數字，特別是占全國總人口的比例，都要打些折扣。其次，一些專門研究人口問題的專家認為「秦朝人口的下限是四千萬，實際上可能更高些」，甚至可能達到六千萬[22]。如果這個說法符合歷史事實，那麼每年處於服役狀態的人占全國總人口的比例將大幅度降低。但是，無論如何計算，秦朝的徭役繁重，賦稅沉重，這是事實。

其四曰刑罰嚴苛。

關於這一點，在法制篇已經論及。當時僅在咸陽附近修築宮殿、陵墓的刑徒就有七十餘萬，還有大批的人被謫戍，刑罰的嚴苛程度可想而知。

筆者認為，秦始皇治民之失主要在於徭役繁重，而導致徭役繁重的主要原因是搞了過多的勞民傷財的工程和活動。秦始皇不應徵發的徭役主要有修宮殿、築陵墓、求仙藥等。如果大幅度減少這方面的徭役，在那個時代中便可以算是「仁政」了。徵發各種徭役是最有可能在全國範圍內破壞農業生產的人為因素。「一人就役，舉家便廢。」[23]徵發徭役過濫常常成為引發民眾起義的導火線。不應徵發的徭役和應當徵發的徭役疊加在一起，勢必大幅度增加民眾負擔。民不聊生，內患必生。正如唐代政論家說的：一旦民力凋盡，「黎庶怨叛，聚為盜賊，其國無不即滅，人主雖欲改悔，未有重能安全者。」[24]秦、隋亡國便是典型事例。

外患不足慮，內患實堪憂。晚年的秦始皇以刀鋸鼎鑊待天下之士，以嚴刑峻法制天下之民，導致政治反對派不斷增加，敵對勢力不斷壯大。楚地的歌謠，必是表達著懷念故國臣民的心聲；博浪的椎擊，顯然來自政治反對派的鐵椎；東郡的刻辭，可能是反叛黔首的標語，……這些現象都是天怒人怨的徵兆。秦始皇意識到政治形勢的嚴峻，卻沒有採取有效措施減輕民眾負擔，緩和社會矛盾，反而企圖用厭王氣的方法防止新王興起，用殺黔首的方法壓制輿論，用求仙藥的方法延長個人的統治。這無異於南轅北轍。

天下動亂，行將到來，剛剛建立不久的秦朝面臨著土崩瓦解的危險。就在這個時候，一位曠古未有的昏君登上皇位。他的胡作非為徹底動搖了秦朝的根基。

秦始皇最大的政治失誤是沒有穩定有序地安排政治繼承人。在君主政治條件下，這件大事歷來被視為「國本」，稍有不慎，就會導致政治動亂，乃至王朝傾覆。秦始皇在巡幸途中暴病而亡，其長子扶蘇又遠在邊塞，致使胡亥得以趁機篡奪了皇位。皇權的合法性從此受到廣大臣民的質疑，政局也因此而進一步動搖。為了坐穩皇帝寶座，心中有鬼的秦二世採取了一系列的不正常的政治措施。在這場政治變局中，秦始皇的長子扶蘇被欺騙而自殺，其餘的皇子、公主被誅殺殆盡；秦始皇的絕大部分輔臣、愛將及近侍之臣，包括蒙恬、李斯等人相繼被貶斥、誅殺甚至滅門。秦朝的政治日益黑暗、恐怖，統治集團內部離心離德，人心渙散。秦二世不僅沒有調整嚴刑酷罰、橫徵暴斂的政策，反而推行更嚴厲的「督責之術」，制定更殘酷的律條刑罰，徵發更繁重的賦稅徭役。調整政治的機遇喪失了，國家的根本動搖了。秦朝的君臣關係、君民關係全面惡化。恰在此時，又發生了皇帝制度下第一次宦官專政。權宦趙高身為帝師，位居宰相，專擅朝政。他挾持庸君，欺上瞞下，乃至於指鹿為馬。後來竟發展到弒君篡政，圖謀稱帝。這也是中國歷史上第一次皇權變異。秦朝的政治已然無善可伐，民眾之苦已然無以復加。

「奪嫡之禍」與皇權異化

「秦以不早定扶蘇，胡亥詐立，自使滅祀。」[25]秦始皇三十七年（西元前二一〇年）七月，秦始皇病逝於巡狩途中。各種的偶然因素糾結在一起，使宦官趙高策劃的「沙丘之變」得以成功，從而釀成了「奪嫡之禍」。

秦朝僅有秦始皇、秦二世父子兩代皇帝，而這兩代皇帝的政治才能和政治功業形成強烈的反差。父子皇帝，各至其極：他們一個是梟雄，一個是蠢材；一個雄才大略，一個昏聵庸碌；一個將群臣操於股掌之中，一個被權臣玩於股掌之中；一個創建了帝國的基業，一個敗壞了家國的江山。秦之所以亡國，主要應歸咎於秦二世。

一、「沙丘之變」

秦始皇巡狩東南，「禱祠名山諸神以延壽命」，卻命喪黃泉。他臨死留下遺詔：令公子扶蘇會葬咸陽。但是，「書已封，未授使者，始皇崩。書及璽皆在趙高所，獨子胡亥、丞相李斯、趙高及幸宦者五六人知始皇崩，餘群臣皆莫知也。李斯以為上在外崩，無真太子，故秘之。」[26]正是在這種條件下，秦始皇的遺詔被篡改。

在中國古代政治史上，凡是涉及最高權力的承襲、交接、轉移之際，都是危機四伏之時。一系列的因素使得秦朝的最高權力交接更加兇險。首先，秦始皇沉醉在長生不老的幻想之中，忌諱談論死亡之事，遲遲沒有確定繼承人。這就為其他皇子留下可鑽的空子。其次，秦始皇突然死於外地，身邊只有丞相李斯和幾個親信隨從，大多數重要朝臣遠在都城、邊疆，這就使大權實際上操在幾位隨行者手中。政權能否平穩過渡很大程度上取決於李斯等人的忠誠與否。再次，長子扶蘇遠在邊疆，而小兒子胡亥卻在秦始皇身邊。胡亥的行為就具有舉足輕重的作用。第四，宦官趙高掌握著草擬、發送詔書的關鍵權力，這就使他有上下其手的機會。正是這些條件為一樁陰謀的成功提供了便利。

陰謀的策劃者是趙高。趙高是一位宦官，由於受到秦始皇的賞識而位居中車府令兼行符璽令事，常常隨皇帝出巡。趙高心術不正，野心勃勃，皇位繼承問題又涉及到他的切身利害。他與胡亥有師生之誼，頗得胡亥的信任。如果胡亥登基，他肯定可以獲得重用。蒙毅曾奉秦始皇的指令依法判處他死刑，由此二人結怨。公子扶蘇與蒙恬長期共事，一旦登上皇位，勢必重用蒙氏兄弟。特殊的政治情勢令他憂心忡忡，又令他興奮不已。他決定導演一場宮廷政變，遏制扶蘇，推上胡亥。於是趙高扣留秦始皇的遺詔，並開始遊說胡亥、李斯。

趙高先找到胡亥。這場政變能否成功主要取決於胡亥的態度。如果胡亥不同意，趙高將一事無成。他對胡亥說：「上崩，無詔封王諸子而獨賜長子書。長子至，即立為皇帝，而子無尺寸之地，為之奈何？」他勸胡亥利用千載難逢的機會，謀奪皇位，以免受制於人，否則可能招致殺身之禍。胡亥認為「明君知臣，明父知子」，父皇的安排無可置疑，必須服從。他說：「廢兄而立弟，是不義也。不奉父詔而畏死，是不孝也。能薄而材譾，強因人之功，是不能也。三者逆德，天下不服，身殆傾危，社稷不血食。」[27]但是，經趙高一再鼓動，胡亥同意嘗試篡奪最高權力。

趙高又找到李斯。李斯位居丞相，握有實權，如果他反對篡改遺詔，胡亥和趙高很難得逞。李斯聞聽趙高之謀，當即斥之為「亡國之言」、「此非人臣所當議」。他說：「吾聞晉易太子，三世不安。齊桓兄弟爭位，身死為戮。紂殺親戚，不聽諫者，國為丘墟，遂危社稷：三者逆天，宗廟不血食。」李斯一再表示，不能有負始皇帝的知遇之恩，違背臣子之道而參與逆謀。趙高為李斯分析利害關係，其中有一條最能打動李斯：秦始皇在位期間，「未嘗見秦免罷丞相功臣有封及二世者也，卒皆以誅亡」，「長子剛毅而武勇，信人而奮士，即位必用蒙恬為丞相，君侯終不懷通侯之印歸於鄉里，明矣。」李斯貪圖個人權勢，計較家族利害。為了「長有封侯，世世稱孤」，避免「禍及子孫」[28]，他決定與趙高合謀。

胡亥、李斯、趙高經過仔細謀劃，決定編造兩道秦始皇的詔書，一道頒布給丞相李斯，指令「立子胡亥為太子」。另一道頒布給扶蘇，一曰「扶蘇為人子不孝，其賜劍以自裁」，二曰蒙恬「為人臣不忠，其賜死」，三曰北疆軍權「屬裨將王離」[29]。胡亥又派遣自己的親信為使者去逼迫扶蘇自殺，並任命李斯舍人為護軍，統轄軍權。

趙高的陰謀能否成功，還取決於另一個人的態度和作為。他就是公子扶蘇。公子扶蘇身為長子，手握重兵，只要應對合理，完全有條件粉碎胡亥等人的陰謀。可是扶蘇仁弱，接到假詔書，不辨真偽，便欲自殺。蒙恬極力阻止扶蘇，他認為：「陛下居外，未立太子，使臣將三十萬眾守邊，公子為監，此天下重任也。今一使者來，即自殺，安知其非詐？請復請，復請而後死，未暮也。」扶蘇為人仁厚，又恪守「父讓子死，子不得不死」的道德準則，在使者的一再催促下，被迫自殺。扶蘇一死，就再也沒有人可以有效地阻止胡亥登上皇位了。

在中國古代，兄弟、宗室爭奪王位的政治現象很常見。其中因嫡長子等君位合法繼承人被剝奪或被篡奪繼承權而釀成的禍亂稱為「奪嫡之禍」。這種禍亂幾乎歷代都有。周幽王廢嫡立庶而亡國，晉獻公改易太子而國亂等都是典型的「奪嫡之禍」。長子扶蘇是秦始皇的合法繼承人。胡亥取代扶蘇也屬於「奪嫡之禍」。兄弟爭位，特別是其他皇子奪嫡，勢必引發朝廷的動蕩。胡亥昏聵無能，由他奪嫡對秦朝政治的影響更大。這件事成為秦朝速亡的主要原因之一。

奪嫡必釀禍亂，但是奪嫡未必亡國。奪嫡者往往擁有政治資本，且大多是有一定勢力乃至重要影響的強者。在一定條件下，它還可以使王朝政治興旺。唐太宗、明成祖都曾興兵強行奪嫡而禍亂朝綱，然而由於他們個人及其輔臣的政治素質更優秀一些，所以反而給王朝政治帶來了勃勃生機。可是胡亥奪嫡卻不然。胡亥屬於「詐立」，他既缺乏政治資本，又沒有政治才幹。他的主要親信趙高又是一個既無政治遠略，又無道德情操的人。這就決定了胡亥及趙高的上台勢必亂上加亂。奪嫡本身就難免一場禍亂，而胡亥當權則是更大的禍亂。

二、秦二世動搖國本的系列化暴行

秦始皇三十七年（西元前二一〇年）九月，胡亥葬始皇帝於驪山陵。十月戊寅，胡亥登基，是為秦二世。他任命趙高為郎中令。胡亥與趙高，一個極力設法保住篡奪的皇帝，一個設法攫取更大的權勢，他們都無心高瞻遠矚地謀劃帝國的未來，而把全部精力用在政權內部的爭鬥。

胡亥是以不正當的手段奪得皇位的。與一切奪嫡之君一樣，他必然極力證明自己的合法性和無上權威，並壓制任何可能構成威脅的力量。即位伊始，秦二世就向趙高諮詢如何才能「悉耳目之所好，窮心志之所樂，以安宗廟而樂萬姓，長有天下，終吾年壽」30。他對趙高言聽計從，而趙高的策劃沒有一條具有合理性。胡亥心中有鬼，眾望不歸，又缺乏深謀遠慮，再加上趙高的誤導，所以他的各項應對措施都顯得更加過激、失當。由此引發的一系列暴行，導致政權體系內部分崩離析，從而動搖了國家的根本。

其一，屠戮兄弟姊妹殆盡。

奪嫡之君勢必有防範、壓制乃至屠殺宗室的行為。宗室，特別是諸位皇子都具有繼承皇位的可能性。中國古代將他們稱之為「地近勢逼」之人。在正常情況下，在位之君都必須防範包括自己親兒子在內的宗室皇親，更何況胡亥屬於非正常繼位。趙高指出：「夫沙丘之謀，諸公子及大臣皆疑焉，而諸公子盡帝兄，大臣又先帝之所置也。今陛下初立，此其屬意怏怏皆不服，恐為變。」其實出現這種現象是很正常的，對此有所防範也是很正常的。但是，趙高之謀、胡亥之行明顯失當。依照秦朝制度，宗室的政治地位偏低，他們基本上沒有實權，只要注意防範，不會構成重大威脅。這與其他朝代是有所不同的。可是趙高主張不加區別地斬盡殺絕，即「嚴法而刻刑，令有罪者相坐誅，至收族，滅大臣而遠骨肉」。這實屬下策，而心虛智短的胡亥卻言聽計從。結果「公子十二人僇死咸陽市，十公主矺死於杜，財物入於縣官，相連坐者不可勝數」。公子高本打算逃亡，又擔心因此滅族，於是上書請求准許自殺以陪葬於秦始皇陵。胡亥大悅，竟批准公子高的請求，「賜錢十萬以葬。」[31]「公子將閭昆弟三人囚於內宮，議其罪獨後。」胡亥派人指責將閭等「不臣，罪當死」。將閭說：「闕廷之禮，吾未嘗敢不從賓贊也。廊廟之位，吾未嘗敢失節也。受命應對，吾未嘗敢失辭也。何謂不臣？願聞罪而死。」[32]使者奉命逼迫他們自殺，既不聽辯解，也不宣布犯罪事實。將閭無罪，仰天大呼冤枉。昆弟三人皆流涕拔劍自殺。經過這場劫難，秦始皇的胤胄凋零殆盡。

秦二世本想以屠戮兄弟姊妹，樹立權威，安居皇位，而這種做法只能動搖家天下的根本，它還招致更嚴重的後果。胡亥不聽群臣勸諫，濫殺無辜，使「宗室振恐。群臣諫者以為誹謗，大吏持祿取容，黔首振恐」[33]。這種局面既不利於強化皇帝的權威，更不利於維護王朝的穩定。

其二，大規模剪除異己。

俗話說：「一朝天子一朝臣。」每當君位更迭之際，新君總要罷黜一些先君的舊臣，提拔一批親信。奪嫡之君更是要剪除異己，鎮壓政敵。從維護權力結構穩定的角度看，只要有所節制，這樣做有一定的合理性。可是胡亥、趙高下手歹毒，他們不分青紅皂白，大規模剪除異己，乃至濫殺無辜。胡亥與趙高謀劃解決「大臣不服，官吏尚強」的問題。趙高指出：「先帝之大臣，皆天下累世名貴人也，積功勞世以相傳久矣。」「特以貌從臣，其心實不服。」他主張「案郡縣守尉有罪者誅之，上以振威天下，下以除去上生平所不可者」，然後重新選拔一批人擔任中央及地方的高官。胡亥認為這個辦法很好，「乃行誅大臣及諸公子，以罪過連逮少近官三郎，無得立者。」[34]

首先被處死的是秦始皇的親信大臣蒙恬、蒙毅。蒙氏兄弟幹練、忠信，他們是秦朝的棟梁之臣。扶蘇死後，胡亥想赦免蒙恬。「趙高恐蒙氏復貴而用事，怨之」，所以編造謊言「欲以滅蒙氏」。他誣告蒙毅曾反對秦始皇立胡亥為太子，勸胡亥殺掉蒙毅。胡亥聽信讒言，不僅繼續囚禁蒙恬，而且拘捕了蒙毅。趙高「日夜毀惡蒙氏，求其罪過，舉劾之」。子嬰勸諫胡亥不要做出「誅殺忠臣而立無節行之人」[35]的蠢事，胡亥不聽。他以「不忠」之罪處死蒙毅，又以「叛亂」之罪逼迫蒙恬自殺。

當時被胡亥、趙高誅殺或罷黜的大臣為數眾多，包括秦始皇身邊官居中郎、外郎、散郎等職務的所有近侍之臣、許多郡縣守尉以及他們視為眼中釘的其他官員。這就是說，秦始皇賴以實現政治統治的骨幹力量基本上被清除出政權機構。瘋狂地迫害賢才，只能使國家損傷元氣；無節制地誅殺功臣，只能使皇帝失去人心；大規模剪除異己，只能導致眾叛親離。這種行為也是動搖國家根本的蠢事。秦朝的整個統治體系因此受到重大衝擊和破壞。

其三，擴建秦始皇的驪山陵。

作為皇位繼承人和孝子賢孫，繼體之君依據禮儀安葬、祭祀先皇，符合當時的政治規範。可是胡亥為了宣揚自己的權威和道德，證明自己是秦始皇的法定繼承人，決定進一步提高喪禮的規格，大規模擴建驪山陵和宗廟。胡亥宣布「先帝後宮非有子者，出焉不宜」。於是下令秦始皇的妻妾嬪妃凡未生育者一律陪葬。他又擔心工匠洩露皇陵的機關，把參加安置、填埋墓葬的工匠全部封閉在大墓中。這是胡亥一手造成的大血案。秦二世又下詔「增始皇寢廟犧牲及山川百祀之禮。令群臣議尊始皇廟」。他根據天子七廟的古制並有所損益，以「始皇為極廟，四海之內皆獻貢職」，規定「天子儀當獨奉酌祠始皇廟」，「群臣以禮進祠，以尊始皇廟為帝者祖廟。皇帝復自稱『朕』。」[36]這就正式確立了秦朝的宗廟制度。秦始皇的廟叫做「始皇廟」，這個廟又是秦朝的「帝者祖廟」。擴建秦始皇陵和宗廟，大幅度提高祭祀標準，只會進一步加重民眾的負擔。

其四，大規模出巡擾民。

剛剛即位不久，胡亥與趙高就計劃巡狩，以樹立權威。秦二世說：「朕年少，初即位，黔首未集附。先帝巡行郡縣，以示強，威服海內。今晏然不巡行，即見弱，毋以臣畜天下。」秦二世元年（西元前二〇九年）春，胡亥率丞相李斯、馮去疾、御史大夫德等人巡狩郡縣，東到碣石，南至會稽，「而盡刻始皇所立刻石，石旁著大臣從者名，以章先帝成功盛德。」[37]秦二世企圖用這種方式宣揚繼承皇位的合法性。這種遊行示威式的愚蠢行為只能增加各地民眾的負擔。

其五，擴建阿房宮。

秦二世元年（西元前二〇九年）四月，胡亥回到咸陽。下車伊始，他就聲稱：「先帝為咸陽朝廷小，故營阿房宮。為室堂未就，會上崩，罷其作者，復土酈山。酈山事大畢，今釋阿房宮弗就，則是章先帝舉事過也。」在他看來，繼續貫徹秦始皇的各項既定政策和政務，標誌著繼承先皇遺志，也可以證明自己的合法性和權威性。可是這樣一來，就絕對排除了對秦始皇的政策進行有效調整的可能。這對維護秦朝的統治是非常不利的。秦二世不僅「復作阿房宮」，還「盡徵其材士五萬人為屯衛咸陽，令教射狗馬禽獸」。為了滿足軍隊口糧及狗馬飼料的需要，胡亥「下調郡縣轉輸菽粟芻藁，皆令自齎糧食，咸陽三百里內不得食其穀」[38]。這又是一樁勞民傷財的舉動。

其六，窮奢極欲。

胡亥「欲悉耳目之所好，窮心志之所樂」。趙高阿諛奉承地讚揚：「此賢主之所能行也，而昏亂主之所禁也。」胡亥窮奢極欲，肆意妄為。李斯曾有所諫諍，遭到嚴厲斥責。胡亥認為，人們都讚頌堯、禹等簡樸、辛勞，「此不肖人之所勉也，非賢者之所務也。彼賢人之有天下也，專用天下適己而已矣，此所貴於有天下也。」李斯為了避禍，竟然上書皇帝，順從胡亥的意旨。李斯引用申不害的名言「有天下而不恣睢，命之曰以天下為桎梏」，並進一步地發揮，說什麼「能窮樂之極」方為「賢明之主」[39]。李斯為了保身家性命，與胡亥、趙高沆瀣一氣，這只能進一步助長秦二世的恣肆。

其七，嚴行「督責之術」。

窮奢極欲者必然行「督責之術」。趙高、李斯都鼓動胡亥「獨制」、「獨斷」。李斯認為，皇帝應當「獨制於天下而無所制」。在他看來，「明主聖王之所以能久處尊位，長執重勢，而獨擅天下之利者，非有異道也，能獨斷而審督責，必深罰，故天下不敢犯也。」為此他主張薄罪重罰，所謂「彼唯明主為能深督輕罪」。胡亥非常喜歡聽這一類的說詞，「於是行督責益嚴，稅民深者為明吏」、「殺人眾者為忠臣。」[40]這些做法進一步強化了君主專制制度所固有的弊端。所謂的「督責之術」主要靠嚴刑峻法貫徹，它只能使秦朝的法制政治模式走向自己的反面。

其八，「用法益刻深」。

胡亥採納趙高等人建議，進一步強化刑罰的嚴苛程度，「用法益刻深。」[41]依據秦律，服役者延誤抵達戍地，只受輕微處罰，而秦二世重新規定：「失期，法皆斬。」[42]他甚至在法外濫施暴政。這樣一來，從宗室振恐，大臣振恐，發展到百官振恐，黔首振恐，全國上下恐怖氣氛，勢必「人人自危，欲畔者眾」。

其九，諱過拒諫。

胡亥接受趙高、李斯的說教，主要「明君獨斷，故權不在臣」。他決意「獨操主術以制聽從之臣」，為了達到「身尊而勢重」的目的，不准「儉節仁義之人立於朝」，「諫說論理之臣間於側」，「烈士死節之行顯於世」。這就意味著禁絕一切規勸、制約的行為，皇帝一人「犖然獨行恣睢之心而莫之敢逆」，群臣只能絕對服從，甚至整個社會的輿論、風俗也要惟皇帝之馬首是瞻。胡亥相信用這種「君臣之術」，可以做到「帝道備」[43]。其實這套說法違背了公認的朝議、納諫、禮賢下士等帝王之術。胡亥拒絕臣下的一切忠告，甚至臣下真實地報告國家險惡政治形勢也會遭到殺戮。

其十，自閉深宮。

趙高恃寵弄權，被他殺害、罷黜、降職的人很多。他擔心「大臣入朝奏事毀惡之」。於是他勸胡亥「深拱禁中」，「但以聞聲，群臣莫得見其面。」他的理由是：皇帝年紀輕輕，「未必盡通諸事」，如果和大臣一起議論朝政，就難免講出一些不正確的話，做出一些不合理的決策，因而受到群臣的嘲笑，無法「示神明於天下」。趙高建議秦二世深居宮中，把各種政務交給他及其他近侍之臣處理，「如此則大臣不敢奏疑事，天下稱聖主矣。」胡亥竟然聽信了這一套，從此「不坐朝廷見大臣，居禁中」。他將一切政務交由趙高等宦官辦理，導致出現「事皆決於趙高」[44]的局面。

秦二世與其說是暴虐、愚蠢、荒淫，不如說是昏聵。他根本不懂得為君之道，所以毫無可以稱道之處。這位皇帝贊成「有天下而不恣睢，命之曰以天下為桎梏」的觀點，全盤接受各種專制政治的極端之論。他一心要「獨制天下」、「以人徇己」、「窮樂之極」，根本不懂得自我調整、自我節制的必要性。他把一種專橫、嚴苛、酷罰、極欲的強權政治模式推向極致，從而集愚君、荒君、暴君於一身。像秦二世一樣，公然以絕對君權、窮奢極欲為政治目標，一味揮舞刑罰大棒的帝王，在中國皇帝群體中並不多見。

比較而言，秦始皇的施政方式與秦二世的施政方式還是有明顯區別的。秦始皇大作大為，法嚴刑苛，也不乏荒唐之舉，然而他還是有所遵循、有所規範的，其政治理念基本合乎為君之道。秦始皇在世期間憑藉個人的威望、優秀的輔臣和完善的制度，有效地掌握著國家大權，牢固地控制著政治局勢。總的說來，在秦始皇統治時期皇權還處於常態。秦二世則不然，他把各種君主專制的極端做法集於一身。只要認真讀一讀《商君書》、《韓非子》便不難看出，就連商鞅、韓非等人也不會同意胡亥、趙高、李斯等人的說法和做法。秦二世的政治模式屬於皇權的異化。在後世的政治批判中被符號化的「秦政」實際上是對秦二世政治模式的概括。昏聵無能、愚蠢顢頇的秦二世，不僅葬送了自己的身家性命，也葬送了大秦王朝的江山社稷。

秦二世既無帝王之德，又無帝王之才。他只知濫施淫威，獨行恣睢，作威作福，縱情享樂，就連起碼的統治術都不懂。他的上台不僅沒有對秦始皇的各項弊政有所調整，反而變本加厲，導致「法令誅罰日益刻深，群臣人人自危，欲畔者眾。又作阿房之宮，治直、馳道，賦斂愈重，戍傜無已」[45]。秦朝的政治局勢全面惡化。

國破家亡

「秦始皇起罪惡，胡亥極。」[46]秦二世的昏聵無能使秦朝喪失了自我調整政治的機會。他全面強化各種暴政，很快激成大變。秦始皇屍骨未寒，陳勝、吳廣就在大澤鄉揭竿而起。山東豪傑紛紛崛起，星星之火迅速燎原。即使在這種情況下，愚蠢的秦二世依然安享尊榮，甚至拒絕接受有關「群盜蜂起」的信息。在國難當頭的嚴重時刻，秦二世又聽信趙高的讒言，逼死丞相馮去疾，不久又族滅李斯。趙高專政使政治局面更加混亂。在一場宮廷政變中，秦二世被趙高毒死。內亂又使秦朝一再喪失了平定東方或固守關中的機會和能力。「河決不可復壅，魚爛不可復全。」秦始皇構築的帝國大廈，頃刻之間便灰飛煙滅了。

一、大澤鄉起義

秦二世元年（西元前二〇九年）七月，名著青史的大澤鄉起義爆發了。這時距秦始皇辭世僅僅一年。

陳勝、吳廣本是尋常百姓。史稱他們是被徵發為「戍卒」的「閭左」之民。對於秦二世「發閭左」有兩種不同的解釋。一說「閭左謂居閭里之左也。秦時復除者居閭左。今力役凡在閭左者盡發之也」。一說「凡居以富強為右，貧弱為左。秦役戍多，富者役盡，兼取貧弱而發之者也」[47]。無論如何，按照當時的既定制度，陳勝、吳廣等人屬於不應徵發者。

這年七月，「發閭左適戍漁陽」，九百戍卒屯大澤鄉（今安徽宿縣西寺坡鄉）。適逢連日暴雨，道路泥濘，交通阻斷。他們屈指算來，已經無法按期抵達戍地。根據秦二世修訂的法律，「失期，法皆斬」，九百人皆無生路。陳勝、吳廣擔任屯長，屬於小頭目。他倆商議對策：「今亡亦死，舉大計亦死，等死，死國可乎？」陳勝說：「天下苦秦久矣。吾聞二世少子也，不當立，當立者乃公子扶蘇。扶蘇以數諫故，上使外將兵。今或聞無罪，二世殺之。百姓多聞其賢，未知其死也。項燕為楚將，數有功，愛士卒，楚人憐之。或以為死，或以為亡。今誠以吾眾詐自稱公子扶蘇、項燕，為天下唱，宜多應者。」決心已定，他們便著手積極策劃起義，並假借鬼神以「先威眾」。陳勝、吳廣用「魚腹丹書」、「篝火狐鳴」宣揚「大楚興，陳勝王」，獲得許多戍卒擁戴。他們又設計殺死兩名統領戍卒的將尉，然後召令徒屬，講明前途與利害。陳勝說：「且壯士不死即已，死即舉大名耳，王侯將相寧有種乎！」九百戍卒皆願從命。他們「詐稱公子扶蘇、項燕」的軍隊，以迎合民心。陳勝自立為將軍，吳廣為都尉，「袒右，稱大楚。」[48]中國歷史上第一次全國範圍的民眾大起義爆發了。

陳勝率領眾人「斬木為兵，揭竿為旗」，占據大澤鄉，旋即攻克蘄縣（今安徽宿縣南）。義軍以「伐無道，誅暴秦」號召民眾，獲得廣泛的響應。他們攻城掠地，勢如破竹，很快占領陳郡的治所陳縣（今河南淮陽）。此時，這支兵勢日盛的軍隊已經擁有戰車六七百輛，騎兵千餘人，步兵數萬人。在這裡，陳勝建立政權，「乃立為王，號為張楚。」「當此時，諸郡縣苦秦吏者，皆刑其長吏，殺之以應陳涉」[49]。陳勝分派部將全面出擊。項梁、劉邦、彭越、英布、王陵等先後在各地起兵，稱侯稱王者不可勝數，著名者還有趙王武臣、魏王魏咎、齊王田儋等。

陳勝在大澤鄉起兵的事件有偶發性，然而這個偶發事件又有內在的必然性。早在秦始皇時期，已是「天下苦秦久矣」。秦二世上台以後，廣大臣民普遍懷疑其繼承皇位的合法性。這本身就醞釀著政治危機。秦二世的政更暴，法更苛，役更繁，賦更重，不僅廣大民眾苦上加苦，怨上加怨，恨上加恨，就連宗室、卿相以及百官群臣也生活在水深火熱之中。他的暴政是引發大澤鄉起義的直接導火線。如果秦二世不加重民眾負擔，乃至「發閭左」，如果秦二世不另立苛法，乃至規定「失期，法皆斬」，陳勝等「閭左」之民就不會成為戍卒，他們也不會因為「失期」而鋌而走險。秦二世的暴政終於激起民變。

可悲的是：事態發展到如此險惡的境地，秦二世不僅不設法調整政治，平息動亂，反而繼續推行暴政，甚至不准報告各地「盜多」的消息。陳勝率眾反秦的消息傳到咸陽，秦二世也曾召博士諸儒生商議平定亂事的方略。博士諸生三十餘人「或言反，或言盜」。他們主張：「人臣無將，將即反，罪死無赦。願陛下急發兵擊之。」秦二世怒形於色。叔孫通見狀，連忙說：「諸生言皆非也。夫天下合為一家，毀郡縣城，鑠其兵，示天下不復用。且明主在其上，法令具於下，使人人奉職，四方輻輳，安敢有反者！此特群盜鼠竊狗盜耳，何足置之齒牙間。郡守尉今捕論，何足憂。」於是秦二世令御史拘捕「諸生言反者」，統統處以「非所宜言」[50]罪。後來事態愈演愈烈，有一位謁者出使東方歸來，立即將各地豪傑起兵的情況報告皇帝。秦二世聞之竟勃然大怒，命令將此人法辦。從此再也沒有人敢向皇帝報告真實情況。每當有使者回來，都向秦二世報告說：「群盜，郡守尉方逐捕，今盡得，不足憂。」[51]秦二世聞之大悅。秦二世的愚蠢行為使秦朝喪失了平息事態的時機。

秦二世二年（西元前二〇八年）冬，陳勝部將周章率張楚軍主力數十萬人西向攻秦，一路橫掃，打到距咸陽僅百餘里的地方（戲）。秦二世聞訊驚慌失措。少府章邯說：「盜已至，眾強，今發近縣不及矣。酈山徒多，請赦之，授兵以擊之。」秦二世大赦天下，令章邯為將，率領主要由赦免的刑徒組成的大軍反擊。章邯擊破周章軍，追殺周章於曹陽。秦二世又派遣長史司馬欣、董翳率兵協助章邯出擊，先後「殺陳勝城父，破項梁定陶，滅魏咎臨濟。楚地盜名將已死，章邯乃北渡河，擊趙王歇等於鉅鹿」[52]。

就在此時，朝廷內部又發生了更嚴重的政治危機。趙高欺上瞞下，借秦二世之手，相繼除掉了幾位將相，獨攬了朝廷大政，導致秦朝滅於宦官權相之手。

二、「指鹿為馬」與趙高弒君

秦二世自以為正在「獨制天下」，實際上卻被趙高所操縱、愚弄。無德無能的秦二世為中國帝制史上的第一次宦官專政創造了條件。趙高專政，皇權異化，這是加速秦朝滅亡的重要原因。

自古有言：「猛獸處山林，藜藿為之不采；直臣立朝廷，奸邪為之寢謀。」秦二世聽信趙高之言，屠戮諸兄，誅滅賢良，剪除功臣，替趙高清除了一大批政治對手。自古有言：「太阿不可倒持。」秦二世聽趙高之言，自閉於深宮之中，委政於宦官之手，又為趙高弄權提供了便利。趙高只要再除掉丞相李斯、馮去疾等，奪得相權，天下實際上就是他的了。

大澤鄉起義爆發之後，朝廷百官憂慮萬分，積極籌劃對策，而秦二世卻依然安居宮中，享樂如故。丞相李斯進諫說：「放棄《詩》《書》，極意聲色，祖伊所以懼也。輕積細過，恣心長夜，紂所以亡也。」[53]秦二世置若罔聞。後來李斯屢次要求進諫，秦二世竟拒不接見。

秦二世二年（西元前二〇八年），事態日益嚴重，右丞相馮去疾、左丞相李斯、將軍馮劫進諫曰：「關東群盜並起，秦發兵誅擊，所殺亡甚眾，然猶不止。盜多，皆以戍漕轉作事苦，賦稅大也。請且止阿房宮作者，減省四邊戍轉。」他們主張立即調整政策，減輕民眾負擔，以挽救危亡。李斯還提醒皇帝防止趙高篡權亂政。秦二世聽信趙高之言，聲稱：「凡所為貴有天下者，得肆意極欲，主重明法，下不敢為非，以制御海內矣。夫虞、夏之主，貴為天子，親處窮苦之實，以徇百姓，尚何於法？朕尊萬乘，毋其實，吾欲造千乘之駕，萬乘之屬，充吾號名。且先帝起諸侯，兼天下，天下已定，外攘四夷以安邊境，作宮室以章得意，而君觀先帝功業有緒。今朕即位二年之間，群盜並起，君不能禁，又欲罷先帝之所為，是上毋以報先帝，次不為朕盡忠力，何以在位？」趙高施展手段，欲圖借機除掉這幾位朝廷重臣。秦二世聽信讒言，下令將馮去疾、馮劫逮捕，以莫須有的罪名嚴加查辦。馮去疾、馮劫認為「將相不辱」[54]，自殺身亡。李斯及其子三川守李由也同時以謀反罪被捕，由趙高負責審訊。

李斯身陷囹圄中，仰天而嘆曰：「嗟乎，悲夫。不道之君，何可為計哉！昔者桀殺關龍逢，紂殺王子比干，吳王夫差殺伍子胥。此三臣者，豈不忠哉，然而不免於死，身死而所忠者非也。今吾智不及三子，而二世之無道過於桀、紂、夫差，吾以忠死，宜矣。且二世之治豈不亂哉！日者夷其兄弟而自立也，殺忠臣而貴賤人，作為阿房之宮，賦斂天下。吾非不諫也，而不吾聽也。凡古聖王，飲食有節，車器有數，宮室有度，出令造事，加費而無益於民利者禁，故能長久治安。今行逆於昆弟，不顧其咎。侵殺忠臣，不思其殃。大為宮室，厚賦天下，不愛其費：三者已行，天下不聽。今反者已有天下之半矣，而心尚未寤也，而以趙高為佐，吾必見寇至咸陽，麋鹿遊於朝也。」他寄希望於秦二世的醒悟，上書自陳，歷數自己三十多年來的功勛，表白實無反心。

趙高將李斯的宗族賓客一律收捕，扣押上書，案治李斯，「榜掠千餘。」在嚴刑拷打之下，李斯被迫承認謀反。為了防止李斯翻供，「趙高使其客十餘輩詐為御史、謁者、侍中，更往覆訊斯。斯更以其實對，輒使人復榜之」。後來秦二世派人向李斯核實口供，李斯「以為如前，終不敢更言，辭服」。秦二世誤以為口供屬實，高興地說：「微趙君，幾為丞相所賣。」秦二世二年（西元前二〇八年）七月，秦二世判處李斯「具五刑」、「夷三族」，他被腰斬於咸陽市。這位貪戀權勢的人終於被自己擁立的皇帝送上斷頭台。臨刑之際，他對兒子悲嘆：「吾欲與若復牽黃犬俱出上蔡東門逐狡兔，豈可得乎！」[55]從此「上蔡黃犬」之嘆成為後世當權者們的鑑戒之一。

李斯已死，秦二世拜趙高為中丞相，「事無大小輒決於高。」[56]趙高是宦官（中官），又是丞相，所以稱之為「中丞相」。趙高專權兼有宦官專政和權臣專政的特點，所以危害更大。趙高為了控制皇帝，壓制群臣，樹立權威，竟然「指鹿為馬」。

秦二世三年（西元前二〇七年），楚懷王心派軍隊北上。楚上將軍項羽破釜沉舟，率楚軍救鉅鹿。經過一場惡戰，秦軍兵敗。章邯節節退卻。秦二世派人指責章邯。章邯派長史司馬欣到咸陽稟報軍務，請求增兵。趙高萌生除掉章邯等人之心，拒不接見。司馬欣逃亡回軍。他對章邯說：「趙高用事於中，將軍有功亦誅，無功亦誅。」[57]陳餘也寫信給章邯，言明利害，勸其投降。章邯猶豫不決。項羽趁機猛攻秦軍，章邯兵敗投降。項羽將秦軍降兵二十餘萬人全部坑殺。秦二世聞訊，屢次派人責問趙高。趙高擔心被罷黜、處死，陰謀策劃政變。秦軍兵敗於外，趙高謀逆於內。至此，秦朝大勢已去。

趙高並不滿足於專擅朝綱，他還想做皇帝。為了達到目的，他施展了一系列計謀。他「乃獻鹿，謂之馬。二世問左右：『此乃鹿也？』左右皆曰『馬也』」。秦二世大驚，自以為遇到怪異。

占卜之後，他聽信太卜之言，「入上林齋戒。」秦二世終日遊獵，竟將進入上林的行人射死。趙高對秦二世說：「天子無故賊殺不辜人，此上帝之禁也，鬼神不享，天且降殃，當遠避宮以禳之。」胡亥中計，「乃出居望夷之宮。」[58]過了幾天，趙高假稱有大量盜賊殺來，令親信矯詔調兵數千人。趙高的女婿咸陽令閻樂等人率眾攻入望夷宮。閻樂當面指責秦二世說：「足下驕恣，誅殺無道，天下共畔足下，足下其自為計。」胡亥先是請求「願得一郡為王」，又請求「願為萬戶侯」，最後請求「願與妻子為黔首，比諸公子」[59]。閻樂一概拒絕。秦二世被迫自殺。趙高急於加冕稱帝。他佩帶皇帝的玉璽，舉行登基大典，可是「左右百官莫從」。據說當他來到大殿時，宮殿竟然搖搖欲墜。趙高「自知天弗與，群臣弗許」[60]，不得不放棄。他一方面派人與楚懷王相約，企圖「滅秦宗室而王關中」[61]，一方面作為權宜之計在秦宗室中選擇君位繼承人。

趙高召集所有的大臣公子，通報誅殺胡亥的情況。他說：「秦故王國，始皇君天下，故稱帝。今六國復自立，秦地益小，乃以空名為帝，不可。宜為王如故，便。」[62]趙高立秦二世的侄子公子嬰為秦王，並以黔首的身分將秦二世埋葬在杜南宜春苑中。

三、秦朝滅亡

根據禮儀，子嬰須齋戒，廟見，然後接受玉璽。子嬰深知趙高不除，秦難不已，這位奸佞遲早還會作亂。他與兒子合謀，計劃尋找機會除掉趙高。廟見之日，子嬰稱病不起，趙高屢次派人到齋宮催促，子嬰就是不動身。趙高只得親自出馬。子嬰遂刺殺趙高於齋宮，滅其三族。

子嬰登上王位僅四十六日，楚將沛公劉邦率兵攻入武關，進軍至霸上。他派人敦促子嬰投降。「子嬰即繫頸以組，白馬素車，奉天子璽符，降軹道旁。」又過了一個多月，諸侯縱長項羽率領大軍進入咸陽。項羽自立為西楚霸王，分封諸侯，其中秦國故地一分為三，分別封秦降將章邯、司馬欣、董翳為「雍王、塞王、翟王，號曰三秦」。項羽「殺子嬰及秦諸公子宗族。遂屠咸陽，燒其宮室，虜其子女，收其珍寶貨財，諸侯共分之」63。秦朝徹底滅亡。

項羽與劉邦圍繞最高權力又開始了「楚漢相爭」。五年後，漢高祖劉邦統一天下，建立了西漢王朝。稱帝不久，劉邦下詔說：「秦皇帝（嬴政）、楚隱王（陳勝）、魏安釐王、齊愍王、趙悼襄王皆絕亡後。其與秦始皇帝守冢二十家，楚、魏、齊各十家，趙及魏公子無忌（信陵君）各五家，令視其冢，復亡與它事。」64一個龐大的帝國只留下幾座荒冢，若干遺跡。

他的邦國覆滅了，他的宗廟廢墮了，他的子孫根絕了，他的宮廷焚毀了，就連他的陵寢也殘破了。他的政治制度不斷遭到貶損，他的政治理念不斷遭到非議，他的政治行為不斷遭到抨擊，他的聲名也不斷遭到損毀。秦朝、秦制、秦政、秦皇等都成為最糟糕的政治的代名詞。

然而他的政治制度卻毫髮無損地保留下來。在史書中，「漢承秦制」的述評屢見不鮮，在基本制度上，漢朝統治者幾乎亦步亦趨。秦漢制度的基本原理、基本結構和基本方略又傳延了二千多年，乃至後人有百代行秦制之論。

秦始皇因此也成為褒貶不一的歷史人物。讚揚他的人稱其為「千古一帝」，貶抑他的人稱其為「暴君」、「虐主」。真可謂古今多少事，留待後人評說。

「百代猶行秦政法」

「龍虎散，風雲滅，千古恨，憑誰說！」秦始皇死去了，秦朝滅亡了，秦始皇和秦朝留下了千古遺恨，也落下了千古罵名，而秦始皇所創建的大帝國和秦制卻有廣泛而又深遠的歷史影響。

一、「秦」、「震旦」與「CHINA」

秦國、秦朝留下的一個重要歷史遺跡就是「CHINA」稱謂。現在世界各國稱中國為China。它是由古代印度梵文Cina、Chinas，阿拉伯文eya或sin，拉丁文Thin、Thinae演變而來，都是「秦」的譯音。印度古時亦稱中國為震旦。「震」即秦，「旦」即斯坦。震旦意為秦地。「CHINA」實際上就是以「秦」作為中國的代稱。據清代學者薛福成的《出使四國日記》記載，當時的歐洲學者都認為「CHINA」是「秦」的譯音。歷代秦王和秦始皇「威震殊俗」，聲名遠播域外，西方地區必然以「秦」作為華夏的象徵。這相當於後來俄羅斯等用「契丹」作為中國的代稱。

中西方的經濟文化交流源遠流長。許多學者認為絲綢之路古即有之。近年來的許多考古發現已經證實了上述推測。這條中西交通的大道有更為古老的淵源，這當屬事實。秦國崛起於西方，早在春秋時期就稱霸一方，後來日益強盛，逐漸發展成為幅員遼闊、繁榮昌盛的大帝國。當時秦國以西的國家和地區將「秦」、「秦地」作為華夏國家的代稱是理所當然的。

秦國、秦朝在西方的影響還有一條渠道，即由中國西南部，經東南亞，到南亞、西亞，然後繼續向西傳播。在秦始皇以前，秦國早已和西南各地關係密切。秦始皇經營西南邊疆，加強對西南夷的統治，使交通更加便利，經貿與人員往來更加頻繁。秦國、秦朝之名，也可以經由西南方向，遠揚世界各文明地區。

二、「漢承秦制」與「百代行秦政」

秦朝對中國歷史的最大影響是其統治模式（包括政治觀念、政治制度及相關的社會經濟體系），而這種統治模式的直接傳承者是漢朝。「漢之法制，大抵因秦」[65]。在各種文獻中，「漢承秦制」是一個很常見的評語。西漢的各種制度基本上來自秦朝而有所損益。雲夢秦簡提供的材料表明，許多原來以為是漢朝創造的制度及有關的稱謂也是由前代傳承下來的。

「漢承秦制」首先體現為漢朝全盤繼承了秦始皇創造的「皇帝」尊號及相應的皇帝制度、帝王觀念。這是秦朝統治模式的基礎框架和核心內容。只要這個基礎框架和核心內容不改變，一切損益、變制、更始，都不具有變革統治模式的意義。「漢承秦制」還體現為漢朝基本上繼承了秦朝一系列具體的制度。漢朝甚至就連許多屬於細節或外表的事物也照搬過來。

郡縣制是維護中央集權的基本制度。漢初基本上沿用秦朝的行政區劃，即「漢興，因秦制度，崇恩德，行簡易，以撫海內」[66]。漢高祖一度分封諸侯，採用郡縣為主、封國為輔的制度。不久，他就基本剪除了異姓諸侯王。漢景帝、漢武帝採取一系列削藩措施，諸侯王僅食封地的租稅，這就實際上將封國重新降到郡縣地位。漢武帝以後的制度與秦朝沒有太大的區別。班固說：「漢家承秦之制，並立郡縣，主有專己之威，臣無百年之柄，至於成帝，假借外家，哀、平短祚，國嗣三絕，危自上起，傷不及下。」[67]儘管在「封建」與「郡縣」問題上，後世一直有爭論，在具體做法上也有反覆，但是總的說來，郡縣制不僅一直是中華帝制的基本制度，而且越演變越接近秦始皇時期的單純郡縣制度。

漢朝基本上沿用了秦朝的職官制度。班固說：「漢迪於秦，有革有因，觕舉僚職，並列其人。」[68]經過漢朝的損益，三公九卿制度更加嚴整。漢魏以降，中央機構和官職不斷改革完善，而其基本思路可以追溯到秦始皇，即分化相權，強化監察，完善諫議，健全法制。總的發展趨勢是：中央權力日益集中，皇帝權力日益強化。一般說來，後世的皇權比秦朝更加專制。

漢朝的賦稅制度也基本沿用秦朝。董仲舒極力抨擊秦朝賦斂沉重，所謂「力役三十倍於古，田租口賦，鹽鐵之利，二十倍於古。或耕豪民之田，見稅什五」。同時他又指出：「漢興，循而未改。」班固進一步指出：「仲舒死後，功費愈甚，天下虛耗，人復相食。」[69]這表明，漢初的「與民休息」屬於政策性的調整，不屬於基本制度性的改變。漢武帝以降，漢朝的賦斂日益沉重，其嚴重程度不次於秦始皇統治時期。

漢朝的禮儀制度大多沿用秦朝制度，即使有所損益，其基本原則也毫無變動。《漢書・禮樂志》說：「漢興，撥亂反正，日不暇給，猶命叔孫通制禮儀，以正君臣之位。高祖說而嘆曰：『吾乃今日知為天子之貴也。』」又說：「高祖時，叔孫通因秦樂人制宗廟樂。」可見君尊臣卑的朝堂、宗朝禮儀原則始終未變，改變的只是一些操作性的細節，諸如簡化某些禮儀，改變某些樂舞的曲調、名稱，以適應皇帝的需要和喜好。例如，「高廟奏《武德》、《文始》、《五行》之舞。……《武德》舞者，高祖四年作，以象天下樂己行武以除亂也。《文始舞》者，曰本舜《招舞》也，高祖六年更名曰《文始》，以示不相襲也。《五行舞》者，本周舞也，秦始皇二十六年更名曰《五行》也。……舞人無樂者，將至至尊之前不敢以樂也。出用樂者，言舞不失節，能以樂終也。大氐皆因秦舊事焉。」根據《漢書・郊祀志上》記載，漢朝的祭祀制度也大體沿用秦制。實際上，漢朝的宗廟制度、宮室制度及宮廷內部的許多制度也大體繼承秦制。有關禮儀及「自天子稱號下至佐僚及宮室官名，少所變改」[70]。

漢朝初年甚至承繼了秦朝的德運、正朔、曆法。「時丞相張蒼好律曆，以為漢乃水德之時，河決金堤，其符也。年始冬十月，色外黑內赤，與德相應。」[71]「張蒼文好律曆，為漢名相，而專遵用秦之《顓頊曆》。」[72]一九七二年在山東臨沂銀雀山漢墓發掘出土的《元光元年曆譜》為此提供了實物證據。

漢朝的風俗也沿襲了秦朝。賈誼對秦朝風俗「遺禮義，棄仁恩」深惡痛絕，大加撻伐，而筆鋒一轉便將矛頭轉向當代。他說：「曩之為秦者，今轉而為漢矣。然其遺風餘俗，猶尚未改。」[73]董仲舒也有類似的看法。他說：「自古以來，未嘗有以亂濟亂，大敗天下之民如秦者也。其遺毒餘烈，至今未滅，使習俗薄惡，人民嚚頑，抵冒殊扞，孰爛如此之甚者也。」[74]《漢書‧禮樂志》將這些說法匯集在一起，諸如「夫承千歲之衰周，繼暴秦之餘敝，民漸漬惡俗，貪饕險詖，不閑義理，不示以大化，而獨驅以刑罰，終已不改」。可見漢因秦俗是當時公認的社會現象。

古代許多學者和史家為了強調秦、漢統治模式的巨大差異，為秦朝貼上法家（霸道）標籤，為漢朝貼上儒家（王道）標籤，並據此抨擊秦朝行申韓之術、棄禮義之政，歌頌漢朝興聖人之學、施仁德之政。秦漢統治思想的確有所演變。漢初黃老政治頗有特點。漢武帝獨尊儒術更是標誌性的歷史事件。但是，正如秦朝的統治思想不能以法家或霸道概括，漢朝的統治思想也不能以儒家或王道概括。秦漢統治思想的基本框架和主要內容大體一致，二者的差異大小在於申韓與孔孟的理論差異。漢朝的統治思想繼承並發展了秦朝的統治思想，如果說有什麼變化，只是有所調整、有所完善、有所整合，使之更加成熟。儘管漢武帝以後孔學被奉為官方學說，儒家成為法定意識形態的旗幟，可是統治思想實際上是儒家化的「雜家」。漢宣帝公開宣稱：「漢家自有制度，本以霸王道雜之，奈何純任德教，用周政乎！」[75]許多政論家指出：「秦有十失，其一尚存，治獄之吏是也。」[76]在漢代，類似的政論不勝枚舉。尋根溯源，孔學本身就具有「雜霸」的特點。從戰國秦漢到清朝基本上都屬於「雜霸」這個模式。歷代崇儒的統治者大多暗用韓非之道。宋代理學把孔孟之道發展到極致，他們把「霸」視為最糟糕的政治模式和政治人格，而實際上朱熹等宋明大儒無不「言則孔孟，行則申韓」。正如清初著名思想家王夫之所說：「後世之為君子者，十九而為申、韓。」[77]

有一個現象值得注意：中國古代政論家、史評家往往偏愛極化思維，即把本來並不對立的事物說成對立的，把本來相容的事物說成不相容的，把本來有所對立的事物說成勢不兩立。對秦漢統治模式的評論大多有這個毛病。實際上秦朝與漢朝之間的同遠遠大於異，在統治模式上尤為如此。

秦始皇是公認的「法家」皇帝，而漢武帝是公認的「儒家」皇帝。按照儒法截然對立思維方式，二者的統治模式和施政方式理應迥然不同。其實不然，且不說他們所依恃的基本政治制度大體相似，他們的具體統治行為也何其相似。秦始皇、漢武帝同樣地建宮殿、築陵墓、修長城、求仙藥、行封禪、嚴刑罰、繁勞役，雖各有長短，又大體相類。正如司馬光所說：「孝武窮奢極欲，繁刑重斂，內侈宮室，外事四夷，信惑神怪，巡遊無度，使百姓疲弊，起為盜賊，其所以異於秦始皇者無幾矣。」[78]後世政論家往往將二人相提並論，這是很有道理的。秦始皇與漢武帝的相似之處，也從一個角度證明了「漢承秦制」。

當然，漢對秦的繼承是一種發展性的繼承，即秦開其端，漢總其成。漢朝制度更加完善。這一點類似於隋與唐。許多評論者認為漢、唐一反秦、隋之道，因而創造了盛世。這個看法是不符合歷史事實的。實際情況是：漢、唐基本上繼承秦、隋的統治模式，又充分借鑑了秦政、隋政之失，才創造了盛世。漢唐盛世得益於秦、隋開創的各種基本制度。許多學者喜歡將漢唐與秦隋對立起來評說政治得失、抨擊暴君暴政，以漢唐帝王的精明和德政，反襯秦隋帝王的鄙陋和虐政。這有一定的道理。然而如果在充分肯定他們屬於同一種統治模式的前提下，進一步深入分析其成敗得失，則更能深刻地認識中國古代君主制度的優長和弊端。

「漢承秦制」的事實表明，秦朝的滅亡主要不是由於文化、理論、制度之失，而是統治者個人行為之失。「漢承秦制」又使中華帝國在政治上、經濟上、文化上、疆域上進一步發展，相關的制度與理論更加完善。可是不管這種理論與制度多麼完善，依然無法避免由於統治者個人行為之失而導致亡國。

「漢承秦制」具有系統性，大到基本政治制度，小到許多具體規定，上至思想理論，下至社會風俗，幾乎涉及一切主要的硬體、軟體，遍及政治、經濟、軍事、社會、文化、道德以及各種禮儀、文字、度量衡等等。這表明，由秦至漢整個政治制度及相關的社會文化體系是一種承繼關係，在一切主要方面都沒有發生斷裂。造成這種現象的原因主要有兩條：一是秦朝繼承戰國制度，而戰國各國以政治制度為核心的社會文化體系在若干基本方面已經趨同，各國的政治模式、經濟模式、社會模式屬於同一類型。無論哪個國家統一天下，都會建立相似的制度，形成相似的社會文化體系，它與秦制不會有本質的區別。換句話說，秦制只是各國制度與文化的典型代表。二是經過秦國歷代先王和秦始皇的不斷整合，秦朝制度集中體現了新的政治模式的特點和優勢。換句話說，繼秦而起的新興王朝不可能再創造出更完備的制度，充其量只需對秦制稍加改造、完善，便可滿足實現其統治的需要。漢家制度與統治思想也有所改變，而這個改變主要表現為進一步的整合、補充、完善，並不具有重起爐灶的意義。

漢承秦制，而魏晉以後基本承繼漢制，在這個基礎上皇帝制度不斷完善，到隋唐兩宋達到巔峰狀態。在分化相權、推行郡縣、強化監控等方面越來越符合秦始皇所確立的制度原則。後來明朝乾脆取消了宰相制度，清朝實際上實行單純郡縣制度。「秦漢制度」歷經二千年而香火不斷。

漢代著名史學家司馬遷、班固有感於秦朝的創造與變革，肯定其「制作政治，施於後王」[79]。唐代著名思想家柳宗元說：「秦制之得，亦以明矣。繼漢而帝者，雖百代可知也。」[80]清代著名思想家王夫之說：「郡縣之制，垂二千年而弗能改矣。」[81]近代著名思想家譚嗣同指出：「二千年來之政，秦政也，皆大盜也。」[82]現代著名思想家毛澤東說：「百代猶行秦政法。」他們無論是抨擊，還是肯定，都道出了一個歷史事實：二千年的政治體制的基本模式和帝王觀念的基本範式，大抵因襲秦朝。

作為上承數百年，下啟二千年的歷史人物，秦始皇與帝制黏連在一起。「秦始皇」、「秦制」、「秦政」就是「皇帝制度」的符號。秦制可以亡秦，又可以興漢；隋制可以亡隋，又可以興唐。百代行秦政，而歷代王朝皆有興有亡，有盛有衰。中華古代文明的盛世和中國古代社會的暴政都與這種制度息息相關。這表明，秦始皇及其所開創的制度不是用一個「善」字或一個「惡」字所能評說的。評價秦始皇與評價秦二世大不一樣。後者可以一句話罵倒而不妨礙對中國古代歷史進程的總體把握，而秦始皇則不然。在一定意義上，完全肯定秦始皇，也就基本上肯定了君主專制制度；徹底否定秦始皇，也就基本上否定了中華古代文明。客觀公正的評價顯然既不能完全肯定，又不能徹底否定。其中又涉及到一系列的問題，諸如事實的認定、過程的分析和行為的詮釋等。「秦始皇」三個字凝集著太多的歷史因素。或許這就是關於秦始皇評價至今仍眾說紛紜、莫衷一是的原因。

註釋

1《史記》卷六〈秦始皇本紀〉。
2《戰國策·齊策六》。
3《史記》卷五五〈留侯世家〉。
4《史記》卷七〈項羽本紀〉。
5《漢書》卷三三〈魏豹田儋韓王信傳〉。
6《史記》卷八六〈刺客列傳〉。
7《史記》卷七〈項羽本紀〉。
8《史記》卷八八〈蒙恬列傳〉。
9《史記》卷九〇〈魏豹彭越列傳〉。
10《史記》卷九一〈黥布列傳〉。
11《史記》卷八九〈張耳陳餘列傳〉。
12《史記》卷一二一〈儒林列傳〉。
13《史記》卷四八〈陳涉世家〉。
14《史記》卷八〈高祖本紀〉。
15《史記》卷八九〈張耳陳餘列傳〉。
16《史記》卷五三〈蕭相國世家〉。
17《史記》卷五四〈曹相國世家〉。
18《史記》卷五六〈陳丞相世家〉。
19《史記》卷四八〈陳涉世家〉。
20《史記》卷八七〈李斯列傳〉。
21參見王其坤主編：《中國軍事經濟史》，解放軍出版社一九九一年版，第七六頁。這種估算方法很有代表性。
22葛劍雄：〈對秦朝人口的新估計〉，轉摘自《秦陵秦俑研究動態》一九九六年第四期。
23《舊唐書》卷七〇〈戴胄傳〉。
24《貞觀政要·奢縱》。
25《漢書》卷四三〈叔孫通傳〉。
26《史記》卷八七〈李斯列傳〉。
27《史記》卷八七〈李斯列傳〉。
28《史記》卷八七〈李斯列傳〉。
29《史記》卷八七〈李斯列傳〉。
30《史記》卷八七〈李斯列傳〉。
31《史記》卷八七〈李斯列傳〉。
32《史記》卷六〈秦始皇本紀〉。
33《史記》卷六〈秦始皇本紀〉。
34《史記》卷六〈秦始皇本紀〉。
35《史記》卷八八〈蒙恬列傳〉。

36《史記》卷六〈秦始皇本紀〉。
37《史記》卷六〈秦始皇本紀〉。
38《史記》卷六〈秦始皇本紀〉。
39《史記》卷八七〈李斯列傳〉。
40《史記》卷八七〈李斯列傳〉。
41《史記》卷六〈秦始皇本紀〉。
42《史記》卷四八〈陳涉世家〉。
43《史記》卷八七〈李斯列傳〉。
44《史記》卷八七〈李斯列傳〉。
45《史記》卷八七〈李斯列傳〉。
46《史記》卷六〈秦始皇本紀〉。
47《史記》卷四八〈陳涉世家〉「索隱」。
48《史記》卷四八〈陳涉世家〉。
49《史記》卷四八〈陳涉世家〉。
50《史記》卷九九〈劉敬叔孫通列傳〉。
51《史記》卷六〈秦始皇本紀〉。
52《史記》卷六〈秦始皇本紀〉。
53《史記》卷二四〈樂書〉。
54《史記》卷六〈秦始皇本紀〉。
55《史記》卷八七〈李斯列傳〉。
56《史記》卷八七〈李斯列傳〉。
57《史記》卷六〈秦始皇本紀〉。
58《史記》卷八七〈李斯列傳〉。
59《史記》卷六〈秦始皇本紀〉。
60《史記》卷八七〈李斯列傳〉。
61《史記》卷六〈秦始皇本紀〉。
62《史記》卷六〈秦始皇本紀〉。
63《史記》卷六〈秦始皇本紀〉。
64《漢書》卷一〈高帝紀下〉。
65 洪邁：《容齋三筆》卷九〈容齋隨筆〉，中華書局一九七八年版，第五二二頁。
66《漢書》卷二八〈地理志上〉。
67《漢書》卷一〇〇〈敘傳上〉。
68《漢書》卷一〇〇〈敘傳上〉。
69《漢書》卷二四〈食貨志上〉。
70《史記》卷二三〈禮書〉。
71《漢書》卷二五〈郊祀志上〉。
72《漢書》卷四二〈申屠嘉傳〉。
73《漢書》卷四八〈賈誼傳〉。
74《漢書》卷五六〈董仲舒傳〉。
75《漢書》卷九〈元帝紀〉。
76《漢書》卷五一〈鄒陽傳〉。

77 王夫之：《讀通鑑論》卷二三一。
78 《資治通鑑》卷二三一，漢紀十四，漢武帝後元二年。
79 《史記》卷六〈秦始皇本紀〉。
80 《柳河東集》卷三〈封建論〉。
81 王夫之：《讀通鑑論》卷一。
82 譚嗣同：〈仁學〉，《譚嗣同全集（增訂本）》，中華書局一九八一年版，第三三九頁。

第十六章　史評篇：千秋功罪任人評說的秦始皇

秦始皇已死，秦帝國已亡，對秦始皇一生功過的評價卻始終聚訟紛紜，莫衷一是。

歷史即過去的事情，通常它特指人類社會的過去時態。人類社會的每個事件一經發生，便進入歷史範疇，同時也就進入評價體系。最高統治者在社會政治體系中有特殊地位和作用，他們一直是傳統史話和政治思維的中心內容。他們的言行也一向是政論家、史評家所關注的焦點。秦始皇自不例外。

秦始皇所處的時代和秦朝的大起大落注定了他是一位最容易引發爭議的歷史人物。他完成了一次具有社會變革性質的非同尋常的改朝換代，不是一般意義上的開國君主，如果徹底否定他，就無法正確地看待這場社會變革，也無法解釋他之所以能夠開國創業的根由。秦朝很快垮台了，秦始皇也可以算作暴君乃至亡國之君，因而必定有許多要否定的東西。任何一個古代的哲人都會思索這個現象，力求得出更合乎邏輯的解釋。從現代人的角度看，「秦制」已經被歷史進程所否定，在肯定秦始皇和帝制的歷史地位時，又必須清楚一切應當予以否定的東西。這就需要學術性的研究和評價，把握好尺度和分寸。

徹底否定性的政治批判與作為文化典型的「暴君」

在中國古代社會，除了少數政論家、史學家以分析的態度看待作為歷史人物的秦始皇以外，「秦始皇」主要作為一種文化典型乃至文化符號化的「暴君」存在。這是秦始皇特殊歷史地位的曲折的表現形式，也是「秦始皇」的另一種歷史存在方式。

一、秦漢之際的秦政批判思潮與「秦始皇」的文化符號化

任何一種文化體系都會自覺或不自覺地創造一批人格化的文化典型乃至文化符號，即從歷史上或現實中選取某些有代表性的人物，經過文化加工，使之成為高度理想化的社會人格或者極端惡性化的反社會人格的典型乃至符號，諸如中國古代的「堯舜」、「孔夫子」與「桀紂」「秦始皇」之類。人格化的文化典型、文化符號是特定文化價值體系的一種載體和存在形式，它們與歷史上或現實中的人物原型往往有很大差距。自漢代以來，「秦始皇」逐漸成為一個重要的政治文化符號，其原因和過程大體可以從以下幾個層次分析。

源於先秦的政治價值體系和帝王評價方式是「秦始皇」符號化的文化動因。中國自古就有抨擊暴君暴政的傳統。《尚書》、《詩經》等文獻中留下了一些著名的篇章。春秋戰國時期，出現了一套理論化的以「有道—無道」形式的君主評價體系，從而強化了政治批判的力度。先秦諸子百家，無論儒、法、道、墨，都有抨擊暴君暴政的激烈言詞。這種抨擊大多缺乏歷史的分析，過分追究個人的罪責，將過錯歸咎於個人的人格。詛咒暴君總是與敬仰明君結合在一起，因此逐漸形成了一批具有理論形態的政治價值標準，而「王道」、「道」或「道義」是它們的最高概括。

道義價值常常以一種人格化的形式出現，即「堯舜之道」。堯舜之道有時又稱為先王之道、聖王之道、聖人之道等。諸子百家對先王之道的理解各有特點，有些觀點甚至水火不相容。以堯舜之道、聖王之道面目出現的形形色色的道義價值彼此有很大差異，而其主體與內核又具有高度的同一性，即憧憬、維護理想化的君主專制制度。以「堯舜之道」為尺度，以「有道」與「無道」（「亡道」）作為斷語，來品評帝王，勢必將歷代暴君視為「獨夫」、「民賊」。這就逐步樹立起聖王聖治與暴君暴政兩類相反相成的人格化的政治文化典型。

在先秦，一論及為君之道，人們幾乎言必稱「堯舜」與「桀紂」。先秦百家俱道堯舜，而取捨不同。其實這些堯舜、桀紂故事不過是早已成型的王道主題中「有道—無道」、「聖主—暴君」母題的一次次複製、一次次重演而已。這個母題的版本雖多，基本框架卻無大改動。由此而鑄就的政治文化範式以一個特定的方式陳述著中國的帝王觀念，可以稱之為「堯舜—桀紂」政治文化母題。「堯舜—桀紂」母題是一種特定的理論結構、文化結構的代稱。「堯舜」即唐堯、虞舜，他們是公認的聖君明主典型。「桀紂」，即夏桀、商紂，他們是公認的暴君虐主典型。作為一種文化符號，「堯舜」與「桀紂」都不是對歷史原型的忠實摹寫，而是某類文化典型的抽象，是概念化的理論工具。前者可以泛稱一切聖王賢君；後者則可以加諸一切獨夫民賊頭上。不過，作為一個政治概念，「堯舜」與「桀紂」通常指謂一批公認的歷史人物。前者主要指三皇五帝三王，諸如神農、黃帝、堯、舜、禹、湯、文、武；後者主要指桀、紂、厲、幽之類。作為歷史人物，堯舜類皆為「興王」，大多是開國君主；桀紂類都屬「剷主」，大多為亡國之君。前者的成功為人艷羨，後者的失敗為人唾罵。正反兩方面的經驗教訓成為論說帝王之道最有力的證據。人人言堯舜，各個道桀紂，一切褒揚之詞和貶斥之詞分別向兩極凝聚。於是前者成為完善無缺的治者與人格的象徵，後者成為一無是處的君主與人格的代稱。這就形成了一批極化的認知結構和價值尺度。「堯舜」，凝集了古代文化的一切理想；「桀紂」，匯聚了古代文化的一切禁忌。前者為文化典範，後者為文化戒銘。在這個意義上可以說，「堯舜—桀紂」母題，以一種背反的極化結構，以應與不應、道與無道的形式，概括著中國古代政治文化、道德文化的精義。秦朝二世而亡，當人們依據這樣的思路品評秦始皇的時候，很容易把他歸入「桀紂」一類。

秦朝的暴政是「秦始皇」文化符號化的事實基礎。秦始皇完成了一次非同尋常的改朝換代。曠日持久的改朝換代過程，無論內部的改革還是外部的征戰，主要是憑藉暴力完成的。「暴」是時代性的政治形象，無論由誰完成這個歷史任務，他都免不了「暴」的評語。秦朝建立之後，秦始皇所確立的政治模式與傳統政治模式多有不合之處，某些人依據「禮義」、「王道」價值體系審視秦朝政治，也會給予「暴」的斷語。秦始皇又的確實施了一系列的暴政、暴行，據此稱之為暴君亦不為過。司馬遷說：「俗傳秦始皇起罪惡，胡亥極，得其理矣。」[1]人們公認秦朝的速亡與秦始皇不無關係，許多人甚至將他歸入「亡國之君」。「興，百姓苦；亡，百姓苦。」深受其苦的芸芸眾生呼出「天下苦秦久矣」的控訴，親身感受者群體性的評語無疑是有事實依據的。上述種種「暴」為史評家和政論家提供了大量的素材。在特定的政治環境、文化環境下很容易形成徹底否定式的批判。這種批判漠視一切的功、是、善，放大一切過、非、惡，甚至一律將功、是、善作過、非、惡的詮釋，這就使秦始皇成為「暴政」的代名詞。

秦漢之際的秦政批判思潮定下的評價基調促使「秦始皇」向文化符號演化。這個思潮的參與者全部是秦朝的政治反對派。在特定的政治情勢下，從特定的政治情感出發，根據特定的政治需要，對特定對象進行的政治批判，只能以徹底否定形式出現。與秦始皇同時代之人對秦政抨擊已經涉及到人格評價、政策評價、制度評價和政治理念評價。早在秦始皇生前，他的人格、行為以及以他為代表的「秦制」、「秦政」就成為爭議頗大的評判對象。侯生、盧生等「術士」全面否定秦始皇的人格、政策和制度，顯然有誇大其詞乃至刻意歪曲的成分。在風起雲湧的群眾性反秦政治鬥爭中，以「伐無道，誅暴秦」為宗旨的各種政治綱領、政治口號必然以歷數暴行、徹底否定的形式出現。這就在社會各階層全面形成否定性認識，即暴秦一無是處。漢朝建立之後，統治者及其臣民無論是為了證明改朝換代的合理性，歌頌新朝的功德，還是旨在借鑑秦亡教訓，都只會講壞話，不會講好話。據有的學者統計，《史記》中有關漢人議論秦朝教訓的記載「有八十一處，其中指責秦始皇施行暴政有六十七次」[2]。在一片指責、咒罵聲中，人們有意無意地扭曲、竄改了歷史事實，樹立起一個極端化的暴君典型。典型化是符號化的必要條件。千百年來一提到「秦始皇」這三個字，許多人的腦中就會立刻浮現出一個凶神惡煞的形象，這與秦漢之際秦政批判思潮對秦始皇的絕對否定有直接關係。

漢代政論家的批判性理論分析大大強化了「秦始皇」的文化符號意義。西漢初期的政論家多是政治家、思想家及公卿大臣。陸賈的《新語》、賈誼的《過秦論》、賈山的《至言》、桓寬的《鹽鐵論》以及伍被、晁錯、董仲舒、主父偃等人的對策、上書都具有史論性質。他們以歷史事實為依據，評判歷史與現實，有的甚至引據秦的教訓，批評、指導現實政治。他們的思考主要從圍繞秦亡漢興的歷史經驗教訓展開，具有濃烈的批判性。只有部分政論家肯定秦始皇統一天下、安定民生的歷史功績，而大部分政論家對秦制、秦政和秦始皇持徹底否定態度。政論家們將秦政之失條分縷析，以開列罪狀的形式著於篇章。他們所羅列的秦朝罪狀主要有以下幾條。

一曰「廢先王之道」。

這是綱領性的秦政批判。由此而引起一系列的改先王之制、亂先王之政的行為，都是「廢先王之道」的具體表現。漢代政論家每一篇較為完整的秦始皇批判都把「廢先王之道」作為罪狀之首，然後羅列各種具體的暴政及其後果，所謂「於是秦兼天下，廢王道，立私議，滅《詩》《書》而首法令，去仁恩而任刑戮，墮名城，殺豪桀，銷甲兵，折鋒刃。其後，民以耰鋤梃相撻擊，犯法滋眾，盜賊不勝，至於赭衣塞路，群盜滿山，卒以亂亡」[3]。陸賈、賈山、賈誼、晁錯、董仲舒等都有類似的言論。在當時這幾乎成為一種模式化的評論方式。值得指出的是：漢代政論家大多屬於儒家，他們所謂的「王道」特指孔學之道。由於有儒法之爭的背景，所以秦漢之際對秦始皇的政治批判與隋唐之際對隋煬帝的批判有所不同。漢儒非常強調「廢先王之道」這一條。他們不僅要批臭秦始皇，還要敗壞法家的形象，因此言詞更加激烈，更加缺乏分析。「廢先王之道」是暴政根源，暴政是「廢先王之道」的具體表現。只這一條足以為秦始皇判定罪案。

二曰「焚百家之言」。

在漢代，「焚百家之言」是公認的秦始皇的一樁大罪案。漢代政論家認為，秦始皇焚詩書、坑術士的目的在於根絕先王之道，永除先王之制。許多儒者認為這是專門針對儒家學說的暴虐行為。董仲舒說：「重禁文學，不得挾書，棄捐禮誼而惡聞之，其心欲盡滅先聖之道，而顓為自恣苟簡之治。」[4]梅福說：「秦為亡道，削仲尼之跡，滅周公之軌，壞井田，除五等，禮廢樂崩，王道不通，故欲行王道者莫能致其功也。」[5]在古代政治批判中，只有秦始皇被加上了「欲盡滅先聖之道」的評語。這就是說，秦始皇不僅是「無道」，而且是「大逆不道」。揚雄說：「秦王之法度負聖人之法度，秦弘違天地之道，而天地違秦亦弘矣。」[6]歷代儒者抨擊過許多暴君，而加在秦始皇身上的詛咒最重。

三曰「廢五等之制」。

分封制是三代的基本政治制度，據說這是先王「公天下」的重要舉措，而秦政「廢先王之道」的主要表現是徹底廢除分封制。許多漢代政論家認為，秦始皇的一大罪狀就是「以為周制微弱，終為諸侯所喪，故不立尺土之封，分天下為郡縣，蕩滅前聖之苗裔，靡有孑遺者矣」[7]。許多政論家認為這種做法違背「王道」、「王制」，它是導致秦朝速亡的主要原因之一。上官傑說：「昔秦據南面之位，制一世之命，威服四夷，輕弱骨肉，顯重異族，廢道任刑，無恩宗室。其後尉佗入南夷，陳涉呼楚澤，近狎作亂，內外俱發，趙氏無炊火焉。」[8]這些政論家認為，秦始皇絕對不搞分封，也就不能行德義於天下。特別是秦始皇不能復立六國之後，違背歷代王朝的政治傳統，屬無道無德之舉。

四曰「除井田之制」。

據說井田制是三代聖王所確立的基本制度之一，而秦政「廢先王之道」的主要表現之一是破壞了先王的田制。董仲舒說：「至秦則不然，用商鞅之法，改帝王之制，除井田，民得賣買，富者田連阡陌，貧者亡立錐之地。又顓川澤之利，管山林之饒，荒淫越制，逾侈以相高。邑有人君之尊，里有公侯之富，小民安得不困？」漢代許多政論家認為，秦行商鞅之政，廢井田，開阡陌，雖可富國強兵，卻導致「王制遂滅，僭差亡度。庶人之富者累巨萬，而貧者食糟糠」[9]。這不僅引發土地兼併、貧富不均、風俗奢靡等一系列社會問題，還進而引發了等差不分、法繁政苛、賦斂無度等一系列的政治問題。

五曰「背棄禮義」。

早在戰國時期，「遺禮義，棄仁恩」[10]就是非議秦政最常見的說法。漢代以來，秦始皇重視法制與法治的政術成為公認的無道之舉。在漢代群儒看來，三代聖王以禮治國，孔子主張教化為先，「至秦則不然。師申商之法，行韓非之說，憎帝王之道，以貪狼為俗，非有文德以教訓於下也。」[11]背棄禮義，「不篤仁義」[12]，這是漢代群儒加在秦始皇頭上的一個莫大罪狀。這條罪名從根本上否定了秦朝的政術之本。因此，自漢代以來，絕大多數儒者認為秦朝政治一無是處。這是由批判者的學派背景和價值體系所決定的。

六曰「刑罰酷虐」。

在當時的歷史條件下，實行法治必然重用法吏，主張「繁法嚴刑」勢必「刑罰酷虐」。秦始皇的法治及與法治相關的弊政是漢代政論家們抨擊的主要對象。言秦政者，必言秦法酷虐。賈誼說：「秦王置天下於法令刑罰，德澤亡一有，而怨毒盈於世，下憎惡之如仇讎，禍幾及身，子孫誅絕，此天下之所共見也。」[13]這是抨擊秦始皇的治術。路溫舒說：「臣聞秦有十失，其一尚存，治獄之吏是也。秦之時，羞文學，好武勇，賤仁義之士，貴治獄之吏。正言者謂之誹謗，遏過者謂之妖言。故盛服先生不用於世，忠良切言皆鬱於胸，譽諛之聲日滿於耳。虛美熏心，實禍蔽塞。此乃秦之所以亡天下也。」[14]這是抨擊秦始皇重用法吏。晁錯說：「妄賞以隨喜意，妄誅以快怒心，法令煩憯，刑罰暴酷，輕絕人命，身自射殺。天下寒心，莫安其處。奸邪之吏，乘其亂法，以成其威，獄官主斷，生殺自恣。上下瓦解，各自為制。」[15]這是抨擊秦朝法治的狀況。文學之士說：「趙高以峻文決罪於內，百官以峭法斷割於外。死者相枕席，刑者相望。百姓側目重足，不寒而慄。」[16]這是抨擊法治的末路。上述言論在漢代司空見慣。

七曰「賦斂無度」。

「賦斂無度」、「徭役繁重」是公認的秦朝暴政。抨擊秦始皇「賦斂無度」首先是制度批判。

漢代一些政論家認為，造成賦稅沉重的主要原因是秦始皇改變了先王的賦役制度。董仲舒說：秦朝不僅廢止了什一之稅、三日之役，「又加月為更卒，已，復為正一歲，屯戍一歲，力役三十倍於古。田租口賦，鹽鐵之利，二十倍於古。或耕豪民之田，見稅什五。故貧民常衣牛馬之衣，而食犬彘之食。」[17]凡是涉及到秦朝賦役問題的政論，都有類似的說法。這也具有從根本上否定秦制、秦政的意義。

八曰「暴兵露師」。

「暴兵露師」、「窮兵之禍」[18]是秦始皇又一大罪狀。許多政論家對秦始皇北伐匈奴，南平百越，大加撻伐。伍被說：「遣蒙恬築長城，東西數千里，暴兵露師常數十萬，死者不可勝數，僵屍千里，流血頃畝，百姓力竭，欲為亂者十家而五。」[19]賈捐之說：「以至乎秦，興兵遠攻，貪外虛內，務欲廣地，不慮其害。然地南不過閩越，北不過太原，而天下潰畔，禍卒在於二世之末，《長城之歌》至今未絕。」[20]這類評說難免誇大之嫌。

九曰「吏治刻深」。

政論家對秦朝吏治的抨擊涉及三個主要問題：一是秦法治吏甚嚴，有苛刻之弊，即賈誼指出的「吏治刻深，賞罰不當」[21]。二是秦始皇重用法吏。張釋之說：「且秦以任刀筆之吏，爭以亟疾苛察相高，其敝徒文具，亡惻隱之實。」[22]三是秦朝法吏酷虐。晁錯說：「奸邪之吏，乘其亂法，以成其威，獄官主斷，生殺自恣。上下瓦解，各自為制。秦始亂之時，吏之所先侵者，貧人賤民也。至其中節，所侵者富人吏家也。及其末塗，所侵者宗室大臣也。是故親疏皆危，外內咸怨，離散逋逃，人有走心。」[23]在漢代政論家看來，秦朝吏治一無是處。

十曰「多忌諱之禁」。

漢代政論家普遍認為「多忌諱之禁」是秦始皇無道的重要表現，由此而導致「忠臣不敢諫，智士不敢謀」[24]。賈山說：「秦皇帝居滅絕之中而不自知者何也？天下莫敢告也。其所以莫敢告者何也？亡養老之義，亡輔弼之臣，亡進諫之士，縱恣行誅，退誹謗之人，殺直諫之士，是以道諛媮合苟容，比其德則賢於堯舜，課其功則賢於湯武，天下已潰而莫之告也。」[25]漢代政論家普遍認為造成這種現象的根源是秦始皇居功自傲，即「矜奮自賢、群臣恐諛，驕溢縱恣，不顧患禍。」[26]

十一曰「滅四維而不張」。

賈誼、董仲舒對自秦以來綱常不振、風俗糜爛痛心疾首，他們都認為秦始皇要負重要責任。賈誼說：「秦滅四維而不張，故君臣乖亂，六親殃戮，奸人並起，萬民離叛，凡十三歲，而社稷為虛。」[27]在漢代群儒看來，秦始皇不重視倫理教化，導致禮義廉恥淪喪，這是暴政的重要表現，也是秦朝速亡的主要原因之一。尋根溯源，「廢先王之道」必「背棄禮義」，進而導致「君臣乖亂」。歷代儒家政論家都很重視這一條。

十二曰「窮奢極欲」。

漢代政論家普遍認為，「及秦所以二世而亡者，養生大奢，奉終大厚。」[28]這一類抨擊涉及到秦始皇眾多的驕奢之政。東方朔說：「夫殷作九市之宮而諸侯畔，靈王起章華之台而楚民散，秦興阿房之殿而天下亂。」[29]這種歷數前代暴政的抨擊方式很常見。

以上幾條可以說是漢代政論家，特別是群儒的公論。這幾條涉及到政治理念、政治制度、政治方略、政策原則和具體操作等，幾乎包括秦制、秦政的基本方面。這樣一來，秦始皇的政治變成了徹頭徹尾的暴政。

漢代對秦政的抨擊還涉及到一些其他內容。具有特殊學術背景的人會有一些獨特的理解。例如，推崇陰陽之術、災異之說的術士們認為：「《春秋》有災異，皆列終始，推得失，考天心，以言王道之安危。至秦乃不說，傷之以法，是以大道不通，至於滅亡。」[30]有的人還把秦朝「蠶食諸侯，併吞海內」也列入秦始皇的罪狀之一。這些說法顯然有妄加罪名的意味。

總之，漢朝人普遍認為：「至周末世，大為無道，以失天下。秦繼其後，又益甚之。自古以來，未嘗以亂濟亂，大敗天下如秦者也。」[31]秦始皇的罪惡前所未有，秦制、秦政的禍亂首屈一指，這個思路勢必將「秦始皇」變成「暴君」的文化符號。

必須指出的是：漢代群儒故意不談「漢承秦制」這個最基本、最重要的事實。漢代的治道、制度、政術以及許多具體的規章、規範是從秦代承襲而來的，而漢代群儒在評價秦始皇時閉口不談這個事實，這是不公允的。他們將秦政歸咎於法家，將漢政歸功於儒家，甚至將漢朝的許多弊政歸罪於秦朝的遺毒，所謂「漢興，循而未改」。群儒抨擊「法治」政治，歌頌「禮治」政治，把孔子之道奉為千古不易的「聖道」。他們為了確立和鞏固儒家學派的官方學說地位，甚至對秦朝政治刻意歪曲，大肆渲染其暴政，其批判言論多有誇大不實之詞。董仲舒認為秦朝「力役三十倍於古。田租口賦，鹽鐵之利，二十倍於古」。《鹽鐵論．刑德》稱秦法嚴苛無度，如盜傷牛馬法規定：「盜馬者死，盜牛者加（枷）。……盜傷與殺同罪。」這些說法已經被雲夢秦簡等新發現的可靠史料或現代學者的研究成果所否定。漢代群儒以特定的價值體系詮釋歷史上的秦始皇，在「秦始皇」文化符號化過程中起了關鍵性的作用。客觀存在的暴政事實與誇大的乃至虛構的暴政交織在一起，給後人留下了一個一無是處的暴君形象。這就開始將秦始皇符號化，自漢武帝以後，儒家學派一直占據著官方學說的地位，是中華主流文化的代表。歷史上的秦始皇幾乎無法從符號化的「秦始皇」中脫身出來。

實用主義的政論方式強化了「秦始皇」的文化符號功能。漢代政論家抨擊秦始皇的暴政大多不是為了研究歷史，而是為現實政治服務。陸賈、賈山、賈誼、伍被、晁錯、董仲舒、主父偃等人紛紛「言治亂之道，借秦為諭」[32]。他們為君王的現實政治對策服務，每一篇議論都很有針對性，且大多具有勸諫性質。為了勸阻、制止、修正漢朝皇帝或諸侯王的錯誤政策，他們引亡秦為鑑，以無情抨擊秦國暴政的方式，給決策者提建議，敲警鐘。他們針對現行的暴政，抨擊秦朝的暴政，所以很少進行客觀的分析，且多有聳人聽聞之嫌。有時為了自圓其說，他們不惜誇大其詞，甚至憑空捏造。個別人甚至出爾反爾。當初主父偃反對用兵匈奴，為了勸阻漢武帝，他抨擊秦皇帝不聽李斯勸諫，「任戰勝之威，蠶食天下，……務勝不休，欲攻匈奴。」主父偃指出：北部邊疆「地固澤鹵，不生五穀」，必須長途輸送糧草輜重。秦始皇「發天下丁男以守北河。暴兵露師十有餘年，死者不可勝數，終不能逾河而北。是豈人眾不足，兵革不備哉？其勢不可也。又使天下蜚芻挽粟，起於黃、腄、琅邪負海之郡，轉輸北河，率三十鍾而致一石。男子疾耕不足於糧饟，女子紡績不足於帷幕。百姓靡敝，孤寡老弱不能相養，道路死者相望，蓋天下始畔秦也」。這就把糧運之弊說成了秦亡之因。然而數年之後，主父偃又力主設置朔方郡，於是「盛言朔方地肥饒，外阻河，蒙恬城之以逐匈奴，內省轉輸戍漕，廣中國，滅胡之本也」[33]。這次說的意思與上次正相反。又如，漢朝人把秦始皇殺弟遷母視為殘暴、無德，而當需要證明漢朝皇帝採取類似措施的必要性、合理性時，有的政論家又說：「昔者，周公誅管叔，放蔡叔，以安周。齊桓殺其弟，以反國。秦始皇殺兩弟，遷其母，以安秦。」[34]不僅把秦始皇的行為說成「安國便事」之舉，而且與大聖人周公相提並論。由此可見，這些人輕於議論，至於是否符合史實，毫不顧忌。以實用主義的政論方式借助「秦始皇」抨擊暴君暴政時，「秦始皇」更像一個文化符號，它與歷史上的秦始皇似是而非。

各種民間傳說中的「秦始皇」也具有強化其文化符號意義的作用。民間傳說大多不是信史。這些故事是民眾對暴政的控訴，卻又顯然與歷史事實有很大差距。著名的民間故事「孟姜女哭長城」便是典型例證。這些故事強化了「秦始皇」的暴君形象，而故事的傳說者不會考究其真實性。它一旦深入人心，勢必將秦始皇符號化。自漢代以來，廣大民眾普遍認為秦始皇是「壞人」，是不折不扣的暴君，與這些故事的流傳有直接的關係。

漢代史家的記述與研究有意無意之中也會強化秦始皇的暴君形象。典型化、符號化的秦始皇顯然與事實上的秦始皇有較大距離，這又會反過來影響當時的史學家對歷史事實的記述。漢代的秦史研究屬於近現代史研究。各種事件剛剛過去不久，留下許多第一手史料和口碑、遺跡。許多史學家親身經歷過某些事件、採訪過經歷其事的父老或考察過不久前的遺跡。這種研究的優勢是史料翔實，大多比較可靠，缺點是抑秦揚漢，感情色彩很濃，難免失實或誤導。在這種情況下，一些正面的事實很難恰當地保留下來，而各種負面的事實和批判性言論卻占據著大量的篇幅。這種史實剪輯方式和描述方式本身就極易誤導讀者。就連治史嚴謹的《史記》，在描述秦始皇的行為時也偏愛使用負面色彩濃厚的詞彙。司馬遷認為：「秦王懷貪鄙之心，行自奮之智，不信功臣，不親士民，廢王道，立私權，禁文書而酷刑法，先詐力而後仁義，以暴虐為天下始。」[35]班固說：「秦始皇即位三十九年，內平六國，外攘四夷，死人如亂麻，暴骨長城之下，頭盧相屬於道，不一日而無兵。由是山東之難興，四方潰而逆秦。秦將吏外畔，賊臣內發，亂作蕭牆，禍成二世。」[36]這說法顯然誇大其詞。按照這個基調剪裁史料，描述史實，編纂史書，必然多有失實之處。《史記》、《漢書》等史學著作是研究秦始皇的主要依據和史料基礎，它們對以後的研究有很強的導向性。漢代以降，許多史評家嗜好將秦朝的各種政治舉措和秦始皇的各種行為做負面性極強的解讀，這與漢代歷史文獻的導向和失實有直接關係。絕大多數讀者在讀史之後只能認同一個典型化甚至符號化的秦始皇。

傳統史學研究還以否定秦朝歷史合法性的方式強化了其暴政品格。在漢代，人們普遍相信「五德終始」說。最初，人們承認秦朝的「水德」地位，或以漢朝為「水德」而延續前代之德，或以漢朝為「土德」而更替前代。後來，有人把秦朝排斥在「五德」之外，否定了秦朝作為一個獨立朝代的歷史合理性。後世史家採納這個思路，在排列王朝序列時，將秦朝列入「閏位」。在漢代，還有另一種歷史認識論，即「三教」說。董仲舒、司馬遷等都有論述。他們認為夏主「忠」，商主「敬」，周主「文」，三種政治模式循環往復，這是「天統」的體現。在「三教」循環中，秦朝附於周朝，是「文」的最壞表現。後世史家沿著這類思路，依據「道」的原則，將秦朝明確排斥在「正統」之外。在相關的各種史論中，秦朝獨立的歷史地位和合法性被剝奪。秦朝不是「正統」，像閏月一樣是反常的甚至是多餘的。後來許多人竟然認為「大無道之人」秦始皇登上皇位是「氣運顛倒」使然[37]。這就從各種傳統歷史觀的角度，斷定「秦始皇」不成其為君。

自漢代以來，只有少數思想家對歷史上的秦始皇持分析的態度，有所批判，有所肯定，而在絕大多數人心中「秦始皇」與「桀紂」是同義詞，甚至有過之而無不及。因此，徹底否定性的批判比比皆是。例如，晉朝傅玄說：「秦始皇之無道，豈不甚哉！視殺人如殺狗彘。狗彘仁人用之，猶有節，始皇之殺人，觸情而已，其不以道如是。而李斯又深刑峻法，隨其指而妄殺人。秦不二世而滅，李斯無遺類。以不道愚人，人亦以不道報之。人仇之，天絕之，行無道，未有不亡者也。」[38]又如，司馬光冠「暴」於秦，謂之「暴秦」，大罵秦始皇「害聖典，疾格言，燔《詩》、《書》，屠術士」[39]。這種評論具有明顯的特點，即離不開一個「暴」字，每論一事總要冠以一個「暴」字；刻意指責個人品格，追究個人責任；缺乏實事求是的歷史分析，更談不上理論深度，帶有相當大主觀隨意性和感情色彩。這個意義上的「秦始皇」與歷史上的秦始皇似是而非，似非而是，它更像一個符號，一個暴君的代名詞。

二、「秦始皇」文化符號的社會政治功能

將秦始皇作為「暴君」的文化符號有悖於客觀的歷史分析方法，但從思想發展史的角度看，還是有重要意義的。主要有兩點：一是推動了帝王術的發展完善。二是強化了對暴君暴政的批判力度。

「善言古者，必有節於今。」[40]符號化的「秦始皇」為現實政治設置了一個參照物。許多思想家、政論家以評價秦始皇為中心，總結亡秦的經驗教訓，提出了系統的對策，進一步完善了君主政治的統治術。經過這樣一番理論加工，危害君主政治的各種禁忌及相關對策被鮮明地、系統地展示出來。它們常常被臣子引用，以教化、勸諫君主。這樣的思想對於現實政治往往有積極的影響。符號化的「秦始皇」成為中國古代社會重要文化戒銘之一，它令許多帝王望而卻步。有的帝王因此而自覺地約束政治行為，調整各項政策，在一定程度上改善了政治狀況。

借「秦始皇」以教化、勸諫帝王，可謂司空見慣。政論家們言聖王，論暴君，其本意多為干世主，因此奉勸帝王汲取「秦始皇」教訓的諫章奏表很常見。這種特殊的政治景觀形成強韌的社會輿論，它對歷代帝王的意識行為有深刻影響。只要讀一讀歷代名臣的諫議文章就可以看到：一般說來，這種教化與勸諫是有一定效力的。

許多帝王對「秦始皇」這個文化戒銘的真諦有深刻的理解。唐太宗是典型事例。唐太宗及其群臣指責秦始皇「背師古之訓，棄先王之道」。他們對秦始皇的「強辯」、「自衿」、「暴虐」、「奢侈」、「無度」等一系列弊政及其危害有深刻認識。他們還把秦王朝看作是超出了歷史常規之外的反常現象，稱之為「暴秦運距閏餘」[41]。因此，唐太宗常常以秦始皇為戒，他說：「秦始皇平六國，隋煬帝富有四海，既驕且逸，一朝而敗，吾亦何得自驕也?言念於此，不覺惕焉震懼！」[42]在《金鏡》一文中，唐太宗還把批判的鋒芒指向許多暴君，指名點姓地抨擊了歷史上一批「臨危之主」。他說：「觀夏桀、商辛，嗟其悖惡之甚，猶時令不行，寒暄失序，則猛獸肆毒，蟊螟為害。夏桀、商辛，豈非猛獸之儔乎?」唐太宗列舉了歷史上一系列無道之君的弊政，認為「乃是君之過也，非臣之罪也」。在把歷史上的聖王與暴君、成功與失敗一一加以比較之後，他引以自戒，所謂「夏殷末世，秦漢暴君，使人懍懍然兢懼，如履朽薄」。唐太宗還曾面對「秦川雄帝宅，函谷壯皇居」，慷慨懷古，思緒萬千，立志「以堯舜之風，蕩秦漢之弊」，以「人道惡高危，虛心戒盈蕩」為箴銘，決心躬行奉天、法道、節用、惠民、任賢、納諫、明德、慎罰的為君之道[43]。深刻的批判，清醒的自戒，對唐太宗的政治意識和政治行為有重大影響。「貞觀之治」就是這一認識的政治成果。實際上中國古代許多「明君」都有這類言行。

「秦始皇」文化符號的主要功能是批判。它成為中國古代社會政治批判的主要工具。這裡著重介紹一個重要的思想現象：自秦漢以來，通過抨擊秦始皇徹底否定秦漢以來一切君主的傾向越來越明顯，有的思想家終於發展到否定皇帝制度的地步。

一般說來，除少數無君論者外，漢唐思想家的秦始皇批判大多不具有否定現行政治制度的意義。但是，許多儒者堅持認為堯舜之政最為理想，孔孟之道代表大道之統，他們主張全面恢復分封制、井田制等先王之制。人們普遍認為：春秋以來，世風澆漓，人心不古，今不如昔。這種思想在理論上具有非議甚至否定皇帝制度的意味。

宋明以後，一概否定春秋以來、本朝以前的政治漸成潮流。以朱熹為代表的宋代理學家將儒家的「內聖外王」、「王霸之辨」發揮到極致。邵雍以皇、帝、王、霸品分君主。在他看來，漢唐「王而不足」，晉隋「霸而有餘」，一部政治史，「治世少，亂世多。」44朱熹的品評更加悲觀。在他看來，戰國以來，道統與治統徹底分離，沒有一個帝王是合格的，就連漢高祖、唐太宗亦屬假仁假義之輩，其政治屬於「霸」的範疇。理學傳人大多不敢對本朝帝王任意貶斥，卻對前代一概否定。就連宋元明清一些深受理學影響的帝王將相也認為，自秦以來的前代制度與政治屬於「苟簡」之政。明代閣僚丘濬的《大學衍義補》深得明孝宗、明神宗的讚賞。在《總論禮樂之道》一篇中，丘濬主張「痛革後世苟簡之政」。他認為：自秦以來，歷代王朝的制度「一切因秦」，雖有所損益，卻「大抵安於苟簡而已」。在這些皇帝及其代言人看來，本朝以前的政治之所以糟糕透頂，是因為因循了秦朝的「苟簡」之政。

一些對現實持激烈態度的思想家沿著這個思路向前推進，從而提出了徹底否定皇帝制度的主張。宋元之際的鄧牧，號稱「三教外人」。他稱頌堯舜之政，憂民之饑，拯民之溺，功德無量。依據這種理想的君主政治模式，他徹底否定了秦漢以來的制度與帝王，認為「後世為君者，歌頌功德，動稱堯舜，而所以自為乃不過如秦」45。這種批判已經不局限於秦始皇等暴君，而是全面否定秦朝以來的制度。「秦制」、「秦政」和「秦始皇」成為專制主義中央集權政體的代名詞。

到清代，否定戰國秦漢以來的制度和帝王的思想匯成一股潮流。其中黃宗羲、唐甄等人具有否定一切的傾向。黃宗羲在《明夷待訪錄》中對秦政做了系統的批判，指出秦漢以來的皇帝制度是一種「大私」的制度，其法制是「一家之法，而非天下之法」。在這種制度下，君主成為「天下之大害」。唐甄的言詞更加激烈：「自秦以來，凡為帝王者皆賊也。」[46]從思想發展史的角度看，黃宗羲等人的思想具有重大的歷史意義，他們登上了中國古代政治批判的巔峰。但是，他們理論的基礎是「治天下者惟君，亂天下者惟君」[47]。他們的政治主張是全面恢復三代王制。這種政治思維方式把社會動亂的責任全部歸咎於君主，又把君主奉為天下國家的最高政治主體，所以不會走向徹底否定君主專制制度之途。

近代以來，政治批判思想進一步向前發展。力主維新變法的譚嗣同深刻地指出：「二千年來之政，秦政也，皆大盜也；二千年來之學，荀學也，皆鄉愿也。」[48]實際上第二句應該改一下，變成這樣一句話：「二千年來之學，孔學也，皆吃人者也。」

繼譚嗣同之後，以民主主義價值尺度認識和評判「秦始皇現象」、「孔夫子現象」，徹底否定中國古代君主專制制度及其價值體系的思想潮流日益蓬勃興起。由於徹底否定君主專制制度與徹底否定秦始皇的帝制有直接的關係，秦制、秦政是這種制度的典型代表，所以抨擊這種制度勢必抨擊秦始皇。在民主主義革命思潮初興的時代，一切主張打倒帝制的人們都曾把批判的矛頭指向秦始皇及其所代表的制度。以「秦始皇」為代表的帝制是硬體，以「孔夫子」為代表的儒學是軟體，兩者相互匹配，構成了中國古代專制主義統治的大綱。因此，許多民主革命志士的批判言詞相當激烈。他們在致力於推翻帝制的同時，呼出了打倒「孔家店」的口號。在沖決舊秩序大綱的年代，這種政治批判的合理性、正義性是不言而喻的，其歷史意義更應當充分肯定。顯而易見，這種評判大多不屬於學術性的歷史研究，所以大可不必苛求前人。

將「秦始皇」符號化畢竟有損於學術性的歷史研究。它造成了這樣一種司空見慣的政治現象和思想文化現象：每當政治之爭、學說之爭需要歷史作證的時候，就會有人拉出秦始皇，片面性地甚至誇大式地截取秦始皇的某些言行及其後果，加以論說。在中國歷史上，採用這種方式評說「秦始皇」的人絕大多數將歷史上的秦始皇歸入「絕對的暴君」行列。

在現代的史學研究中，除了部分深受傳統史學影響的學者依然沿襲舊說以外，還有一些學者依據民主主義價值觀和有關文獻記載，也對秦始皇持徹底或基本否定的態度。例如，近年來問世的一些傳記性著作就從人格、行為、政術和制度等各個角度，基本以負面描述和評說的形式解讀秦始皇的一生，詮釋秦始皇現象。這些作者基本上把秦始皇定位為負面歷史人物。但是，評價歷史上的秦始皇畢竟和評價中國古代君主專制制度不完全是一回事，徹底否定與秦始皇相關的制度與價值體系和全面評價秦始皇個人也不完全是一回事。在學術研究中不加分析地否定秦始皇，反而不利於全面認識、總體把握歷史過程，也無助於清理傳統政治文化中的糟粕。因此，許多思想深邃的民主主義思想家和學風嚴謹的史學家的秦始皇批評反而更客觀、更公允。他們一方面徹底否定舊制度及其價值體系，抨擊秦朝的許多暴政，另一方面又充分肯定了秦始皇的歷史地位，推翻了許多妄加的不實之詞。

「千古一帝」的點評與肯定秦始皇歷史地位的史論

從秦始皇在世時，對他的評價就明顯呈現兩極化的傾向。在絕對否定的對立面還有另一種極端化的評價，即全盤肯定。秦始皇君臣在各地的紀功刻石的頌辭，讚揚秦始皇「功蓋五帝」，充分肯定他統一國家、統一制度、統一文字、全面推行郡縣制等功績。這些話語屬於歌功頌德之詞，有粉飾太平之嫌，也不無誇大之處，卻又大多符合事實，不能斥之為無根之談。從其史料價值看，這些說法的缺點是掩蓋了諸多的不足、弊政乃至暴政，但是又提出了一些不容回避的正面事實。其中有些內容得到其他可靠的歷史文獻的支持，屬於信史。秦始皇的政治功業的確令三皇五帝三王望塵莫及，後來者也很少有人能超過他。在這個意義上，「千古一帝」之評產生於秦始皇在位之時。

秦朝垮台以後，輿論的總體導向是全面否定秦始皇。漢魏唐宋，肯定秦始皇歷史功績的言論如鳳毛麟角，從總體上肯定這個歷史人物的思想家一個也找不到。但是對秦始皇持分析態度的政治家、思想家、史學家還是多有其人的。漢武帝時期的主父偃認為秦始皇「海內為一，功齊三代」[49]。正是沿著這個思路向前推進，明代著名思想家李贄提出了「千古一帝」的評語[50]。

李贄是一位具有叛逆精神的思想家。他早年習誦《五經》，又中過舉人，做過官僚，還深受當時流行的「心學」思潮的影響。後來他從儒學的陣營中衝殺出來，對傳統儒學的政治價值體系進行了系統的批判。他反對聖化孔子，神化經典，非議「咸以孔子之是非為是非」的學風。由於在很大程度上擺脫了儒學價值觀的桎梏，所以李贄的史學研究更客觀一些。他在看到「祖龍種毒，久暫必發」的同時，一反世俗之論，充分肯定了秦始皇的歷史功績。在他看來，秦始皇「開阡陌，置郡縣，此等皆是應運豪傑，因時大臣，聖人復起不能易也」。秦始皇採納李斯之策，不封諸子功臣而「以公賦稅重賞賜之」，是「千古創論」。秦始皇修長城是「萬世之利」。李贄說：「始皇出世，李斯相之，天崩地坼，掀翻一個世界，是聖是魔，未可輕議。」又說：「祖龍千古英雄，掙得一個天下。又有扶蘇為子，子嬰為孫，有子有孫。卒為胡亥、趙高二豎子所敗。惜哉！」[51]

這樣一來，秦始皇就被擺在與其他開國君主同等的地位，躋身於歷代政治英雄之列。在互相比較的意義上，秦始皇的政治功績的確毫不遜色於漢高祖、漢武帝、漢光武帝、唐太宗、宋太祖、明太祖等人，甚至略高一籌。在這個意義上，李贄稱之為「千古英雄」、「千古一帝」是符合歷史事實的。若論在中國古代歷史進程中的地位，秦始皇更加特殊。李贄撥開「廢王道」、「棄禮義」、「墮紀綱」、「亂倫常」之類的虛妄之詞，充分肯定秦始皇「掀翻一個世界」的重大歷史功績，在那個時代堪稱獨具慧眼。李贄主張不可輕易給秦始皇加上「魔」的頭銜，認為「是聖是魔，未可輕議」。這種看法頗有見地。李贄的史識令人佩服，在這方面就連許多現代學者也相形見絀。在當時的歷史條件下，他能做出這樣的史評也是難能可貴的。在比較客觀、比較公正地評價歷史上的秦始皇方面，李贄的史評具有里程碑的意義。

近代以來，許多研究者摒棄以儒家為代表的傳統政治價值觀、歷史觀，大幅度調整史評的尺度、視角，從而看到了秦始皇許多值得肯定的人格特徵和政治行為。章太炎的觀點是典型代表。

章太炎撰寫《秦政記》，針對各種徹底否定性的議論，以駁論的形式，對秦始皇做了更細緻的點評。章太炎提出「古先民平其政者，莫遂於秦」的總體評價。這個史評與李贄的「千古一帝」具有同等價值。章太炎注意比較秦始皇與漢代皇帝的作為，使他的一些論點更具有說服力。章太炎主要肯定了秦始皇及秦政幾個優長之處。一是守法。章太炎認為秦政的最大特點是守法而治。「獨秦制本商鞅，其君亦世守法」，秦始皇繼承本國的政治傳統，全面貫徹法治精神，「秦皇為有守，非獨刑罰依科也，用人亦然。」在他看來，「秦政如是，然而卒亡其國者，非法之罪也。」二是任賢。章太炎說：「秦皇以賤其公子側室，高於世主。」由於堅持惟功惟能惟才是舉的用人制度，所以「秦皇負扆以斷天下，而子弟為庶人；所任將相，李斯、蒙恬，皆功臣良吏也」。章太炎把秦始皇和漢武帝放在一起做比較，指出漢武帝寵幸外戚，廢置賢才，而「秦皇則一任李斯、王翦、蒙恬而已矣」。他認為，人們都說秦始皇殘暴，而漢文帝、漢武帝等隨意誅殺、廢黜功臣將相，與此相反，「世以秦皇為嚴，而不妄誅一吏也。由是言之，秦皇之與孝武，則猶高山之與大湫也，其視孝文，秦皇猶賢也。」三是納諫。章太炎列舉許多事實，證明秦始皇「好文過於余主」，不僅深受儒家、法家、雜家等學派的影響，而且對於眾多敢言直諫的臣下，他「一切無所追究」。在他看來，坑術士起因於盧生等人誹謗皇帝，無法據此斷言秦始皇拒諫、滅儒。此外，章太炎充分肯定了秦始皇善於控制政治，辦事有分寸，有節度，「後宮之屬，椒房之嬖，未有一人得自遂者。富人如巴寡婦，築台懷清；然亦誅滅名族，不使併兼。」在章太炎看來，「秦皇微點，獨在起阿房，及以童男女三千人資徐福，諸巫食言，乃坑術士，以說百姓。其他無過。」「借令秦皇長世，易代以後，扶蘇嗣之，雖四三皇、六五帝，曾不足比隆也。」

章太炎的《秦政記》、《秦獻記》對秦始皇有褒有貶。他對秦始皇的肯定之論主要針對賈誼的《過秦論》等徹底否定秦始皇的政論而發。在他看來，「如賈生之《過秦》，則可謂短識矣。」因此他處處作駁論文章，與徹底否定論者形成鮮明的對照。這種翻案文章難免有辯護詞之嫌。在一片否定聲中作駁論文章，出現這種情況也是可以理解的。章太炎與李贄一樣，基本上還是在王朝政治的範圍內評價秦始皇，因而不可能對專制主義政治做出分析與批判。但是細細體味，章太炎的思路與說法還是頗有幾分道理的。任何進一步的研究都不能繞開章太炎所指出的歷史現象。

章太炎之後，為秦始皇作翻案文章的人很多。例如，著名思想家、文學家魯迅指出：「不錯，秦始皇燒過書，燒書是為了統一思想。但他沒有燒掉農書和醫書；他搜羅許多別國『客卿』，並不專重『秦的思想』，倒是博採各種的思想的。」在魯迅看來，「秦始皇實在冤枉得很，他的吃虧是在二世而亡，一班幫閒們都替新主子去講他的壞話了。」52魯迅從世界性歷史現象的角度看待秦始皇焚書，這是很有眼力的。許多著名學者對這個觀點做了令人信服的學術論證。此後，一批當代著名史學家對秦始皇的歷史功績給予了程度不同的肯定。他們所持的價值體系和歷史觀與章太炎有明顯差異，但在總體評價和一些具體分析上又大體相近。其中許多人對歷史上的秦始皇持基本肯定的態度。最有代表性的當屬毛澤東的思路和點評。

作為馬克思主義者和共產黨人，毛澤東不僅對專制主義制度及其價值體系進行過深刻的理論批判，還在行動上對舊的統治秩序進行過激烈的武器批判。在徹底否定君主專制制度，打倒帝制和孔家店方面，他不僅是言者，而且是行者。因此，毛澤東對秦始皇的肯定不意味著對君主專制主義的肯定，而是將一個歷史人物放置到恰當的歷史地位上去。作為一個思想家、政治家，毛澤東喜歡讀史、評史，對歷史上的著名皇帝有比較系統的評說。毛澤東評價歷史上的帝王，觀大節而略小瑕。毛澤東的許多點評有獨到見解，發人之未發。他對帝王評價的總體把握方式是正確的。

在比較歷代帝王的基礎上，毛澤東充分肯定了秦始皇厚今薄古、變革政治、統一中國、統一度量衡、統一文字、實行郡縣制、修築馳道和長城等歷史功績，得出了「秦始皇是好皇帝」的結論。在他看來，「秦始皇是第一個把中國統一起來的人物。不但政治上統一了中國，而且統一了中國的文字、中國各種制度，如度量衡，有些制度後來一直沿用下來。中國過去的封建君主還沒有第二個超過他的。」與絕大多數為秦始皇作翻案文章的學者一樣，毛澤東對儒家的政治價值體系持基本否定態度。他說：「中國歷來分兩派，一派講秦始皇好，一派講秦始皇壞。我贊成秦始皇，不贊成孔夫子。」他的主要論點是：「歷代政治家有成就的，在封建社會前期有建樹的，都是法家。這些人主張法治，犯了法就殺頭，主張厚今薄古。儒家滿口仁義道德，一肚子男盜女娼，都是主張厚古薄今的。」在毛澤東看來，「孔夫子有些好處，但也不是很好的。我們應該講句公道話。秦始皇比孔子偉大得多。孔夫子是講空話的。」「在中國歷史上，真正做了點事的是秦始皇，孔子只說空話。幾千年來，形式上是孔夫子，實際上是按秦始皇辦事。」[53]

從整個思想體系來看，毛澤東顯然屬於這樣一類評判者：既徹底否定君主專制制度，又充分肯定秦始皇的歷史功績。總體而言，這個思路是正確的，許多評說也是公允的。

分析性秦始皇評價逐步發展的歷史特點

分析性秦始皇評價實際上發端於秦始皇在位之時。尉繚對於秦始皇梟雄品格的議論就是典型的分析性評價。依據常理推測，當時許多有政治頭腦的朝臣對當朝皇帝的評價也是有所分析的，既不會絕對肯定，也不會絕對否定。文獻中保留的各種諫議就是可靠的實證材料。

在漢代的一片否定聲中，也有一些對秦始皇有所肯定的客觀記述和分析性評說。他們主要來自三種人：

第一類是與儒家價值體系有一定距離的政治家，他們的政治主張與法家有相似之處。例如，面對漢代群儒一味譽美儒術、徹底否定秦政和法家的高調言論，比較務實的桑弘羊曾指出：不能「以趙高之亡秦而非商鞅」[54]。桑弘羊的說法實際上提出了這樣一個問題：將秦朝速亡歸咎於法家是否合理？這的確是一個值得深入思考的問題。且不說秦朝的政治模式絕非「法家」二字所能概括，且不說漢朝的政治模式與秦朝的政治模式大體相同，如果把「法家」作為秦朝速亡的主要原因的話，就很難回答另外幾個問題：為什麼在春秋戰國時期凡是進行「法家」式改革的國家勢必強盛？為什麼堅持貫徹這種政治模式的秦國可以在長達近一個半世紀的時間內長盛不衰？為什麼後世許多政治家在考慮挽救危亡的對策時往往想到「法家」的某些主張和措施？「法家亡秦」說顯然是站不住腳的。實際上法家學說不利於守成的說法也是值得推敲的。

第二類是客觀性、分析性或現實感比較強的政論家、政治家。漢代名儒賈誼的《過秦論》張揚禮樂政治，有徹底否定秦始皇的傾向。但賈誼主張「削藩」，這實際上具有向秦制復歸的意義。有人甚至據此將賈誼定位為法家。賈誼在《過秦論》中肯定了秦朝統一的歷史意義。他說：「秦併海內，兼諸侯，南面稱帝，以養四海，天下之士斐然鄉風，若是者何也？曰：近古之無王者久矣。周室卑微，五霸既歿，令不行於天下，是以諸侯力政，強侵弱，眾暴寡，兵革不休，士民罷敝。今秦南面而王天下，是上有天子也。既元元之民冀得安其性命，莫不虛心而仰上，當此之時，守威定功，安危之本在於此矣。」[55]在具體分析中，他也清醒地認識到秦二世對秦朝速亡負有更大的責任。主父偃在激烈抨擊秦政的同時，充分肯定了秦始皇統一天下的功績，認為「海內為一，功齊三代」。他還指出當時的一個歷史事實：「元元黎民得免於戰國，逢明天子，人人自以為更生。」[56]嚴安也持類似的觀點。主父偃還曾抨擊秦始皇北禦匈奴，而當他主張設立朔方郡的時候，又實際上承認秦始皇當時的一些對策具有合理性。政論家們的相關言論實際上涉及到秦史中一批應當有所分析、有所肯定的歷史現象。賈誼、主父偃都是現實感很強的政治家、政論家，因此沒有像許多「醇儒」、「俗儒」一樣走向一概否定的極端。

第三類是注重探究歷史規律的史學家。歷史學家大多具有實證精神，且富於歷史感，他們注重對複雜歷史現象及其過程和動因進行分析性認識。以學術研究的態度對待歷史的史家著作往往客觀性、分析性比較強。在當時的大環境下，司馬遷猛烈抨擊秦之「暴虐」、「暴戾」，有意凸顯秦政和秦始皇「暴」的天性，這在很大程度上影響了歷史記述的客觀性和全面性。然而司馬遷立志「究天人之際，通古今之變」，對歷史規律的探索勢必引導他做更深入的思考。他不僅看到「秦取天下多暴，然世異變，成功大」，還力圖做出合理的解釋。司馬遷批評「學者牽於所聞，見秦在帝位日淺，不察其終始，因舉而笑之」，認為這種做法猶如用耳朵品嚐食物，無法知曉其滋味。在他看來，「戰國之權變亦有可頗采者」，秦制、秦政也有值得後人效法的內容。這種思考方式有利於得出更接近事實的解釋。可惜受歷史觀的局限，司馬遷只能把秦的成功歸於天意。在他看來，秦起於微弱，「至獻公之後，常雄諸侯。論秦之德義不如魯衛之暴戾者，量秦之兵不如三晉之強也。然卒併天下，非必險固便形勢利也，蓋若天所助焉。」[57]司馬遷的評價具有分析性的特點，他提出的取天下和守天下不能用同一方法的觀點頗有創意。在這方面，班固與司馬遷有類同之處。班固激烈批判「呂政殘虐」，但是作為史學家，他承認秦始皇「兵無所不加，制作政令，施於後王」的事實，認為秦朝統一天下，置郡縣，壞井田，不立侯王，又置丞相、太尉、御史大夫等，「蓋得聖人之威，河神授圖。」他認為「胡亥極愚」、「肆意極欲」、「人頭畜鳴」[58]，導致秦朝滅亡。這種認識與一味否定秦始皇的各種舉措有所不同。司馬遷和班固都意識到秦的崛起有一定的合理性，其變革制度「亦有可頗采者」，其巨大的成功得益於得聖人之威靈。「暴虐」之政卻頗有可取之處，乃至合乎天意，得之「聖威」。這個看似矛盾的思路實際上提出了一個重要的歷史課題：秦制、秦政有沒有內蘊的合理性？「多暴」、「殘虐」的秦始皇何以取得了如此博大的功業？秦始皇是天性「殘暴」，還是有謙恭、豁達和仁厚的一面？不深入研究這些課題就很難回答司馬遷、班固自設的難題：「殘虐」的秦始皇何以「得聖人之威，河神授圖」，而其「成功大」何以「蓋若天所助焉」？秦始皇單憑「暴戾」、「殘虐」根本無法完成其功業，這是明眼人一看便知的事實。依據當時的價值觀念，能夠得「聖威」、「天助」的只有「有道」的「王者」。司馬遷和班固是否已經在心中將秦始皇放置在更合適的歷史地位上呢？這已不得而知。

魏晉以降，由於儒家學說長期處於統治思想地位，所以對秦政和秦始皇持否定態度仍是主流。但是，比較客觀的秦始皇評價逐漸增多，一些人開始大膽地肯定秦始皇的歷史功勛。在基本否定的前提下，對秦始皇的功績和某些政治舉措有所肯定，這顯然是具有分析性的、比較客觀的歷史認識。能夠提出這類歷史認識的人要麼是精明幹練的實際政治家，要麼是富於變革精神的思想家，要麼是與儒家歷史觀有一定距離的政論家，要麼是歷史感、現實感都很強的史學家。

魏武帝曹操、唐太宗李世民都是頗有成就的實際政治家，又都富於學術素養，他們的政治識見非尋常儒生可比。曹操說：「夫定國之術，在於強兵足食，秦人以急農兼天下，孝武以屯田定西域，此先代之良式也。」[59]這就充分肯定了法家與秦君強兵足食方略的重大政治價值。唐太宗對秦政多有批評，常常以秦皇暴虐、漢武驕奢自戒，然而他說：「近代平一天下，拓定邊方者，惟秦皇、漢武。」又說：「朕提三尺劍以定四海，遠夷率服，億兆乂安，自謂不減二主也。」[60]唐太宗自詡在定四海、服遠夷方面可以與秦皇、漢武媲美。這不僅是對一個前代帝王的崇高評價，還讚美了秦始皇統一天下、南平百越、北禦匈奴的重大歷史功績。曹操、唐太宗的言論很有代表性，有類似評說的實際政治家很多。他們對秦始皇、漢武帝都有分析性的評價，將秦皇、漢武視為功過參半的同一類政治英雄。就是在這個背景下，詩仙李白吟出了膾炙人口的詩句：「秦皇掃六合，虎視何雄哉！揮劍決浮雲，諸侯盡西來。明斷自天啟，大略駕群才。」後來人們將秦皇、漢武、唐宗、宋祖以及成吉思汗相提並論，發展了這個思路。

唐朝的柳宗元和明朝的張居正都是著名的富於變革精神的思想家兼政治家。柳宗元是一代大儒，又是有歷史感和思辨性的政論家，還是富於現實感的政治改革家。他的《封建論》是中國思想史上的著名篇章。柳宗元從社會矛盾、社會進化和歷史趨勢的角度，論證了郡縣制取代分封制的必然性、合理性。他認為，西周的分封制並不是最為完善的政治體制，它只是國家政體形式歷史發展長鏈上的一個環節。商周實行分封制是迫於形勢、風俗和實力不得已而為之。秦統一中國之後，廢「封建」，置郡縣，是符合歷史發展的必然趨勢的。這一切均「非聖人意也，勢也」，聖人也不能違背「勢」而設計國家體制。柳宗元說：「秦之所以革之者，其為制，公之大者也；其情私也，私其一己之威也，私其盡臣畜於我也。然而公天下之端自秦始。」他認為郡縣制是「公之大者也」，儘管秦始皇實行郡縣制的本意是維護自己的權威，然而「大私」的動機卻促成了「公天下」。郡縣制有利於政治穩定，有利於選賢任能，是優於分封制的國家政體。在他看來，秦朝滅亡的原因不在其「制」，而在其「政」[61]。柳宗元的《封建論》獲得蘇軾、王夫之等後世許多著名思想家的高度讚賞。「廢封建」是群儒加諸秦始皇和秦制頭上的一大罪狀。柳宗元以歷史事實為依據，通過理論分析，批駁了這種論調，也就基本肯定了秦制的歷史合理性。柳宗元能夠超越自己所信奉的儒家經典，有分析地看待、評價各種歷史現象，這是難能可貴的。他從社會矛盾的角度看待社會政治演進，提出「大公」、「大私」之辨，這也與現代歷史觀不謀而合。張居正也是一位富於現實感和變革精神的儒者。作為一代明相，他在變革政治方面有所作為。張居正對秦始皇的制度也給予肯定，他說：「三代至秦，渾沌之再辟者也，其創制立法，至今守之以為利。史稱其得聖人之威。」又說：「周王道之窮也，其勢必變而為秦，舉前代之文制，一切剗除之，而獨持之以法，……西漢之治，簡嚴近古，實賴秦為之驅除。」秦朝的制度是歷史變革的產物，漢代政治得益於這種制度。這個看法無疑是符合歷史事實的。張居正認為：「惜乎！扶蘇仁懦，胡亥稚蒙，奸宄內發，六國餘孽尚存，因天下之怨，而以秦為招，再傳而蹙，此始皇之不幸也。」[62]這個史評也是頗有道理的。柳宗元、張居正的觀點很有代表性，持有類似看法的儒家學者還有很多。他們的共同特點是肯定秦始皇定制立法的歷史必然性和現實合理性，承認自漢代以來的制度沿用了秦制的基本框架，因而反對不加分析地徹底否定秦制。他們的政論、史評顯然比許多固執「聖王之道」、「三代之制」的「醇儒」要高明得多。

明代著名思想家李贄是與儒家歷史觀有一定距離的政論家的代表。他將秦始皇定位為「千古一帝」、「千古英雄」，可謂振聾發聵。可惜這種史評在當時的歷史條件下很難得到多數人的呼應。

王夫之是歷史感、現實感都很強的史學家的代表。王夫之立志「集千古之智」，他是中國古代最有成就的思想家之一。王夫之是一位博學的大儒，他的思想極富思辨性。王夫之又是一位政治批判思想家，他高舉「公天下」的旗幟，對「孤秦陋宋」及歷代暴君暴政進行了激烈的抨擊。在史學研究方面，王夫之也多有獨到之見。就總體而言，王夫之把秦朝定位為「亂」，把秦政定位為「私」，把秦始皇定位為「暴」。但是這位「觀變者」又充分肯定了秦制的歷史地位。他指出：「世國」、「世官」的分封制度發展到一定程度「勢所必濫」，而平民的崛起與抗爭則「勢所必激」。郡縣制體現「天下之公」，所以必然取代舊的王制。「郡縣之法，已在秦先」，它不是秦始皇個人的創造。秦始皇確有私心，「而天假其私而興其大公。」這就是說，秦制的歷史必然性、合理性不容否定，「郡縣之制垂二千年，而弗能改矣。合古今上下皆安之。勢之所趨，豈非理而能然哉？」[63]郡縣制合乎「天理」。王夫之的觀點在中國古代史學研究中也是很有代表性的。

應當指出的是：上述有所分析的史評都沒有對秦始皇「暴」與「私」做出歷史性的分析。儘管人們在「變革」、「制度」、「帝業」以及「富國強兵」方略等方面對秦始皇有所肯定，卻仍然不能有分析地評價秦始皇的許多具體政治行為。實際上，秦始皇的許多行為不是僅用個人本性的「暴」與「私」所能解釋的。

現代學者大多持有更先進的價值體系、更合理的研究方法和更寬闊的學術視野，因而其秦始皇評價更具有客觀性、分析性。然而也確有一些學者的分析性還不如許多古代學者。他們的評說依然局限於簡單地評說秦始皇本性的「暴」、「私」，對秦始皇的大多數行為均作負面詮釋，進而對秦朝的政治及法家的理論作簡單化的評價。這顯然是不足取的。

迄今為止，在分析性秦始皇評價方面做得最成功的史學研究，大多出自深受馬克思主義歷史觀影響的學者之手。在《共產黨宣言》中，馬克思、恩格斯明確宣布了推翻資本主義的政治宣言，而在論及資本主義的歷史地位的時候，他們又以極其生動的語言，充分肯定了它在人類文明史進程中的巨大功績。馬克思、恩格斯不因自己的政見和好惡而影響歷史認識的客觀性、分析性。古今中外，能夠以這種態度對待歷史的思想家、政治家是十分罕見的。與此相反，因自己的主義、政見和好惡而走向極端化歷史評價的倒是大有人在。唯物史觀及其方法論的科學性、客觀性及馬克思、恩格斯博大的政治胸懷和深邃的具體史評，都為現代社會科學、人文科學研究提供了值得借鑑、效法的理論、方法和範例。許多馬克思主義史學家既能否定專制主義，又能客觀評說秦始皇，這絕非偶然。他們的共同特點是充分肯定秦始皇在歷史變革和國家統一方面的重大歷史貢獻，肯定了他的某些做法的歷史合理性，同時深刻揭露君主專制制度的本質，抨擊秦朝的暴政。

如同對於世間一切事物的認識一樣，人們的歷史認識是沒有止境的。關於秦始皇的各種爭論應該、也勢必持續不斷地向前發展。新的《秦始皇傳》還會不斷湧現。學術爭論只會不斷地促進歷史認識的深化。但是前賢的成敗得失足以為後人提供鑑戒。筆者認為，在總體上否定君主專制制度的前提下，充分肯定秦始皇的歷史功績的思路，更接近歷史事實，也更合理。後人的主要任務是依據現有的和新發現的材料，進一步推進分析性認識，從而對秦始皇現象做出更科學的歷史詮釋，寫出可以為廣大讀者提供知識與智慧的新的秦始皇傳。

註釋

1 《史記》卷六〈秦始皇本紀〉。
2 郭志坤：《秦始皇大傳》，三聯書店上海分店一九八九年版，第三六六頁。
3 《漢書》卷六四〈吾丘壽王傳〉。
4 《漢書》卷五六〈董仲舒傳〉。
5 《漢書》卷六七〈梅福傳〉。
6 《法言．寡見》。
7 《漢書》卷二八〈地理志上〉。
8 《漢書》卷六三〈武五子傳．燕剌王劉旦傳〉。
9 《漢書》卷二四〈食貨志上〉。
10 《史記》卷八三〈魯仲連鄒陽列傳〉。
11 《漢書》卷四八〈賈誼傳〉。
12 《漢書》卷五一〈賈山傳〉。
13 《漢書》卷四八〈賈誼傳〉。
14 《漢書》卷五一〈路溫舒傳〉。
15 《漢書》卷四九〈晁錯傳〉。
16 《鹽鐵論．周秦》。
17 《漢書》卷二四〈食貨志上〉。
18 《史記》卷一一二〈平津侯主父列傳〉。
19 《史記》卷一一八〈淮南衡山列傳〉。
20 《漢書》卷六四〈賈捐之傳〉。
21 《史記》卷六〈秦始皇本紀〉引賈誼《過秦論》。

22《漢書》卷五〇〈張釋之傳〉。

23《漢書》卷四九〈晁錯傳〉。

24《史記》卷六〈秦始皇本紀〉引賈誼《過秦論》。

25《漢書》卷五一〈賈山傳〉。

26《漢書》卷四九〈晁錯傳〉。

27《漢書》卷四八〈賈誼傳〉。

28《漢書》卷二七〈五行志下之下〉。

29《漢書》卷六五〈東方朔傳〉。

30《漢書》卷七五〈翼奉傳〉。

31《漢書》卷二二〈禮樂志〉。

32《漢書》卷五一〈賈山傳〉。

33《史記》卷一一二〈平津侯主父列傳〉。

34《漢書》卷四四〈淮南厲王劉長傳〉。

35《史記》卷六〈秦始皇本紀〉。

36《漢書》卷六三〈武五子傳・昌邑哀王劉髆傳贊曰〉。

37《朱子語類》卷四。

38《傅子・問刑》。

39《司馬溫公文集・河間獻王贊》。

40《荀子・性惡》。

41《貞觀政要・封建》。

42《貞觀政要・災祥》。

43 以上參見《唐太宗集・帝京篇十首並序》。

44《皇極經世書・觀物內篇》。

45 參見《伯牙琴》的〈見堯賦〉、〈君道〉等。

46《潛書・室語》。

47《潛書・鮮君》。

48 譚嗣同：《仁學》，《譚嗣同全集（增訂本）》，中華書局一九八一年版，第三三九頁。

49《史記》卷一一二〈平津侯主父列傳〉。

50 李贄：《藏書・世紀列傳總目》。

51 李贄：《史綱評要》卷四〈後秦記〉。

52 魯迅：〈華德焚書異同論〉，《魯迅雜文選》，陝西人民出版社一九七六年版，第二五七—二五八頁。

53 參見陳晉：〈毛澤東之魂〉；以上引文轉引自《毛澤東評說中國帝王》，姜維恭、戰英主編，吉林人民出版社一九九八年版，第三—七頁。

54《鹽鐵論・非鞅》。

55《史記》卷六〈秦始皇本紀〉引賈誼《過秦論》。

56《史記》卷一一二〈平津侯主父列傳〉。

57《史記》卷一五〈六國年表〉。

58《史記》卷六〈秦始皇本紀〉。

59《三國志》卷一《魏書・武帝紀》裴松之注引王沈《魏

書》。

60《貞觀政要・貢賦》。

61 以上引文見《柳河東全集・封建論》。

62《張文忠公全集・雜著》。

63 王夫之：《讀通鑑論》卷一。

後　記

這部著作的出版，首先要感謝劉澤華教授和喬還田主任。

劉澤華先生是我的導師。一九九八年以前，我另有本職工作，搞歷史研究帶有「票友」的性質。如果不是在先生的「指令」下寫了幾部著作，我現在很難受聘於教授、博士生導師的崗位。

人無宿命，卻有機緣。二〇〇一年四月，我協助劉澤華先生操辦一個學術年會。正當幾位著名學者拿著與會者名單，議論「分田」、「還田」的取名之義時，我與喬還田先生握手相識。隨後便奉劉先生之命和喬先生之約，開始寫作這本《秦始皇傳》。二「田」合作，可謂彼此一諾千金，事事順暢如意。

與大多數中國人一樣，我對秦始皇及相關歷史現象的思考可謂久矣！記得我的第一篇有關秦始皇的文字是一份政治課作業。時在一九七〇年初冬。我正以插隊知識青年兼「工農兵學員」的身分在承德師範學校隆化分校專攻數學。自從以中國政治思想史為主要研究方向以來，君主論、帝王觀念和統治思想一直是我所關注的重點。這本《秦始皇傳》只是一個個性化思考過程的階段性成果。在長期的學習與研究中，讀過許多相關的專著和論文。在此，謹向一切曾經給予我教益的師長、前輩和同行表示感謝。

我的學生許哲娜協助核對了本書的許多引文。順致謝意。

張分田於南開大學歷史學院暨中國社會史研究中心

二〇〇三年一月

附錄　秦始皇大事年表

中國紀年	西元	歲數	大事紀	世界大事紀要
秦昭襄王四十八年	前二五九	一	嬴政出生於趙國都城邯鄲。是年，秦王將王齕攻取趙國武安，秦將司馬梗攻取趙國太原。	
四十九年	前二五八	二	秦將王齕代王陵繼續進攻趙都邯鄲。	
王五十年	前二五七	三	魏信陵君魏無忌、楚春申君黃歇分別率兵救趙，秦將鄭安平降趙，秦軍大敗於河東。	
五十一年	前二五六	四	秦軍攻韓，斬首四萬，奪取數城；繼而攻趙，斬首九萬，奪取二十餘縣。秦滅西周，周赧王卒。	
五十二年	前二五五	五	秦相範雎死。	

五十三年	前二五四	六	秦攻取魏河東吳城。魏進攻秦在東方的陶郡，滅衛國。韓桓惠王朝秦，稱臣納貢。	
五十六年	前二五一	九	秦昭襄王駕崩，太子安國君繼承王位，是為秦孝文王。燕派六十萬大軍攻趙，被趙將廉頗大敗，迫使燕國割地請和。	
秦孝文王元年	前二五〇	十	孝文王即位三天而病卒，太子楚（即異人）即位，是為秦莊襄王。	
秦莊襄王元年	前二四九	十一	秦任呂不韋為相國。秦滅東周君，攻取韓國成皋、滎陽，建立三川郡。	
二年	前二四八	十二	秦取魏、趙的高都等三十七城。李斯投在呂不韋門下，擔任舍人。	
三年	前二四七	十三	秦莊襄王卒，嬴政即秦國王位。魏信陵君魏無忌率趙、魏、韓、楚、燕五國聯軍敗秦將蒙驁於河外。	伊朗帕提亞帝國時期開始（前二四七—二二六）。

秦始皇元年	前二四六	十四	秦攻占上黨郡全部，派蒙驁平定晉陽，再建太原郡。開鄭國渠。	
三年	前二四四	十六	秦將蒙驁攻取韓十三城。	
四年	前二四三	十七	信陵君、魏安釐王先後死去。秦國發生蝗蟲災害，百姓納粟千石拜爵一級。	
五年	前二四二	十八	秦將蒙驁攻取魏酸棗等二三十城，設置東郡。	
六年	前二四一	十九	秦攻取魏國朝歌。秦遷衛君角於野王，以為秦國的附庸。趙將龐暖率韓、趙、魏、楚、燕五國聯軍攻秦，但遭秦軍擊退。	第一次布匿戰爭結束（前二六四—前二四一）。
七年	前二四〇	二十	秦攻取趙國的龍、孤、慶都。秦攻取魏國的汲。秦將蒙驁死。	
八年	前二三九	二十一	長安君成蟜率軍叛變，兵敗自殺。秦封嫪毐為長信侯。	

九年	前二三八	二十二	秦王政於蘄年宮加冠親政，平定嫪毐叛亂。秦將楊瑞和攻取魏國的首垣、蒲、衍氏。
十年	前二三七	二十三	秦免除呂不韋的相國職務。李斯上書秦始皇〈諫逐客書〉。尉繚入秦。
十一年	前二三六	二十四	王翦、楊瑞和等人攻趙，取閼與等九城。
十二年	前二三五	二十五	秦發四郡兵助魏攻楚。呂不韋飲鴆而死。
十三年	前二三四	二十六	秦攻取趙國的平陽、武城，殺趙將扈輒，斬首十萬。
十四年	前二三三	二十七	趙將李牧大敗秦軍。韓非入秦，旋即受讒被迫自殺。
十五年	前二三二	二十八	秦軍分二路大舉攻趙，再次被趙將李牧所敗。燕太子丹尋機潛逃回國。
十六年	前二三一	二十九	韓向秦獻南陽地，秦派內史騰為南陽假守。魏向秦獻麗邑。「初令男子書年」，明確要求全國男子必須依法登記年齡。

十七年	前二三〇	三十	秦內史騰攻韓，俘韓王韓安，建立潁川郡，滅韓。華陽太后卒。民大饑。	
十八年	前二二九	三十一	秦將王翦、楊瑞和率大軍攻趙都邯鄲，李牧率趙軍抵拒。秦用離間計陷害李牧，趙王用趙蔥、顏聚代李牧為將。	
十九年	前二二八	三十二	秦軍大破趙軍，俘虜趙王遷。趙公子嘉出奔代，自立為代王。秦王政生母趙太后卒。	
二十年	前二二七	三十三	燕太子丹派荊軻刺秦王，未能成功。秦將王翦、辛勝攻燕、代，在易水西岸擊敗燕、代聯軍。	
二十一年	前二二六	三十四	秦軍攻克燕國都城薊，燕王喜遷至遼東。秦將王賁伐楚，取十餘城。韓國舊貴族在故都新鄭發動較大規模的叛亂，秦軍平其亂，殺韓王安。	

二十二年	前二二五	三十五	秦將王賁水灌魏都大梁城，魏王假降，魏亡。秦設右北平郡、漁陽郡、遼西郡。秦將李信、蒙武攻楚，被楚將項燕打敗。
二十三年	前二二四	三十六	秦將王翦、蒙武率六十萬大軍大破楚軍，楚將項燕兵敗被迫自殺。秦設上谷郡，廣陽郡。
二十四年	前二二三	三十七	秦軍攻入楚都壽春城，俘虜楚王負芻，楚亡。秦設置楚郡。
二十五年	前二二二	三十八	秦將王賁攻取豔遼東、俘燕王喜，燕亡。秦將王賁攻取代，俘代王嘉，趙亡。秦平定楚國江南地區，設置會稽郡。
二十六年	前二二一	三十九	秦將王賁攻齊，俘虜齊王建，齊亡。秦至此完成統一山東六國大業。秦王政上皇帝稱號，號「始皇帝」。改正朔，易服色，以水為德。除謚法。分天下三十六郡。更名民曰黔首。收天下兵器，聚集咸陽，銷鑄十二金人及鐘了。統一度量衡石丈尺。車同軌，書同文。徙天下富豪十二萬戶於咸陽。

二十七年	前二二〇	四十	第一次巡狩，巡隴西、北地二郡。治馳道。賜民爵一級。	
二十八年	前二一九	四十一	修靈渠。造阿房宮，為太極廟。第二次大巡狩，出巡東南郡縣，泰山封禪；等芝罘，刻石。旋之琅邪台，刻石頌德；派徐福發童男女數千人入海求仙人，過彭城，之衡山，乘舟至湘山祠，自南郡由武關歸咸陽。	
二十九年	前二一八	四十二	第三次出巡東遊，在博浪沙險遇刺客，鐵錘誤中副車，令天下大索十日。登芝罘，刻石。旋之琅邪，經上黨回咸陽。	第二次布匿戰爭發生。（前二一八—前二〇一）
三十一年	前二一六	四十四	「使黔首自實田也。」即占有土地的人自動呈報實際占有土地的數量，並按照規定繳納賦稅。統一土地度量制度。於咸陽與武士四人微行，在蘭池遇盜，下令關中大索二十日。	

三十二年	前二一五	四十五	第四次大巡狩，秦始皇出巡北部邊地之碣石，刻石於碣石門。使燕人盧生求羡門、高誓，使韓終、侯公、石生求仙人不死之藥。壞城郭，決通堤防。派將軍蒙恬發兵三十萬北擊匈奴，掠取河南地。	第一次馬其頓戰爭發生。（前二一五—前二〇四）
三十三年	前二一四	四十六	發逋亡人、商人、贅婿等五十萬人徙戍嶺南地區。	
三十四年	前二一三	四十七	謫治獄不直者築長城及南方越地。下〈焚書令〉。	
三十五年	前二一二	四十八	在驪山一帶修築陵墓、離宮。修直道。坑殺儒生四百六十人於咸陽。公子扶蘇因進諫觸怒始皇帝，使令他離開京師到上郡，任蒙恬所統率的大軍的監軍。	
三十六年	前二一一	四十九	東郡有隕石落地，黔首刻石曰：「始皇帝死而天下分。」朝廷使者從關東回咸陽，夜間在華陰平舒道，有人持璧遮攔使者，說：「今年祖龍死。」遷民三萬戶於北河、榆中，拜爵一級。	

三十七年	前二一〇	五十	第五次出巡。由咸陽出發，左丞相李斯隨從。行至雲夢，望祀虞舜。登廬山，浮江下，觀籍河，渡海渚，過丹陽，至錢塘，臨浙江。上會稽，祭大禹，望於南海，刻石頌德。憩於阼湖，遊會稽，渡江乘。並海北上，至琅邪。有琅邪北至榮城山，又至芝罘，射殺一巨魚。歸途中，至平原津患病。七月，秦始皇病死於沙丘平臺。扶蘇被逼自殺。葬始皇帝於驪山陵，胡亥登基，是為秦二世。	

歷史，

中國史

秦始皇傳

作者	張分田
發行人	王春申
總編輯	張曉蕊
責任編輯	徐　平
封面設計	吳郁婷
封面題字	侯吉諒
校對	鄭秋燕
出版發行	臺灣商務印書館股份有限公司
地址	23141 新北市新店區民權路108-3號5樓
電話	(02) 8667-3712 傳真：(02) 8667-3709
讀者服務專線	0800056196
郵撥	0000165-1
E-mail	ecptw@cptw.com.tw
網路書店網址	www.cptw.com.tw
網路書店臉書	facebook.com.tw/ecptwdoing
臉書	facebook.com.tw/ecptw

局版北市業字第 993 號

臺灣一版一刷：2004 年 5 月

臺灣二版一刷：2016 年 5 月

臺灣二版二刷：2021 年 1 月

定價：新台幣 750 元

ISBN 978-957-05-3041-4

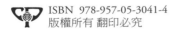

秦始皇傳 ／ 張分田 著. -- 臺灣二版. -- 新北市：臺
灣商務，2016. 05
面 ； 公分. --（歷史. 中國史）

ISBN 978-957-05-3041-4（精裝）

1. 秦始皇 2. 傳記 3. 秦史

621.91 105004349

咸陽城位置示意圖（秦朝時期）

戰國後期秦國都城（位於陝西咸陽市以東約十五公里處），秦孝公十二年（西元前三五〇）開始營建，十三年（前三四九）由櫟陽遷都於此。初都的咸陽城，大概只有咸陽宮和類似城門的建築，惠文王時，繼續擴建。據文獻記載，城內已有南門、北門和西門。秦始皇統一六國後，新建「六國宮」。西元前二〇六年，項羽入咸陽，燒宮室（燒毀了著名的阿房宮），咸陽城遂成廢墟。咸陽作為秦都歷經七世，共一百四十四年，是當時全國政治、經濟、文化的中心，也是軍事上統一六國的指揮中心。

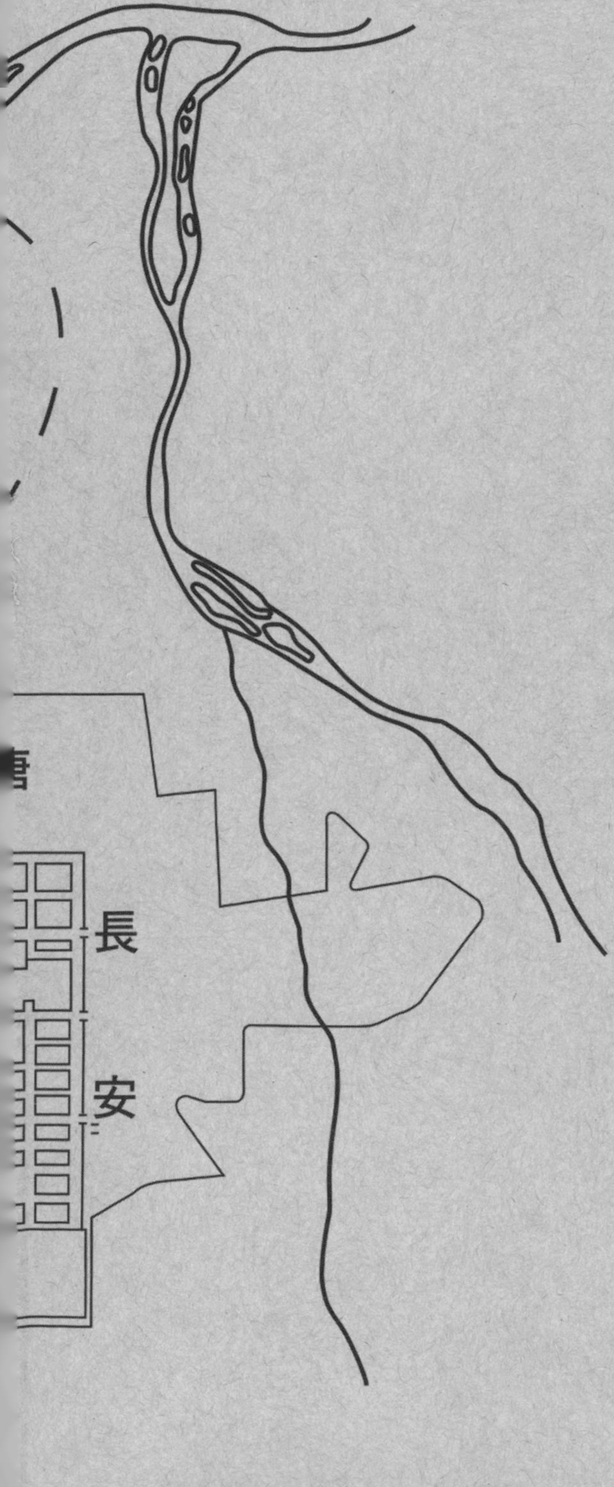